# Informatik — Fachberichte

Informatik-Fachberichte 180

Herausgegeben von W. Brauer
im Auftrag der Gesellschaft für Informatik (GI)

H. Bunke  O. Kübler  P. Stucki (Hrsg.)

# Mustererkennung 1988

10. DAGM-Symposium
Zürich, 27.-29. September 1988

Proceedings

Springer-Verlag Berlin Heidelberg GmbH

**Herausgeber**

Horst Bunke
Institut für Informatik und angewandte Mathematik
der Universität Bern
Länggass-Straße 51, CH–3012 Bern

Olaf Kübler
Institut für Kommunikationstechnik, ETH-Zentrum
CH–8092 Zürich

Peter Stucki
Institut für Informatik der Universität Zürich
Winterthurerstraße 190, CH–8057 Zürich

ISBN 978-3-540-50280-7     ISBN 978-3-662-08895-1 (eBook)
DOI 10.1007/978-3-662-08895-1

CR Subject Classifications (1988): I.2, I.4-5

# Veranstalter

DAGM: Deutsche Arbeitsgemeinschaft für Mustererkennung
SI:     Schweizer Informatikergesellschaft

# Tagungsleitung

H. Bunke, Institut für Informatik und Angewandte Mathematik, Universität Bern

O. Kübler, Institut für Kommunikationstechnik, ETH Zürich

P. Stucki, Institut für Informatik, Universität Zürich-Irchel

# Programmkomitee

| | |
|---|---|
| R. Albrecht | Innsbruck |
| H. Bunke | Bern |
| H. Burkhardt | Hamburg |
| R. Grosskopf | Oberkochen |
| K.-H. Höhne | Hamburg |
| M. Kuhn | Hamburg |
| O. Kübler | Zürich |
| H. Niemann | Erlangen |
| E. Paulus | Braunschweig |
| S. Pöppl | Neuherberg |
| D.P. Pretschner | Hannover |
| H. Schmidt-Falkenberg | Frankfurt |
| P. Stucki | Zürich |
| W. von Seelen | Mainz |
| G. Winkler | Karlsruhe |

# DAGM      Deutsche Arbeitsgemeinschaft für Mustererkennung

Die DAGM veranstaltet seit 1978 jährlich an verschiedenen Orten ein wissenschaftliches Symposium mit dem Ziel, Aufgabenstellungen, Denkweisen und Forschungsergebnisse aus verschiedenen Gebieten der Mustererkennung vorzustellen, den Erfahrungs- und Ideenaustausch zwischen den Fachleuten anzuregen und den Nachwuchs zu fördern.
Beiträge zum Symposium kommen aus dem gesamten deutschen Sprachraum.

Die DAGM wird durch folgende wissenschaftliche Trägergesellschaften gebildet:

| | |
|---|---|
| DGaO | Deutsche Gesellschaft für angewandte Optik |
| GMDS | Deutsche Gesellschaft für medizinische Dokumentation, Informatik und Statistik |
| GI | Gesellschaft für Informatik |
| ITG | Informationstechnische Gesellschaft |
| DGNM | Deutsche Gesellschaft für Nuklearmedizin |
| IEEE | The Institute of Electrical and Electronic Engineers, Deutsche Sektion |
| DGPF | Deutsche Gesellschaft für Photogrammetrie und Fernerkundung |

Die DAGM ist Mitglied der International Association for Pattern Recognition (IAPR).

Zum Geleit

Vor nunmehr etwas über zehn Jahren, im Winter 1977/78, wurde auf Initiative von Herrn Professor Dr.-Ing. Hans Marko, TU München, die Deutsche Arbeitsgemeinschaft für Mustererkennung (DAGM) gegründet, um einen Rahmen zu schaffen, in dem sich zahlreiche, weitgehend unabhängig voneinander verfolgte Aktivitäten zur Mustererkennung zusammenführen ließen. Mit dem ersten DAGM-Symposium im Herbst 1978 trat die DAGM vor die wissenschaftliche Fachöffentlichkeit. Gleichzeitig verfolgte Professor Marko das Ziel, durch die DAGM eine breit abgestützte Vertretung der auf diesem Gebiet tätigen wissenschaftlichen Gesellschaften in der damals neu gegründeten International Association for Pattern Recognition ( IAPR ) zu erreichen.

Professor Marko wurde zum ersten Vorsitzenden der DAGM gewählt. Seinem tatkräftigen Einsatz ist es zuzuschreiben, daß die IAPR die Ausrichtung der sechsten International Conference for Pattern Recognition 1982 nach München vergab. Unter dem Vorsitz von Professor Marko wurde die ICPR-82 ein eindrücklicher Erfolg. Wegen der ICPR-82 fand im Jahre 1982 kein DAGM-Symposium statt.

Somit fällt das diesjährige 10. DAGM-Symposium zusammen mit dem zehnjährigen Bestehen der DAGM. Wie im vorangehenden Jahr hat die Trägerversammlung beschlossen, die Träger der DAGM-Preise für das Jahr 1987 in den diesjährigen Tagungsband aufzunehmen, um dieser Ehrung die ihr angemessene Würdigung auch über den Kreis der Symposiumsteilnehmer hinaus zu verschaffen.

Es spricht für die DAGM, daß das DAGM-Symposium nun zum zweiten Male - wie 1984 in Graz - im deutschsprachigen Ausland stattfinden kann, dieses Mal in Zürich. Den Herren Kollegen Bunke, Kübler und Stucki danke ich herzlich für ihre Kooperationsbereitschaft und ihren Einsatz bei der Vorbereitung und Durchführung dieses Symposiums. Der Dank gilt auch der Schweizer Informatiker Gesellschaft für die Bereitschaft, durch die Unterstützung einer solchen Kooperation den wissenschaftlichen Austausch auf diesem Gebiet zu vertiefen.

Karlsruhe, den 8. Juli 1988
Prof. Dr. H.-H. Nagel
Vorsitzender der DAGM

Der  mit 2000 DM dotierte

## DAGM-Preis 1987

wurde  Herrn

**Thomas Tolxdorff**

Abteilung Medizinische Statistik und Dokumentation

Klinikum der Rheinisch-Westfälischen Technischen Hochschule Aachen

für den folgenden Beitrag verliehen:

# "Wissensbasierte Diagnoseunterstützung bei der gewebecharakterisierenden Kernspintomographie"

Die DAGM-Anerkennungspreise für das Jahr 1987 wurden verliehen an

**N. Diehl**

Arbeitsbereich Technische Informatik
der TU Hamburg-Harburg

Schätzung dreidimensionaler
Bewegungsparameter aus Bildfolgen


**G. Menges, K. Borgschulte, T. Faßbender**

Institut für Kunststoffverarbeitung
der Rheinisch-Westfälischen
Technischen Hochschule Aachen

Optische Qualitätskontrolle von
Gewebe aus Hochleistungsfasern


**M. Bomans, M. Riemer,
U. Tiede, K.-H. Höhne**

Institut für Mathematik und Daten-
verarbeitung in der Medizin (IMDM)
Universitäts-Krankenhaus Eppendorf,
Hamburg-Eppendorf

3D-Segmentation von Kernspin-
Tomogrammen


**R. Lenz**

Lehrstuhl für Nachrichtentechnik
Technische Universität München

Linsenfehlerkorrigierte Eichung von
Halbleiterkameras mit Standard-
objektiven für hochgenaue 3D-
Messungen in Echtzeit


**G. Stein - Haas**

Fraunhofer-Institut für Informations-
und Datenverarbeitung (IITB), Karlsruhe

Konfliktlösung auf statistischer Basis
bei der Analyse von Werkstück-
szenen mit Produktionsregeln

# VORWORT

Es ist ein schöner Brauch, runde Jahrestage hervorzuheben und dazu den üblichen Ablauf etwas zu verlassen. Dem Wunsch, das zehnte DAGM-Symposium ausserhalb Deutschlands zu veranstalten, entsprachen wir daher gern, auch um das wachsende Engagement der Schweiz in der Computer-Vision und die Verbindungen in einem grösseren Europa deutlich werden zu lassen.

Als Neuerung waren diesmal statt der Kurzfassungen vollständige Entwürfe einzureichen, damit Originalität und Reife der Beiträge besser beurteilt und das wissenschaftliche Niveau des Symposiums gewährleistet werden konnte. Zum Glück erwiesen sich zeitweilige Befürchtungen, es könnte nur eine geringe Zahl von Manuskripten eingehen, als unnötig, und wir danken allen Autoren, die sich mit viel Verständnis die Mühe genommen haben, ihre Arbeiten ausführlich vorzustellen. Wir dürfen wohl mit Recht festhalten, dass sich das gewählte Vorgehen bewährt hat; die Urteile im Programmkomitee waren ermutigend einheitlich und die Wahl von 36 Vorträgen und 14 Postern aus 64 eingereichten Beiträgen verlief in bester Harmonie.

Der Themenkatalog wurde so von früheren Jahren übernommen, wie es den Zielen der Arbeitsgemeinschaft Mustererkennung entspricht. Hier scheint uns eine Revision, vielleicht sogar eine Neuorientierung, angezeigt, wie es kürzlich auch in der IAPR angeregt wurde, die sich zunehmend von einer Abwanderung zu Vision- und AI-Konferenzen bedrängt sieht. Wir mussten hinnehmen, dass nur in geringem Umfang Sponsor-Gelder für eine Veranstaltung über Mustererkennung zu erhalten waren, während für ein etwa zur gleichen Zeit stattfindendes KI-Treffen Unterstützung leicht und reichlich zu bekommen war.

Die Ausrichtung des 10. DAGM-Symposiums haben wir mit Freude übernommen. Die tatkräftige Hilfe von Cécile Singer, Vreni Vogt und Thomas Glauser, die Unterstützung durch den Programmausschuss und die Verwaltung der Universität Zürich, für die wir herzlich danken, wie auch die gemeinschaftliche Arbeit haben wesentlich mitgeholfen, den Auftrag der DAGM in unvermindert positivem Licht zu sehen. Wir hoffen, dass das Symposium in Gehalt und Verlauf die Erwartungen erfüllt und wünschen allen Teilnehmern angenehme, gewinnbringende Tage in Zürich.

H. Bunke, O. Kübler, P. Stucki

# INHALT

## Industrielle Anwendungen



## Poster (in alphabetischer Reihenfolge des ersten Autors)

# Advances in Discrete Dictation Recognizer Systems

F. Jelinek

Abstract:

This paper describes an experimental real-time recognizer
of isolated word dictation implemented at the IBM Thomas J.
Watson Research Center, on a system of commercially available computers and array processors. The recognizer's in-
tended use is creation of office memoranda. It is based on
a 5000-word vocabulary. A specially designed workstation
enables the user to correct and edit the transcribed
speech.

The paper outlines the self-organized, statistical approach
underlying the basic algorithms of the recognizer. Results
of several recognition experiments are then presented. The
rest of the paper considers important issues in the future
development of dictation recognizers, such as vocabulary
selection, language model creation, and human factors.

Dieser Beitrag ist erschienen als:
**The Development of an Experimental Discrete Dictation
Recognizer**, Proceedings of the IEEE, Vol. 73, No. 11,
November 1985, p. 1616-1624.

# Der Einsatz prosodischer Information im Spracherkennungsyssystem EVAR


*E. Nöth, R. Kompe*

*Lehrstuhl für Informatik 5 (Mustererkennung)*
*Friedrich-Alexander-Universität Erlangen-Nürnberg*
*Martensstraße 3*
*8520 Erlangen, F.R. Germany*



<u>Kurzfassung</u>: Es werden einige Experimente vorgestellt zum Einsatz von prosodischem Wissen auf der lexikalischen und pragmatischen Ebene des Spracherkennnungssystems EVAR. Die Qualität von Worthypothesen an pragmatisch wichtigen Stellen einer Äußerung und die Wirksamkeit von zwei prosodisch motivierten Worthypothesenfiltern wird betrachtet. Die Häufigkeitsverteilungen von Wörtern in Abhängigkeit von der Silbenanzahl werden für verschiedene Korpora und Hypothesenmengen untersucht. Ansätze für eine prosodische Verifikation von Worthypothesen werden beschrieben.


## 1. Einleitung

Die Bedeutung der prosodischen Information beim menschlichen Perzeptionsprozeß wird allgemein anerkannt. In den letzten Jahren ist auch das Interesse an prosodischer Information als Wissensquelle für die automatische Spracherkennung stark angestiegen. W. Lea schlug bereits 1975 ein prosodisch gesteuertes Spracherkennnungssystem vor [LEA 75]. Trotzdem gibt es kaum ein System, in das prosodische Information tatsächlich integriert wurde, und in dem konkrete Ergebnisse über den Beitrag der prosodischen Information am Gesamterkennungsverhalten vorliegen. Ein Überblick über den Einsatz prosodischer Information in der automatischen Spracherkennung findet sich z.B. in [VAI 88]. Wir befassen uns in dieser Arbeit mit dem Einsatz prosodischer Information auf der lexikalischen und pragmatischen Ebene. Die im folgenden beschriebenen Experimente dienen als grundlegende Voruntersuchungen für ein Prosodie-Modul. Es werden drei Fragestellungen untersucht:

- Werden pragmatisch wichtige Stellen der Äußerung besser erkannt (dies ermöglicht eine prosodisch gesteuerte Kontrolle)?

- Läßt sich an pragmatisch wichtigen Stellen das Lexikon einschränken (dies ermöglicht eine prosodisch motivierte, erwartungsgesteuerte Worthypothesengenerierung)?

- Wieviele falsche Worthypothesen kann man aufgrund der Divergenz zwischen lexikalischem und automatisch berechnetem Betonungsmuster verwerfen (prosodische Wortverifikation)?

Wir definieren als **pragmatisch wichtige Stelle** den Nukleus der Konstituente, die den **Fokus** einer Äußerung realisiert. (Der Begriff Fokus bezeichnet das Informationszentrum eines Satzes [BUS 83].) Zwar sind die pragmatisch wichtigen Stellen eines Sprachsignals nicht identisch mit den am stärksten betonten, es besteht jedoch ein enger Zusammenhang. Dies wurde für die in [NÖT 88] beschriebene Stichprobe von Zugauskunftsdialogen durch folgendes Experiment nachgewiesen:

Die Stichprobe wurde 15 Hörern vorgespielt, die die betonten Silben mit 1 und die unbetonten mit 0 markieren mußten. Durch Aufaddieren der Markierungen ergab sich für jede Silbe eine Bewertung zwischen 0 und 15. (Dies stellt selbstverständlich keine 16-stufige Betonungsbewertung dar.) Die Akzentsilben der pragmatisch wichtigen Wörter hatten eine durchschnittliche Bewertung von 12, der Durchschnitt für alle Silben betrug 2. Weiterhin handelte es sich bei allen Wörtern, die von mindestens der Hälfte der Testpersonen als betont markiert wurden, um pragmatisch wichtige Stellen.

Unsere Ergebnisse stehen teilweise in engem Zusammenhang mit dem Spracherkennungssystem, in welches das Prosodie-Modul integriert werden soll. In Kapitel 2 werden wir daher zunächst das System EVAR vorstellen, soweit dies für das Verständnis der durchgeführten Experimente notwendig ist. Die Ergebnisse werden in Kapitel 3 vorgestellt. In Kapitel 4 fassen wir die Einzelergebnisse zusammen und geben einen Ausblick auf weitere Untersuchungen.


## 2. Das Spracherkennungssystem EVAR

Am Lehrstuhl für Informatik 5 wird seit 1979 am System EVAR (Erkennen, Verstehen, Antworten, Rückfragen) gearbeitet. Die Systemstruktur lehnt sich an ein geschichtetes linguistisches Modell an. Das System ist in mehrere Module aufgeteilt, die die verschiedenen linguistischen Ebenen repräsentieren. Eine Übersicht des Systems findet sich in [NIE 85].

Das **Akustik-Phonetik**-Modul [REG 88] zerlegt das Sprachsignal in äquidistante Zeitscheiben von 12,8 Millisekunden (im folgenden als **Frame** bezeichnet). Diese werden nach Lautkomponenten klassifiziert und mit Hilfe eines syntaktischen Verfahrens zu **Segmenten** zusammengefaßt. Es werden keine alternativen Segmentgrenzen betrachtet. Einem Segment werden maximal fünf Lauthypothesen zugewiesen. Unterschieden werden 49 Lautkomponentenklassen und 36 Lautklassen.

Das **Worthypothesen**-Modul [KUN 88] vergleicht die Lauthypothesenfolge mit jedem Eintrag eines Lexikons. Es wird eine **Word-Spotting-Technik** verwendet, die auf einem statistischen Verfahren (Hidden Markov Modell) basiert. Eine Worthypothese besteht aus Anfangs- und Endframe des Bereichs, über dem die Hypothese generiert wurde, Wortnummer, Bewertung, sowie einem optimalen **Zuordnungspfad** der Standardaussprache zu der Lauthypothesenfolge. Das **Lexikon** [EHR 86] enthält für jedes Wort u.a. eine systemweit eindeutige Wortnummer, die Standardaussprache nach Duden und drei Bitvektoren. Diese repräsentieren die Zugehörigkeit des Wortes zu den möglichen syntaktischen Klassen sowie den semantischen und pragmatischen Konzepten. Momentan verwenden wir zwei Vollformen-Lexika: **GLEXS** mit ca. 4000 Einträgen und eine Untermenge **KLEXS** (ca. 500 Einträge).

Zeitlich aufeinanderfolgende Hypothesen werden auf syntaktische Konsistenz überprüft und zu **Konstituenten** zusammengefaßt [BRI 87]. Diese werden semantisch verifiziert und pragmatisch interpretiert und, soweit möglich, zu komplexen Konstituenten zusammen-gefaßt [EHR 88]. Dabei können zeitliche Lücken auftreten. Semantisch verifizierte und komplexe Konstituenten bezeichnen wir als **Semantikhypothesen**. Pragmatische Interpretation in unserem Sinn ist der anwendungsabhängige Teil der semantischen Analyse.

Noch nicht integriert in das System ist das **Prosodie**-Modul. Aufgabe des Moduls ist die Erstellung einer symbolischen Betonungsbeschreibung. Als Träger der Betonungsinformation gilt die Silbe; die Veränderung der prosodischen Parameter Tonhöhe, *Lautdauer* und *Lautstärke* zum Zwecke der Betonung betrifft insbesondere den vokalischen Silbenkern. Grundlage des Moduls wird das in [NÖT 88] beschriebene Verfahren zur automatischen Silbenkerndetektion und Betonungsbewertung sein. Das Betonungsmaß errechnet sich aus der Veränderung von Merkmalen, welche die drei prosodischen Parameter repräsentieren.

### 3. Experimente

### 3.1. Qualität der Worthypothesen an pragmatisch wichtigen Stellen

Im Rahmen der Arbeiten am Pragmatik-Modul wurde eine Stichprobe von 62 Äußerungen erstellt, für die eine Pragmatikanalyse sinnvoll erschien. Diese Stichprobe ist disjunkt zu der oben erwähnten Dialogstichprobe, es handelt sich um eine Teilmenge der in [NIE 85] beschriebenen Sprachstichprobe. Alle pragmatisch wichtigen Wörter wurden markiert (z.B. "Wann fährt der **nächste** Zug nach **München**"). Im folgenden werden diese Wörter Fokus-Wörter genannt. Die Stichprobe umfaßt 354 Wörter, 84 Fokus-Wörter und 562 Silben. Jeder Silbenkern in der Handsegmentierung des Sprachsignals nach Lauten wurde auf das am besten passende, automatisch erzeugte Segment abgebildet. Dies simuliert eine ideale Silbenkerndetektion. Im folgenden soll gezeigt werden, daß die Qualität der Worterkennung an betonten Stellen einer Äußerung besser ist als an unbetonten Stellen.

Bild 1 zeigt die Erkennungsrate in Abhängigkeit von der Anzahl der generierten Worthypothesen. Die Kurven bedeuten z.B. für den Eintrag 17 auf der Abszisse, daß bei der Generierung von 17*n Hypothesen 64% **aller** Wörter und 71% der **Fokus**-Wörter erkannt wurden. Dabei ist **n** die Anzahl der Segmente. Ein Wort mit der Wortnummer wnr heißt **erkannt**, wenn in der Hypothesenmenge eine Worthypothese wnr existiert, die die Handsegmentierung des tatsächlich gesprochenen Wortes zu mindestens 50% zeitlich überlappt.

Die Erkennungsrate für die Fokus-Wörter ist um durchschnittlich 7 Prozentpunkte höher als die aller Wörter; in dem für eine weitere Verarbeitung interessanten Bereich von weniger als 20 Hypothesen/Segment ist die Erkennungsrate um durchschnittlich 10 Prozentpunkte besser. Unter der Voraussetzung einer robusten automatischen Silbenkerndetektion und Akzentbewertung kann das Prosodie-Modul Informationen über Stellen im Sprachsignal liefern, an denen die Worthypothesengenerierung deutlich besser ist. Dies ist insbesondere deshalb von Bedeutung, da diese Stellen für die weitere Analyse besonders wichtig sind.

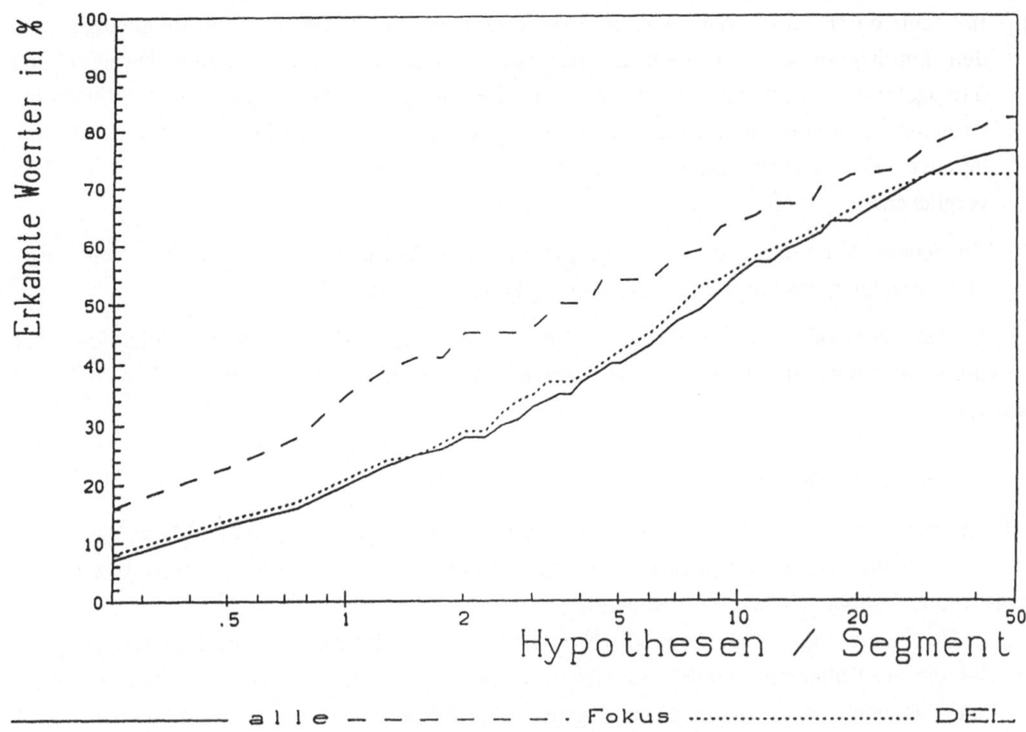


**Bild 1:** Erkennungsraten für alle Wörter, Fokus-Wörter und alle Wörter nach Anwendung des DEL-Filters (siehe 3.3.2.)


### 3.2. Prosodisch motiviertes Einschränken des Lexikons

Die Erkennung auf Worthypothesenebene läßt sich zusätzlich verbessern, wenn man an den pragmatisch wichtigen Stellen das Lexikon auf solche Wörter einschränkt, die ein pragmatisches Konzept realisieren können. Durch nachträgliches Herausfiltern der Worthypothesen ohne solch einen Pragmatikeintrag wurden insgesamt ca. 22% der Worthypothesen verworfen. Es ergab sich eine durchschnittliche Verbesserung der Erkennungsrate um ca. 3 Prozentpunkte, im Bereich unter 20 Hypothesen/Segment um ca. 5 Prozentpunkte. Dieses Ergebnis läßt sich automatisch nur erzielen, wenn alle betonten Silbenkerne korrekt detektiert werden. Deshalb stellt unser Ergebnis eine optimistische Abschätzung dar. Das Experiment ist vor allem unter dem Gesichtspunkt inselgetriebener bzw. erwartungsgesteuerter Worthypothesengenerierung zu sehen.


### 3.3. Prosodische Wortverifikation

Die im Lexikon eingetragene Umschrift eines Wortes schließt die Kennzeichnung der den Wortakzent tragenden Silbe ein. Mit einer automatisch berechneten Akzentuierung von Silbenkernen sind daher zwei Ansätze für eine Verifikation durch Konsistenzprüfung der Akzentstellen denkbar:

(i)    In dem durch eine Worthypothese vorgegebenen Zeitbereich wird unabhängig von den Lauthypothesen und dem Zuordnungspfad eine automatische Silbenkerndetektion durchgeführt. Jedem Silbenkern wird ein Betonungsmaß zugewiesen. Zur Silbenkerndetektion und Betonungsberechnung wird das in [NÖT 88] beschriebene Verfahren benutzt. Das Betonungsmaß wird mit der Standardaussprache aus dem Lexikon verglichen.

(ii)   Zu jedem Silbenkern im Zuordnungspfad einer Worthypothese wird ein Betonungsmaß berechnet, das mit dem Lexikoneintrag konsistent sein muß (siehe 3.3.2.).

Die beiden Methoden unterscheiden sich in der Art der Silbenkerndetektion, zur Betonungsberechnung dient jeweils der gleiche Algorithmus. Wir haben bisher Fall (ii) realisiert.

### 3.3.1. Optimistische Abschätzung

Über den Wortakzent können nur zwei- oder besser n-silbige (n>2) Wörter verifiziert werden. Deshalb haben wir zunächst einige Voruntersuchungen zur Häufigkeitsverteilung von 1-, 2- und n-silbigen Wörtern durchgeführt.

Zur Verfügung stand das Frequenzwörterbuch einer Teilmenge des FACID-Korpus [HIT 86]. Bei dieser Teilmenge handelt es sich um eine repräsentative Sammlung von Dialogen aus dem Bereich der Bundesbahn-Zugauskunft. Diese Wortmenge besteht aus 9421 Wörtern (1288 verschiedene). Tabelle 1 zeigt den prozentualen Anteil der drei Klassen an der jeweiligen Teilmenge der gesamten Wortmenge. Dabei bedeuten n% der Wortmenge: in dem nach Häufigkeit des Auftretens sortierten Frequenzwörterbuch wurde, vom häufigsten Wort beginnend, die relative Häufigkeit aufsummiert bis zu n% der Gesamtwortmenge. Die bis zu n% aufgetretenen verschiedenen Wörter wurden in die drei Klassen eingeteilt. Der Verlauf spiegelt die Tatsache wider, daß es einen Basiswortschatz mit relativ kurzen, häufig auftretenden Wörtern und einen anwendungsbezogenen Wortschatz mit eher längeren Wörtern gibt.

| % Wortmenge | 30 | 40 | 50 | 60 | 70 | 80 | 90 | 100 |
|---|---|---|---|---|---|---|---|---|
| 1-Silber | 93 | 86 | 79 | 76 | 74 | 69 | 65 | 61 |
| 2-Silber | 7 | 12 | 19 | 20 | 22 | 24 | 26 | 28 |
| n-Silber | 0 | 2 | 2 | 3 | 5 | 7 | 9 | 12 |

**Tabelle 1**: Relative Häufigkeit von ein- und mehrsilbigen Wörtern in den Bundesbahndialogen des FACID-Korpus

Das Lexikon GLEXS, die Äußerungen unserer Stichprobe (WOR) und die dazu generierten Worthypothesen (WHYP) und Semantikhypothesen (SHYP) wurden ebenfalls ausgezählt (Tabelle 2). Die Werte in der Spalte WOR beziehen sich auf 100% der Wortmenge. Sie stimmen gut überein mit den Ergebnissen für das FACID-Korpus. Die Angaben zu WHYP beziehen sich auf Hypothesen zum GLEXS und einer Menge von 50

Hypothesen pro Segment; wir konnten aber zeigen, daß die Häufigkeiten weitgehend unabhängig von der Größe der Hypothesenmenge sind. Die Semantikhypothesen wurden auf KLEXS-Basis und 150 Worthypothesen pro Äußerung generiert. (Semantikhypothesen mit einer zeitlichen Lücke wurden wie zwei Hypothesen behandelt.)

Die Auszählungen lassen eine prosodische Verifikation mit dem im folgenden beschriebenen Verfahren als lohnend erscheinen, da 65% aller Worthypothesen und über 80% aller Semantikhypothesen mindestens 2 Silben haben.

|          | GLEXS | WOR | WHYP | SHYP |
|----------|-------|-----|------|------|
| 1-Silber |  16   | 57  |  35  |  19  |
| 2-Silber |  39   | 32  |  48  |  22  |
| n-Silber |  45   | 12  |  17  |  59  |

**Tabelle 2**: Relative Häufigkeit von ein- und mehrsilbigen Wörtern im Lexikon, in den untersuchten Äußerungen und in den Hypothesenmengen

### 3.3.2. Ein prosodisches Wortfilter

Wir wollen uns hier darauf beschränken, ein prosodisches Wortfilter vorzustellen; ein Filter für Semantikhypothesen wird momentan implementiert [UNG 88]. Das Filter bildet bei den zwei- oder mehrsilbigen Worthypothesen jeden Silbenkern der Standardaussprache über den Zuordnungspfad auf ein Segment ab. Für jeden so ermittelten Silbenkernbereich wird ein Betonungsmaß berechnet. Anschließend wird die Differenz zwischen der Betonung der Wortakzentsilbe und der Betonung der anderen Silbe(n) gebildet.

Aus der Sicht der Prosodie nehmen die Silbenkerne eine besondere Stellung im Wort ein; sie sind Orte höherer Schallfülle [KOH 77] und werden beim Sprechen zumeist ausgeprägter realisiert als die Konsonanten. Aus diesem Grund fordern wir, daß im Zuordnungspfad einer Worthypothese kein Silbenkern gelöscht sein darf, was einem Delete-Übergang beim Mustervergleichsalgorithmus der Worthypothesengenerierung entspricht. Mit dem DEL-Filter werden deshalb alle Worthypothesen verworfen, bei denen ein Silbenkern gelöscht wurde. Die Erkennungsrate der so gefilterten Hypothesen ist in Bild 1 als Kurve **DEL** bezeichnet. Das Filter reduziert die Gesamtmenge von rund 80000 Hypothesen (dies entspricht 50 Hypothesen/Segment) um ca. 32% auf rund 55000 (ca. 35 Hypothesen/Segment). Die Qualität der Worthypothesen verbessert sich im Bereich unter 30 Hypothesen/Segment um durchschnittlich 2 Prozentpunkte. Oberhalb von 30 wird die Erkennungsrate schlechter, da bei einigen richtigen, aber schlecht bewerteten Hypothesen, ein Silbenkern gelöscht wurde. Es wurden vorwiegend schlecht bewertete Hypothesen verworfen, die nur bei mehr als 20 Hypothesen/Segment erzeugt wurden. Daher erhöhte sich die Erkennungsrate trotz der erheblichen Verkleinerung der Gesamthypothesenmenge nur um 2 Prozentpunkte.

Für die weitere Filterung mittels Betonung gingen wir von der Annahme aus, daß eine Wortakzentsilbe nicht weniger betont sein darf als eine andere Silbe. Wir haben zunächst die oben erwähnten Betonungsdifferenzen, getrennt nach richtigen und falschen

Hypothesen, gemessen. Die Verteilung der Differenzen ließ Unterschiede erkennen: der Mittelwert war bei den richtigen Worthypothesen höher als bei falschen Worthypothesen. Trotzdem war bei zuvielen richtigen Wörtern die Akzentsilbe schwächer bewertet als eine andere Silbe des Wortes. Mit der momentanen Version des Moduls zur Betonungsbewertung läßt sich somit keine weitere Verbesserung der Worterkennung erreichen, da zuviele richtige Hypothesen verworfen werden. Die Fehlbewertungen sind auf die in [NÖT 88] beschriebenen Schwachpunkte bei der Berechnung der prosodischen Merkmale zurückzuführen, insbesondere darauf, daß die intrinsische Energie der verschiedenen Vokale unberücksichtigt bleibt.

## 4. Zusammenfassung und Ausblick

Ziel dieser Arbeit war es, Möglichkeiten des Einsatzes prosodischer Information auf der Ebene der Worterkennung und der pragmatischen Analyse zu untersuchen. Daher lag der Schwerpunkt auf grundsätzlichen Voruntersuchungen.

Wir stellten fest, daß pragmatisch wichtige Wörter im Mittel um 7 Prozentpunkte besser erkannt werden. Unter der Voraussetzung einer optimalen Detektion betonter Silbenkerne könnte man an diesen Stellen durch Einschränken des Lexikons auf pragmatisch relevante Wörter die Gesamterkennungsrate zusätzlich verbessern. Bei dem von uns untersuchten Material bedeutete dies eine Reduktion der Worthypothesenmenge um 22%. Die Erkennungsrate stieg durchschnittlich um 3 Prozentpunkte.

In einem weiteren Experiment erhöhten wir die Erkennungsrate durch Verwerfen der Hypothesen, bei denen ein Silbenkern im optimalen Pfad des Mustervergleichsalgorithmus der Generierung gelöscht wurde. Dabei wurde die Hypothesenmenge um 32 % reduziert, die Erkennungsrate stieg bis zu 30 Hypothesen/Segment im Mittel um 2 Prozentpunkte. Die Verifikation von Worthypothesen durch Konsistenzprüfung eines automatisch berechneten Betonungsmusters brachte keine Verbesserung der Erkennungsrate. Ursache dafür waren Schwächen in der Akzentuierungsberechnung, insbesondere die Nichtberücksichtigung der intrinsischen Energie der verschiedenen Vokale. Dies wird in einer nächsten Version des Akzentmoduls korrigiert.

Die Verifikation erscheint aufgrund des hohen Anteils der zwei- und mehrsilbigen Wörter als lohnend. Ihr Anteil beträgt bei den Äußerungen unserer Stichprobe und denen des FACID-Korpus ca. 40% , bei den Worthypothesen 65% und bei den Semantikhypothesen 81 % .

## 5. Literaturverzeichnis

[BRI 87]    Brietzmann, A.: "Stufenweise Syntaktische Analyse mit integrierter Bewertung für die kontinuierliche Spracherkennung", Arbeitsberichte des IMMD der FAU, Band 20, No. 9, Erlangen, 1987.

[BUS 83]    Bussmann, H.: "Lexikon der Sprachwissenschaft", Alfred Kröner Verlag, Stuttgart, 1983.

[EHR 86]    Ehrlich, U.: "Ein Lexikon für das natürlich-sprachliche System EVAR", Arbeitsberichte des IMMD der FAU, Band 19, No. 3, Erlangen, 1986.

[EHR 88]     Ehrlich, U., Niemann, H.: "Using Semantic and Pragmatic Knowledge for the Interpretation of Syntactic Constituents", in H. Niemann, M. Lang, G. Sagerer: "Recent Advances in Speech Understanding and Dialog Systems", Springer Verlag, Berlin, 1988.

[HIT 86]     Hitzenberger, L., Ulbrand, R., Kritzenberger, H., Wenzel, P.: "FACID Fachsprachlicher Corpus informationsabfragender Dialoge", Universität Regensburg, FG Linguistische Informationswissenschaft, 1986.

[KOH 77]     Kohler, K.: "Einführung in die Phonetik des Deutschen", Erich Schmidt Verlag, Berlin, 1977.

[KUN 88]     Kunzmann, S., Kuhn, T., Niemann, H.: "An Experimental Environment for Generating Word Hypotheses in Continuous Speech", in H. Niemann, M. Lang, G. Sagerer: "Recent Advances in Speech Understanding and Dialog Systems", Springer Verlag, Berlin, 1988.

[LEA 75]     Lea, W., Medress, M., Skinner, T.: "A Prosodically Guided Speech Understanding Strategy", IEEE Trans. Vol. ASSP-23, 30-38, 1975.

[NIE 85]     Niemann, H., Brietzmann, A., Mühlfeld, R., Regel, P., Schukat, G.: "The Speech Understanding and Dialog System EVAR", in De Mori, R., Suen, C.: "New Systems and Architectures for Automatic Speech Recognition and Synthesis", Springer Verlag, Berlin, S. 271-302, 1985.

[NÖT 88]     Nöth, E., Schmölz, S., Niemann, H.: "Prosodic Features in German Speech: Stress Assignment by Man and Machine ", in H. Niemann, M. Lang, G. Sagerer: "Recent Advances in Speech Understanding and Dialog Systems", Springer Verlag, Berlin, 1988.

[REG 88]     Regel, P.: "Akustisch-phonetische Transkription für die automatische Spracherkennung", VDI-Verlag, Düsseldorf, 1988.

[UNG 88]     Unglaub, J.: "Prosodische Verifikation von Semantik-Hypothesen", Magisterarbeit, Lehrstuhl für Informatik 5 (Mustererkennung), Universität Erlangen, (in Vorbereitung).

[VAI 88]     Vaissiere, J.: "The Use of Prosodic Parameters in Automatic Speech Recognition" in H. Niemann, M. Lang, G. Sagerer: "Recent Advances in Speech Understanding and Dialog Systems", Springer Verlag, Berlin, 1988.

# HALBSILBENBASIERTE PRÄDIKTION UND VERIFIKATION
## LANGER WÖRTER IN KONTINUIERLICHER SPRACHE


Jorge Romano-Rodríguez

Siemens AG, Zentrale Aufgaben Informationstechnik, München
und Lehrstuhl f. Datenverarbeitung, Techn. Univ. München



ZUSAMMENFASSUNG

Um die Erkennung langer Wörter in kontinuierlicher Sprache zu verbessern, wird ein Verfahren vorgestellt, das Langwörter prädiziert, wenn Teile von Ihnen ("Stämme") gut erkannt worden sind. Die prädizierten Langwörter werden anschließend aus Halbsilben synthetisiert und mit dem entsprechenden Satzteil verifiziert. Damit wird eine Verbesserung der Worterkennungsrate bei gleichzeitiger Aufwandsreduktion im Erkennungsmodul erreicht.


## 1. EINLEITUNG

Systeme zur automatischen Erkennung kontinuierlicher Sprache arbeiten oft nach einem mehrstufigen Algorithmus. Bei dem "bottom-up" Ansatz /1/ wird die unbekannte Äußerung zunächst in silbenorientierte Einheiten (Anfangskonsonantenfolgen, Vokale, Endkonsonantenfolgen) segmentiert, dann werden diese klassifiziert und anschließend die $n$ besten Klassen zu alternativen Worthypothesen zusammengefaßt. Diese werden an die übergeordneten Linguistikmodule weitergereicht.

Bei der Evaluierung der Worthypothesen stellt sich heraus, daß die Wahrscheinlichkeit, mit der sich das richtige Wort unter den n besten Worthypothesen befindet, mit der Silbenzahl der Wörter sinkt. So werden z.B. über 80% der Einsilber vom bottom-up Modul hypothetisiert, aber kein einziges Wort mit 6 oder mehr Silben. Dies ist hauptsächlich auf zwei Gründe zurückzuführen:

* je länger ein Wort ist, d.h. je mehr Silben es hat, um so stärker wirken sich bei fließender Rede Koartikulationseffekte innerhalb des Wortes aus. Im Extremfall können auch ganze Silben oder Wortteile wegfallen. So kann z.B. die Jahreszahl "1984" ohne "hundert" ausgesprochen werden. Die a-priori Wahrscheinlichkeit einer bestimmten Aussprachevariante eines langen Wortes ist deshalb sehr gering.

* beim derzeit implementierten bottom-up Modul ist die a-priori Wahrscheinlichkeit der langen, mehrsilbigen Wörter ohnehin kleiner als die der kurzen, z.B. einsilbigen. Die Wortwahrscheinlichkeit sinkt mit der Silbenzahl.

Diese Erkenntnisse legen nahe, bei der Worthypothesenbildung im ersten Erkennungsschritt die langen Wörter nicht zu berücksichtigen. Diese Langwörter werden deshalb gar nicht in das für die bottom-up Erkennung zugrundeliegende Lexikon eingetragen. Erst wenn *gewisse Teile* von ihnen *gut genug* erkannt worden sind, werden die Langwörter als *Ganzes* prädiziert und verifiziert. Die entsprechenden Teile werden als "Stämme" definiert; so können z.B. "19" aber auch "100" und "84" Stämme von "1984" sein. Gut genug heißt hier, daß der beim Vergleich ermittelte Abstand zwischen dem Stammuster und dem zugehörigen Ausschnitt des gesprochenen Satzes unter einer vorgegebenen Schwelle liegt.

Für die prädizierten Langworthypothesen werden nun Ganzwortmuster aus Halbsilben synthetisiert und mit dem entsprechenden Teil der parametrisierten, unbekannten Äußerung verglichen, d.h. verifiziert. Falls dann der Verifikationsabstand wiederum unter einer gewissen Schwelle liegt, werden diese Langworthypothesen zu den von der bottom-up Erkennung hypothetisierten hinzugefügt und genauso wie diese von den nachfolgenden, linguistischen Modulen des Systems behandelt.

Dieses Verfahren bringt zwei Vorteile mit sich. Es erhöht einerseits die Erkennungsrate für Langwörter und damit auch die gesamte Worterkennungsrate des Systems. Darüberhinaus erlaubt es eine Beschleunigung der bottom-up gesteuerten Erkennung, da die Zahl zulässiger Wörter beim ersten Erkennungsmodul geringer ist.

## 2. SYNTHESE VON GANZWORTMUSTERN MITTELS HALBSILBEN

An verschiedenen Stellen (z.B. /2,3,4/) wurde bereits auf die Vorteile der Verwendung von silbenorientierten Einheiten für die Erkennung größerer Wortschätze und/oder fließender Rede hingewiesen. In den nachfolgend beschriebenen Versuchen werden für die akustische Verifikation Ganzwortreferenzmuster verwendet. Diese Muster werden hier aus Halbsilben synthetisiert. Die gespeicherten Halbsilben werden dabei nicht direkt aneinandergereiht, sondern vorher in Abhängigkeit ihres Kontextes (Position im Wort, Nachbarsilben, Betonung) durch Syntheseregeln modifiziert und erst dann zu Wörtern verkettet.

Für die Synthese wird hier ein *"Reduziertes Inventar"* benützt, das lediglich 605 Halbsilben und 26 Suffixe umfaßt /5/. Dafür wurden ausgehend vom "Minimalen Inventar" nach Dettweiler (1297 Halbsilben, /6/) einerseits akustische Ähnlichkeiten zwischen verschiedenen Halbsilbenklassen festgestellt, die die Ersetzung von 36% der Anfangshalbsilben und von 50% der Endhalbsilben erlauben. Andererseits bestehen phonotaktische Restriktionen nicht nur bei den Konsonantenfolgen, sondern auch bei der Distribution der Vokale. Da bestimmte zweifache Endkonsonantenfolgen nur hinter kurzen Vokalen auftreten können, ergibt sich eine weitere Reduktion der für die Synthese notwendigen Endhalbsilbenzahl um 32%.

| Inventar | AKF | Vokale | EKF | Halbsilbenzahl | |
|---|---|---|---|---|---|
| "MINIMALES" (Dettweiler: 1297 HS) | 51 * | 11<br>8 Kurzvokale * 23 * 2<br>8 Langvokale * 8 * 2 | <br>368<br>128 | 561 AHS<br>496 EHS | 1057 |
| "REDUZIERTES" (7 AHS-Vokale, Rudiment-Ersetzung) | 51 * | 7<br>8 Kurzvokale * 23<br>8 Langvokale * 8 | <br>184<br>64 | 357 AHS<br>248 EHS | 605 |

Tabelle 1: Anzahl der Halbsilben für die Synthese deutscher Wörter bei Berücksichtigung phonotaktischer Restriktionen. (Bei beiden Inventaren kommen noch 26 Suffixe hinzu. AKF / EKF = Anfangs-/End-Konsonantenfolgen; AHS / EHS = Anfangs-/End-Halbsilben.)

Die Verifikation aller Worthypothesen mit solchen synthetisierten Wortmustern ergibt eine deutliche Verbesserung der Erkennungsleistung gegenüber der reinen "bottom-up" Erkennung /5/. Deswegen werden für die Entscheidung, ob eine Stammhypothese *gut* ist oder nicht, anstelle der bottom-up Erkennungsabstände die Abstände der Stammverifikation mit synthetischen Mustern herangezogen.

Die Verwendung von Halbsilben reduziert andererseits sehr stark den Aufwand für eine Wortschatzerweiterung bzw. -veränderung. Auch die Bildung neuer Aussprachevarianten bereits vorhandener Wörter ist sehr einfach, da lediglich die neue phonetische Transkription festgelegt werden muß. Das kann u.U. automatisch und gleichzeitig für mehrere Wörter mittels geeignet formulierter Assimilationsregeln geschehen. Das Synthese-Subsystem teilt dann die neue Phonemfolge in eine Folge gültiger Halbsilben auf, bereitet die im Inventar gespeicherten Parametervektoren der betreffenden Halbsilben vor, verändert sie nach Bedarf und liefert als Ergebnis das Ganzwortmuster bereits in parametrischer Form für die Verifikation.

## 3. VORVERSUCH MIT 17 WORTSTÄMMEN

Um die Wirksamkeit des skizzierten Verfahrens prinzipiell zu überprüfen, wurden aus den bereits im Lexikon stehenden Wörtern 17 herausgegriffen und als Stämme definiert. Diese Wörter sind vollständige Bestandteile anderer, längerer Wörter des Lexikons. Letztere wurden hier so ausgesucht, daß sie in mindestens einem der 200 Testsätze vorkommen /7/.

Wegen der Verwendung von mehreren alternativen Silbensegmenthypothesen für die Worthypothesenbildung werden im vorliegenden System Einsilber viel zu häufig hypothetisiert, um sie als Stämme hernehmen zu können; nur selten auftretende Silben wären brauchbar. (Im Mittel werden 500 Worthypothesen pro Satz vom bottom-up Erkenner erzeugt, knapp die Hälfte davon sind einsilbig.) Daher wurden bei diesem Versuch Stämme mit zwei bis vier Silben gewählt, da deren Erkennungswahrscheinlichkeit nur das Produkt der Wahrscheinlichkeiten ihrer Silben ist.

Während der Erkennung werden bei jedem "Auftreten" eines dieser Stämme das oder die dazugehörigen Langwörter zusätzlich prädiziert, synthetisiert und anschließend verifiziert. Diese Verifikation besteht in der optimalen Abbildung und Abstandsmessung zwischen den synthetischen Langwortmustern und den entsprechenden Satzteilen mittels eines DP-Algorithmus. Die Grenzen dieser Satzteile ergeben sich aus der aktuellen Position des Stammes und der zulässigen relativen Anfangs- und Endpositionen der Langwörter, die in einer Stammverweistabelle festgelegt sind (Bild 1).

| STAMM | LANGWÖRTER | ZULÄSSIGE RELATIVE SILBENPOSITIONEN | |
|---|---|---|---|
| | | Anfang | Ende |
| "Analyse " | "Signalanalyse" | -2 | 0 |
| | "Spektralanalyse" | -2 | 0 |
| "Arbeit" | "Mitarbeiter" | -1 | 0...+1 |
| | "ausgearbeitet" | -2...-1 | +1 |
| | "Signalverarbeitung" | -3 | +1 |
| "Dialog" | "Dialogsteuerung" | 0 | +2...+3 |
| .......... | .................. | .... | ..... |
| | ............. | .... | ......... |

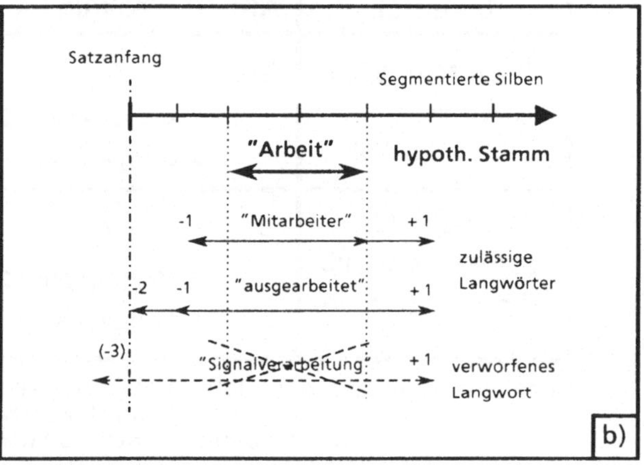

Bild 1:    a) Auszug aus der Stammverweistabelle;   b) mögliche Silbenpositionen der prädizierten Langwörter relativ zum hypothetisierten Stamm.

Falls eine Langwort-Hypothese mit verschiedenen Längen, d.h. Silbenzahlen, zulässig ist (in fließender Rede kann z.B. "1984" mit fünf bis acht Silben gesprochen werden), kann für jede zulässige Länge das Muster der Ausprachevariante gleicher Silbenzahl verifiziert werden. Bei der weiteren Verarbeitung wird dann nur die Variante mit dem geringsten Verifikationsabstand berücksichtigt. Falls sich eine Langwort-Hypothese bei der aktuellen Satzposition des Stammes auf Bereiche außerhalb der Satzgrenzen erstrecken sollte, so wird sie gar nicht verifiziert (s. Bild 1).

Die nachfolgenden Abstandsstatistiken wurden mit zwei verschiedenen Versionen der 200 Testsätze eines Sprechers ermittelt. Diese 200 Sätze beinhalten 1391 Wörter oder 2869 Silben bei Standardaussprache. Die zweite Version liefert etwas bessere Ergebnisse, da sie im Mittel etwas langsamer und deutlicher gesprochen wurde. Ein Stamm gilt als richtig klassifiziert, wenn er an der richtigen Satzstelle, d.h. zwischen den richtigen Silbengrenzen, hypothetisiert wurde. Das kann der Fall sein, wenn der Stamm als Wort im Satz auftritt oder wenn er Bestandteil eines auftretenden Langwortes ist. Die angegebenen Abstände wurden nach der optimalen Abbildung auf die Längen der verglichenen Bereiche normiert. Das zugrundeliegende lokale Abstandsmaß ist ein gewichteter euklidischer Abstand zwischen LPC-Cepstra.

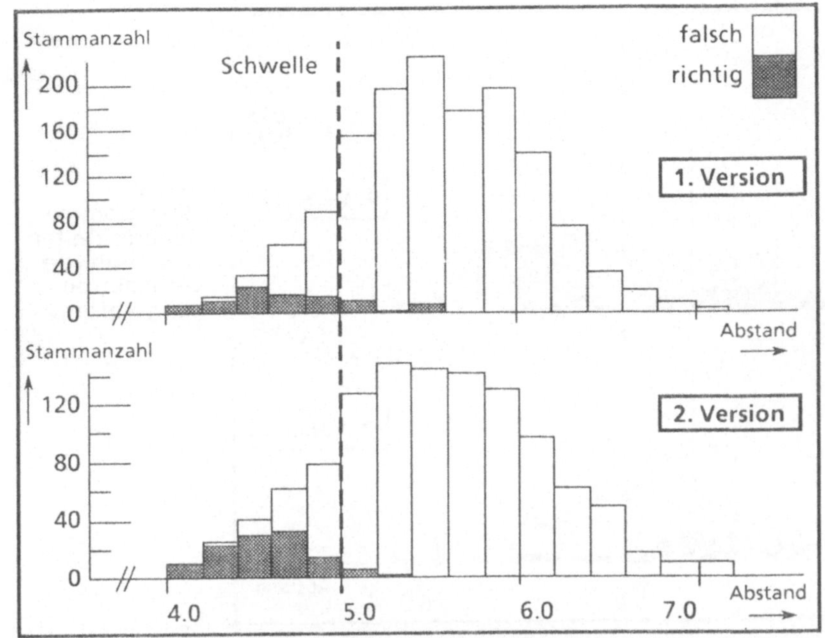


Bild 2:
Histogramme der ermittelten Abstände von hypothetisierten Stämmen.

Diese Ergebnisse erlauben durch die Definition einer einfachen Schwelle eine brauchbare Trennung zwischen richtigen und falschen Stammhypothesen. Diese Schwelle wurde so gewählt, daß sie die Summe der Prozentzahlen falscher Entscheidungen (oberhalb liegender, richtiger Stämme und unterhalb liegender, falscher Stämme) minimiert (Bild 2).

Die Tatsache, daß falsche Stammhypothesen öfters Verifikationsabstände unter der Schwelle liefern, darf nicht verwundern: oft bestehen tatsächlich parametrische Ähnlichkeiten zwischen einer falschen Stammhypothese und dem entsprechenden Teil des Satzes, z.B. die zwei letzten Silben des Wortes "ar**beiten**" mit dem Stamm "dreizehn".

Bei der Statistik der Abstände der prädizierten Langworthypothesen werden drei Fälle unterschieden (Bild 3):
1) das Langwort wurde an der hypothetisierten Satzstelle gesprochen ("voll");
2) nur der Stamm vom Langwort wurde gesprochen ("teil");
3) weder das Langwort noch der Stamm wurden gesprochen, aber der Abstand vom Stamm lag unter der Schwelle ("unter").
Die Unterscheidung dieses letzten Falles ermöglicht eine Untersuchung des Verhalten der Langwortabstände, wenn der Stamm gut paßte, aber falsch war.

Die mittleren Abstände von "teilpassenden" Langwörtern sind manchmal denen der "voll-passenden" sehr ähnlich, weil öfters mehrere ähnliche Langwörter aus dem gleichen Stamm prädiziert werden, z.B. die verschiedenen Deklinationsformen der Substantive. Hierfür könnte ein differenzierteres Vorgehen von Vorteil sein.

Die Auswahl der besten Langworthypothesen kann anhand einer Strategie, die auf zwei Schwellen basiert, vorgenommen werden. Nur bei Stämmen, deren Abstand unterhalb der ersten Schwelle liegt, werden alle dazugehörigen Langwörter prädiziert. Bei den Lang-wörtern werden ebenfalls nur diejenigen Hypothesen, deren Abstände kleiner als eine zweite Schwelle sind, an die nachfolgenden Systemmodule weitergegeben.


## 4. NEUAUFBEREITUNG DES WORTLEXIKONS

Um die eben vorgestellte Prädiktion auf *alle* Langwörter des Standard-Lexikons mit fünf oder mehr Silben ausweiten zu können, müssen zusätzlich neue Stämme festgelegt

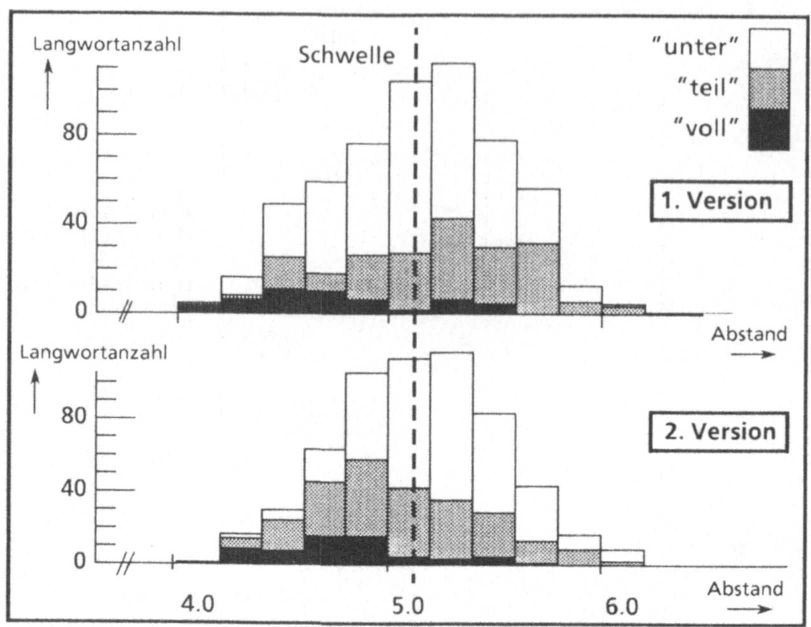


Bild 3:
Histogramme der ermittelten Abstände von verifizierten Langwörtern.

werden. Dabei sollten möglichst wenig zusätzliche Wörter als Stämme definiert werden, damit die Gesamtzahl der Wörter im neuen Lexikon, und damit der Erkennungsaufwand, möglichst klein bleibt. Auch die Gesamtzahl der Stämme sollte nicht zu groß werden, damit der Prädiktionsaufwand in Grenzen gehalten wird. Andererseits ist es günstig, mehrere Stämme für ein Langwort zu haben. Da bei einer mehrfachen Prädiktion nur einmal verifiziert werden muß, steigt der Verifikationsaufwand dadurch nicht, jedoch wird die Prädiktionssicherheit erhöht.

Bei der Auswertung des beschriebenen Vorversuches stellte sich heraus, daß auch zweisilbige Stämme viel zu häufig hypothetisiert wurden, besonders wenn sie wenige und häufig vorkommende Phoneme (z.B. Plosive und zentrale Vokale) beinhalten. Deswegen wurde bei der Auswahl der neu zu definierenden Stämmen nicht nur versucht, deren Zahl zu minimieren, sondern gleichzeitig möglichst viele dreisilbige und wenig zweisilbige Stämme zu finden. Dafür wurden einige mögliche, aber *zu einfache*, zweisilbige Stämme durch zwei oder drei dreisilbige ersetzt (z.B. "arbeitet", "arbeiten" und "arbeitung" statt "arbeit"). Nebenbei sei bemerkt, daß die neuen Stämme nicht unbedigt sinnvolle Wörter sein müssen, obgleich dies bei Wortschatzerweiterungen von Vorteil sein könnte.

Das SPICOS-Standardlexikon /7/ umfaßt 917 Wörter: 100 einsilbige, 269 zweisilbige, 225 dreisilbige, 174 viersilbige und 149 mit fünf bis neun Silben. Letztere 149 Langwörter wurden vom Lexikon entfernt und mit einem Verweis auf ihre jeweiligen Stämme in der Stammtabelle eingetragen. Analog wurde mit 56 Viersilbern verfahren, die bereits definierte Stämme enthalten. In der Stammverweistabelle sind nun 88 Stämme eingetragen: 33 zweisilbige, 48 dreisilbige und 7 viersilbige. Sie haben insgesamt 247 Verweise auf Langwörter, d.h. daß auf 42 Langwörter von zwei verschiedenen Stämmen aus verwiesen wird. Die meisten dieser Langwörter werden in zwei bis maximal vier Aussprachevarianten unterschiedlicher Silbenlänge prädiziert.

Die 41 neu definierten Stämme (12 zweisilbige und 29 dreisilbige) werden zusammen mit den 712 restlichen Kurzwörtern ( = <4 Silben) in einem neuen Lexikon eingetragen. Das daraus erzeugte "Phonologische Netzwerk für die Worthypothesenbildung" /7/, in dem die Transkriptionen der Wörter des Lexikons phonemweise codiert sind, enthält nun 27% Knoten bzw. 25% Kanten weniger als das ursprüngliche, das auch alle Langwörter enthielt. Dadurch reduziert sich der Zeitaufwand bei der Worthypothesenbildung um rund 30%.

## 5. VERIFIKATION MIT NEUEM WORTLEXIKON UND STAMMVERWEISTABELLE

Zum Testen des vorgestellten Prädiktion- und Verifikationsverfahrens dienten wieder die zwei Versionen der 200 Sätze. Stämme mit Verifikationsabstand oberhalb der ersten Schwelle wurden zur Prädiktion nicht betrachtet, wodurch die Anzahl der zu verifizierenden Langwörter in Grenzen gehalten werden konnte.

Die Zahl gut hypothetisierter Stämme, deren Abstand unter der Schwelle lag, betrug 463 für die erste bzw. 666 für die zweite Version. Davon waren rund ein Viertel richtig oder führten zu richtigen Langworthypothesen. Die Gesamtzahl der verifizierten Langwortvarianten in den 200 Sätzen nach Anwendung der beschriebenen Strategie belief sich auf 2342 bzw. 2754. Davon lagen 559 bzw. 772 unter der zweiten Schwelle, und von ihnen waren 63 bzw. 82 richtig (11%). Dies entspricht ca. 60% der 111 in den Testsätzen auftretenden Langwörter.

Diese 111 Langwörter entsprechen nur 8% der 1391 Wörter, aber 21% der 2869 Silben der 200 Testsätze. Diese Prozentzahlen sind daher die maximal erreichbaren Verbesserungen der Erkennungsraten durch die Langwortprädiktion.

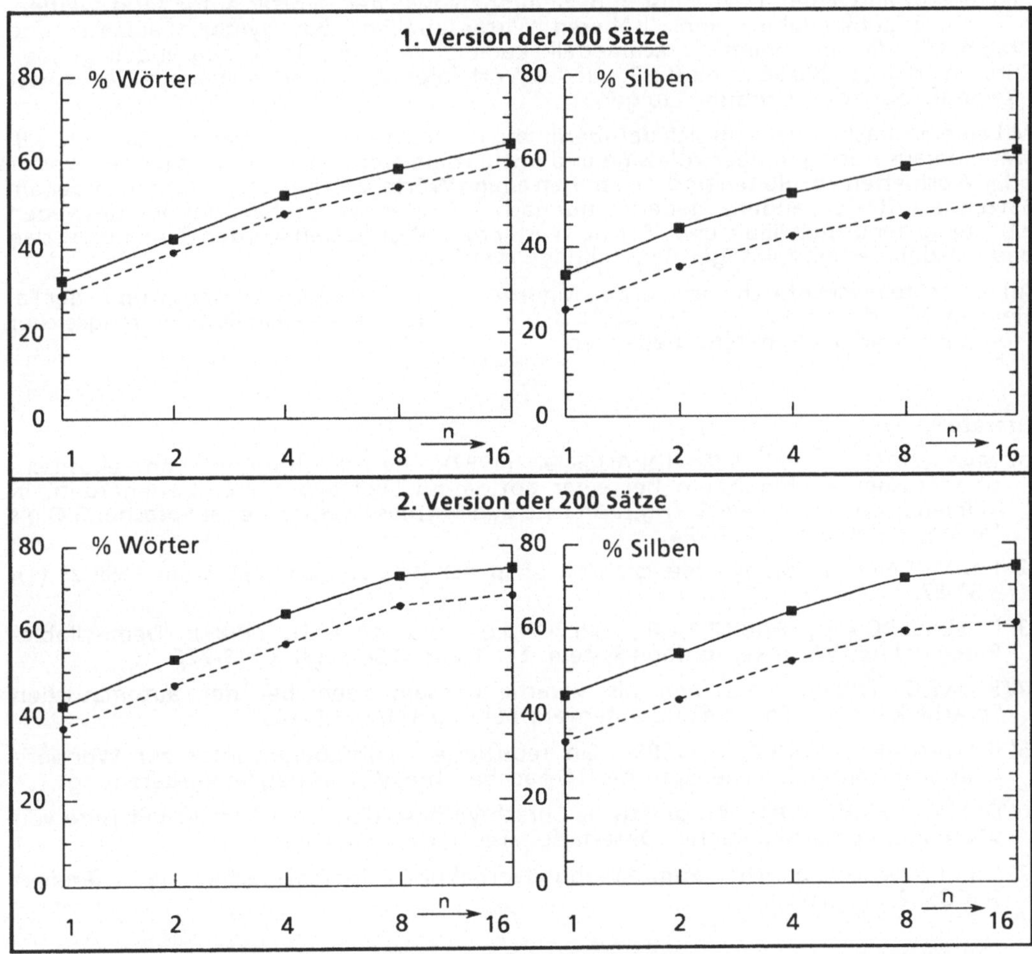



Bild 4: Wort- bzw. Silbenerkennungsraten mit und ohne Verifikation von Langwörtern in Abhängigkeit der Anzahl $n$ der besten Worthypothesen für einen festen Wortendzeitpunkt (gestrichelt: nur Kurzwörter; durchgezogen: mit Langwortverifikation)

Die Worterkennungsrate für die Worthypothesen mit kleinstem Abstand an ihrem jeweiligen Endzeitpunkt (also die, die auf Platz 1 auftreten) erhöht sich durch die verifizierten Langwörter um 3% für die erste bzw. 5% für die zweite Version. Die Silbenerkennungsrate, die durch Gewichtung der Wortrate mit der Zahl der Silben des jeweiligen Wortes ermittelt wird, steigt um 8% bzw. 11% (Bild 4). Werden die 16 besten Worthypothesen berücksichtigt, beträgt die Steigerung 5% bzw. 7% für die Wortrate und 11% bzw. 14% für die Silbenrate.

## 6. AUSBLICK

Das vorgestellte Verifikationsmodul für Langwörter läßt sich mit wenig Aufwand an neue Wortschätze anpassen. Bei gegebener phonetischer Transkription der neuen Wörter, die ohnehin vom Erkennungsmodul benötigt wird, muß lediglich die Auswahl neuer Stämme und die Stammverweistabelle neu erstellt werden. Das Synthesesystem und das Halbsilbeninventar können unverändert bleiben.

Das Verfahren läßt sich auch auf die Prädiktion und Verifikation von Wortketten (Satzteilen) ausweiten. Dazu müssen Beziehungen zwischen Wörter aufgedeckt werden, z.B. durch Zuhilfenahme von "höheren Wissensquellen" wie Syntax, Semantik und Pragmatik, die in einem Sprachmodell kodiert werden. Beim zugrundeliegenden Sprachmodell der 200 Sätze muß z.B. auf das Wort "alphabetischer" immer eins der Wörter "Reihenfolge" oder "Ordnung" folgen.

Mit einem Sprachmodell läßt sich darüberhinaus der Verifikationsaufwand reduzieren, z.B. wenn daraus Aussagen über zulässige und unzulässige Satzstellungen bestimmter Wörter oder Wortketten abzuleiten sind. So können einige Wörter z.B. nur am Satzanfang oder am Satzende auftreten, andere wiederum nur nach Auftreten weiterer Wörter und deswegen z.B. nur ab der dritten Silbe, usw.. Solche Wörter bzw. Wortketten werden dann nur an den dadurch definierten, zulässigen Satzstellungen verifiziert.

An dieser Stelle möchte ich mich bei den Mitarbeitern der Spracherkennungsgruppe der Fa. Siemens, München, und besonders bei Dr. E.Marschall für die Bereitstellung umfangreicher Programme und Datenmaterial bedanken.

**Literatur:**

/1/ MARSCHALL,E. und SCHMIDBAUER,O. (1987): Berücksichtigung von akustisch-phonetischen Ambiguitäten bei einer bottom-up Worthypothesen-Generierung. In Tillmann,H.G. und Willee,G. (Hg.): Analyse und Synthese gesprochener Sprache. G.Olms Verlag, Hildesheim. S.117-124.

/2/ FUJIMURA,O. (1975): Syllable as a Unit of Speech Recognition. IEEE Trans.ASSP-23 (1), S.82-87.

/3/ ROSENBERG,A.E., RABINER,L.R., WILPON,J.G. und KAHN,D. (1983): Demisyllable-Based Isolated Word Recognition System. IEEE Trans.ASSP-31(3), S.713-726.

/4/ RUSKE,G. (1984): Halbsilben als Verarbeitungseinheiten bei der automatischen Spracherkennung. Sprache und Datenverarbeitung 8 (1/2), S.5-16.

/5/ ROMANO-RODRÍGUEZ, J. (1988): Ein reduziertes Halbsilbeninventar zur Wortverifikation in kontinuierlicher Sprache. ITG-Fachberichte, VDE-Verlag (in Vorbereitung).

/6/ DETTWEILER,H. (1984): Automatische Sprachsynthese deutscher Wörter mit Hilfe von silbenorientierten Segmenten. Dissertation, Techn.Univ.München.

/7/ 1.BMFT-Zwischenbericht zum Verbundvorhaben "Sprachverarbeitung" (Projekt SPICOS). München 1985.

# Lokalisation von Mikrokalzifikationen
# in Mammographien


S. Holder, J. Dengler, J. F. Desaga [*]

Abteilung Medizinische und Biologische Informatik
Deutsches Krebsforschungszentrum Heidelberg

[*] Abteilung für Radiologie
Medizinisches Zentrum der Universitätsklinik Gießen



**Zusammenfassung:**

Mammographien ermöglichen eine sehr frühe Diagnose kleiner Mammakarzinome. Die bisherige manuelle Auswertung ist sehr zeitaufwendig und mühsam. Mit Methoden der Bildverarbeitung lassen sich sogenannte Mikrokalzifikationen schnell und automatisch lokalisieren, um anschließend nach Größe und Form klassifiziert werden zu können.

Der erste und bedeutendste Schritt ist, die Mikroflecken vom Gewebe zu trennen. Nach einer Erläuterung des medizinischen Hintergrundes werden im zweiten Kapitel zwei Verfahren beschrieben, Mikrokalzifikationen in einer Mammographie deutlich sichtbar zu machen, um dem Mediziner die Beurteilung der Kalzifikationen für die Befundung zu erleichtern.

Das erste Verfahren ist aus einem linearen Filter, der Differenz zweier gaußgefalteter Bilder, abgeleitet. Das zweite Verfahren beruht auf einer nichtlinearen Filtermethode der Mathematischen Morphologie, dem Opening. In einem weiteren Kapitel werden die beiden Verfahren einander gegenübergestellt.


## 1. Medizinischer Hintergrund

Das Mammakarzinom ist der häufigste bösartige Tumor bei der Frau, der zum Tode führt. Er zeigt eine stetig zunehmende Mortalitätsrate. Durch die mammographische Untersuchung der Brust lassen sich kleine Mammakarzinome diagnostizieren bevor sie klinisch symptomatisch werden. Eine Reduzierung der Mortalität von 30 – 40 % scheint durch ein regelmäßiges Screening erreichbar. Der Wert der Mammographie beruht auf einer Erkennung vor allem kleiner Mammakarzinome. Diese weisen, wenn sie kleiner als einen Zentimeter sind, einen vergleichsweise niedrigen metastastisch bedingten Lymphknotenbefall auf und besitzen aus diesem Grund eine wesentlich bessere Prognose.

In dem Projekt werden sogenannte Mikroverkalkungen der Mamma mit Bildverarbeitungstechniken analysiert. Mikrokalzifikationen sind kleine Kalkherde (Abb. 1), die "punktförmig oder etwas länglich, salzkornähnlich, zahllos und gruppiert" auftreten können (Lanyi 1986). Sie stellen einerseits ein frühes Tumorzeichen dar, sind aber auch bei gutartigen Veränderungen in geringfügig differenter morphologischer Ausprägung zu erkennen. Aufgabe des Untersuchers ist es, durch visuelle Analyse der Mammogramme aus Größe und Form der Einzelverkalkung, Hinweise auf die Wertigkeit dieser Bildstruktur zu gewinnen und sie als Zeichen einer gutartigen oder bösartigen zu Veränderung zu deuten.

Das Gewebe der Brustdrüse stellt sich im Röntgenbild als sehr inhomogene Bildstruktur dar, deren Helligkeitsabstufungen die gesamte Graustufenskala zwischen schwarz und weiß umfaßt. Auf diesem unruhigen Bildhintergrund sind die Mikroverkalkungen als winzige Flecken mit einem Durchmesser von ungefähr 0.3 Millimeter zu lokalisieren und anschließend nach Form und Größe zu klassifizieren. Ziel der vorliegenden Untersuchung ist es, durch den Einsatz von Bildverarbeitungsmethoden eine verbesserte Auswertung zu erreichen.


## 2. Segmentierung der Kalzifikationen


Einfache Schwellwertverfahren können bei diesem Problem nicht für die Segmentierung angewendet werden, da der Hintergrund bei weitem keinen einheitlichen Grauwert hat. Im Gegenteil, er schwankt von ganz hell bei dichtem Gewebe bis zu fast schwarz. Außerdem ist in manchen Fällen das Filmrauschen annähernd so groß wie der Kontrast zwischen den Mikroflecken und dem Hintergrund. Ein Ausschnitt einer Mammographie ist in Abbildung 1 zu sehen.

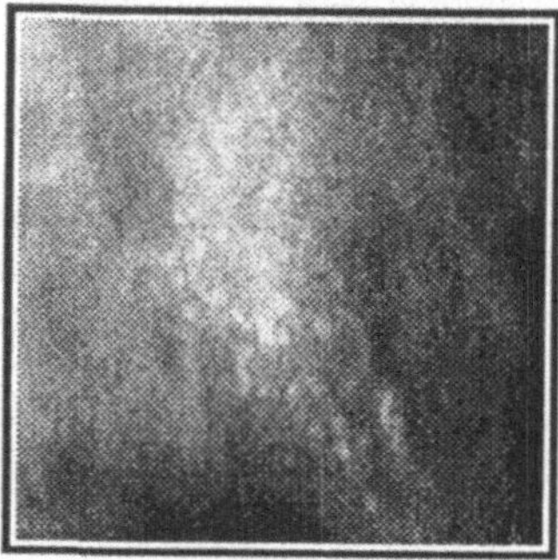

Abb. 1 Original

Es müssen demzufolge Verfahren eingesetzt werden, die unabhängig vom lokalen Grauwert des Hintergrundes und auch weitgehend unabhängig von der lokalen Varianz des Rauschens sind, also nur auf Flecken einer bestimmten vorgebbaren Größe mit einem bestimmten vorgebbaren Kontrast zum Hintergrund reagieren. Soll das Vorwissen über die Bildvorlagen: Größenordnung und Kontrast der Flecken in die Bildanalyse eingehen, bieten sich die beiden im Folgenden beschriebenen Verfahren an.

## 2.1 Verfahren 1: Segmentierung aus linearem Filter abgeleitet

Die Differenz D(x,y) zweier Bilder, die mit verschieden breiten Gaußfunktionen gefaltet wurden, deren Grenzfrequenzen $\sigma_1$ und $\sigma_2$ betragen, entspricht nach Marr und Hildreth (1980) in guter Annäherung einer Bandpaßfilterung (DOG = Difference of Gaussians). Der Vorteil des Verfahrens liegt darin, daß es unabhängig vom mittleren Grauwert arbeitet.

$$D(x,y) = \frac{1}{2\pi\sigma_1^2} exp\left(\frac{-r^2}{2\sigma_1^2}\right) - \frac{1}{2\pi\sigma_2^2} exp\left(\frac{-r^2}{2\sigma_2^2}\right) \qquad mit \quad r^2 = x^2 + y^2$$

$$= \quad G_1(x,y) \quad - \quad G_2(x,y)$$

Die rezeptiven Felder der meisten Ganglienzellen in der Retina des menschlichen Sehsystems sind aus zwei konzentrischen aber gegensätzlich arbeitenden Kreisen aufgebaut. Analog zu den ON–Zellen, deren Zentrum auf Lichtreize mit einer Erregung und deren Äußeres mit einer Hemmung reagiert, bedingen helle Flecken eine Faltungsmaske, deren Inneres positiv ist. Dabei entspricht dieses Innere der Größenordnung der Flecken (Richards et al. 1982). Die Breite des äußeren negativen Kreisrandes ergibt sich aus dem Abstand der Flecken. Das Vorwissen über die Größenordnung der Flecken wird also in der Maskengröße berücksichtigt. Für die Analyse der Mammographien wurde die in Abbildung 2 dargestellte Maske verwendet.

Gewichtet man die beiden gaußgefalteten Bilder unterschiedlich, hat man die Möglichkeit den gewünschten Kontrast einzustellen und unerwünschtes lokales Rauschen zu unterdrücken. Nach Richards et al. (1982) entspricht eine Reduzierung des mit der kleineren Maske gefilterten Bildes auf etwa 95 % der Vorgehensweise des menschlichen Wahrnehmungssystems.

$$D(x,y) = n_1 G_1(x,y) - G_2(x,y) \qquad mit \quad 0.9 < n_1 < 1$$

Durch die ungleiche Gewichtung der Filtermasken geht jedoch die Grauwertunabhängigkeit dadurch verloren, daß D einen konstanten Anteil von $(1-n_1)$ bekommt. Da die Segmentierung jedoch nicht nur von der Varianz des Rauschens, sondern auch vom lokalen Mittelwert des Hintergrundes unabhängig sein soll, wird vor der Bildung des gewichteten DOG das Original mit einer sehr großen Maske geglättet und vom Original abgezogen. Diese Differenz ist einerseits großräumig mittelwertsfrei, enthält aber andererseits die feine Struktur der Flecken. Von dieser Differenz wird dann der gewichtete DOG gebildet (Abb. 3), dessen positiver Anteil den gesuchten Flecken entspricht (Abb. 4).

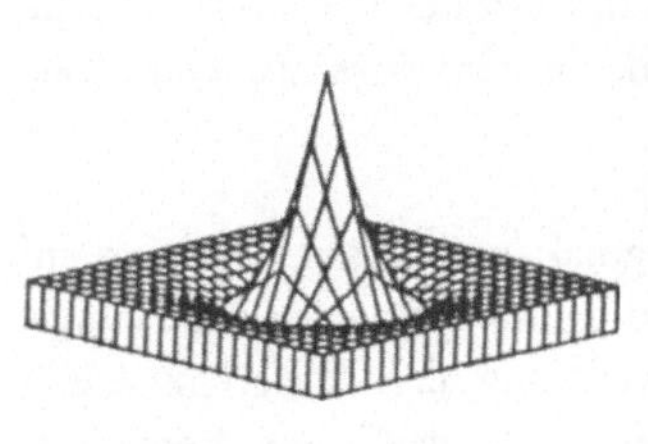

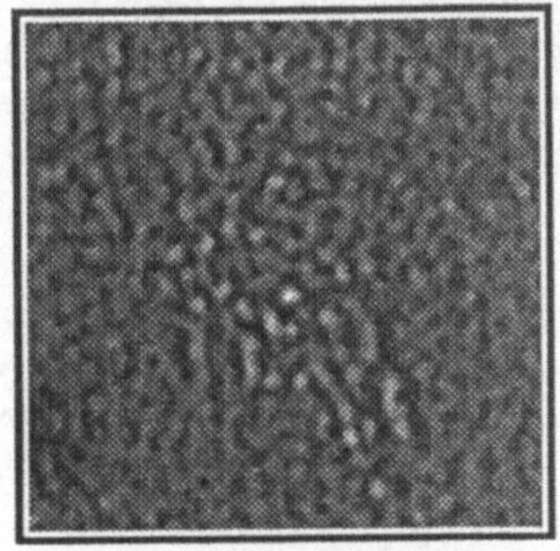

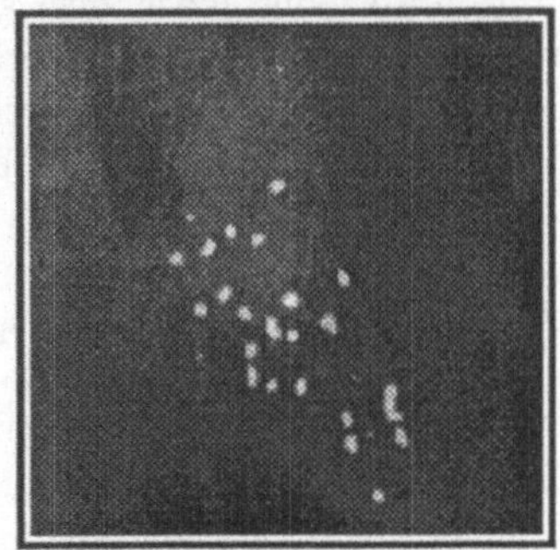

Abb. 2 Differenz zweier Gaußmasken

Abb. 3 Original gefaltet mit der Maske in Abb. 2

Abb. 4 segmentiertes Ergebnis

Kalkflecken unterscheiden sich vom Rauschen oder von Gewebeverdichtungen darin, daß zumindest das Zentrum einen hohen Kontrast zum Hintergrund hat, der nach außenhin jedoch abnimmt. Es hat sich deshalb als optimal erwiesen, zuerst Bereiche mit hohem Kontrast zu detektieren und diese dann anwachsen zu lassen auf solche mit geringerem (Kapitel 2.3). Bei einem solchen Vorgehen wird vermieden, daß zum Beispiel Gewebsverdichtungen, die einen nur etwas niedrigeren Kontrast haben, nicht als Kalkflecken erkannt werden.

## 2.2 Verfahren 2: Segmentierung aus morphologischem Filter abgeleitet

Das Opening ist bei Verwendung geeigneter strukturierender Elemente eine nichtlineare Größenfilterung (Serra 1982). Die Definition von Serra für binäre Bilder wurde von Sternberg (Sternberg 1986) auf Grauwertbilder verallgemeinert.

Sei $X(g(x))$ ein Bild mit dem Grauwert $g(x)$ an der Position $x$, dann ist nach Sternberg das Opening von $X$ mit dem strukturierenden Element B, die aufeinanderfolgende Anwendung der zwei morphologischen Operationen Erosion und Dilation mit B.

$$\text{ERO }(B,X) = \min (g(x-b)) \text{ mit } b \in B$$
$$\text{DILA}(B,X) = \max (g(x+b)) \text{ mit } b \in B$$

$$\text{OPENING }(B,X) = \text{DILA }(B,\text{ERO}(B,X))$$

Da die Erosion alle Objekte, die kleiner als B sind, entfernt, und die Dilation die übriggebliebenen Punkte um B expandiert, ist ein Bild nach einem Opening mit dem strukturierenden Element B nur noch aus diesem B zusammengesetzt. Da eine mehrmalige Anwendung desselben Openings immer dasselbe Ergebnis ergibt, ist die Transformation idempotent. Das Opening mit dem strukturierenden Element B ist also ein morphologischer Filter, für die Struktur B. An allen Stellen, an denen das strukturierende Element größer ist als die lokale helle Struktur, wird der Grauwert so weit reduziert, daß die Maske in das Grauwertgebirge paßt, d.h. Flecken, die kleiner sind als das strukturierende Element, verschwinden. Abbildung 5 zeigt das Original, nachdem alle Objekte mit einem Durchmesser von weniger als 13 Pixel entfernt worden sind.

Durch eine Differenzbildung zwischen dem Original und dem mit dem strukturierenden Element B geöffneten Bild erhält man genau die Flecken, die kleiner als B sind (Abb. 6). Mit Hilfe des strukturierenden Elementes wird vorgegeben, welche Information aus dem Bild gefiltert werden soll. In diesem Fall sind es Flecken einer bestimmten Größe. Um das Größenkriterium zu erfüllen, muß das strukturierende Element mindestens so groß sein wie der größte vorkommende Kalkfleck.

Nach einer schwachen Glättung der Differenz zwischen dem Original und dessen Opening mit einer 3x3–Gaußmaske, die hochfrequentes Rauschen unterdrückt, wird durch einen bildabhängigen Schwellwert, der sich aus dem Mittelwert und der Standardabweichung der Differenz ergibt, bestimmt, wie groß der Kontrast zum Hintergrund mindestens sein muß, damit ein Bereich als Kalkfleck bezeichnet werden kann (Abb. 7).

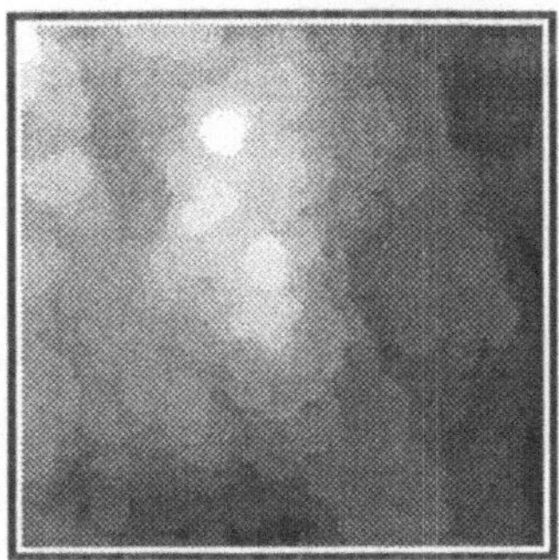 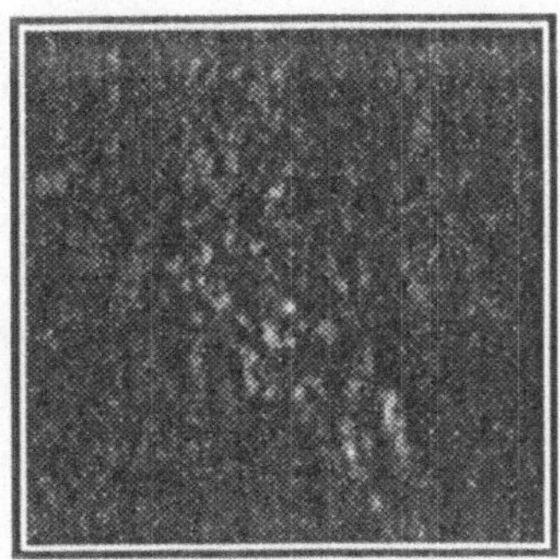 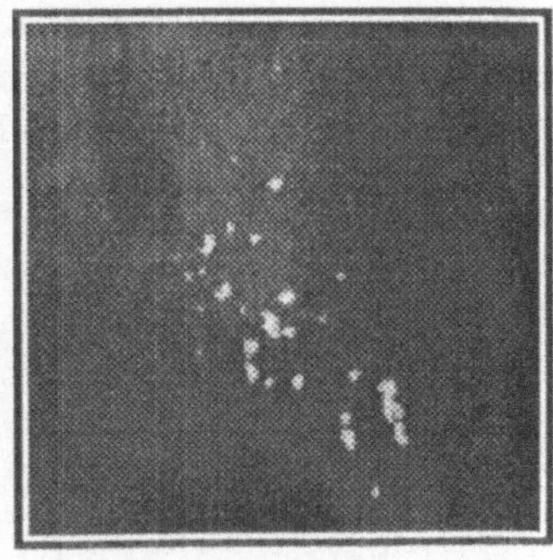

Abb. 5 Opening des Originals

Abb. 6 Differenz zwischen Original und dessen Opening

Abb. 7 segmentiertes Ergebnis

## 2.3 Detektion der Mikrokalzifikationen

Da der Kontrast innerhalb des Gewebshintergrundes teilweise fast so groß ist wie der zwischen den Kalkflecken und dem Gewebe, werden bei beiden Verfahren zunächst mit einem geringfügig höheren Schwellwert die kontraststarken Zentren der Flecken detektiert (Abb. 8), wogegen ein niedrigerer Schwellwert auch etwas kontrastschwächere Gebiete findet (Abb. 9). Mit Hilfe der folgenden morphologischen Transformationen werden die Kalkflecken daraus segmentiert.

Bedingtes Thickening von X bezüglich Y mit dem strukturierenden Element B = (B1,B2):

$$\text{COND\_THICKENING } (B,X,Y) = Y \cap (X \cup (ERO(B1,X) \cap ERO(B2,X^c)))$$

Für die Segmentierung der Kalkflecken hat B im quadratischen Gitter folgende Struktur:

$$B1_1 = \begin{matrix} 1\ 1\ 1 \\ 0\ 0\ 0 \\ 0\ 0\ 0 \end{matrix} \qquad B2_1 = \begin{matrix} 0\ 0\ 0 \\ 0\ 1\ 0 \\ 1\ 1\ 1 \end{matrix} \qquad B1_2 = \begin{matrix} 0\ 0\ 0 \\ 0\ 0\ 1 \\ 0\ 1\ 1 \end{matrix} \qquad B2_2 = \begin{matrix} 0\ 1\ 0 \\ 1\ 1\ 0 \\ 0\ 0\ 0 \end{matrix}$$

und enthält zusätzlich zu $B1_1$ und $B2_1$ bzw. $B1_2$ und $B2_2$ auch deren Rotationen um die Vielfachen von 90°.

Ergebnis des konditionellen Thickenings mit dem strukturierenden Element B ist die Vereinigungsmenge der Teilergebnisse obiger Gleichung für jedes Paar $(B1_i,B2_i)$.

$$E := \bigcup_{i=1}^{8} \text{COND\_THICKENING } (B_i,X,Y)$$

Diese Gleichung wird nun jeweils für $X := E$ solange angewendet, bis sich E nicht mehr verändert.

Die spezielle Eigenschaft von B ist, daß es X solange anwachsen läßt, bis es an die Grenzen von Y stößt oder zwei Teilmengen von X nur noch durch das Skelett des Hintergrundes getrennt sind. E ist also immer eine Teilmenge von Y und enthält genauso viele Objekte wie X. Eine Vereinigung zweier Objekte aus X wird durch das strukturierende Element B verhindert, da es X nur solche Punkte aus Y hinzufügt, die die Topologie von X nicht verändern.

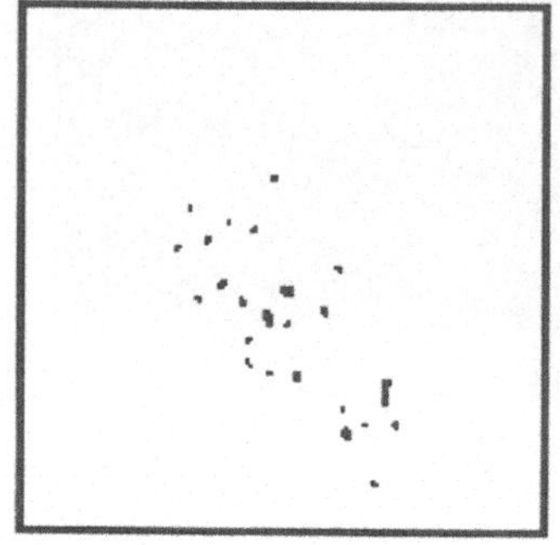

Abb. 8 kontrastreiche Gebiete

Abb. 9 Gebiete mit etwas weniger starkem Kontrast

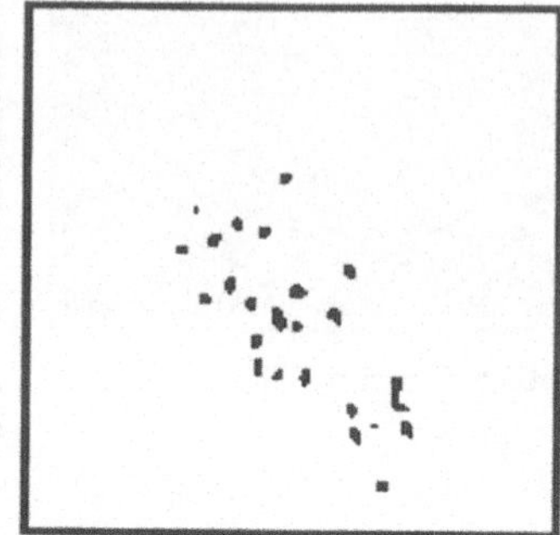

Abb. 10 Ergebnis des konditionellen Thickenings

Übertragen auf die Mikroverkalkungen bedeutet dies, daß die Zentren in Abbildung 8 sequentiell um topologisch unbedeutende Punkte erweitert werden und das Ergebnis jeweils mit Abbildung 9, die kontrastärmere Gebiete enthält, geschnitten wird. Abbildung 8 (X) legt somit fest, an welchen Stellen Kalkflecken sind. Abbildung 9 (Y) gibt die Form dieser Flecken vor. Durch die Schnittbildung wird verhindert, daß kontrastärmere Gebiete, die kein kontraststarkes Zentrum haben, als Kalkflecken segmentiert werden. Genauso verhindert das strukturierende Element B das Zusammenfließen von zwei Mikroflecken.


## 3. Bewertung und Gegenüberstellung der Verfahren

Bei beiden Verfahren ist die Detektion der Einzelverkalkungen vollständig. Dies gilt auch dann, wenn man berücksichtigt, daß bei der visuellen Auswertung, auch mit Hilfe einer Lupe Interpretationsunterschiede zwischen verschiedenen Untersuchern an einzelnen der oft sehr kleinen oder kontrastarm gegen den Hintergrund abgehobenen Verkalkungen auftreten können. Durch die beschriebenen Verfahren werden kaum zusätzlichen Strukturen fälschlich als Mikroverkalkungen erkannt, die nicht als Mikroverkalkungen auch auf dem Original zu beobachten waren.

Die Form der Einzelverkalkung bleibt bei beiden Verfahren sehr gut erhalten. Dies ist bei der diagnostischen Bedeutung rundlicher Verkalkungen weniger kritisch, als bei den für viele bösartigen Prozesse kennzeichnenden, länglichen und eher eckigen Einzelverkalkungen. In den meisten Fällen blieben visuell voneinander trennbare Einzelverkalkungen auch nach der Segmentierung als getrennte Einzelstrukturen dargestellt.

Das aus dem linearen Filter abgeleitete Verfahren ist sehr empfindlich für das Signal und Bedarf deshalb einer sehr sorgfältigen Einstellung des Kontrastes, damit keine aus dem Rauschen resultierenden Flecken als Mikroverkalkung detektiert werden. Dies wird zusätzlich durch das Anwachsen der kontraststarken Zentren auf die ganzen Flecken unterstützt.

Die Segmentierung mit dem morphologischen Filter reagiert dagegen mehr auf die Form und die Größe der Einzelverkalkungen. Es ist aus diesem Grund auf die erforderliche Auflösung der Bilder zu achten, damit nicht zwei nahe beieinander liegende Flecken zusammenfließen, sondern für die Formanalyse getrennt bleiben.

Welches der beiden Verfahren zum endgültigen Einsatz kommen wird, kann sich erst nach einer Erprobung an größeren Fallzahlen ergeben. Technische Voraussetzungen für die routinemäßige Anwendung sind neben sehr guten Displaymöglichkeiten für die mammographischen Bilder auch schnelle Bearbeitungszeiten. Die entwickelten Algorithmen erfüllen diese Bedingung, da sie in effizienter Weise implementierbar sind.

Die Beurteilung von Mikroverkalkungen nach Bildverarbeitung mit den vorgestellten Algorithmen bedeutet eine wesentliche Erleichterung und Vereinfachung im Auswertungsprozeß von Mammographien. Es ist daran gedacht, auch die Form sowohl der Einzelverkalkungen als auch der gesamten Verkalkungsgruppe mit Methoden der Mathematischen Morphologie automatisch zu analysieren, um damit auch den ungeübteren Beobachter zu unterstützen.


**Danksagung**


Bei Herrn Prof. Dr. M. Lanyi vom Röntgeninstitut in Gummersbach möchten wir uns herzlich bedanken für die freundliche Bereitstellung der Mammographien.


## 4. Literatur


Lanyi, M.
Mammaverkalkungen.
Springer Verlag, Berlin 1986

Marr, D.; Hildreth, E.
Theory of Edge Detection.
Proc, R. Soc. B 207 (1980) 187–217

Richards, W.; Nishihara, H. K.; Dawson, B.
Cartoon: A Biologically Motivated Edge Detection Algorithm.
A. I. Memo No. 668, Massachusetts Institute of Technology 1982

Serra, J.
Image Analysis and Mathematical Morphology.
Academic Press, London 1982

Sternberg, S. R.
Grayscale Morphology.
Computer Vision, Graphics, and Image Processing 35 (1986) 333–355

**Erkennung und Quantifizierung von Koronarstenosen aus angiographischen Röntgenbildern**

J. Beier, H. Oswald, E. Fleck

Deutsches Herzzentrum Berlin

## Zusammenfassung

In unseren Forschungen am Deutschen Herzzentrum Berlin (DHZB) wurde ein automatisiertes Verfahren zur Erkennung und quantitativen Auswertung von Koronarstenosen entwickelt, an zahlreichen Patienten getestet und die Ergebnisse mit visuellen Auswertungen verglichen. Die automatische Stenoseanalyse gliedert sich in die Schritte Gefäßauswahl, Vorverarbeitung, Segmentierung, interaktive Korrektur, densitometrische Korrektur, 3D-Rekonstruktion und Berechnung der Stenoseparameter. Hierbei wird mit Mitteln der digitalen Bildverarbeitung das Gefäß aus dem Originalangiogramm segmentiert, über seine Densitometriefunktion korrigiert, aus zwei Ansichten rekonstruiert und nach geometrischen und hämodynamischen Kriterien befundet. Über die bestehenden Ansätze zur Koronarstenosen-Analyse /1-13/ hinaus, haben wir in unseren Forschungen einen Schwerpunkt auf eine umfassende Segmentierung von Gefäßverzweigungen gelegt, um Stenosen an Gefäßteilungen in die Auswertung mit einbeziehen zu können.

## Einleitung

Ein Hauptaugenmerk der kardiologischen Diagnose richtet sich auf das Auftreten von Verengungen (Stenosen) der Herzkranzgefäße durch stoffliche Anlagerungen, da diese die Gefahr eines Infarktes beträchtlich steigern. Eine wichtige traditionelle Größe zur Beurteilung der Stenose ist die prozentuale Durchmesserverminderung, die durch visuelle Schätzung direkt aus dem Angiogramm entnommen werden kann. Diese Größe ist mit großen Unsicherheiten belastet, da es zu starken Inter- und Intravariabilitäten der Auswerter kommt /11,14/. Zum Zweck der Objektivierung und Vergleichbarkeit der Befunde ist eine computergestützte Analyse erstrebenswert. Darüber hinaus können mit der rechnergestützten Auswertung alle geometrischen Größen des Gefäßes und der Stenose, sowie die funktionellen Auswirkungen auf die Versorgung des Herzmuskels objektiv erfasst werden, die den mentalen Auswerter in ihrer Komplexität überfordern.

## Gefäßauswahl

Der Benutzer wählt aus den Angiogrammserien der zwei Projektionen die Bilder aus, die die Stenose überlagerungsfrei von anderen Gefäßen zeigen. Um den Bearbeitungsaufwand effizient zu gestalten, wird nicht das gesamte Bild betrachtet, sondern nur das stenosierte Gefäß. Hierzu gibt der Benutzer (mindestens 2) Stützpunkte auf dem Gefäß vor. Jeder Punkt wird entlang einer Linie senkrecht zur Mittelachse in den hellsten Punkt des Gefäßes korrigiert. Ein spezieller Verfolgungsalgorithmus nutzt die Tatsache, daß Gefäßprojektionen bandartige, zusammenhängende Muster mit einer glockenförmigen Dichteverteilung sind (s. Bild 1) und verbindet so die Stützpunkte entlang des Gefäßkammes. Bild 2 zeigt das Resultat der Mittellinienverfolgung nach Vorgabe von Start- und Endpunkt.

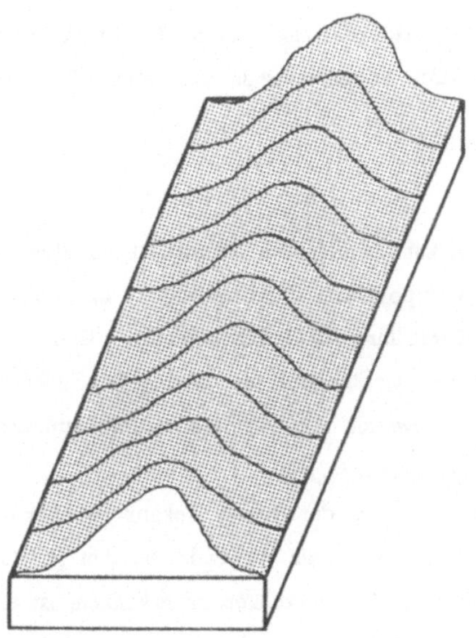

Bild 1: Dichteverteilung eines Gefäßes

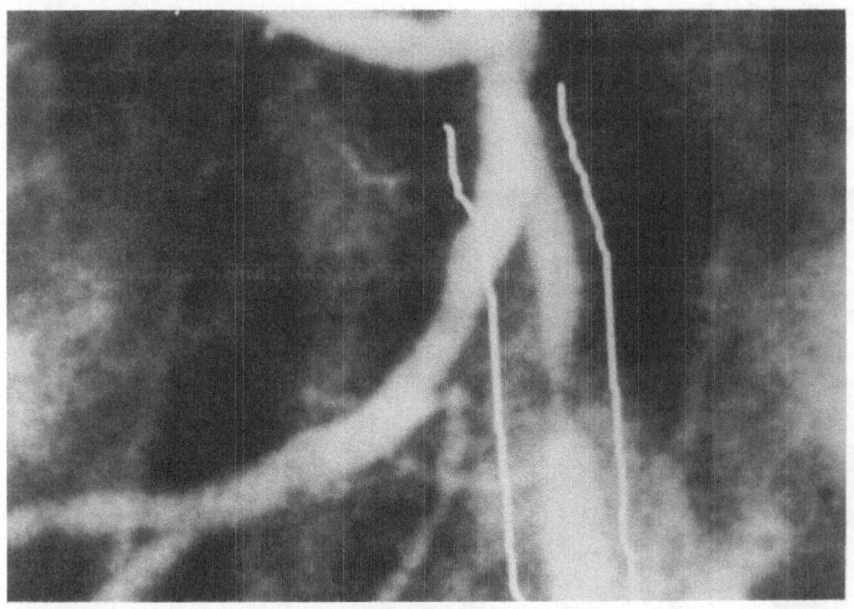

Bild 2: Suchbereich entlang der Mittellinie eines Gefäßes

**Gefäßverzweigungen**

Befindet sich die Stenose an einer Gefäßverzweigung, gibt der Benutzer zusätzliche Stützpunkte auf dem Abgangsgefäß an. Um Entscheidungsschwierigkeiten an der Verzweigungsstelle zu vermeiden, wird die

Mittellinienverfolgung von distal nach proximal, also gegen die Strömungsrichtung des Blutes, durchgeführt. Als Resultat liegen die drei Mittelliniensegmente vom Elterngefäß und den beiden Tochtergefäßen vor.


**Vorverarbeitung**

<u>Extraktion des Gefäßsegmentes:</u> Senkrecht zum automatisch definierten Mittelliniensegment werden aus dem Originalbild mittels bilinearer Interpolation streckenförmige Suchlinien eingelesen. Deren Aneinanderreihung ergibt eine gestreckte Darstellung des Gefäßsegmentes (s. Bild 3, 1. Spalte).

<u>Rauschunterdrückung:</u> Zur Glättung des Gefäßsegmentes wird jede Suchlinie mit ihren beiden Nachbarzeilen verglichen und gewichtet bewertet. Da die Gefäßkante senkrecht zu den Suchzeilen verläuft, ist diese Glättungsoperation kantenerhaltend (s. Bild 3, 1. Spalte).

<u>Hervorhebung der Gefäßkanten:</u> Da die Richtung der Kante bekannt ist, kann ein eindimensionaler Gradientenoperator (1. Ableitung) entlang einer Zeile verwendet werden (s. Bild 3, 2. Spalte). Um eventuelle Verzweigungen, Nachbargefäße und Überlagerungen zu erkennen, ist es nötig, steigende und fallende Gefäßkanten unterscheiden zu können (s. Bild 3, 3. Spalte).


**Segmentierung**

Die Segmentierung dient der Trennung von Gefäßen und Bildhintergrund. Aus dem Gradientenbild des Gefäßes werden mit Hilfe einer Kostenmatrix geschlossene Konturen für die rechte und linke Seite des Gefäßes erzeugt (s. Bild 3, 4. Spalte). Dabei stellt ein Zusammenhängigkeitskriterium sicher, daß keine Sprünge in den Konturen auftreten.

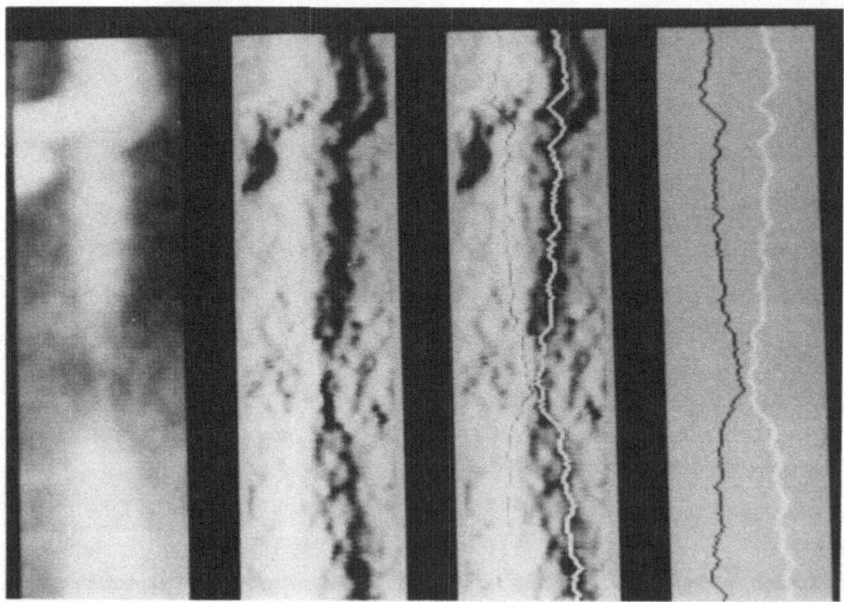

<u>Bild 3:</u> Verarbeitungsschritte zur Gefäßsegmentierung

Die Kostenmatrix ist zur Segmentierung von Gefäßabschnitten sehr gut geeignet:

- es werden immer geschlossene Gefäßkonturen erzeugt,

- Lücken in den Konturen werden aufgefüllt und

- die Information sämtlicher vorangegangener Zeilen wird zur Konturfindung mit herangezogen.

Bei Gefäßverzweigungen aber versagt dieser Ansatz, da er nur den Hauptstamm verfolgt und die Verzweigungsstelle zu einer Deformation (Ausbuchtung) der detektierten Gefäßkanten führt. Da Stenosen bevorzugt an Verzweigungen auftreten /20/, ist hier eine exakte Segmentierung unumgänglich. Deshalb verwenden wir die Kostenmatrix nur für unverzweigte Gefäßabschnitte und fügen diese anschließend aneinander.

**Interaktive Korrektur**

Die Gefäßkonturen werden geglättet und im Originalbild eingezeichnet (s. Bild 4). Falls Teilstücke der automatisch segmentierten Gefäßkontur durch Störungen von der wahren Kontur abweichen, kann der Benutzer diese interaktiv korrigieren. Der Algorithmus ordnet das korrigierte Teilstück der rechten bzw. linken Kontur zu und ersetzt diese.

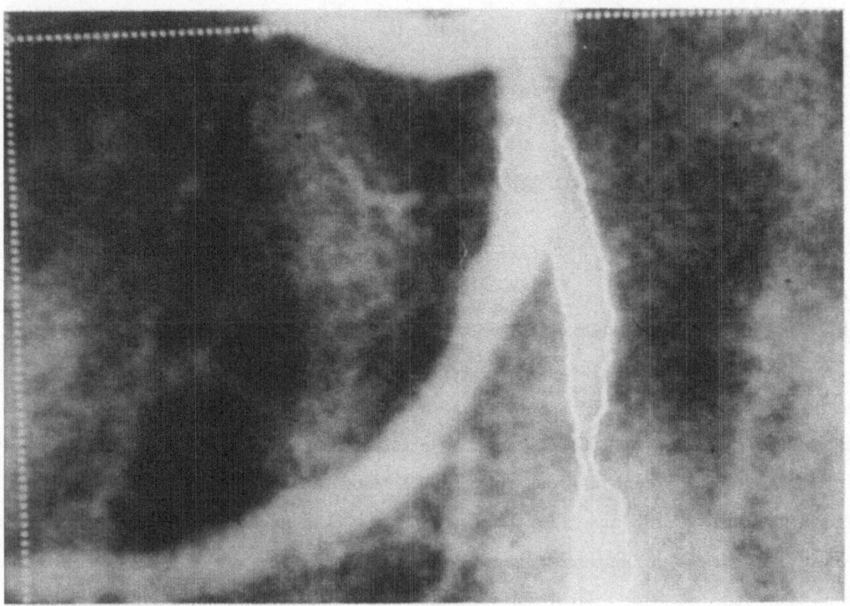

Bild 4: Segmentierte Gefäßkonturen

**Densitometrische Durchmesserkorrektur**

Durch Abbildungsfehler der bildgebenden Komponenten (Point Spread Function) kommt es bei herkömmlichen Kantendetektionsverfahren zu einer Überbewertung von kleinen (und stenosierten!) Gefäßen /16/, was eine Unterschätzung des Stenosegrades zur Folge hat. Die densitometrische

Bildinformation spiegelt hier den anatomischen Sachverhalt viel besser wider, da sie proportional zur Menge des Kontrastmittels ist. Bild 5 zeigt ein Dichteprofil senkrecht zur Mittellinie. Die Dichtefunktion des Gefäßes wird vom Hintergrund bereinigt, indem von allen Dichteprofilen ein Hintergrundwert ($H_0$) subtrahiert wird. $H_0$ wird durch ein Histogrammverfahren aus den Hintergrundhelligkeiten sämtlicher Dichteprofile bestimmt. So wird vermieden, daß benachbarte Gefäße mit ihren hohen densitometrischen Werten $H_0$ verfälschen. Anschließend werden die kleinen Gefäße entsprechend ihrer Densitometrie korrigiert, näheres zu diesem Verfahren findet sich bei /17,18/.

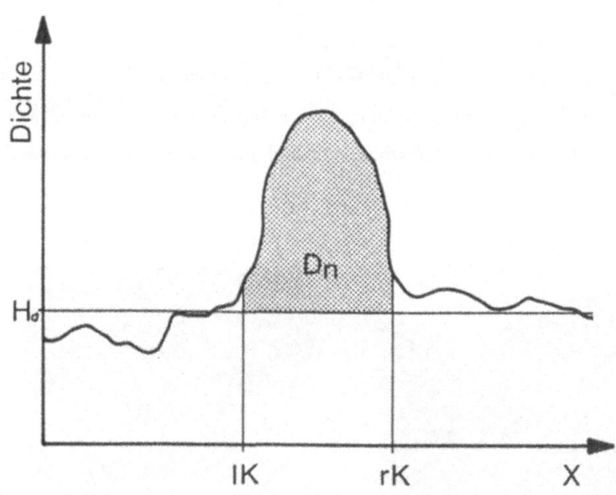


__Bild 5:__ Dichteprofil eines Gefäßes, Dichteintegral $D_n$ zwischen den Gefäßkanten

**3D-Rekonstruktion**

Die Modellbildung stützt sich auf die Zerlegung des Gefäßsegmentes in Schichten, dies sind die Querschnitte durch das Gefäß senkrecht zur Gefäßmittellinie. Zwei orthogonal zueinander stehende Bilder werden einzeln segmentiert und aus den resultierenden Durchmesserfunktionen der zwei Gefäßprojektionen wird ein Modell mit ellipsenförmigen Querschnitten generiert.

**Stenoseparameter**

Die rechnergestützte Analyse des resultierenden 3D-Modells liefert die Stenoseparameter. Diese gliedern sich nach anatomischen und funktionellen Aspekten. Der anatomische Befund liefert geometrische Aussagen über die Morphologie der Gefäße und ihrer pathologischen Veränderungen, dazu gehören:
- Quer- und Längsschnitte des Gefäßes,
- prozentuale Durchmesserverengung,
- prozentuale Flächenverminderung,

- minimale Querschnittsfläche (Lumen),

- Ein- und Austrittswinkel an der Stenose und

- Form und Lage der Stenose im Gefäß.

Beim funktionellen Aspekt sind die Auswirkungen der Stenose auf die Leistungsfähigkeit des Herz- und Kreislaufsystems von Interesse. Aufgrund der Stenosegeometrie lassen sich nach hämodynamischen Modellen /16,19/ funktionelle Größen wie

- der Druckabfall an der Stenose (dP) und

- die Koronarreserve (Maß für die Vasomobilität der Gefäße) berechnen.

## Schlußfolgerungen

Es wurde ein neues rechnergestütztes System zur Erkennung und Analyse von Koronarstenosen in digitalen Angiogrammen vorgestellt. Dabei wurde der Schwerpunkt auf die Mittellinienverfolgung des Gefäßsystems und seiner Verzweigungen gelegt. Nach Angabe von Stützpunkten erkennt der Algorithmus Verlauf, Verzweigungen und Stenosen der Gefäße. Die unverzweigten Gefäßabschnitte werden getrennt segmentiert und anschließend die Kanten an den Verzweigungsstellen zusammengefügt. Aus den Gefäßdurchmesserfunktionen wird aus zwei Ansichten ein 3D-Modell generiert und aus diesem werden automatisch die Stenoseparameter bestimmt.

Unser zukünftiges Interesse richtet sich auf eine vorangehende automatische Verfolgung der Mittellinien des kompletten Gefäßbaumes, um so die Eingabe von Stützpunkten zu umgehen.

## Literatur


/1/ Alderman, E.L.; Berte, L.E.; Harrison, D.C.
"Quantitation of coronary artery dimensions using digital image processing", Proceedings of SPIE, Vol. 314, S.273-278, 1981

/2/ Barth, K.; Faust, U.; Both, A.
"Quantification of coronary stenoses", In: Radiological Function Analysis of the Vascular System, Heuck,F., Springer Verlag, S.207-213, 1983

/3/ Brown, B.G.; Bolson, E.L.; Dodge, H.T.
"Quantitative computer techniques for analyzing coronary arteriograms", In: Progress in cardiovascular diseases, Vol.28, No. 6, S. 403-418, 1986

/4/ Fukui, T.; Yachida, M.
"Detection and tracking of blood vessels in cine-angiograms", IEEE Transactions on medical imaging, S.383-385, 1980

/5/ Gerbrands, J.J.; Reiber, J.H.C.; Kooijmann, C.H.
"Modell-guided segmentation of coronary cine-angiograms", Signal Processing II, Schüssler, W., Elsevier, North-Holland, S.601-604, 1983

/6/ Hoffmann, K.R.; Doi, K.; Chan, H.P.
"Automated tracking of the vascular tree in DSA-images", Proceedings of SPIE, Vol. 626, S.326-333, 1986

/7/ Kindelan, M.; de Lezo, J.S.
"Artery detection and tracking in coronary angiographie", In: Digital image analysis, Levialdi, S., University of Rome, S.283-294, 1984

/8/ LeFree, M.T.; Simon, S.B.; Mancini, G.
"Digital radiographic assessment of coronary arterial geometric diameter and videodensitometric cross-sectional area",
Proceedings of SPIE, Vol. 626, S.334-341, 1986

/9/ Nguygen, T.V.; Sklansky, J.
"Computing the skeleton of coronary arteries in cineangiograms", Computers and Biomedical Research, Vol. 19, S.428-444, 1986

/10/ Nichols, A.B.; Christopher, F.O.
"Quantification of relative coronary arterial stenosis by cinevideodensitometric analysis of coronary arteriograms",
Circulations, Vol. 69, S.512-522, 1984

/11/ Reiber, J.H.C.; Serruys, P.W.; Slager, C.J.
"Quantitative coronary and left ventricular Cineangiographie", Martinus Nijhoff Publisher, Boston/Dodrecht/Lancaster, 1986

/12/ Spears, J.R.; Sandor, T.; Serur, J.
"Computer aided densitometric evaluation of coronary cineangiograms", in: Radiological Function Analysis of the vascular
System, Heuck, F., Springer Verlag, S.195-206, 1983

/13/ Akamatsu, S.; Sklansky, J.
"Automatic detection and tracing of coronary artery skeletons in angiographic images", Proceedings of CAR '87, Springer
Verlag, S.708-712, 1987

/14/ Meier, B.; Gruentzig, A.R.; Pyle, R.
"Assessment of stenoses in coronary angioplastie, inter- and intraobserver variabilität", International Journal of Cardiology,
Vol. 3, S.159-169, 1983

/15/ Zamir, M.; Brown, N.
"Arterial branching in various parts of the cardiovascular system", American Journal of anatomy, Vol. 163, S.295-307, 1982

/16/ Wong, W.H.; Kirkeiide, R.L.; Gould, K.L.
"Computer applications in angiography", in: Cardiac Imaging and Image Processing, Collins, S.M., Skorton, D.J.,
McGraw-Hill, S.206-238, 1986

/17/ Oswald, H.; Fleck, E.; Beier, J.
"Densitometric correction of vessel diameter from digital arteriograms", 5th Graz Symposium, Springer Verlag, 1988

/18/ Oswald, H.; Fleck, E.
"Densitometrisch korrigierte Gefäßdurchmesser in der digitalen Koronarangiographie", Zeitschrift für Kardiologie, Vol. 76,
Suppl. 2,:60, 1987

/19/ Gottwik, M.G.; Siebes, M.; Kirkeiide, R.
"Hämodynamik von Koronarstenosen", Zeitschrift für Kardiologie, Vol. 73, S.47-54, 1987

/20/ Hort, W.
"Anatomy and pathology of the human coronary circulation", in: The pathophysiology of myocardial perfusion, Schaper,
S.247-282, 1979

# Arbeitsstation zur interaktiven Bearbeitung und Darstellung medizinischer Volumen-Bilddaten


E. Hiltebrand
Institut für Elektronik
ETH Zürich



**Zusammenfassung**

Für die interaktive Darstellung und Manipulation von Volumendaten wie sie in der medizinischen Diagnostik verwendet werden, besteht der Wunsch nach sehr leistungsfähigen Rechnersystemen. Es wird ein System mit parallel arbeitenden Transputern beschrieben, das durch die Verwendung kleiner Hardwarezusätze in der Lage ist, die Projektion eines Datenwürfels von $256^3$ Volumenelementen in einer Sekunde zu berechnen.


## 1 Einleitung

Im Rahmen einer vom Schweizerischen Nationalfonds unterstützten Arbeit wurden Methoden gesucht die dreidimensionalen (3D) Datensätze, wie sie bei medizinisch diagnostischen Untersuchen am menschlichen Körper mit Hilfe von Magnetresonnanz- (MR) und Computer-Tomographie (CT) gemessen werden, in räumlicher Darstellung interaktiv auf einem Monitor zu visualisieren. Für das Erfassen der Form und der Lage eines Objekts ist es notwendig die gemessene Information einer ebenen in der Lage beliebigen Schnittfläche und eine beliebige räumliche Ansicht der Oberfläche schnell dem Betrachter anbieten zu können. Verbesserungen bei der Magnetresonnanz Messung erlauben die Aufnahme eines Volumens mit $256^3$ Datenelementen (Voxeln) statt in Stunden in wenigen Minuten. Deshalb ist es einfach vorherzusehen, dass 3D-Bildoperationen, wie die Darstellung schattierter Oberflächen, Segmentierung und das Legen von Schnittflächen mit einem hohen Grad an Interakivität in naher Zukunft grosse klinische Bedeutung erlangen wird.

Moderne medizinische bildgebende Untersuchungsmethoden wie MR oder CT generieren riesige Mengen (Megabytes) an 3D-Information, typischerweise in der Form einer Serie von ebenen Schnitten durch das zu untersuchende Objekt. Stapelt man diese Schnitte aufeinander so entsteht eine dreidimensionale Datenmatrix mit einer Flut von Information für einen Forscher oder Arzt. Es existiert eine Vielfalt von möglichen Anwendungen für die Darstellung von Volumendaten unter anderm in der klinischen Diagnostik, Planung von chirurgischen Eingriffen, oder Strahlentherapie. Frühere Arbeiten [1] befassten sich vor allem mit der softwaremässigen Auswertung der gemessenen Datenpakete auf relativ langsamen Universalrechnern mit Verarbeitungszeiten von Minuten bis Stunden. Selbst mit den schnellsten verfügbaren Einprozessorsystemen dauert die Projektion eines Würfels mit $128^3$ Volueleenten über 5 Sekunden.

## 2 Darstellungsalgorithmen

Für die Darstellung schattierter Oberflächen von Volumenbildern finden viele Methoden Verwendung. Die ältteste Gruppe bedingt die Extraktion der Oberflächen des Objekts [2]. Die aus kleinen Kacheln nachgebildete Oberfläche wird mit Standard-Computergraphik-Algorithmen dargestellt. Durch die Nachbildung der Objektoberfläche wird eine beachtliche Datenreduktion erreicht, was aber einen weitern Verarbeitungsschritt mit einem sehr hohen Rechenaufwand bedingt. Will man unerwünschte Teile eines Objekts entfernen muss dieser Verarbeitungsschritt erneut ausgeführt werden.

Neuere Darstellungsalgorithmen behandeln die Daten immer als Volumenelemente [5]. Die Darstellung einer schattierten Oberfläche kann dabei mit Ray-Casting (FIgur 1b) [3] oder mit einer Back to Front (BTF) Methode (Figur 1a) [4] generiert werden. Bei der BTF Methode werden alle Schnitte, Reihen und Kolonnen des Volumens in der Reihenfolge abnehmender Distanz zum Beobachter auf Opakheit getestet. Alle Voxel die nicht transparent sind werden auf die Projektionsebene abgebildet und überschreiben früher bearbeitete Elemente, was die Verdeckung unsichtbarer Teile ergibt. Bei der Ray-Casting Methode wird entlang von Strahlen von der Projektionsebene auf das Objekt zu gearbeitet bis das erste opake Voxel getroffen wird. Heutige Implementationen beider Algorithmen sind sehr zeitaufwendig bedingt durch den enormen Rechenaufwand für die Projektion.

Bei der Prebuffer Methode [6] (Figur 1c) wird die Berechnung einer Ansicht in zwei Teilschritte zerlegt. Zuerst wird eine Projektion auf eine Ebene ausgeführt, die senkrecht zu derjenigen Koordinatenachse steht, die mit der Projektionsrichtung einen Winkel von weniger als 45 Grad bildet. Der endgültige Distanzbuffer wird durch eine 2D-Transformation des Prebuffers berechnet. Der Hauptvorteil der Zerlegung in zwei Schritte liegt in der Grösseninvarianz des Prebuffers, die aus der Parallelität der Projektionsebene mit den Schnitten des Datenvolumens resultiert. Jeder Schnitt wird ohne Veränderung seiner Grösse in den Prebuffer übertragen und dabei um den Bruchteil des Rasterintervalls gegenüber dem dahinterliegenden Schnitt verschoben. Dadurch wird die Berechnung der Voxeladressen sowohl mit Ray-Casting als auch mit der BTF Methode sehr einfach und zeitsparend.

Der BTF Prebuffer Algorithmus wurde auf einem Ein-Transputer System implementiert, dessen Speicherkapazität das Arbeiten mit $128^3$ Datensätzen erlaubt. Der Prebuffer für eine beliebige Projektionsrichtung kann in etwa 8 Sekunden generiert werden. Setzt man die Kantenlänge des Datenwürfels gleich n so ist der Rechenaufwand proportional zu $a*n^3+b*n^2+c*n$, was für grosse Werte von n mit $a*n^3$ angenähert werden kann. Die Berechnung der distanzcodierten Schattierung und die 2D-Transformation mit einer aliasingfreien zweistufigen Methode [10] dauert 0.6 bis 1.2 Sekunden je nach der durch die Projektionsrichtung gegebenen Grösse des Prebuffers und der Objektansicht. Die 2D-Verzerrung könnte durch den Einsatz eines Warpers wesentlich beschleunigt werden.

Die Schattierung wird ülicherweise mit einer Abbildung der Distanz auf Helligkeitswerte oder mit einer kombinierten Distanz- und Neigungsschattierung erreicht [9].

Je nach Qualität der gemessenen Daten sind vor der Segmentierung und dem Darstellen einige Vorverarbeitungsschritte von Vorteil. Die Datenmatrix wird üblicherweise so interpoliert, dass die örtliche Auflösung in x, y und z gleich ist. Standard Filtrierungsoperationen dienen der Unterdrückung von Störungen und der Steigerung der Oberflächenqualität. Für die Segmentierung wird ein Schwellenentscheid oder eine Methode basierend auf Differenzen von Gaussfunktionen [7] verwendet.

# 3   Voxelbasierter Darstellungsprozessor

Der voxelbasierte Darstellungsrechner (VDP) erlaubt eine interaktive Manipulation und Darstellung von Objekten in einer kubischen Datenmatrix mit sehr kurzen Antwortzeiten. Seine Architektur ist modular und weitgehend regulär, was eine VLSI Implementation erlauben würde. Dank dem Prebufferalgorithmus werden nur einfache Operationen, wie Addition und Vergleich

für die Berechnung des Prebuffers aus dem 3D-Datensatz benötigt. Die Projektion wird durch zwei Tabellen, die die Koordinatenoffsets der einzelnen Schnitte im Prebuffer enthalten gesteuert.
Die Entwurfsziele des VDP waren folgende:

- Die interaktive Darstellung segmentierter 3D-Objekte auf einem 2D-Schirm mit einer kurzen Antwortzeit des Systems.

- Das interaktive Entfernen von verdeckenden Teilen mit beliebigen ebenen oder gekrümmten Flächen zur Untersuchung der internen Struktur eines Objekts.

- Möglichst wenige Vorverarbeitungsschritte sind für die Darstellung eines 3D-Objekts notwendig.

- Gemischte Darstellung von schattierten Oberflächen und gemessenen Daten ist möglich.

- Die Darstellung der gemessenen Daten auf beliebigen ebenen Schnitten durch den Datensatz ist möglich.

- Berechnete Ansichten können zur Verstärkung des räumlichen Eindrucks als Filmsequenz abgerufen werden.

## 4  System Entwurfs-Ueberlegungen

Da die Zugriffsgeschwindigkeit der dynamischen Speicherbausteine ziemlich bescheiden ist, drängt sich die Verwendung mehrerer parallel arbeitender Subsysteme mit lokalem Volumendaten Speicher auf. Die Unterteilung des Prebufferspeichers vermeidet Zugriffskonflikte und vereinfacht die Elimination verdeckter Objektteile beim BTF Projektionsalgorithmus. Nachfolgend werden die vielversprechendsten Möglichkeiten zur Verbesserung der Leistung des VDP aufgelistet:

- Parallelisierung des Algorithmus

- Verwendung von spezialisierter Hardware

- Verwendung von Mehrprozessorsystemen

- Verwendung von Pipelining

- Verwendung einer schnelleren Technologie (ECL)

Erste Realisierungsabsichten zielten auf die Verwendung einer Kombination von anwendungsspezifischer Hardware, einer parallelen Version des Algorithmus, sowie von Pipelining beim Generieren des Prebuffers [8]. Diese aufwendige Realisierung hätte sicher zu einer sehr schnellen Implementation des Darstellungsalgorithmus geführt, wäre aber andererseits für die Segmentierung der Volumendaten nicht besonders geeignet gewesen. Dies und die ungenügende Flexibilität für zukünftige Anforderungen, als auch die Verfügbarkeit des auf parallele Verarbeitung ausgerichteten Transputers [12] führte zum Entwurf eines universell einsetzbaren Mehrprozessorsystems.

# 5 Mehr-Transputer Darstellungsrechner

Nachfolgend wird das Konzept eines 9 Transputer VDP System, wie es in den Figur 2 gezeigt ist erläutert. Der Masterprozessor, der über einen Link mit einem Tischcomputer verbunden ist, nimmt die Benutzereingaben entgegen, berechnet globale Steuerinformation, verteilt über das Linknetzwerk Aufträge an die Slaveprozessoren, sammelt die Teilprojektionen ein und fügt diese im Bildspeicher zusammen. Der Tischcomputer dient lediglich als Terminal, Massenspeicher und Netzteil.

Die Prozessorknoten sollten so verbunden sein, dass die Teilprebuffer für alle Projektionsrichtungen möglichst effizient zusammengefügt werden können. Zwei verschiedene Topologien der Linkverbindungen sind in Figur 4 gezeigt. Das Zusammenfügen kann durch einen Prozessor sequentiell oder durch mehrere Prozessoren, die teilweise parallel arbeiten in mehreren Stufen erfolgen. Falls ein einzelner Transputer den Prebuffer zusammensetzt, muss ein Teil der Prebuffer durch einen andern Prozessor transferiert werden, da nur vier Links pro Transputer vorhanden sind. Verwendet man einen mehrstufigen Algorithmus, müssen viele Reihenfolgen des Zusammenfügens unterschieden werden.

Versuche zeigten, dass das Uebertragen der Prebuffer über die seriell arbeitenden Links (400kByte/s) unverhältnismässig lange dauert. Daher wird ein globales paralleles Bussystem für dem Transport grosser Datenblöcke verwendet, wie es in [11] vorgeschlagen wurde. Um den Aufwand an Verbindungsleitungen gering zu halten, werden die Prozessoren durch einen 8 Bit breiten Bus mit einer Datenrate von 12 MBytes/s verbunden. Die Buszuteilung und Synchronisation der Uebertragung erfolgt über die Links. Die Arbitration erfolgt jeweils für ein Datenpaket durch den Masterprozessor. Die Quellen- und Zieladressen werden vom Businterface generiert und die Daten werden in einem Wechselpuffer, der vom lokalen Bus des jeweiligen Prozessors getrennt ist, gespeichert. Nach der vollständigen Uebertragung werden die zwei Bereiche des Wechselpuffers getauscht und die Information steht dem Zielprozessor zur Weiterverarbeitung zur Verfügung. Dieses System eignet sich nicht nur für die beschriebene Applikation, sondern ist für Anwendungen in der Bildverarbeitung generell sehr nützlich.

Um die Darstellung einer beliebigen Ansicht in einer Sekunde zu berechnen ist es notwendig die innerste Schleife des Programms durch spezialisierte Schaltungen im Datenpfad der Slaveprozessoren (Figur 3) zu beschleunigen. Dabei wird die Eigenschaft des Transputers Datenpakete mit der maximalen Geschwindigkeit des angeschlossenen Speichers zu verschieben ausgenützt. Die Volumendaten werden sequentiell gelesen und in den Prebuffer kopiert, wobei der Datenmanipulator (DM) die Sichtbarkeit jedes Voxels durch einen Schwellenvergleich unter Berücksichtigung der Information von Schnittebenen berechnet. Falls ein Voxel opak ist, wird seine Entfernung von der Projektionsebene in den Prebuffer geschrieben, andernfalls unterbindet der DM den Schreibvorgang. Der x/z Adressumschalter vertauscht die Adressleitungen des VRAM's entsprechend den x- und der z-Achsen des Datenwürfels. Die Spiegelung des Datenwürfels ist notwendig, damit unabhängig von der Projektionsrichtung immer aufeinanderfolgend adressierte Voxel gelesen werden. Die skizzierte Methode ergibt eine Verarbeitungsrate von 3 Millionen Voxeln pro Sekunde und Prozessor und benötigt nur wenige Schaltkreise, wie Register, Komperatoren und einen Addierer, falls nicht die Schichtnummer sondern die wirkliche Entfernung zur Projektionsebene in den Prebuffer geschrieben werden soll. Verglichen mit einer reinen Softwarelösung bedeutet dies eine Steigerung der Verarbeitungsleistung um einen Faktor 10 bei der Datenreduktion vom Volumen auf die Ebene. Die entsprechenden Projektionszeiten für diverse Grössen des Datenvolumens und für verschiedene Anzahlen von Slaveprozessoren sind in der Tabelle 1 zusammengefasst.

| Volumen | Slaves | | |
| :---: | :---: | :---: | :---: |
| [Voxel] | 1 | 4 | 8 |
| $256^3$ | 5.5 | 2.0 | 1.0 |
| $128^3$ | 0.8 | 0.3 | 0.2 |
| $64^3$ | 0.2 | 0.2 | 0.1 |

Tabelle 1: Zeiten [s] für die Berechnung des Gesamtprebuffers

# 6  Diskussion und Ausblick

Die beschriebene Multi-Transputer Variante des Voxeldarstellungsprozessors wurde als Prototyp mit einem Master- und einem Slaveprozessor realisiert. Das System ist sehr leistungsfähig, flexibel und komfortabel, da es in der speziell für den Transputer geschaffenen Hochsprache OCCAM [13] programmiert wird. Durch die Verwendung von höchstintegrierten verbrauchsarmen CMOS Schaltkreisen resultierte ein zuverlässige, kompakte und preisgünstige Arbeitsstation für den Mediziner. In einer momentan laufenden Projektphase werden neue Funktionen in die Darstellungssoftware integriert und an gemessenen CT- und MR-Daten erprobt. Gleichzeitig wird auch an automatischen Segmentierungsalgorithmen für 3D-Daten gearbeitet, die eine Trennung von Gefässen, Weichteilen und Knochen erlauben sollen.

# Literatur


1. G. T. Herman and H. K. Liu: Three-Dimensional Display of Human Organs from Computed Tomograms, Computer Graphics and Image Processing 9, 1979, pp. 1..21

2. J. K. Udupa: Display of 3D Information in Discrete 3D Scenes Produced by Computerized Tomography, Proc. IEEE 71, 1983, pp. 420..431

3. H. K. Tuy and L. T. Tuy: Direct 2-D Display of 3-D Objects, IEEE Computer Graphics and Applications 4, Oct. 1984, pp. 29..34

4. G. Frieder, D. Gordon, and R. A. Reynolds: Back to Front Display of Voxel-Based Objects, IEEE Computer Graphics and Applications 5, Jan. 1985, pp. 52..60

5. S. M. Goldwasser and R. A. Reynolds: Real Time Display and Manipulation of 3-D Medical Objects: The Voxel Processor Architecture, Computer Vision, Graphics and Image Processing 39, 1987, pp. 1..27

6. F. Klein and O. Kübler: A Prebuffer Algorithm for Instant Display of Volume Data, Proc. SPIE 596, 1986

7. O. Kübler, J. Yla-Jaaski, and E. Hiltebrand: 3D Segmentation and Real Time Display of Medical Volume Images, Proceedings of the International Symposium CAR 87 Berlin, pp. 637..641

8. E. Hiltebrand: Hardware Architecture with Transputers for Fast Manipulation of Volume Data, Proceedings of the International Conference on Parallel Processing for Computer Vision and Display, University of Leeds, UK Jan 1988

9. D. Gordon and R. A. Reynolds: Image Space Shading of 3-Dimensional Objects, Computer Vision, Graphics and Image Processing 29, 1985, pp. 361..376

10. K. M. Fant: A Nonaliasing, Real-Time Transform Technique, IEEE Computer Graphics and Applications, Jan 1986, pp. 71..80

11. J.-L. Gaudiot, M. Dubois, L.-T. Lee, and N. G. Thome: The TX16: A Highly Programmable Multi-microprocessor Architecture, IEEE Micro, Oct. 1986, pp. 18..31

12. INMOS Ltd.: Transputer Reference Manual, Prentice Hall, 1988

13. P. Kropf, Paralelles Rechnen mit Transputern, Bulletin SEV 7/1988, pp. 356..361

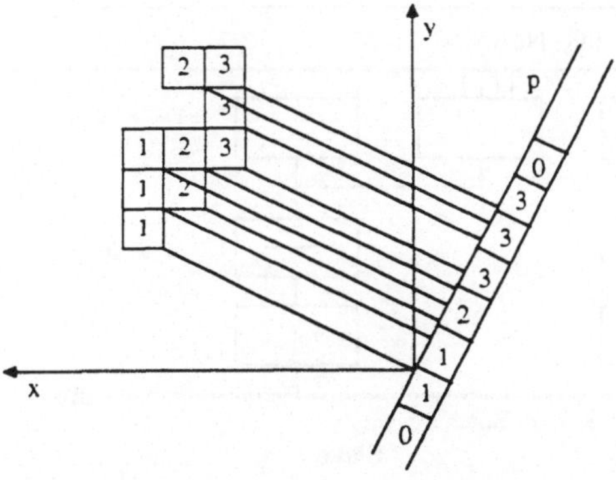

Figur 1a: Back to Front Projektion eines einfachen Objekts
veranschaulicht für den 2D-Fall. Die Zahlen bezeichnen die
Schichtnummer, x und y die Hauptachsen und p die Projektionsebene.

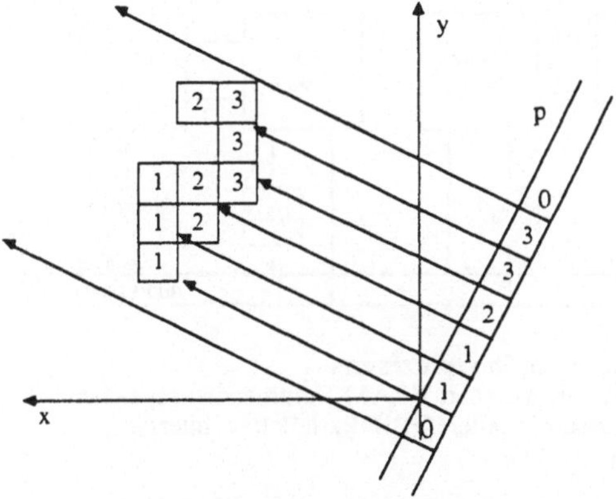

Figur 1b: Ray Casting Projektion eines einfachen Objekts
veranschaulicht für den 2D-Fall. Die Zahlen bezeichnen die
Schichtnummer, x und y die Hauptachsen und p die Projektionsebene.

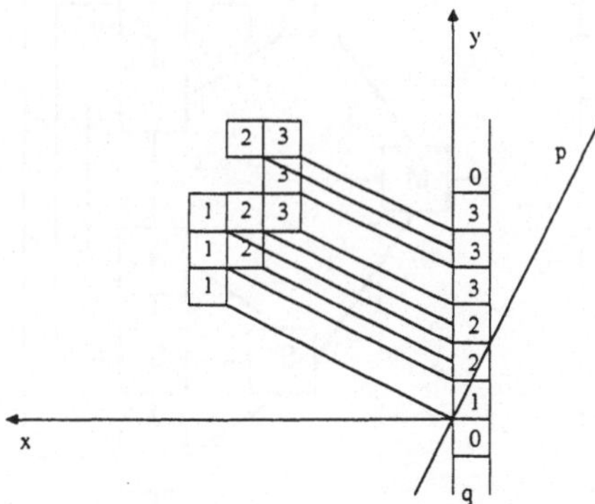

Figur 1c: Projektion eines einfachen Objekts mit der Prebuffer-Methode
veranschaulicht für den 2D-Fall. Die Zahlen bezeichnen die
Schichtnummer, x und y die Hauptachsen, p die Projektionsebene
und q die Prebuffebene. Gut sichtbar ist der Hauptvorteil der
Prebuffer-Methode, die gleiche Grösse eines Voxels und eines
Prebufferelements.

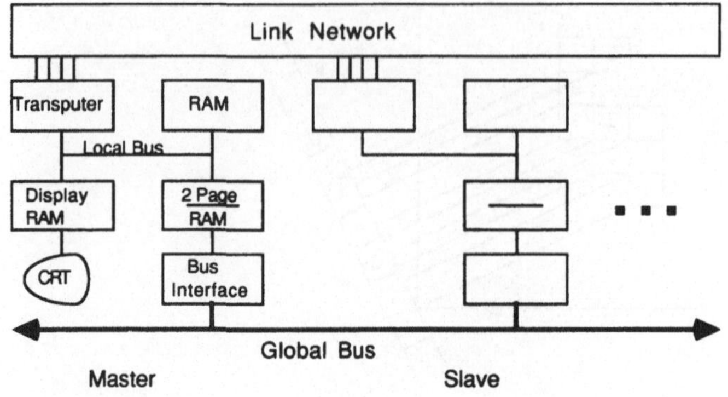


Figur 2: Blockschaltbild des Darstellungsrechners (VDP)

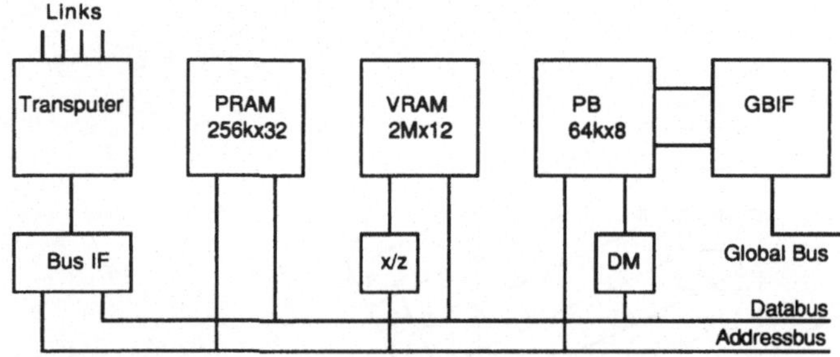


Figur 3: Blockschaltbild eines Slaveprozessors
Legende: PRAM Programmspeicher, VRAM Volumendatenspeicher,
PB Prebuffer, x/z Adressumschalter, GBIF Parlallelbus Interface,
DM Datenmanipulator

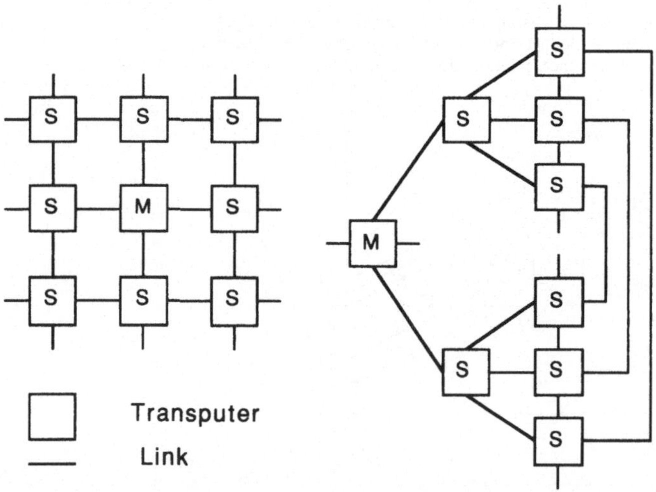


Figur 4: Verschiedene günstige Topologien des Linknetzwerks (M Master, S Slave)

# 3D-VISUALISIERUNG VON GRAUWERTVOXELRÄUMEN


V. HEYERS, J.DENGLER, H.P. MEINZER
Deutsches Krebsforschungszentrum Heidelberg
Abteilung für Medizinische und Biologische Informatik
(Leiter: Prof.Dr. C.O. Köhler)


## Zusammenfassung


Bei herkömmlichlichen Visualisierungsverfahren richtet sich die Repräsentation von Objekten nach ihrem Aggregatzustand. Feste Objekte werden über ihre Oberfläche definiert, gasförmige Strukturen werden als Volumenelemente repräsentiert. Um Bildserien von CT- oder MR-Geräten visualisieren zu können, müssen mit oft zeitraubenden, ungenauen und fehleranfälligen Segmentierungsverfahren die Oberflächen geschätzt werden. Das ist bei dem hier vorgestellten Verfahren unnötig. Da die möglichen Aggregatzustände kontinuierlich repräsentiert werden, können auch Objekte, die keine "harte" Oberfläche besitzen, angemessen dargestellt werden.


## Einführung

Die Visualisierung von "nicht-festen" Strukturen stellt seit längerem ein Problem dar, mit dem man sich oft und in verschiedenem Zusammenhang auseinandergesetzt hat.
Um die Saturnringe darzustellen, beschäftigte sich 1982 Blinn damit. Er stellte eine für den "Low-Albedo"-Fall geeignete Näherung vor [Blinn82]. (Albedo ist ein Maß für das Lichtrückstrahlvermögen von Objekten.)
Kajiya und von Herzen beschrieben den "High-Albedo"-Fall, der z.B. für Wolken zutrifft [Kajiya84]. Von ihrem extrem rechenzeitaufwendigen Algorithmus wurde aber die Wechselwirkung mit festen Objekten nicht erfaßt.
Rushmeier und Torrance [Rushmeier87], welche in ihrer "Zonal Method" Volumen und Oberflächenelemente qualitativ unterscheiden und ihre Wechselwirkung untersuchen, benötigen für die Visualisierung ihrer synthetischen Szene, die aus 1146 Oberflächen- und 2744 Volumenelementen besteht, etwa 6 CPU-Stunden.
Da ein Datensatz in der medizinischen Anwendung typischerweise aus $1.7 \times 10^7$ Volumen- bzw. $1 \times 10^8$ Oberflächenelementen besteht, steht fest, daß dieser Weg hier nicht der geeignete ist. Darüberhinaus würde das Ergebnis deshalb kaum befriedigen, weil bei der Voxelrepräsentation die wahre Oberflächenorientierung im Raum mit Hilfe einer der nur sechs möglichen Würfelorientierungen beschrieben wird.
Der hier beschriebene Algorithmus baut auf Blinn's "Low-Albedo"-Näherung auf.
Es wäre aber vermessen, in wenigen Sekunden ein Bild ausrechnen zu wollen, das die "Zonal-Method" im Befolgen physikalischer Gesetze überträfe. Das hieße für uns auch, unnötigen Aufwand zu treiben. Es sollen nur so abstrakte Daten, wie MR-Werte, durch eine Transformation in etwas, das der Erfahrungswelt des Menschen nicht fremd scheint, leicht faßlich dargestellt werden um ihre Interpretation zu erleichtern.
So kann man sich mit einigen Nachteilen der Blinn-Näherung abfinden (keine Beugung, keine Brechung, keine Reflexion). Da der neue Algorithmus aber so vielseitig ist, auch feste Objekte darstellen zu können, entstehen Bilder, für die diese Einschränkungen nur noch geringe Bedeutung haben.
Schließlich ist, wie viele Ergebnisse mit Näherungen zeigen, bei festen Körpern die Notwendigkeit gering, die physikalischen Vorgänge von Beugung, Brechung und Reflexion absolut

"naturgetreu" zu beschreiben, um zu naturalistisch scheinenden Bildern zu gelangen. (Da die Oberflächen bei medizinischen Szenen nicht spiegeln sollen, fällt auch die fehlende Strahl-reflexion nicht ins Gewicht.)

## Blinn's "Low-Albedo"-Näherung

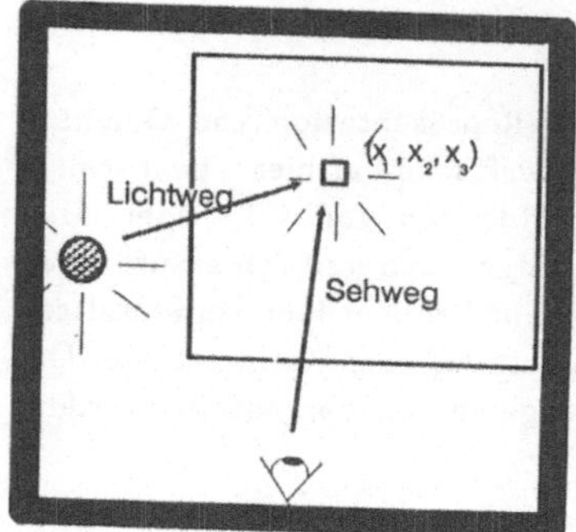


Abb. 1. Blinn's Modell

In Blinn's Modell emittiert jedes Volumenelement durch Streuung einen Teil der Lichtintensität, die es von der Lichtquelle erreicht. Da zwischen Volumenelement und Auge wieder Strahlung absorbiert wird, erreicht nur ein Teil dieses emittierten Lichts das Auge.

So ergibt sich für die vom Auge wahrgenommene Intensität:

$$I(\text{Auge}) = \int_{\xi \in \text{sehweg}} I(\xi)\, d\xi$$

$$= \int_{\xi \in \text{sehweg}} \text{Licht}(\xi) \times \text{Emission}(\xi) \times \text{Sehanteil}(\xi)\, d\xi \ ,$$

wobei

$$\xi = (x_1, x_2, x_3) \ ; \ \eta = (y_1, y_2, y_3) \ ; \ \dots ,$$

$$\text{Licht}(\xi) = I(\text{Lichtquelle}) \times \exp\left(-c_1 \times \int_{\eta \in \text{lichtweg nach } \xi} a(\eta)\, d\eta\right),$$

$$\text{Emission}(\xi) = c_2 \times a(\xi),$$

$$\text{Sehanteil}(\xi) = \exp\left(-c_1 \times \int_{\zeta \in \text{sehweg nach } \xi} a(\zeta)\, d\zeta\right).$$

a gibt die Absorption an.

$$\Rightarrow I(\text{Auge}) = \int_{\xi \in \text{sehweg}} I(\text{Lichtqu.})\, \exp(-c_1 \int_{\eta \in \text{lichtweg}} a(\eta)\, d\eta)\, c_2\, a(\xi)\, \exp(-c_1 \int_{\zeta \in \text{sehweg}} a(\zeta)\, d\zeta)\, d\xi$$

$$\Rightarrow I(\text{Auge}) = \tilde{c} \int_{\xi \in \text{sehweg}} c_1\, a(\xi)\, \exp\left(-c_1 \int_{\eta \in \text{lichtweg}} a(\eta)\, d\eta\right) \exp\left(-c_1 \int_{\zeta \in \text{sehweg}} a(\zeta)\, d\zeta\right)\, d\xi \qquad \text{(Formel 1)}$$

## Der neue Algorithmus

Durch eine veränderte Schreibweise soll der Überblick über die Vorgänge an jedem Voxel erleichtert werden:

Ein "massives" Objekt läßt kein Licht durch:

$$\text{Voxel}(\mathfrak{y}) \in \{\text{ lichtundurchlässige Objekte }\} \Rightarrow \exp(-c_1 \times a(\mathfrak{y})) \to 0$$

Ist das Objekt lichtdurchlässig, dann gilt entsprechend:

$$\text{Voxel}(\mathfrak{y}) \in \{\text{ lichtdurchlässige Objekte }\} \Rightarrow \exp(-c_1 \times a(\mathfrak{y})) \to 1$$

So läßt sich ein "Durchlaßanteil" $d(\mathfrak{y})$ definieren:

$$d(\mathfrak{y}) := \exp(-c_1 \times a(\mathfrak{y})),$$

$$\text{wobei } 0 \le d(\mathfrak{y}) \le 1.$$

Damit ergibt sich:

$$c_1 \times a(\mathfrak{y}) = -\ln(d(\mathfrak{y})).$$

Einsetzen in Blinn's Formel (1) führt in der Schreibweise für das diskrete Koordinatensystem zu:

$$I(\text{Auge}) = \sum_{\mathfrak{x} \in \text{sehweg}} I(\mathfrak{x}) \sim \sum_{\mathfrak{x} \in \text{sehweg}} (-\ln(d(\mathfrak{x})))\Big( \prod_{\mathfrak{y} \in \text{lichtweg}} d(\mathfrak{y}) \Big)\Big( \prod_{\mathfrak{z} \in \text{sehweg}} d(\mathfrak{z}) \Big)$$

Im Gegensatz zu Blinn's Näherung sollen auch lichtundurchlässige Objekte, für die $d = 0$ gilt, zugelassen werden.

Für $d(\mathfrak{x}) \to 0$ ergibt sich aber: $I(\mathfrak{x}) \to \infty$.

D.h.: Wenn ein lichtundurchlässiges Objekt betrachtet wird, ist alles zwischen Auge und diesem Objekt, was noch etwas Licht durchläßt, für die wahrgenommene Intensität bedeutungslos. Da dies der Erfahrung widerspricht, entwickeln wir:

$$-\ln(d(\mathfrak{x})) = \sum_{n\,1}^{\infty} (-1)^{n+1} \frac{(d(\mathfrak{x})-1)^n}{n}$$

und brechen die Reihe nach dem ersten Glied ab. Dadurch ist der Fall $d(\mathfrak{x}) = 0$ unkritisch und die vom Auge wahrgenommene Intensität ergibt sich zu:

$$I(\text{Auge}) = \sum_{\mathfrak{x} \in \text{sehweg}} I(\mathfrak{x}) \sim \sum_{\mathfrak{x} \in \text{sehweg}} (1 - d(\mathfrak{x}))\Big( \prod_{\mathfrak{y} \in \text{lichtweg}} d(\mathfrak{y}) \Big)\Big( \prod_{\mathfrak{z} \in \text{sehweg}} d(\mathfrak{z}) \Big)$$

(Formel 2)

Mit dieser Formel werden Oberflächen unbefriedigend dargestellt, weil:

$$I(\text{Auge}) = \left\{ \begin{array}{l} c \text{ , falls die beleuchtete Oberfläche sichtbar ist,} \\ 0 \text{ sonst,} \end{array} \right.$$

falls es keine Absorption außer der durch dieses Objekt gibt.

Es wird also nur der beleuchtete vom unbeleuchteten Bereich unterschieden. Das läßt dem Betrachter fast keine Rückschlußmöglichkeit auf die Gestalt des Objektes.
Um Oberflächen darzustellen, muß man von der Annahme abgehen, daß ein Volumenelement immer gleichmäßig in alle Richtungen abstrahlt. Die Emission einer Oberfläche ist winkelabhängig. Die Winkelverteilung der abgestrahlten Intensität ist abhängig von der Oberflächenbeschaffenheit. Um bei gegebener Oberflächenbeschaffenheit solch eine Winkelverteilung berechnen zu können, muß zuvor die Oberflächenorientierung ermittelt werden.
Die Oberflächen werden durch Gradientenbildung bestimmt: Jedem Voxel wird eine Orientierung zugeordnet.
Es ist möglich, dieses dreidimensionale Problem durch geeignete Modellbildung auf zwei Dimensionen zu reduzieren: Geht man von einer von einer ein- oder zweidimensionalen unendlich ausgedehnten Lichtquelle aus, so können zweidimensionale Schichten senkrecht zu dieser Lichtquelle einzeln verarbeitet werden.

Ist ein Voxel Teil einer Oberfläche, so kann, da die Oberflächenorientierung jetzt ermittelt ist, Phong folgend, schattiert werden [Phong75]:

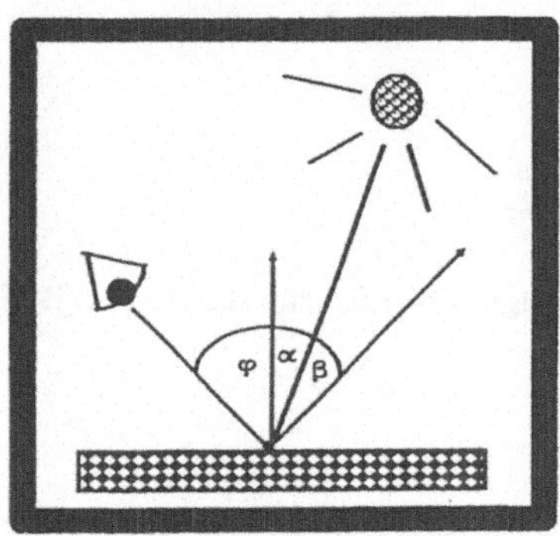

Abb. 2. Zu schattierende Oberfläche

$$E_{\text{oberfl}} \sim (\cos \alpha)^{e_1} + c \times (\cos \beta)^{e_2} \qquad\qquad (\text{Formel 3})$$

$c$, $e_1$, $e_2$ sind vom Oberflächenmaterial abhängige Konstanten.

Auch für Oberflächen stellt Formel (2) eine sinnvolle Beschreibung dar. Die Emission E ist aber, wie in Formel (3) beschrieben, auch winkelabhängig.

Es ist nun für jedes Voxel zu entscheiden, ob es wie ein "Blinn-Gas" (, d.h. in alle Richtungen gleichmäßig), oder wie eine "Phong-Oberfläche" strahlen soll.
$p_O$ sei eine Oberflächenwahrscheinlichkeit, wobei

$p_O = 0$ , wenn das Voxel von gleichartigen umgeben ist,
$p_O = 1$ , wenn es Bestandteil einer Oberfläche ist.

Dann ergibt sich für die Emission eines Voxels: (Formel 4:)

$$\text{Emission}(\mathfrak{x}) \sim (\, (1 - p_o(\mathfrak{x})) \times (1 - d(\mathfrak{x}))\, ) \times (\, c_n \times p_o(\mathfrak{x}) \times E_{\text{oberfl}}(\mathfrak{x},\varphi)\, )$$

$\varphi$ ist der Winkel, unter dem die Oberfläche betrachtet wird.

Mit $c_n$ ist sicherzustellen, daß die Gesamtemission eines Voxels konstant ist, unabhängig davon, ob es Oberflächenbestandteil ist.
$c_n$ ist also so zu wählen, daß:

$$\int_0^{2\pi} (1 - p_o(\mathfrak{x})) \times (1 - d(\mathfrak{x}))\ d\varphi = \int_{-\frac{1}{2}\pi}^{\frac{1}{2}\pi} c_n \times p_o(\mathfrak{x}) \times E_{\text{oberfl}}(\mathfrak{x},\varphi)\ d\varphi$$

(im 3D-Fall analog)

Formel (4) führt von Formel (2) zur neuen Visualisierungsformel:

$$I(\text{Auge}) \sim \sum_{\mathfrak{x}\in\text{sehweg}} (((1 - p_o(\mathfrak{x}))\, (1 - d(\mathfrak{x})))\, (c_n\, p_o(\mathfrak{x})\, E_{\text{oberfl}}(\mathfrak{x},\varphi))\, \prod_{\mathfrak{y}\in\text{lichtweg}} d(\mathfrak{y}) \prod_{\mathfrak{z}\in\text{sehweg}} d(\mathfrak{z})\, )$$

## Diskussion der Formel

Enthält eine Szene nur ein "hartes", lichtundurchlässiges Objekt, so kann pro Sehstrahl höchstens ein beleuchtetes Voxel wahrgenommen werden. Für dahinterliegende helle Voxel gilt:

$$\prod_{\mathfrak{z}\in\text{sehweg}} d(\mathfrak{z}) = 0$$

Ihr Licht kann das Auge nicht erreichen, da das einzig sichtbare, augennächste leuchtende Voxel lichtundurchlässig ist. Die Situation entspricht also der einer Oberflächenrepräsentation, ohne daß eine Segmentierung erforderlich gewesen wäre!
Für den Grenzfall des homogenen, dünnen Gases ( $d(\mathfrak{x}) \to 1$ ), für das Blinn's Näherung konzipiert ist, ergibt sich in Übereinstimmung mit Blinn's Formel:

$$I(\text{Auge}) \sim \sum_{\mathfrak{x}\in\text{sehweg}} (1 - d(\mathfrak{x}))$$

## Ermittlung der Oberflächenwahrscheinlichkeit $p_o$

Es liegt nahe, $p_o$ als proportional dem Betrag des Bildgradienten bestimmen zu wollen. Da aber der Gradient mit großen Masken bestimmt wird, um Aliasing-Effekte zu vermeiden, ist der ermittelte Gradientbetrag auch im eigentlich homogenen Bildbereich von Null dann verschieden, wenn eine Kante nicht weit entfernt ist.
So werden dann u. U. fälschlicherweise auch solche Voxel wie leuchtende Kantenvoxel

behandelt, für die gilt: $d(\mathfrak{r}) = 1$.
Liegen viele davon hintereinander in der Blickrichtung, dann wird nicht nur das erste von ihnen vom Auge wahrgenommen, wie bei richtigen Oberflächen, sondern die abgestrahlten Intensitäten addieren sich.
Die so berechnete Bildhelligkeit wird die eines korrekt schattierten Bildbereichs immer weit übertreffen.
Ein weniger fehleranfälliger Schätzwert für $p_o(\mathfrak{r})$ ist $(1 - d(\mathfrak{r}))$. Die so als Oberflächenvoxel bestimmten Voxel gehören entweder wirklich zur Oberfläche, oder ihre unzutreffend angenommene Lichtabstrahlung wird rechnerisch spätestens vom wirklichen Oberflächenvoxel auf dem Weg zum Auge absorbiert.


## Transformation der Ausgangsdaten

Die Originaldaten, z.B. von CT-Geräten können durch lineare Transformation in die Durchlaßanteile $d(x)$ auf das Intervall $[0,1]$ abgebildet werden. Durch potenzieren der so gewonnenen Daten kann die Szene durchsichtiger oder undurchsichtiger dargestellt werden. Da die Bilder schnell gerechnet werden, kann leicht die für die jeweiligen Belange günstigste Einstellung ermittelt werden.

Bei Bedarf sind interessierende Objekte mit Hilfe von Segmentierungsalgorithmen zu extrahieren. So können z.B. Tumordaten dem Gesamtdatensatz entnommen werden. Man berechnet dann getrennte Bilder für Tumor und "Rest", die dann auf verschiedene Farbkanäle des Monitors gegeben werden können. So kann z.B. der rot dargestellte Tumor in seiner grünen Umgebung genau lokalisiert werden.
Diesem Vorgehen liegt die Tatsache zugrunde, daß unterschiedliche Materie mit Strahlung unterschiedlicher Wellenlänge unterschiedlich wechselwirkt. Das Modell ist hier, daß der Tumor nur mit rotem, nicht aber mit grünem Licht wechselwirkt und sich seine Umgebung genau umgekehrt verhält.
Ein selbstleuchtender Tumor, der mit Licht genauso wechselwirkt, wie seine Umgebung, kann ebenso leicht simuliert werden.


## Schlußfolgerungen

Ein neues Verfahren zur Visualisierung von Voxelräumen wurde vorgestellt. Beliebige Eingangsdaten brauchen fast keine Vorverarbeitung, vor allem aber keine Segmentierung.
Es ist möglich, feste und gasförmige Strukturen darzustellen. Der Übergang kann kontinuierlich erfolgen: So können auch Strukturen dargestellt werden, für die eine Oberfläche im eigentlichen Sinne nicht existiert (Orbitale etc.). Das Verfahren befähigt aber nicht nur zur realistischen Darstellung komplizierter Szenen, auch dynamische Vorgänge, wie z.B. Verdampfen fester Materie sind leicht abzubilden.
Da außer einer Zahl, die die gewünschte "Durchsichtigkeit" angibt, für die Visualisierung keine Parametervorgaben nötig sind, scheint dieses Verfahren ein System für den klinischen Betrieb möglich zu machen, das auch Ärzten ohne Computerkenntnisse die Handhabung erlaubt.

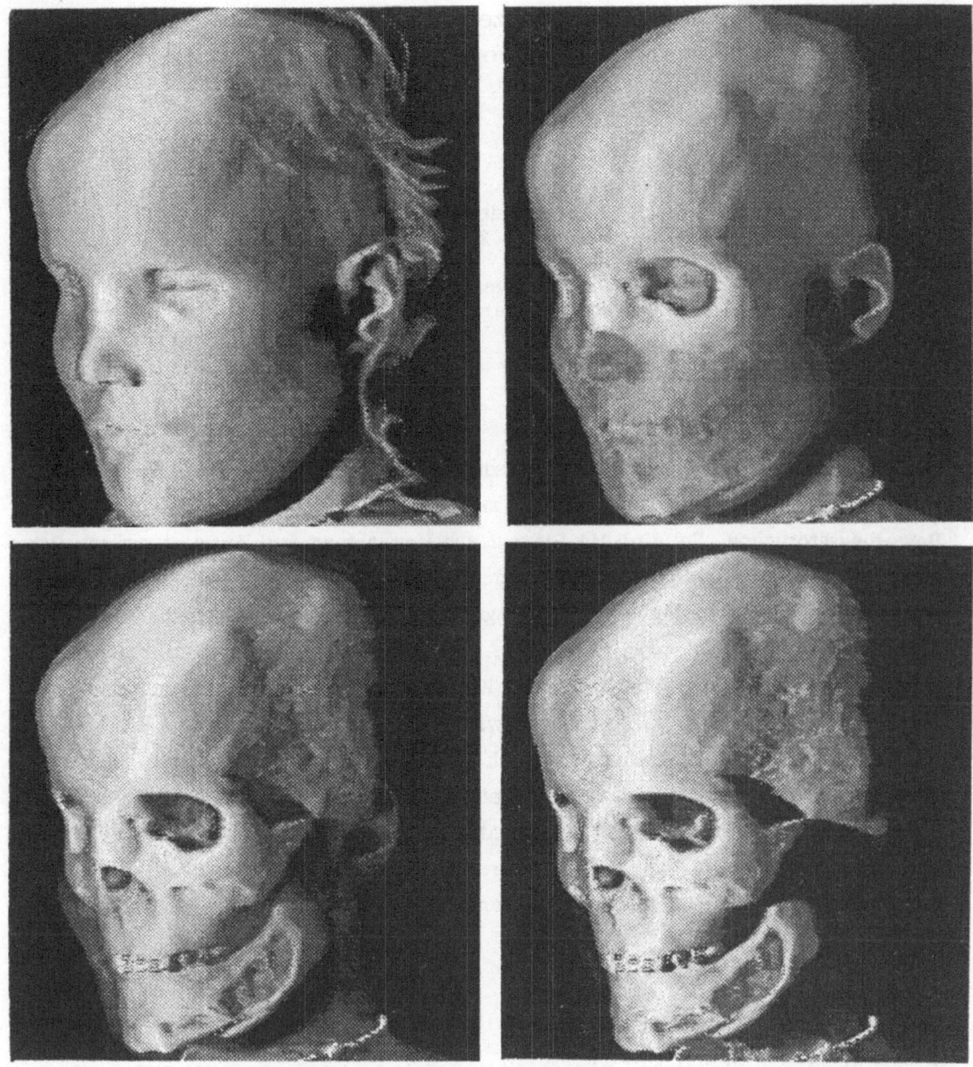

Abb. 3. Visualisierungsergebnis mit dem beschriebenen Verfahren. Bei 130 CT-Schichten wird wie beschrieben die Durchsichtigkeit variiert. Auch feine Strukturen (z.B. Haare) können dargestellt werden. Die Darstellung solch komplizierter Strukturen ist, anders als bei oberflächenorientierten Verfahren, weder mit zusätzlichem Aufwand verbunden, noch wegen unsicherer Segmentierung in ihrer Zuverlässigkeit fragwürdig. Wir danken der Fa. Siemens für die freundliche Überlassung ihrer CT-Schichtserie.

**Literatur**

[Blinn82] Blinn, J. F.: Light Reflection Funktions for Simulating of Clouds and Dusty Surfaces. Proc. SIGGRAPH 82. Computer Graphics 16, 3 (1982) 21-29

[Kajiya84] Kajiya, J. T., von Herzen, B. P.: Ray Tracing Volume Densities. Proc. SIGGRAPH 84. Computer Graphics 18 (1984) 165-174

[Phong75] Phong B. T.: Illumination for Commputer Generated Pictures. Communications of the ACM 18 (1975) 311-317

[Rushmeier87] Rushmeier, H. E., Torrance K. E.: The Zonal Method for Calculating Light Intensities in the Presence of a Participating Medium. Proc. SIGGRAPH 87. Computer Graphics 21 (1987) 293-302

# Markenverfolgung in 3 D-Sequenzen am Beispiel der Ganganalyse bei neurogenen Bewegungsstörungen


T. Elsner[1], J.U. Baumann[2]

1) SIGNUM Computer für Signalverarbeitung und Mustererkennung GmbH,
   Westendstraße 193, D-8000 München 21

2) Kinesiologielabor, Orthopädische Universitätsklinik Basel,
   Felix-Platter-Spital, Burgfelderstraße 101, CH-4055 Basel


## Zusammenfassung:


Die quantitative Analyse von Bewegungsabläufen mit lichtoptischen Methoden liefert objektive Daten zur Diagnose und zur Therapie-Unterstützung bei neurogenen
Bewegungsstörungen. Es wird ein System zur Vermessung und Auswertung von Bewegungsabläufen dargestellt. Die Bewegungen werden optisch auf 16mm-Film festgehalten. Zur Rekonstruktion der 3D-Bewegungen werden die Filmaufnahmen mit einer
hochauflösenden CCD-Kamera eingelesen, vom Bildverarbeitungssystem digitalisiert und die Bewegungsabläufe von am Körper des Patienten angebrachten Marken
vermessen. Zur Verfolgung der Marken wird eine Datenbasis generiert und während des Ablaufs der Bildfolge dynamisch aktualisiert. Die gespeicherte Information wird zur Prädiktion des Suchbereichs als auch zur Identifikation der
Marken verwendet. Für die Lösung von Mehrdeutigkeiten sowie zur Kontrolle und
ggf. Korrektur der Ergebnisse steht eine grafik- und bilddatengestützte
interaktive Bedienoberfläche zur Verfügung.


## 1. Einführung

Angesichts der medizinischen Bedeutung von Gelenkschäden durch Unfälle und
Krankheiten bestehen weiterhin große Lücken in der objektiven Untersuchung
gestörter Bewegungsabläufe unter physiologischen Bedingungen. An der Ortho-
pädischen Universitätsklinik Basel werden seit 1961 systematisch Ganganalysen
zur Unterstützung von Planung und Erfolgskontrolle der Behandlung von Kindern
und Erwachsenen mit neurogenen Bewegungsstörungen durchgeführt. Die Untersuchungsmethoden wurden auf den Arbeiten von Scherb, Imman, Close und Sutherland
aufgebaut (1). Sie sind dauernd weiterentwickelt worden. Diese Arbeiten umfassen sowohl methodische als auch klinische Forschung. Die systematische Vermessung von Gangstörungen hat zu wichtigen Erkenntnissen über funktionelle
Zusammenhänge geführt. Das Resultat waren bessere medizinische Behandlungser-

gebnisse bei kleinerem Aufwand. Durch genaue quantitative und langfristige
Verfolgung der Bewegungsabläufe bzw. ihrer Veränderungen sind Verbesserungen
sowohl in der funktionellen Diagnostik wie auch in der Therapie neurogener
Bewegungsstörungen erreicht worden.

Die Ganguntersuchung befaßt sich mit der Kinematik, dem Bewegungsablauf an sich
und der Kinetik, den Kraftwirkungen, bei der Fortbewegung.

Die zu erhebenden Meßwerte umfassen den Bewegungsumfang der großen Gelenke und
der Lendenwirbelsäule bei Gehbewegungen. Aus der Untersuchung sollte hervorge-
hen, in welcher Winkelstellung die Gelenke ihre größte Belastung erfahren, welche Winkelbeschleunigungen und Winkelgeschwindigkeiten auftreten. Elektromyo-
gramme melden, in welchen Bewegungsphasen die einzelnen Muskeln zum Einsatz
kommen und wann sie ruhen. Piezoelektrische Kraftmeßplatten registrieren auf
Zeitbasis, welche Vertikalbelastungen und Schubkräfte durch Füße auf den Boden
übertragen werden.

Für den Gang und Lauf des Menschen ist es charakteristisch, daß die Bewegungen
nicht nur in der Gangrichtung, sondern in alle Richtungen des Raumes verlaufen.
Alle Translationen sind mit Rotationen um verschiedene Achsen kombiniert. Es
ist deshalb unerläßlich, die Gehbewegungen in ihrem dreidimensionalen Ablauf
auf der Basis der Zeit zu vermessen. Mit optoelektronischen Systemen ist es
möglich, Sequenzen von Raumkoordinaten unmittelbar in digitaler Form im Rechner
zu verarbeiten. Wegen der guten räumlichen und zeitlichen Auflösung sowie der
Archivierbarkeit werden bis heute oft 16mm-Filme benutzt. Diese Filme werden
digitalisiert, die enthaltenen Meßmarken über die Bildfolge extrahiert und verfolgt. Die Ergebnisse werden mit graphischen Mitteln dargestellt.

## 2. Beschreibung des Systems zur Bewegungsanalyse

In Abb. 1 ist das Gesamtsystem zur Bewegungsanalyse dargestellt. Es besteht aus
drei Schnellaufkameras, Elektromyogramm-Empfängern und zwei Kraftmeßplatten,
die die aufgenommenen Daten zeit-synchronisiert an die Meßdatenerfassung abge-
ben. Zur zeitlichen Synchronisation der von den Filmkameras aufgenommenen Bilder wird die Echtzeit in Millisekunden in Form von 7-Segment-Ziffern auf dem
Film registriert. Alle Meßdaten werden im Rechner abgespeichert und off-line
ausgewertet.

Die Bilddaten werden zunächst mit einer Bildfrequenz von 100 Hz auf 16mm-Film aufgezeichnet, wobei die drei Kameras synchron aus drei verschiedenen Richtungen aufnehmen. Die aufgezeichneten Bilder werden projeziert und mit einer hochauflösenden CCD-Kamera (1300x1100 pixel) rechnergesteuert in das Bildverarbeitungssystem eingelesen. Das Bildverarbeitungssystem besteht, wie in Abb. 2 gezeigt, aus einem hochauflösenden Systemteil, der die Kamera und ein entsprechendes Displaysystem enthält, sowie aus einer Reihe von Bildverarbeitungsprozessoren und Bildspeichern zur Verarbeitung der Bildfolgen.

Die von der hochauflösenden Kamera eingezogenen Bilder werden digitalisiert und im Format 1320x1035 Bildpunkte in den Bildspeicher eingelesen. Danach werden sie mit dem im folgenden beschriebenen Verfahren verarbeitet, um den zeitlichen Verlauf der dreidimensionalen Bewegungen der Meßmarken zu rekonstruieren.

## 3. Verfahren zur Vermessung der Bewegungsabläufe

Ziel des Verfahrens ist die Ermittlung der dreidimensionalen Koordinaten der Positionen der Meßmarken als Funktion der Zeit. Dazu werden aus den Filmaufnahmen zweidimensionale Projektionen der Markenpositionen bestimmt. Wegen der hohen Auflösung der Kamera ist es möglich, das ganze Bildformat in einem Zug zu digitalisieren und abzuspeichern. Zusätzlich wird mit einer zweiten Kamera mit geringer Auflösung die auf dem Film registrierte Echtzeitanzeige, die sich außerhalb des normalen Bildfensters befindet, eingelesen und die Zeitangabe registriert, um eine genaue zeitliche Zuordnung der verschiedenen Projektionen sowie der übrigen erfaßten Meßdaten zu gewährleisten. Zur Lagenormierung der Bilder sind spezielle raumfeste zusätzliche Meßmarken vorhanden. Das Einlesen der Bilder, die dazu notwendige Filmprojektorsteuerung und das Abspeichern der digitalisierten Bilder in einer Bilddatenbank erfolgen automatisch. Die zu verfolgenden maximal 32 Meßmarken haben alle die gleiche Form, ihre Anordnung ist in Abb. 3 in einem Beispiel dargestellt.

Die Vermessung der Marken-Koordinaten in der Bildfolge läuft in mehreren Schritten ab. In der Einlernphase werden in einem ersten Bild alle zu verfolgenden Meßmarken interaktiv definiert und durchnumeriert, die Koordinaten werden gespeichert. Die Zuordnung der Meßmarken in den verschiedenen 2-D-Projektionen wird, soweit eindeutig möglich, vom Rechner durchgeführt.

Zur Verfolgung der Meßmarken in der Erkennungsphase stehen im interaktiven System verschiedene Möglichkeiten zur Verfügung. So ist u.a. eine Vorverarbeitung mit angepaßten Filtern oder mit dem Monotonie-Operator (2) möglich. Im hier dargestellten Beispiel wird eine Korrelation auf den Originalbildern durchgeführt. Es wird aus einem Merkmals-Vektor für jede Meßmarke eine Prädiktion der neuen Position durchgeführt. Dort wird in einem Fenster eine Korrelation mit einer Maske, die aus früheren Bildern der Meßmarke extrahiert wurde, ausgeführt (3). Die Güte des Korrelationsergebnisses sowie Richtung und Geschwindigkeit der Marken-Bewegung sind die Merkmale, die die kontinuierlich aktualisierte Datenbasis (Merkmals-Vektoren) über die Meßmarken bilden. Die Bahnen der Meßmarken liegen zum Teil sehr nahe beieinander oder überschneiden sich in den 2-D-Projektionen. Mit Hilfe der beschriebenen Informationsbasis ist es möglich, die Bewegungen der Meßmarken weitgehend auseinanderzuhalten und die Zahl der Mehrdeutigkeiten gering zu halten.

Zur Identifikation der gefundenen Marken wird die Information aus zwei 2-D-Projektionen genützt, um die Zahl der Mehrdeutigkeiten weiter zu verringern. Weiterhin wird bei mehrdeutigen Ergebnissen der Erkennungsphase die Abweichung der Markenpositionen von der Prädiktion als Entscheidungskriterium verwendet. Bei verdeckten Marken werden die prädizierten Positionen benutzt. Taucht eine Marke nach zeitweiliger Verdeckung in der Bildfolge wieder auf, werden die Koordinaten des verdeckten Bahnbereichs interpoliert.

Soweit läuft die Markenverfolgung automatisch ab. Anschließend werden die Ergebnisse, d.h. die Wege der Meßmarken, in graphischer Form dargestellt, wobei dem aktuellen Bild eine Maske des vorhergehenden Bildes mit den relevanten Marken überlagert ist. Der Bediener kann interaktiv Stellen markieren, an denen die verfolgten Wege fehlerhaft werden, und die Markenposition korrigieren. Die Verfolgung der Marke wird von der entsprechenden Stelle ausgehend wiederholt.

Aus den Ergebnissen der Markenverfolgung in den zweidimensionalen Projektionen wird anschließend die Sequenz der dreidimensionalen Koordinaten der Meßmarken berechnet.


## 4. Bewertung und Ausblick

Mit dem vorgestellten Verfahren ist es möglich, die vierdimsionalen raumzeitlichen Koordinaten der Bahnen der Meßmarken zu rekonstruieren. Die hohe Bildauflösung bei der Verarbeitung ermöglicht eine sehr genaue Bestimmung der Markenpositionen.

Die Lösung von Mehrdeutigkeiten und die Anforderung, alle Marken richtig zu
identifizieren, wird mit Hilfe der interaktiven Korrekturmöglichkeit erreicht.
Der Ablauf des Verfahrens wird auf einer Video-Aufnahme demonstriert. Die
Anwendung des Verfahrens für Markenverfolgungs-Aufgaben auch über das hier
gezeigte Beispiel hinaus ist möglich, wobei das verwendete System eine flexible
Anpassung des Verfahrens an die Problemstellung und den Einsatz spezieller ·
Hardware zur Erhöhung der Verarbeitungsgeschwindigkeit erlaubt.

Literatur:


(1) Baumann, J.K.; Kernen, R.; Schär, A.: (1987) Ganganalyse als Behandlungs-
    grundlage bei neurogenen Bewegungsstörungen, SWISSMED 9, Nr. 3b, 48-52.

(2) Zimmermann, G.; Kories, R.: (1984) Eine Familie von Bildmerkmalen für die
    Bewegungsbestimmung in Bildfolgen, DAGM/ÖAGM-Symposium Graz 1984, Informa-
    tik-Fachberichte 87, pp. 147-153.

(3) Huang, T.S.: (1983) Image Sequence Processing and Dynamic Scene Analysis,
    Springer Verlag.


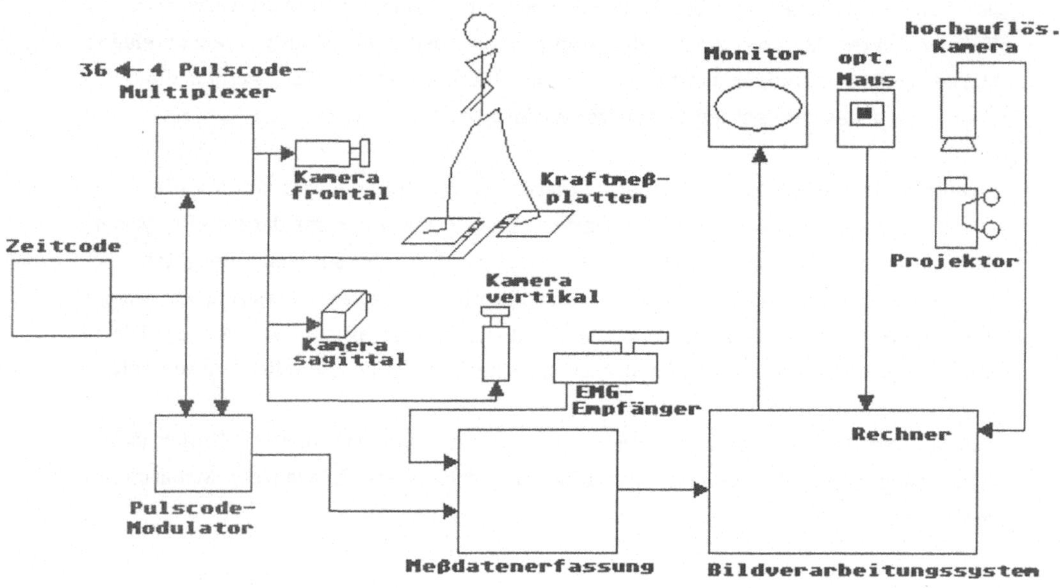


*Abb.1: Schema des Basler Labors für Bewegungsuntersuchung mit zwei Kraftmeßplatten, drei Schnellaufkameras und kinesiologischer Elektromyographie sowie rechnergestützter Anwendung*

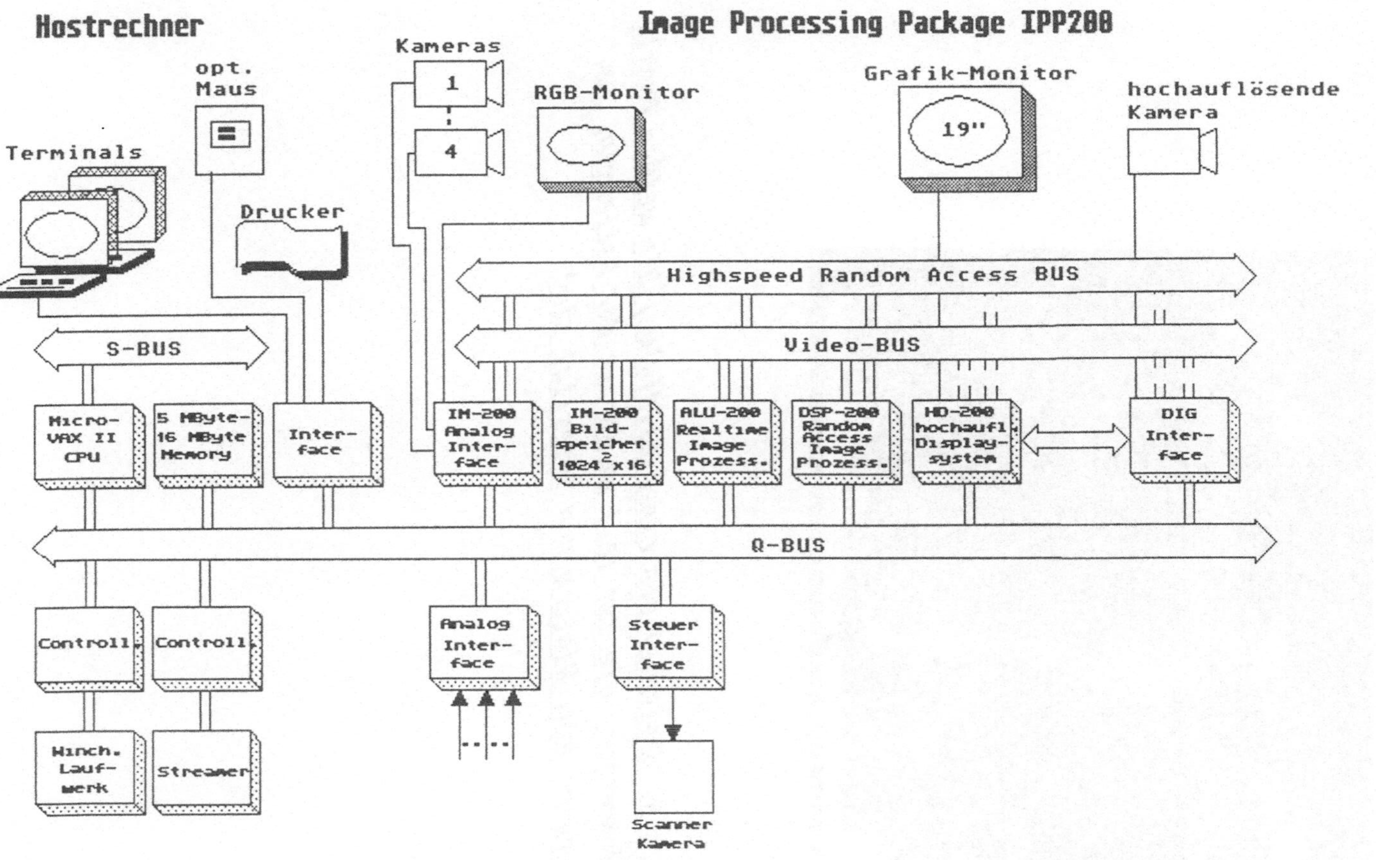


Abb. 2: Schema des Bildverarbeitungssystems SIGNUM IS200

Es ist über den Q-BUS an den Host-Rechner gekoppelt.

Abb. 3: Ein Bildbeispiel aus einer Bildfolge. Die weißen Punkte sind die Meßmarken, die zum Teil am Körper der Patientin, zum Teil am Vorder- bzw. Hintergrund befestigt sind.

# Das ganzheitliche Bildverarbeitungssystem HORUS


W. Eckstein
Technische Universität München
Institut für Informatik/ Lehrstuhl Prof. Radig
Arcisstraße 21, 8000 München 2


## Zusammenfassung


HORUS ist die Verbindung von Bildverarbeitungoperationen mit einer relationalen Datenbank und einer standardisierten Ein/Ausgabe- Schnittstelle zu einem alle Ebenen der Bildverarbeitung umfassenden Programmiersystem. Dieses System kann als Erweiterung in übliche KI-Sprachen eingebunden werden. Damit wird eine einheitliche wissensbasierte Behandlung der Ablaufsteuerung und Datenrepräsentation bei Low-, Medium- und High-Level-Bildanalyse ermöglicht. Dies umfaßt insbesondere die Auswahl von Operationen bzw. Teilabläufen mit geeigneten Parametersätzen in der Bildanalyse und die Interpretation der anfallenden Ergebnisse zur Steuerung des Gesamtablaufes und Bilddeutung.


## Einleitung

Wenn das Bildmaterial nicht nur aus einer sehr eingeschränkten Welt ausgewählt werden soll, erweist es sich als unumgänglich, Bildanalyse und Bildinterpretation wissensbasiert zu steuern. Die Verwendung einer festgelegten Vorverarbeitung (statisches Wissen) mit nachgeschalteter Interpretation (dynamisches Wissen) erweist sich als zu kopflastig. Die starre Trennung der Abstraktionsebenen und die heterogenen Daten- und Ablaufstrukturen machen die Systeme unflexibel.
HORUS stellt eine Entwicklungsumgebung dar, die in Hochsprachen wie Prolog, OPS5 und Lisp integrierbar ist und den Benutzer in die Lage versetzt, maschinenunabhängige Bildanalyse und Bildinterpretation auf einem einheitlichen Abstraktionsniveau zu betreiben.

## Systemüberblick

Aufgebaut ist das System aus den drei Komponenten *Bildverarbeitung*, *Datenverwaltung* und *Ein/Ausgabe*. Diese werden mit Hilfe von Kommunikations- und Typanpassungsschnittstellen zu einer Einheit, der *CORE* zusammengefaßt. Die CORE verhält sich wie eine Datenbank, die um Operationen zur Bildverarbeitung und Darstellung erweitert wurde.
Auf die CORE kann über eine prozedurale Schnittstelle und ein angepaßtes SQL zugegriffen werden. Beide Mechanismen sind transparent realisiert und können vom Benutzer um eigene Operationen und Zugriffsmechanismen erweitert werden.

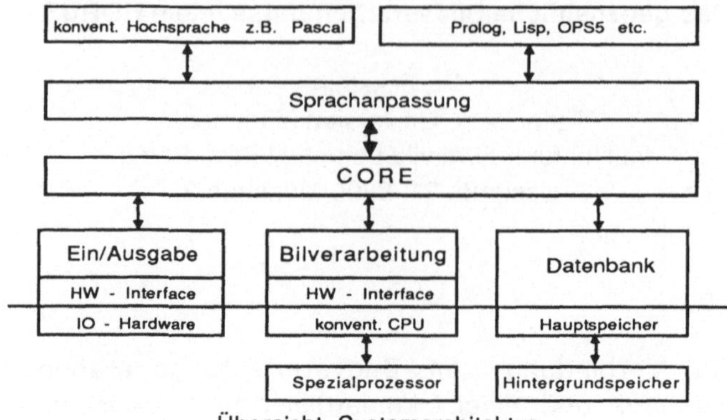


Übersicht Systemarchitektur

Vervollständigt wird das System durch die Schnittstellen zu den Hochsprachen. Diese erlauben es, die jeweilige Sprache um die Operationen von HORUS zu erweitern.


<u>Bildverarbeitung</u>

Diese Komponente umfaßt Operationen der Low- und Medium-Level-Verarbeitung, wobei die rechenintensiven Pixeloperationen auf angekoppelte Spezialrechner ausgelagert werden können. Die Low-Level Verarbeitung beinhaltet lineare und nichtlineare Filter und Transformationen für Grauwert- und Multisensordaten. Für die Segmentation werden lokale Merkmale (Pixelklassifikation) und globale Merkmale (Texturen) verwendet. Weiterhin stehen Prozeduren zur Objektklassifikation und Regionentransformation zur Verfügung. Als Datentypen für Bildmatrizen werden Byte, Integer und Real verwendet. Regionen werden durch eine spezielle Form der Lauflängenkodierung repräsentiert.


<u>Datenverwaltung (Datenbank)</u>

Die Datenverwaltung wurde an das $NF^2$-Relationenmodell [1,2] angelehnt. Die Relationenalgebra entspricht im wesentlichen den Vorschlägen von Schek, doch wurden einige Operationen (z.B. Join) eingeschränkt. Außerdem ist die Vernestungstiefe beschränkt und zyklische Objektstrukturen ausgeschlossen. Die Datentypen sind um Felder beliebiger Länge (für Byte, Integer und Real) erweitert, um Daten wie Bilder, Regionen, Histogramme, etc. abspeichern zu können. Um die Manipulation von Bildverarbeitungsergebnissen zu erleichtern, wird automatisch ein Primärschlüssel zur kontrollierten Datenidentifizierung vergeben.
Die Datenverwaltung realisiert eine Art von assoziativem Speicher und ist nicht für Langzeitverwaltung großer Datenmengen ausgelegt. Deshalb werden die Relationen vollständig im Hauptspeicher gehalten (Aus- und Einlagerung bei Bedarf). Dies ermöglicht kurze Antwortzeiten (Echtzeitsysteme).

## Ein/Ausgabe

Die Ein/Ausgabe beinhaltet eine Reihe von Operationen zur Bild-, Regionen-
und Graphikdarstellung und zur Interaktion. Diese Operationen stützen sich auf
einen Satz geräteunabhängiger Prozeduren [3,4], um eine Portierung zu
ermöglichen. Enthalten ist z.B. die Darstellung von Regionen (Konturen) und
Grauwerten, sowie Operationen zur Interaktion über Fenster und Maus.
Schnittstellen zu Windowsystemen (z.B. XWindow) und Spezialhardware sind
realisiert.


## Zentrale Systemschnittstelle (CORE)

Die CORE (nicht zu verwechseln mit der Graphiknorm) faßt die drei
Grundkomponenten zusammen. Dabei werden die unterschiedlichen Datentypen
und Aufrufmechanismen vereinheitlicht. So wird z.B. die Parameterversorgung
für Bildverarbeitung und Ein/Ausgabe über Datenbankzugriffe realisiert. Die
Funktionalität der CORE- Operationen ist standardisiert, um eine möglichst
einfache Schnittstelle zu erhalten [5].
Mit Hilfe von Anschlußprozeduren kann die CORE von Benutzer um neue
Operationen erweitert werden. Diese Operationen werden durch Einbinden
Bestandteil des Systems. Alle Operationen der CORE stehen automatisch für
alle Hochsprachen (für die eine Schnittstelle realisiert wurde) zur Verfügung
und brauchen somit nur einmal implementiert zu werden.

In der CORE werden Relationen vordefiniert, die zur Darstellung der Daten  aus
der Bildanalyse verwendet werden. Hierbei handelt es sich um:

> Bildobjekte ( T#, Region, $Grauwerte_1$, ... , $Grauwerte_n$ )
>
> Regionsdaten ( T#, Sehnenanfang, Sehnenende, Anzahl_Sehnen )
>
> Grauwertdaten ( T#, Pixeldaten, Pixeltyp )

Die *Bildobjekte* [5] (1. Relation) bestehen aus einer Komponente, die die Region
beschreibt (Koordinaten aller Objektpunkte), und aus einer oder mehreren
Komponenten für die Grauwertdaten (Bildmatrizen). Dabei sind die
Attributtypen nicht atomar und werden durch den Vernestungsmechanismus
realisiert.
Außerdem realisiert die CORE *virtuelle Attribute* und *Relationen*. Hierbei
handelt es sich um Daten, die aus den Attributen der Bildobjektrelation
herleitbar sind und bei Bedarf berechnet (und abgespeichert) werden. Diese
Attribute und Relationen sind spezielle Views, die über einen erweiterten
Satz von internen Operationen realisiert sind. Wurde beispielsweise eine
Region erzeugt, kann direkt Bezug auf Regionsmerkmale (z.B. Fläche)
genommen werden, ohne diese explizit abzuspeichern. Die ursprüngliche
Bildobjektrelation wird um eine Anzahl von virtuellen Attributen erweitert
und erhält für den Benutzer folgendes Aussehen (Auszug):

$$\text{Bildobjekt}(T\#, \text{ Region, Grauwerte}_1, \dots, \text{Grauwerte}_n,$$
$$\text{Fläche, Schwerpunkt, Formfaktor1}, \dots, \text{mittl\_Grauwert}, \dots)$$

Virtuelle Relationen sind zum Beispiel:

Nachbar ( T#, Bildobj1, Bildobj2 )
Teil_von ( T#, Bildobj1, Bildobj2 )

Virtuelle Attribute und Relationen können genauso wie neue Operationen (s.o.) vom Benutzer in die CORE eingebracht werden, um Anpassungen an spezielle Anwendungen zu ermöglichen. Diese Erweiterungen erfolgen mit Hilfe eines Übersetzers, der als Eingabe die Prozeduren zur Berechnung der Attribute und deren Funktionalität hat und daraus Programmcode generiert, der von der CORE aufgerufen wird.


<u>Hochsprachen</u>

Mit Hilfe von Sprachschnittstellen, die auf der CORE aufbauen, lassen sich verschiedene Hochsprachen (z.B. Prolog, Lisp und OPS5) um die Operationen von HORUS erweitern. Hierdurch stehen Werkzeuge zur Verfügung, die eine schnelle Programmentwicklung in der Bildanalyse und Interpretation erlauben. Am Beispiel von Prolog sollen einige Programmausschnitte die Programmiertechnik erläutern.
Je nach Verwendungszweck gibt es zwei Möglichkeiten, in Prolog zu arbeiten:
1. An SQL angelehnte Datenmanipulationssprache HQL
2. Operationelle Schnittstelle

HQL (<u>H</u>ORUS <u>Q</u>uery <u>L</u>anguage) umfaßt neben den üblichen Datenbankmechanismen auch Funktionen zur Bildverarbeitung (Grauwert- und Regionstransformationen) und Darstellung. Einige Operationen wie der Join sind nur eingeschränkt implementiert.
Die Bildanalyse stellt sich als eine Folge von Datenbankzugriffen dar, wobei Merkmalsbeschreibungen in Selektanweisungen und Objektbeziehungen in Vergleiche und Relationen umzusetzen sind.

Beispiel: Berechnung der Schwellwertoperation (100-255) und Auswahl aller Objekte mit Regionen größer als 300 Pixel

```
...
horus_db('insert into E1: select schwelle(E0,100,255) from E0').
horus_db('delete from E1 where E1.flaeche <= 300').
...
```

Bei dieser Arbeitsweise werden die virtuellen Attribute verwendet, die jedes Bildobjekt wie um einen Merkmalsvektor erweitert erscheinen lassen. Die Operation horus_db ist ein Prädikat, das von HORUS bereitgestellt wird.

Bei der operationellen Schnittstelle muß der Programmierer für die Verwaltung der Daten und ihre Berechnung selbst sorgen. Die Kommunikation mit der Datenbank erfolgt über Listen von Primärschlüsseln von Bildobjekten. Eigenschaften von Bildobjekten werden ebenfalls in Listen übergeben, wobei die Position eines Merkmals der Position des zugehörigen Schlüssels entspricht.

Die Interpretation der Daten läßt sich in HORUS z.B. über einen syntaktischen Ansatz realisieren. Hierbei werden die Eigenschaften und Beziehungen der primitiven Bildobjekte zur Definition komplexerer Strukturen verwendet.

Beispiel: Erkennung eines Autos

```
rad(X) :- rund(X), groesse(X,100, 200).
fenster(X) :- rechteckig(X), groesse(X,150, 400).
karosserie(X) :- groesse(X, 1000, 2000).
auto(R1,R2,F,K) :- rad(R1), rad(R2), rechts_von(R1,R2),
                   fenster(F), karosserie(K),
                   liegt_in(F,K),
                   unter(R1,K), unter(R2,K).
```

Neben dieser direkten Methode wird die Verwendung von semantischen Netzen und Frames zur Objektbeschreibung und Erkennung unterstützt. So können z.B. Algorithmen zum Vergleich von Strukturen oder zur Instantiierung von Frames als Anfragemechanismus in die Datenbank eingebracht werden. Dies erlaubt eine Programmierung auf einem höheren Abstraktionsniveau und gibt damit die Möglichkeit, sich auf die wesentlichen Probleme der Bildverarbeitung zu konzentrieren.

Anhand eines einfachen Beispiels soll der Programmieraufwand zur Segmentation und Interpretation gezeigt werden. Gegeben sei das Bild eines Werkzeugs. Die Aufgabe besteht darin, das Objekt zu erkennen und Paßpunkte für einen Greifarm zu finden.

```
segmentation(Regionen) :-                      % Einzug und Segmentation
    get_image(Bild, ´Kamera1´),                % Bildeinzug
    lowpass(Bild, Tiefpass, 10, 10),           % Tiefpaß 10*10
    dyn_threshold(Bild, Tiefpass, H1),         % Objektkanten lokalisieren
    has_area(H1, H2, 100, 1000000),            % Rauschen unterdrücken
    fill_up(H2, Regionen),                     % Hohlflächen ausfüllen
    clear_db([Bild, Tiefpass, H1, H2]).        % lokale Tupel in DB löschen


hammer([Kopf , Stiel], Passpunkte) :-          % Objekterkennung
    rectangle(Kopf, 40) ,                      % rechteckig (Toleranz 40%)
    rectangle(Stiel, 80) ,                     % rechteckig (Toleranz 80%)
    angle(Kopf, Stiel, 90),                    % stehen senkrecht aufeinander
    contour(Stiel, Rand) ,                     % ersetze Region durch Umrandung
    center_of_mass(Stiel, X, Y) ,              % Schwerpunkt
    gen_circle(Kreis, X, Y, 600) ,             % Erzeuge Kreis im Schwerp.
    intersection(Kreis, Rand, Passpunkte).     % Schnitt von Kreis mit Rand
    clear_db([Kreis, Rand]).                   % lokale Tupel in DB löschen


zange ( ...
```

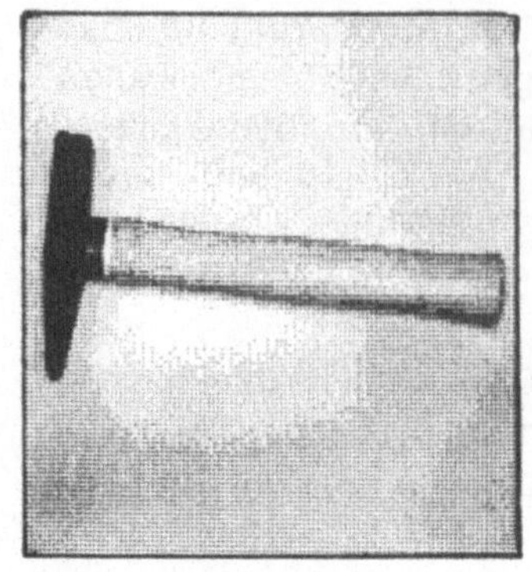 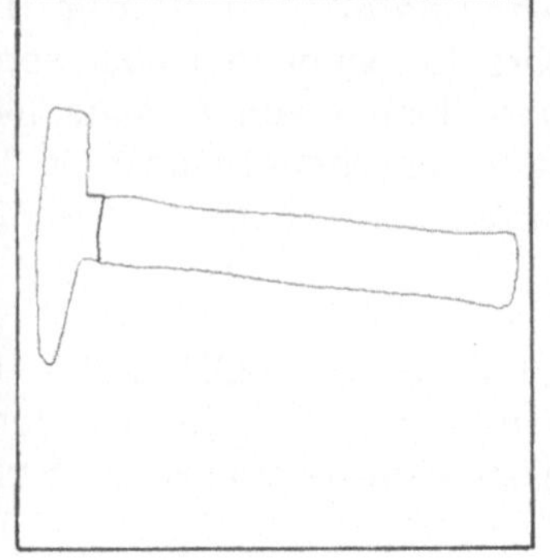 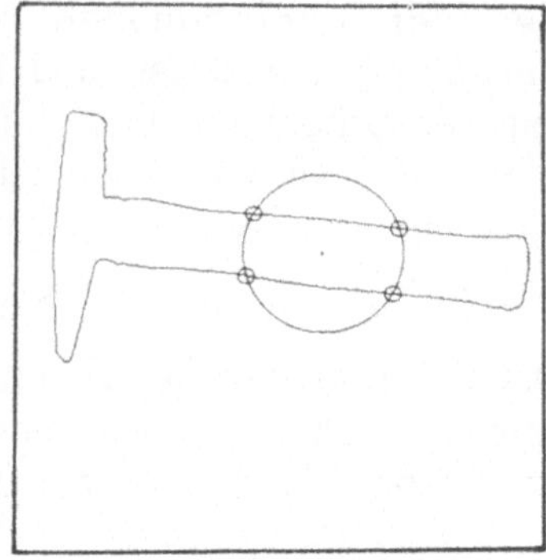

| **Eingabebild** | Segmentationsergebnis | Lokalisierung der Paßpunkte |
| --- | --- | --- |

Die Segmentation wird durch Suchen von Grauwertübergängen mit nachfolgender Bereinigung der Regionen realisiert. Die Objekterkennung benutzt ein einfaches geometrisches Modell (Form und relative Lage). Die Paßpunkte für den Greifarm sind als der Schnitt eines Kreises im Schwerpunkt des Stiels mit dessen Kontur definiert.

Neben diesem sehr einfachen Beispiel wurden auch komplexere Aufgaben wie die Analyse von Luftbilder [6] und Computertomogrammen [7] bereits mit einem Vorgängersystem erfolgreich untersucht.

## Laufzeitverhalten

Bei der Entwicklung der Software wurde besonders auf die Effizienz, sprich kurze Antwortzeiten bei der Datenbank und kurze Ausführungzeiten bei der Bildverarbeitung, geachtet. Anhand einiger Zeitangaben soll dies verdeutlicht werden. Als Testobjekt wurde ein Kreis mit ca. 32.000 Bildpunkten (Objekt I) und ein Kreis mit ca. 3000 Bildpunkten (Objekt II) verwendet.

| *Aufgabe* | *Objekt I* | *Objekt II* |
| --- | --- | --- |
| • Lesen der Regionendaten | 3,5 ms | 2,2 ms |
| • Duplizieren der Objekte | 3,7 ms | 3,7 ms |
| • Schreiben der Regionendaten | 10,5 ms | 7,3 ms |
| • Lesen der Regionendaten u. berechnen der Orientierung | 56,3 ms | 20,7 ms |
| • Lesen der Regionendaten u. berechnen von Fläche, Schwerpunkt und umschließendem Rechteck | 20,3 ms | 9,3 ms |

Die obigen Angaben beziehen sich auf ein Objekt, gemittelt über 100 Ausführungen. Gemessen wurde auf einer VAXstation II. Für das obige Beispiel ergibt sich eine Laufzeit von ca. 1,5 Sekunden (VAXstation II, Vorverarbeitung auf einem Bildverarbeitungsrechner).

<u>Realisierung</u>

Realisiert wurde bisher die Datenverwaltung, die wesentlichen Teile der Bildverarbeitung, der Ein/Ausgabeschnittstelle und der CORE. Schnittstellen zu Hochsprachen wurden für IF-Prolog und DEC-OPS5 implementiert.
Programmiert wurde HORUS in C (Kernighan, Ritchie - Standard) und ist auf alle Maschinen, die diesen Sprachumfang zur Verfügung stellen (16- und 32-BIT Rechner) portierbar. Für eine Anpassung an weitere Hochsprachen müssen ca. 500 Zeilen Programmcode modifiziert werden.
Getestet wurde das System unter UNIX (Ultrix und System V) und VMS auf verschiedenen Workstations.


<u>Literatur</u>


[1] W. Benn: *Dynamische nicht-normalisierte Relationen und symbolische Bildbeschreibung*, Informatik-Fachberichte 128, Springer-Verlag, Berlin Heidelberg, 1986

[2] H.J. Scheck, M.H. Scholl: *Die Nf$^2$ Relationenalgebra zur einheitlichen Manipulation externer, konzeptueller und interner Datenstrukturen*, Sprachen für Datenbanken, Fachgespräch auf der 13. GI-Jahrestagung, Hamburg, Informatik-Fachberichte 72, Springer-Verlag, Berlin Heidelberg, 1983

[3] L.S. Dreschler-Fischer, H.Faasch: *Konzeption einer virtuellen Maschine als Standardschnittstelle für Bildverarbeitung*, Proceedings GI - 17. Jahrestagung Computerintegrierter Arbeitsplatz im Büro, Informatik- Fachbericht 156, Springer-Verlag, Berlin Heidelberg, 1987

[4] G. Rahmstorf: *Graphische Funktionen in der Künstlichen Intelligenz*, Proceedings 2. Internationaler GI-Kongreß, München, Oktober 1987

[5] W. Eckstein, S.J. Pöppl: *Konzept einer universellen Programmiersprache für Bildverarbeitungsanwendung*, Proceedings 8. DAGM Symposium, Paderborn 1986

[6] S. Haenel, W. Eckstein: *Ein Arbeitsplatz zur Halbautomatischen Luftbildauswertung*, Proceedings 8. DAGM Symposium, Paderborn 1986

[7] Engelmeier, Eckstein, Hötzinger, Milachowski, Pöppl: *Pseudo-3-Dimensional Display and its Efficiency in Medical Treatment Planning*, Proceedings 7th International Congres Medical Informatics, Rome 1987

# IPAX: Konzeption und Realisierung eines Bildverarbeitungssystems

*H. Brünig, H. Niemann*
*Lehrstuhl für Informatik 5 (Mustererkennung)*
*Universität Erlangen-Nürnberg*
*Martensstraße 3*
*D-8520 Erlangen*

## Zusammenfassung

Das Bildverarbeitungssystem IPAX (Image Processing and Archiving System under UNIX) wurde als Arbeits- und Entwicklungsumgebung für die Bildverarbeitung konzipiert und realisiert. Es setzt auf dem Betriebssystem UNIX auf und ist in der Programmiersprache C geschrieben. Durch seine Mehrbenutzerfähigkeit bietet es eine einheitliche Umgebung für verschiedenen Bildverarbeiter, deren Zugriff auf die vorhandenen Hardware (wie z.B. Bildspeicher) vom System kontrolliert und koordiniert wird. Die Netzfähigkeit von IPAX erlaubt die Verteilung von Spezialhardware auf verschiedene Rechner, sowie einen transparenten Zugriff auf die Peripheriegeräte und die im System vorhandenen Bilder, wobei die Adressierung mittels eines Namens erfolgt. Jedem Bild und Parameter ist neben dem Namen auch ein Typ zugeordnet, dessen Kompatibilität beim Aufruf eines Verarbeitungsprogrammes überprüft wird. Vielfältige Protokollierungsmechanismen stehen zur Verfügung. Es ist ein Bildarchiv vorhanden, das die mittel- und langfristige Archivierung von Bildern, einschließlich der zugehörigen Informationen, ermöglicht. Durch einen in IPAX vorhandenen Programmgenerator können eigene Bildverarbeitungsroutinen auf einfachste Weise in das System integriert werden.

## 1. Einführung

Mit dem Bildverarbeitungsystem IPAX wurde eine einheitliche und komfortable Benutzerumgebung für die Bildverarbeitung geschaffen. Das System ist, im Gegensatz zu anderen Bildverarbeitungssystemen wie z.B. INCOS /INC 82/, mehrbenutzerfähig und durch seinen modularen Aufbau sehr leicht zu erweitern. Eine Randbedingung bei der Systemgestaltung war die Verwendung von Universalrechnern (teilweise mit Bildspeicher-Hardware zur Eingabe von Bildern mittels Kamera bzw. Darstellung von Bildern auf einem Monitor). Damit ergibt sich natürlich gegenüber Systemen, denen speziell auf die Bildverarbeitung zugeschnittene Rechnerarchitekturen zugrunde liegen (siehe /WOR 83/, /CON 86/), ein Leistungsverlust. Durch die Netzfähigkeit von IPAX können jedoch mehrere durch ein schnelles lokales Netzwerk verbundene Rechner in das System integriert werden, wobei durchaus auch die Einbindung von Spezialhardware möglich ist. Die sehr flexible Gestaltung der Parameterübergabe bei den Bildverarbeitungsprogrammen erlaubt wesentlich komplexere Verknüpfungsketten als bei einer Realisierung der Programme im Filterkonzept von HIPS /LAN 84/. Die Zuordnung von Namen und Typen an Bilder und andere Parameter gewährleistet ein sicheres und einfaches Arbeiten unter der netzweiten Kontrolle von IPAX.

## 2. Systemaufbau

Bei der Konzeption des Bildverarbeitungs- (BV-) Systems wurden folgende *Anforderungen* gestellt:
- Benutzerfreundlichkeit (leicht zu bedienen, Hilfestellungen)
- Mehrbenutzerfähigkeit
- Netzfähigkeit (Schnelles lokales Netzwerk; LAN)
- Gute Erweiterbarkeit (Leichtes Einfügen neuer BV-Routinen; Programmgenerator)
- Symbolische Adressierung der Bilder (und anderer Parameter) durch Namen
- Experiment-Steuerung (Kommandoprozeduren)
- Zugang zum Betriebssystem
- Protokollierung der Verarbeitung (prozeß- und datenorientiert)
- Zuordnung eines Typs an Bilder und andere Parameter (z.B. Binärbild, Histogramm)
- Sicherungen gegen Fehler (z.B. Typprüfungen)
- Fehlermeldungen
- Archivierung von Bildern

Obige Anforderungen wurden in verschiedenen Komponenten von IPAX realisiert. Zum näheren Verständnis betrachten wir deshalb den Aufbau des Systems etwas genauer. IPAX setzt sich im wesentlichen aus vier Teilen zusammen (siehe Abbildung 1):
- Die netzwerkfähige Bild- und Benutzerverwaltung (zum Teil als Treiber realisiert)
- Die Bildverarbeitungsroutinen (mit den *Hüllprogrammen*)
- Das Bildarchiv
- Das Benutzerinterface bzw. der Kommandointerpreter ( UNIX-Shell )

Wie aus Abbildung 1 ersichtlich ist, befindet man sich bei der Arbeit mit IPAX immer in der normalen UNIX-Umgebung. Jedes Bildverarbeitungsprogramm läuft als selbständiger Prozeß und kann mit dem Treiber der Bildverwaltung sowie den anderen Bildverarbeitungsprogrammen kommunizieren. Um die Funktionsweise von IPAX genauer verstehen zu können, wenden wir uns jetzt den einzelnen Komponenten im Detail zu.

## 3. Die netzwerkfähige Bild- und Benutzerverwaltung

Im Zusammenhang mit der Mehrbenutzer- und Netzfähigkeit von IPAX sind vielfältige Verwaltungsaufgaben zu erledigen. Diese Arbeit wird zum Großteil von einem in das

UNIX-System integrierten Treiber /HAH 86/ geleistet. Für den Benutzer steht eine Menge von Unterprogrammen zur Verfügung, die den Zugriff auf diesen Treiber ermöglichen. Durch den später zu besprechenden Programmgenerator werden diese Funktionen automatisch den Bildverarbeitungsprogrammen zugänglich gemacht.

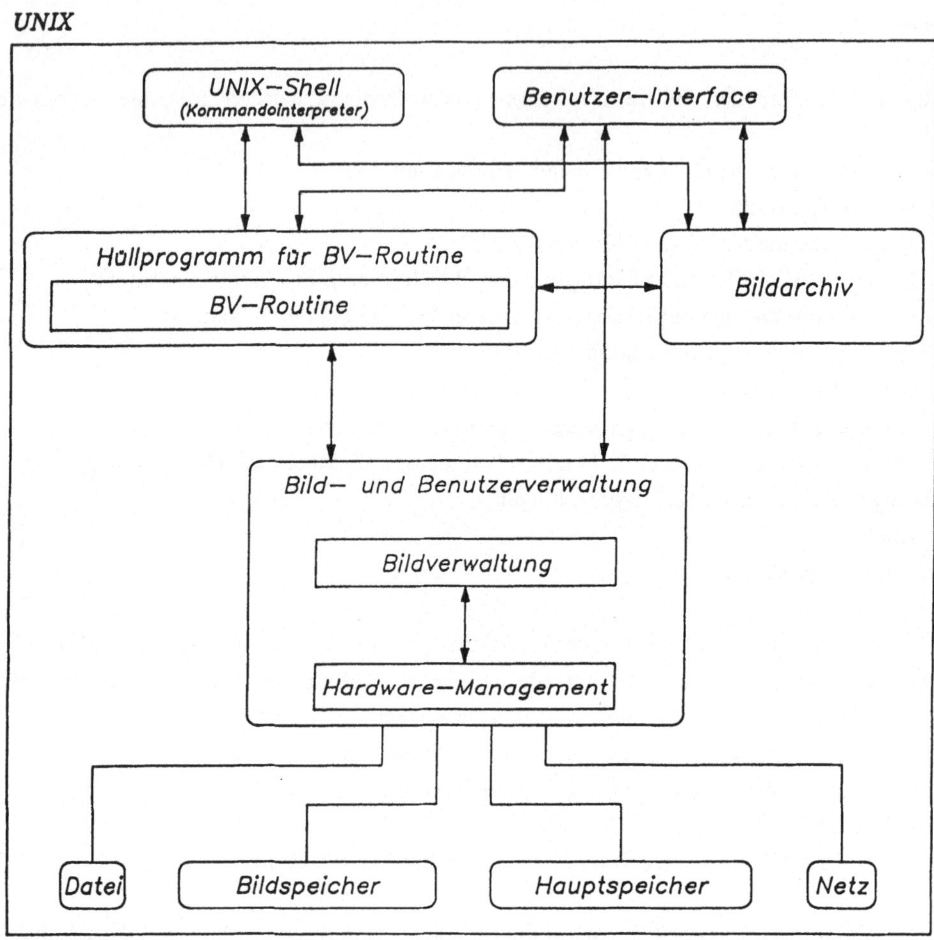


Abbildung 1  IPAX-Systemstruktur

Eine wesentliche Aufgabe dieser Systemkomponente ist die Durchführung des *transparenten* Zugriffs auf die im System vorhanden Bilder. Transparent bedeutet hierbei, daß ein Bild durch die Angabe seines *Namens* angesprochen wird, wobei der Standort des Bildes nicht mehr explizit angegeben werden muß. Das Bild muß nur einmal dem System bekannt gemacht werden. Als Speichermedien für Bilder sind in IPAX sogenannte *Hardwaredevices* vorhanden, wie Plattenspeicher, Hauptspeicher (der über Prozessgrenzen hinweg als sogenanntes "shared memory" erhalten bleibt) und spezielle

Bildspeicherhardware. Auf diesen Hardwaredevices werden sogenannte *logische Devices* definiert und auf diesen schließlich die *Bilder*. Die Position eines Bildes auf einem logischen Device und dessen Lage auf dem Hardwaredevice ist innerhalb der erlaubten Grenzen frei wählbar. Jedem Bild wird ein Name zugeordnet, über den dann der Zugriff auf das Bild erfolgt. Auf diese Weise kann ein Verarbeitungsprogramm mit einem Bild arbeiten, indem es nur den Namen des Bildes an die Bildverwaltung übergibt, unabhängig davon, wo sich das Bild befindet. Da in dieser Systemkomponente von IPAX die Lage des Bildes bekannt ist, wird automatisch der richtige, für jedes Hardwaredevice spezialisierte, Zugriff durchgeführt, gegebenenfalls auch über das lokale Netz.

Daneben leistet dieser Systemteil auch noch eine Menge von Verwaltungsaufgaben. So regelt er den Zugriff auf die Hardwaredevices (ein bestimmter Bildspeicher darf z.B. nur von einem Benutzer belegt sein) und überprüft die Kompatibilität von Bild und Speichermedium an Hand des *Pixeltyps*. Der Pixeltyp, ist eine symbolische Bezeichnung für den Typ des Bildes, wie z.B. Binärbild, Grauwertbild und Gradientenbild. Jeder dieser symbolischen Typen bezeichnet indirekt auch die rechnerinterne Darstellung der Pixel des jeweiligen Bildes, z.B. als Byte, Integer (2- oder 4-Byte) oder real/float-Zahl. Auf den Hardware- bzw. logischen Devices kann auch nur das Ablegen von Bildern eines bestimmten Pixeltyps oder einer bestimmten Pixeltypklasse erlaubt sein, was dann jeweils beim Zugriff überprüft wird. Der Versuch ein Bild mit falschem Pixeltyp abzulegen wird mit Fehlermeldung abgebrochen. Wenn nicht durch die Hardware (z.B. Bildspeicher) bedingt, besteht keinerlei Einschränkung für die Bit-Tiefe der Pixel und die Bildgröße.

Weiterhin ist es möglich auf einem Hardwaredevice verschiedene logische Devices, und auf diesen wiederum *mehrere Bilder* mit verschiedenen Anfangs- und Endpunkten zu speichern. Hierbei kann eine Überlappung erlaubt oder verboten werden.

Zum Abschluß noch kurz ein Blick auf die Realisierung. Die Bild- und Benutzerverwaltung besteht im wesentlichen aus zwei Teilen; einem Treiber, sowie einer Menge von Unterprogrammen, die der Benutzer in seinen Programmen verwenden kann. Im *Treiber* ist die *mehrbenutzerfähige* Verwaltung, sowie die *Netzfähigkeit* des Systems realisiert. Es befinden sich dort Tabellen, die für jeden Benutzer die entsprechenden Verwaltungsinformationen, wie die aktuell belegten Hardwaredevices, die logischen Devices, sowie die Bilder mit allen zugeordneten Informationen beinhalten. Die Benutzer-Unterprogramme bieten unter anderem die Möglichkeit zum pixel-, zeilen-, spalten- und fensterweisen Lesen und Schreiben von Bildern, sowie den Zugriff auf alle Verwaltungsinformationen.


## 4. Die Bildverarbeitungsroutinen (mit Hüllprogrammen)

Dieser Teil von IPAX enthält im Moment neben selbstentwickelten Bildverarbeitungsalgorithmen auch die ca. 450 FORTRAN-Unterprogramme des *SPIDER*-Programmpakets (Copyright: Mitsui Ltd., London) /TAM 83, SPI 83/. IPAX ist so konzipiert, daß jedes Bildverarbeitungsprogramm selbständig lauffähig ist. Dieses kann dann direkt mit dem IPAX-Treiber (Bild- und Benutzerverwaltung), sowie anderen BV-Programmen kommunizieren. IPAX ist damit auf sehr einfache Weise zu erweitern, ohne Änderungen am eigentlichen System durchführen zu müssen.

Das Hinzufügen neuer Bildverarbeitungs-(BV-) Programme ist sehr leicht möglich. Für jede Bildverarbeitungsroutine (die wie die SPIDER-Routinen keinerlei Ein-/Ausgabemechanismen beinhalten muß), ist nur eine kurze, standardisierte Beschreibung der Schnittstelle zu erstellen. In IPAX ist ein *Programmgenerator* vorhanden, der an Hand der Schnittstellenbeschreibung ein Hauptprogramm, das sogenannte *Hüllprogramm* für das entsprechende BV-Unterprogramm erzeugt. Durch das Hüllprogramm wird dem neuen Unterprogramm der volle Funktionsumfang von IPAX zugänglich gemacht. Es wird automatisch die Schnittstelle zum Treiber und zu anderen BV-Programmen installiert, sowie ein Großteil der anfangs genannten "Anforderungen an ein Bildverarbeitungssystem", wie Typprüfungen, symbolische Adressierungen von Parametern über Namen, Protokollierung usw., realisiert.

Betrachten wir diese Funktionen etwas genauer. Ein wichtiger Punkt der Benutzerfreundlichkeit des Systems ist durch die **symbolische Adressierung** der *Bilder* durch Namen gegeben. Dieses Konzept wurde auch auf die anderen "Argumente" von Bildverarbeitungsprogrammen ausgedehnt und in den *Hüllprogrammen* realisiert. **Argument** bezeichnet hier, neben den Bildern, *Variable,* wie Schwellwerte oder Längen, *Arrays,* wie Histogramme oder Transformationsmatrizen und *Files,* die z.B. komplex strukturierte Ergebnisse der Bildsegmentierung enthalten. Durch die Zuordnung von Namen an die Parameter ist nun ein ebenso einfacher Umgang mit diesen möglich, wie er durch die Bildverwaltung für die Bilder realisiert ist. Die Namen sind durch die *globale* Definition im sogenannten IPAX-Environment auch über das Ende des jeweiligen Verarbeitungsprogrammes hinaus bekannt. Auf diese Weise ist nun die Kommunikation zwischen verschiedenen BV-Prozessen möglich.

Die Möglichkeit **Experimente**, also umfangreiche Verknüpfungen von Verarbeitungsschritten, durchzuführen ist im wesentlichen durch die *Shell,* den Kommandointerpreter in UNIX, gegeben. Da jedes BV-Programm als eigenständiger Prozeß abläuft, kann es direkt durch die Shell kontrolliert werden. Eine komplexe Verknüpfung der Verarbeitungsschritte, mit der Möglichkeit von Schleifen, bedingten Verzweigungen usw. ist damit in Form von Kommandoprozeduren auf einfache Weise gegeben.

Während der Arbeit mit einem Bildverarbeitungssystem ist ein **Zugang zum Betriebssystem** sehr wünschenswert. Es besteht beispielsweise oft der Wunsch nach Informationen über die vorhandenen Dateien und Betriebssystemparameter. Ein Zugriff auf die umfangreichen Möglichkeiten des Rechners sollte nicht durch das BV-System blockiert sein. Dies ist durch die Struktur von IPAX (Treiber und eigenständige BV-Prozesse) ideal realisiert. Der Benutzer befindet sich immer direkt in der UNIX-Umgebung und kann somit alle Möglichkeiten des Computers nutzen.

Ein wichtiger Punkt ist die **Protokollierung** der Verarbeitung. Beim Umgang mit einer großen Anzahl von Bildern, auf die viele Bildverarbeitungsoperationen angewendet werden, ergibt sich das Problem, den Überblick über alle Verarbeitungsschritte zu behalten. Durch die Möglichkeit der komplexen Experimentsteuerung, sowie der parallelen Verarbeitung (Hintergrundprozesse) ist es zudem schwierig den Fortgang eines bestimmten Experiments zu kontrollieren. Aus diesen Gründen sind in IPAX zwei Arten der Protokollierung implementiert, eine prozess- und eine datenorientierte. Das *Verarbeitungsprotokoll* ist prozessorientiert, also einem BV-Prozess, einer Verarbeitungskette oder einem Experiment zugeordnet. Es werden dort alle wichtigen Aktionen der Verarbeitung protokolliert. Neben dem Hüllprogramm, das z.B. Typprüfungen und den In-/Output mit der Bildverwaltung dokumentiert, können auch die eigentlichen Bildverarbeitungsprogramme ihre Aktionen protokollieren. Dies gestattet eine detaillierte Überprüfung von Experimenten. Die *History* ist datenorientiert, also einem Argument, z.B. einem Bild oder einem Schwellwert, zugeordnet. Es werden dort alle Verarbeitungsschritte protokolliert, die z.B. das Bild bis zu diesem Zeitpunkt durchlaufen hat. Da bei jedem Verarbeitungschritt auch die Entstehungsgeschichten aller Input-Parameter mitprotokolliert werden, ist durch die History eines Parameters seine Verarbeitungsgschichte exakt nachzuverfolgen.

Die Hüllprogramme und die Bild- und Benutzerverwaltung liefern gegebenenfalls umfangreiche **Fehlermeldungen und Warnungen** zurück. Die Meldungen erfolgen als Texte und teilweise als Fehlernummern.

Eine wichtige und konzeptionell neue Eigenschaft von IPAX ist die Zuordnung von **Typen** an Parameter und Bildverarbeitungsprogramme. Wie schon oben angesprochen, ist jedem Argument eines IPAX-BV-Programmes, also jedem Bild und jedem anderen Parameter, ein Typ zugeordnet. Dieser bezeichnet beispielsweise, ob es sich um ein Binärbild, ein Grauwertbild, einen Schwellwert oder ein Histogramm handelt. Auf der anderen Seite erwartet eine BV-Routine, daß ein Argument einen bestimmten Typ hat oder daß dieser Element einer bestimmten Menge von erlaubten **Typen** bzw. **Typklassen** ist. Das Hüllprogramm prüft jeweils, ob der Typ des Arguments korrekt ist und bricht anderenfalls mit einer Fehlermeldung ab. Auf diese Weise wird eine gute Sicherung gegen fehlerhafte Anwendung von Bildverarbeitungoperationen gewährleistet.

In IPAX sind vielfältige explizite und implizite **Sicherungen gegen Fehler** vorhanden. Die einfache und übersichtliche Struktur der Programmaufrufe mit der Zuordnung von Namen an Parameter bietet einen guten Schutz gegen Fehlbedienungen. Die systeminterne Verwaltung von Informationen zu den Argumenten, wie Grösse und Typ, sowie deren automatischer Transfer zu den Verarbeitunsprogrammen erspart dem Benutzer zum einen viel Arbeit und verhindert zum anderen die Angabe falscher Werte. Beim Aufruf eines BV-Programms werden vom *Hüllprogramm* sehr viele Tests auf Korrektheit durchgeführt. Dazu gehört die Überprüfung der korrekten Anzahl von Argumenten beim Programmaufruf, deren Art (Bild, Array, Variable oder File), sowie des Typs. Weiterhin werden Output-Argumente automatisch angelegt, falls sie im System vorher nicht definiert wurden. Dadurch werden zum einen sehr flexible Verarbeitungsketten möglich, da z.B. die Dimensionen von Ergebnisdaten nicht im vorhinein bekannt sein müssen, zum anderen wird verhindert, daß Ergebnisse verlorengehen.

## 5. Das Bildarchiv

Das Bildarchiv stellt eine weitere, wichtige Komponente von IPAX dar. Es bietet die Möglichkeit zur mittel- und insbesondere langfristigen **Archivierung von Bildern einschließlich der zugehörigen Informationen**, wie Pixeltyp, Bildgröße und Bildgeschichte (History). Die Archivierung erfolgt mittelfristig auf Magnetplatte und langfristig auf Magnetband. Eine mittelfristige Archivierung auf Platte ist vor allem deshalb nötig, weil nach dem Abmelden aus dem IPAX-System zwar das Bild selbst noch vorhanden sein kann (z.B. auf einer Datei), aber ein erneuter Zugriff auf das Bild bei einer folgenden IPAX-Sitzung nicht immer trivial wiederhergestellt werden kann, da sämtliche Informationen, insbesondere auch der Pixeltyp und die Bildgröße, beim Abmelden aus IPAX verloren gehen.

Die Archivierung eines Bildes in IPAX bedeutet also nicht nur die Speicherung des Bildes an sich, sondern auch aller zugehörigen Informationen, die im System über das Bild vorhanden sind. Zudem ist es auch möglich, mehrere zusammengehörende Bilder, wie z.B. die beiden Kanäle eines Stereobildes, den R-,G- und B-Kanal eines Farbbildes oder schließlich eine zeitliche Folge von Farb-Stereo-Bildern, gemeinsam zu archivieren.

Auf diese Weise wird ein einmal archiviertes Bild samt seiner Informationen und der Bildgeschichte in einer folgenden IPAX- Sitzung wieder voll zugreifbar gemacht.

Als Speichermedium für die Langzeitarchivierung ist das Magnetband oder eine optische Platte unbedingt vorzuziehen, da eine Speicherung auf Magnetplatte wegen der großen Datenmengen (durchaus 1 Megabyte pro Bild) nicht sinnvoll ist. Mittels Magnetband ist auch ein Austausch von Bildern einschließlich der zugeordneten Informationen zwischen verschiedenen Bildverarbeitungssystemen leicht möglich, falls das Format der Archivierung als Norm akzeptiert wird.

Als Format für die Archivierung wird das **Bildformat des IMMD 5 /BLD 85/** verwendet.


## 6. Das Benutzerinterface bzw. der Kommandointerpreter

Als Kommandointerpreter steht die UNIX-Shell zur Verfügung. Diese kann, wie oben beschrieben, direkt für die Ablaufsteuerung von Verarbeitungsketten verwendet werden. Die umfangreichen Möglichkeiten der Shell können damit genutzt werden.

Als Alternative zum Kommandointerpreter, wird ein komfortables Benutzerinterface realisiert, das dem Benutzer verschiedene Hilfestellungen anbietet. Dieser Teil von IPAX soll in Richtung eines Expertensystems für Bildverarbeitung weiterentwickelt werden. Es sei noch erwähnt, daß für das Bildarchiv eine Benutzeroberfläche vorhanden ist.

# 7. Ausblick

Das Bildverarbeitungssystem IPAX wird momentan von etwa 30 Bildverarbeitern an drei vernetzten Rechnern des Lehrstuhls für Informatik 5 (Mustererkennung) der Universität Erlangen-Nürnberg genutzt. Es hat sich als standardisierte und einfach zu handhabende Bildverarbeitungsumgebung sowohl bei der Programmentwicklung als auch bei der Bearbeitung komplexer Bildverarbeitungsprobleme sehr gut bewährt. Auch für die Ausbildung eignet sich IPAX hervorragend, da es durch den Programmgenerator erlaubt, auf einfachste Weise eigene Bildverarbeitungsalgorithmen zu erproben.

Um die Bedienung von IPAX noch komfortabler zu gestalten, ist ein *Benutzerinterface* in Arbeit, das dem Benutzer interaktiv ausfürliche Hilfestellungen und Information zum Umgang mit dem System und zu den einzelnen Bildverarbeitungsroutinen zur Verfügung stellt. In diesem Bereich ist auch an die Erweiterung des Systems in Richtung eines Expertensystems für Bildverarbeitung gedacht. Damit soll die Arbeit mit IPAX auf einem höheren Abstraktionsniveau möglich sein. So könnte das System beispielsweise eine Reihenfolge für bestimmte Verarbeitungsalgorithmen vorschlagen, die unter den spezifizierten Umgebungsbedingungen ein optimales Ergebnis erwarten lassen.

## LITERATUR


/BLD 85/    IMMD 5 - Bildformat, Lehrstuhl für Informatik 5 (Mustererkennung), Universität Erlangen-Nürnberg, 1985

/CON 86/    CONTEXTVISION Systems GmbH: GOP Image Processing Systems, Solingen (1986)

/HAH 85/    T. Hahn: Netzfähige Implementierung eines hardwareunabhängigen Bildzugriffs, Diplomarbeit am Lehrstuhl für Informatik 5 (Mustererkennung), IMMD Universität Erlangen-Nürnberg, 1986

/INC 82/    PCS GmbH: INCOS 2 System für digitale Bildverarbeitung (Handbuch), PCS GmbH, München (16.12.82)

/LAN 84/    M.S. Landy, Y. Cohen, G. Sperling: HIPS: A Unix- Based Image Processing System, Computer Vision, Graphics and Image Processing 25 (1984), pp. 331-337

/SPI 83/    SPIDER User's Manual, Joint System Development Corp., Tokyo, 1983

/TAM 83/    H. Tamura, S. Sakane, F. Tomita, N. Yokoya: Design and Implementation of SPIDER - A Transportable Image Processing Software Package, Computer Vision, Graphics and Image Processing 23 (1983) 273-294

/WOR 83/    Workshop: Parallele Rechnerstrukturen in der ME und Bildverarbeitung, Tagungsbericht, Karlsruhe (November 1983)

**ARCHITEKTUR und PROGRAMMIERKONZEPT für**
**"FAMILIE SCHNELLER BILDVERARBEITUNGSRECHNER"**

**M. Sehran Tatari, Wolfgang Melchert,**
Fraunhofer-Institut für Informations- und Datenverarbeitung (IITB)
Fraunhofer-Str. 1, D-7500 Karlsruhe 1 (FRG)

**Gustav Thiesing**
Videotechnik und Elektronik GmbH (VTE)
Waller Weg 25, D-3300 Braunschweig (FRG)

## Zusammenfassung

*Im Rahmen des Verbundvorhabens "Familie schneller Bildverarbeitungsrechner" werden Sichtsysteme mit einer busorientierten Architektur entwickelt, die den Einsatz spezialisierter Verarbeitungsmodule in Parallel- und Fließbandarbeit unterstützt. Alle Module der Rechnerfamilie genügen denselben Spezifikationen für die Schnittstellen zu den Bussen und für den elektromechanischen Aufbau. Die Programmierung der Systeme soll nach einem einheitlichen Programmierkonzept erfolgen. Dieses Konzept sieht eine funktionelle (anstatt einer geräteorientierten) Programmierung vor. Die funktionellen Beschreibungen von Bildauswertungsaufgaben werden von einer Planungsinstanz automatisch in systemspezifische Beschreibungen umgesetzt. Dabei nutzt die Planungsinstanz explizit vorliegendes Wissen über Systemeigenschaften, Moduleigenschaften und die zu verarbeitenden Datenobjekte. Zur Laufzeit werden die von der Planungsinstanz erzeugten Beschreibungen der Verarbeitungsfunktionen mit Hilfe von Verwaltungsprogrammen geladen, parametriert und gestartet. Damit wird die Forderung nach Echtzeitbetrieb erfüllt.*

## 1. Einleitung

In einer Reihe von Anwendungsgebieten von Sichtsystemen, wie der automatischen industriellen Sichtprüfung, der schnellen biologischen bzw. kristallographischen Laboranalyse und der Bildfolgenauswertung für Robotertechnik und Fahrzeugsteuerung, besteht ein wachsendes Bedürfnis nach in Echtzeit arbeitenden Grauwertbildverarbeitungssystemen. Auf dem Markt angebotene Bildverarbeitungssysteme können in der Regel diese Forderung nicht erfüllen. Um hier Fortschritte zu ezielen, entwickeln sieben deutsche Firmen (Heimann, IBP Pietzsch, Krupp Atlas Elektronik, Leitz, Siemens, VTE und Zeiss) in Zusammenarbeit mit Forschungsinstituten im Rahmen des vom BMFT (Förderkennzeichen ITR 8503) geförderten Verbundprojektes "Familie schneller Bildverarbeitungsrechner" (**FSBVR**) eine Rechnerfamilie für die Lösung der oben geschilderten Aufgaben.

Systeme der FSBVR sind inhomogene Multiprozessorsysteme, für deren Programmierung es bisher kaum systematische Ansätze gibt [4]. Die meisten Arbeiten beschäftigen sich mit homogenen, d.h. aus gleichartigen Prozessoren aufgebauten Multiprozessorsystemen [z.B. 1,2,3]. Im folgenden wird nach einer knappen Schilderung der Systemarchitektur im wesentlichen das Programmierkonzept für die FSBVR vorgestellt, das zum Teil auf früheren Arbeiten von Partnern des Projektes aufbaut [5,6,7].

## 2. Hardware-Architektur

Der Entwicklung einer gemeinsamen Architektur für eine Familie von Bildverarbeitungssystemen lagen im wesentlichen die folgenden Anforderungen zugrunde:
- modulare Anpaßbarkeit eines Systems an verschiedene Aufgaben
- Einsatzmöglichkeit von Spezialprozessormodulen

- Möglichkeit zur Parallel- und/oder Fließbandverarbeitung
- hardwareunabhängiges Steuerkonzept ohne Festlegung auf einen bestimmten Steuerbus, Systemprozessor oder ein Rechnerbetriebssystem.

Im Rahmen des Verbundprojektes wurde ein Architekturkonzept für ein busorientiertes System mit dedizierten Spezialprozessoren erarbeitet. Schwerpunkte des Konzeptes sind eine leistungsfähige Verbindungsstruktur zur Datenübertragung zwischen den Prozessoren, eine mit verschiedenen Standard-µ-Prozessoren realisierbare Steuerung des Systems und einheitliche elektromechanische Spezifikationen.

Für den Austausch von Bild- und Listendaten zwischen den Prozessoren ist ein synchroner VIDEObus konzipiert worden, der aus bis zu vier Parallelkanälen und bis zu drei Pipelinekanälen besteht (Abb. 1). Alle Kanäle sind unabhängig voneinander nutzbar und gestatten jeweils eine Datenübertragung von 8 bit Breite mit einer Taktfrequenz von > 22 MHz. Jeder Pipelinekanal kann in mehrere räumlich getrennte, unabhängig arbeitende Abschnitte aufgeteilt werden, so daß, abhängig von der Systemkonfiguration, Datenübertragungsraten von > 200 MByte/sec erreichbar sind.

Der VIDEObus ist als Backplane ausgeführt und wird über einen 160-poligen Stecker mit den Prozessorkarten verbunden, so daß auf jeder Karte alle Buskanäle zur Verfügung stehen.

Die Buskonfiguration, d.h. die Datenverbindungen zwischen den Prozessoren, ist während des Betriebs durch die Steuer-Software umschaltbar, wodurch jeweils eine optimale Anpassung an eine Aufgabe erfolgen kann. Die Schnittstelle auf den Prozessorkarten, über die die Konfiguration des Busses erfolgt, ist als spezifischer Schnittstellenbaustein (ASIC) ausgeführt.

Der Betrieb des Busses erfolgt in zwei voneinander unabhängigen Schritten: dem Schalten einer Verbindung und der Übertragung der Daten. Der Auf- und Abbau einer Verbindung wird, initiiert durch den Systemprozessor, von den jeweiligen Schnittstellen-ASICs selbständig ausgeführt. Ebenso wird nach einem festgelegten Protokoll die Datenübertragung ohne Eingriff des Steuerprozessors eigenständig abgewickelt. Das Konzept der Trennung von Verbindungsaufbau und Datenübertragung erspart den Transfer von Adressen auf dem VIDEObus und ermöglicht damit ein einfaches Übertragungsprotokoll. Zusätzlich gestattet es einen Broadcast-Betrieb zur schnellen Datenversorgung parallel arbeitender Module.

Die Steuerung des Sytems erfolgt über einen zusätzlichen asynchronen Bus nach einem zentralen Verwaltungskonzept. Dazu können übliche µ-Prozessor-Busse (z.B. VMEbus, Multibus) und entsprechende Prozessoren eingesetzt werden. Die hier geforderte Flexibilität wird durch eine interne Bildverarbeitungsschnittstelle (IBVS), die als Steuerschnittstelle auf den Modulen realisiert ist, erreicht. Über ein Businterface (IBIF), welches die Funktionen der IBVS an die des Steuerbus und des Betriebssystems spezifisch anpaßt, werden die Kommandos umgesetzt. Das Businterface ist als Huckepack-Platine auf die jeweilige Basisplatine aufsteckbar ausgeführt.

Die interne Schnittstelle, deren Funktionsvorrat durch die Bildverarbeitungsfunktionen bestimmt ist, ermöglicht darüber hinaus auch die Entwicklung eines gemeinsamen Betriebssystems für die einzelnen Mitglieder der Bildverarbeitungssystemfamilie, welches mit geringem Aufwand auf den jeweils eingesetzten Steuerungsprozessoren implementiert werden kann.

Nicht zuletzt sind für eine Rechnerfamilie einheitliche elektromechanische Spezifikationen erforderlich. Für die FSBVR wurde ein Kartenformat mit 9 HE und 280 mm Bautiefe festgelegt. Dieses Format gestattet es, den VIDEObus über einen zusätzlichen dritten Stecker an der gleichen Seite wie den Steuerbus zu führen und als optimierte Multilayer-Backplane auszuführen. Darin integriert ist eine Stromversorgung der Platinen über Hochstrom-Sonderkontakte.

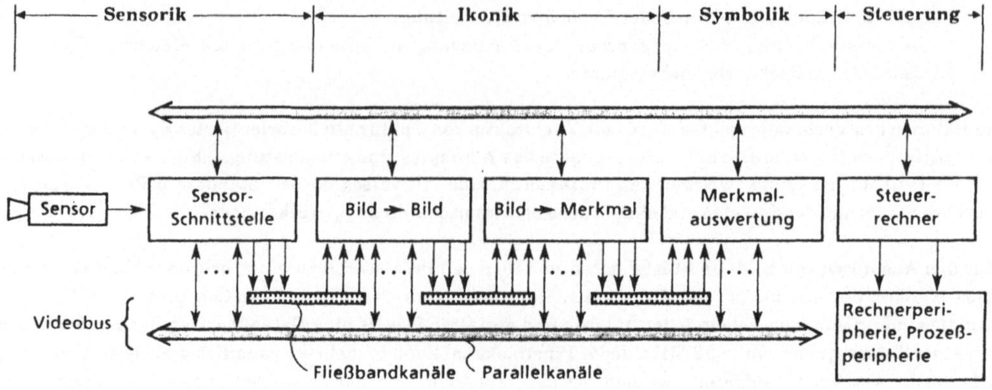


Abb. 1: Architektur der FSBVR - ein busorientiertes System mit verschiedenartigen Spezialprozessoren.


## 3.    Anforderungen an das Programmierkonzept und Aufgaben des Programmsystems

Wenn ein Benutzer auf einem konkreten System der FSBVR eine konkrete Aufgabe der Bildauswertung lösen will, muß er u.a. die beteiligten Elektronikmodule parametrisieren und die Kanäle für den Datenfluß zwischen den Modulen freischalten. Um zu den gerätespezifischen Parametereinstellungen zu kommen, kann man von zwei grundsätzlich verschiedenen Arten der <u>Beschreibung</u> von Bildverarbeitungsaufgaben ausgehen:

- Gerätenahe Beschreibung:
  Hierbei gibt der Benutzer genau die Module, die Datenkanäle und die Parametereinstellung der Module an, die für die gewünschte Bildverarbeitung gebraucht werden. Der Benutzer muß dafür die Bildverarbeitungselektronik genau kennen.

- Funktionelle Beschreibung [5]:
  Hierbei beschreibt der Benutzer die von ihm gewünschte Bildverarbeitung symbolisch und abstrakt. Er gibt zum Beispiel an, welche Verarbeitungsfunktionen auf welche Bilder angewendet werden sollen. Das Programmsystem muß die abstrakte funktionelle Beschreibung automatisch in eine gerätenahe Beschreibung umwandeln, die zum Ansprechen der BV-Module benötigt wird. Das Programmsystem muß hierfür wissen, welche BV-Module die vom Benutzer gewünschten Funktionen ausführen können und wie die Parameter der BV-Module eingestellt werden müssen.

Für das Programmierkonzept der FSBVR wurde die zweite Möglichkeit gewählt. <u>Der Benutzer kann die Bildverarbeitungselektronik programmieren, ohne deren Einzelheiten genau zu kennen.</u> Eine automatische Prüfung auf Eingabefehler ist möglich.

Die FSBVR kann mit verschiedenen Rechnerbetriebssystemen betrieben werden. Deshalb soll das Programmsystem möglichst <u>wenige einfache Schnittstellen zum Betriebssystem</u> haben, so daß Umstellungen auf andere Betriebssysteme wenig Aufwand erfordern.

Die FSBVR ist ein modulares System, in das neue BV-Module leicht integrierbar sein müssen. Das Wissen über die BV-Module sollte deshalb explizit repräsentiert werden.

Es sollen <u>Fernsehbildfolgen prozeßfolgend</u> verarbeitet werden können. Das Programmsystem muß deshalb so aufgebaut sein, daß die von der Bildverarbeitungselektronik erreichbare große Verarbeitungsgeschwindigkeit voll ausgenutzt werden kann.

Es soll möglich sein, daß <u>mehrere unabhängige Prozesse</u> auf der Bildverarbeitungselektronik parallel ablaufen, sofern sie nicht dieselben Betriebsmittel verwenden. Um Mehrfachzugriffe auf dieselben Betriebsmittel zu verhindern, muß eine Betriebsmittelverwaltung eingeführt werden, in der die Betriebsmittel belegt und freigegeben werden.

In der symbolorientierten Stufe der Bildauswertung sollen vorwiegend Listen verarbeitet werden. Es sollen deshalb außer Bildern auch <u>Listen als Datenstrukturen</u> angeboten und unterstützt werden.


## 4.   Grundbegriffe des Programmierkonzeptes

Der Programmierer beschreibt seine Bildverarbeitungsaufgabe in Form von funktionellen Einheiten, die <u>Bildverarbeitungsschritte</u> (BVS) genannt werden. Ein BVS ist eine nicht unterbrechbare Verarbeitungseinheit, an deren Ausführung im allgemeinen mehrere Module und Datenkanäle beteiligt sind.

Das vom Benutzer erstellte Programm, in dem mehrere BVS aufgerufen werden können, wird <u>Anwenderprogramm</u> genannt. Es wird zwischen zwei Parameterarten unterschieden, mit denen die Bildverarbeitungselektronik versorgt wirt:

-   <u>Statische Parameter</u>, wie z.B. Datenwege oder Modulbetriebsarten, stehen für einen BVS fest und werden zur Laufzeit nicht mehr geändert.

-   <u>Dynamische Parameter</u>, wie z.B. aktuelle Datenobjekte und Verfahrensparameter (z.B. Schwellenwerte oder Fensterbelegungen bei einer Faltung), werden vom Benutzer zur Programmlaufzeit den BVS zugewiesen. Dadurch können BVS wiederholt mit unterschiedlichen Parameterbelegungen ausgeführt werden.

Es werden drei Programmphasen unterschieden:

- Planungs-,
- Initialisierungs- und
- Ausführunsphase.

Die beiden Forderungen nach einer großen Verarbeitungsgeschwindigkeit und nach der Anwendbarkeit ohne tiefe Systemkenntnisse lassen sich nur erfüllen, wenn eine getrennt ablaufende <u>Planungsphase</u> eingeführt wird. In der Planungsphase werden zeitaufwendige Aufgaben wie z.B. die Betriebsmittelvergabe mit ihren komplexen Such- und Verwaltungsvorgängen ausgeführt. Das System kann den gestellten Echtzeitforderungen nur deshalb genügen, weil diese Aufgaben zur Programmlaufzeit entfallen.

Die eigentliche Programmlaufzeit wird in zwei Phasen unterteilt, in die <u>Initialisierungsphase</u> mit weniger harten Zeitforderungen, in der die BVS durch z.B. das Belegen der Module und Datenkanäle für die Ausführung vorbereitet werden, und in die <u>Ausführungsphase</u> mit sehr harten Zeitforderungen, in der die BVS ausgeführt werden.

In Abb. 2 ist der Aufbau des geplanten Programmsystems schematisch dargestellt. Im folgenden werden die einzelnen Blöcke des Programmsystems und die Aufteilung der Aufgaben zwischen den einzelnen Phasen und Blöcken besprochen.

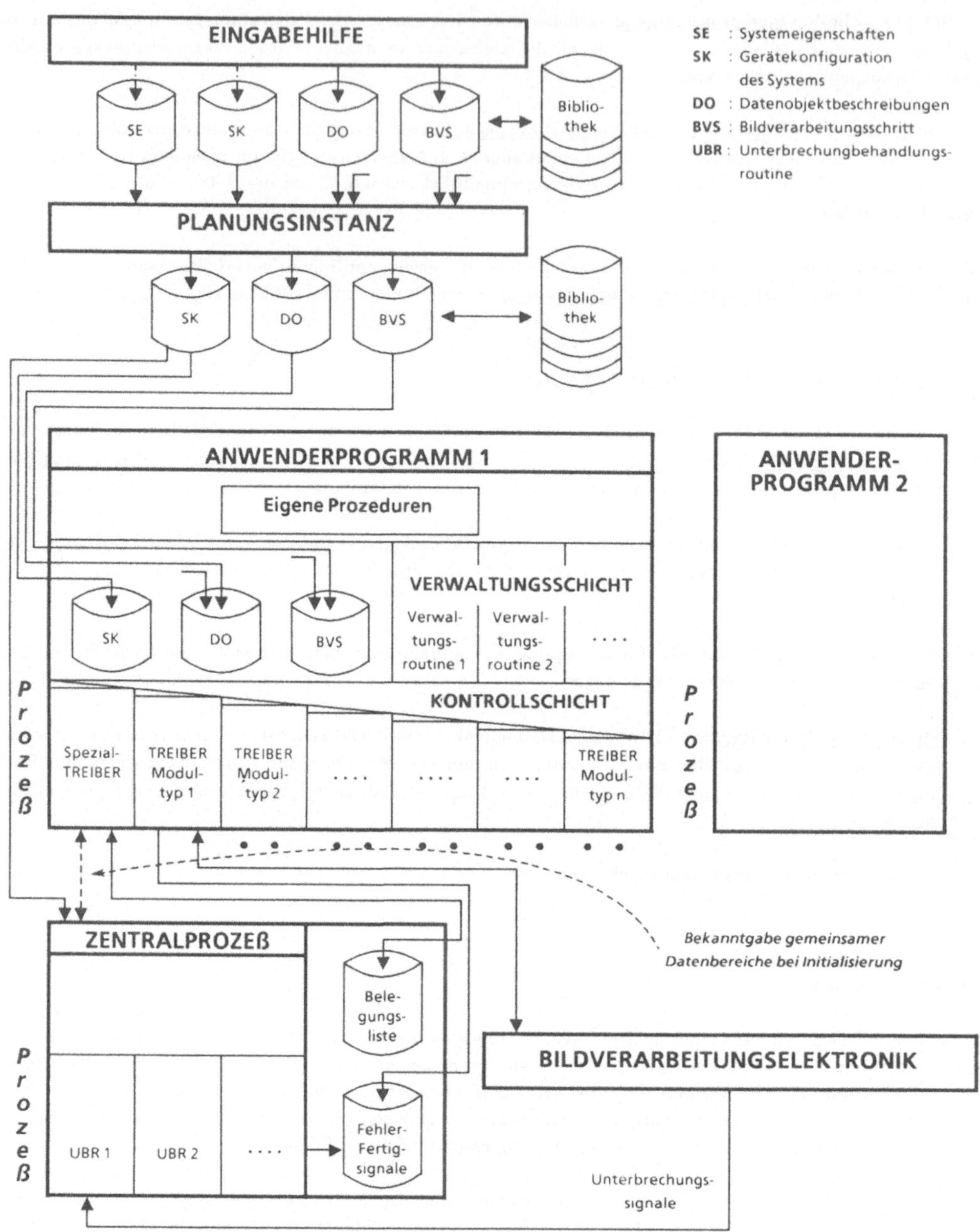


Abb. 2: Aufbau des Programmierkonzeptes für "Familie schneller Bildverarbeitungsrechner".

## 5.    Erläuterung des Programmierkonzeptes

Für die Programmierung der BVS ist eine Eingabehilfe (Abb. 2) vorgesehen, die auf graphischen Hilfsmitteln und/oder auf Formularen basiert. Die Eingabehilfe überprüft die Typen und Wertebereiche der Benutzerangaben und erzeugt daraus Dateien, die in entsprechenden Bibliotheken gespeichert werden. Die Dateien, die normalerweise der Benutzer eingibt, sind mit durchgehenden Pfeilen gekennzeichnet. Folgende Dateiarten werden unterschieden:

- Systemeigenschaften
  Diese Datei enthält das gesamte Wissen über die Bildverarbeitungselektronik in expliziter Form. Sie gibt z.B. für jedes BV-Modul an, welche Funktionen dieses Modul ausführen kann, welche Datenstrukturen es verarbeitet und welche Datenkanäle es bedienen kann. Sie wird von dem Systemersteller einmal zu Anfang aufgebaut und von diesem nur dann modifiziert, wenn ein neues BV-Modul hinzukommt.

- Gerätekonfiguration des Systems
  Diese Datei enthält das Wissen über den aktuellen Ausbau eines Systems in expliziter Form. Sie gibt z.B. an, welche BV-Module und Datenkanäle im Sytem vorhanden sind, und in welchen Steckplätzen die Module sich befinden. Diese Datei wird üblicherweise vom Systemprogrammierer erstellt, der für die Sytempflege verantwortlich ist. Die explizite Angabe der Systemkonfiguration erlaubt eine Trennung der Entwicklungs- und Zielumgebungen. Der Benutzer kann durch die Verwendung der Gerätekonfiguration des Zielsystems seine BVS an jedem anderen FSBVR-System entwickeln.

- Datenobjekte
  Diese Datei enthält die Beschreibungen der dynamischen Parameter (Bilder, Listen und Verfahrensparameter), die der Benutzer in den von ihm programmierten BVS braucht und die er hier explizit definiert.

- Bildverarbeitungsschritte
  Diese Datei enthält die funktionell abstrakten Beschreibungen der BVS, die der Benutzer eingegeben hat. Diese funktionelle abstrakte Beschreibung kann z.B. in einer Klammerhierarchie die Funktionen enthalten, die auf die Bilder angewendet werden sollen [5]. Die Klammerhierarchie und entsprechende Trennzeichen geben an, in welchem zeitlichen Zusammenhang, d.h. in welcher Reihenfolge und parallel zu welchen anderen Vorgängen, die Funktionen ausgeführt werden sollen.

Nachdem die Dateien zur Verfügung stehen, kann der Benutzer die <u>Planungsinstanz</u> aufrufen. Die Planungsinstanz überprüft durch Einbeziehung aller Datenbasen die Benutzerangaben auf Widersprüche und Inkonsistenzen. Zum Beispiel wird überprüft, ob die im BVS angegebenen Bilder in der Datenobjektdatei definiert sind. Danach wird die funktionelle abstrakte Beschreibung des BVS in eine gerätenähere Beschreibung umgewandelt. Anhand der Datei mit der Gerätekonfiguration des Zielsystems werden die für den BVS notwendigen BV-Module und Datenwege gesucht und vergeben. Die Planungsinstanz liefert als Ausgabe jeweils eine Datei
- mit der Gerätekonfiguration des Systems,
- mit Datenobjektbeschreibungen und
- mit dem überprüften und umgewandelten BVS.
Die Dateien werden in entsprechenden Bibliotheken für die weitere Verarbeitung bereitgestellt.

Das <u>Anwenderprogramm</u> besteht zunächst aus eigenen Prozeduren des Benutzers. Die Verbindung von den benutzereigenen Prozeduren zu der Bildverarbeitungselektronik wird durch zwei weitere, im Anwenderprogramm liegende Programmschichten hergestellt. Nur die oberste Schicht ist dem Benutzer sichtbar. Sie heißt <u>Verwaltungsschicht</u> und besteht aus den in Tabelle 1 angegebenen Prozeduren, die der Benutzer aufruft, um die vorprogrammierten BVS auszuführen. In dieser Tabelle wird zu jeder Prozedur die Phase angegeben, in der sie normalerweise aufgerufen wird. Alle Verwaltungsroutinen greifen <u>auf die interne Datenbasis</u> zu, die das ganze Wissen über die BVS enthält, und die dieses Wissen dem Anwenderprogramm zur Verfügung stellt.

Zur effizienten Nutzung der von der Bildverarbeitungselektronik gebotenen Verarbeitungsgeschwindigkeit wird der Benutzer alle BVS in der Initialisierungsphase laden und vorbereiten. In der Ausführungsphase wird er die BVS nur starten und mit dynamischen Parametern versorgen. Initialisierungs-und Ausführungsphasen können sich abwechseln.

Unterhalb der Verwaltungsschicht befindet sich die aus modultypspezifischen Treibern bestehende <u>Kontrollschicht</u>. Aufgrund der Aufträge der dem Benutzer sichtbaren Verwaltungsschicht werden die entsprechenden Treiber aufgerufen und mit Kommandos versorgt. Die Treiber setzen diese Kommandos in unter bestimmten

| Routine | Phase | Aufgabe |
|---|---|---|
| INIT_SK | Initialisierung | Lies Gerätekonfiguration des Zielsystems ein, die während der Planung verwendet wurde, vergleiche sie mit der automatisch erkannten Gerätekonfiguration. Ist diese in der geladenen enthalten bzw. stimmen die beiden überein, initialisiere interne Datenbasis, sonst Fehler. |
| LADE_DO | Initialisierung | Lade die vom Benutzer angegebene Datei mit Datenobjektbeschreibungen aus der von der Planungsinstanz bereitgestellten Dateibibliothek in die interne Datenbasis. |
| LADE_BVS | Initialisierung | Lade die vom Benutzer angegebene Datei mit BVS aus der von der Planungsinstanz bereitgestellten Dateibibliothek in die interne Datenbasis. |
| ÄNDERE_DO | Initialisierung | Verändere alte Datenobjektbeschreibung, wobei aber die ursprünglich vereinbarte Maximalgröße nicht überschritten werden kann. |
| ERZEUGE_DO | Initialisierung | Vereinbare neues Datenobjekt, indem in den Datenobjektspeichermodulen automatisch die Anfangadresse bestimmt und die Speicherbelegung auf Inkonsistenzen geprüft wird. |
| BELEGE_BVS | Initialisierung | Frage in der Belegungsliste nach, ob die für den BVS notwendigen BV-Module und Datenkanäle frei sind, belege sie, wenn frei. |
| GEBE_BVS_FREI | Initialisierung | Gib die für den BVS belegten BV-Module und Datenkanäle frei. |
| AUFBAU_BVS | Initialisierung | Baue die Datenwege auf, in dem Sender- und Empfängermodule als solche an die belegten Datenkanäle geschaltet werden, und versorge die BV-Module mit statischen Parametern. |
| ABBAU_BVS | Initialisierung | Baue die Datenwege wieder ab. |
| SETZE_BVS_PAR | Ausführung | Lade den angegebenen dynamischen Parameter in die entsprechenden BV-Module. |
| STARTE_BVS | Ausführung | Führe den angegebenen BVS aus. |
| STOPPE_BVS | Ausführung | Halte den angegebenen BVS an. |
| FRAGE_BVS_ENDE | Ausführung | Stelle fest, ob der angegebene BVS von der BV-Elektronik schon ausgeführt wurde. |
| WARTE_BVS_ENDE | Ausführung | Warte auf das Ende des angegebenen BVS durch BV-Elektronik. |

Tabelle 1: Verwaltungsroutinen.

physikalischen Adressen zu schreibenden bzw. zu lesenden Datenworte um. Damit die Kontrollschicht nicht wieder die ganze Information über BVS verarbeiten muß und mit geringstmöglichem Verzug reagieren kann, erhält sie von der Verwaltungsschicht jeweils einzelne, isolierte Aufträge, die eine Eigenschaft eines einzelnen Moduls betreffen, und die die Kontrollschicht ohne Wissen über den Zusammenhang der Module im BVS ausführen kann. Die Vergabe einzelner Aufträge statt ganzer Auftragspakete führt zu einer starken Kommunikation zwischen der Verwaltungs- und Kontrollschicht. Um zeitaufwendige Prozeßumschaltungen zu vermeiden, wird die Kontrollschicht in den Prozeß integriert, den das Anwenderprogramm bildet. Falls mehrere Anwenderprozesse parallel laufen, sind die Programme der Kontrollschicht mehrfach im System vorhanden.

Der normalerweise inaktive Zentralprozeß enthält zentral die Datenbereiche für die Belegung der BV-Module und für die Behandlung der Unterbrechungssignale (interrupts). Um gegenseitige Blockierungen der Anwenderprozesse zu verhindern, wird zentral eine Belegungsliste der BV-Module und Datenkanäle gehalten. Die Verwaltungsroutinen BELEGE_BVS bzw. GEBE_BVS_FREI eines Anwenderprogramms verändern diese Liste durch Belegung bzw. Freigabe der beanspruchten BV-Module und sperren während ihres Zugriffes diesen Datenbereich für andere Anwenderprozesse. Fehler- und Fertigmeldungen der BV-Module führen zu entsprechenden Unterbrechungssignalen. Die diese Signale behandelnden modultypspezifischen Routinen verändern die Fehler- und Fertigmeldeliste im Unterbrechungs-Datenbereich des Zentralprozesses. Die Verwaltungsroutinen können durch Abfrage in diesen Listen den Zustand der BV-Module feststellen. Für den Zugriff der Verwaltungsroutinen auf die Belegungs- und Unterbrechungs-Datenbereiche des Zentralprozesses ist ein spezieller Treiber vorgesehen. Der Zentralprozeß wird nur beim Einschalten des BV-Rechners bzw. beim Ende der Anwenderprozesse aktiv, um die zentralen Datenbereiche zu initialisieren bzw. um die eventuell noch belegten BV-Module freizugeben.


## 6.   Zusammenfassung und Ausblick


Beim Entwurf der Systemarchitektur für die FSBVR haben die Verbundpartner einheitliche Schnittstellen (zu VIDEObus, Steuerbus und den Systemprogrammen) und einheitliche Vorgaben für den elektromechanischen Aufbau für Module der FSBVR festgelegt. Damit ist ein Standard entstanden, dessen Einhaltung durch die gemeinsam entwickelten und gefertigten Grundkomponenten (VIDEObus, Bus-ASIC, IBIF) sichergestellt wird und der garantiert, daß Module verschiedener Hersteller innerhalb eines Systems zusammenarbeiten können. Es liegt nahe, den geschaffenen Standard offenzulegen, um die bekannten Vorteile offener Systeme nutzen zu können. Die Partner der FSBVR haben sich entschlossen, diesen Weg zu gehen. Sie werden die FSBVR zu einem offenen System erklären und die Spezifikation der Schnittstellen Dritten zur Verfügung stellen.

Bis Ablauf des Projektes (Ende 1989) sollen eine Reihe von Modulen für Einzug, Verarbeitung, Speicherung (inklusive Anschluß an Bilddatenmassenspeicher) und Wiedergabe von Bildern entstehen. Das geschilderte Programmierkonzept soll in seinen Kernstücken einheitlich implementiert und von den Partnern an unterschiedliche Betriebssysteme angeschlossen sein.


## 7.   Literatur



[1] Duff, M.J.; Siegel, H.J.; Corbett, F.J. (Editors): Proc. on Architectures and Algorithms for Digital Image Processing. SPIE Vol. 596, Cannes, France, Dec. 1985.

[2] Gunzinger, A.; Mathis, S.; Guggenbühl, B.: Datenflußrechner zur Echtzeitverarbeitung: Softwareentwicklung. 9.DAGM-Symposium über Mustererkennung, Informatikfachberichte Nr. 149, 1987, pp. 34-39.

[3] Reeves, A.P.: Survey: Parallel Computer Architectures for Image Processing. Computer Vision, Graphics, Image Processing CVGIP, Vol. 25, 1984, pp. 68-88.

[4] Pratt, W.K.: A Pipeline Architecture for Image Processing and Analysis. IEEE Workshop on Computer Architecture for Pattern Analysis and Image Database Management, 1985, pp. 516-520.

[5] Heinrich, K.; Palic, J.: Leitz-Bildanalysegeräte als symbolisch programmierbare Datenflußrechner. 9.DAGM-Symposium über Mustererkennung, Informatikfachberichte Nr. 149, 1987, pp. 29-33.

[6] Kircher, G.; Meyer, B.; Thiesing, G.: SEQL, ein benutzerfreundliches Betriebssystem für Bildsequenzsysteme. 9.DAGM-Symposium über Mustererkennung, Informatikfachberichte Nr. 149, 1987, pp. 45-49.

[7] Paul, D.; Hättich, W.; Nill, W.; Tatari, S.; Winkler, G.: VISTA: Visual Interpretation System for Technical Applications - Architecture and Use. IEEE Transactions on Pattern Analysis and Machine Intelligence, PAMI, Vol. 10, No. 3, May 1988, pp. 399-407.

# Datenflussrechner zur Echtzeitbildverarbeitung: Anwendungen

A. Gunzinger, S.Mathis, W.Guggenbühl

Institut für Elektronik
Eidg. Tech. Hochschule, CH-8092 Zürich

**Zusammenfassung**

Am 8. DAGM-Symposium über Mustererkennung wurde das Hardwarekonzept eines synchronen Datenflussrechners zur Echtzeitbildverarbeitung vorgestellt [1]. In der zugrunde-liegenden Architektur wird Software (statischer Datenflussgraph) direkt durch Hardware nachgebildet. Im Beitrag zum 9. DAGM-Symposium wurde die dazugehörige Systemsoftware beschrieben [2]. Dabei wurde ein Weg aufgezeigt, der die automatische Generierung eines lauffähigen Programmes aus einer an die Bedürfnisse der Bildverarbeitung angepassten funktionalen Sprache erlaubt. Im vorliegenden Beitrag wird auf einige ausgewählte Echtzeitanwendungen wie Bewegungsdetektion, autonome Fahrzeugsteuerung und Verzerrung bzw. beliebige Rotation von Videobildsequenzen in Echtzeit eingegangen.

## 1  Einleitung

Das Grundkonzept des synchronen Datenflussrechners besteht in der direkten Nachbildung von Software durch Hardware [1]. Dabei wird folgendermassen vorgegangen [2]: der zu bearbeitende Algorithmus wird in einer an die Echtzeitbildverarbeitung angepassten funktionalen Sprache formuliert. Der Compiler setzt dieses Quellenprogramm nach der Überprüfung der Syntax in einen statischen Datenflussgraphen um. Anschliessend wird eine Graphoptimierung durchgeführt (Zusammenfassung mehrer einfacher Knoten zu einem 'Superknoten' mit zwei unabhängigen Eingängen). Es wird eine Liste der minimal benötigten Prozessorelemente erstellt und mit der im System vorhandenen Hardware verglichen. Spezielle Vorkehrungen erlauben dabei die automatische Identifikation der vorhandenen Hardware.

Falls genügend Prozessorelemente vorhanden sind, werden die 'Superknoten' durch den Konfigurator an die einzelnen Prozessorelemente verteilt. Der Konfigurator minimiert dabei die Anzahl Verbindungen (Busse). Diese Aufgabe ist np-komplett, doch kann der Aufwand unter Zuhilfenahme von Heuristiken stark reduziert werden. Nun müssen die Funktionen, die Werte für die Datensynchronisation und die Form des Netzwerkes in die Hardwareeinheiten geladen werden. Anschliessend ist das Programm auf dem Datenflussrechner lauffähig.

In den folgenden Abschnitten werden drei ausgewählte Anwendungen näher beschrieben:

- Bewegungsdetektion (rekusive Verarbeitung von Bildsequenzen)

- Autonome Fahrzeugsteuerung (Echtzeitauswertung von Farbbildsequenzen)

- geometrische Bildtransformationen von Videosequenzen.

# 2 Bewegungsdetektion

Die Bewegungsdetektion spielt in vielen Anwendungen der Echtzeitbildverarbeitung eine entscheidende Rolle. So wird beispielsweise die Bewegungsdetektion im industriellen Umfeld zur Verhinderung von Unfällen eingesetzt: Falls sich Menschen einer gefährlichen Maschine (z.B. einem arbeitenden Roboter) nähern, so wird ein Notstop der Maschine ausgelöst.

Für eine einfache Lösung dieser Aufgabe wird eine Videokamera über dem Arbeitsraum angebracht (feste Position). Ein Referenzbild wird aufgenommen und abgespeichert und die gefährlichen Zonen werden markiert. Jedes neu aufgenommene Bild wird nun mit dem abgespeicherten Referenzbild verglichen und falls ein grosser Unterschied im markierten Gebiet vorhanden ist, Alarm ausgelöst. Zur Verhinderung unerwünschter Fehlalarme durch Veränderung der Beleuchtungstärke (natürliche Sonneneinstrahlung, Alterung von Lampen) wird in einem verbesserten Verfahren das Referenzbild rekursiv aufdatiert (gleitender Mittelwert). Dabei wird die Zeitkonstante so gewählt, dass die niederfrequenten Beleuchtungsschwankungen voll in das Referenzbild übernommen werden; hochfrequente, schnelle Änderungen (von Bewegungen) jedoch nicht. Nachfolgend ist die Beschreibung eines entsprechenden Algorithmus in der funktionalen Bildverarbeitungssprache aufgelistet:

```
PROGRAM movement_detection;
   . . .
m(x,y,t+1)   <- a * in(x,y,t) + (1-a) * m(x,y,t);
d(x,y,t)     <- abs(in(x,y,t)-m(x,y,t));
o(x,y,t)     <- CASE | 1, IF d(x,y,t) > threshold(t)
                    | 0, OTHERWISE;
feat(x,y,t) <- o(x,y,t);
out(x,y,t)   <- o(x,y,t) * in(x,y,t);
   . . .
```

Die zeitliche Rekursion wird durch Verwendung der Argumente t und t+1 des Zustandsspeichers m(..) erzeugt. Die Funktion 'feat' ist eine spezielle Hardwarefunktion und berechnet die Momente nullter und erster Ordnung und erlaubt damit die Bestimmung des Alarmschwerpunktes. Durch den Faktor a wird die Aufdatierung bestimmt. In Figur 1 ist der statische Datenflussgraph dargestellt. Die schraffierte Linie zwischen den beiden Zustandsspeichern m(x,y,t) und m(x,y,t+1) deutet an, dass beide Speicher jeweils nach jedem Bild ausgetauscht werden.

Soll der oben beschriebene Alorithmus auch in natürlicher Umgebung eingesetzt werden, so ist eine optimale Einstellung des Alarmschwellwerts sehr schwierig, da oft Gebiete mit grossem Rauschen (z.B. Wald) neben Gebieten mit niedrigem Rauschen liegen (z.B. Strasse). Deshalb wird in [3] ein Algorithmus vorgeschlagen, der vom Modell eines normalverteilten Rauschen des einzelnen Bildpunktes ausgeht. Für jeden Bildpunkt wird neben dem gleitenden Mittelwert auch eine gleitende Varianz berechnet. Unter der Annahme, dass es sich um einen normalverteilten Prozess handelt, wird für jeden neuen Messwert in jedem Bildpunkt die Wahrscheinlichkeit bestimmt, mit der die neue Messung mit den vorhandenen Messwerten übereinstimmt. Ist diese Übereinstimmung gut, so wird der neue Messwert zur Aufdatierung der Modellparameter herangezogen; andernfalls wird Alarm ausgelöst und es wird keine Aufdatierung durchgeführt. Untenstehend ist der wesentliche Teil eines solchen Programms wiedergegeben.

```
PROGRAM movement_detection_1;
    . . .
m(x,y,t+1)   <- m(x,y,t) + a * (in(x,y,t) - m(x,y,t)) * o(x,y,t);
d(x,y,t)     <- abs(in(x,y,t)-m(x,y,t));
s(x,y,t+1)   <- s(x,y,t) + b * (d(x,y,t)  - s(x,y,t)) * o(x,y,t);
f(x,y,t)     <- k1 * EXP(-SQR(d(x,y,t)/s(x,y,t)));
o(x,y,t)     <- CASE | 0, IF f(x,y,t) > threshold(t)
                     | 1, OTHERWISE;
feat(x,y,t) <- o(x,y,t);
out(x,y,t)  <- o(x,y,t) * in(x,y,t);
    . . .
```

Auf die Darstellung des entsprechenden Datenflussgraphen wird aus Platzgründen verzichtet. Der vorgestellte zweite Algorithmus liefert sehr gute Ergebnisse [4]. Er wird auch zur Segmentierung von Bildern mit anschliessender Klassifikation der bewegten Objekte herangezogen. Mit dem vorhandenen Datenflussrechner kann dieser Algorithmus in Echtzeit abgearbeitet werden.

Ein grosser Vorteil des in [1] und [2] vorgestellten Bildverarbeitungssystems besteht darin, dass der Anwender immer auf der hohen Sprachebene bleiben kann und dass ein Algorithmus einfach von der mathematischen Schreibweise in die Notation der funktionalen Bildverarbeitungssprache zu übersetzen ist. Um dies zu verifizieren ist nachstehend der zuletzt erwähnte Alorithmus in mathematischer Schreibweise wiedergegeben.

$$m(x,y,t) = m(x,y,t) + \alpha \cdot (in(x,y,t) - m(x,y,t)) \cdot o(x,y,t)$$

$$d(x,y,t) = |in(x,y,t) - m(x,y,t)|$$

$$s(x,y,t) = s(x,y,t) + \beta \cdot (d(x,y,t) - s(x,y,t)) \cdot o(x,y,t)$$

$$f(x,y,t) = k_1 \cdot \exp\left(-\frac{d^2(x,y,t)}{s^2(x,y,t)}\right)$$

$$o(x,y,t) = \begin{cases} 0 & \text{if } f(x,y,t) > threshold(t) \\ 1 & \text{otherwise} \end{cases}$$

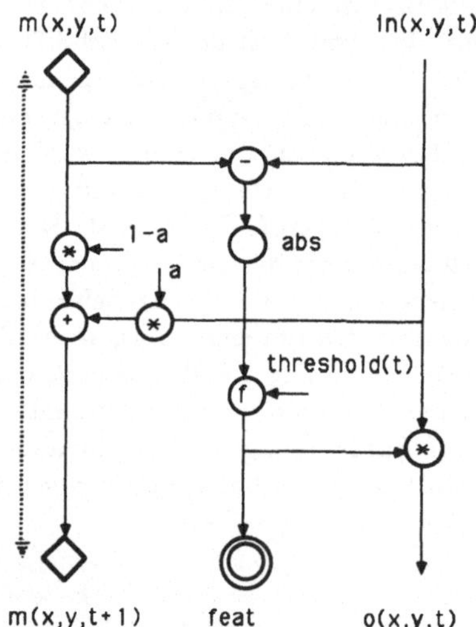


**Figur 1:** Statischer Datenflussgraph des einfachen Bewegungsdetektors.

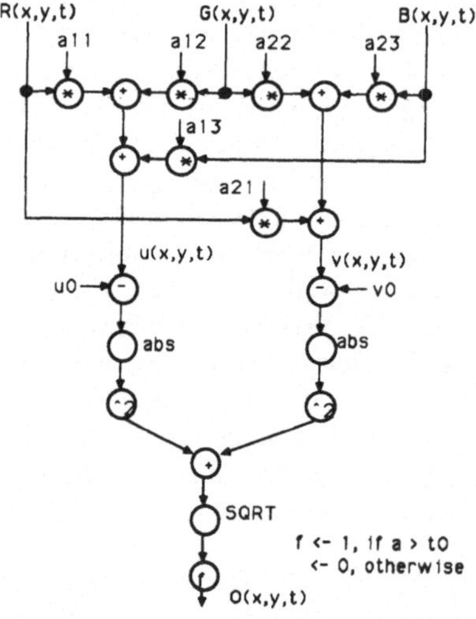


**Figur 3:** Statischer Datenflussgraph des Farbklassifikators.

# 3 Autonome Fahrzeugsteuerung

Seit mehreren Jahren wird versucht, autonome Fahrzeuge mit Hilfe von Bildverarbeitung zu steuern [5,6]. Im folgenden Lösungsansatz wird angenommen, dass sich die Strasse in ihrer Farbe von der restlichen Szene unterscheidet. Um von der Helligkeit unabhängig zu werden, wird das R-G-B-Signal (rot-grün-blau) für jeden Bildpunkt in ein Chrominanzsignal (U,V) transformiert (Matrixmultiplikation). In der Farbebene wird nun die euklidische Distanz zu der vorgegebenen Strassenfarbe berechnet. Falls diese Distanz kleiner als ein einstellbarer Schwellwert ist, wird der entsprechende Bildpunkt der Klasse 'Strasse' zugeordnet, andernfalls der Klasse 'Hintergrund'. Von allen Bildpunkten der Klasse Strasse werden nun die Momente nullter und erster Ordnung berechnet (daraus kann der Schwerpunkt ermittelt werden). In Figur 2 ist dieser Lösungsansatz zur Farbbildsegmentierung graphisch dargestellt.

Untenstehend ist das entsprechende funktionale Programm wiedergegeben.

```
PROGRAM color_classification;
    ...
u(x,y,t)      <- a11 * r(x,y,t) + a12 * g(x,y,t) + a13 * b(x,y,t);
v(x,y,t)      <- a21 * r(x,y,t) + a22 * g(x,y,t) + a23 * b(x,y,t);
a(x,y,t)      <- SQRT{SQR(u(x,y,t)-u0(t))+SQR(v(x,y,t)-v0(t))};
o(x,y,t)      <- CASE | 1, IF a(x,y,t) > threshold(t)
                      | 0, OTHERWISE;
feat(x,y,t) <- o(x,y,t);
out(x,y,t)  <- o(x,y,t) * in(x,y,t);
    ...
```

In Figur 3 ist der statische Datenflussgraph dieses Algorithmus dargestellt. Der Algorithmus kann im Videotakt (50 Bilder mit 400 × 300 Bildpunkten Auflösung) mit dem Synchronen Datenflussrechner [1] abgearbeitet werden. Das ganze System wurde zur Erprobung auf einem industriellen Elektrofahrzeug installiert. Das Fahrzeug kann mittels 2 Motoren gesteuert werden (Antrieb und Lenkung), wobei jeder Motor über 3 Zustände verfügt: Stillstand, Rechtslauf, Linkslauf. Die Fahrgeschwindigkeit des Fahrzeuges beträgt 0.5 m/sec. Figur 4 zeigt das Fahrzeug mit Synchronem Datenflussrechner, Personalcomputer als Host, Farbkamera, Monitoren und verschiedenen Speisegeräten. Der gesamte Stromverbrauch der Steuerung inkl. der Monitore beträgt weniger als 400 VA. Ein Ultraschallscanner (Distanzmesser) soll in einer späteren Phase zur Antikollisionsdetektion verwendet werden.

Ein ähnlicher Alorithmus wird an der CMU (Carnegie Mellon University) für die Steuerung des ALV (Autonomous Land Vehicle) verwendet [7]. Er wurde auf dem speziell zur Bildverarbeitung entworfenen WARP-Prozessor implementiert und benötigt für die Auswertung eines einzelnen Bildes ca. 6 Sekunden [8]; in unserer Implementation mit dem Synchronen Datenflussrechner (SYDAMA) kann ein Bild in 20 ms abgearbeitet werden. Dafür gibt es verschiedene Gründe:

- Die Abbildung des Datenflussgraphen auf die Hardware ist mit dem synchronen Datenflussrechner sehr einfach; auf jedem Prozessorelement wird im wesentlichen ein Superknoten bearbeitet; auf dem WARP muss jedes Prozessorelement verschiedene Aufgaben bearbeiten, die normalerweise nicht gleichlang dauern.

- Das leistungsfähige Kommunikationsnetzwerk der SYDAMA kann mehrere verschiedene Datenströme gleichzeitig verarbeiten, während im WARP ein grosser Teil des Datentransportes über den Host-Rechner erfolgen muss (Sun Workstation).

Auch wenn durch Optimierungen verschiedenster Art die Rechenzeit auf dem WARP reduziert werden könnte, so ist eine Verarbeitung im Videotakt, bedingt durch die Kommunikationsphilosophie des WARP, nicht erreichbar. Dadurch wird die SYDAMA für diese Klasse von Algorithmen dem WARP immer überlegen sein.

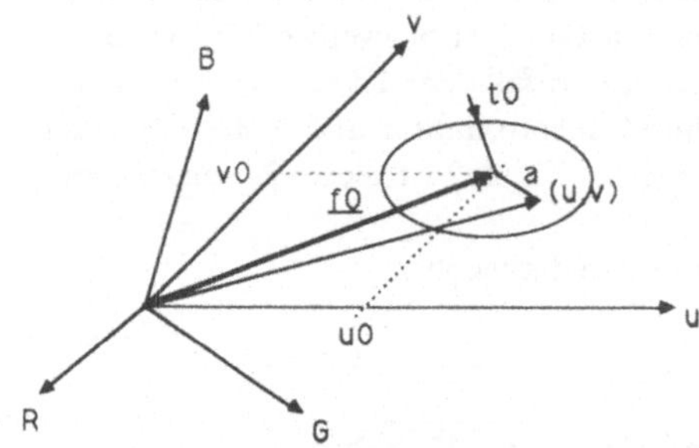


**Figur 2:** Graphische Darstellung des Farbklassifikators. Der 3-dimensionale R-G-B-Farbraum wird auf die 2-dimensionale U-V-Chrominanzebene abgebildet.

**Figur 4:** Elektrofahrzeug mit Synchronem Datenflussrechner, Personalcomputer, Farbkamera, Monitoren und verschiedenen Speisegeräten.

# 4 Geometrische Bildtransformation von Videosequenzen in Echtzeit

In diesem Anwendungsbeispiel soll eine Bildsequenz in Echtzeit geometrisch transformiert werden. Dazu wird das ankommende Bild zuerst in einen Bildspeicher eingelesen. Neben dem Videostrom stehen auch Koordinatenströme (x,y) zur Verfügung. Für jedes Koordinatenpaar (x,y) auf dem Monitor wird nun durch eine Transformationsgleichung das Koordinatenpaar (u,v) im vorangehenden Bild berechnet und damit der entsprechnende Bildpunkt ausgelesen. Eine lineare Bildtransformationsgleichung hat die folgende mathematische Form:

$$\begin{pmatrix} u \\ v \end{pmatrix} = \begin{pmatrix} a_{11} \; a_{12} \\ a_{21} \; a_{22} \end{pmatrix} \times \begin{pmatrix} x \\ y \end{pmatrix} + \begin{pmatrix} x_0 \\ y_0 \end{pmatrix}$$

Falls nur eine Rotation durchgeführt werden soll, so wird $x_0 = 0$ und $y_0 = 0$ und die Matrix A hat die folgenden Koeffizienten:

$$A = \begin{pmatrix} \cos(\omega(t)) & -\sin(\omega(t)) \\ \sin(\omega(t)) & \cos(\omega(t)) \end{pmatrix}$$

Formuliert in der funktionalen Bildverarbeitungssprache:

```
PROGRAM rotation;
   ...
m(x,y,t)     <- in(x,y,t);
u(x,y,t)     <- COS(w(t)) * x - SIN(w(t)) * y;
v(x,y,t)     <- SIN(w(t)) * x + COS(w(t)) * y;
out(x,y,t)   <- m(u(x,y,t),v(x,y,t),t-1);
   ...
```

Der Drehwinkel w(t) kann vom Hostrechner vorgegeben werden; dieser Winkel bleibt während eines Bildes konstant. Die Koordinaten u und v werden so gerundet, das der 'Nächste Nachbar'-Bildpunkt adressiert wird. Die Verbesserung durch Interpolation ist mit erhötem Rechenaufwand möglich.

Diese lineare Transformation kann so modifiziert werden, dass neben der Rotation auch Skalierung, Translation, etc. möglich sind. Aber auch nichtlineare Transformationen wie beispielsweise ein 'Zerrspiegel' können mit Hilfe der entsprechenden Transformatiobnsgleichungen auf dem synchronen Datenflussrechner in Echtzeit realisiert werden.

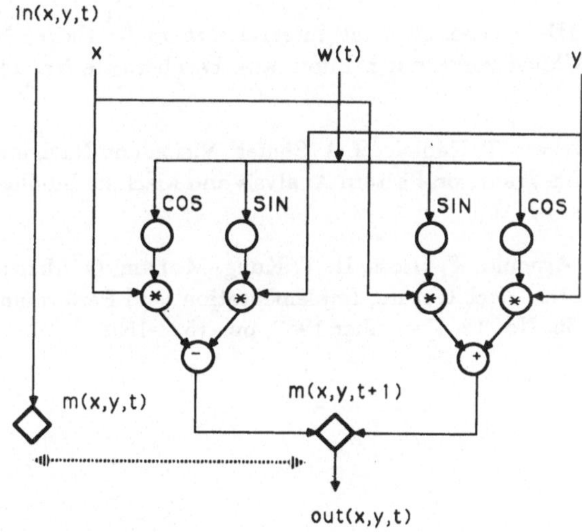


**Figur 5:** Statischer Datenflussgraph zur Bildrotation in Echtzeit.

# 5 Schlussbetrachtungen

Die Darstellung aller für den synchronen Datenflussrechner geeigneten Anwendungsklassen würde den Rahmen dieser Ausführungen sprengen. Trotzdem konnte gezeigt werden, dass sich mit diesem Rechner auch aufwendige Algorithmen aus dem Gebiet der 'Low Level Vision' in Echtzeit implementieren lassen; Nachbarschaftsoperationen und temporale Bildverarbeitung ist gleichzeitig auf mehreren Kanälen möglich. Dank der einfachen Erweiterbarkeit der Hardware und der einfachen Programmierung gehört dieses System heute zu den leistungsfähigsten Echtzeitbildverarbeitungssystemen.

# Literatur

[1]  A. Gunzinger: Synchroner Datenflussrechner zur Echtzeitbildverarbeitung, 8. DAGM-Symposium über Mustererkennung, Informatik-Fachberichte Nr.125, 1986, S.123-129, Springer Verlag

[2]  A. Gunzinger, S. Mathis, W. Guggenbühl: Datenflussrechner zur Echtzeitbildverarbeitung: Softwareentwicklungsumgebung, 9. DAGM-Symposium über Mustererkennung, Informatik Fachberichte Nr.149, 1987, S.34-39, Springer Verlag

[3]  W. Laier, W. Wiemer, E. Keller: Einrichtung zur Erkennung und Verfolgung eines Zieles, Deutsche Patentschrift DE 30 33 785 A1, 21. 10. 1982, Anmelder: MBB München

[4]  G. W. Donohoe, D. R. Hush, N. Ahmend: Change Detection for Target Detection and Classification in Video Sequences, Proc. IEEE Int. Conf. on Aucustics, Spech, and Signal Processing, April 11-14, 1988, New York

[5]  R. Wallace, A. Stentz, C. Thorpe, W. Whittaker, T. Kanade: First Results in Robot Road-Following, Proc. IEEE Int. Conf. Robot. Automat., April, 1986, pp.1615-1621

[6]  E. D. Dickmanns: 4D-Szenenanalyse mit integralen raum-/zeitlichen Modellen, ). DAGM-Symposium über MMustererkennung, Informatik Fachberichte Nr. 149, 1987, S. 257-271, Springer Verlag

[7]  C. Thorpe, M. H. Hebert, T. Kanade, S. A. Shafer: Vision and Navigation for the Carnegie-Mellon Navlab, IEEE Trans. on Pattern Analysis and Machine Intelligence, Vol. 10, No. 3, May 1988, pp. 361-372

[8]  M. Annaratone, E. Arnould, T. Gross, H. T. Kung, M. Lam, O. Menzilcioglu, J. A. Webb: The WARP Computer: Architecture, Implementation, and Performance, IEEE Trans. on Computer, Vol. C-36, No. 12, December 1987, pp. 1523-1538

# Differentielle Verfahren zur Bestimmung des optischen Flusses in Farbbildfolgen


**Rainer Sprengel und Leonie Dreschler-Fischer**

Universität Hamburg, Fachbereich Informatik
Bodenstedtstraße 16, D-2000 Hamburg 50


## 1 Einleitung

Es gibt bereits eine Vielzahl von Verfahren zur Bestimmung des optischen Flusses auf Grauwertbildern [*Nagel 86*]. Eine Klasse dieser Verfahren beruht auf der "motion constraint equation" von *Horn + Schunck 81*, die einen Zusammenhang zwischen den Gradienten $g_x, g_y, g_t$ und den Verschiebungen $\mathbf{u}$ im Bild herstellt:

$$g_x u + g_y v + g_t = (\nabla g)^T \mathbf{u} + g_t = 0 \tag{1}$$

Dabei bezeichnet $\mathbf{A}^T$ die Transponierte der Matrix $\mathbf{A}$. Da sich die Gleichung nur auf lokale Größen bezieht, tritt das sogenannte *Blendenproblem* ("aperture problem") in Erscheinung. Dieses besagt, daß lokal nur die Komponente des Verschiebungsvektors in Richtung des Gradienten bestimmt werden kann, da eine Bewegung der Grauwerte senkrecht zu dieser Richtung innerhalb einer kleinen Umgebung keine Änderung in der Bildstruktur hervorruft. Die Gleichung schränkt die mögliche Bewegung deshalb auf eine Gerade, die "constraint line", im $u$-$v$-Raum ein. Zusätzliche, meist heuristische Annahmen müssen gemacht werden, um das Verschiebungsvektorfeld vollständig zu bestimmen. Diese laufen darauf hinaus, durch Glattheitsannahmen die Lokalität des Ansatzes aufzuheben.

Eine Möglichkeit, auch die zweite Komponente des Verschiebungsvektors zu bestimmen, besteht in der Annahme, daß der Verschiebungsvektor innerhalb einer lokalen Umgebung konstant sei. Auf diese Weise erhält man eine Anzahl von linearen Gleichungen, die man durch Minimierung des quadratischen Fehlers lösen kann. Faßt man die Grauwerte innerhalb einer lokalen Umgebung zu einem Grauwertvektor g (Zeilenvektor) zusammen, so kann man das Ergebnis der Minimierung folgendermaßen schreiben:

$$\hat{\mathbf{u}} = -[(\nabla \mathbf{g})(\nabla \mathbf{g})^T]^{-1} \nabla \mathbf{g}\, \mathbf{g}_t^T = -(\nabla \mathbf{g})^\dagger\, \mathbf{g}_t^T \tag{2}$$

Man nennt $(\nabla \mathbf{g})^\dagger = [(\nabla \mathbf{g})(\nabla \mathbf{g})^T]^{-1} \nabla \mathbf{g}$ auch Pseudoinverse der Matrix $\nabla \mathbf{g}$.

Dieses Verfahren entspricht der Suche nach dem "optimalen" Schnittpunkt aller beteiligten "constraint lines" im $u$-$v$-Raum. Die Optimierung des Gleichungssystems ist aber nur dann möglich, wenn in der lokalen Umgebung verschiedene Gradientenrichtungen vorliegen. Hier wird nun ein gewisser Widerspruch deutlich: Zum einen sollte die Bildfunktion linear sein, damit die "motion constraint equation" (1) gültig ist. Zum anderen muß die Bildfunktion gekrümmt sein, damit der Gradient in der lokalen Umgebung variiert. Eine Hoffnung bei der Verwendung von Farbbildern ist nun, daß die Annahme der lokalen Konstanz fallengelassen werden kann, und somit dieser Widerspruch nicht mehr auftritt, da an jeder Stelle im Bild die "motion constraint equation" dreifach eingesetzt werden kann.

Ein weiterer Fall, in dem man sich einen Vorteil bei der Verwendung von Farbbildern erhofft, sind Situationen, in denen Beleuchtungseffekte den Eindruck einer Bewegung der Grauwerte in der Bildebene verursachen. In diesen Fällen stimmt der mit einem Grauwertverfahren berechnete optische Fluß nicht mit dem Bewegungsfluß überein, der die Projektion der dreidimensionalen Geschwindigkeitsvektoren auf der Bildebene beschreibt. So kann es z.B. sein, daß sich durch eine Bewegung der Lichtquelle ein Schatten über ein Objekt bewegt. Dabei verändert sich die Intensität des Lichtes, und ein Grauwertverfahren registriert eine Bewegung des Objektes. Man könnte daran denken, die Farbinformation für die Erkennung dieser Situation heranzuziehen. Im einfachsten Fall würde sich die Farbe des Objektbildes nicht ändern. Verwendet man also nur die Farbinformation, ohne die Intesität zu berücksichtigen, so würde man keine Bewegung des Objektes detektieren.

83

## 2   Von Grauwerten zu Farbvektoren

Die Verwendung von Farbbildern zur Bestimmung des optischen Flusses ist bisher in der Literatur kaum
an praktischen Beispielen erprobt worden. Es gibt aber vereinzelt theoretische Erörterungen, wie z.B. das 2-
Farben-Theorem von *Blicher 83*, welches besagt, daß zur eindeutigen Lösung des Korrespondenzproblems ohne
Zusatzwissen mindestens 2 Farben benötigt werden. Der Satz wird mit differentialgeometrischen Methoden
bewiesen, sagt aber nichts über die praktische Verwendbarkeit von Farbbildern aus.

Hier soll nun die Verwendbarkeit von Farbbildern an praktischen Beispielen erprobt werden. Dabei sollen
vor allem folgende Fragen geklärt werden: Inwieweit ist es möglich, existierende Verfahren zur Ermittlung
von Verschiebungsvektorfeldern für die Verwendung von Farbbildern abzuwandeln? Erlaubt die Verwendung
von Farbinformation grundsätzlich neue Verfahren, die bei Grauwertbildern nicht angewendet werden können?
Welche Vorteile bieten Farbbilder gegenüber Grauwertbildern? Um brauchbare Verfahren zur Verschiebungs-
vektorbestimmung aus Farbbildern zu erhalten, werden wir zunächst einige Möglichkeiten betrachten, wie man
die Ansätze für Grauwertbilder auf Farbbilder übertragen könnte [*Sprengel 88*]:

1. Man erzeugt aus dem Farbbild ein Grauwertbild und wendet dann ein Verfahren für Grauwertbilder auf
   dieses Bild an. Man kann z.B. das arithmetische Mittel aller drei Farbkanäle bilden, welches der Intensität des Farbvektors entspricht. Im allgemeinen führt dies zu rauschärmeren Bildern; die eigentliche
   Farbinformation wird jedoch nicht in den Verarbeitungsprozeß einbezogen.

2. Man berechnet in jedem Kanal getrennt mittels der "motion constraint equation" (1) eine Bedingung
   für den Verschiebungsvektor. Sodann bestimmt man denjenigen Verschiebungsvektor, der alle Bedin-
   gungsgleichungen möglichst gut erfüllt. Diesen kann man z.B. durch die Minimierung des quadratischen
   Fehlers berechnen.

3. Man überlegt sich ein geeignetes Abstandsmaß für Farbvektoren und minimiert eine Funktion des Abstandes zwischen einem Pixel im ersten Bild und dem verschobenen Pixel im zweiten Bild, wobei die
   Farbverteilung im ersten Bild durch eine lineare Funktion angenähert wird:

$$\|\mathbf{c2}(\mathbf{x}) - \mathbf{c1}(\mathbf{x} - \mathbf{u})\| \approx \|\mathbf{c2}(\mathbf{x}) - \mathbf{c1}(\mathbf{x}) + \nabla\mathbf{c1}(\mathbf{x})\,\mathbf{u}\| \longrightarrow \text{Minimum}$$

Als Ergebnis erhält man, ähnlich wie bei der Minimierung der quadratischen Grauwertdifferenz, eine
Bedingungsgleichung für den Verschiebungsvektor.

Die aufgezählten Verfahren nutzen die Farbinformation in der Reihenfolge der Aufzählung immer direkter
aus. Während bei der ersten Möglichkeit der Algorithmus für Grauwertbilder in einer Phase der Verarbeitung
vollkommen unverändert eingesetzt wird, ergeben sich aus den weiteren Möglichkeiten neue Verfahren, die
auch spezielle Eigenschaften von Farbinformationen nutzen können.

Verwendet man die "motion constraint equations" der einzelnen Farbkanäle, um den Verschiebungsvektor
zu bestimmen, so stimmt dieses Verfahren formal mit dem oben erwähnten Verfahren für Grauwertbilder
überein. Wir müssen nur den Grauwertvektor **g** in (2) durch den Farbvektor **c** (Zeilenvektor) ersetzen:

$$\hat{\mathbf{u}} = -[(\nabla\mathbf{c})(\nabla\mathbf{c})^{T}]^{-1}\nabla\mathbf{c}\,\mathbf{c}_t^{T} = -(\nabla\mathbf{c})^{\dagger}\,\mathbf{c}_t^{T} \tag{3}$$

Wir werden die zu invertierende Matrix $[(\nabla\mathbf{c})(\nabla\mathbf{c})^{T}]$ mit dem Buchstaben **E** abkürzen und den Ansatz im
folgenden "Pseudoinversionsansatz" nennen. Trotz der formalen Ähnlichkeit mit dem oben vorgestellten Verfahren für Grauwertbilder hat dieses Verfahren den großen Vorteil, daß keine zusätzlichen Annahmen über
die lokale Konstanz des Verschiebungsvektors gemacht werden müssen, wenn die Gradienten in den einzelnen
Farbkanälen unterschiedlich genug sind. Sollte die Pseudoinverse nicht existieren, d.h., die Ableitungen der
einzelnen Farbkanäle sind voneinander abhängig, so kann man zusätzlich immer noch die Annahme eines lokal
konstanten Verschiebungsvektors machen und diese Annahme problemlos in den Algorithmus einbeziehen.
Dazu faßt man die Farbwerte aller Pixel zu einem einzigen Vektor zusammen und rechnet ansonsten genauso
wie bisher. Bei einer lokalen Umgebung von 3 × 3-Pixeln hat man dann bereits 27 lineare Gleichungen, die
mittels Pseudoinversion optimal gelöst werden können.

Minimieren wir entsprechend dem dritten Vorschlag den euklidischen Farbabstand zwischen den Farbvektoren in aufeinanderfolgenden Bildern, wobei die lokale Umgebung des einen Bildes durch eine lineare Approximation angenähert wird, so erhalten wir das Ergebnis von Gleichung (3), das auch bei der Minimierung der quadratischen Fehler der einzelnen "motion constraint equations" herauskam.

Man kann sich jedoch auch andere Möglichkeiten der Verwendung von Farbinformation denken. Verwendet man z.B. die normierte Kreuzkorrelation als Abstandsmaß, dann erhält man das Ergebnis:

$$\begin{pmatrix} \lambda \\ \hat{u} \\ \hat{v} \end{pmatrix} = \begin{pmatrix} \mathbf{c2} \\ \mathbf{c1}_x \\ \mathbf{c1}_y \end{pmatrix}^{-1} \mathbf{c1}^T$$

Dabei gibt $\lambda$ den Faktor an, mit dem man $\mathbf{c2}$ multiplizieren muß, um den Vektor $\mathbf{c1} - \nabla \mathbf{c1}\,\hat{u}$ zu erhalten. Ideal ist es also, wenn $\lambda$ den Wert 1 hat, denn dann gibt es einen Punkt in der lokalen Umgebung um $\mathbf{x}$ im ersten Bild, der die gleiche Farbe hat, wie der Punkt an der Stelle $\mathbf{x}$ im zweiten Bild. Anschaulich läuft dies auf die Minimierung des Winkels zwischen den Farbvektoren $\mathbf{c2}(\mathbf{x})$ und $\mathbf{c1}(\mathbf{x} - \mathbf{u})$ hinaus. Die Hoffnung bei der Verwendung dieses Abstandsmaßes ist, daß die Länge des Farbvektors für das Optimum nicht relevant ist und daher ein Helligkeitsunterschied zwischen aufeinanderfolgenden Bildern kaum eine Rolle spielt. Wenn man annehmen darf, daß die Bewegung eines Objektes in einen Schatten hinein keine Änderung in der Farbe hervorruft, so hat dies keine Wirkung auf den Abstand der Farbwerte einander entsprechender Pixel.

Es stellt sich allerdings heraus, daß die Ergebnisse, die mit diesem Abstandsmaß gewonnen werden können, bei weitem nicht so gut sind, wie diejenigen mit euklidischem Abstand (Pseudoinversionsansatz), denn die Intensität enthält im allgemeinen die Hauptinformation eines Farbbildes [*Otha u.a. 80, Gershon 87*]. Gerade diese wird bei der Farbkorrelation aber kaum genutzt. Im Gegensatz dazu werden beim Pseudoinversionsansatz die Informationen aller Farbkanäle gleich genutzt. Wir werden deshalb auf die praktischen Ergebnisse, die mit diesem Verfahren erzielt worden sind, nicht weiter eingehen.

Bei RGB-Bildern gibt es eine anschauliche Interpretation der beiden besprochenen Optimierungsprobleme. Die Gleichung:

$$\mathbf{c1}(\mathbf{x} - \mathbf{u}) = \mathbf{c1} - u\,\mathbf{c1}_x - v\,\mathbf{c1}_y \tag{4}$$

kann man auch als mit den Parametern $u$ und $v$ parametrisierte Fläche im RGB-Farbraum auffassen. Die Ebene geht durch den Punkt $\mathbf{c1}$ und wird durch die Vektoren $\mathbf{c1}_x$ und $\mathbf{c1}_y$ aufgespannt. Das Problem stellt sich nun als die Minimierung des Abstandes zwischen dieser Ebene und dem Farbvektor des zweiten Bildes bzgl. eines vorgegebenen Abstandsmaßes heraus. Im Falle eines euklidischen Abstandes liegt die Verbindungsgerade zwischend der Ebene und dem Punkt $\mathbf{c2}$ senkrecht auf der Ebene. Im Falle der normierten Kreuzkorrelation muß nur der Vektor $\mathbf{c2}$ verlängert werden, bis er die Ebene schneidet.

## 3 Gütekriterien

Wir wollen nun versuchen, Größen zu finden, die etwas über die Güte der Verschiebungsschätzungen aussagen. Mit einem solchen Gütemaß könnte man unzuverlässige Verschiebungsvektoren erkennen und für die weitere Analyse der Bildfolge unberücksichtigt lassen.

Der Vektor $\mathbf{u}^T \nabla \mathbf{c} + \mathbf{c}_t$ wird im allgemeinen einen vom Nullvektor verschiedenen Wert aufweisen. Nehmen wir an, daß dieser Vektor normalverteilt ist, mit dem Mittelwert $\mathbf{0}$ und der Kovarianzmatrix $\mathbf{S} = \sigma^2 \mathbf{I}$, wobei $\mathbf{I}$ die Einheitsmatrix sei, so ist der mit den "motion constraint equations" nach Gleichung (3) geschätzte Verschiebungsvektor $\hat{\mathbf{u}}$ ebenfalls eine normalverteilte Größe mit dem Mittelwert $\mathbf{u}$ und der Kovarianzmatrix $\mathbf{S_u} = \sigma^2 \mathbf{E}^{-1}$. Wenn der statistische Fehler des geschätzten Verschiebungsvektors in allen Richtungen gleich sein soll, dann müssen die Eigenwerte dieser Kovarianzmatrix möglichst gleich groß sein. Dies kann durch das Verhältnis $q$ von Determinante zum Quadrat der Spur von $\mathbf{E}$ abgeschätzt werden, ohne daß eine Diagonalisierung explizit durchgeführt werden müßte. *Nagel + Enkelmann 83* verwenden ein entsprechendes Maß, um zu entscheiden, wie weit sich an Grauwertecken geschätzte Verschiebungsvektoren in die nähere Umgebung ausweiten lassen.

Weiterhin bietet sich an, die Abweichung (das Residuum) von der "motion constraint equation" als Gütemaß zu verwenden [*Kearney u.a. 87*], denn bei einem Residuum, welches stark von Null abweicht, liegt

entweder ein extremes Rauschen vor oder das Modell einer linearen Bildfunktion innerhalb des Verschiebungs-
gebietes ist falsch. In beiden Fällen ist der berechnete Verschiebungsvektor unzuverlässig. Sei $\hat{u}$ der geschätzte
Verschiebungsvektor, dann ist das Residuum $r$ gegeben durch $(\nabla g)^T \hat{u} + g_t$. Das Residuum in dieser Form sagt
allerdings nur etwas über den Fehler der Komponente in Richtung des Gradienten aus, denn eine Veränderung
der Schätzung senkrecht zu dieser Richtung verändert den Wert von $r$ nicht. Bei Farbbildern erhalten wir auf
diese Weise einen Residuumsvektor, der in *Sprengel 88* anschaulich interpretiert wird.

Von einem anderen Standpunkt aus betrachtet, kommen wir zu einem weiteren möglichen Gütemaß. Die
Optimierung mittels Pseudoinverse kann im $u$-$v$-Raum als Suche nach dem besten Schnittpunkt aller "constraint lines" betrachtet werden. Der Abstand einer "constraint line" vom geschätzten Verschiebungsvektor
beträgt nun:

$$d = \frac{|(\nabla g)^T \hat{u} + g_t|}{|\nabla g|} = \frac{|r|}{|\nabla g|} \tag{5}$$

Es besteht also ein enger Zusammenhang zwischen Residuum und dem Abstand zur "constraint line". Nun
kann man die Summe der Abstände zu allen beteiligten "constraint lines" als Gütemaß verwenden.

## 4  Ergebnisse

Die Brauchbarkeit der Verfahren kann auf mehrere Weisen getestet werden. Voraussetzung ist, daß das zu
betrachtende Verschiebungsvektorfeld bekannt ist und mit den geschätzten Ergebnissen verglichen werden
kann. Da wir untersuchen wollen, ob sich Farbbilder für die Berechnung des optischen Flusses und zur Lösung
des Blendenproblems eignen, ist es besonders wichtig, Farbbilder zu haben, die den realen Verhältnissen möglichst nahe kommen. Insbesondere sollten die lokalen Farbstrukturen und die Zusammenhänge zwischen den
Gradienten in den verschiedenen Farbkanälen den natürlichen Verhältnissen entsprechen, denn diese Größen
sind für die Lösung des Blendenproblems ausschlaggebend. Künstlich erzeugte Bilder kommen für diese Zwecke
nicht in Betracht. Wir werden deshalb eine einfache, aber für unsere Untersuchungen ausreichende Methode
verwenden, indem wir ein Farbbild einfach um eine bekannte Anzahl von Pixeln verschieben. Ein Vorteil dieser
Vorgehensweise ist, daß die Möglichkeit besteht, statistische Aussagen über die Güte der Messungen zu machen
und in Form von Häufigkeitsverteilungen darzustellen, weil an allen Pixeln der gleiche Verschiebungsvektor
zu erwarten ist. So können wir auch den Einfluß der vorgeschlagenen Gütekriterien auf die Verteilung der
geschätzten Verschiebungsvektoren untersuchen und darstellen.

Abb. 1 zeigt das Ausgangsbild der Bildfolge "Blocksbild". Das zweite Bild wurde um ein Pixel nach rechts
und ein Pixel nach unten verschoben. Dieses Bild stellt ein etwas ungünstiges Beispiel für unser Verfahren
dar, denn die Gradienten in den verschiedenen Farbkanälen sind stark korreliert.

Alle räumlichen Ableitungen werden mit einem $5 \times 5$-Beaudet-Operator [*Beaudet 78*] geschätzt. Die zeitlichen Ableitungen werden durch die Differenz des arithmetischen Mittels über eine $5 \times 5$-Umgebung in zwei
aufeinanderfolgenden Bildern ermittelt. Wir werden folgende Verfahren miteinander vergleichen:

1. Ein auf dem Intensitätsbild arbeitendes Verfahren, welches innerhalb einer $3 \times 3$-Umbegung einen konstanten Verschiebungsvektor annimmt.

2. Das oben vorgestellte Verfahren, welches einen Verschiebungsvektor mittels Pseudoinversion lokal auf
   jedem Farbpixel berechnet.

3. Ein kombiniertes Verfahren, welches innerhalb einer $3 \times 3$-Umgebung einen konstanten Verschiebungsvektor in einem Farbbild annimmt.

Die mit dem kombinierten Verfahren 3 erzeugten Verschiebungsvektoren sind sowohl besser gegenüber dem
reinen Farbverfahren 2 als auch gegenüber der reinen lokalen Konstanzannahme 1 im Intensitätsbild. Berechnet
man die Varianz $\sigma^2$ der Verschiebungsvektoren, so ergeben sich in $u$-Richtung die Werte $\sigma^2 = 15.1$ für das
reine Farbverfahren 2, $\sigma^2 = 5.8$ für das Intensitätsverfahren 1 und $\sigma^2 = 1.3$ für das kombinierte Verfahren 3.
Als Gradientenrichtung in einem Farbbild sei, in Verallgemeinerung zum Grauwertbild, die Richtung definiert,
in der die Differenzvektoren den größten Betrag haben. Diese Richtung stimmt auch mit der Richtung des
Eigenvektors mit dem größten Eigenwert von E überein. Die Experimente zeigen deutlich, daß durch den
Übergang auf Farbe vor allem der Fehler senkrecht zu dieser Gradientenrichtung verkleinert wird.

Um die Aussagekraft der vorgeschlagenen Gütemaße zu untersuchen, sind in den Abb. 2 bis 4 die Werte der Maße ($x$-Achse) gegen die geschätzten Verschiebungen in $x$-Richtung ($y$-Achse) des Blocksbildes 1 aufgetragen. Es sei nochmals darauf hingewiesen, daß der korrekte Verschiebungsvektor im ganzen Bild die Größe $(1,1)$ hat. Alle Abbildungen wurden mit dem kombinierten Verfahren 3 berechnet.

In Abb. 2 ist das Verhältnis $q$ von Determinante und quadrierter Spur der Matrix $\mathbf{E}$ gegen die Verschiebung aufgetragen. Wie aus der Abbildung deutlich zu ersehen ist, treten bei sehr kleinen Werten von $q$ relativ starke Variationen in der Verschiebung auf. Das Verhältnis eignet sich also als Gütemaß für die geschätzten Vektoren. Aber auch, wenn das Maß $q$ unter eine gewisse Schwelle fallen sollte, so ist der Verschiebungsvektor nicht unbedingt vollkommen unbrauchbar, denn es ist nicht ausgeschlossen, daß die Komponente in Richtung des Eigenvektors mit dem größten Eigenwert von $\mathbf{E}$ einen korrekten Wert hat, der für die Weiterverarbeitung genutzt werden könnte. So kann man in Experimenten auch beobachten, daß die Verschiebungsvektoren an Kanten, an denen naturgemäß ein kleines Verhältnis $q$ vorhanden ist, oft falsch geschätzt werden, die Komponenten senkrecht zu Kanten aber trotzdem brauchbar sind.

Auch das Residuum $r$ sagt etwas über die Zuverlässigkeit der Verschiebungsvektoren aus. Es zeigte sich, daß die Summe der Absolutbeträge der Residuen jeder beteiligten "motion constraint equation" ein besseres Maß für die Güte des Verschiebungsvektors darstellt als die Länge des Residuumsvektors. Die ungenauen Verschiebungsvektoren werden mit größer werdendem Residuum häufiger (siehe Abb. 3). Wie wir in Gleichung (5) gesehen haben, erhält man die Summe der Abstände $d$ zu allen beteiligten "constraint lines", wenn man den Betrag eines jeden einzelnen Residuums $r$ durch den Gradientenbetrag teilt und über diese Quotienten summiert. Die Aussagekraft dieses Kriteriums läßt sich anhand von Abb. 4 erkennen. Auch hier wächst die relative Häufigkeit der falschen Vektoren mit zunehmender Größe von $d$.

Berücksichtigt man nur diejenigen Vektoren des mit dem kombinierten Verfahren 3 berechneten Verschiebungsvektorfeldes, deren Gütemaße eine Mindestbedingung erfüllen, so kann man einige der falschen Verschiebungsvektoren aussondern. Bei einem Mindestwert von 0.01 für das Verhältnis $q$ von Determinante und quadrierter Spur der Matrix $\mathbf{E}$ und einem Maximalwert von 40.0 für die Summe $R$ der Absolutbeträge der Residuen $r$ sinkt die Varianz der Verschiebung in $x$-Richtung von ehemals $\sigma^2 = 1.3$ auf nur noch $\sigma^2 = 0.36$. Es bleiben immerhin noch 66% der ursprünglichen Vektoren übrig.

Die drei vorgestellten Verfahren sind auch auf eine echte Bildfolge angewendet worden. Ein Ausschnitt aus dem ersten Bild dieser Bildfolge zeigt die Abb. 5. Die Äpfel wurden während der Aufnahme mitsamt Unterlage um etwas mehr als ein Pixel in annähernd horizontaler Richtung verschoben. Die mit den verschiedenen Verfahren berechneten Verschiebungsfelder sind in den Abb. 6 bis 8 gezeichnet. Dabei wurden in jedem Bild ebenfalls Schwellen an die beiden Parameter $q$ und $R$ gelegt. Die Werte können den Bildunterschriften entnommen werden. Gezeigt wird immer nur jeder zweite Verschiebungsvektor, damit nicht so viele Überlappungen auftreten. Die Ergebnisse bestätigen, daß durch die Verwendung von Farbinformation eine deutliche Verbesserung der Verschiebungsvektorschätzung zu erzielen ist.

## 5 Zusammenfassung

Unsere Analysen zeigen, daß es möglich ist, gradientenbasierte Verfahren zur Bestimmung des optischen Flusses in Farbbildfolgen zu entwerfen. Die experimentellen Untersuchungen zeigten aber, daß die Verwendung der Farbinformation allein nicht in jedem Fall zu einem zuverlässigen Verschiebungsvektor führt, da die Gradientenrichtungen in den Farbkanälen bei den meisten Bildern stark korreliert sind. Insbesondere kann auf die Intensität als Hauptinformation nicht verzichtet werden. Es konnte aber gezeigt werden, daß die Verwendung der Farbe die Ergebnisse eines Grauwertverfahres verbessern kann. So kommt man schon mit der Konstanzannahme in einer lokalen Umgebung von $3 \times 3$ Pixeln zu guten Ergebnissen.

Aus den Analysen konnten Kandidaten für ein Gütemaß hergeleitet werden. Die Tests mit verschiedenen Bildern haben ergeben, daß sich vor allem zwei Parameter für die Messung der Zuverlässigkeit eignen: Zum einen das Verhältnis $q$ von Determinante zum Quadrat der Spur der Matrix $\mathbf{E}$, und zum anderen die Summe der Absolutbeträge der Residuen $r$ der einzelnen "motion constraint equations".

**Beaudet 78**   *Rotationally Invariant Image Operators.* P.R. Beaudet. ICPR-1978, Kyoto, Japan, 579–583.

**Blicher 83**   *The Stereo Matching Problem From the Topological Viewpoint.* A.P. Blicher. Proc. Int. Joint Conf. on Art. Intell. IJCAI-1983, Karlsruhe, Germany, 1046–1049 .

**Gershon 87**   *The Use of Color in Computational Vision.* R. Gershon. Bericht *RBCV-TR-87-15*, Department of Computer Science, University of Toronto, 1987.

**Horn + Schunck 81**   *Determining Optical Flow.* B.K.P. Horn, B.G. Schunck. *Art. Intell.* **17** (1981), 185–203.

**Kearney u.a. 87**   *Optical Flow Estimation: An Error Analysis of Gradient-Based Methods with Local Optimization.* J.K. Kearney, W.B. Thompson, D.L. Boley. **PAMI-9** (1987), 229–244.

**Nagel 86**   *Image Sequences - Ten (octal) Years - From Phenomenology towards a Theoretical Foundation.* H.-H. Nagel. ICPR-1986, Paris, France, 1174–1185.

**Nagel + Enkelmann 83**   *Iterative Estimation of Displacement Vector Fields from TV-Frame Sequences.* W. Enkelmann und H.-H. Nagel. EUSIPCO-83, Erlangen, Germany 1983, 299–302.

**Otha u.a. 80**   *Color Information for Region Segmentation.* Y.-I. Otha, T. Kanade und T. Sakai. *Computer Graphics and Image Processing* **13** (1980), 222–241.

**Sprengel 88**   *Untersuchung differentieller Ansätze zur Schätzung des optischen Flusses in Grauwert- und Farbbildfolgen.* R. Sprengel. Bericht *FBI-HH-B-137/88*, Fachbereich Informatik, Universität Hamburg, 1988.

**Abbildung 1:** Blocksbild, Intensität.

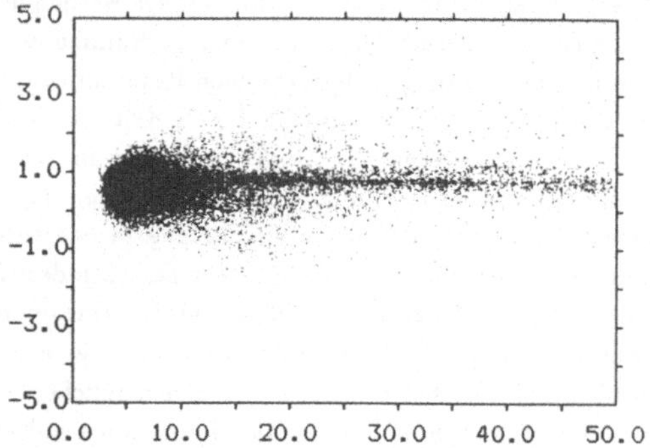

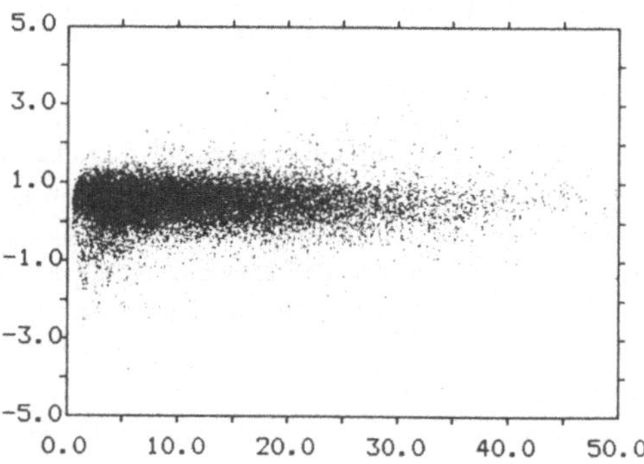

**Abbildung 3:** Die Summe der Absolutbeträge der Residuen ($x$-Achse) gegen die gemessene Verschiebung in $x$-Richtung ($y$-Achse).

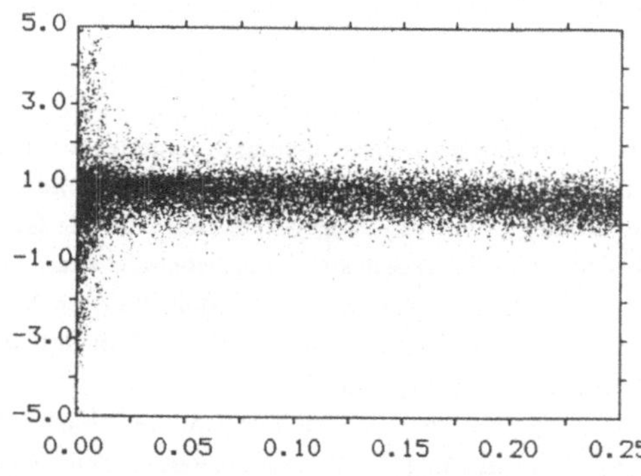

**Abbildung 2:** Das Verhältnis $q$ ($x$-Achse) gegen die gemessene Verschiebung in $x$-Richtung ($y$-Achse).

**Abbildung 4:** Die Summe der mit dem Gradientenbetrag normierten Residuen ($x$-Achse) gegen die Verschiebung in $x$-Richtung ($y$-Achse).

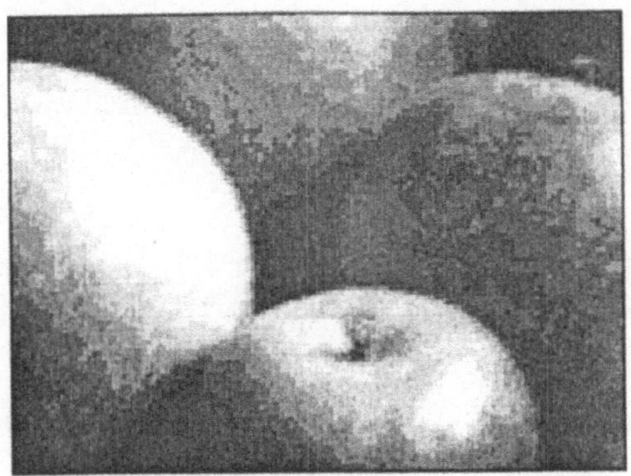

**Abbildung 5**: Apfelbild, Rechenausschnitt des Intensitätsbildes.

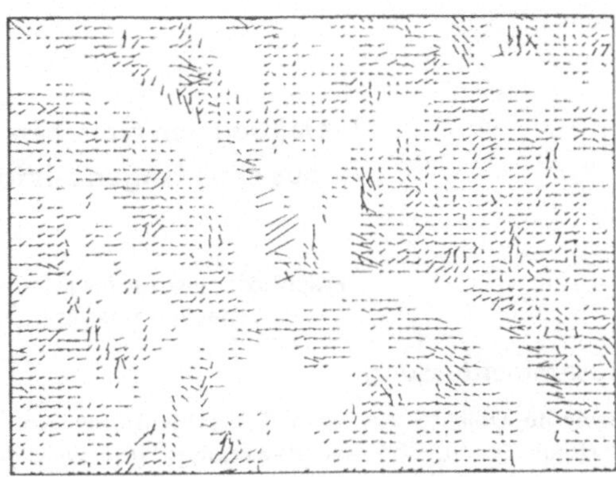

**Abbildung 7**: Verschiebungsvektoren von Bild 5 berechnet auf dem Intensitätsbild innerhalb einer 3 × 3-Umgebung. Die Bedingungen für die Gütemaße lauten: $q \geq 0.02$; $R \leq 40$.

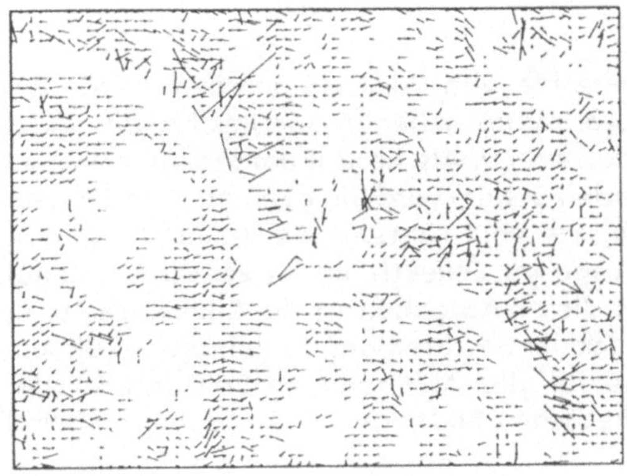

**Abbildung 6**: Verschiebungsvektoren von Bild 5 berechnet auf dem Farbbild mit dem lokalen Pseudoinversionsverfahren. Die Bedingungen für die Gütemaße lauten: $q \geq 0.03$ und $R \leq 40$.

**Abbildung 8**: Verschiebungsvektoren von Bild 5 berechnet mit dem kombiniertem Verfahren. Die Bedingungen für die Gütemaße lauten: $q \geq 0.02$; $R \leq 100$.

## Extraktion von typischen und komplexen Vorgängen
## aus einer langen Bildfolge einer Verkehrsszene

C.-K. Sung

Fraunhofer Institut für Informations- und Datenverarbeitung
Sebastian-Kneippstr. 12-14, D-7500 Karlsruhe 1

### Zusammenfassung

Bewegte Objekte aus einer Fernsehbildfolge einer Verkehrsszene werden automatisch detektiert und verfolgt. Die zugehörigen Bewegungsdaten werden in komprimierter Form für die weitere Analyse zur Verfügung gestellt. Eine erste automatische Kopplung zu einem sprachverarbeitenden System wurde durchgeführt, das Wörter wie "vorbei", "entlang", "anhalten", und "anfahren" erfolgreich anwenden konnte. Die Erweiterung der Testbildfolge auf 132 Sekunden (3300 Bilder) erlaubt nun auch die Extraktion von weitergehenden Aussagen, die u. a. Bedeutungszusammenhänge über einen längeren Zeitraum aufweisen, wie "Fahrbahn" und "Ampelphase". Interpretationen auf einer höheren Abstraktionsebene fassen mehrere Elementarvorgänge zusammen wie zum Beispiel "Ampelstop". Hypothesen über das Verhalten der Objekte können durch die Synthese des Vorgangs in einem Bild visuell überprüft werden.

## 1. Einleitung

Die grundsätzlichen Möglichkeiten einer Hierachie von Abstraktionsebenen zur Beschreibung von Objekten und eine höhere Abstraktionsebenen zur Beschreibung des Geschehens in Bildfolgen wurde von Nagel diskutiert /1/. Als Abstraktionsebene zwischen dem bildverarbeitenden und sprachverarbeitenden System wird die geometrische Szenenbeschreibung verwendet, in der sämtliche Objekte vom Hintergrund isoliert, ihre dreidimensionale Struktur beschrieben und ihre Lage im Objektraum im zeitlichen Ablauf repräsentiert werden. Wegen der Komplexität dieser Aufgaben ist die Bildverarbeitung bisher nicht in der Lage, die volle geometrische Szenenbeschreibung zu liefern. Aus diesem Grund arbeiteten Sprachverarbeitungssysteme für die Ableitung natürlichsprachlicher Wörter bisher vorwiegend mit Daten aus synthetischen Bildfolgen (z. B. Zeichentrickfilm) oder mit von Hand erzeugten Daten.

Bei der Suche nach Realisierungsmöglichkeiten für die Erstellung einer geometrischen Szenenbeschreibung wurde die Aufgabe in der vorliegenden Arbeit auf ein Teilgebiet reduziert. Die mit einer Kamera aufgenommenen Vorgänge werden zunächst nur im Bildbereich analysiert. Als Zwischenstufe zur geometrischen Szenenbeschreibung wird eine geometrische Bildfolgenbeschreibung eingeführt, in der Objektkandidaten vom Hintergrund isoliert, ihre Schwerpunkte und ihre Verschiebungen sowie die Koordinaten ihrer umschreibenden Rechtecke in der Bildebene im zeitlichen Ablauf repräsentiert werden.

Eine Videosequenz "Straßenkreuzung mit zahlreichen Verkehrsteilnehmern", die 20 Minuten dauert, wurde von 00000 bis 30000 durchnumeriert und die Bildnummern in die Originalbilder eingeblendet. Eine Teilszene von 3300 Bilder, die mit Bild 14911 anfängt, wurde verarbeitet. Die zusammenhängenden Bildbereiche, die sich einmal in der Bildfolge bewegt haben, wurden unabhängig von der Bewegungsrichtung und der Helligkeit der Bildbereiche nach der Detektionsphase und der Verfolgungsphase letztlich als Objektkandidaten extrahiert. Die Position eines Objektkandidaten wird durch seinen Schwerpunkt im Bild repräsentiert /2//3//4/.

Ein Teilergebnis bestehend aus 130 Bildern der im zeitlichen Abstand von 20 Bilder erstellten geometrischen Bildfolgenbeschreibung wurde als Prüfmaterial mit Hilfe des

Deutschen Forschungsnetzes zum sprachauswertenden System "CITYTOUR" der Universität Saarbrücken übertragen und dort erfolgreich verarbeitet. "CITYTOUR" kann aus der Bildfolgenbeschreibung nicht nur die bereits vorhandenen Pfad-Präpositionen wie "vorbei" und "entlang" testen, sondern auch neue Wörter wie "anhalten" und "anfahren" zur Beschreibung einfacher Bewegungsvorgänge einführen /5/.

Nach der erfolgreichen Detektion und Verfolgung vieler Objekte aus 3300 Bildern (132 Sekunden) bietet sich erstmals die Möglichkeit, natürlichsprachliche Aussagen aus realen Daten zu extrahieren, die Bedeutungszusammenhänge über einen längeren Zeitraum aufweisen.

## 2. Detektion von bevorzugtem Bewegungsverhalten

### 2.1 Bewegungsgebiete

Die Bereiche im Bild, die von Objektkandidaten bevorzugt durchquert werden, sind in der vorliegenden Diskurswelt die abgebildeten Fahrbahnen. Durch Verbindung der Positionen eines detektierten und verfolgten Objektkandidaten entsteht im Bildbereich eine Trajektorie. Durch Übereinanderlegen der Trajektorien aller Objektkandidaten in einem Bild ergeben sich nach einem längeren Zeitraum Häufungsbereiche, nämlich die Fahrbahnen.

Um die Fahrbahnen im Objektraum mit den automatisch extrahierten Trajektorien vergleichen zu können, müssen die Positionen der Objektkandidaten von der Bildebene mit Hilfe der Aufnahmegeometrie zurück zum Szenenbereich projiziert und die Trajektorien im Szenenbereich erstellt werden. Es wird dabei angenommen, daß die interessierenden Objekte alle dieselbe Höhe von 1.3 Metern haben und sich auf einer Ebene bewegen. Dazu wurde die Aufnahmegeometrie zuerst mit ausgewählten Meßpunkten im Szenenbereich und in der Bildebene kalibriert. Zusammen mit den obigen Annahmen wurden die Weltkoordinaten der Objektkandidaten berechnet und ihre Trajektorien, gesehen aus der Vogelperspektive, in ein Bild (Abbildung 1) eingetragen. Die Überlagerung des Grundrisses (Abbildung 2) und der nach der Projektion aus der Vogelperspektive entstehenden 131 Trajektorien zeigt eine gute Übereinstimmung, d.h. durch Auswertung der Dichte und der Bewegungsrichtung der Trajektorien können Fahrbahnen im Szenenbereich festgestellen werden.

### 2.2 Bewegungsrichtung

Das Verhalten der Objektkandidaten bezüglich der Bewegungsrichtung kann dadurch analysiert werden, daß man die Richtung aller Objekte unabhängig vom Ort über der Zeit aufträgt.

Der Ursprung der Bildkoordinaten liegt hierbei an der linken oberen Ecke, die x-Achse läuft nach rechts und die y-Achse nach unten. Null Grad fällt mit der x-Achse zusammen, die Winkel werden im Uhrzeigersinn gemessen (s. Abbildung 3).

In der Abbildung 4 ist auf der senkrechten Achse die Bewegungsrichtung der Objektkandidaten bezüglich der Bildkoordinaten in Grad aufgetragen. Die waagrechte Achse ist die Zeitachse, die durch die Bildnummern gekennzeichnet ist. Dabei werden die jeweils mit einer Differenz von 20 Bildnummern (0.8 Sekunden) ermittelten Bewegungsrichtungen eines detektierten und verfolgten Objektkandidaten aufgetragen und miteinander verbunden. Sechs Bewegungsabläufe entsprechend dem Verlauf der sechs abgebildeten Fahrbahnen sind deutlich erkennbar (s. Abbildung 3 und 4).

### 2.3 Beispiele für Bewegungsabläufe aus den Meßdaten

Jede Verbindungslinie in der Abbildung 4 ist einem Bewegungsablauf eines Objektkandidaten zugeordnet.

Durch Abruf der gespeicherten geometrischen Bildfolgenbeschreibung eines Objekt-
kandidaten in der Bildfolge kann zu jeder Verbindungslinie ein  synthetisches Bild aus den
Bilddaten erstellt werden. Dazu werden die unter dem aufgerufenen Rechteck eines
Objektkandidaten liegenden Grauwerte in ein verkehrsfreies Bild eingeblendet.

Die in der Abbildung 4 nahezu waagrecht verlaufenden Linien (2, 5, 6) bedeuten, daß sich
die Objektkandidaten fast immer geradeaus in einer bestimmten Richtung bewegen. Ein
Beispiel für diesen Bewegungsablauf "geradeaus" wird in einem synthetischen Bild (s.
Abbildung 5) gezeigt.

Es gibt eine abweichende Verbindungslinie A in dem Bündel der Linie 6  zwischen den
Bildern 15171 und 15231. Offensichtlich hat sich die Bewegungsrichtung eines Objektkandidaten geändert. Im zugehörigen synthetischen Bild (s. Abbildung 6) stellt man fest,
daß dort ein "Fahrbahnwechsel" stattfindet.

Während des "Fahrbahnwechsels" findet ein "Überholvorgang" statt. Ein Auto, das auf der
mittleren Spur etwas später als das die Fahrbahn wechselnde Auto im Blickfeld erscheint,
überholt das Fahrzeug aus Abbildung 6 auf der rechten Seite (Abbildung 7).

Die zwei Bündel (4) in Form eines gestreckten Fragezeichens in der Abbildung 4 zeigen, daß
dort in der vorliegenden Diskurswelt Autos abbiegen. Als Beispiel dient der Objektkandidat, der mit der Verbindungslinie B zwischen den Bildern 17871 und 17971 eine
kontinuierliche Änderung seiner Bewegungsrichtung zeigt und mit dem Bewegungsablauf
"Linksabbiegen" in einem synthetischen Bild (s. Abbildung 8) dargestellt ist. Man kann
auch die Spur eines zuerst nicht erfolgreich verfolgten, aber zu einem späteren Zeitpunkt
wieder detektierten und verfolgten abbiegenden Objektkandidaten in der Abbildung 4
durch die Verbindungslinie C zwischen den Bildern 15891 und 16011 und durch die
Verbindungslinie D in den Bildern 17911 und 17991 erkennen. Es besteht also die
Möglichkeit, eine abgebrochene Trajektorie aus den vorhandenen Bewegungsverläufen
wieder zu ergänzen.

Ein etwa 52 Sekunden lang dauernder komplizierter Bewegungsablauf "Ampelstop"

"bewegen-anhalten-stillstehen-anfahren-bewegen-abbiegen"

ist durch die stellenweise unterbrochenen Linien (1) in der Abbildung 4 repräsentiert. Die
Unterbrechungen rühren daher, daß in diesem Diagramm ruhende Objektkandidaten
wegen der unbestimmten Bewegungsrichtung nicht eingezeichnet sind. Die kleine
Erhebung am Ende der Linien zeigt den kurzen Abbiegevorgang, der wegen des Bildrandes
nicht mehr verfolgt werden kann. Ein Beispiel dieses Bewegungsablaufs ist im
synthetischen Bild (s. Abbildung 9) dargestellt.

Diese Beispiele zeigen, daß die Bildfolge der Verkehrsszene vom Bildverarbeitungssystem
ausreichend lang und zuverlässig automatisch analysiert wird, um "prototypische
Bewegungsabläufe" /6/ meßtechnisch zu erfassen.


## 3. Wiederkehrende Bewegungsabläufe

Die nach einem bestimmten Zeitabstand wiederkehrenden Bewegungsabläufe deuten in
der vorliegenden Diskurswelt darauf hin, daß es dort eine Ampelsteuerung gibt. Aus der
Abbildung 4 wurden die möglichen Ampelphasen entnommen (s. Tabelle 1). Rotphasen
sind nicht eingetragen. Sie können einem Verschiebungs-Zeit-Diagramm entnommen
werden, falls die Fahrbahn vor der Ampel im Blickfeld liegt.

# 4. Diskussion

Unabhängig von der Fahrtrichtung und der Helligkeit der Objekte wurden Objektkandidaten automatisch detektiert und verfolgt. Die synthetischen Bilder für den Bewegungsablauf "Fahrbahnwechsel" und "Linksabbiegen" (s. Abbildung 6 und 8) zeigen deutlich, daß die in dieser Arbeit entwickelte Methode nicht nur für geradeaus bewegte Objekte, sondern auch für abbiegende bewegte Objekte verwendbar ist.

Typische Bewegungsabläufe können ohne Benutzereingriff aus einer natürlichen Szene extrahiert werden. Die automatische Extraktion natürlichsprachlicher Begriffe wie "Fahrbahndetektion" und "Ampelphase" sowie "Überholvorgang" und "Fahrbahnwechsel" kann nun mithilfe einer langen Bildfolge aus realen Daten entwickelt werden.

Die synthetischen Bilder können auch als Antwort auf eine bestimmte, von einem menschlichen Benutzer an ein natürlichsprachliches System gestellte Anfrage verwendet werden. Die Anfragen könnten wie folgend lauten:

"Zeige den Bewegungsablauf von Objektkandidat 82"

"Zeige alle abbiegenden Autos, unabhängig von der Fahrbahn"

"Zeige nacheinander alle Überholvorgänge auf der Fahrbahn von der Kaiserstraße zur
Durlacher Allee"

Ein Hindernis auf einer Fahrbahn kann aus dem atypischen Bewegungsablauf auf dieser Fahrbahn detektiert werden.

Mit den vorliegenden Ergebnissen wird die Leistung der Bildverarbeitungskomponente von der Ebene der Grauwerte über die automatische Erstellung von Trajektorien bis zur Möglichkeit der automatischen Extraktion von komplexen Begriffen wie "Ampelstop" gezeigt.

Diese Arbeit wurde von der Deutschen Forschungsgemeinschaft im Rahmen des Sonderforschungsbereichs 314 "künstliche Intelligenz" gefördert. Meinem Kollegen G. Zimmermann danke ich für die hilfreichen Anregungen während unserer Diskussionen.

# 5. Literatur


/1/   H.-H. Nagel: Analyse und Interpretation von Bildfolgen. Informatik-Spektrum 8, Springer-Verlag, 1985, Teil 1, pp. 178-200; Teil 2, pp. 312-327.

/2/   C.-K. Sung, G. Zimmermann: Detektion und Verfolgung mehrerer Objekte in Bildfolgen. 8. DAGM-Symposium Mustererkennung, Paderborn, 30. 9 - 2. 10 1986. Informatik-Fachberichte 125, G. Hartmann (Hrsgb.), Springer-Verlag Berlin Heidelberg New York Tokyo 1986, pp. 181-184.

/3/   C.-K. Sung, G. Zimmermann: Automatische Beschreibung der Bildfolge einer natürlichen Szene: Detektion und Verfolgung mehrerer Objekte. FhG Berichte 4-87, München, pp. 34-37.

/4/   G. Zimmermann, C.-K. Sung: Bewegungsgesteuertes Einlernen und Wiedererkennen von Objekten in Bildfolgen. 9. DAGM-Symposium Mustererkennung, Braunschweig, Sep./Okt. 1987. Informatik-Fachberichte 149, E. Paulus (Hrsgb.), Springer-Verlag Berlin Heidelberg New York Tokyo 1987, pp. 289.

/5/   G. Zimmermann, C.-K. Sung, G. Bosch, J.R.J. Schirra: From Image Sequences to Natural Language: Descriptions of Moving Objects. Gemeinsamer Zwischenbericht für das Teilprojekt BV 1: "Schnittstelle zu höheren Abstraktionsstufen bei der Auswertung von Bildfolgen" und NS 2: "Kopplung bildverstehender und sprachverstehender Systeme" des SFB-314 "Künstliche Intelligenz", Januar 1987, IITB-Berichts Nr. 9995.

/6/ B. Neumann und M. Mohnhaupt: Propositionale und analoge Repräsentation von Bewegungsverläufen. Künstliche Intelligenz: Forschung, Entwicklung, Erfahrungen 1/1988, Oldenbourg-Verlag München, pp. 4-10.

| Fahrbahnen | Bildnummer von bis | 15011 15511 | 15511 16011 | 16211 17111 | 17111 17811 | 17811 18211 |
|---|---|---|---|---|---|---|
| 1) Kappellenstr. -> Durlacher Allee | | | | grün | | |
| 2) Durlacher Allee -> Kaiserstr. | | grün | | grün | | |
| 3) Durlacher Allee -> Kappellenstr. | | | | grün | | |
| 4) Adenauerring -> Durlacher Allee | | | grün | | | grün |
| 5) Adenauerring -> Kappellenstr. | | | grün | | | |
| 6) Kaiserstr. -> Durlacher Allee | | grün | | | grün | |

Tabelle 1   Die möglichen Ampelphasen in der vorliegenden Diskurswelt

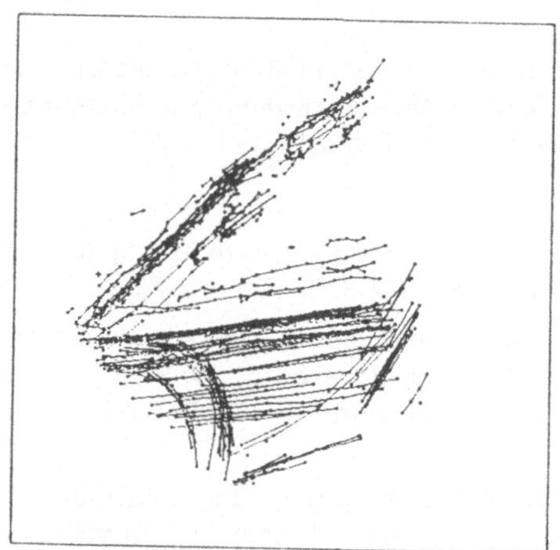

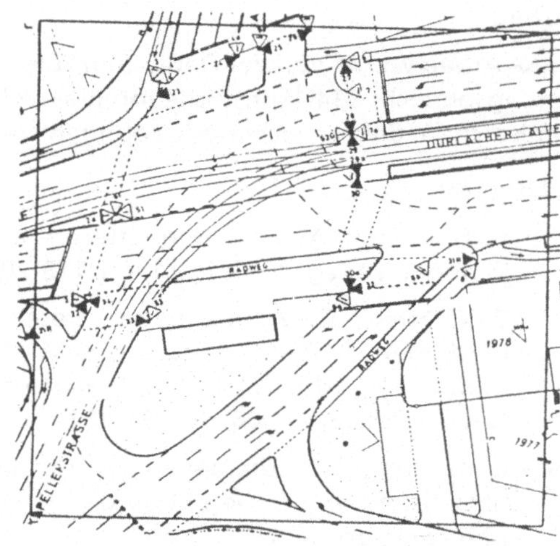


Abb. 1   Kumulierte Bewegungsabläufe aus der Vogelperspektive

Abb. 2   Grundriß der Straßenkreuzung "Durlacher Tor"

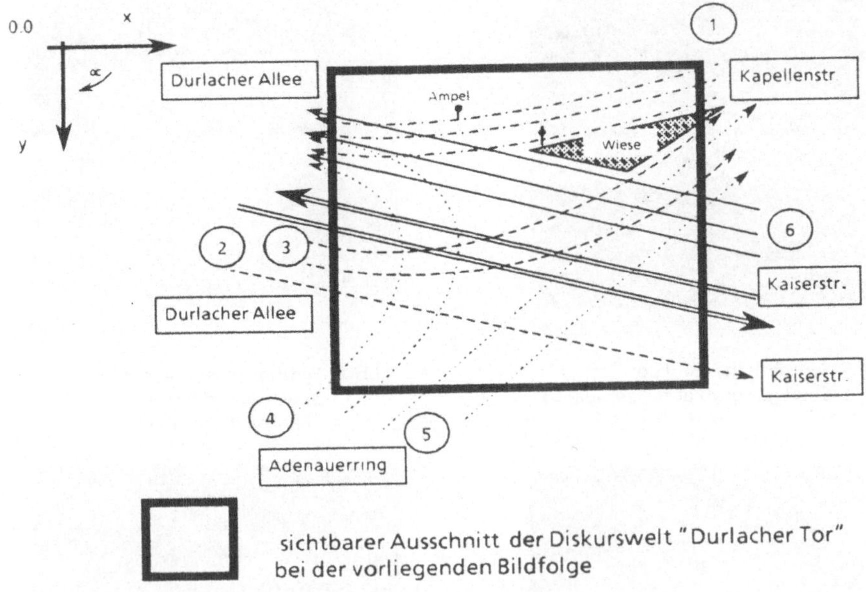



Abb. 3: Skizze der Fahrbahnen der Straßenkreuzung "Durlacher Tor"

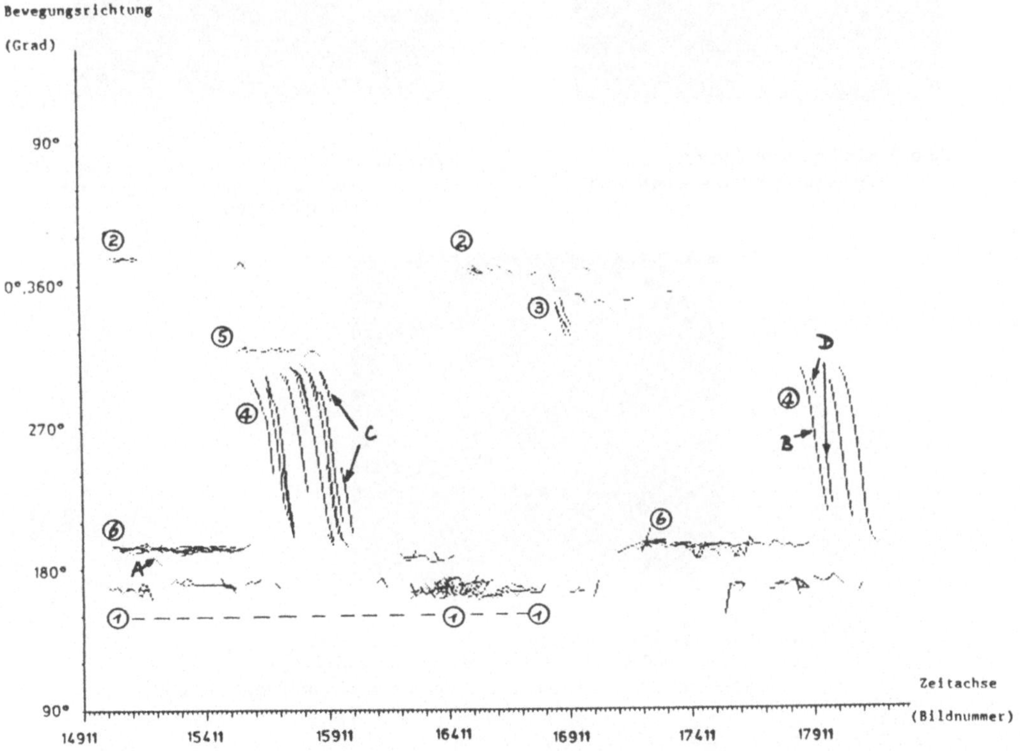

Abb. 4: Diagramm der Bewegungsrichtung der Objektkandidaten über der Zeit

Abb. 5: Synthetisches Bild des
Bewegungsablaufs "geradeaus"

Abb. 6: Synthetisches Bild des
Bewegungsablaufs
"Fahrbahnwechsel"

Abb. 7: Synthetisches Bild des
Bewegungsablaufs "überholen"

Abb. 8: Synthetisches Bild des
Bewegungsablaufs
"Linksabbiegen"

Abb. 9: Synthetisches Bild des Bewegungsablaufs "Ampelstop",
der sich über 1040 Bilder erstreckt und aus den Vorgängen
"bewegen-anhalten-stillstehen-anfahren-bewegen-abbiegen" besteht

# Dichte Verschiebungsvektorfelder entlang von Kantenzügen für zeitliche und stereoskopische Bildpaare

Nils Rehfeld

Fraunhofer-Institut für Informations- und Datenverarbeitung (IITB)
Sebastian-Kneipp-Str.12-14, 7500 Karlsruhe 1

## 1 Zusammenfassung

Es wird ein Zuordnungsalgorithmus für auf Kantenzüge reduzierte Grauwertbildpaare vorgestellt. Die Zuordnung arbeitet linear entlang den Kantenzügen mit der Methode der dynamischen Programmierung. Die Methode erlaubt zwanglos die Einführung von punktuellen Zuordnungsrandbedingungen, die sich wesentlich auf die zu überprüfende kombinatorische Vielfalt und damit auf die benötigte Rechenzeit auswirken. Die Beziehungen zwischen den beteiligten Bildpaaren lassen sich durch Kalibriermatrizen der Kameras und Streuparameter explizit formulieren. Aus diesen Parametern berechnen sich die Randbedingungen für den Zuordnungsprozeß. Stereoverarbeitung und Bildfolgenverarbeitung sind Grenzfälle unterschiedlicher Parametrierung. Es werden anhand einer Stereobildfolge einer Außenweltszene erste Ergebnisse vorgestellt.

## 2 Einführung

Eine 3D-Szene wird aus zwei verschiedenen Blickpunkten mit TV-Kameras beobachtet. Im Idealfall werden 3D-Szenenpunkte in den beiden entstandenen Grauwertbildern identifiziert. Diese Zuordnung zwischen den Bildpaaren kann als ein Verschiebungsvektorfeld (VVF) über diese Punkte formuliert werden. Ist das betrachtete Bildpaar mit nur einer Kamera in kleinem zeitlichen Abstand und einer entsprechend kleinen räumlichen Verschiebung im Raum entstanden sind die typischen Randbedingungen zeitlicher Bildfolgen gegeben. Wird das betrachtete Bildpaar mit zwei Kameras zu einem Zeitpunkt aus zwei deutlich verschobenen räumlichen Blickpunkten aufgenommen, sind die typischen Randbedingungen für Stereobilder erfüllt. Üblicherweise wird in der Stereobildverarbeitung von Disparitäten statt von einem Verschiebungsvektorfeld gesprochen.

Die Geometrie der Stereo- und Zeitbildpaare kann einheitlich beschrieben werden. Die Kameras werden als Lochkameras modelliert. Die Abbildung der 3D-Szene auf die 2D-Bildfläche, aber auch die Bewegung der Kamera in Bezug auf ein ortsfestes Koordinatensystem, wird als eine lineare Transformation homogener Koordinatensysteme beschrieben . Über einen Kalibrierprozeß werden die Koeffizienten der 4 x 4 Matrix in Bezug auf ein fest mit der Kamera verbundenes äußeres Meßkoordinatensystem bestimmt /Roger,Adams 76/, /Faugeras,Toscani 86/. Eine explizite Festlegung der inneren Kameraparameter erfolgt dabei nicht.

Kanten als die charakteristischen Merkmale der Grauwertübergänge in der Bildfunktion spielen in der Bildfolgen- und Stereobildanalyse eine besondere Rolle. Objektgrenzen im

3D-Raum werden typischerweise durch Kantenzüge in Bildern repräsentiert. Diese Betrachtung führt in der Bildfolgenverarbeitung bei der Berechnung des VVF aus dem Optischen Fluß zur Nutzung von Kontinuitätsbeziehungen entlang der Grauwertkanten /Nagel 83/ /Hildreth 84/. In der Stereobildverarbeitung wird diese Kontinuitätsbeziehung zur Vermeidung von Fehlzuweisungen eingesetzt /Ohta,Kanade 85/ /Lloyd 86/. Der hier vorgestellte Algorithmus berücksichtigt diese Kontinuität durch eine lineare Zuordnung der Kantenzüge im Bildbereich und behandelt die Zeit- und Stereozuordnung in einheitlicher Formulierung. Eine Approximation des idealen VVF ergibt sich, da die Kantenzüge im Sinne einer Bewertungsfunktion optimal mit Methode der dynamischen Programmierung zugeordnet werden. Dabei wird vorausgesetzt, daß der Kantenzug markante Krümmungen enthält. In natürlichen Szenen ist dies im allgemeinen gewährleistet. An einem Beispiel für eine Zeit- und Stereozuordnung mit einer Außenweltszene wird das Verfahren demonstriert.

## 3 Experimenteller Aufbau und Randbedingungen

Eine Szene wird über ein Stereokamerapaar beobachtet. Es entsteht eine Stereobildfolge Abb.1, die vom Rechner ausgewertet wird. Es wird keine spezielle Justage auf eine Epi-

Abb.1:   Zur Bildfolge, linkes und rechtes Stereobild zum Zeitpunkt t

polarengeometie des Kamerapaares vorgenommen. Abb.2 illustriert die Aufnahmesituation und die dabei definierten Koordinatensysteme: Meß-, Welt- und Bildkoordinatensystem. Die Bildkoordinaten des Kamerapaars sind vorher in Bezug auf das Meßkoordinatensystem kalibriert worden. Während der Aufnahme der Bildfolge bewegt sich die Stereokamera und hält, geführt durch einen Kameramann, einen fahrenden Lastwagen im Bildbereich. Die beiden Kameras sind, bedingt durch automatische Blendeneinstellungen und Kennlinienkorrekturen, verschieden empfindlich. Ein Kantenextraktionsprozeß auf der Grundlage des Gradientenoperators /Korn 85/ erzeugt aus den Grauwertbildern

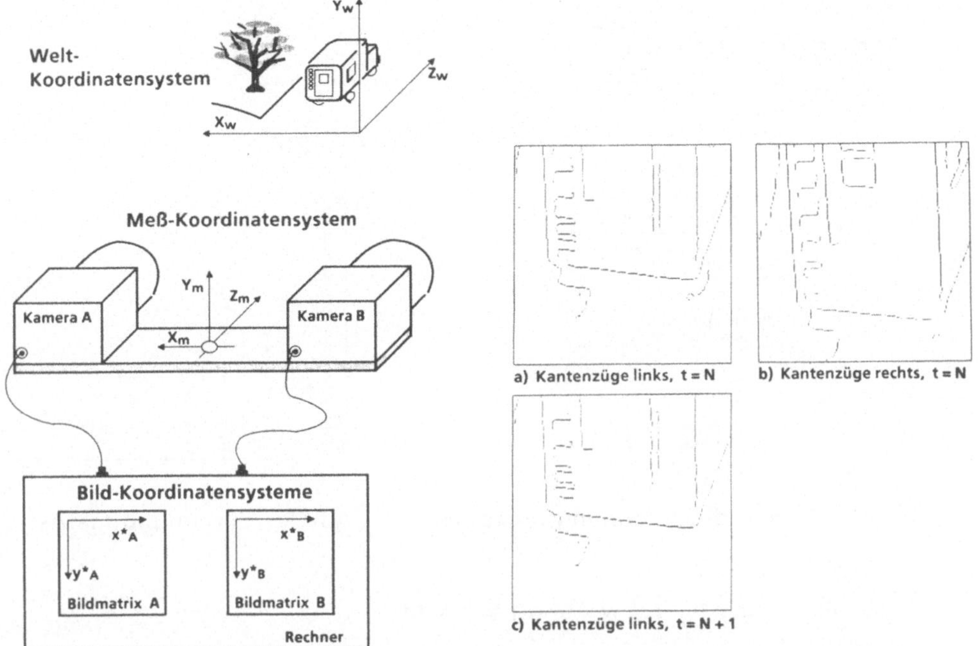


Abb 2:  Zur Aufnahmesituation          Abb.3:  Darstellung der Kantenzüge

Listen von zusammenhängenden Kantenzügen. Diese Kantenzüge sind im allgemeinen
nicht geschlossen. Die einzelnen Kantenzüge setzen sich aus Kantenelementen zusammen.
Abb.3 zeigt die Kantenzüge eines Bildausschnittes. Die Teilbilder a und b zeigen das
Stereopaar. Das Teilbild c gibt den zeitlichen Nachfolger von a (linkes Stereobild) wieder.
Nur die Positionen der Kantenzüge ist in Form von Polygonzügen dargestellt.

## 4 Zuordnungsprozeß

Das Bildtripel Abb.3 definiert zwei unterschiedliche Zuordnungen, die Zeit-Zuordnung
(a→c) und die Stereo-Zuordnung (a→b). Abb.4 zeigt das Schema einer Kantenzuordnung
für ein Bildpaar. Dieses Schema wird für beide Fälle herangezogen, wobei sich die unterschiedlichen Zuordnungen durch die Parametrierung des Prozesses äußert. In der ersten
Stufe (regionale Zuordnung) werden die Kantenzüge aufgrund ihrer lokalen Lage grob zugeordnet. Dabei können mehrere Kantenzüge aus B im Bereich eines Kantenzuges aus A
liegen. In der zweiten Stufe wird der Kantenzug aus A den Elementen der vorsortierten
Kantenzüge aus B punktweise zugeordnet. Auf diesen Zuordnungsprozeß wird im folgenden eingegangen. Das Ergebnis ist eine Zuordnung der Kantenelemente des Kantenzuges
A zu den Kantenelementen in B, also eine Liste von Verschiebungsvektoren.

Die Zuordnung der Kantenelemente des Kantenzuges aus A (Modellkantenzug) zur Menge
der Kantenelemente aus B (Vergleichskantenzug) kann in Form einer Zuordnungsmatrix
dargestellt werden (Abb.5). Die Elemente der Matrix sind die Zuordnungsvariablen

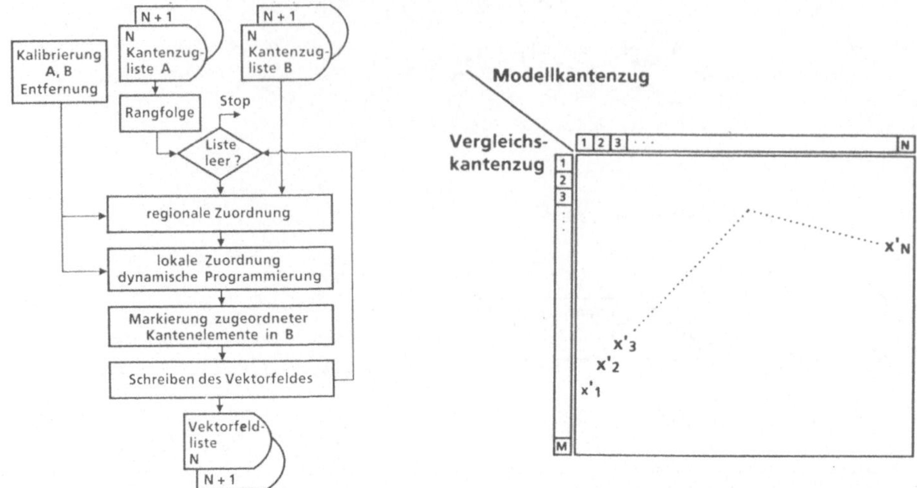

<table>
<tr><td>Abb.4:   Schema des Zuordnungsprozesses</td><td>Abb.5:   Zuordnungsmatrix</td></tr>
</table>

$$x_i = (i,k) \quad \text{mit } 1 \leq i \leq N \quad \text{und } 1 \leq k \leq M$$

N = Anzahl der Modellkantenelemente , M = Anzahl der Vergleichskantenelemente.

Eine Bewertungsfunktion $g(x_1,...,x_i,..x_N)$ definiert die Kosten für eine bestimmte Zuordnungsfolge entlang dem Modellkantenzug. Gesucht ist das Kostenminimum, das eine optimale Zuordnung von Modell- und Vergleichskantenzug definiert. Im allgemeinen sind $M^N$ Einzeltests zur Berechnung nötig. Mit der Formulierung der Zuordnungsaufgabe als rekursives Problem kann der Suchaufwand für die Ermittlung des Kostenminimums mit der Methode der dynamischen Programmierung mit nur $N \times M^2$ Einzeltests durchgeführt werden /Dreyfus,Law 77/. Die Anwendung der Methode setzt voraus, daß die Entscheidungen zur Zuordnung in der Form:

$$g(x_1,...,x_i,..x_N) = g'(x_1,x_2) + ... + g'(x_{i-1},x_i) + ... + g'(x_{N-1},x_N)$$

geschrieben werden kann. Die Bewertungsfunktion $g'(x_{i-1},x_i)$ wird aufgrund der Ortsdifferenz O und der Winkeldifferenz G der Kantenelementpaare (i, i-1) aus dem Modellkantenzug und (j , k) aus dem Vergleichskantenzug gebildet:

$$g'(x_{i-1},x_i) = ABS(\,O(i,i-1,j,k)) + w(ABS(\,G(i,i-1,j,k))),$$

wobei w einen Wichtungsfaktor darstellt.

Im allgemeinen ist zunächst jede Paarung eines Modellkantenelements mit einem Kantenelement des Vergleichskantenzuges möglich. Dieses Vorgehen führt zu dem mit der Anzahl der Vergleichskantenelemente quadratisch wachsendem Suchaufwand. Rein geometrisch kommt für eine akzeptable Zuordnung häufig nur eine kleine Untermenge der Vergleichskantenelemente in Betracht. Dieses geometrische Wissen wird nun in den Zuordnungs-

prozeß in Form einer Maskenfunktion über die Kantenelemente des Vergleichskantenzuges eingeführt. Der eigentliche Zuordnungsprozeß bleibt dabei unverändert. In
Abb.6 wird die Lage solcher Masken in der Zuordnungsmatrix dargestellt. Die

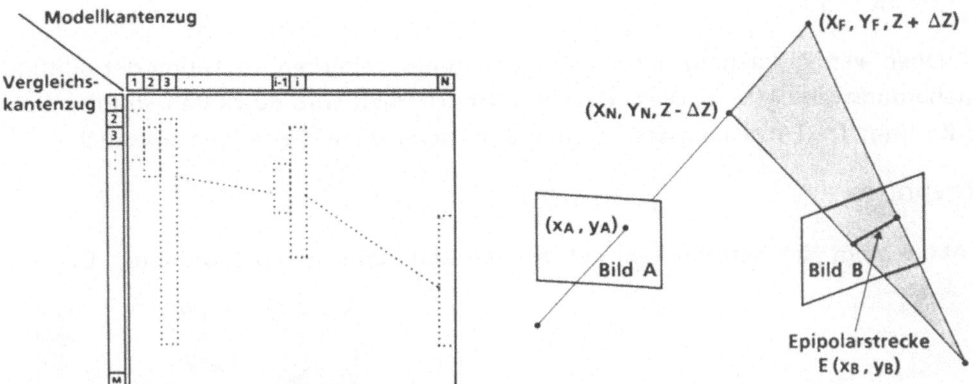


Abb.6:   Zuordnungsmatrix mit Masken      Abb.7:   Geometrische Randbedingung

geometrischen Randbedingungen für Zuordnungen aus dem Bild A nach Bild B wird
anhand der Abb.7 erläutert. Ein Punkt $(x_A,y_A)$ der Bildfläche A definiert mit der
Kalibriermatrix $T_A$ einen Sehstrahl im Raum. Ein Ausschnitt dieses Sehstrahls wird vom
zweiten Kamerastandort mit dem Bild B gesehen. Die Abbildung des Sehstrahls nach Bild B
ist eine Funktion der Kalibriermatrix $T_B$. Ein Tiefenbereich $Z \pm \Delta Z$ definiert eine begrenzte
Epipolarenstrecke $E(x_B,y_B)$. Insgesamt gilt eine analytische Funktion

$$E(x_B,y_B) = F(x_A,y_A,Z,\Delta Z,T_A,T_B).$$

Durch die Bildrasterung, Unsicherheiten der Kalibrierung und der Kamerabewegung wird
ein Streubereich S um die Epipolare definiert. Der tatsächliche Erwartungsbereich $E_S(x_B,y_B)$
ist damit

$$E_S(x_B,y_B) = F(x_A,y_A,Z,\Delta Z,T_A,T_B,S).$$

Über den Erwartungsbereich eines gegebenen Modellkantenelements kann nun für jedes
Kantenelement aus dem Vergleichskantenzuges geprüft werden, ob es der
Epipolarenbedingung genügt. Auf diese Weise kann bei der Aufstellung der
Zuordnungsmatrix die Maskierung des Prozesses vorgenommen werden. Bei der Stereo-
Zuordnung sind die Matrizen $T_A$ und $T_B$ durch die Kalibrierung bekannt. Der Streubereich S
berücksichtigt die Bildrasterung und Meßunsicherheiten bei der Kalibrierung. Der
Tiefenbereich $Z \pm \Delta Z$ wird anwendungsspezifisch eingestellt. Ist für einen Kantenzug über
eine andere Messung der Tiefenbereich genauer bekannt, reduziert sich der Erwartungsbereich der Zuordnung entsprechend. Bei der Zeitzuordnung wird die erste Kamera-

position mit dem zugehörenden Meßkoordinatensystem zum Bezugssystem definiert. Die Matrix $T_A$ ist damit über die vorherige Kalibrierung bekannt. Die Matrix $T_B$ unterscheidet sich von der Matrix $T_A$ durch eine Bewegung des Meßkoordinatensystems in die neue Position, die als Matrix $T_D$ mit

$$T_B = T_A * T_D$$

geschrieben werden kann. Bei einer genügend hohen zeitlichen Abtastung der Bildfolge gilt näherungsweise $T_A = T_B$. Die tatsächliche Unsicherheit wird durch den Streubereich S berücksichtigt. Die Einstellung des Tiefenbereichs ist bei diesen Zeitfolgen unkritisch.

## 5 Ergebnisse

Die Abb.8 zeigt die berechneten VVF für die Zeit- und Stereo-Zuordnung. Die Zeit-

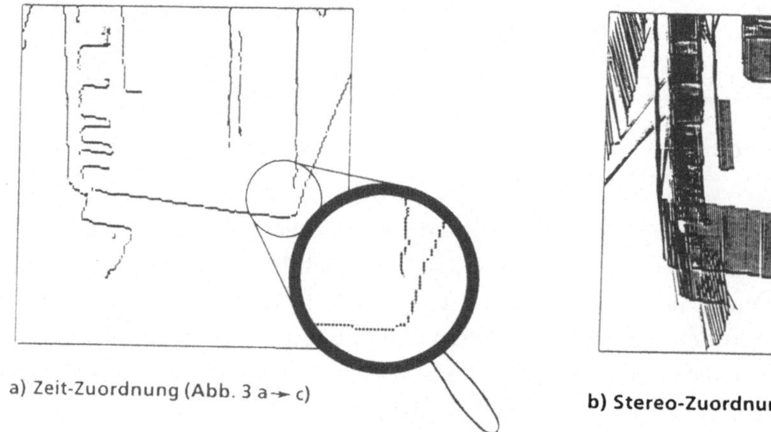

a) Zeit-Zuordnung (Abb. 3 a → c)

b) Stereo-Zuordnung (Abb. 3 a → b)

Abb.8:   Verschiebungsvektoren entlang der Kantenzüge

Zuordnung Abb. 8a gibt eine einwandfreie Zuordnung bei relativ ruhiger Kamerabewegung wieder. Experimente mit anderen aus freier Hand aufgenommenen monokularen Bildfolgen zeigen ein sicheres Zuordnungsverhalten auch bei starken Kamerabewegungen oder großen Zeitintervallen der Bildpaarung. Ein Vergleich mit einem in kleinen Schrittweiten berechneten VVF auf der Basis des Monotonieoperators /Zimmermann,Kories 84/ zeigt eine gute Übereinstimmung der Resultate mit Zeitintervallen bis zu einer Sekunde /Kories,Rehfeld,Zimmermann 88/. Die Nutzung der Kontextinformation der Kantenzüge läßt große Werte für den Streuparameter S zu. Es müssen dann aber längere Rechenzeiten in Kauf genommen werden. Der Zuordnungsprozeß arbeitet auch im Fall der Stereozuordnung mit frei gewählter Geometrie der beiden Kameras. Damit können einfache Kameras ohne besondere Anforderungen an die mechanische Justage verwendet werden. Im Beispiel führt der vertikale Kameraversatz zu dem vertikal betonten Vektorfeld. Ein Problem des experimentellen Aufbaus sind die unterschiedlichen Empfindlichkeiten und verschieden arbeitenden automatischen Blenden der Kameras. Dies führt zu verschiedenen

Aussteuerungen der Grauwertbilder und damit in der Folge zum Fehlen von Kantenzügen im Vergleichsbild. In solcher Situation sind Fehlzuweisungen nicht zu vermeiden. Umgekehrt wird eine Fehlzuweisung nur sehr selten beobachtet, wenn der korrespondierende Kantenzug des Vergleichsbilds in der Kantenliste überhaupt vorhanden ist.

Diesem Beitrag liegen Arbeiten zugrunde, die im Rahmen eines Forschungsvorhabens vom Bundesminister der Verteidigung gefördert wurde.

## 6 Literatur


*/Dreyfus,Law 77/* S.E.Dreyfus, A.M.Law, The Art and Theory of Dynamic Programming, Academic Press New York, San Francisco, London 1977

*/Faugeras,Toscani 86/* O.D.Faugeras, G.Toscani, The Calibration Problem for Stereo, Proc. IEEE Conf. Computer Vision and Pattern Recognition, 1986, Miami Beach, pp.15-20

*/Hildreth 84/* E.C.Hildreth, Computations Underlying the Measurement of Visual Motion, Artificial Intelligence 23, 1984, pp. 309-354

*/Kass 88/* M.Kass, Linear Image Feature in Stereopsis, Int. Jour. of Computer Vision, Vol.1, No.4, 1988, pp.357-368

*/Kories,Rehfeld,Zimmermann 88/* R.Kories, N.Rehfeld, G.Zimmermann, Towards Autonomous Convoy Driving: Recognizing the Starting Vehicle in Front, erscheint in Proc. IEEE Conf. Computer Vision and Pattern Recognition, 1988

*/Korn 85/* A.Korn, Combination of Different Space Frequency Filters for Modeling Edges and Surfaces in Gray-Value Pictures, Proc. Int. Tech. Symp. on Opt. and Electro-Optical Applied Science and Enginieering, Cannes, 1985, SPIE Vol. 595, pp. 22-30

*/Lloyd 86/* S.A.Lloyd, Stereo Matching Using Intra- and Inter-Row Dynamic Programming, Pattern Recognition Letters 4, 1986, pp.273-277

*/Nagel 83/* H.-H.Nagel, Displacement Vectors derived from Second-Order Intensity Variations in Image Sequences, Computer Vision, Graphics, and Image Processing, 21, 1983, pp.85-117

*/Ohta,Kanade 85/* Y.Ohta, T.Kanade, Stereo by Intra- and Inter-Scanline Search Using Dynamic Programming, IEEE Trans. Pattern Analysis and Machine Intelligence PAMI-7, 1985, pp.139-154

*/Rogers,Adams 76/* D.F. Rogers, J.A. Adams, Mathematical Elements for Computer Graphics, McGraw-Hill Book Company, New York, 1976, pp.78-83

*/Zimmermann,Kories 84/* G.Zimmermann, R.Kories, Eine Familie von Bildmerkmalen für die Bewegungsbestimmung in Bildfolgen. DAGM-84,Informatik-Fachberichte 87,Springer-Verlag Berlin, 1987, pp.147-153

<h1 align="center">Segmentation of Image Pairs and Sequences<br>by Contour Relaxation</h1>

Rudolf Mester, Uwe Franke and Til Aach
Institut für Elektrische Nachrichtentechnik, RWTH Aachen
D-5100 Aachen, Melatener Str. 23

## 1.    Introduction

During the last decade, much attention has been devoted to the analysis of corresponding images like stereo pairs, image sequences or sets of tomographic slices. In many approaches, the segmentation step and the correspondence analysis step are independently carried out one after the other. On the contrary, the method presented here provides an efficient segmentation scheme for pairs or series of images and simultaneously identifies *corresponding regions*, without the detour of a 'prominent point' or edge segment correspondence analysis.

## 2.    Conceptual framework of the contour relaxation approach

Let us consider a pair of related images $Y_A$, $Y_B$. For the following, it is irrelevant whether the image pair is taken from a stereo camera, a 'multi-slice' device (tomography) or from two subsequent frames of an image sequence. An assumed 'ideal' partition $Q_A$ of frame $Y_A$ into different regions can be considered as a crude segmentation result for frame $Y_B$ and vice versa. If the corresponding segments in both images overlap at least partially, the true partitions are related to each other by a mapping including shift and deformation of the region boundaries.

The *contour relaxation* approach presented here is essentially a method for improving the matching accuracy between a given image and a given partition. The partition of the first image is mapped onto the image data of the second one and is iteratively modified on a pixel-by-pixel basis. During this process, each region may alter its location and shape until an exact match has been reached. Since corresponding regions bear the same label, a correspondence relation between region pairs in both images' partitions is given without additional effort. These relations may serve as a basis for the estimation of displacement vector fields or depth information. Vanishing regions pose no problems, whereas new appearing regions must be detected by additional procedures.

A conceptually related approach has recently been published [1], but it leaves the problem of the initial segmentation and important details of the 'relaxation' procedure unanswered. Our approach, however, states a closed form solution to those problems, also including the initial segmentation and object detection. It is based on a stochastic image model and relies on well defined statistical criteria instead of heuristics.

## 3.    The image model

As a necessary prerequisite to a detailed discussion of the algorithm sketched above, the mentioned image model shall be explained in this section. Each one of the given images $Y$ is considered as being composed of regions $R_j$. The ensemble $\vec{y} = \{y_i\}$ of grey values *inside* each of these regions is supposed to be a sample from a stationary uncorrelated random field obeying a normal distribution with an individual mean value $m$ and variance $\sigma^2$. This simplification is legal, because adjacent regions of most grey scale images show so significant differences between these parameters that the correlation between their pixels can be neglected. For a region of size $N$, the maximum likelihood estimates of $m$ and $\sigma^2$ are, of course

$$\hat{m} = \frac{1}{N} \cdot \sum_{i=1}^{N} y_i \quad \text{and} \quad \hat{\sigma}^2 = \left( \frac{1}{N} \cdot \sum_{i=1}^{N} y_i^2 \right) - \hat{m}^2. \tag{1}$$

The second part of the image model is concerned with the region *shapes*. As we know from our daily experience that objects usually exhibit smooth boundaries, we incorporate this knowledge in our model by means of an *a priori* probability density distribution $p(Q)$. This function should favour regions of rather compact shape and smooth boundaries by assigning large probability values to those partitions that consist of a moderate number of regions having the desired properties.

Indeed, it is possible to provide such a distribution, considering the partition $Q$ as a sample from a two dimensional *Gibbs random field*. To give an expression for the distribution $p(Q)$ of partitions modeled by this kind of random field we consider the labels of sets of adjacent pixels. These pixel sets are called *cliques*. The clique types relevant for a second order Gibbs random field are depicted in **figure 1**.

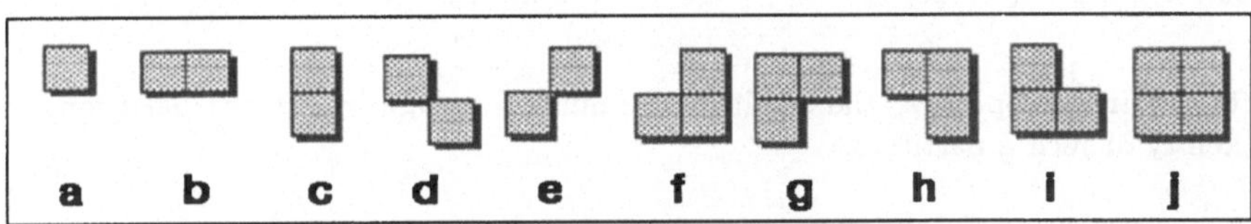


**Fig. 1** : clique types for a Gibbs random field of order 2

To each clique $c_i$, a value $V(c_i)$ – called *potential* – is assigned which depends on the actual labels of its pixels. Now, the joint probability of a realization $Q$ of a Gibbs random field can be expressed by

$$p(Q) = \frac{1}{Z} \exp \left\{ - \sum_{c_i \in Q} V(c_i) \right\}. \tag{2}$$

$Z$ is just a normalizing constant, ensuring that the probabilities for all possible realizations add to unity. For a comprehensive discussion of Gibbs random fields see for example [2].

In principle, the potentials introduced above can be defined arbitrarily, thus offering a multitude of different (but related) random field models. For our specific purpose, that is favouring regions with smooth boundaries, we use a valid subclass of second order Gibbs random fields which is given by the following definitions:

$V(c_i) = B$   for all *inhomogeneous* cliques of type $b$ or $c$,

        (a clique is said to be inhomogeneous if the affiliated pixel labels are different)

$V(c_i) = C$   for all *inhomogeneous* cliques of type $d$ or $e$,

$V(c_i) = 0$   for all other cliques.

The parameters $B$ and $C$ are both positive. If we denote the number of inhomogeneous cliques of type $b$ or $c$ in a partition by $n_B$ and the number of inhomogeneous cliques of type $d$ or $e$ by $n_C$, equation (2) reduces to:

$$p(Q) = k \cdot \exp \left\{ -(n_B B + n_C C) \right\}. \tag{3}$$

The relation between $n_B$, $n_C$ and the 'smoothness' of the region boundaries is illustrated in **figure 2**. Obviously, the smoother the region contours are, the smaller are the numbers $n_B$ and $n_C$ of inhomogeneous cliques. Since $B$ and $C$ are both positive, the probability distribution $p(Q)$ now

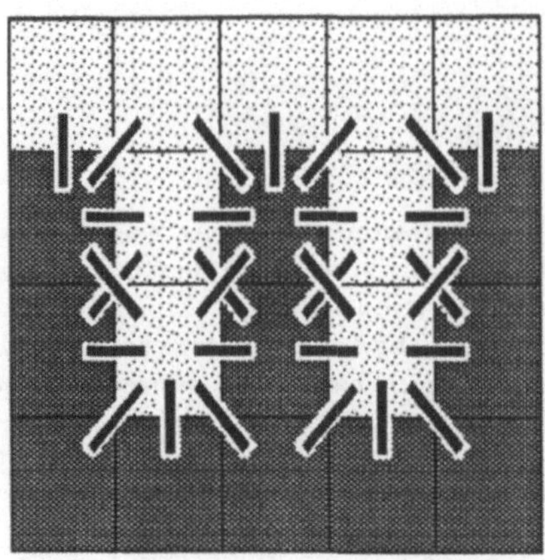 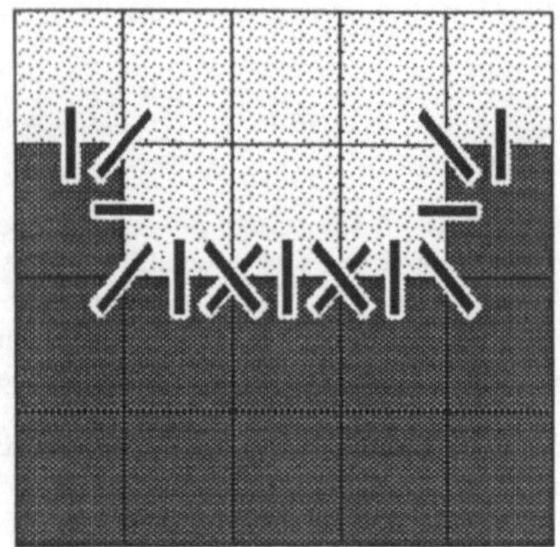

**Fig. 2a** : example of a wriggled contour, $n_B = 13, n_C = 16$

**Fig. 2b** : example of a smooth contour, $n_B = 7, n_C = 8$

exhibits the desired properties: the smaller the numbers $n_B$ and $n_C$ in the partition, the higher the probability of such a partition.

## 4.  Segmentation of the first frame

As already mentioned in section 2, our method requires a partition of the first frame in the sequence (or of any other frame taken from this sequence). The procedure to obtain this partition is a three phase algorithm described in detail in [3].

An initial partition of the image field into 'atomic' regions is subject to a quasi–parallel region merging process. A pair of adjacent regions is merged if their feature distributions are similar enough, which is checked using a *generalized likelihood ratio* homogeneity test. To avoid merging errors, it is advantageous to merge the region pairs in conformity to the order of their relative similarity.

To improve the smoothness of the obtained region boundaries, the second phase uses the same(!) contour relaxation procedure that is treated in this paper. This application of the contour relaxation smoothes 'uncertain' boundaries, for instance in low contrast or noisy areas, whereas all high contrast edges are preserved at their proper location.

The third phase is necessary if a spatial drift of the texture statistics (e.g. due to curved object surfaces) is present in the regarded image. During this phase, regions may be merged if the contrast along their common boundary is low, even if their statistics are definitely different. In contrast to previous approaches to the elimination of 'false contours', the decision of merging two regions or not is assigned to a linear classifier which uses several features derived from the involved regions and their shared boundary. To obtain a performance close to human perception, the training (i.e. the determination of the parameters of the discrimination equation) was performed on a set of manually preclassified image partitions.

From preliminary experiments it can be supposed that 'reasonable' results of other segmentation schemes can also be used as an initialization, provided that the relaxation procedure is first carried out on this partition until the result is stable.

## 5.    Principles and implementation of contour relaxation

The driving force of the contour relaxation algorithm is a function that measures the matching quality of the actual partition onto the given image data. The joint likelihood of image data $Y$ and partition $Q$ can be written as

$$p(Y,Q) = p(Q) \cdot p(Y \mid Q) = p(Q) \cdot \prod_{R_j} p\left(\vec{y}(R_j) \mid \hat{m}(R_j), \hat{\sigma}^2(R_j)\right) . \tag{4}$$

Here, the maximum likelihood estimates of the unknown parameters $m$ and $\sigma$ replace the true parameters. For a region $R_j$ of size N, the maximum of the likelihood function $p(\vec{y} \mid m, \sigma^2)$ given the known samples is expressed by

$$p\left(\vec{y}(R_j) \mid \hat{m}(R_j), \hat{\sigma}^2(R_j)\right) = \left(\sqrt{2\pi\hat{\sigma}^2(R_j)}\right)^{-N} \cdot e^{-N/2} . \tag{5}$$

During the contour relaxation procedure, each pixel situated on the boundary of a region is examined. If a substitution of its actual label by the label of one of its adjacent regions leads to an increase of the joint likelihood (4) this change is carried out.

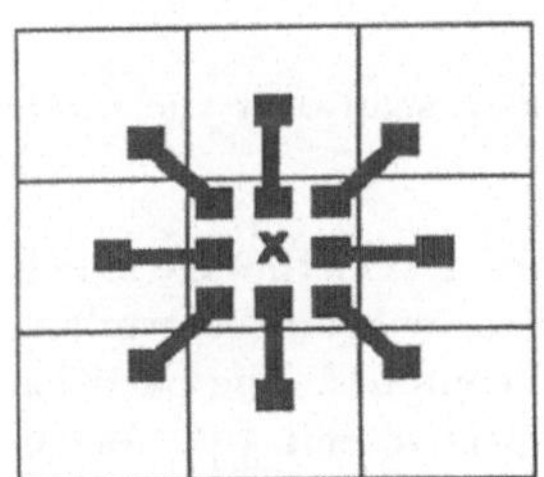

Fig. 3 : The set of cliques whose potentials depend on the label of point $x_0$

To be specific, let us consider the pixel $x_0$ in **figure 3**. Besides its actual label $q(x_0)$, only the labels of its four nearest neighbours are legal for $x_0$, otherwise a new region would be created. If the labels of all other points are held fixed, we only have to take into account the depicted 8 cliques whose potentials are dependent on the label of $x_0$. Hence the expression $p(Q)$ can be factorized to

$$p(Q) = k_1 \cdot \exp\left(-n'_B B - n'_C C\right) , \tag{6}$$

the first term $k_1$ being a constant. The second term depends on the choice of the label for $x_0$; the variables $n'_B$ and $n'_C$ now denote the numbers of inhomogeneous cliques in the clique subset of **figure 3**.

The conditional likelihood of the image data $Y$ given the partition $Q$ can also be factorized into a constant and a variable term:

$$p(Y \mid Q) = k_2 \cdot \prod_{\{R_j\}} p\left(\vec{y}(R_j) \mid \hat{m}(R_j), \hat{\sigma}^2(R_j)\right), \tag{7}$$

with the variable product here comprising only those regions $R_j$ whose label $x_0$ is allowed to take. Now, for all legal choices of $q(x_0)$ the expression

$$p(Y,Q) = k_1 \cdot k_2 \cdot \exp\left(-n'_B B - n'_C C\right) \cdot \prod_{\{R_j\}} p\left(\vec{y}(R_j) \mid \hat{m}(R_j), \hat{\sigma}^2(R_j)\right) \tag{8}$$

can be evaluated. The label of $x_0$ is changed to that label that maximizes expression (8). Taking the logarithm of equ. (8) reduces the computational effort.

The contour relaxation is performed by scanning the whole image several times, the scan direction being changed for every scan. The discussed maximization operation needs only to be performed for those pixels that are situated on the boundary of a region. The parameter values $B$ and $C$ of the Gibbs model are far from being critical; in our experiments, $B$ had values between 0.5 and 6 (typically 1.0) and $C = B/2$. Although the convergence of the algorithm is guaranteed

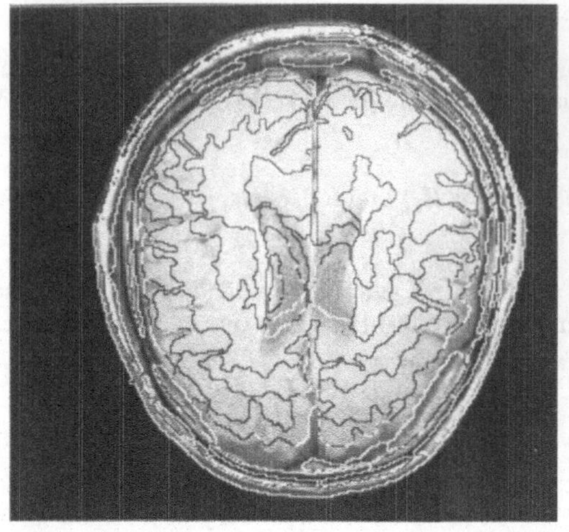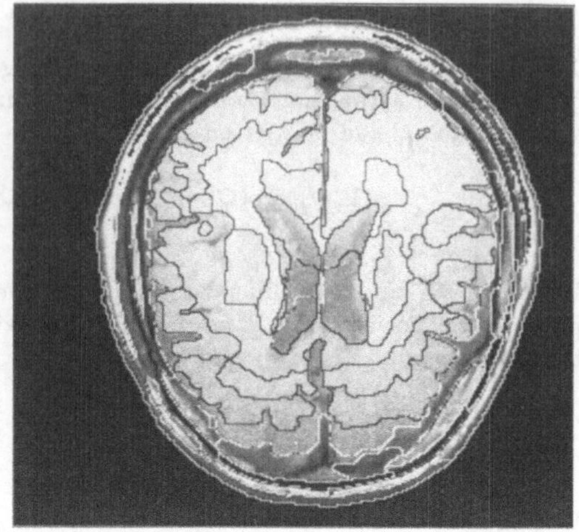

**Fig. 4a :** Region boundaries before contour relaxation

**Fig. 4b :** Region boundaries after contour relaxation

(steepest descent optimization), the relaxation can be stopped as soon as a scan over the whole image leads to only few label changes.

The typical behaviour of the contour relaxation is illustrated by **figure 4**. On the left side it shows a slice of a tomographic sequence with the region contours of the previous slice overlaid. Of course, these boundaries are only a coarse approximation of the 'true' contours. The partition corresponding to the depicted boundaries is iteratively modified with respect to equ. (8). As can be seen from the right picture, the partition adapts to the image content of this slice.

Please note that although the relabeling is a local procedure and can be performed in parallel, it has also the desired global effect as it tends to produce regions of compact shape.

## 6. Detection of new appearing regions

As mentioned above, new appearing regions have to be detected. For this task, we use the following test procedure: First, an *error image* $E = \{e_i\}$ is computed by normalizing the grey values inside each region by

$$e_i = \frac{y_i - \hat{m}(R_j)}{\hat{\sigma}(R_j)}, \tag{9}$$

where $R_j$ is the region to which the pixel $y_i$ belongs. Then, for each point of the error image, the average deviation from 0 is computed inside a moving $5 \times 5$ window. If the absolute value of the result exceeds a threshold $t$, the corresponding pixel is marked. A subsequent connected components analysis on those marked pixels creates the cores of the detected new regions.

Finally, the relaxation step is performed again. In this context, it shows two remarkable properties:

1. erroneously detected regions contract until they vanish and

2. correctly detected regions grow until their boundaries adopt their 'true' shapes.

For these reasons, the power of the relaxation step allows us to work with this relatively simple and computationally advantageous object detection scheme.

## 7.    Experimental results

In this section, two examples are given which demonstrate the performance of the algorithm. The first one is taken from a series of 17 synthetic images, consisting of moving and deformating objects. In **figure 5** every fifth frame of the processed sequence is depicted with the obtained region boundaries overlaid on the input images. Note that it also contains vanishing and new appearing regions.

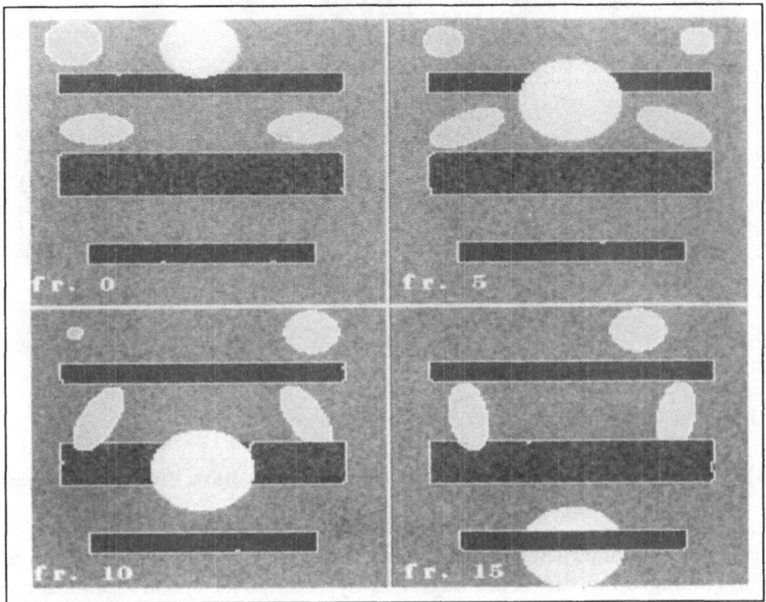


**Fig. 5** : Segmentation results for the synthetic sequence

The 'real life' example given in **figure 6** is taken from an image sequence often used in image coding investigations. The initial segmentation (frame 0) has been computed using the scheme sketched in section 4. For the contour relaxation carried out on the subsequent frames the following parameters were used: $B = 1$, $C = 0.5$, object detection threshold $t = 1.5$. The relaxation was stopped as soon as the number of label changes fell below 100 per scan (image size $256 \times 256$ pels). Every tenth frame of the processed sequence is shown. The different regions are represented by their respective segment internal mean values.


## 8.    Conclusions

The presented contour relaxation algorithm incorporating the Gibbs region shape model has shown to be as powerful in improving partitions of single images as it is efficient in segmentation of image pairs and series. In comparison to an individual segmentation of each image in a series, this method for iteratively mapping the partition of the preceding image onto the next frame is computationally much less expensive and supports the solution of the correspondence problem. Displacements of regions caused by moving objects can easily be extracted.

The general structure of our approach is obviously not restricted to the rather simple Gaussian $m, \sigma^2$-model used here. It can be easily extended to multichannel image data (remote sensing,

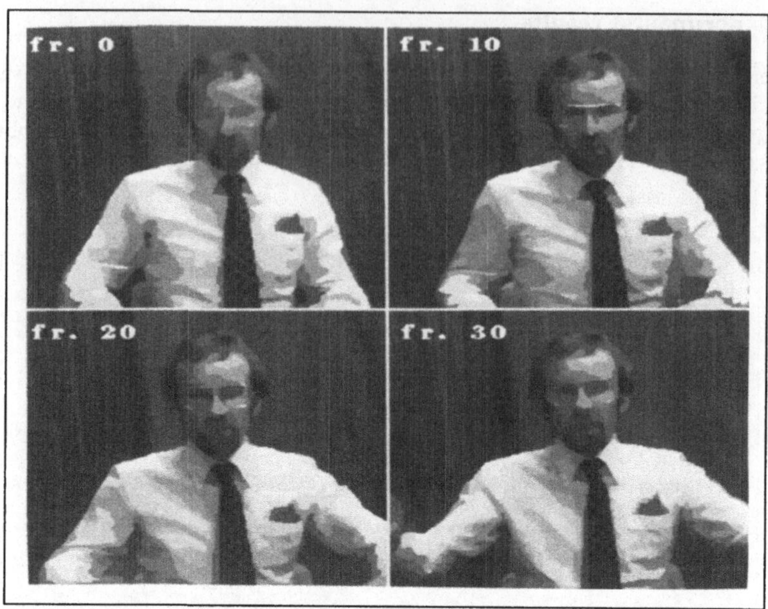


Fig. 6 : Segmentation results for a real life sequence

colour images) or sets of texture features. Such experiments have already been carried out successfully.

The versatility of our algorithm offers a wide range of possible applications, for example in medical imaging (tomography, difference angiography), computer vision (traffic surveillance, scene analysis) and image coding [4]. When applied to stereo pairs, the method might also turn out as a powerful tool for tasks dealing with the inference from the two dimensional world of image regions to three dimensional shape, depth and motion parameters.

**References:**


[1] B.Bhanu, W.Burger: "Approximation of displacement fields using wavefront region growing". *Computer Vision, Graphics, and Image Processing*, Vol. 41, 1988, pp. 306-322

[2] H.Derin; W.S.Cole: "Segmentation of textured images using Gibbs random fields". *Computer Vision, Graphics, and Image Processing*, Vol. 35, 1986, pp. 72-98

[3] R.Mester, T.Aach, U.Franke: "Image segmentation using likelihood ratio tests and Markov region shape models". To appear in *Proceedings EUSIPCO'88*, Grenoble, France, Sept. 1988

[4] U.Franke, R.Mester: "Region based image representation with variable reconstruction quality". To appear in *Proceedings of SPIE's Conference on Visual Communication and Image Processing '88* (Vol.1001), Cambridge Mass., November 1988

# CONTOUR PROCESSING IN PRIMATE VISUAL CORTEX

Rüdiger von der Heydt and Esther Peterhans
Neurologische Universitätsklinik Zürich
CH-8091 Zürich

The interpretion of two-dimensional images in terms of a three-dimensional world is a basic task of vision. The human visual system performs this task with great ease, so that we hardly become aware of it. Indeed, we see the world three-dimensional and if we did not know about the eye's optics and retinal images, we would perhaps never suspect that our vision is based on flat images. Vision decomposes a scene into objects as if we would touch and handle things in space. On the other hand, the technical difficulties of interpreting images are well known. In general, objects occlude one another and foreground and background structures are cluttered up in the image. To discriminate objects, one has to find the occluding contours first, but this proved to be difficult when the objects are not known. Contours indeed seem to play a fundamental role in human vision. We can recognize many objects just by their contours, and if we look around, most objects appear to be bounded by clear contours. However, in the corresponding array of gray values the contours may not be clear at all. The photograph in Fig.1 is meant to demonstrate this (since we cannot turn off the processing in our brain we have to exaggerate the problems in order to see them). We perceive contours even at sites where there is no discontinuity in the image. Fig.2 shows more examples of such "anomalous" contours. Does this perception depend on the

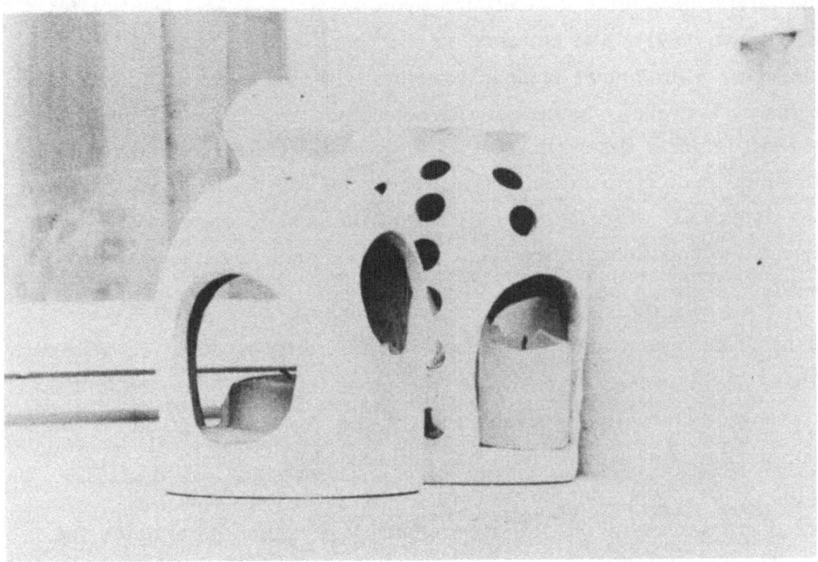

Fig.1. Anomalous contours in a photograph of 3-d objects

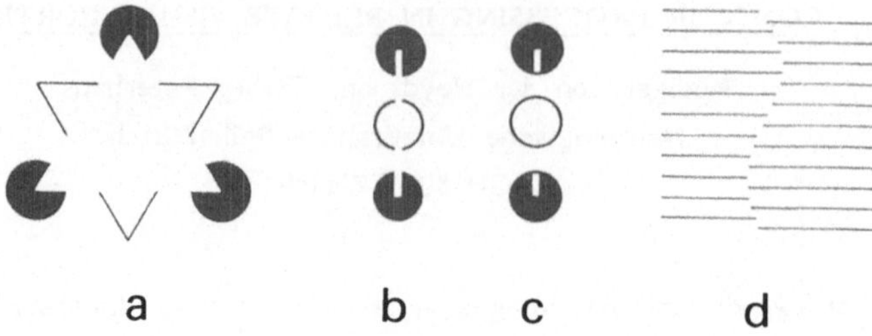

Fig.2.  Some well-known figures producing "illusory contours".  When the circles are closed, the illusion disappears (c).

knowledge about the possible shapes of objects?  Is the definition of contours really prior to recognition?  Perhaps we perceive the contours only because (and after) our brain infers the objects.  This would be the "cognitive" interpretation.  Recordings of neuronal signals in the monkey visual cortex, as presented below, seem to indicate the opposite, namely that perception of contours is based to a large extent on low-level processing which takes place in the two cortical areas V1 and V2.  (For studies on contour perception see Refs 12 and 20).


## A Menagerie of Cortical Cells

In this section we shall briefly summarize some basic facts about the visual cortex and the commonly observed stimulus-response properties.  The primary visual cortex, (also called area 17, or V1) is the area of the cortex that receives, via the relais stage of the lateral geniculate nucleus, the input from the eyes.  In primates it is the main (if not the only) visual entrance to the cortex.  Like most of the cerebral cortex, it shows a prominent laminar structure with six layers that differ in microscopic appearance, as well as functional characteristics, eg, there are input and output layers (see Ref 11 for a description of its functional architecture).  Each cortical neuron receives input from other neurons, and generates at its output a series of impulses (action potentials) which is transmitted via its axon to other cells.  Some neurons have only local connections, others send axons to remote areas of cortex.  The information is usually thought to be encoded in variations of the impulse frequency.

The neurons in visual cortex have been classified according to their responses to visual stimuli.  These are described in terms of "receptive fields", since each cell is sensitive to light changes only within a small patch of the visual field of one or both eyes.  In the simplest case, a receptive field has a characteristic 2-dimensional sensitivity distribution.  Depending on the position in the receptive field, light either increases or decreases the cell's activity (frequency of action potentials), the cell is "excited" or "inhibited".  The excitatory and inhibitory inputs tend to be balanced so that most cortical cells do not respond to uniform illumination.  The impulse-frequency code implies an output nonlinearity since the maintained firing rate is often low or zero (rectification nonlinearity).

Four major classes of receptive fields, termed "concentric", "simple", "complex", and "end-stopped", have been found in V1 (10).  The <u>concentric</u>, or center-surround, receptive field can be described by a "Mexican hat function", the difference of a narrow and a broad circular Gaussian function.  They come in two types, one that is excited by light in the center and inhibited by light in the surround, and another with the converse behavior.  Concentric cells are found in the input layer 4c (the input signals already have a similar concentric organization), but characterize also a smaller part of the output of V1 that seems to be concerned with color processing.

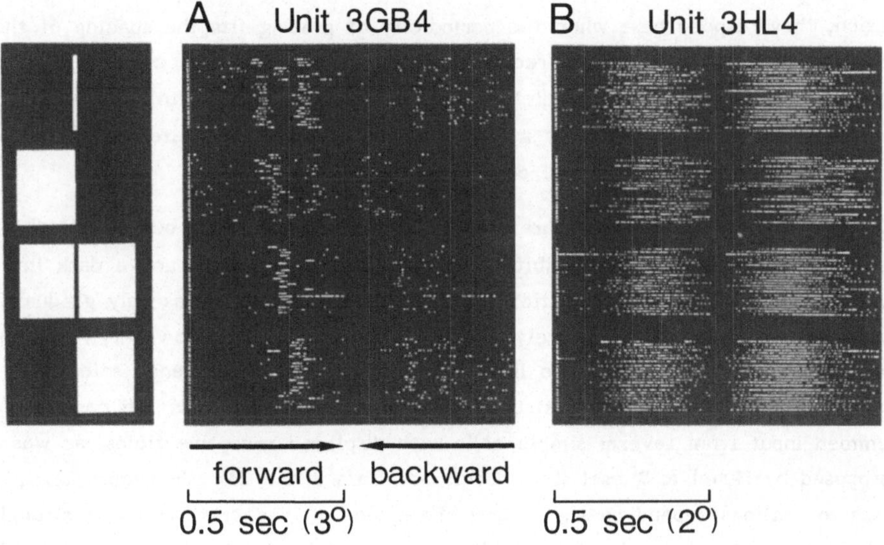


Fig.3.  Responses of "simple" and "complex" cells to light and dark bars and edges. Each pattern was moved back and forth 24 times in random sequence.  The cells responded with volleys of action potentials as represented by the rows of dots in A and B.  It can be seen that the receptive field of the simple cell (A) had three excitatory regions; at two positions, it was activated by the light bar and at an intermediate position by the dark bar (this is obvious for the forward sweeps of the stimulus and less clear for the backward sweeps).  The edge responses were similarly interlaced. The complex cell (B) responded similarly to all four patterns with no evidence for spatially separate subregions.  Both cells were recorded in area V1 of an alert monkey during periods of active fixation of gaze.  The occasional, irregular displacements of the responses are due to small eye movements.

Most of the cells in V1, however, have "oriented" receptive fields and respond preferrably or exclusively to oriented light patterns, such as light-dark boundaries, lines, or gratings. Each cell has a preferred orientation to which it is "tuned". The tuning width is typically $30^0$ at half amplitude, but ranges between 10 and $70^0$ are common. The preferred orientations are distributed quasi continuously ("oversampling"), with some emphasis on vertical and horizontal. As the concentric fields, simple receptive fields have separate regions of excitatory and inhibitory influence, but these are organized as parallel bands. There can be two, three, or more such bands of alternating polarity (see example in Fig.3A). The majority of simple cells can be conceived as linear spatial filters with an output nonlinearity as mentioned above. The spatial summation can be described again by differences of Gaussians; the Gaussians now have the same widths, but displaced centers (8). Gabor functions (sine and cosine functions multiplied by Gaussians) have also been suggested (14). The Gabor-function model makes explicit that these cells are selective for spatial frequency (3). When presented with sinusoidal gratings of appropriate orientation, they respond best when the periodicity of grating fits the spacing of the receptive-field subregions. Spatial-frequency tuning curves of simple cells in fact resemble Gaussian functions, as predicted from this model. The width of tuning varies between cells, averaging 1.4 octaves at half amplitude, while the preferred spatial frequencies cover a range of several octaves (2).

Complex cells have a similar preference for oriented patterns, but do not show distinct bands of excitatory and inhibitory effects (Fig.3B). A light and a dark line produce excitation at the same positions, and response strength varies only gradually over the receptive field, approximately like a Gaussian function. However, responses to simultaneous stimulation with two lines (15) and the spatial-frequency selectivity of complex cells (2) reveal similar structures as in simple cells, as if the complex cell summed input from several simple cells with displaced receptive fields, as was first proposed by Hubel & Wiesel (for models see Refs 9 and 23). In simple cells, responses to gratings depend on the spatial phase, and moving gratings cause strongly modulated responses, whereas complex cells respond independently of phase, and with unmodulated activity to moving gratings (2,21).

The term end-stopped cell refers to neurons that are similar to simple or complex cells in their preferences for edges and lines, but with the additional feature that their responses decrease when the stimulating pattern is extended over a certain length. They are activated best by short lines or short pieces of edges, and respond weakly or not at all to long stimuli. However, often ends of lines, or corners, are also effective (see Fig.4), and some cells even seem to specialize on corners. Hubel & Wiesel (10) used the term "hypercomplex" for end-stopped, presumably because they had discovered such cells first in higher order visual areas.

Area V2 is the cortical area adjacent to V1, which receives its input from V1.

The receptive field types here are similar to those of V1 at first glance, only that the receptive fields are considerably larger.  Again there are unoriented and oriented fields, and fields with and without end-stopping.  Simple cells are rare or absent. Again, sensitivities to disparity, movement, and wavelength are found in many cells. Some interesting features of V2 neurons are discussed below.

The above classification is only a rough outline.  Besides the parameters of orientation and spatial frequency, cells within each class may differ in various other respects, for example dominance of left or right eye and binocular summation, sensitivity to stereoscopic disparity, to direction of motion, wavelength of light etc. It should be noted also that the category of "complex" cells is usually sort of a basket for everything which is oriented but not simple (end stopping seems to be another dimension since end-stopped cells otherwise resemble simple or complex cells). The complex class probably comprises a variety of different functional types.  Another caveat is necessary because nearly all studies of receptive-field types were done in the anesthetized animal, and some properties such as end-stopping have been thoroughly analysed only in the cat (16), while the data from the monkey are more qualitative. The picture might well change a little when more data from the alert monkey become available.  For a more detailed review of receptive field studies concerning the processing of form, color and contour see (25).

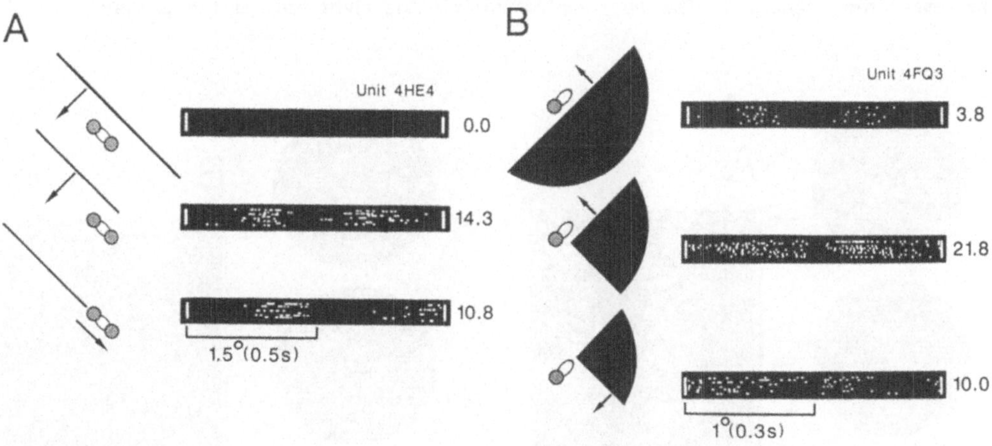



Fig.4.  Two examples of "end-stopped cells".  Long lines or edges at the preferred orientation did not activate cell A and produced only weak responses in cell B (top row), but the end of a line, or a corner evoked strong responses (middle and bottom rows).  It did not make much difference which way the stimulus was moved.  The receptive fields are symbolized by ellipses, for the excitatory portion, and hatched circles, for the "inhibitory end-zones".

The simple and complex cells of V1 have often been apostrophized as contour detectors just because they signal edges and lines. However, edges and lines are rather trivial examples of contours, and the amazing feature of contour perception is just its flexibility and robustness in segmenting complex images. We wondered if the cortical neurons would reveal us some of its secret. If the responses in visual cortex were related to the perception of contour, they should also signal anomalous contours as perceived in Figures 1 and 2.

One difficulty is the interpretation of the responses: how can we know whether a response refers to the contour that we perceive or the edges or lines inducing it? One possibility is to use abutting gratings as in Fig.2D. This way we can produce, for example, a vertical contour just by horizontal lines. If we then record from a cortical neuron with, for example, vertical preferred orientation, and the neuron responds to such a stimulus of purely horizontal lines, the responses must be related to the contour.

Figure 5 shows an example of responses of a simple cell recorded in area V1 of a rhesus monkey. The animal was trained to watch a small fixation target while the stimuli to be tested were presented near the fixation point. Figure 5A shows the responses when a light bar was moved across the cell's receptive field at 16 different orientations covering 180°. Each orientation was presented 8 times. The rows of dots represent the responses. The two clusters in left and right half of the display

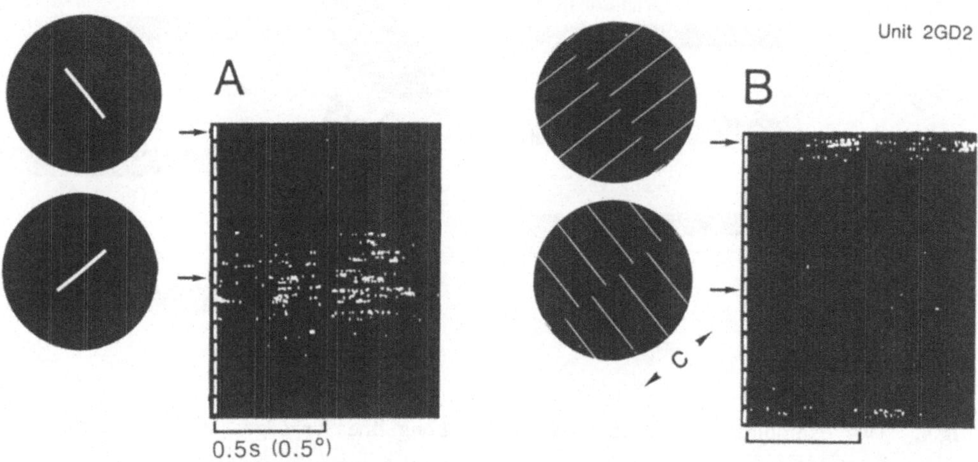


Fig.5. Responses of a simple cell in V1 to a light bar and an anomalous contour at various orientations. The responses of this cell do not indicate the presence of the anomalous contour. (From Ref 26)

correspond to forward and backward movements (cf legend of Fig.3). It can be seen that
the cell responded selectively to bars of about 45º orientation. However, the
anomalous contour moving across the receptive field at this orientation failed to
produce a response (Fig.5B). Only when the stimulus was rotated by 80 or 90º (top and
bottom traces) the cell was activated: it responded to a line of the stimulus entering
the receptive field at the cell's preferred orientation. Thus we can say that this
cell signaled orientation of bars and lines, but not the contour that we perceive.
This result was generally obtained in area V1 (26,28).

Figure 6 represents an example of a cell recorded in area V2 in a similar
experiment. Comparison of the displays A and B shows that this cell responded to the
abutting gratings precisely at those orientations of the anomalous contour at which the
bar was effective. The display at the bottom of Fig.6 shows the result of presenting a
line grating without discontinuity rocking back and forth between the positions of the
abutting gratings above. This produced no responses. Thus we can say that this cell
signaled a line that we perceive although it was not physically present. This result
was found in about one third of the cells of area V2 (26,28).

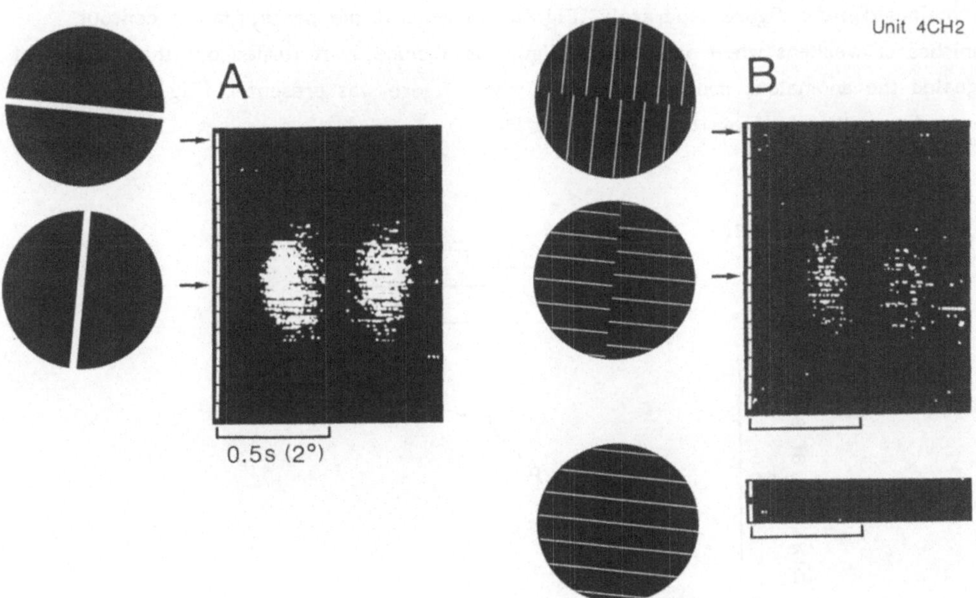


Fig.6. Responses of a neuron in V2 in a similar experiment as in Fig.5. Here, the
anomalous contour evoked responses just at those orientations at which the bar was
effective. Bottom display: a grating without discontinuity produced no responses.
(From Ref 27)

The reason why a contour is perceived in a figure like Fig.2D is obviously the fact that, when a number of lines terminate at a virtual border that is a straight line or a smooth curve, then it is likely that this border is the contour of an object and the lines terminate because they are occluded by the object; the greater the number of aligned terminations the more likely is the contour.  Indeed, these contours become more salient when the number of terminations is increased, as can be observed in the pattern at the top of Fig.7.  No contour is perceived at the end of just one line, it appears perhaps with 3 or 4 lines, and becomes even more distinct with greater numbers. Apparently, the distinctness of perception increases gradually with the probability of an occluding contour.  In the lower part of Fig.7 we have plotted the responses of a cell in area V2 to anomalous-contour stimuli composed of various numbers of lines.  The responses showed a similar increase as the perceptual strength.  The cells that signaled anomalous contours in general failed to respond to a single line-end perpendicular to the preferred orientation and showed this gradual increase of responses with number of lines.

In other illusion figures like the triangle of Fig.2A the anomalous contours share orientations with inducing elements.  If we test neurons with such figures, we have to use controls to distinguish whether a response relates to an anomalous contour or to the collinear edges.  For example, we can present the two halves of an anomalous-contour figure separately (Fig.8).  In general the perception of contour vanishes or weakens when part of the figure is occluded.  It turned out that cells that signaled the anomalous contour when the whole figure was presented (Fig.8B) failed to respond to either half of it alone (C and D).

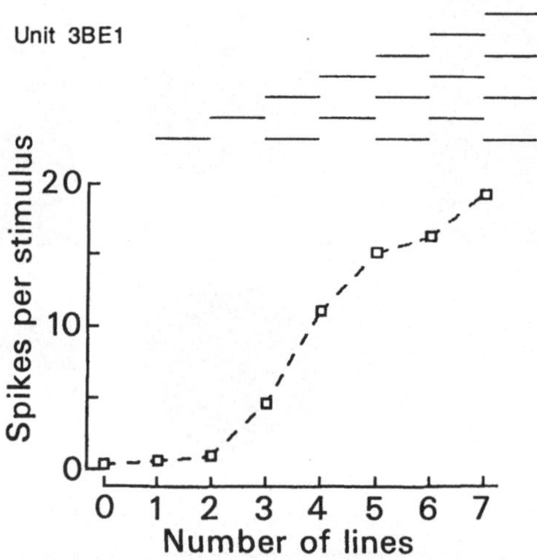


Fig.7.  The dependence of anomalous-contour responses on the number of lines inducing the contour.  Neuron recorded in area V2.  (From Ref 28)

Another control figure is obtained by closing off the ends of an illusory bar with thin lines (Fig.9). This closure weakens the perception of the bar (cf Fig.2C). It also reduced or abolished the neuronal responses (Fig.9C). This result is particularly interesting since it shows that negligible changes in luminous flux can alter the responses dramatically. Again, about one third of the cells in area V2 were found to signal the contours of illusory bars, whereas the cells in area V1 seemed to be blind for such contours (18,28).

By saying that cells in V1 are "blind" for anomalous contours we do not mean, of course, that they did not respond to the stimuli that produced these contours. Since V2 gets its input from V1, information about the contours must be there, as it is in the retina and the lateral geniculate. However, cells in V1 responded only if real

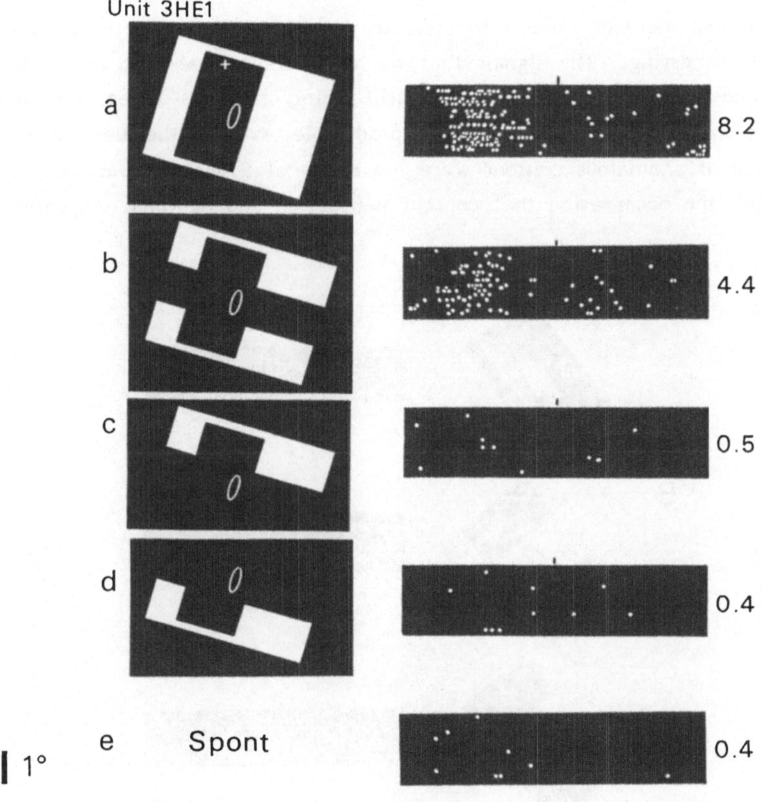


Fig.8. Responses of a neuron of V2 to the edge of a dark rectangle (a), and to the edge of an illusory rectangle (b). Either half of the figure alone did not produce a response (c and d), e shows the spontaneous activity. Ellipses indicate the cell's response field, the cross marks the fixation point (a). (From Ref 28)

edges or lines were presented at the preferred orientation and within the "response field", for example, the lines of the abutting gratings (Fig.5B), and the edges and corners of the illusory-bar figure. Specifically, line-ends and corners are spotted by the end-stopped cells, as shown in Fig.4 (17). Thus the responses in V1 represent orientations and locations of those features, but not of the anomalous contours. These are first made explicit in V2.

Our finding that neurons in the primary visual cortex generally failed to signal anomalous contours indicates that the perception of these contours is not simply the result of spatial filtering carried out in V1. Spatial filtering has been proposed as the explanation (1,5), and the simple-cell receptive fields appeared as suitable filters for this purpose. Our results suggest that they represent a preliminary stage in the computation of contours.

On the other hand, the finding that anomalous contours are represented as low as V2 in the cortical hierarchy seems to indicate that their perception is not the result of high-level processing. The signals that we have seen probably do not reflect cognitive processes. Cells in area V2 are still mainly stimulus-driven, and their responses are in general stereotyped and reproducible, even in the alert animal. If the perception of anomalous contour were the result of a decision between perceptual hypotheses (6), the observation that contour perception and neuronal responses

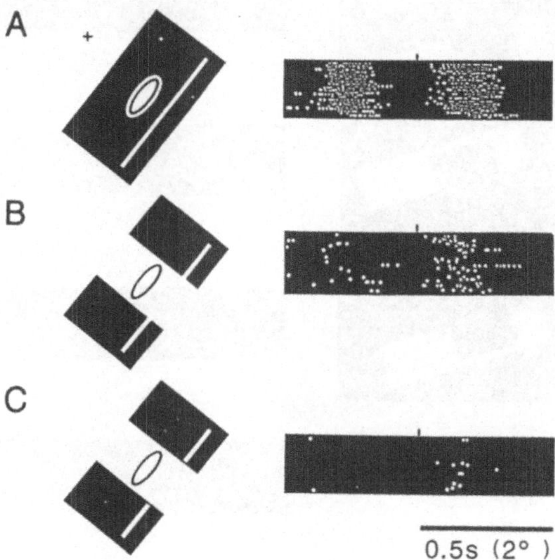



Fig.9. The "effect of closure". A neuron of V2 was tested with a dark bar, with an illusory bar figure, and with a figure in which the ends of the bar were closed by thin (2 min arc) lines. The addition of these small elements abolished the illusory-bar response. (From Ref 28)

gradually increase in strength with increasing number of elements (Fig.7) would be hard
to understand. How can decisions be gradual?

If one assumes that the contour-related signals reflect pure "bottom-up"
processing, several different models are still conceivable. In the following we shall
consider a simple feed-forward mechanism proposed in (19). In spite of its simplicity
it accounts, at least qualitatively, for all the data of our experiments and for many
perceptual phenomena. Its principle is related to the statistical properties of
occluding contours and should therefore be common to any mechanism of contour
processing.

Our model assumes a convergence at the level of V2 of two parallel paths of
computation, one for edge detection and one for detecting configurations of
terminations, eg, line ends and corners (Fig.10). Simple and complex cells constitute
the "edge detecting path", while the other, the "grouping path", receives input from
end-stopped receptive fields. A set of such fields are lined up in a row according to
the orientation signaled by the target cell, while the single fields are predominantly
orthogonal to it. The grouping path has a peculier summation property with the effect
that excitation is produced only if at least two input fields at different positions
are simultaneously activated. We assume that pairs of end-stopped fields are connected

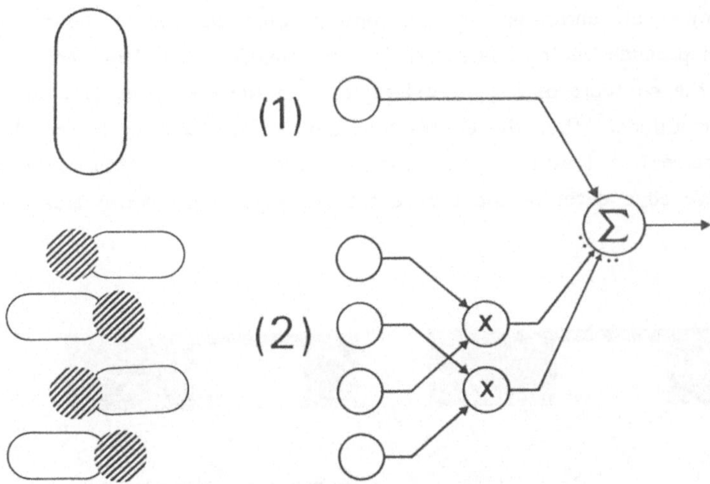

Fig.10. The scheme of a hypothetical neuronal contour mechanism. A "contour neuron"
of V2 is assumed to sum signals from an "edge-detecting path" composed of simple or
complex cells (1) and a "grouping path" composed of end-stopped fields (2). Ovals
indicate the orientation selectivity of the input fields, hatched circles symbolize
"inhibitory end-zones". The two sets of receptive fields are thought to occupy the
same patch of retina. See text for further explanation.

in such a way that one signal is gated by the other, or the two signals are multiplied.
This operation is represented by the elements 'x' in Fig.10. Their outputs are then
summed, together with the signal of the edge detecting path.

This model explains why edges and the different types of anomalous contours can be
equivalent. In the abutting gratings the line-ends excite several of the end-stopped
fields. Because of summation in the grouping path the responses depend on the number
of lines (Fig.7). In the illusory-bar figure, the corners on opposite sides of the gap
excite two end-stopped cells, as illustrated in Fig.11A. This activates the grouping
path, but the one corner in half of the figure is not sufficient (Fig.8). The effect
of the closing lines (Fig.9) is due to inhibition of the end-stopped cells: the lines
fall on the "inhibitory end-zones" (Fig.11B).

We think the mechanism of Fig.10 is just an example of an implementation of a
general principle. The convergence of the two pathways is effective because there are
statistical correlations between various features at occluding contours, such as
light-dark edges and groups of aligned terminations, under natural conditions of visual
stimulation, as in the picture of Fig.1. The features at occluding contours are in
fact correlated in many ways. For example, an occluding contour is more likely to
intersect line elements in the background which are orthogonal to it than line elements
of other orientations. Therefore the fields of the grouping path must be predominantly
orthogonal to the orientation signaled by the target neuron. Another correlation
concerns brightness and darkness. At the contours of a dark object light lines of the
background will produce endings, but dark line terminations will look more like
junctions. At the contours of a light object we find the converse: dark line endings
and light line junctions. Thus the contrast polarity of the contour is correlated with
the type of intersection features. We expect, therefore, that contour cells with
polarity selective edge detector input have the corresponding selectivities in the
grouping input.

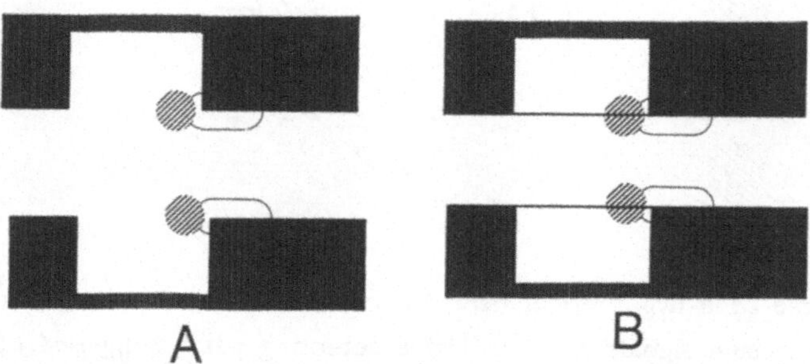


Fig.11. Schematic explanation of the illusory-bar responses and the effect of closure.
Corners stimulate a pair of input cells of the "grouping path" (A), The closing lines
inhibit these cells (B).

Several predictions follow from this theory (27). Since the end-stopped fields of the grouping input are themselves orientation sensitive, the orientation of the elements intersected by a contour should influence its representation: Anomalous contours should be strongest when induced by orthogonal lines and weaker with oblique lines. This is indeed the case (Fig.12B,C) (13,22). The perceived orientation should also be biased towards the orientation orthogonal to the intersected lines. This is the well-known Zöllner illusion (Fig.13A). The orientation shift can be similarly observed at anomalous contours (Fig.13B). Indeed, the angle between contour and inducing lines affected the orientation tuning and strength of neuronal responses in area V2 in the predicted manner (Fig.14). Finally, the brightness illusions of Kanizsa

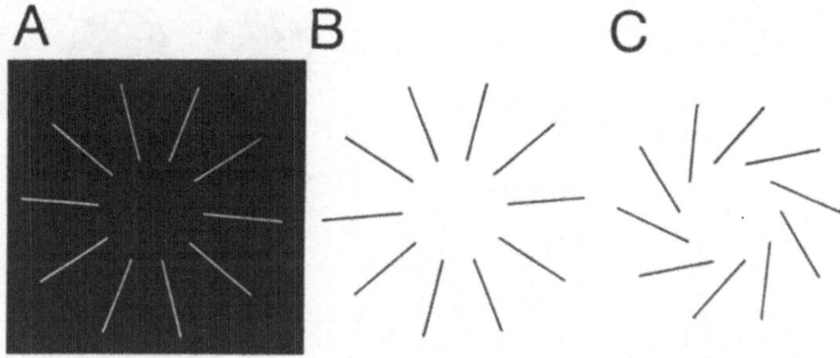

Fig.12. Variants of the Ehrenstein figure. Depending on the contrast polarity of the inducing lines, the central patch may appear darker or brighter than the surround (A,B). The illusory contour is most vivid when the lines are orthogonal to the contour (B,C). Both observations follow from our theory.

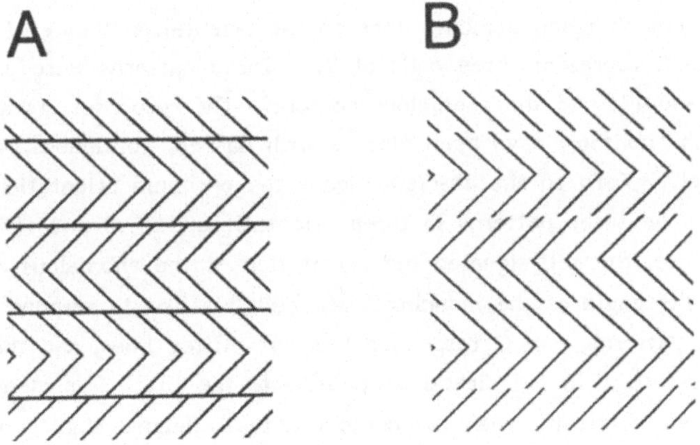

Fig.13. The classical Zöllner illusion (A) (the long lines are in fact parallel), and a corresponding illusion for anomalous contours (B). These illusions are again consequences of the mechanism of Fig.8.

triangle (Fig.2A) and Ehrenstein figure (Fig.12) find their explanations in the way
contrast polarity is handled in the two paths, as explained above.  For example, a

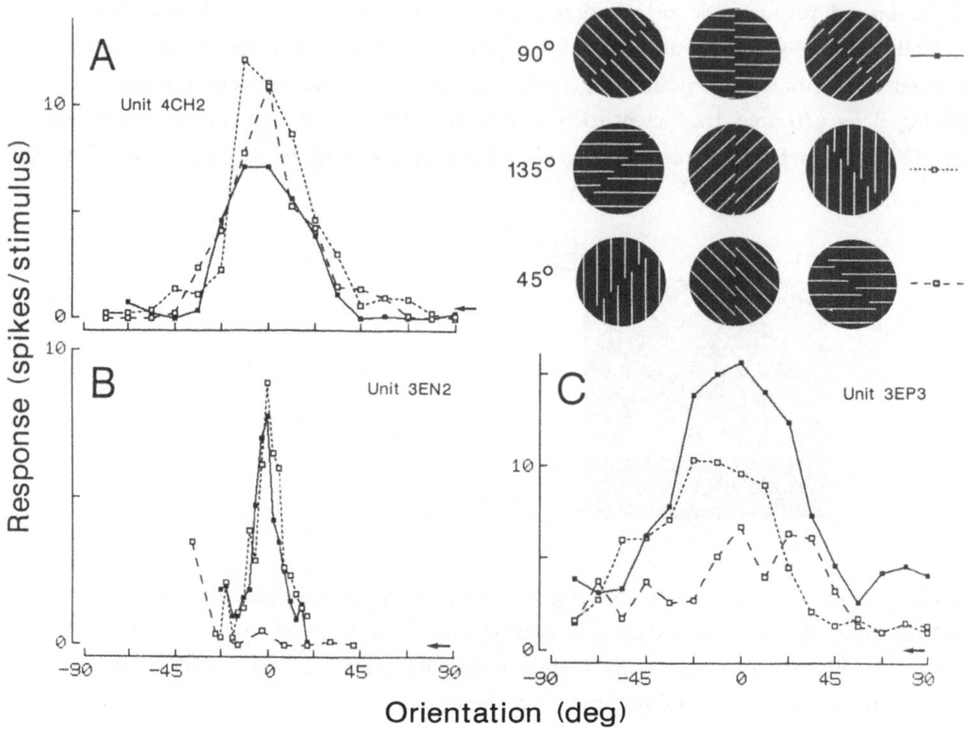


Orientation (deg)

Fig.14.  The effect of tilted inducing lines on the orientation tuning of contour
cells.  A, B and C represent three cells of V2.  Three patterns were used with lines
angled 45, 90, and 135° to the anomalous contour.  The responses, as a function of the
orientation of the contour, have been plotted with dashed, continuous, and dotted
lines, respectively.  Zero on the abscissa means the optimum orientation for a bar.
The inset shows the three patterns in three orientations, -45, 0 and +45°.  In (A) the
peaks coincided, ie, the cell signaled the orientation of the anomalous contour
irrespective of the angle of the inducing lines, cell B failed to respond with one of
the oblique-line patterns, cell C responded less with tilted lines, and the peaks of
the curves were shifted in the direction opposite to the tilt.  This means that the
cell signaled, say, "vertical", when the contour actually leaned slightly to the left
in the case of the 45° pattern, and slightly to the right in the case of the 135°
pattern.  This corresponds to the deviations observed in the Zöllner illusion.  Of 8
cells tested, two (A and B) showed no shift, and in each of the other 6 the shift was
in the sense of the Zöllner illusion.  (From Ref 26)

series of dark line-ends on one side of a contour will activate contour neurons that have dark-light preference for edges, and a series of light line-ends will activate neurons with light-dark preference for edges. Since the two inputs are always summed, the system cannot distinguish which one was activated. Therefore we perceive a brightness step even though only the grouping input was biased. This can be seen in Fig.12A and B.

Our finding that features orthogonal to a contour contribute to its cortical representation (Figs.5,14) is particularly interesting. It is counter-intuitive; commonly one assumes that collinearity is the determinant and that anomalous contours are defined by interpolation between the given pieces of edges or lines (24, see also 7 and 29). To some extent, the edge-detecting path of our model may serve the extrapolation of edges or lines. The low-pass characteristic in the length-dimension of simple and complex receptive fields has this effect. However, our data indicate that the grouping path can bridge larger gaps in the stimulus. The effect of the intersecting lines (Fig.9) demonstrates that it was the grouping path that produced the responses to the illusory-bar figure, because such tiny lines can inhibit the small end-stopped receptive fields excited by the corners, but could hardly affect simple or complex fields so large as to bridge the gap of the figure. Besides the physiological evidence, the assumption of orthogonal inputs is supported by the phenomena of Figs.12 and 13, which are otherwise difficult to explain.

The concept of dual inputs to the contour mechanism also gives the end-stopped cells a new interpretation: their function is not primarily the detection of features of objects, but the evaluation, for contour perception, of configurations that typically result from spatial interposition. This may be one reason why these cells are so numerous both, in V1 and V2 (about one third of the oriented cells). Again this interpretation is somewhat contrary to common belief; they are usually thought to be involved directly in form perception by encoding features like corners or curvature (4). Since there are enormous numbers, and probably various types of these cells, both interpretations may be true. Even the single end-stopped cell might serve a double function.


<u>Summary</u>

Studies of cortical neuron responses were reviewed and related to the task of defining occluding contours, ie, the computational problem of segmenting images of three-dimensional scenes without prior knowledge about the objects in the scene. Experiments were described in which illusory-contour figures were used as stimuli in order to distinguish which cortical signals are related to the perception of contour and which to preliminary stages of feature processing. A neuronal mechanism was derived which can be interpreted as an attempt to solve the contour problem at a pre-cognitive level by exploiting the statistical properties of occluding contours. This theory explains not only the perception of anomalous contours, but also the related brightness illusions and the seemingly unrelated Zöllner illusion.


## References


1. Becker MF, Knopp J (1978)  Processing of visual illusions in the frequency and spatial domains.  Percept Psychophys 23: 521-526
2. De Valois RL, Albrecht DG, Thorell LG (1982)  Spatial frequency selectivity of cells in macaque visual cortex.  Vision Res 22: 545-559
3. De Valois RL, De Valois KK (1980)  Spatial Vision.  Annu Rev Psychol 31: 309-341
4. Dobbins A, Zucker SW, Cynader MS (1987)  Endstopped neurons in the visual cortex as a substrate for calculating curvature.  Nature 329: 438-441
5. Ginsburg AP (1975)  Is the illusory triangle physical or imaginary?  Nature 257: 219-220
6. Gregory RL (1972)  Cognitive contours.  Nature 238: 51-52
7. Grossberg S, Mingolla E (1985)  Neural dynamics of form perception: boundary completion, illusory figures, and neon color spreading.  Psychological Review 92: 173-211
8. Heggelund P (1981a)  Receptive field organisation of simple cells in cat striate cortex.  Exp Brain Res 42: 89-98
9. Heggelund P (1981b)  Receptive field organisation of complex cells in cat striate cortex.  Exp Brain Res 42: 99-107
10. Hubel DH, Wiesel TN (1968)  Receptive fields and functional architecture of monkey striate cortex.  J Physiol (Lond) 195: 215-243
11. Hubel DH, Wiesel TN (1977)  Functional architecture of macaque monkey visual cortex.  Proc Roy Soc Lond B 198: 1-59
12. Kanizsa G (1979)  Organization in Vision. Essays on Gestalt Perception.  Praeger, New York
13. Kennedy JM (1978)  Illusory contours and the ends of lines.  Perception 7: 605-607
14. Marcelja S (1980)  Mathematical description of the responses of simple cortical cells.  J Opt Soc Am 70: 1297-1300
15. Movshon JA, Thompson ID, Tolhurst DJ (1978)  Receptive field organization of complex cells in the cat's striate cortex.  J Physiol (Lond) 283: 79-99
16. Orban GA, Kato H, Bishop PO (1979)  Dimension and properties of end-zone inhibitory areas in receptive fields of hypercomplex cells in cat striate cortex.  J Neurophysiol 42: 833-849
17. Peterhans E, von der Heydt R (1987)  The role of end-stopped receptive fields in contour perception.  In: Elsner N, Creutzfeldt O (eds) New frontiers in brain research: proceedings of the 15th Göttingen Neurobiology Conference. Thieme, Stuttgart, p 29

18. Peterhans E, von der Heydt R (1988)  Mechanisms of contour perception in monkey visual cortex.  II. Contours bridging gaps.  J Neurosci, in press

19. Peterhans E, von der Heydt R, Baumgartner G (1986)  Neuronal responses to illusory contour stimuli reveal stages of visual cortical processing.  In: Pettigrew JD, Sanderson KJ, Levick WR (eds) Visual neuroscience. Cambridge University Press, Cambridge, pp 343-351

20. Petry S, Meyer GL (1987)  The perception of illusory contours.  Springer, New York

21. Schiller PH, Finlay BL, Volman SF (1976)  Quantitative studies of single-cell properties in monkey striate cortex III. Spatial frequency.  J Neurophysiol 39: 1334-1351

22. Spillmann L (1975)  Perceptual modification of the Ehrenstein illusion.  In: Ertel S, Kemmler L, Stadler M (eds) Gestalttheorie der modernen Psychologie. Steinkopf, Darmstadt, pp 210-218

23. Spitzer H, Hochstein S (1985)  A complex-cell receptive-field model.  J Neurophysiol 53: 1266-1286

24. Ullman S (1976)  Filling-in the gaps: The shape of subjective contours and a model for their generation.  Biol Cybern 25: 1-6

25. von der Heydt R (1987)  Approaches to visual cortical function.  Rev. Physiol. Biochem. Pharmacol. 108: 69-150

26. von der Heydt R, Peterhans E (1988a)  Mechanisms of contour perception in monkey visual cortex.  I. Lines of pattern discontinuity.  J Neurosci, in press

27. von der Heydt R, Peterhans E (1988b)  Ehrenstein and Zöllner Illusions in a neuronal theory of contour processing.  In: Kulikowski JJ (ed) Seeing contour and colour. Proceedings of the 3rd International Symposium of the Northern Eye Institute, Manchester, Aug 9-13, 1987. Pergamon, London, in press

28. von der Heydt R, Peterhans E, Baumgartner G (1984)  Illusory contours and cortical neuron responses.  Science 224: 1260-1262

29. Zucker SW (1985)  Early orientation selection: Tangent fields and the dimensionality of their support.  Comput Vis Graph Im Proc 32: 74-103

# Erkennung globaler Bildstrukturen durch Gruppierung und regelbasierte Kombination von Strukturprimitiven


Guido Gerig
Institut für Kommunikationstechnik
Fachgruppe Bildwissenschaft
ETH-Zentrum, CH-8092 Zurich


## Zusammenfassung


Die Analyse von digitalen Bildszenen wird als streng strukturiertes Vorgehen mit klar definierten Schnittstellen zwischen den Prozessen angegangen. Dies soll anhand eines engen Diskursbereiches gezeigt werden, Aufgabe sei die Erkennung von linearen Bildbereichsstrukturen. Verbesserte Verfahren auf der untersten Stufe der Merkmalsextraktion liefern Bildbereichselemente, die in einer folgenden Prozessstufe zu Bildbereichsstrukturen gruppiert werden. Dieser Prozess erfolgt bildunabhängig und robust, indem sowohl Lücken als auch Überkreuzungen in die globale Zusammenfassung einbezogen werden. Die resultierenden Strukturprimitive werden durch Attribute sowie gegenseitige Relationen symbolisch beschrieben und bilden die Basis für die Interpretation, die über Szenenbereichsstrukturen und Objekthypothesen schlussendlich in einer vollständigen Szenenbeschreibung resultiert.

Das System von SzeneNanalyseprozessen wird anhand dreier realer Anwendungen sehr unterschiedlichen Schwierigkeitsgrades und Komplexität vorgestellt und damit dessen Vielseitigkeit demonstriert. Gemeinsames Merkmal der Bildszenen sei, dass sich die Bildbereichsstrukturen als längere lineare Elemente repräsentieren. Für die regelbasierte Kombination wurde ein Prolog-System aufgebaut.

**Stichworte:** Liniendetektion, Gruppierung, Strukturprimitive, Prolog Interpretationssystem


## 1   Einführung

Die Bildanalyse hat es nicht leicht, sich für grössere Anwendungsbereiche durchzusetzen, obwohl in den letzten Jahren an einer Reihe von Problemen gezeigt werden konnte, welche Leistungsfähigkeit derartige Systeme erreichen können. Die nur zögernde Bereitschaft, visuelle Sensorsysteme für reale Probleme einzusetzen, mag daran liegen, dass unser visuelles System scheinbar mühelos Strukturen in Bildern erkennen und verstehen kann. Rechnergestützte Systeme haben es deshalb schwer, in dieser Überlegenheit zu bestehen und in einzelnen Fällen zu zeigen, wie leistungsfähig sie sein können, um damit gegen Systeme mit grosser menschlicher Interaktion, aber mit sehr benützerfreundlicher Bedienung, konkurrieren zu können. Die rechnergestützte Bildanalyse sollte ihre Vorzüge dort beweisen können, wo ihre Leistungsfähigkeit voll zum Tragen kommt: Kriterien seien Schnelligkeit, Zuverlässigkeit, das Bewältigen grosser Mengen gleichartiger Eingangsdaten, Reproduzierbarkeit bei sich wiederholenden Vorgängen, sofortige quantitative Analyse und Beschreibung und visuelle Repräsentierung der Resultate.

Die intensive Beschäftigung mit Bildverarbeitung in den letzten Jahren hat Grundlagen geschaffen, um eine ganze Reihe von Problemen zielgerichtet anpacken und lösen zu können. Es soll ein Ziel der vorliegenden Arbeit sein, zu zeigen, wie sich durch ein wohldefiniertes Zusammenspiel einer Reihe von leistungsfähigen Prozessstufen Bildszenen von sehr unterschiedlicher Komplexität, Qualität und Erscheinungsform, an die aber ähnliche Erkennungsaufgaben gestellt werden, mit denselben Methoden verarbeiten lassen. Damit soll ein Beitrag zur Entwicklung von eher universell anwendbaren Bildanalysesystemen geleistet werden.

Der Prozess der rechnergestützten Bildanalyse besteht hauptsächlich aus einer Bildzerlegung und einem semantischen Wiederaufbau. Die Aufgabe des ersten Teils, der Bildsegmentierung, ist die Transformation des originalen Rasterbildes in einen Satz von bedeutungsvollen strukturellen Einheiten, die in Form einer symbolischen Datenstruktur die Basis für den folgenden Interpretationsprozess bilden. Dabei werden im wesentlichen zwei Prozessstufen durchlaufen, nach allgemeinem Konsens sind dies eine initiale *low level* Stufe (zumeist als multiple simultane Nachbarschaftsoperation zu beschreiben) zur Extraktion lokaler Merkmale und ein *medium level* Teil zur Gruppierung von Elementen zu ausgedehnteren Bildbereichsstrukturen. Die *high level* Interpretationsstufe setzt dann auf dieser symbolischen Datenstruktur auf und generiert eine vollständige Szenenbeschreibung.

In Objekterkennungsaufgaben ist zumeist die Rede von Objektkanten, die durch eine erste Differenzierung der Bilddaten gewonnen werden. In zahlreichen Bildern sind aber nicht Intensitätssprünge, sondern linienhafte Merkmale zur Charakterisierung von Bildstrukturen wichtig. In der Binärbildverarbeitung sind dies vor allem Linienzeichnungen, Grafiken und Schriftvorlagen, der Segmentierungsprozess kann dabei zumeist durch eine direkte Binärisierung des digitalen Rasterbildes und durch Extraktion topologisch zusammenhängender Linienzüge durchgeführt werden. In industriellen sowie medizinischen Bildanalyseproblemen zeichnen sich ebenfalls eine Reihe von Szenen dadurch aus, dass wesentliche Konturen in allgemeinen Grauwertbildern als dunkle oder helle Linien erscheinen (sogenannte Täler und Kreten im Intensitätsverlauf). Beispiele sind Abbildungen von Fasern verschiedenster Art, von Zellstrukturen, industriellen Objekten mit dünnwandigen Strukturen etc.. Linienhafte Elementarcharakteristiken werden mit Kantenerkennungsalgorithmen als Doppellinien detektiert, die die Gradienten beidseits der Linien markieren; wünschbar ist aber eine Charakterisierung als einfache Linien minimaler Breite.

## 2 Extraktion von lokalen Merkmalen: Low level

Haralick [1] hat eine Methode vorgeschlagen, wie sich linienhafte Merkmale durch Polynomfit und anschliessender analytischer Diskussion erkennen lassen. Nachteile dieser Methode sind der grosse Rechenaufwand sowie die inhärente Glättung der Bildoberfläche durch schlecht regularisierende Nachbarschaftsfunktionen. Canny [2] hat in seiner Arbeit sogenannte optimale richtungsorientierte Operatoren zur Erkennung von linienhaften Strukturen vorgestellt. Es liess sich zeigen, dass sich beide Verfahren sehr effizient durch eine Glättung mit einer zweidimensionalen Gaussfunktion und nachfolgender lokaler Diskussion einer 3x3 Pixel-Umgebung bei vergleichbaren Resultaten sehr viel effizienter annähern lassen (Gerig [3]). Die Gaussische Glättung übernimmt dabei die Aufgabe der Rauschreduktion sowie auch der Festlegung der Auflösungsstufe durch Einbezug einer definierten Umgebung, während die lokale Analyse Extrema der zweiten Ableitung, also Orte von Talböden oder Kreten, in bestimmte Richtungen detektieren kann.

Vorgehen:

- Glättung der Bilddaten mittels 2D-Gaussfilterung (Parameter $\sigma$), diese Operation ist zugleich als Regularisierung bezüglich der nachfolgenden Differentiation zu sehen.

- Differentiation in den 4 Hauptrichtungen: Näherung der Richtungsableitungen zweiten Grades durch Faltung mit $\boxed{2,-4,2}$ in horizontaler und vertikaler sowie $\boxed{1,-2,1}$ in den diagonalen Richtungen.

- Extraktion der relativen Extrema je separat in jedem richtungsgefilterten Kanal (Analyse orthogonal zur jeweiligen Richtung)

- Kombination der richtungsorientierten Extrema: Die Orientierung wird durch den Filterkanal mit maximaler zweiter Ableitung bestimmt, der Resultatwert selbst wird dann aus dem korrepondierenden Ergebnis der Extremaextraktion eingesetzt.

## 3 Gruppierung von Bildbereichselementen zu Bildbereichsstrukturen: Medium level

Low level Verfahren vermögen zwar durch Einbezug einer gewissen lokalen Umgebung elementare Charakteristiken zu extrahieren, sie liefern aber nicht notwendigerweise geschlossene Konturen oder wenigstens kontinuierliche grössere Konturbereiche. Meistens werden deshalb Gruppierungsprozesse notwendig, die lokal bekannte Merkmale zu ausgedehnteren Strukturen zusammensetzen (Nalwa et.al. [4]). Dabei können in einer ersten Phase lokale Charakteristiken aufgrund von bildunabhängigen Ähnlichkeitskriterien zu strukturellen Primitiven zusammengefasst werden. In einer weiteren Prozessphase kann dann bildabhängiges a priori Wissen zur weiteren Kombination von Strukturprimitiven zu globalen Bildbereichs-Strukturen Verwendung finden, die zugleich in geeigneter Form symbolisch beschrieben werden.

Die Bilder der gewählten Bildklasse zeichnen sich im wesentlichen dadurch aus, dass Bildbereichsstrukturen durch lange Linienstrukturen charakterisiert sind. Der low level Prozess liefert Information über lokale Linienelemente, die sich über grössere Bereiche zu Geraden zusammensetzen lassen. Der Gruppierungsprozess erfolgt deshalb bildunabhängig unter Einbezug der simplen Gruppierungsregel: *Kombiniere*

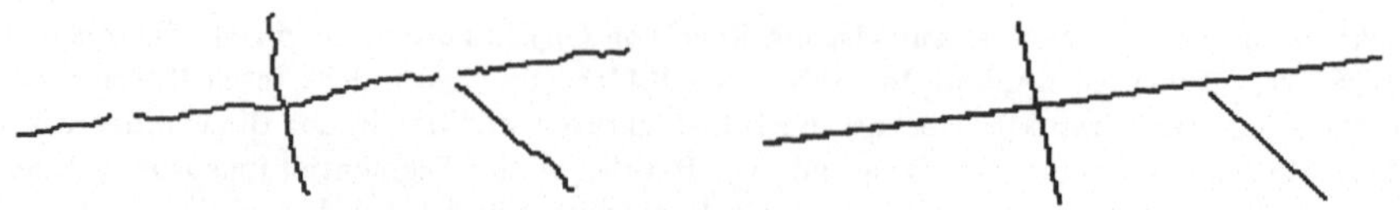

Figur 1: Aggregation von Bildbereichselementen

*aufeinanderfolgende Elemente ähnlicher Eigenschaften zu grösseren Strukturen, globales Zielkriterium sei die Linearität.*

Zur Steigerung der Effizienz werden in einem ersten Schritt topologisch zusammenhängende Strukturen erkannt, die in einer Listenbeschreibung von Linien und Knoten resultiert. Die Bewältigung lokaler Unterbrüche und Lücken wird dadurch möglich, dass von jedem Endpunkt eine Liste von virtuellen Verbindungen zu benachbarten Endpunkten bzw. Abständen zu Linien generiert wird. Auf diese Beschreibung wird dann ein modifizierter 'suboptimal line fitting' Algorithmus (Pavlidis [5]) angewandt, indem mit Hilfe von den zwei Parametern *Bogenlänge/Linienlänge* und *maximale Abweichung* von Punkten von der interpolierten Geraden sukzessive die gesamte Struktur durchlaufen und eine vereinfachte Beschreibung in Form von Vektoren erzeugt wird. Eine derartige Beschreibung wird bildunabhängig erzeugt, einziges Kriterium ist die Linearität. Zudem erfolgt die Approximation auch über Verzweigungen und Lücken (virtuelle Verbindungen) hinweg. Der Prozess führt deshalb auch bei sehr unterschiedlichen Originalbildszenen zur robusten Extraktion von linearen Bildbereichsstrukturen, die als Satz von Vektoren mit Attributen und Relationen eine symbolische Beschreibung repräsentieren (siehe Figur 1).

## 4 Generierung von Szenenbereichsstrukturen: High Level

Die Segmentierung von Bildszenen unserer speziellen Bildklasse liefert eine symbolische Beschreibung in Form eines Satzes von Vektoren und deren Nachbarschaftsbeziehungen (Zeiger zu benachbarten Elementen innerhalb einer vorgegebenen Umgebung). In gewissen Fällen, in denen es um die Erkennung von geradlinigen Objekten geht, ist damit die Korrespondenz von Bildbereichsstrukturen zu Szenenbereichsstrukturen und Objekthypothesen direkt gegeben. Die Strukturprimitive stellen direkt Objekte dar, die in einer weiteren Analyse ihrer Anordnung und gegenseitigen Relationen eine vollständige Szenenbeschreibung ergeben. Als reale Anwendung wird nachfolgend die Erkennung und Beschreibung von Glasfasern vorgestellt ( 5.1).

In anderen Fällen sind Szenenbereichsstrukturen aus Sätzen von Bildbereichsstrukturen in gewissen Konfigurationen aufgebaut. Zu deren Erkennung muss nun spezielles Wissen über den Diskursbereich herangezogen werden, das in einer geeigneten Form repräsentiert wird. Da ein derartiger Prozess als Suche unter Benützung verschiedener Regeln und einer Optimierungsstrategie verstanden werden kann, werden dazu bevorzugt Programmierumgebungen eingesetzt, die speziell dazu geeignet sind, symbolische Daten mit Attributen und Relationen mit zusätzlichem Modell-Wissen über die Diskurswelt zu verknüpfen und zu analysieren. Wir haben in unseren Erkennungsaufgaben die Programmiersprache PROLOG gewählt. Ein Anwendungsbeispiel wird mit der Erkennung von Zellstrukturen der Hornhaut (Abschnitt 5.3) vorgestellt.

## 5 Anwendungen

Das bisher beschriebene Szenenanalysesystem wurde zur Lösung einer Reihe von verschiedenen Erkennungsaufgaben eingesetzt. Der modulare, strukturierte Aufbau erwies sich als sehr geeignet, Bilder unterschiedlichen Komplexitätsgrades mit ein und demselben System, aber durch Einsatz von austauschbaren Prozessen unterschiedlichen Aufwandes (sowohl methodisch als auch rechnerisch), zu verarbeiten. Im folgenden soll die Analyse von Bildern aus drei sehr unterschiedlichen Anwendungsbereichen vorgestellt werden.

### 5.1 Analyse von Materialproben von Glasfaserstäben

Die Originalbilder stellen zweidimensionale Materialproben mit einer Anzahl überlappender Glasfasern dar. Gewünscht ist eine automatische, möglichst effiziente Analyse der Bilder in Form einer vollständigen Szenenbeschreibung, die Auskunft über die Anzahl, Grösse, Position und Orientierung der Glasfaserstäbe gibt. Daraus lässt sich dann jedes gewünschte Analyseresultat errechnen. Die low level Verarbeitung der

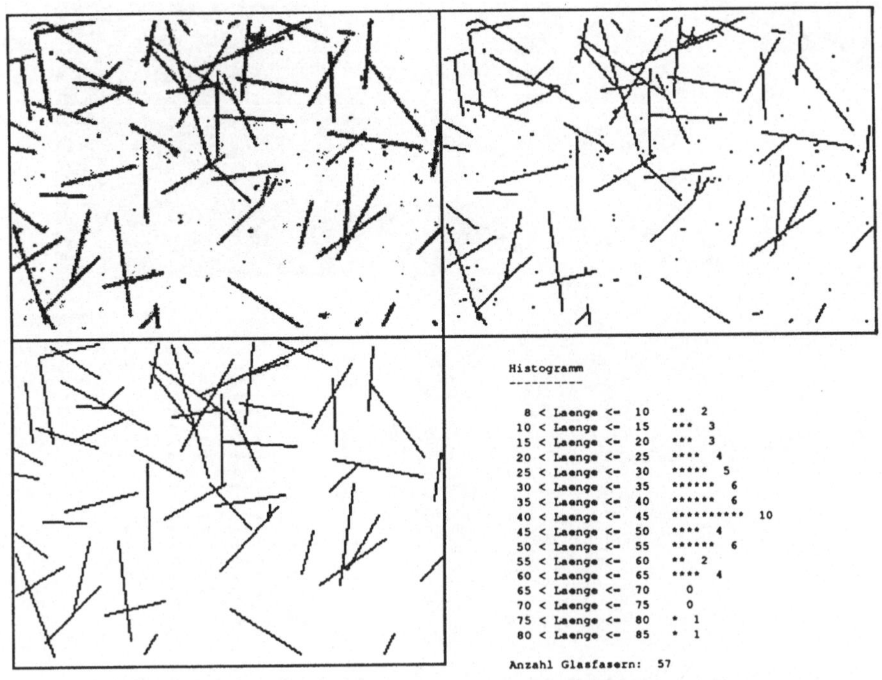


Figur 2: Automatische Erkennung von Glasfaserstäben

Szenen lässt sich stark vereinfachen, da die Bilder sich durch Schwellwerte binärisieren und dann topologisch verdünnen lassen. Diese Bilddaten können direkt vom medium level Gruppierungsprozess (Kapitel 3) verarbeitet werden, als Resultat werden Vektorbeschreibungen erzeugt, die nun direkt Szenenbereichsstrukturen und Objekte repräsentieren. Als a priori Wissen wird einzig die Information benützt, dass Glasfaserstäbe exakt geradlinig verlaufen und wegen ihrer Zerbrechlichkeit nicht gekrümmt werden können. Kleinere isolierte Stücke (< 4 Pixel Länge) werden von vorneherein als Schmutz bzw. uninteressante Elemente verworfen. Die Prozessschritte sind in Figur 2 illustriert, von links oben nach rechts unten sind Originalszene, binärisiertes und verdünntes Linienbild, generalisierte Vektorbeschreibung und quantitative Analyse dargestellt. Das Analyse erfordert $5 - 25''$ CPU (VAX 780), je nach Komplexität der Vorlage.

## 5.2  Beschreibung der Anordnung von Fibrinogenfasern

Die Originaldaten (Figur 5.2 links oben) sind EM-Aufnahmen eines Knäuels von Fibrinogenfasern. Das Analyseproblem stellt sich hier analog zum Problem der Detektion der Glasfaserstäbe, nur dass sich die Originalbilddaten sehr viel komplexer und schwieriger repräsentieren (die Erkennung es ist auch für geübte menschliche Interpreter eine schwierige Aufgabe). Die Fasern sind nicht als einfache lineare Strukturen repräsentiert, die sich stark vom Hintergrund abheben, sondern zeigen sich als perlenkettenförmige Aneinanderreihung von kleinen Elementen (siehe vergrösserten Ausschnitt in Figur 5.2). Zusätzliche Schwierigkeiten ergeben sich durch komplizierte Überlappungen und das Auftreten schwach gekrümmter Fasern, ebenso erschweren punktförmige Goldmarkierungen (schwarze Punkte) die low level Verarbeitung ausserordentlich.

Die Analyse dieses Problems erfordert den Einsatz einer komplexen low level Verarbeitung, können doch die global erkennbaren Fasern nur durch Anwendung von richtungsorientierten Linienfiltern extrahiert werden. Eine multiple simultane Faltung ($\sigma = 2.0$) und nachfolgende Kombination der Richtungskanäle (Kapitel 2) ergibt erst eine genügende linienhafte Beschreibung der Bildbereichselemente. Im Unterschied zu den Glasfaserbildern können hier lokal Lücken auftreten, die aber durch die Bildung von virtuellen Nachbarschaftsbeziehungen innerhalb einer vorgewählten Umgebung (hier 2 Pixel) aufgefangen werden. Die medium und high level Prozesse erfolgen dann analog zur Erkennung der Glasfaserstäbe (Abschnitt 5.1). Die Analyse soll hier nicht nur die Fasern selbst, sondern die Überkreuzungsstellen auf den Fasern lokalisie-

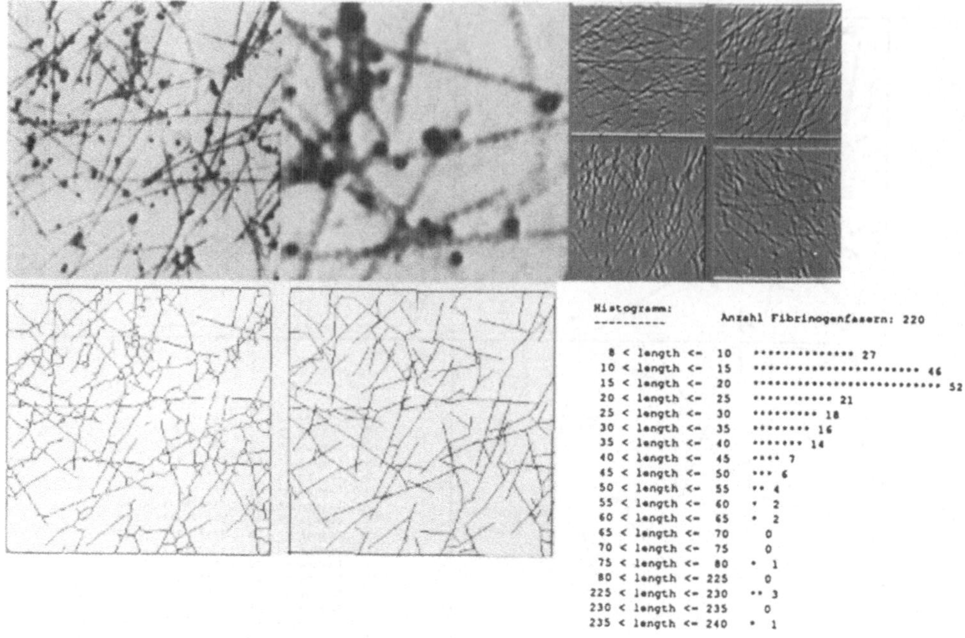



Figur 3: Beschreibung der strukturellen Anordnung von Fibrinogenfasern

ren, um eine wissenschaftliche Hyothese über den Faser Anlagerungsmechanismus zu untermauern. Diese Information kann aus der vollständigen Szenenbeschreibung abgeleitet werden.

Figur 3 illustriert die einzelnen Prozessschritte. In der oberen Reihe sind Originalszene, vergrösserter Ausschnitt des Originals, Resultat der Richtungsfilterungen; in der unteren Reihe die Kombination der Richtungskanäle nach der Extraktion von relativen Maxima, die Gruppierung von Pixeln zu Vektoren und das quantitative Analyseresultat abgebildet. Noch fällt das Analyseresultat nicht ganz befriedigend aus (z.B. wird die grosse horizontale Faser nicht als einzelnes Objekt erkannt). Grund dafür ist die Schwäche des gewählten Gruppierungsprozesses (Kapitel 3), auch global schwach gekrümmte Fasern als Linienobjekte zu erkennen; die Verbesserung des medium level Prozesses ist deshalb ein Gegenstand laufender Forschungsarbeiten.

## 5.3  Automatische Erkennung von Endothelzellen

Ziel der Analyse ist die automatische Qualitätskontrolle von Hornhauttransplantaten, deren Transparenz von entscheidender Bedeutung für den Erfolg von keratoplastischen Operationen ist. Die Transparenz hängt wesentlich vom Zustand des Hornhautendothels ab, das sich beim gesunden Auge als *reguläre, hexagonale Gitterstruktur* mit hoher Zelldichte präsentiert. Bislang obliegt die klinische Auswertung der Spiegelmikrokopieaufnahmen einem menschliche Betrachter, die inhärente Subjektivität und der Verantwortungs- und Zeitdruck ergeben aber eine geringe Aussagesignifikanz, sodass sich geeignete computerunterstützte Auswerteverfahren aufdrängen.

Die Originalbilder, die 'in vivo' direkt mit Spiegelmikroskop am Auge des Patienten akquiriert werden, sind von sehr unterschiedlicher Qualität und gehören zur Klasse derjenigen Bilder, die mit bekannten einfachen Standardmethoden nicht zu verarbeiten sind. Wichtige Bildbereichsstrukturen sind Polygone, die sich im Idealfall aus 6 gleichlangen Kanten zusammensetzen.

In der ersten Prozessstufe wird wiederum, wie im Falle der Fibrinogenfasern (Abschnitt 5.2) eine multiple Faltung mit einem Satz von richtungsorientierten Linienfiltern und anschliessender Kombination der Filterresultate durchgeführt (Parameter: $\sigma = 3.5$, 4 Orientierungen, Extrema positiver Krümmung). Das resultierende Linienbild repräsentiert sich als kompliziert, indem nicht nur die 'echten' Polygongrenzen, sondern auch ein gewisser Anteil von Linienstrukturen innerhalb der Zellen sichtbar gemacht wird. Ebenso deutlich sind Lücken und Störstellen zu sehen.

Der medium level Gruppierungsprozess (Kapitel 3) verknüpft kollineare Linienelemente zu länger ausgedehnten geradlinigen Stücken, die Kandidaten für Polygonkanten darstellen. Das Problem der high level Analyse lässt sich nun als Aufgabe formulieren, einen Satz von Vektoren zu einem Polygon zu gruppieren. Da die Polygone unterschiedliche Grösse aufweisen sowie auch stark von der hexagonalen Idealstruktur abweichen können, sind keine Kombinationsregeln einsetzbar, die nach einer starren geometrischen Struktur suchen. Vielmehr muss mit allgemeinen Kriterien versucht werden, Vektoren zu konkaven geschlossenen Polygonen zu gruppieren. Für die Such-Strategie wurde ein Satz von 7 verschiedenen PROLOG-Regeln implementiert. Das Verfahren ist in Figur 4 skizziert und kann vereinfacht wie folgt beschrieben werden:

**a** Initialisierung, Auffinden einer unteren Startkante

**b** Kombination von Kanten im Gegenuhrzeigersinn, bis oberste Kante gefunden wird (Konkavitäten an Eckpunkten erlaubt, wo keine Nachbarelemente zu evaluieren sind)

**c** Kombination von Kanten zurück zum Start, bis Startkante erreicht wird

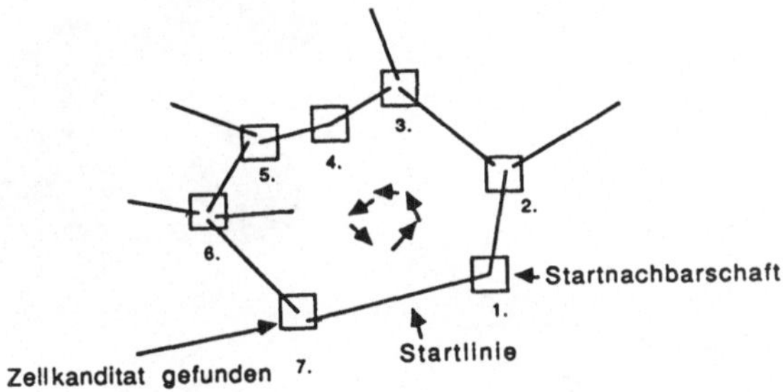


Figur 4: Gruppierung von Strukturprimitiven zu Zellstrukturen

Mithilfe dieses einfachen Regelsatzes konnte bereits der grösste Teil der Zellen richtig erkannt werden, Probleme bestehen noch bei Zellen mit mehreren Konkavitäten, mit ausgeprägter Innenstruktur und fehlenden Kanten. Es ist aber geplant, mit Erweiterungen des Regelsatzes auch diese Fälle erfolgreich erkennen zu können.

Figur 5 illustriert das Vorgehen, wiederum sind Originalszene, low level Merkmalsextraktion und die Gruppierung zu längeren Vektoren zu sehen. Als Resultat der Szenenbeschreibung werden die Flächen der erkannten Zellen mit verschiedenen Grauwerten abgebildet, schlussendlich kann daraus ein quantitatives Analyseresultat abgeleitet werden.

## 6  Folgerungen

In dieser Arbeit konnte gezeigt werden, wie sich durch ein systematisches Vorgehen in der Szenenanalyse ähnliche Analyseprobleme mit demselben System lösen lassen. Der strukturierte, einheitliche Ablauf ergibt streng definierte Schnittstellen, an die Methoden unterschiedlicher Komplexität gekoppelt werden können. Durch den Aufbau eine Datenstruktur, in der auch Lücken und Verzweigungen beschrieben sind, wird ein bildunabhängiger Gruppierungsschritt ermöglicht und eine stark vereinfachte symbolische Beschreibung in Einheiten von Bildbereichsstrukturen erzeugt.

Das Verfahren wurde erfolgreich auf drei verschiedene Analyseprobleme angewandt. Es konnte gezeigt werden, dass dadurch auch Probleme, die sogar für trainierte menschliche Interpreten schwierig zu verarbeiten sind (entweder wegen grosser anfallender Menge von Bildszenen, Reproduzierbarkeit, Schnelligkeit, direkter Erzeugung eines quantitativen Analyseresultates), mit Bildverarbeitungsmethoden effizient und robust analysiert werden können.

In zukünftigen Arbeiten ist geplant, als Erweiterung zu den geradlinigen Bildprimitiven auch Ecken und Bögen zu beschreiben, um auch allgemeinere Szenen analysieren zu können. Weitere Ziele, an denen

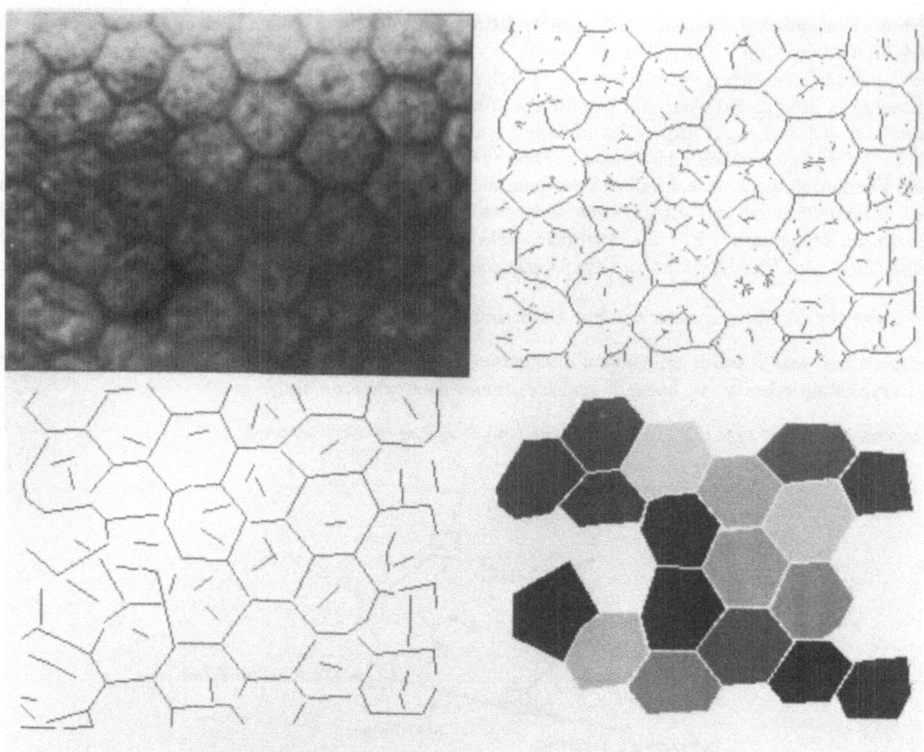

Figur 5: Automatische Erkennung von Endothelzell-Strukturen

intensiv gearbeitet wird, sind die simultane Extraktion von Kanten- und Linienelementen auf der low level Stufe, ein Ausbau der bildunabhängigen medium level Gruppierung und die Entwicklung komplexerer Sätze von Regeln in der high level Analyse, die durch Aufsummieren von Evidenz für bestimmte Ereignisse die Robustheit und Vielseitigkeit der Verfahren zu steigern vermögen.

## Danksagung

Der Autor möchte sich bei Herrn Prof. Dr. J. Draeger, Universitäts-Krankenhaus Eppendorf, Universität Hamburg, für das Überlassen des Bildmaterials bedanken. Danken möchte ich ferner Mats Johnsson und Trond Skjerven, die das Analyseverfahren zur Erkennung von Endothelzellen in Form einer Studienarbeit an der ETH-Zürich wesentlich weitergebracht haben.

## Literatur


1. Haralick, R.M. , *Ridges and valleys on digital images*, CVGIP 38, pp. 22-28, 1983

2. Canny, J.F., *Finding edges and lines in images*, Technical report 720, MIT Artificial Intelligence Laboratory, Dept. of Elecrical Engineering and computer Science, MIT, Cambridge Mass, 1983

3. Gerig, G., Segmentierung zur symbolischen Beschreibung von Strukturen in Grauwertbildern, PhD thesis, Eidgenössische Technische Hochschule Zürich, ETH, Zürich, 1986, Nummer 8390

4. Nalwa, V.S. and Pauchon, E., *Edgel aggregation and edge description*, CVGIP 40, pp. 79-94, 1987

5. Pavlidis, Th. , *Algorithms for Graphics and Image Processing*, Springer-Verlag Berlin-Heidelberg, 1982, Computer Science Press Inc..

# Korrespondenzlösung zwischen zwei Abbildungen durch relationale Isomorphie


**H. Müller**

Lehrstuhl für Allgemeine Nachrichtentechnik, Universität der Bundeswehr Hamburg

Holstenhofweg 85,     D-2000 Hamburg 70


## Zusammenfassung


Am Beispiel von Punktobjekten werden zwei Methoden vorgestellt, Korrespondenzen lokaler Merkmale zwischen zwei Abbildungen anhand der Isomorphie relationaler Beschreibungen zu lösen. Im ersten Fall werden die Bilder durch Delaunay-Triangulation in relationale Graphen überführt; die Lösung des Zuordnungsproblems erfolgt zweistufig durch Relaxation und einen topologischen Vergleich. Das zweite Verfahren basiert auf einer invarianzähnlichen Relation zwischen zwei orthogonalen Abbildungen eines 3D-Punktobjektes. Durch die Einführung einer entsprechenden Bewertungsfunktion lassen sich beide Methoden auch zur Klassifikation einsetzen.


## I. Einleitung

Die Ermittlung von Korrespondenzen zwischen den lokalen bzw. Punktmerkmalen aus zwei Bildern ohne a-priori-Wissen führt häufig entweder zu einer extensiven Suche oder zu iterativen Anpassungsalgorithmen mit instabilen oder lokalen Lösungen.

Im folgenden sind zwei Verfahren beschrieben, die das Korrespondenzproblem anhand relationaler Isomorphien lösen. Sie lassen sich charakterisieren durch:

- Skalierungsinvarianz

- Rotationsinvarianz

- Stabilität bzgl. Störungen und Objekttoleranzen

- relationale Beschreibung statt euklidischer Metrik

- überwiegend einfache, schnell berechenbare Vergleichsoperationen
  oder Parallelrechner-angepaßte Algorithmen

Die beiden Verfahren seien am Beispiel von Punktobjekten erläutert,  wobei von den einzelnen markanten Punkten nur die Zentrumskoordinaten, aber keine weiteren Eigenschaften als bekannt vorausgesetzt werden. Falls lokale Merkmale (wie Farbe, Intensität, Gauß'sche Krümmung der Bildfunktion etc.) aus dem Bild gewonnen werden können, erleichtert dies die Korrespondenzsuche.

In Teil II erfolgt der Ansatz zur Korrespondenzlösung anhand der dort definierten Ähnlichkeit zwischen zwei Abbildungen; Teil III geht von der Voraussetzung aus, daß zwei orthogonale Abbildungen des gleichen (starren) 3D-Objektes vorliegen.

## II. Korrespondenzlösung durch Delaunay-Nachbarschaftsrelationen

Die Umwandlung der aus den Bildvorlagen gewonnenen zweidimensionalen Punktstrukturen (Abb.1) in relationale Graphen geschieht unter mehreren Aspekten:

- die (unendliche) Mannigfaltigkeit der Punktstrukturen wird in eine diskrete Menge relationaler Graphen abgebildet

- anhand der Graphen kann eine "Ähnlichkeit" zwischen zwei Bildern definiert werden (zwei Bilder sind dann "ähnlich", wenn sie durch den gleichen Graphen beschrieben werden)

- Zur Korrespondenzlösung können graphentheoretische Methoden angewandt werden.

Als Bildgraph wird das Resultat der Delaunay-Triangulation [4] des Bilder interpretiert, da sich eine Dreieckszerlegung gegenüber anderen Beschreibungen (z.B. "minimal spannender Baum") in vielen Verfahren (s.II.C) als vorteilhaft erweist.

### A) Generierung eines Delaunaygraphen

Die Bildung der Delaunay-Dreiecke kann durch zwei zueinander äquivalente Kriterien definiert werden:

a) *Kreis-Kriterium: Für eine Menge S von Punkten $P_n$ ist das Dreieck $(P_i, P_j, P_k)$ dann und nur dann ein Delaunay-Dreieck $T_m(S)$, wenn sein Umkreis keine anderen Punkte von S enthält.*

b) *Winkel-Kriterium: jedes konvexe Viereck wird derart in zwei Dreiecke zerlegt, daß der kleinste in den beiden Dreiecken auftretende Winkel maximal ist.*

Die Triangulation T(S) ergibt für eine Menge S von N Punkten $N_t = 2(N-1) - N_c$ Dreiecke und $N_k = 3(N-1) - N_c$ Kanten ($N_c$: Anzahl der Punkte auf der konvexen Hülle). Als Beispiel sind in Abb.2 die Triangulationen der Punktstrukturen aus Abb.1 dargestellt.

Die Kanten $K_{ij}$ des so gebildeten Delaunay-Graphen sind als Nachbarschaftsrelation der Punkte $P_i$ und $P_j$ zu interpretieren; für die zugehörigen Bewertungskoeffizienten $a_{ij}$ gilt: $a_{ij} = 1$, falls $K_{ij} \in T$, sonst: $a_{ij} = 0$.

Zwei Punktmuster werden im toleranten Vergleich als identisch angesehen, wenn die zugehörigen Delaunay-Graphen isomorph sind. Eine Lösung des quadratischen Zuordnungsproblems erfolgt nun in zwei Stufen (Teil B und C).

### B) Relaxation der Delaunay-Nachbarschaftsrelationen

In der ersten Stufe wird, ähnlich wie in [2], ein Relaxationsverfahren auf die relationale Beschreibung angewandt, um die Zuordnungs-"Wahrscheinlichkeiten" $p_i(k)$ eines Musterpunktes $P_i$ zu einem Bildpunkt $P'_k$ zu bestimmen. (Die Begriffe "Muster" und "Bild" sind nur zur besseren Unterscheidung der beiden 2D-Punktstrukturen eingeführt).

Sofern den einzelnen Punkten Merkmale zugeordnet sind, können die initialen Zuordnungswahrscheinlichkeiten durch eine Fuzzy-Bewertung der Ähnlichkeit zwischen den Merkmalen von Muster- und Bildpunkt im Wertebereich $0 \leq p^o_i(k) \leq 1$ gesetzt werden.

Ansonsten werden die Startwerte durch

$$p^o_i(k) = (Anzahl\ der\ Kanten\ mit\ P'_k) / (2 \cdot (Anzahl\ aller\ Kanten\ im\ Bildgraph))$$

vorgegeben [6].

Die Zuordnungswahrscheinlichkeiten $p^n_i(k)$ werden nun iterativ nach dem Verfahren von [3] modifiziert.

Die Koeffizienten $r_{ij}(k,l)$, die ein Maß für die Übereinstimmung der Kantenbewertungen $a_{ij}$ im Muster und $a'_{kl}$ im Bild darstellen, werden aus einer diskreten Wertemenge ausgewählt. Hierbei wird die geometrische Information des Delaunaygraphen einbezogen, insbesondere die konvexe Hülle der Triangulation. Anhand der Musterdaten wurden folgende Fallunterscheidungen eingeführt:

*Sei $S_K \subset S \cup S'$ die Menge aller Punkte aus $S$ und $S'$, die auf der konvexen Hülle der Triangulation liegen. Wähle für $r_{ij}(k,l)$:*

*Falls $a_{ij} \cdot a'_{kl} = 1$ dann, falls:*

$$P_i, P_j \in S_k \land P'_k, P'_l \in S_k : C_1$$

$$P_i, P_j \notin S_k \land P'_k, P'_l \notin S_k : C_2$$

$$(P_i, P'_k \in S_k) \land (P_j, P'_l \notin S_K) \lor (P_i, P'_k \notin S_k) \land (P_j, P'_l \in S_k) : C_3$$

$$(P_i, P'_l \in S_k) \land (P_j, P'_k \notin S_k) \lor (P_i, P'_l \notin S_k) \land (P_j, P'_k \in S_k) : C_4$$

$$(P_i, P_j \in S_k) \land (P'_k, P'_l \notin S_k) \lor (P_i, P_j \notin S_k) \land (P'_k, P'_l \in S_k) : C_5$$

*sonst: $C_6$*

*falls $(a_{ij} = 0) \land (a'_{kl} = 1)$ dann, falls*

$$P_i, P_j \in S_K \land P'_k, P'_l \in S_k : C_7$$

$$P_i, P_j \notin S_k \land P'_k, P'_l \notin S_k : C_8$$

*sonst: $C_9$*

*sonst: $C_{10}$.*

Eine Verbesserung der Relaxationsergebnisse und des Konvergenzverhaltens erzielt man durch Multiplikation von $r_{ij}(k,l)$ mit den Faktor $d_{ij}(k,l)$:

$$d_{ij}(k,l) = (Ka(i,j) - Ka(k,l)) / (max_{m,n,p,q} |Ka(m,n) - Ka(p,q)|);$$

$$P_i, P_j, P_m, P_n \in S, \qquad P'_k, P'_l, P'_p, P'_q \in S'.$$

Hierbei ist $Ka(i,j)$ der Kantenabstand zwischen $P_i$ und $P_j$ in $T(S)$, d.h. die minimale Zahl von Kanten, die benötigt werden, um $P_i$ mit $P_j$ zu verbinden.

Bei identischen Triangulationen zeigt die Relaxation i.a. eindeutige Konvergenz (Tabelle 1), so daß die maximalen $p^n_i(k)$ als Korrespondenzen $P_i \leftrightarrow P'_k$ interpretiert werden können. Im Falle von nicht-identischen Triangulationen wird jedoch statt einer Optimierung der linearen Zuordnung ein topologischer Lösungsansatz gewählt, der im nächsten Abschnitt beschrieben ist.


## C) Test auf Strukturisomorphie

Auf der Basis der in Teil **B** berechneten Zuordnungswahrscheinlichkeiten erfolgt ein Strukturvergleich der beiden Triangulationen anhand der Nachbarschaftsbeziehungen der Dreiecke, ähnlich wie in [1].

Ausgehend von Kandidaten für korrespondierende Dreiecke (höchste Bewertung der beteiligten Punktkorrespondenzen), werden iterativ solche Nachbardreiecke hinzugenommen, die im topologischen Sinne mit der aktuellen Hypothese verträglich sind, und zu jeweils einem neuen Gesamtpolygon vereinigt. Für alle Startdreiecke wird das größte zugehörige Polygon gespeichert. In einem zweiten Durchlauf wird versucht, bislang noch freie Korrespondenzen aufzulösen, die nicht im Widerspruch zum aktuellen Polygon stehen. Das nach dem zweiten Durchgang maximale Polygon liefert durch Vergleich von Muster- und Bildpunkten die beste (Teil-)Korrespondenz, die bezüglich der Delaunay-Triangulation (teil-)isomorph ist (Abb. 3).

Zusätzlich zu den Kantenrelationen $a_{ij}$ des Delaunay-Graphen wird beim Strukturvergleich von einer orientierten Nachbarschaft ausgegangen, indem der Zählsinn der Dreieckspunkte berücksichtigt wird.

## III. Korrespondenzlösung bei Bildern eines 3D-Objektes durch Anordnungsfolgen

Während Teil II auf der Ähnlichkeit der Punktstrukturen in den zweidimensionalen Bildern basiert, soll nun ein relationales Verfahren beschrieben werden, das Punktkorrespondenzen zwischen zwei orthogonalen Abbildungen **dreidimensionaler** Objekte unter **beliebigem** Aspektwinkel löst. Vorausgesetzt wird, daß die gewählten markierten Punkte in beiden Abbildungen sichtbar sind und einzelne Punktkorrespondenzen bekannt sind.

Sofern es sich bei den zwei gegebenen 2D-Punktstrukturen B, B' um orthogonale Abbildungen **eines** 3-dimensionalen (Punkt-)Objektes handelt, gilt folgender Satz (vergleiche [5]):

*Satz 1:*

> *Es gibt zwei Drehwinkel $\phi$, $\phi'$ und einen Skalierungsfaktor s, so daß sich die korrespondierenden Punkte von Bild B, gedreht um $\phi$, und Bild B', gedreht um $\phi'$ und skaliert mit s, durch zueinander parallele Linien verbinden lassen.*

Für zwei verschiedene Ansichten der Modellpyramide ist dieser Zusammenhang in Abb.5 gezeigt, wobei die Drehwinkel $\phi$ und $\phi'$ durch ein regularisiertes Gauß-Newton-Verfahren berechnet wurden (s = 1).
Aus Satz 1 und Abb.5 folgt unmittelbar das

*Lemma 1:*

> *Es gibt zwei Drehwinkel $\phi$ und $\phi'$, so daß die korrespondierenden Punkte von B und B' der gedrehten Bilder, orthogonal auf die y-Achse projiziert, zwei Anordnungsfolgen $A = (P_1, P_2 \dots P_N) =$ und*
> *$A' = (P_1', P_2', \dots P_N')$ ergeben, in denen korrespondierende Punkte an gleicher Stelle stehen.*
> *Eine Anordnungsfolge ist definiert als die nach y-Koordinatenwerten sortierte Liste aller Bildpunkte.*

Die Liste aller Anordnungsfolgen eines Bildes bei beliebigen Drehwinkeln $\phi$ erhält man durch wiederholte paarweise Permutation von je zwei Punkten der Anordnungsfolge nach folgendem Algorithmus:

*Algorithmus 1:*

1. *Erstelle eine Liste L der N(N-1)/2 Verbindungslinien aller Punkte untereinander. Die Liste enthält die beiden Endpunkte sowie den Winkel a der Verbindungslinie zur x-Achse ($0 \leq a < 180^0$)*
2. *Sortiere die Verbindungsliste L nach steigendem a; i: = 1*
3. *Berechne die Anordnungsfolge $A_i$ durch Sortieren der y-Werte der Bildpunkte*
4. *Wähle das nächste Listenelement $L_i (a_i = a_{min})$ und permutiere die zugehörigen Punktindizes in $A_i$:*
   *$\pi: A_i \Rightarrow A_{i+1}$; inkrementiere den Index i ;*
5. *Wiederhole 3. und 4., bis alle Elemente von L abgearbeitet sind (entspricht einer Drehung um $180^0$)*

*Für eines der beiden Bilder wird die Liste zweifach abgearbeitet (Drehung um 360°).*

Sind einzelne Punktkorrespondenzen bekannt, können die noch offenen Korrespondenzen nun durch Vergleich der Anordnungsfolgen aus beiden Bildern nach folgendem Algorithmus gefunden werden:

*Algorithmus 2:*

> *Für alle Anordnungsfolgen $A_i$ des ersten Bildes:*
>> *Für alle Anordnungsfolgen $A_j'$ des zweiten Bildes:*
>>> *Falls Punkte bekannter Korrespondenz in $A_i$ und $A_j'$ an gleicher Stelle stehen:*
>>>> *Speichere alle Punkte aus $A_i$ und $A_j'$ an jeweils gleicher Stelle als mögliche Korrespondenzen in einem Vektor $C_{ij}$*

Die wahrscheinlichste Korrespondenz kann anhand der erlaubten Korrespondenzvektoren durch einfache Korrelation der y-Werte selektiert werden (Satz 1): für die Korrespondenzhypothese $C_{ij}$ wird der Drehwinkel $\phi$ durch $\phi = (a_i + a_{i-1})/2$ geschätzt (entsprechend $\phi' = (a'_j + a'_{j-1})/2$); die Mittelwert-befreiten y-Werte der um $\phi$ und $\phi'$ gedrehten Bilder werden korreliert:

$$Q = \sum_{i=1}^{N} y_i \cdot y_i' \, / \left( \sum_{i=1}^{N} y_i^2 \cdot y_i'^{\,2} \right)^{1/2}$$

Die Korrespondenzhypothese mit dem höchsten Q-Wert wird als Korrespondenzlösung ausgegeben (Tab.2).

Unter Vorgabe einer vollständigen Korrespondenz kann das Verfahren auch als Hypothesentest oder zur Klassifikation eingesetzt werden, wobei Q als Bewertung einer möglichen Übereinstimmung der den Bildern zugrundeliegenden 3D-Objekte anzusehen ist. Hierbei ist allerdings die aus der durch Projektion in den zwei- bzw. eindimensionalen Raum resultierende Mehrdeutigkeit zu beachten.

**Literatur:**

[1]    H. Ogawa: *Labeled Point Pattern Matching By Delaunay Triangulation And Maximal Cliques* - Pattern Recognition 19, Nr. 1, 1986, S. 35 -40

[2]    P. Kuner: *Mustererkennung in Linienbildern durch Graphensuche* - *ein Relaxationsansatz*-Proceedings 9. DAGM-Symposium, Springer 1987, S. 173 (Informatik-Fachberichte Bd. 149)

[3]    A. Rosenfeld, R. Hummel, S.Zucker: *Scene Labeling by Relaxation Operations* - IEEE Trans. on Systems, Man, and Cybernetics, 1976, S. 420 - 433

[4]    D.T. Lee, B.J. Schachter: *Two Algorithms for Construction a Delaunay Triangulation* - Intern. Journal of Computer and Information Sciences, 9, Nr. 3, 1980, S. 219 - 242

[5]    R.O. Duda, P.E. Hart: *Pattern Classification and Scene Analysis.* - J. Wiley & Sons, New York 1973

[6]    O. Pries: *Relaxation lokaler Merkmale zur Lösung von Modell-Bild-Korrespondenzen* - Diplomarbeit, UniBw HH, ANT, März 1988

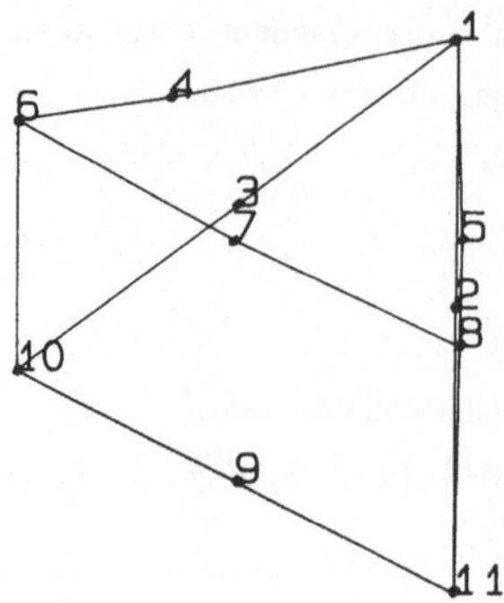

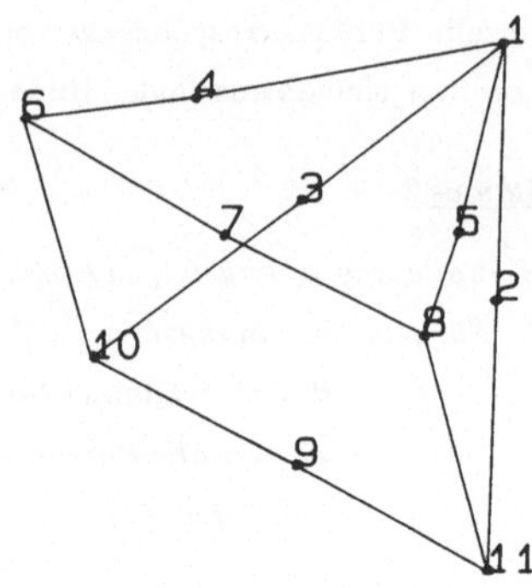



**Abb. 1a:** Rechnersimulierte Ansicht eines Pyramiden-Drahtmodells mit 11 markierten Punkten (orthogonale Projektion). Die Verbindungen dienen nur zur Veranschaulichung.

**Abb. 1b:** ”Gestörte” zweite Ansicht der Modell-pyramide (Drehung von 10 Grad um die vertikale Achse)

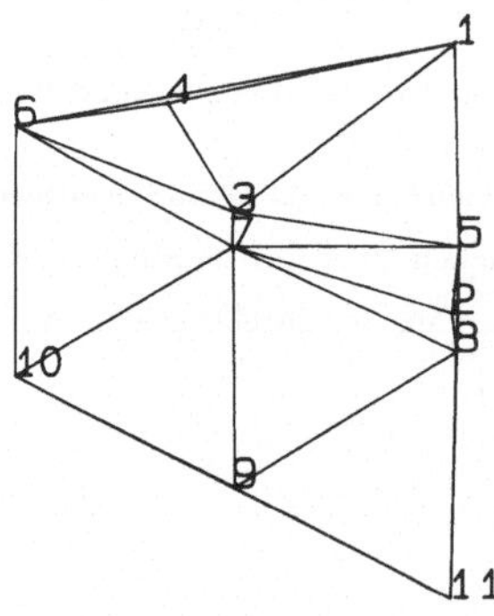

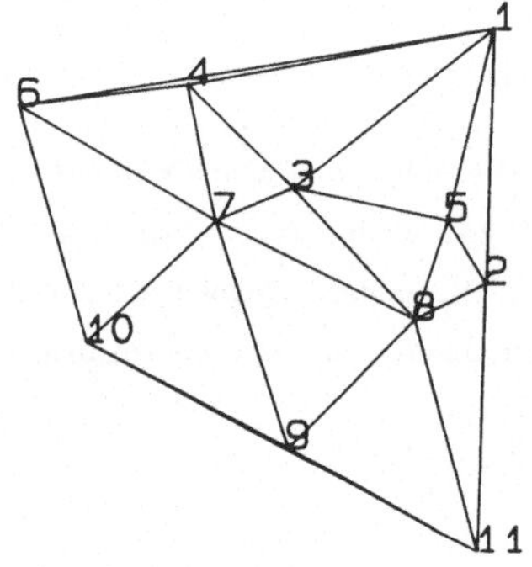

**Abb. 2a:** Delaunay-Triangulation der Punktwolke aus Abb. 1a

**Abb. 2b:** Delaunay-Triangulation der Punktwolke aus Abb. 1b

```
Matrix nach  9 Iterationen
0.951  0.000  0.000  0.000  0.003  0.027  0.000  0.000  0.000  0.000  0.018
0.000  0.557  0.039 -0.000  0.000  0.000  0.007  0.271  0.125  0.000  0.000
0.000  0.010  0.937  0.003  0.000  0.000  0.037  0.013  0.000  0.000  0.000
0.000  0.000  0.175  0.795  0.000  0.000  0.029  0.000  0.000  0.000  0.000
0.000  0.000  0.000  0.000  0.954  0.039  0.000  0.000  0.000  0.006  0.000
0.010  0.000  0.000  0.000  0.248  0.729  0.000  0.000  0.000  0.013  0.000
0.000  0.005  0.005  0.000  0.000 -0.000  0.955  0.034  0.001  0.000  0.000
0.000  0.056  0.008 -0.000  0.000  0.000  0.461  0.439  0.036  0.000  0.000
0.000  0.075  0.087  0.000  0.000  0.000  0.015  0.204  0.618  0.000  0.000
0.018  0.000  0.000  0.000  0.097  0.066  0.000  0.000  0.000  0.727  0.092
0.059  0.000  0.000  0.000  0.048  0.011  0.000  0.000  0.000  0.081  0.802
```

**Tab. 1:** Matrix der Zuordnungswahrscheinlichkeiten $p_i(k)$ nach 9 Iterationen bei Relaxation zwischen zwei identischen Triangulationen (Abb. 2a) mit den Bewertungskoeffizienten: $C_1 = C_2 = 0.9$; $C_3 = 0.5$; $C_4 = 0.7$; $C_5 = 0.3$; $C_6 = 0.2$; $C_7 = 0.5$; $C_8 = 0.3$; $C_9 = 0.1$; $C_{10} = 0.4$

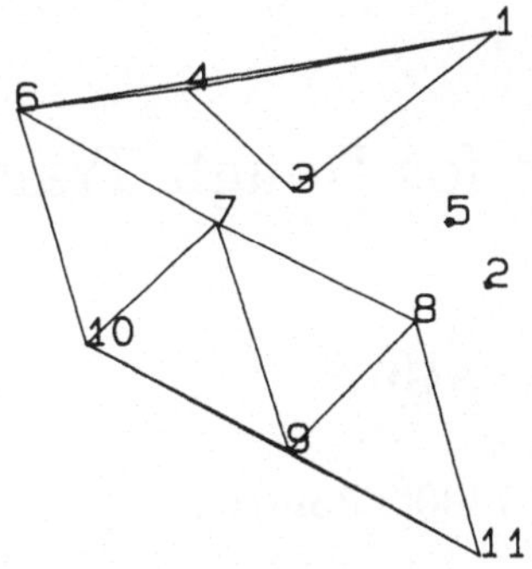

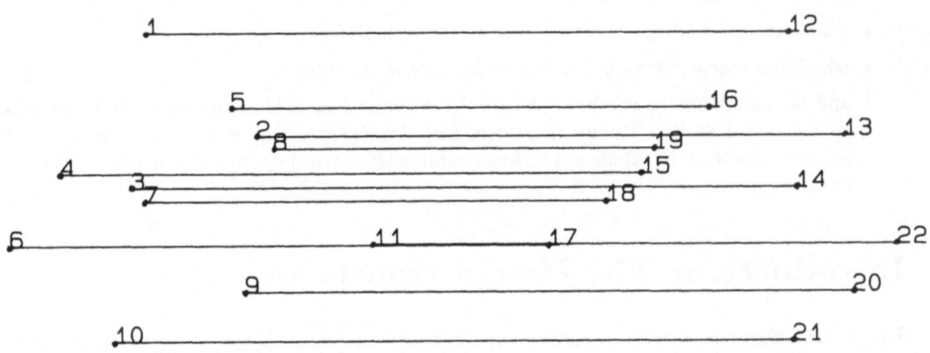

| | Abb. 3: | Ergebnisse des topologischen Vergleichs zwischen Abb. 2a und 2b. Dargestellt sind diejenigen Dreiecke aus Abb. 2b, zu denen korrespondierende Dreiecke in Abb. 2a gefunden wurden. Bis auf die Punkte $P_2'$ und $P_5'$ wurden alle Punktkorrespondenzen gelöst. | Abb. 4: | Simulierte Modellansicht unter einem gegenüber Abb. 1a stark veränderten Aspektwinkel |

**Abb. 3:** Ergebnisse des topologischen Vergleichs zwischen Abb. 2a und 2b. Dargestellt sind diejenigen Dreiecke aus Abb. 2b, zu denen korrespondierende Dreiecke in Abb. 2a gefunden wurden. Bis auf die Punkte $P_2'$ und $P_5'$ wurden alle Punktkorrespondenzen gelöst.

**Abb. 4:** Simulierte Modellansicht unter einem gegenüber Abb. 1a stark veränderten Aspektwinkel

**Abb. 5:** Drehung der Modellansicht (Abb. 1a) um $\Phi = -47.1°$ und der Bildansicht (Abb. 4) um $\Phi' = -42.9°$, so daß gem. Satz 1 alle korrespondierenden Punkte durch Parallelen zur X-Achse verbunden sind (die Indizes der Bildpunkte sind um 11 erhöht, d.h. $P_1 \leftrightarrow P'_{12}$).

Korrespondenz zu $P_i$:

| | 1 | 2 | 3 | 4 | 5 | 6 | 7 | 8 | 9 | 10 | 11 | Q | $\Phi$ | $\Phi'$ |
|---|---|---|---|---|---|---|---|---|---|---|---|---|---|---|
| 1. | 1 | 2 | 3 | 4 | 5 | 6 | 7 | 8 | 9 | 10 | 11 | 0.9997 | 136 | 139 |
| 2. | 1 | 2 | 3 | 4 | 5 | 11 | 7 | 8 | 9 | 10 | 6 | 0.9996 | 136 | 135 |
| 3. | 1 | 2 | 3 | 8 | 5 | 11 | 7 | 4 | 9 | 10 | 6 | 0.9985 | 142 | 135 |

**Tab. 2:** Ergebnis von Algorithmus 2 für die beiden Ansichten aus Abb. 5 (unter Annahme bekannter Korrespondenzen für die Punkte $P_1$ .. $P_3$). Ausgegeben sind die drei (von 14 möglichen) Korrespondenzvektoren mit der höchsten Korrelationsbewertung, der Q-Wert sowie die geschätzten Drehwinkel $\Phi$ und $\Phi'$.

# Yet Another Line Parametrization for Hough Transform

Thomas Risse
Wilhelm Schickard Institut / GRIS
Universität Tübingen
Auf der Morgenstelle 10, C9, D-7400 Tübingen

**Abstract**

The crucial problem of finding efficient line parametrizations when using the Hough transform to identify straight lines in edge enhanced images is discussed in this paper. A derivate of the parametrization by image edge intersections [Wal85] is investigated. It offers significantly reduced time and space requirements because of

- a relatively small and compact accumulator
- an algorithm to fill the accumulator which generates sharp peaks in parameter space facilitating cluster detection,
- which uses only integer arithmetic without multiplications and divisions,
- which can efficiently be implemented by parallel hardware,
- and an algorithm to combine the results produced in subimages into which the image is subdivided so that Hough transform and cluster detection in a proportionally smaller accumulator can be applied to these subimages separately and – where possible – in parallel.

## 1 Introduction: The Hough transform

The Hough transform is a means for feature extraction from raster images. Originally, it was invented [Hou62] for the identification of straight lines in edge enhanced pictures but generalizations [DH72] were near at hand. The Hough transform is suited for the processing of noisy images when no a priori information is available. Implementations in hardware have been suggested [MF75], [ST84], [R*88].

In order to identify e.g. straight lines in an edge enhanced image the Hough transform accumulates evidence by incrementing counters – the so called accumulator cells – associated to the parameters of each line in the bundle of lines passing through each set pixel. Lines – not line segments – are then identified by e.g. simple thresholding. Obviously, the intersection of the loci corresponding to pixels on a common line is the parameter tupel of this line [EW86]. Higher dimensional parameter spaces allow the detection of circles [Ger87], ellipses [Mil86] etc..

In [K*75] gradient information from gray scale images is used in order to reduce the number of cells to be incremented. However, the use of gradient information is limited because gradients in noisy images are all the more noisy as pointed out in [Mil86].

The fast Hough transform (FHT) [L*85] divides the parameter space recursively in order to reduce time and space requirements. The same idea of stepwise incrementation of the resolution in parameter space is exploited in the so called adaptive Hough transform (AHT) [IK87] using an iterative adaptive 'coarse to fine' accumulation and search strategy which is more flexible than the fixed $k$-tree refinement strategy of the fast Hough transform. However, the estimation of the complexity of the AHT in [IK87] is misleading insofar as treatment of an image with only one line is considered. Actually, the complexity of the AHT is proportional to the number of detected lines whereas the classical Hough transform identifies all lines 'simultaneously' in one pass.

Generally, both FHT and AHT – essentially trading time for space – have to be considered extremal: they identify a line at a time whereas the classical Hough transform identifies all lines 'at once'. The method developed in this paper represents an efficient compromise.

## 2 Parametrizations

In the literature about Hough transform, different parametrizations of straight lines have been investigated:

- slope and ordinate intercept $(m, c)$ [I*85], [BB82],

- slope angle and ordinate intercept $(\alpha, c)$ [Bil87],

- slope angle of normal and distance to the origin $(\rho, d)$ [DH72],

- slope and ordinate intercept $(a, b)$ in Hough ($|a| \leq 1$) and twin Hough space ($|a| \geq 1$) [Bil87], [WB86],

- intersections of a line with the image edge $(s_1, s_2)$, where the distances $s_i$ of the intersection from the origin are measured along the image edge with $s_1 < s_2$ [Wal85].

Some of these have been compared informally in [Bil87]. More thoroughly all these parametrizations are compared by means of Hough space usage and hifi-quantization in [Ris88a] where – based on the parameter space dimensions for this quantization of each parametrization – complexity of filling the accumulator and of identifying lines by cluster detection is determined.

Images are represented by $(N + 1) \times (N + 1)$ bit arrays. Define the set $\mathcal{R}$ of realizable lines in an image to be the set of lines through two points in $grid := \{0..N\} \times \{0..N\}$.

In contrast to the real parameters $s_1$ and $s_2$ of [Wal85], let us now consider

- the $i_1, i_2$-parametrization where $i_1$ and $i_2$ denote the **i n t e g e r** intersections of a line with the image edge.

Obviously, the set $\mathcal{ER}$ of so called edge-realizable lines $\mathcal{ER} := \{g(i_1, i_2) : 0 \leq i_1 < i_2 \leq 4N\}$ is a proper subset of $\mathcal{R}$. In the next two sections it will be shown that this set is small enough for the parametrization to be efficient and large enough to offer sufficient resolution in parameter space.

## 3 There are relatively few edge-realizable lines

In this section the ratio of the number of edge-realizable lines to the number of all realizable lines is estimated. The cardinality $|\mathcal{ER}|$ of $\mathcal{ER}$ is easily determined as

$$|\mathcal{ER}| = 6N^2 - 4N + 4.$$

In order to compute $|\mathcal{R}|$ the set $\mathcal{R}$ is ordered according to line slope

$$\mathcal{R} = \bigcup_{p,q} \{g \in \mathcal{R} : g \text{ has slope } \frac{p}{q}\}.$$

The different slopes of lines in $\mathcal{R}$ can be represented by the members of the Farey row $\mathcal{F}_N$ [HW54], i.e. the monotonically increasing rationals in the unit interval with denominators bounded by $N$. Then we have

$$\mathcal{R} = \bigcup_{\frac{p}{q} \in \mathcal{F}_N} \{g \in \mathcal{R} : \text{ has slope } m, \text{ s.t. } m = \pm\frac{p}{q} \text{ or } m = \pm\frac{q}{p}\}.$$

Denoting the line through points $(x_1, y_1)$ and $(x_2, y_2)$ by $g(x_1, y_1, x_2, y_2)$, the lines in $\mathcal{R}$ can be enumerated via

$$\mathcal{R} = \bigcup_{\frac{p}{q} \in \mathcal{F}_N^* \text{ or } \frac{q}{p} \in \mathcal{F}_N^*} (\{g(x_1, 0, x_1 + q, p) : x_1 = 0..N - q\} \cup \{g(0, y_1, q, y_1 + p) : y_1 = 1..N - p\})$$

$$\cup \bigcup_{\frac{p}{q} \in \mathcal{F}_N^* \text{ or } \frac{q}{p} \in \mathcal{F}_N^*} (\{g(x_1 + q, 0, x_1, p) : x_1 = 0..N - q\} \cup \{g(q, y_1, 0, y_1 + p) : y_1 = 1..N - p\})$$

$$\cup \quad (\{g(x_1, 0, x_1, N) : x_1 = 0..N\} \cup \{g(0, y_1, N, y_1) : y_1 = 0..N\}),$$

where $\mathcal{F}_N^* := \mathcal{F}_N \setminus \{0, 1\}$ is assumed. Hence,

$$|\mathcal{R}| = 4 \sum_{\frac{p}{q} \in \mathcal{F}_N^*} (2N + 1 - (p + q)) + 2(N + 1) = 4(2N + 1)|\mathcal{F}_N^*| - 4 \sum_{\frac{p}{q} \in \mathcal{F}_N^*} (p + q) + 2(N + 1).$$

Now, the ratio of $|\mathcal{ER}|$ to $|\mathcal{R}|$ can be determined asymptotically. By induction, $|\mathcal{F}_N^*| = \sum_{i=2}^N \phi(i)$ where $\phi(i) := |\{j : 0 < j < i, (i, j) = 1\}|$ and $\phi(1) := 1$ denotes Eulers function, and $\sum_{\frac{p}{q} \in \mathcal{F}_N^*}(p+q) = \frac{3}{2} \sum_{i=3}^N i\,\phi(i)$. Therefore, because of $\Phi(N) := \sum_{i=1}^N \phi(i) = \frac{3}{\pi^2}N^2 + O(N \ln(N))$ as can be found in e.g. [HW54, 5th edition 1979, p.268],

$$|R| = O\left(8N|F_N^*| - 4 \sum_{\frac{p}{q} in \mathcal{F}_N^*} (p + q)\right) = O\left(8N \sum_{i=2}^N \phi(i) - 6 \sum_{i=3}^N i\,\phi(i)\right)$$

$$\geq O\left(8N \sum_{i=2}^N \phi(i) - 6N \sum_{i=2}^N \phi(i)\right) = O\left(2N\frac{3}{\pi^2}N^2\right) = O(N^3)$$

so that we conclude

$$\lim_{N \to \infty} \frac{|\mathcal{ER}|}{|\mathcal{R}|} \leq \frac{O(N^2)}{O(N^3)} = 0.$$

To give an idea of the convergence, the first few values of $\frac{|\mathcal{ER}|}{|\mathcal{R}|}$ are listed in table 2.

| $N$ | 1 | 2 | 3 | 4 | 5 | 6 | 7 | 8 | 9 | 10 | 11 | 12 | 13 | 14 | 15 | 16 |
|---|---|---|---|---|---|---|---|---|---|---|---|---|---|---|---|---|
| $\lvert\mathcal{ER}\rvert$ | 6 | 20 | 46 | 84 | 134 | 196 | 270 | 356 | 454 | 564 | 686 | 820 | 966 | 1124 | 1294 | 1476 |
| $\lvert\mathcal{R}\rvert$ | 6 | 20 | 62 | 140 | 306 | 536 | 938 | 1492 | 2306 | 3296 | 4722 | 6460 | 8830 | 11568 | 14946 | 18900 |

Table 2: First few values of $\frac{|\mathcal{ER}|}{|\mathcal{R}|}$.

# 4 There are enough edge-realizable lines

Lines segments in edge-enhanced images represent not more than approximations to the true line or even to the line drawn by some DDA- or by Bresenhams algorithm. Edge detection algorithms like Sobel filtering or application of the Hueckel operator may generate edges of two or more pixel thickness whereby making a thinning step necessary to facilitate e.g. edge following.

Therefore, it seems reasonable to consider a resolution in parameter space sufficient if each realizable line lies within a one pixel neighbourhood of an edge-realizable line. Let $g(x_1, y_1, x_2, y_2) \in \mathcal{R}$.

To measure distances of lines define first of all $d(P, g) := \min\{|P - P'| : P' \in grid, P' \text{ on } g\}$ to be the distance of a point $P$ to a line $g$ for some norm in two-dimensional real space and

$$d(g, g') := \max\{d(P, g') : P \in grid, P \text{ on } g\} \cup \{d(P', g) : P' \in grid, P' \text{ on } g'\}$$

to be the (symmetric!) distance of two lines relative to the image window. If $(x(s), y(s))$ denotes the image edge point corresponding to the parameter $s$, the functions $x(s)$ and $y(s)$ are defined by

$$x(s) = \begin{cases} s & 0 \leq s \leq N \\ N & N \leq s \leq 2N \\ 3N - s & 2N \leq s \leq 3N \\ 0 & 3N \leq s \leq 4N \end{cases} \quad \text{and} \quad y(s) = \begin{cases} 0 & 0 \leq s \leq N \\ s - N & N \leq s \leq 2N \\ N & 2N \leq s \leq 3N \\ 4N - s & 3N \leq s \leq 4N \end{cases}$$

and obviously for $g = g(s_1, s_2)$ and $g' = g(s_1', s_2')$

$$d(g, g') = \max\{d(\,(x(s_j), y(s_j)), g') : j = 1, 2\} \cup \{d(\,(x(s_j'), y(s_j')), g) : j = 1, 2\}$$

With the Euclidian norm, the distance of a point $(x, y)$ from a line through two points $(x_1, y_1)$ and $(x_2, y_2)$ is given by

$$\begin{aligned} d(\,(x, y), g(x_1, y_1, x_2, y_2)) &= \frac{|(x - x_1)(y_2 - y_1) - (y - y_1)(x_2 - x_1)|}{\sqrt{(x_2 - x_1)^2 + (y_2 - y_1)^2}} \\ &= \frac{|(x - x_2)(y_2 - y_1) - (y - y_2)(x_2 - x_1)|}{\sqrt{(x_2 - x_1)^2 + (y_2 - y_1)^2}} . \end{aligned}$$

Therefore, for $i_1 := \text{Round}(s_1)$, $i_2 := \text{Round}(s_2)$, $g_s := g(s_1, s_2)$ and $g_i := g(i_1, i_2)$

$$d(g(s_1, s_2), g(i_1, i_2)) = \max\{d(\,(x(i_j), y(i_j)), g_s)) : j = 1, 2\} \cup \{d(\,(x(s_j), y(s_j)), g_i)) : j = 1, 2\}.$$

For example, with $s = s_1$ and because of $|x(s) - x(i_1)|, |y(s) - y(i_1)| \leq 0.5$ we have

$$\begin{aligned} d(\,(x(s), y(s)), g(i_1, i_2)) &= \frac{|(x(s) - x(i_1))(y(i_2) - y(i_1)) - (y(s) - y(i_1))(x(i_2) - x(i_1))|}{\sqrt{(x(i_2) - x(i_1))^2 + (y(i_2) - y(i_1))^2}} \\ &\leq \frac{1}{2} \frac{|y(i_2) - y(i_1)| + |x(i_2) - x(i_1)|}{\sqrt{(x(i_2) - x(i_1))^2 + (y(i_2) - y(i_1))^2}} \\ &\leq \frac{1}{2} \sqrt{\frac{(x(i_2) - x(i_1))^2 + 2\,|x(i_2) - x(i_1)|\,|y(i_2) - y(i_1)| + (y(i_2) - y(i_1))^2}{(x(i_2) - x(i_1))^2 + (y(i_2) - y(i_1))^2}} \\ &\leq \frac{1}{2} \sqrt{1 + \frac{2\,|x(i_2) - x(i_1)|\,|y(i_2) - y(i_1)|}{(x(i_2) - x(i_1))^2 + (y(i_2) - y(i_1))^2}} \leq \frac{1}{2}\sqrt{2} < 1. \end{aligned}$$

because $\frac{ab}{a^2 + b^2} \leq \frac{1}{2}$ for all $a$ and $b$. For $s = s_2$, taking the second equality for the distance of point $(x(s), y(s))$ to line $g(i_1, i_2)$ we again derive $d(\,(x(s), y(s)), g(i_1, i_2)) \leq \frac{1}{2}\sqrt{2} < 1$. The other two estimations are concluded analogously by just interchanging corresponding parameters $i$ and $s$. Comprising, we now can state

$$d(g(i_1, i_2), g(s_1, s_2)) \leq \frac{1}{2}\sqrt{2} < 1.$$

This estimation guaranties that each $g \in \mathcal{R}$ lies in a one-pixel-neighbourhood of a suitable $g' \in \mathcal{ER}$.

# 5 Compacting the parameter space

Obviously, for the $i_1, i_2$-parametrization $i_1 < i_2$ holds. But, the $3N^2$ cells indexed by $\{(i_1, i_2) : N \leq i_1, i_2 \leq 2N\} \cup \{(i_1, i_2) : 2N \leq i_1, i_2 \leq 3N\}$ will never be incremented. By the transform

$$(i_1, i_2) \rightarrow \begin{cases} (i_1, i_2) & i_1 \leq 2N \\ (i_1 - N, i_2 - 2N) & \text{else} \end{cases}$$

of coordinates the parameter space can be compacted thereby reducing memory requirements by one third. Accumulator cells are then indexed by $(i_1, i_2)$ where $0 \leq i_1 \leq 2N$ and $N \leq i_2 \leq 4N$.

# 6 How to fill the accumulator

Hough transforming an image consists of incrementing the accumulator cells along the locus of the parameter curve corresponding to the line bundle through each set pixel. How to determine the $i_1, i_2$-parameters for all lines through some pixel $(x, y)$ efficiently? Not only a small parameter space but also the ease to fill the accumulator makes a parametrization suitable for the Hough transform.

Assume that pixel $(x_0, y_0)$ is set. The locus of $s_1, s_2$-parameters of the lines through $(x_0, y_0)$ is a piecewise rational function. But when using the $i_1, i_2$-parametrization and incrementing all accumulator cells with index $(i_1, i_2)$ so that point $(x_0, y_0)$ is on $g(i_1, i_2)$ then at the same time few cells (only some points of the $s_1, s_2$-locus approximated by some curve drawing algorithm in $i_1, i_2$-space are selected) and enough cells (all cells corresponding to intersecting lines in $\mathcal{ER}$ are caught) are incremented.

In the following algorithm to fill the $i_1, i_2$-accumulator, a line passing through some pixel $(x_0, y_0)$ is rotated. Whenever it is incident with some edge realizable line $g(i_1, i_2)$, the accumulator cell indexed by $(i_1, i_2)$ is incremented. Rotation is accomplished by incrementing either parameter $i_1$ or $i_2$. This choice is controlled by the variable `discriminant`. The design steps which led to this algorithm and its parallel hardware implementation are described in more detail in [Ris88b]. The following procedure `fill` is called for each set pixel $(x_0, y_0)$.

```
PROCEDURE fill;
VAR i1,i2, x1,y1,x2,y2, discriminant: INTEGER;
  PROCEDURE incrementAccu(i1,i2: INTEGER);
    BEGIN IF i1>N2 THEN INC(accu[i1,i2]) ELSE INC(accu[i1-N,i2-N2]) END;
  PROCEDURE incrementI1;
    BEGIN
      CASE i1 DIV N OF
        0: BEGIN discriminant:=discriminant+y0-y2; x1:=x1+1 END;
        1: BEGIN discriminant:=discriminant+x2-x0; y1:=y1+1 END;
        2: BEGIN discriminant:=discriminant+y2-y0; x1:=x1-1 END
      END;
      i1:=i1+1;
    END;
  PROCEDURE incrementI2;
    BEGIN
      CASE i2 DIV N OF
        2: BEGIN discriminant:=discriminant+y0-y1; x2:=x2-1 END;
        3: BEGIN discriminant:=discriminant+x1-x0; y2:=y2-1 END;
```

```
      4: BEGIN discriminant:=discriminant+y1-y0; x2:=x2+1 END
    END;
     i2:=i2+1;
   END;
BEGIN
  i1:=x0; x1:=x0; y1:=0; i2:=N3-x0; x2:=x0; y2:=N; discriminant:=0;
  REPEAT
    IF i2<N4 THEN incrementAccu(i1,i2) ELSE incrementAccu(i2 MOD N4,i1);
    incrementI1; incrementI2;
    WHILE (discriminant<>0) DO
      BEGIN
        IF (discriminant>0) THEN incrementI1;
        IF (discriminant<0) THEN incrementI2;
      END
  UNTIL (i1>=N3-x0) OR (i2>=N4+x0);
END;
```

The algorithm can suitably be implemented in hardware: no floating point operations are needed; there are only few variables; and the integer division by $N$ can be implemented as an arithmetic shift when – as usual – $N$ is a power of 2. Thus, it takes only integer arithmetic without multiplications or divisions to implement this algorithm.

The algorithm as formulated above asks for a two processor implementation: the set of lines passing through $(x_0, y_0)$ can be partitioned into the set $L_1$ of those lines with $i_1 \in [x_0, N + y_0)$ and the set $L_2$ of those with $i_1 \in [N + y_0, 3N - x_0)$. Dedicating a processor $P_i$ to process the lines of set $L_i$, these two processors will never increment the same accumulator cell so that memory contention cannot occur.

For lines in $L_1$ we have $i_1 \in [x_0, N + y_0)$ and $i_2 \in [3N - x_0, 4N - y_0)$ and for lines in $L_2$ similarly $i_1 \in [N + y_0, 3N - x_0)$ and $i_2 \in [4N - y_0, 4N + x_0)$. Hence, in both cases $i_1$ and $i_2$ vary in intervals with identical sum of lengths. Thus, if it can be assumed that the number of lines in $\mathcal{ER}$ through a point $(x_0, y_0)$ is proportional to parameter interval lengths then the processor loads of $P_1$ and $P_2$ can be considered balanced.


# 7  Combining results when Hough transforming subimages

Using the $i_1, i_2$-parametrization, for a $[1..N] \times [1..N]$ pixel image where $N$ is usually a power of 2, the accumulator consists of $2N \times 3N = 6N^2$ cells. Subdividing the image into $r^2$ subimages with $[1..N/r] \times [1..N/r]$ pixels, accumulator size is reduced to $6M^2$ where $M := \frac{N}{r}$. Considering that complexity of e.g. simple thresholding is proportional to the accumulator size (compare e.g. [Ris88a]), processing every subimage separately (and maybe in parallel) is efficient because only a small accumulator has to be filled and scanned in order to identify lines by cluster detection. Of course, this reduction in time and space requirements goes along with a reduced resolution in parameter space which can hopefully be made up by appropriately combining lines identified in subimages.

Let us assume that lines $g_j^{(\nu,\mu)}, j = 1..n^{(\nu,\mu)}$ have been identified in the $\nu, \mu$-th subimage. Now, subsets of these $n := \sum_{\nu,\mu} n^{(\nu,\mu)}$ lines are lumped if their elements cluster sufficiently. In order to avoid storing suitable distances of all line pairs in some $n \times n$-matrix, the second choice is to do lumping 'on the fly'.

Select any line in the $\nu, \mu$-th subimage and select lines in every other subimage so that the endpoints, i.e. the intersections with subimage edges of all selected lines are in a one-pixel-neighbourhood of the regression line $g_{reg}$ which is defined to minimize the sum of square errors. If it is represented in Hesse normal form $x \cos(\rho) + y \sin(\rho) - d = 0$ where $0 \le \rho < 2\pi$, $d \ge 0$ and when it 'approximates' the points $(x_i, y_i)$ for $i = 1..n$ for some $n$ then its parameters are computed using the temporary variables $m$ and $c$ defined by

$$m := \frac{n \sum_{i=1}^{n} x_i y_i - \sum_{i=1}^{n} x_i \sum_{i=1}^{n} y_i}{n \sum_{i=1}^{n} x_i^2 - \left(\sum_{i=1}^{n} x_i\right)^2} \quad \text{and} \quad c := \frac{1}{n}\left(\sum_{i=1}^{n} y_i - m \sum_{i=1}^{n} x_i\right)$$

respectively, so that $d = \frac{|c|}{\sqrt{1+m^2}}$ and $\rho := \arctan(m) + \frac{1}{2}\pi$ for $c > 0$ and $\rho := \arctan(m) + \frac{3}{2}\pi$ for $c > 0$. Then coefficients $\sin(\rho)$ and $\cos(\rho)$ are evaluated by

$$\begin{pmatrix} \sin(\rho) \\ \cos(\rho) \end{pmatrix} = \frac{sign(c)}{\sqrt{1+m^2}} \begin{pmatrix} 1 \\ -m \end{pmatrix}.$$

In case the denominator $n \sum_{i=1}^{n} x_i^2 - \left(\sum_{i=1}^{n} x_i\right)^2$ of $m$ vanishes (vertical line), set parameters $\rho := 0.0$ and $d := \frac{1}{n} \sum_{i=1}^{n} x_i$. In using this representation for the least square error line $g$, distances of points $(x_i, y_i)$ to $g$ can simply be computed as $d((x_i, y_i), g) = |x_i \cos(\rho) + y_i \sin(\rho) - d|$.

Lines can be weighted by their subimage length, i.e. the distance of their intersection with the subimage edges in order for the least square error line to take into account all points in between by considering only the endpoints.

Let $g_j$, $j = 1 \ldots n$ be the sequence of all $n$ lines lexicographically sorted according to $d$ and $\rho$. Then lumping can be accomplished in the following way:

```
FOR each j1, i.e. each g[j1] DO IF g[j1] is not marked as lumped THEN
  BEGIN
    lumpSet:={g[j1]}; g_reg:=g[j1]; j2:=j1;
    REPEAT
      j2:=j2+1;
      IF g[j2] is selected w.r.t. lumpSet and corresponding g_reg THEN
        BEGIN
          lumpSet:=lumpSet+{g[j2]};  mark g[j2] as lumped
        END
    UNTIL d(g[j2])-d(g_reg) > 2;
    report g_reg (regression line w.r.t. the endpoints of all lines in lumpSet)
  END
```

Here, $g[j2]$ is selected with respect to the lines in the set lumpSet if the endpoints of it and of all lines in lumpSet – in their corresponding subimages – are in a one-pixel-neighbourhood of the least square error line g_reg approximating these points. The stopping criterion whether the distances to the origin differ by more than two exploits the fact that lines are lexicographically ordered according first to $d$ and second to $\rho$.

In this algorithm, it were desirable to use the $i_1, i_2$-parametrization of lines identified in subimages throughout.

For a parallel version of this algorithm, a quadtree approach is near at hand. In each stage, some processors combine the lines identified in each of four neighbouring subimages. A load balancing is performed if the set of lines can be partioned into subsets of, say, similar $d$-values. Then, only few lines have to be checked for lumping so that generation of a distance matrix now represents a feasible alternative.

# 8 Conclusion

The $i_1, i_2$-parametrization turns out to be advantageous: On one hand, it is shown that this parametrization represents only few lines. On the other hand, resolution in parameter space is proven satisfactory when compared with that one implied by e.g. Bresenhams line drawing algorithm. The associated Hough transform uses a compact and relatively small accumulator and generates sharp peaks. An algorithm to fill the accumulator is presented, the feasibility of a parallel hardware implementation is discussed, and finally, an image partition strategy is developed which is designed to relief the severe memory requirements inherent in the Hough transform.

Summarizing, using the $i_1, i_2$-parametrization together with this partitioning strategy means adopting an efficient middle course between classical and fast/adaptive Hough transforms.

# References


[BB82]   Dana H. Ballard and Christopher M. Brown: *Computer Vision.* Prentice-Hall Inc., Englewood Cliffs, NJ 07632, 1982.

[Bil87]   Hans Peter Biland: *The Recognition and Volumetric Description of Three-Dimensional Polyhedral Scenes by Analysis of Hough-Space Structures.* PhD thesis, Swiss Federal Institute of Technology Zurich, ETH Zürich, 1987.

[DH72]   Richard O. Duda and Peter E. Hart: *Use of the Hough Transformation To Detect Lines and Curves in Pictures.* Communications of the ACM, Graphics and Image Processing, 15(1):11–15, January 1972.

[EW86]   Jan B. Engelbrecht and Friedrich M. Wahl: *Polyhedral Object Recognition using Hough-Space Features.* IBM Research Report RZ 1486 (#54038), IBM Zürich Research Laboratory, CH-8803 Rüschlikon, Switzerland, May 1986.

[Ger87]   Guido Gerig: *Linking Image-Space and Accumulator-Space: A New Approach for Object-Recognition.* In *Proceedings of the 1st Conference on Computer Vision, London June 8-11, 1987*, pages 112–117, IEEE Computer Society Order Number 777, June 1987.

[Hou62]   P.V.C. Hough: *Methods and Means for Recognizing Complex Patterns.* U.S. Patent 3069654, 1962.

[HW54]   G. H. Hardy and E. M. Wright: *An Introduction to the Theory of Numbers.* Oxford University Press, 1954.

[I*85]   Hussein A. H. Ibraim, John R. Kender, and David Elliot Shaw: *The Analysis and Performance of Two Middle-Level Vision Tasks on a Fine-Grained SIMD Tree Machine.* In *Proceedings of the Computer Vision and Pattern Recognition Conference 1985*, pages 248–256, IEEE Computer Society Press/North Holland, June 1985.

[IK87]   J. Illingworth and J. Kittler: *The Adaptive Hough Transform.* IEEE Transactions on Pattern Analysis and Machine Intelligence, PAMI-9(5):691–698, September 1987.

[K*75]   Carolyn Kimme, Dana Ballard, and Jack Sklansky: *Finding Circles by an Array of Accumulators.* Communications of the ACM, Vol 18(2):120–122, February 1975.

[L*85]   Hungwen Li, Mark A. Lavin, and Ronald J. LeMaster: *Fast Hough Transform.* Research Report RC 11080 (#49754), IBM T. J. Watson Research Center, P.O. Box 218, Yorktown Heights, NY 10598, March 1985.

[MF75] Ph. M. Merlin and D. J. Farber: *Parallel Mechanism for Detecting Curves in Pictures.* IEEE Transactions on Computers, C-24(1):96–98, January 1975.

[Mil86] Victor J. Milenkovic: *Multiple Resolution Search Techniques for the Hough Transform in High Dimensional Parameter Spaces.* In Azriel Rosenfeld, editor, *Techniques for 3D Machine Perception*, pages 231–254, Elsevier Science Publishers B.V., 1986. Workshop on 3D Machine vision, August 22-23, 1983.

[R*88] Azriel Rosenfeld, John Ornelas, and Yubin Hung: *Hough Transform Algorithms for Mesh-Connected SIMD Parallel Processors.* Computer Vision, Graphics, and Image Processing, 41:293–305, 1988.

[Ris88a] Thomas Risse: *Hough Transform for Object Recognition: Complexity of Evidence Accumulation and Cluster Detection.* *, ():, 1988. submitted for publication.

[Ris88b] Thomas Risse: *Line Parametrizations for Hough Transform.* GRIS report, Wilhelm Schickard Institute for Computer Science, University of Tübingen, 1988.

[ST84] D. Sher and A. Tevanian: *The Vote Tallying Chip - A Custom Integrated Circuit.* Technical Report 144, University of Rochester, November 1984.

[Wal85] Richard S. Wallace: *A modified Hough Transform for Lines.* In *Proceedings of the Computer Vision and Pattern Recognition Conference 1985*, pages 665–667, IEEE Computer Society Press/North Holland, June 1985.

[WB86] Friedrich M. Wahl and Hans-Peter Biland: *Decomposition of Polyhedral Scenes in Hough Space.* In *18. International Conference on Pattern Recognition*, pages 78–84, IEEE, October 1986.

# RECOGNITION OF NONRIGID OBJECTS USING THE GENERALIZED HOUGH TRANSFORM


Daniel Morgue [†]   and   Guido Gerig [‡]

† Ecole Nationale Supérieure des Télécommunications
46, rue Barrault, F–75013 PARIS, France

‡ Institut für Kommunikationstechnik
ETH-Zentrum, CH–8092 ZURICH, Switzerland



## Abstract

Important visual cues in images are edges and line contours. The application of feature detection algorithms does not necessarily provide a complete segmentation into closed contours. A medium level step to combine characteristic local primitives to global structures is required. The Hough Transform is well known as a robust transform which converts the global pattern detection problem into a local problem: finding evident maxima in parameter space, which is equivalent to detecting global structures in image space. It is a model-based approach which assumes that the contours to be detected are *a priori* represented by an exact model curve. However, objects in images are often slightly deformed, which impedes their successful recognition using the usual Hough techniques.

To detect deformed objects, we have developed a new approach of the Generalized Hough Transform, which consists of two major steps: firstly, we split the task into subproblems, each of which is the recognition of a subpart of the object boundary. Secondly, a model-guided procedure combines the detected subparts to complete global curves, thereby taking into account slight deformations. The new method has many advantages over the usual Hough techniques and has been successfully applied to the detection of nonrigid objects in medical images.


## 1   Introduction

In real applications we are often confronted with images of poor quality or images where objects are embedded in a confusing context and therefore hard to detect. Nevertheless there is an increasing need for cost-effective automation of recognition tasks, even under difficult conditions, to obtain results equal to or better than obtained by visual inspection. Important visual cues in images are contours of objects, which may be represented as edges in intensity or dark resp. bright lines surrounding the objects. A common factor of present image analysis processes is a basic low-level stage, which may be described as a multiple simultaneous convolution of the image using a set of spatial filters. These filters are designed to have selective properties, either extracting a type of feature (edge, line) at different resolution levels and/or different features at one resolution level (e.g. orientation selective features). As a result we obtain vector-information at each image point describing certain properties of a specific neigborhood, which must be combined in an appropriate way to link feature elements to complex global structures.

The application of line- and edge-detection algorithms does not necessarily provide a complete segmentation of the image into object contours. Unsharp boundaries, noise and occluded parts may cause gaps, missing contour elements and additional feature elements which do not belong to the object contour, therefore impeding simple line-following algorithms as they are often used in binary scenes. A robust, global technique to group characteristic local image primitives to desired structures is required. The *Hough technique* ([Duda 72]) for the detection of curve-like image structures converts the global pattern detection problem into a local problem, i.e. finding local maxima in accumulator space which is equivalent to assigning best matching (curve-) templates to sets of feature points in image space.

Hough techniques were first developed for the detection of parametric curves but were soon extended to detect arbitrary planar curves ([Merl 75]). An important advantage was the use of orientation information of boundary elements ([Ball 80]), which results in a significant decrease of computation time and a sharpening of parameter-space information. Nevertheless the problems of maintaining a high-dimensional parameter space and of multidimensional cluster-detection remain and they have hindered a general use of such techniques. We have presented a projection technique which reduces the dimension of the parameter space and have developed a novel variant of the Hough technique which results in a unique link between points in images space and evident cells in parameter space; this method not only simplifies the interpretation but also allows the detection of more complex image structures ([Geri 86], [Geri 87]).

Improved low-level procedures result in better positional accuracy of primitive features and in additional local information (e.g. orientation), which are prerequisites to extend our novel Hough techniques using supplementary orientation information.

## 2  Hough Transform and distorted structures ?

The Hough technique uses a predefined model of the sought global structures, either represented as a parametric curve or by a set of contour points forming a non-analytical planar curve. Boundary points only represent fuzzy estimates of original object contours due to discreteness and insufficient localisation accuracy of feature detection algorithms. The effects of small boundary displacements may be countered by the accumulation of a hypersurface of a certain width, which is equivalent to smoothing the accumulator along the "size-parameter" axis, or by reducing the resolution of the parameter space.

In real applications object contours may appear with slight distortions caused by imaging errors of the optical system or due to the effects of nonrigid material affected by mechanical stress. Our observations have shown that deformations must often be considered in the analysis of medical images, where objects correspond to organs of the human body, but also occur in industrial fields using image acquisition by a video camera. If the type of deviation is *a priori* known and characterized by a parameter (e.g. directional scaling) it is possible to detect the objects by stepping through a search range of this parameter, using of course large additional computational expense. A parametrization of distortion effects will not be possible in general cases. The effect of applying a fixed model curve to distorted feature structures is that *instead of one evident cluster* in parameter space, there will be *several subclusters* of reduced votes, which makes a recognition quite difficult or even impossible. The following sections present our approach to overcoming the problem of detecting distorted curves.

## 3  Optimal reference center positions

As a model based procedure, the Hough Transform must be guided by a model curve. It can be represented either by mathematical equations, if analytical, or by the set of all the vectors pointing to each pixel of the model curve, if not. In the latter case, the origin of all these vectors is called the reference center of the model curve.

The choice of the reference center substantially influences the accuracy of the algorithm, in that a bad position of the reference center leads to accumulation errors ([Ball 80]); in most cases, the reference center of the model curve is heuristically chosen as its gravity center.

Instead, we propose a new way of determining the position of the reference center, which has the great advantage of minimizing the total accumulation error:

Let $\mathcal{I}$ be the set of integers representing all the pixels of the model curve $\mathcal{S}$.
Let $(x_i, y_i)$ be the coordinates of the pixel $P_i$ in the model curve $(i \in \mathcal{I})$.
Let $(x_c, y_c)$ be the coordinates of the reference point $C$.
Let $\vec{r_i} = \begin{pmatrix} r_i \\ \alpha_i \end{pmatrix} = \begin{pmatrix} x_i \\ y_i \end{pmatrix}$ be the two forms (polar and cartesian) of the vector $\vec{CP_i}$.[1]

The accumulation error is an area of error in the parameter space ([Ball 80]); the error produced by the accumulation coming from the processing of $P_i$ is $E_i = r_i * \Delta\phi * \Delta r$; $\Delta r$ and $\Delta\phi$ represent essentially the uncertainties concerning the position of contour points and the estimation of contour orientation. They can be considered as constant. Therefore, the total area of error, for the whole model curve, is:

$$E_\mathcal{I} = \sum_{i \in \mathcal{I}} \sqrt{(x_i - x_c)^2 + (y_i - y_c)^2} * \Delta\phi * \Delta r.$$

---

[1]That is, $x_i = r_i * \cos\alpha_i$ and $y_i = r_i * \sin\alpha_i$.

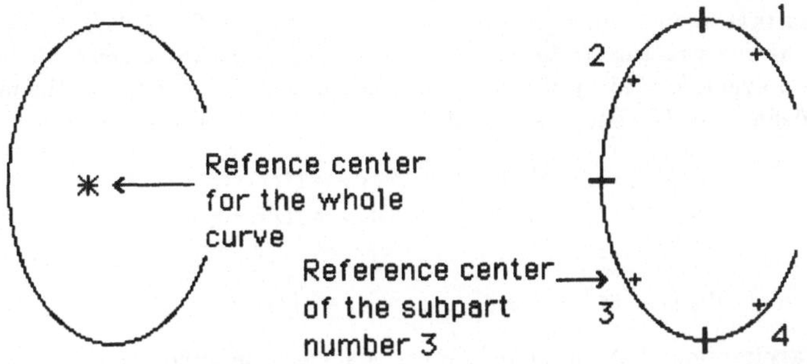


Figure 1: The object as a whole - The object cut into several subparts

The two conditions $\frac{\partial E_\mathcal{I}}{\partial x_c} = 0$ and $\frac{\partial E_\mathcal{I}}{\partial y_c} = 0$ minimize the error $E_\mathcal{I}$ and lead finally to two simple criteria:

$$\sum_{i \in \mathcal{I}} \cos \alpha_i = 0 \qquad \text{and} \qquad \sum_{i \in \mathcal{I}} \sin \alpha_i = 0,$$

which are necessary and sufficient to define the only point for which the total accumulation error is minimal: this point will be called the *optimal reference center* [2,3].

## 4  Splitting the recognition into subproblems

We have seen that the detection of a distorted object contour cannot be successfully completed by a GHT when the type of deformation is non-linear.

To solve these problems of non-linearity, it can be assumed that this non-linear transformation is represented by the sum of local linear geometrical transformations. The object's contours can be segmented into several parts (the parts which seem to be affected by linear transformations), each of these parts being modeled by the R-tables. The GHT can then be used to detect these parts separately (see figure 1).

A similar approach to solving subproblems was already proposed by Davis ([Davi 82]), Cantoni and Carrioli ([Cant 87]), but was limited to theoretical studies or to the recognition of artificial objects.

The choice of the subparts depends on the object to be detected, and on the quality of the image, essentially:

- the more subparts the model curve is divided into, the more complex the deformations can be

- the more subparts there are, the shorter they are; and the shorter they are, the less precisely the maxima can be found[4]

- the subparts of the model curve must be chosen, as far as possible, with respect to the mechanical forces which act upon the object boundary; they should only be linearly deformed

## 5  Model-based combination of parts to complete boundaries

The GHT, applied to a model curve cut into $M$ subparts, delivers us $M$ accumulators, which can be projected to two dimensions whatever the number of varying parameters (scale, orientation, ...) ([Geri 86]). The $N$ first maxima of each accumulator are found by applying a grid upon the accumulator, extracting the local maximum in each cell of the grid, and then keeping only the $N$ first maxima; this forms $M$ sets of $N$ points $\mathcal{S}_1, \mathcal{S}_2, ..., \mathcal{S}_M$.

---

[2]They will be zero when the reference center is computed in the continuous geometrical plane; in a discrete geometrical space like an image, the absolute value of each of these sums must be minimized.

[3]It should be noted that again the center is the optimal reference point for a circle and corresponds in this case to the gravity center. But, in general cases, this no longer applies.

[4]Indeed, the shorter they are, the more numerous the maxima coming from artefacts or other "false" structures similar to the subpart to be detected will be; and these "false" maxima can hide the correct maximum, i.e. the one which corresponds to the image structure having to be detected. That is why the $N$ first maxima of the accumulator must be taken into account, and not only the major one.

It should be noted that any combination $(\vec{p}_1, \vec{p}_2, ..., \vec{p}_M)$, with $\vec{p}_1 \in \mathcal{S}_1$, $\vec{p}_2 \in \mathcal{S}_2$, ..., $\vec{p}_M \in \mathcal{S}_M$, represents an object which can be the structure to be recognized. To determine the correct combinations, we must use the fact that the polygon formed by the reference centers $(\vec{rc}_1, \vec{rc}_2, ..., \vec{rc}_M)$ of the model curve is well known, and exactly defined by $M$ distances and $M$ angles ($Ox$ is a fixed direction) :

$$
\begin{aligned}
d_{1,2} &= \parallel \vec{rc}_2 - \vec{rc}_1 \parallel & a_{1,2} &= (Ox, \widehat{\vec{rc}_2 - \vec{rc}_1}) \\
d_{2,3} &= \parallel \vec{rc}_3 - \vec{rc}_2 \parallel & a_{2,3} &= (Ox, \widehat{\vec{rc}_3 - \vec{rc}_2}) \\
&\;\;\vdots & &\;\;\vdots \\
d_{M,1} &= \parallel \vec{rc}_1 - \vec{rc}_M \parallel & a_{M,1} &= (Ox, \widehat{\vec{rc}_1 - \vec{rc}_M}),
\end{aligned}
$$

Then, using the assumption that the model object is slightly deformed, a kind of model matching is performed using the following conditions:

$$
\frac{\parallel \vec{p}_2 - \vec{p}_1 \parallel - d_{1,2}}{d_{1,2}} < Distance\_uncertainty^5,
$$

$$
\frac{\parallel \vec{p}_3 - \vec{p}_2 \parallel - d_{2,3}}{d_{2,3}} < Distance\_uncertainty,
$$

$$
\vdots
$$

$$
\frac{\parallel \vec{p}_1 - \vec{p}_M \parallel - d_{M,1}}{d_{M,1}} < Distance\_uncertainty
$$

and

$$
\mid (Ox, \widehat{\vec{p}_2 - \vec{p}_1}) - a_{1,2} \mid < Angle\_uncertainty,
$$

$$
\mid (Ox, \widehat{\vec{p}_3 - \vec{p}_2}) - a_{2,3} \mid < Angle\_uncertainty,
$$

$$
\vdots
$$

$$
\mid (Ox, \widehat{\vec{p}_1 - \vec{p}_M}) - a_{M,1} \mid < Angle\_uncertainty.
$$

Figure 2 illustrates angle and position uncertainties for the case of three subparts. All the combinations $(\vec{p}_1, \vec{p}_2, ..., \vec{p}_M)$ satisfying these conditions correspond to possible instances of recognized objects in the image space. An error is attributed to each side of the polygon in the following manner: $e_{ij} = \mid \parallel \vec{p}_j - \vec{p}_i \parallel - d_{ij} \mid$. The structure with the smallest sum of errors will be considered as the real position of the object contour.

Figure 2: Deformations allowed to the model triangle

# 6  Application to the detection of renal contours

It has been shown that regional renal glomerular filtration can be studied using gradient echo imaging techniques (MRI) coupled with a bolus injection of Gadolinium-DTPA ([Kiki 87]). If region-of-interest based function curves are generated over a time-sequence of several tens of images, the renal contours have to be *exactly superposable* from scan to scan, which is not the case as the end-inspiratory position varies.

---

[5]The values *Distance_uncertainty* and *Angle_uncertainty* are defined so as to allow sufficient deformations of the model polygon and at the same time to be strong enough to make an appropriate selection of the combinations to detect only the correct objects in the image.

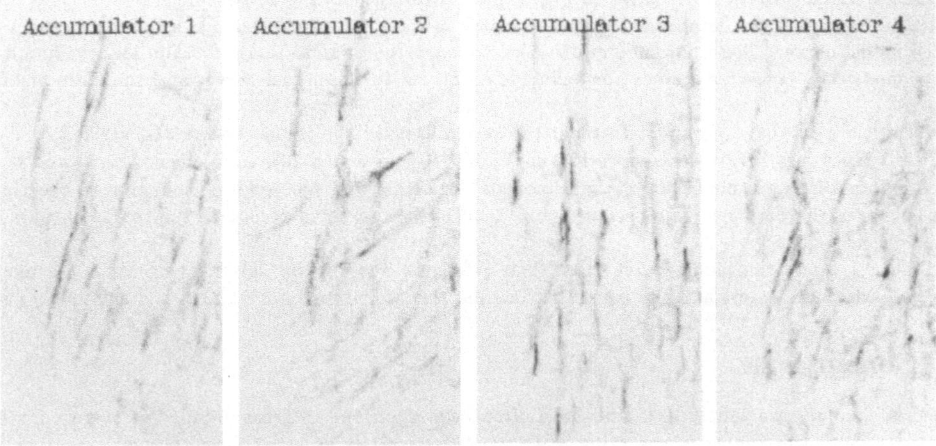


Figure 3: The four accumulators of the left kidney's model curve.

Due to the considerable movement and rotation of the kidneys between image frames the ROI's would have to be redrawn tediously from frame to frame, which is why an efficient and robust technique for the automatic recognition and geometric correction of the kidney positions is required. Our procedure consists of the following steps:

1. Definition of the model curve in *one* typical frame by interactive means.

2. Extraction of significant contour elements in the complete set of images using low-level feature extraction methods.

3. Hough Transform applied to each frame of the sequence, detection of the most evident positions of the left and right renal contours.

4. Geometric correction of each frame with respect to the kidneys' location using the transformation parameters (translation, rotation).

As a result the renal contours in each of the frames are exactly superimposable, which enables a simple ROI analysis to be made combining the measurements of the same local area through all the images to a measurement vector, which directly represents a time function curve. The fact that we not only detect the renal contour location but also apply a geometric image transformation has one additional advantage: movies over the entire image sequence can be generated giving a visual impression of temporal changes resulting from the glomerular filtration of the contrast medium. The dynamic representation may be important in diagnosis and detailed monitoring of the local renal function.

**Feature extraction** Prior to applying a Hough technique the important curve-like features must be extracted. The renal boundaries are represented as dark contours surrounding the objects which is an effect of the image acquisition technique. We have developed a new efficient valley/ridge-detection algorithm which is based on regularization and differentiation of the original image data ([Geri PhD]). This method not only detects the position and strength of valley-like (resp. ridge-) intensity patterns but at the same time results in an accurate estimation of the orientation of the feature elements. This is important because the success of a generalized Hough technique depends largely on the quality of the orientation information.

**Splitting the model curve:** Each kidney-contour was first divided into three, then into four subparts (which were about 35 pixels long) to allow greater deformations (see figure 1) The reference centers are optimal (section 3).

**Application of the GHT to curve-subparts:** For running the program, the scaling factor has been kept to 1.0, whereas the range of orientation varied from −5 degrees to 5 degrees by steps of 1 degree (see figure 3).

**Model-guided combination of evident parameter cells:** The grid applied upon the accumulator had 8 * 8 pixels cells. The sixty most important maxima were taken into account. The conditions of uncertainty were: *Distance_uncertainty* = 20% and *Angle_uncertainty* = 10 degrees.

**Geometrical correction using Hough space information:** The parameters of the first order geometrical correction are determined from the match of the 4 detected reference locations to the 4 centers of the model curve. These parameters are used to warp the original image [6]. The kidney boundaries of the geometrically corrected frames now coincide exactly with the model curves and therefore among each other.

**Results:** In the experimental stage, the recognition of the renal contours in artificially distorted medical images (up to 10% in X and $-10\%$ in Y, or $-10\%$ in X and 10% in Y) turned out to be successful (such deformations are much larger than "normal" deformations, i.e. deformations due to breathing and movements of the patient). In a second operational phase, we could recognize the renal contours of each frame of real sequences.

Figure 4 shows the model curves and their reference centers, the deformed original MR image, the detected reference centers and the matching between the two warped half images and the model curves.

## 7 Conclusions

Hough techniques are widely used and have often been described in great detail, but there are still open questions which will appear in analyzing real scenes, particularly as such robust methods are to be applied to real data where other methods fail. This paper shows how it is possible to overcome the problem of detecting slightly distorted structures by splitting the recognition task into subproblems and combining the partial results using a model-guided search. The method is an extension of the generalized Hough transform proposed by Ballard.

The detailed study of the optimal reference center's position and of the area of error around the reference point helps to get away from a pure heuristic to a well-founded implementation with detailed knowledge about the difficulties and the power of applying the method to real scenes.

The application to a specific problem in medical image processing clearly shows the need of robust grouping techniques for the automation of recognition tasks. The procedures have been successfully applied to a total of 15 time-sequences of MR-frames (each up to 100 scenes), the geometrically corrected sequences then allow an efficient and accurate analysis of regional events within the renal boundaries. The method is now emerging from the experimental stage and will as we hope, become a useful and effective tool in the diagnosis and monitoring of renal functions.

## Acknowledgement

The authors wish to thank Dr. von Schulthess, Departement of Radiology, University Hospital Zürich, for his cooperation concerning the analysis of the MR time-sequences of the abdomen.

## References


[Duda 72] Duda, R.O. and Hart, P.E., *Use of the Hough Transformation to detect lines and curves in pictures*, Communications of the ACM, Volume 15, Number 1, January 1972.

[Ball 80] Ballard, D.H., *Generalizing the Hough Transform to detect arbitrary shapes*, Pattern Recognition, Volume 13, Number 2, pp. 111-122, 1981.

[Merl 75] Merlin, Ph.M. and Farber, D.J., *Parallel mechanism for detecting curves in pictures*, IEEE Trans. Comput., vol C-24, pp. 96-98, January 1975.

[Ball 82] Ballard, D.H. and Brown, C.M., *Computer Vision*, ISBN 0-13-165316-4, © 1982 by Prentice Hall, Englewoods Cliffs.

[Davi 82] Davis, L.S., *Hierarchical generalized Hough Transforms and line-segmented based generalized Hough Transforms*, Pattern Recognition, Volume 15, Number 4, pp. 277-285, 1982.


---

[6]In fact, as this transformation must remain first-ordered, two transformations are performed, one for each kidney. Each warping therefore concerns only one half of the original image.

[Geri 86] Gerig, G. and Klein, F., *Fast contour identification through efficient Hough Transform and simplified interpretation strategy*, Proceedings 8$^{th}$ International Conference on Pattern Recognition, Volume 1, pp. 489-500, Paris, France, Oct. 27-31 1986.

[Kiki 87] Kikinis, R., von Schulthess, G.K. et al., *Normal and Hydronephrotic Kidney: Evaluation of renal function with contrast-enhanced MR Imaging*, Radiology 1987, 165: pp. 837-842.

[Geri 87] Gerig, G., *Linking image-space and Accumulator-space: a new approach for object recognition*, Proceedings First International Conference on Computer Vision (ICCV '87), pp.112-117, Computer Society of the IEEE and International Association for Pattern Recognition (IAPR), London, England, June 8-11 1987.

[Cant 87] Cantoni, V. and Carrioli, L., *Structural shape recognition in a multiresolution environment*, Signal Processing 12, pp. 267-276, 1987.

[Geri PhD] Gerig, G., *Segmentierung zur symbolischen Beschreibung von Strukturen in Grauwertbildern*, PhD thesis, Eidgenössische Technische Hochschule Zürich, ETH Zürich, August 1987, Number 8390.

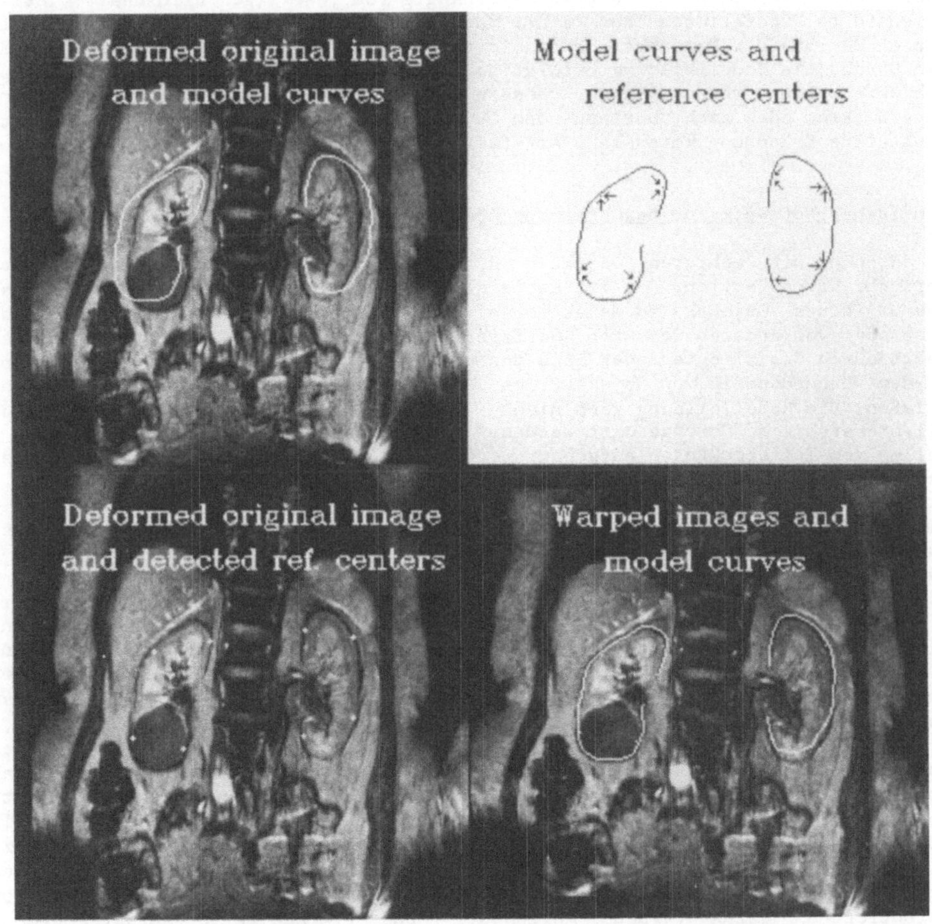


Figure 4: Recognition of distorted objects (−10% in X, +10% in Y).

<u>Modulare Modellierung von hierarchisch-strukturcodierten Objekten und Szenen<br>durch ein semantisches Netzwerk</u>


Bärbel Mertsching, Georg Hartmann<br>Universität - Gesamthochschule - Paderborn, Fachbereich Elektrotechnik<br>Pohlweg 47-49, D-4790 Paderborn


<u>Zusammenfassung</u>

In diesem Beitrag wird ein wissensbasiertes Bilderkennungssystem auf der Basis des
Hierarchischen Strukturcodes (HSC) vorgestellt. Bei der Hierarchischen Strukturcodierung werden Bildinhalte auf Codebäume des HSC abgebildet, die eine HSC-Datenbasis
darstellen. Eine Wissensbasis umfaßt Modelle von Objekten und Szenen in Form eines
semantischen Netzwerks. In den Konzepten, die die Knoten des Netzwerks bilden, sind
Verweise auf standardisierte Operationen enthalten, die aus der Datenbasis perzeptuelle lage- und größeninvariante Merkmale extrahieren können. Ein Kontrollmodul
steuert die Abarbeitung des Netzwerks abhängig vom jeweiligen Bildinhalt. Er ruft
referenzierte Operationen aus einer Methodenbasis auf und führt einen Vergleich
zwischen den aus der Datenbasis extrahierten und den im Modellnetz erwarteten Merkmalen durch. Die Modellbildung erfolgt modular, so daß nicht nur singuläre, komplette Objekte erkannt werden können, sondern daß auch die Interpretation von Szenen mit
teilverdeckten oder sich überlappenden Objekten möglich ist. Darüber hinaus ist die
vorgestellte Erkennung weitgehend Artefakt-tolerant.


<u>Semantisches Netzwerk zur Beschreibung modular-aufgebauter Modelle</u>

Wenn Szenen mit mehreren Objekten durch ein Bilderkennungssystem automatisch
untersucht werden sollen, so ist es im allgemeinen nicht mehr möglich, die Gesamtstruktur eines Objekts zu detektieren. Sie kann nur zum Teil im Bildausschnitt
liegen oder von anderen Objekten überlagert sein. Häufig ist auch die Ansicht eines
Objekts durch Glanzlichter oder Schatten gestört. In diesen Fällen ist es notwendig,
aus dem Vorhandensein von Objektteilen auf die Präsenz des Objekts in der Szene zu
schließen. Die Modellbildung kann nicht - von der Gesamtstruktur ausgehend - sequen-
tiell-hierarchisch durchgeführt werden, sondern das Objektmodell muß modular aus
Modellen von Teilstrukturen aufgebaut werden. Unter Modularisierung der Modellierung
eines Objekts wird also die Dekomposition des Objekts in Substrukturen und die
getrennte Modellierung dieser Substrukturen verstanden. Anschließend werden die
Submodelle in einer übergeordneten Modellierungsebene zur Beschreibung der Gesamtstruktur des Objekts zusammengefaßt. Hier bietet sich die Modellbildung durch ein
semantisches (assoziatives) Netzwerk an.

Die Abbildung von modularen, hierarchisch-strukturcodierten Objekten und Szenen auf
ein semantisches Netzwerk geschieht in vier Beschreibungsebenen (Fig. 1). Die Knoten
der obersten Ebene in dem HSC-Netzwerk enthalten Szenenbeschreibungen. Die zweite
Ebene bilden Objektbeschreibungen; hierzu gehören die Beziehungen zwischen
Substrukturen eines Objekts. Bei einer Pleuelstange prüft z. B. eine Relation, ob
die Substruktur 'großes Pleuelauge' über einen 'Schaft' mit der Substruktur 'kleines
Pleuelauge' verbunden ist. Die Substrukturen selbst sind in der dritten Ebene angeordnet, während die direkt aus dem HSC abgeleiteten Attributierten Strukturtypen
bzw. Verknüpfungen von diesen in der untersten vierten Beschreibungsebene zu finden
sind. In dem Netzwerk wird das Wissen strukturbezogen gespeichert, d. h., daß z. B.
Attributierte Strukturtypen nicht untereinander in der untersten Modellierungsebene
verknüpft sind; erst auf der Ebene der Substrukturen werden Verbindungen unter
Attributierten Strukturtypen aufgebaut. Das gleiche gilt entsprechend für
Substrukturen und Objekte.

Szenen, Objekte, Substrukturen und Attributierte Strukturtypen bilden Knoten in dem
Netzwerk, die durch Konzepte beschrieben werden. Diese Konzepte enthalten u. a. die
Standardrelationen, durch die Kanten zwischen Knoten dargestellt werden; spezielle

Relationen werden dagegen durch eigene Konzepte beschrieben.

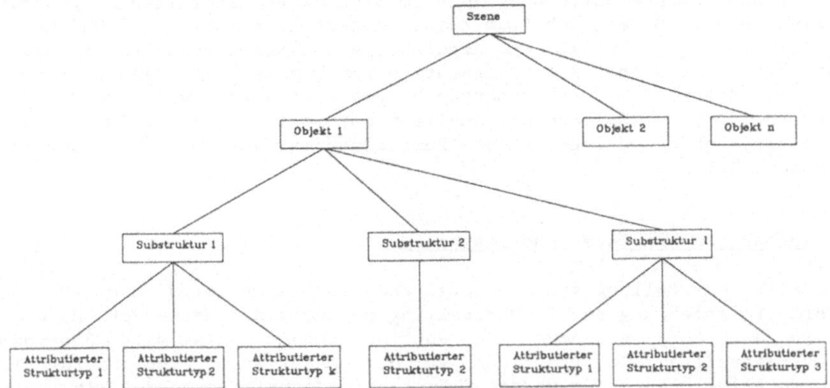


Fig. 1: Beschreibungsebenen zur Modellierung von modularen, hierarchisch-strukturcodierten Objekten und Szenen durch ein semantisches Netzwerk.
Darstellung der TEIL/TEIL_VON-Hierarchie.


Primitive zur symbolischen Bildbeschreibung

Aus dem HSC lassen sich perzeptuelle lage- und größeninvariante Merkmale extrahieren
und zu symbolischen Grundbeschreibungseinheiten (Primitiven) zusammenfassen. Die
sogenannten Attributierten Strukturtypen beschreiben Objekte auf einer niedrigen
Abstraktionsebene, sie sind aber unabhängig von der jeweiligen Anwendung. Eine
Struktur wird durch ihren Strukturtyp und zwei Attribute 'Elementzahl' und 'Formbeschreibung' gekennzeichnet. Der Hierarchische Strukturcode besitzt sieben
Strukturtypen: Kanten, helle Linien, helle geschlossene Flecken, helle offene
Flecken, dunkle Linien, dunkle geschlossene Flecken und dunkle offene Flecken. Das
Attribut 'Elementzahl' gibt die Anzahl der Codeelemente einer Sequenz an und beschreibt die Proportionen einer Struktur. Das zweite Attribut 'Formbeschreibung'
beschreibt den Verlauf der entwickelten Sequenz. Mögliche Formbeschreibungen sind
z. B. 'gerade' oder 'u-förmig'. Die Attributierten Strukturtypen $s(a_1, a_2)$ - wobei
$a_1$ für die Elementzahl und $a_2$ für die Formbeschreibung steht - bilden eine endliche
Menge S von symbolischen Beschreibungen. Sie erlauben eine systematische Erfassung
möglicher Primitive und sind durch einen Satz standardisierter Operationen zugänglich (/1/, /2/). Sie lassen sich darüber hinaus zu komplexeren Strukturen gruppieren
- wie z. B. Strukturen mit eingeschlossenen Komponenten - und sind weiterhin geeignet, komplexe Grauwertbilder sinnvoll zu beschreiben.

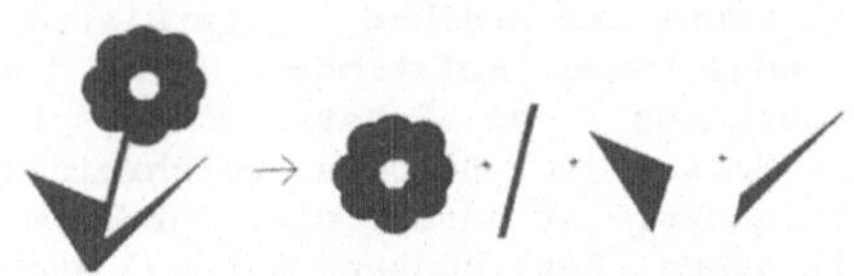

Attributierte Strukturtypen werden
von Substrukturen unterschieden.
Eine Substruktur stellt ein intuitiv
gewähltes, signifikantes Teil eines
Objekts dar (vgl. Fig. 2). Die
Auswahl ist problembedingt, während
sie von der Hierarchischen
Strukturcodierung unabhängig ist.
Attributierte Strukturtypen bilden
dagegen problemunabhängige Primitive
zur symbolischen Bildbeschreibung.
Im Einzelfall können Substrukturen

Fig. 2: Dekomposition einer Blume in die Substrukturen 'Blüte', 'Stengel' und
'Blätter'

mit Attributierten Strukturtypen zusammenfallen. In Fig. 2 bildet der Stengel eine
Substruktur der Blume. Gleichzeitig läßt er sich als der Attributierte Stukturtyp
'Dunkle Linie' mit dem formbeschreibenden Attribut 'gerade' auffassen.

In einer HSC-Datenbasis sind nicht nur Informationen über die strukturellen Eigenschaften der Objekte einer betrachteten Szene enthalten. Es werden auch Glanzlichter

auf den Objekten und die _Schatten_, die die Objekte werfen, codiert. Diese Strukturen
werden als _Artefakte_ bezeichnet. Der Begriff 'Artefakt' wird hier im Sinn eines auf
Täuschung beruhenden Sachverhalts oder auch im Sinn eines Störsignals gebraucht.
Damit ist gemeint, daß z. B. ein Schatten keinen materiellen Teil eines Objekts darstellt. Die Auftrennung in Objekte und Artefakte einer Szene geschieht in dem Be-
wußtsein, daß eine vollständige Interpretation von komplexen 3D-Szenen ohne die
Tiefeninformation, die z. B. durch Schatten hergestellt wird, und ohne das Wissen
über die Art und den Ort der Beleuchtungsquelle nicht möglich ist. Es wird vielmehr
zur Zeit untersucht, ob es gelingt, diese 'Zusatzinformation' gezielt in den Analy-
sevorgang einzubeziehen.


## Syntaktischer Aufbau von Konzepten und Instanzen

Für die textuelle Darstellung von Konzepten und Instanzen wird die erweiterte
Backus-Naur-Form in Anlehnung an die Darstellung semantischer Netze von H. Niemann
und H. Bunke in /3, S.68f/ verwendet. Die dort angegebene Syntax wird übernommen,
während die vorgestellten Konstruktionen für die Beschreibung von hierarchisch-
strukturcodierten Bildern angepaßt werden. Eine Besonderheit besteht darin, daß in
den Konzepten Verweise auf standardisierte HSC-Operationen enthalten sind; hierdurch
kann die Wissensrepräsentationsform 'semantisches Netzwerk' vorteilhaft mit den
Methoden des Hierarchischen Strukturcodes (z. B. dem schnellen Zugriff auf dominante
Objektstrukturen) verbunden werden. Die syntaktische Struktur eines Knotens in dem
hier verwendeten semantischen Netzwerk (kurz: HSC-Netz) ist in Fig. 3 dargestellt.

```
KONZEPT                  konzeptname
  GENERALISIERUNGEN      [konzeptname {, konzeptname}]
  SPEZIALISIERUNGEN      [konzeptname {, konzeptname}]
  INSTANZEN              [instanzname {, instanzname}]
  TEIL_VON               [konzeptname {, konzeptname}]
  (TEIL                  [konzeptname]
   [ATTRIBUTE
    attributname:        attributdefinition
    (attributname:       attributdefinition}])
  [ATTRIBUTE
   attributname:         attributdefinition
   (attributname:        attributdefinition}]
  ENDE                   konzeptname
```

Fig. 3: Syntaktischer Aufbau eines Konzepts im HSC-Netzwerk

```
[TYP                  typ]
[WERTEBEREICH         wertebereich]
ANZAHL                min., max. Anzahl von Werten
[OPERATION            prozedur
 OPERAND
 OPERATIONSGEBIET
 PARAMETER]
```

Fig. 4: Syntaktischer Aufbau von 'attri-
butdefinition' aus Fig. 3

```
INSTANZ                  instanzname
  INSTANZ_VON            konzeptname {, konzeptname}
  [ATTRIBUTE
   attributname:         attributwert
    FORMALES ERGEBNIS
   (attributname:        attributwert
    FORMALES ERGEBNIS}]
  ENDE                   instanzname
```

Fig. 5: Syntaktischer Aufbau einer Instanz

Die oberen fünf Slots eines Konzepts stellen Standardrelationen dar. Die Konzept- bzw. Instanznamen in den Slots weisen auf Konzepte bzw. Instanzen hin, die durch die Relationen mit dem Ausgangskonzept verbunden sind. Weiterhin können über die Namen der Komponenten Konzepte, Instanzen und Attribute von anderen Konzepten, Instanzen und Programmen angesprochen werden. Die eigentliche Charakterisierung eines Konzepts geschieht durch die aufgeführten Attribute, die durch die Namen der Attribute und zugehörige Attributdefinitionen (Fig. 4) gekennzeichnet werden.

Zur Beschreibung von Objekten werden neben den Standardrelationen weitere Relationen benötigt. Diese können z. B. Relationen sein, die die Topologie einer Szene beschreiben (Lagerelationen) oder auch Relationen, die die Veränderungen von Substrukturen in einer Serie von Bildern beschreiben (Verfolgungsrelationen). Diese problemspezifischen Beziehungen werden auch als Konzepte (gleiche Syntax!) dargestellt. Die Argumente einer Relation werden als Attribute des Relational-Konzepts angegeben. Eine wesentliche Eigenschaft des HSC-Netzes besteht in der Möglichkeit, Attribute und zugehörige formale Ergebnisse von einem Konzept auf andere zu vererben. Durch die Vererbung ist es möglich, Attribute in Konzepten durch Attribute aus Oberklassen-Konzepten zu überschreiben (Modifikationsregel).

<u>Kontrollstruktur</u>

Die Auswertung eines HSC-Netzes (vgl. Fig. 1) verläuft <u>bildunabhängig</u> in drei
Schritten:

    1) Bestimmung einer Bezugsebene (Level of Interest - LOI),
    2) Ermittlung vorhandener Teilstrukturen und
    3) Verkettung von Teilstrukturen zu Objekten und Szenen.


Die Gesamtstruktur eines dunklen Objekts auf hellem Hintergrund wird in bestimmten
Ebenen des dunklen geschlossenen Fleckencodes codiert; es wird in der höchstauflösenden von diesen Ebenen maximal häufig (als Gesamtobjekt) zu dem Wurzelknoten
$\langle t;m;\varphi|k;n\rangle$ verknüpft. Die Detektorebene k des Wurzelknotens wird als Bezugsebene
für den Aufbau des ganzen Modells eingesetzt und deshalb als <u>'Level of Interest'</u>
($k_{LOI}$) bezeichnet. Die Substrukturen eines Objekts stehen in einem bestimmten, immer
vergleichbaren Größenverhältnis zur Gesamtstruktur des Objekts. Steht der Level of
Interest fest, so können Aussagen darüber gemacht werden, in welchen Ebenen höherer
oder niedrigerer Auflösung Substrukturen auftauchen müssen. Im ersten Erkennungsschritt wird - wegen seiner zentralen Rolle - immer zuerst der Level of Interest
ermittelt. Es ist ein Vorteil des Hierarchischen Strukturcodes, daß er einen geziel-
ten Einstieg in die Erkennung von Objekten ermöglicht. Bei der Formulierung der
Konzepte von Substrukturen und Attributierten Strukturtypen werden deren Codierungsebenen relativ zur Bezugsebene $k_{LOI}$ im Operationsgebiet von Operationen (die Attribute von Konzepten bestimmen) angegeben.


Wenn der Level of Interest gefunden ist, wird versucht, das Konzept einer Szene zu
instanziieren. Konzepte werden allgemein so abgearbeitet, daß zunächst die Standardrelationen der Reihe nach durchgeführt und anschließend die Attribute der Konzepte
bestimmt werden. Wenn das Szenen-Konzept (vgl. hierzu den Aufbau eines Konzepts in
Fig. 3) keine Einträge in den Slots SPEZIALISIERUNGEN und TEIL_VON aufweist, werden
erst die Knoten von Objekten expandiert, die über die TEIL-Relation mit dem Szenen-
Konzept verbunden sind. Wenn keine Spezialisierungen vorliegen, werden vom Objekt-
Konzept ausgehend die Substruktur-Konzepte untersucht bzw. basierend auf einem
Substruktur-Konzept die Konzepte von Attributierten Strukturtypen betrachtet. Ein
Vergleich mit Fig. 1 ergibt, daß das Konzept eines Attributierten Strukturtyps den
Endknoten eines Zweigs des HSC-Netzes bildet. Ohne Verweise auf andere Konzepte kann
jetzt versucht werden, für dieses Konzept eine Instanz zu generieren.


Ein Konzept eines Attributierten Strukturtyps enthält in der Regel drei Attribute
('STRUKTURTYPEN', 'ELEMENTZAHLEN' und 'FORMEN'), die durch Operationen im HSC bestimmt werden. Diese sind die Suche nach Wurzelknoten mit den Operationen ROOT,
RESOL oder PART, die Entwicklung von Linien- oder Kantensequenzen mit SEQU und eine
anschließende Formbeschreibung mit SHAPE. Die Abarbeitung von Wurzelknoten geschieht
folgendermaßen: Weist ein gefundener Wurzelknoten den im ersten Attribut angegebenen
Strukturtyp auf, liegt die Elementzahl der aus dem Wurzelknoten entwickelten Sequenz
im WERTEBEREICH des zweiten Attributs und stimmt die ermittelte Formbeschreibung mit
der des dritten Attributs überein, so ist das Konzept des Attributierten
Strukturtyps instanziiert. Kann ein Attribut nicht bestätigt werden, so werden
innerhalb der vorgegebenen Ebenen so lange Wurzelknoten untersucht, bis das Konzept
erfüllt werden kann. Gefundene Strukturen werden in der HSC-Datenbasis markiert, so
daß sie nicht irrtümlich ein zweites Mal betrachtet werden können. Ist in den
Suchebenen kein geeigneter Wurzelknoten-Kandidat zu finden, so kann das Konzept des
Attributierten Strukturtyps nicht bestimmt werden. Dem aufrufenden Konzept (hier:
dem einer Substruktur) wird gemeldet, daß das über die TEIL-Relation verbundene
Konzept instanziiert/ nicht instanziiert werden kann. So wird nacheinander versucht,
alle Konzepte zu erfüllen, die Teilstrukturen von einem Objekt beschreiben.


Wenn alle Substrukturen, die über die TEIL- oder SPEZIALISIERUNGEN-Relation mit
einem Objekt-Konzept verbunden sind, untersucht worden sind (erfolgreich oder
nicht), werden anschließend die problemabhängigen Relationen, die über Attribute
eines Objekt-Konzepts angesprochen werden, betrachtet. Diese speziellen Relationen
analysieren die Lage und Größe von Substrukturen, die Verbindungen zwischen ihnen
usw. Wenn auch die zugehörigen Relational-Konzepte bearbeitet worden sind, kann das

Objekt-Konzept als Ganzes instanziiert werden oder auch nur Teile davon.

<u>Exemplarische Darstellung der Modellierung und Erkennung von Objekten</u>

In Fig. 6  ist ein Netzwerk zur Modellierung von Pleuel wiedergegeben. Das Gesamtobjekt 'Pleuel', seine Substrukturen und Attributierten Strukturtypen bilden die
Knoten in diesem Netz. Die vierte Modellierungsebene (Szenen) wurde für die Beschreibung der Objektmodellierung weggelassen. Bei der Simulation der Erkennung
eines Pleuels wird die Modellbildung und die Steuerung des Analysevorgangs erklärt.
Zur Verdeutlichung wird auf Plots der Codierungsebenen eines beispielhaften Pleuels
Bezug genommen (Fig. 7). Die textuellen Beschreibungen von Konzepten und  Instanzen
können hier nur auszugsweise dargestellt werden.

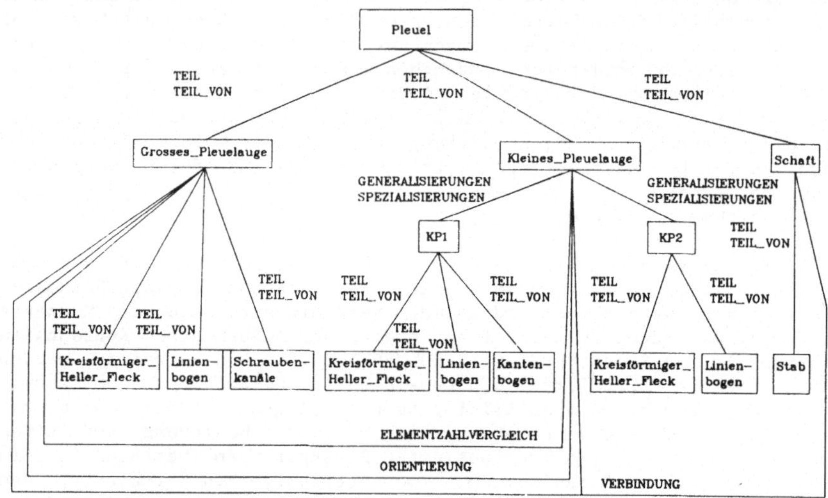

Fig. 6: Semantisches Modellnetz einer Pleuelstange

Im ersten  Schritt der Erkennung wird die Bezugsebene (Level of Interest -LOI)  bestimmt:  Der am höchsten verknüpfte Wurzelknoten des Gesamtobjekts befindet sich  in
der  Ebene |4;4> (vgl. Fig. 7, (1);  die Ziffern in Klammern beziehen sich auf  mar-
kierte  Strukturen  in  den Codierungsebenen des Pleuel).  Hieraus ergibt  sich  die
Detektorebene |4;0> als Bezugsebene $k_{LOI}$.

Im Konzept 'Pleuel' enthält der Slot 'SPEZIALISIERUNGEN' keinen Eintrag. Über die
TEIL-Relation ist es mit den Konzepten der Substrukturen - Schaft, Großes und
Kleines Pleuelauge - verbunden. Da das Konzept 'Großes_Pleuelauge' als erstes eingetragen ist, wird zunächst versucht, dieses Konzept zu erfüllen. Auch hier ist der
Slot 'SPEZIALISIERUNGEN' leer. Da die TEIL-Slots die Namen von Attributierten
Strukturtypen enthalten, wird wiederum versucht, zuerst diese Konzepte zu instanziieren. Der erste Attributierte Strukturtyp wird durch das Konzezpt 'Kreisförmi-
ger_Heller_Fleck' beschrieben. Da in den Slots der Standardrelationen keine Angaben
aufgeführt sind, müssen nur die Werte der Attribute bestimmt werden, um das Konzept
zu erfüllen. Das erste Attribut 'STRUKTURTYPEN' enthält als Unterkomponente die
Operation ROOT, die einen Wurzelknoten des hellen geschlossenen Fleckencodes finden
soll. Als Operand ist der gesamte HSC angegeben, er wird aber im Operationsgebiet
auf vier Suchebenen eingeschränkt: Die Auflösungsebene des Wurzelknotens darf maximal um eins höher und minimal um zwei niedriger als die Bezugsebene $k_{LOI}$=4 sein. Der
Wurzelknoten (Fig. 7, (2)) wird im Bild der beispielhaften Pleuelstange in der Ebene
|5;2>  mit  der Formelementgröße f=k+n-7 gefunden. (Das große Pleuelauge wird  auch
noch in der Ebene |6;0> codiert. Dieser Wurzelknoten (Fig. 7, (3)) besitzt aber nur
die Formelementgröße f=6 und wird daher ignoriert.) Damit wird dem Attribut
'STRUKTURTYPEN' der String 'h' (heller geschlossener Fleckencode) und das  formale

Ergebnis <WURZELKN 1> zugeordnet. Um das zweite Attribut 'ELEMENTZAHLEN' zu bestimmen, muß mit der Operation SEQU die Kantensequenz aus dem eben gefundenen Wurzelknoten <WURZELKN 1> entwickelt werden, die den hellen Fleck des großen Pleuelauges in der Auflösungsebene |5;0> berandet (Fig. 7, (4)). Das Attribut erhält den Wert '8'; als formales Ergebnis wird der Zeiger auf die im Ergebnisspeicher abgelegte Sequenz zugewiesen (<SEQU 1>). Das letzte Attribut 'FORMEN' beschreibt die Form der Fläche (hier: des Pleuelauges). Sie wird durch die Operation SHAPE aus der mit SEQU entwickelten Kantensequenz ermittelt. Das Attribut bekommt den Wert 'rund'; als formales Ergebnis wird die Orientierungssequenz abgespeichert. Damit sind alle Attribute des Konzepts 'Kreisförmiger_Heller_Fleck' bekannt, und das Konzept ist erfüllt.

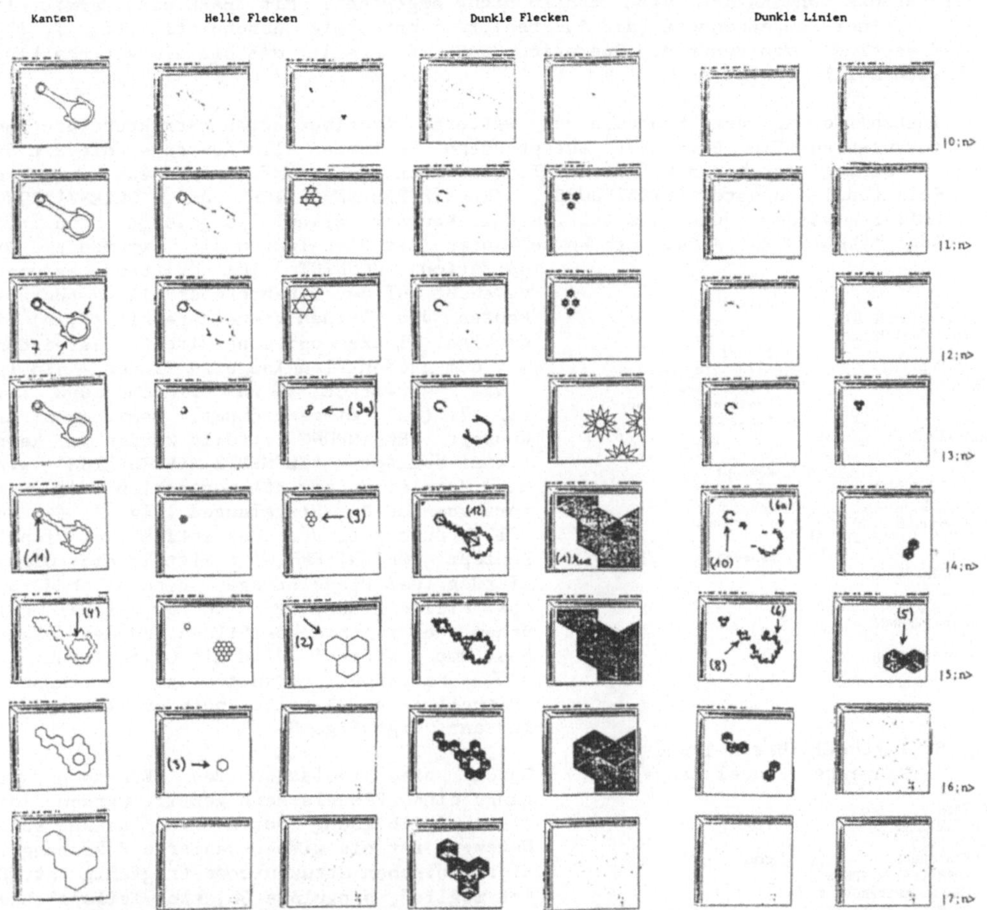



Fig. 7: Codierungsebenen einer Pleuelstange.
Die Spalten zeigen jeweils die Auflösungsebenen und die Ebenen mit dem am höchsten verknüpften Wurzelknoten der entsprechenden Strukturtypen. Die Ebenen für die 'Hellen Linien' und die Wurzelknoten der 'Kanten' werden aus Gründen der Übersichtlichkeit weggelassen. Die Ebenen |8;0> enthalten bei diesem Objekt keine Eintragungen und werden deshalb auch nicht gezeigt. Die Pfeile und Ziffern in Klammern beziehen sich auf Erläuterungen im Text.

Nun wird versucht, den zweiten Attributierten Strukturtyp (Konzept 'Linienbogen') im Konzept 'Großes_Pleuelauge' zu bestimmen. Er beschreibt die Liniensequenz um das große Pleuelauge herum. Die Instanziierung verläuft entsprechend der des vorhergehenden Konzepts. Der Wurzelknoten <WURZELKN 2> des dunklen Liniencodes wird in der Ebene |5;2> gefunden (Fig. 7, (5)). Die daraus entwickelte Liniensequenz (Fig. 7, (6)) besitzt sechs Elemente und beschreibt einen runden Bogen (Umschließungswinkel 270°). Da der gefundene Bogen zu dem am höchsten verknüpften Linienwurzelknoten in den Suchebenen gehört, müssen keine konkurrierenden Wurzelknoten untersucht werden.

Das große Pleuelauge besteht physikalisch aus zwei Teilen, die durch Schrauben verbunden sind. Das dritte Konzept 'Schraubenkanäle' als TEIL des 'Großen_Pleuelauges' untersucht den charakteristischen, geraden Kantenverlauf im örtlichen Fenster unterhalb des Wurzelknotens <WURZELKN 1>. Hierzu werden höherauflösende Kantensequenzen benötigt. Es wird wieder auf den Level of Interest Bezug genommen und im Operationsgebiet der Operation ROOT angegeben, daß die Entwicklung in der Detektorebene $k=k_{LOI}-2$ (hier:|2;0>) geschehen soll. Es werden mindestens zwei Kantensequenzen erwartet (innere und äußere Kontur und eventuell Kanten durch Artefakte), die obere Grenze von 'ANZAHL' wird deshalb nicht angegeben. Mit SHAPE wird ermittelt, daß in einer Kantensequenz (der äußeren) zwei parallele Abschnitte (Fig. 7, (7)) enthalten sind, von denen die Operation COMEL feststellt, daß sie die gleiche Länge (Verhältnis 1:1) besitzen.

Die Instanziierung der Konzepte der weiteren Attributierten Strukturtypen und Substrukturen aus Fig. 6 verläuft entsprechend. Es können alle Konzepte, die mit dem Konzept 'Pleuel' durch die Relation TEIL verbunden sind, erfüllt werden. Nun müssen die Relational-Konzepte 'VERBINDUNG', 'ELEMENTZAHLVERGLEICH' und 'ORIENTIERUNG' instanziiert werden, die als Attribute im Konzept 'Pleuel' aufgeführt sind. Die Relation 'VERBINDUNG' erhält die Wurzelknoten der Pleuelaugen als Argumente. Die Operation CONNECT im dritten Argument versucht auf der Detektorebene |4;0> (Wurzelknoten des kleinen Pleuelauges in |4;1>) im dunklen Fleckencode eine direkte Verbindung mit dem großen Pleuelauge zu finden. Sie ist - wie erwartet - zu finden und in Fig. 7, (12) eingezeichnet. Damit kann das Konzept 'VERBINDUNG' erfüllt werden. Im Relational-Konzept 'ELEMENTZAHLVERGLEICH' wird ein Vergleich der Elementzahlen der Kantensequenzen der Pleuelaugen (Fig. 7, (4) und (11)) durchgeführt. Das letzte Relational-Konzept 'ORIENTIERUNG' ermittelt die Orientierung der Pleuelstange. Bezugnehmend auf das kleine Pleuelauge wird der Winkel zwischen der x-Achse des Bildes und dem Pleuel bestimmt. Hierbei wird die Orientierung zu $300^{\circ}$ berechnet. Damit ist das Konzept 'Pleuel' (Fig. 8) vollständig erfüllt. Seine Instanz zeigt Fig. 9.

Durch die Simulation des Erkennungsvorgangs eines Pleuels kann gezeigt werden, daß die Modellbildung durch ein semantisches Netzwerk für die wissensbasierte Erkennung im Hierarchischen Strukturcode tragfähig ist. Es ist möglich, singuläre Objekte, Teilansichten eines Objekts, aber auch mehrere Objekte zu untersuchen. Der vorgestellte Kontrollalgorithmus erweist sich als geeignet, das Netzwerk auszuwerten.

```
KONZEPT                        Pleuel
  GENERALISIERUNGEN            -
  SPEZIALISIERUNGEN            -
  INSTANZEN                    P1, P2
  TEIL_VON                     Szene_mit_Pleuel
  TEIL                         Großes_Pleuelauge
  TEIL                         Kleines_Pleuelauge
  TEIL                         Schaft
  ATTRIBUTE
   VERBINDUNG:
    TYP                        Konzept
    WERTEBEREICH               -
    ANZAHL                     -
    OPERATION                  -
   ELEMENTZAHLVERGLEICH:
    TYP                        Konzept
    WERTEBEREICH               -
    ANZAHL                     -
    OPERATION                  -
   ORIENTIERUNG:
    TYP                        Konzept
    WERTEBEREICH               -
    ANZAHL                     -
    OPERATION                  -
ENDE                           Pleuel
```

Fig. 8: Textuelle Darstellung des
        Konzepts 'Pleuelstange'

```
INSTANZ                        P1
  INSTANZ_VON                  Pleuel
  ATTRIBUTE
   VERBINDUNG:                 true
    FORMALES ERGEBNIS
   ELEMENTZAHLVERGLEICH:       3:1
    FORMALES ERGEBNIS
   ORIENTIERUNG:               300
    FORMALES ERGEBNIS
ENDE                           P1
```

Fig. 9: Instanz zu Fig. 8


## Literatur

/1/ S. Drüe, G. Hartmann, B. Mertsching: Wissensbasierte Erkennung von komplexen Objekten mit linien- und flächenhaften Komponenten im HSC. In: E. Paulus: Mustererkennung 1987. Berlin u. a. (Springer-Verlag) 1987, 133-137

/2/ S. Drüe, G. Hartmann: Modellgestützte Erkennung hierarchisch codierter Objekte. In: G. Hartmann: Mustererkennung 1986. Berlin u. a. (Springer-Verlag) 1986, 245-249

/3/ H. Niemann, H. Bunke: Künstliche Intelligenz in Bild- und Sprachanalyse. Stuttgart (B. G. Teubner-Verlag) 1987

<u>Positionserfassung und Verfolgung von Objekten in hierarchisch codierten</u>
<u>Bildern</u>


Manfred Dresselhaus, Georg Hartmann, Bärbel Mertsching
Universität - Gesamthochschule - Paderborn, Fachbereich Elektrotechnik
Pohlweg 47-49, 4790 Paderborn


<u>Zusammenfassung</u>

In einem bildunabhängigen, echtzeitfähigen Codierungsvorgang werden Bilder in eine
pyramidenförmige Datenstruktur, den Hierarchischen Strukturcode (HSC) umgesetzt.
Dabei werden zusammenhängende Objekte auf Codebäume des HSC abgebildet.

Neben den für die Erkennung notwendigen lage- und größeninvarianten Merkmalen können
durch Operationen Informationen über Lage und Orientierung von Objekten aus den
Codebäumen ermittelt werden. Damit ist es möglich, schnell bewegte Objekte zu verfolgen, aber auch die Position langsam bewegter Objekte mit hoher Genauigkeit zu
erfassen.

<u>Merkmalsbestimmende Operationen in Codebäumen</u>

Beim Codierungsprozeß /1/, /2/ entstehen Codebäume, die als Abbildung von Objekten
die gesamte Strukturinformation enthalten, aber für einen direkten Vergleich mit dem
Modell eines Objekts ungeeignet sind. In /5/ wurden sehr einfache merkmalsbestimmen-
de Operationen definiert, deren Ergebnisse für den Vergleich mit dem Modell eines
Objekts gut geeignet sind. Diese Operationen lassen sich in folgender Form darstellen:

```
OPERATION (<OPERAND>; OPERATIONSGEBIET, PARAMETER) = <ERGEBNIS>, [MERKMAL]

wobei <OPERAND>        = {<HSC>; <ELEMENT>; <ERGEBNIS>}

      OPERATIONSGEBIET = {FENSTER; EBENEN; TYP}

      PARAMETER        = {MERKMAL}
```

Eine OPERATION sucht im Codebaum B eines Objekts Teilstrukturen von B, die dann als
<ERGEBNIS> für weitere Operationen im Ergebnisspeicher bereitgestellt werden. Dane-
ben liefert eine OPERATION mit [MERKMAL] eine symbolische Beschreibung von der
Teilstruktur <ERGEBNIS>, die gegen Lage- und Größenänderungen sowie kleinere perspektivische Änderungen invariant ist. Die unter [MERKMAL] extrahierte Objekteigen-
schaft kann also direkt mit dem Modell des Objekts verglichen werden.

Neben den [MERKMALEN], die wegen ihrer Lage- und Größeninvarianz für die symbolische
Beschreibung und für die Erkennung von großer Bedeutung sind, liefern die OPEATIONEN
mit den formalen <ERGEBNISSEN> auch Information über absolute Größe, Lage, Orientierung und Abstand von Objekten. So gibt es neben den Beschreibungsoperationen eine

eigene Klasse von Vermessungsoperationen, die aus den Codebäumen absolute Meßwerte
extrahieren, im allgemeinen aber keine für die symbolische Beschreibung geeigneten
[MERKMALE] bereitstellen.

<u>Untersuchung bewegter Objekte</u>

In Vorarbeiten /3/ konnte gezeigt werden, daß der HSC im Prinzip in Kamera-Echtzeit
erzeugt werden kann. Die hierzu erforderlichen Spezialprozessoren sind jedoch erst
im Aufbau und standen für die Untersuchungen noch nicht zur Verfügung. Die Bildserien bewegter Objekte wurden deshalb in Echtzeit in einem Bildserien-Speicher digitalisiert und dann im Laborrechner (VAX 11/730 oder PDP 11/70) - zur Zeit nicht
echtzeitfähig - codiert. Der so erzeugte HSC enthält also die Bewegungsunschärfe von
Echtzeit-Bildserien.


Bei Handhabungsvorgängen soll die Information über Lage und Orientierung eines
Objekts möglichst im Takt der Fernsehkamera neu berechnet werden. Dabei ist es aber
nicht notwendig, den gesamten Erkennungsvorgang von Bild zu Bild neu durchzuführen.
Es genügt vielmehr, wenige spezifische Knoten der Codebäume bewegter Objekte zu
analysieren, um sehr schnell Bewegungsinformation zu gewinnen. Dabei kann sich die
Untersuchung auf solche Knoten beschränken, an denen kleinere Details eines Objekts
(Ecken, Bohrungen) durch wenige hochauflösende Codeelemente beschrieben sind. Diese
Vorgehensweise bietet hohe Genauigkeit, wie sie für die Positionierung von Werkzeu-
gen oder Werkstücken erforderlich ist, beschränkt sich aber wegen der Unschärfe bei
schnellen Bewegungen auf langsam bewegte Objekte. Die Verfolgung schnell bewegter
Objekte wird dadurch möglich, daß man sich auf wurzelnahe Knoten des Codebaumes
beschränkt, wobei die Genauigkeit der Positions- und Orientierungserfassung im allgemeinen abnimmt. Die hierarchische Struktur des HSC und seiner Codebäume erweist
sich für den schnellen Zugriff auf die geeigneten Knoten als sehr vorteilhaft und
ermöglicht eine echtzeitnahe Realisierung beider Verfahren.

<u>Positionserfassung langsam bewegter Objekte</u>

Soll z. B. bei einem langsam bewegten Pleuel die Position des kleinen Auges erfaßt
werden, so kann - nachdem das Pleuel einmal erkannt ist (vergl. Erkennung eines
Pleuels /6/) - die Analyse auf folgende OPERATIONEN beschränkt werden:

```
1 ROOT  (<HSC>, t=1)                  =  <WURZELKN1>   [  ]
2 PART  (<WURZELKN1>, t=h, k=k_1)     =  <WURZELKN2>   [  ]
3 SEQU  (<WURZELKN2>, t=e, k=0, n=0)  =  <SEQU3>       [  ]
4 EGRAV (<SEQU3>)                     =  <GRAV4>       [  ]
```

Dabei wird mit 1 ROOT die dunkle Struktur und mit 2 PART die darin enthaltene kleine
helle Teilstruktur (Auge) gesucht. 3 SEQU entwickelt die das Auge begrenzende Kantensequenz in der höchsten Auflösungsebene k=0 und 4 EGRAV berechnet den zugehörigen
Mittelpunkt (s. Fig. 1).


Die Operationen ROOT, PART und SEQU dienen bei der Positionserfassung ausschließlich
der Navigation im Codebaum des bereits erkannten Objekts, d.h. ihre [MERKMALE]
werden nicht mehr ausgewertet. Die eigentliche Positionsbestimmung erfolgt über die
Operation EGRAV(<SEQU3>). Diese betrachtet die Formelementsequenz <SEQU3>, die den

Rand des Pleuelauges beschreibt, als "massebehaftete Linie" und ermittelt nach
bekannten Formeln /4/ den zugehörigen "Schwerpunkt" <GRAV4>. Da <SEQU3> durch die
Operation 3 SEQU (<WURZELKN2>, t=e, k=0, n=0) in der höchstauflösenden Ebene k=0,
also mit Formelementgröße $2^{k=0}$ entwickelt wurde, bietet der daraus mit EGRAV berechnete Schwerpunkt die für das gegebene Bild höchstmögliche Genauigkeit.

Die im Beispiel genannte Operation EGRAV ist - ihrer Struktur entsprechend - nicht
auf Schwerpunktberechnungen kreisförmiger Kantenverläufe beschränkt und hat allgemeinere Gültigkeit. Es wurden aber auch weitere Operationen zur Positionsbestimmung
entworfen, von denen als zweites Beispiel AGRAV vorgestellt werden soll. Während
EGRAV vom "Schwerpunkt" der "massebehafteten" Kante (E = edge) ausgeht, benutzt
AGRAV dem "Schwerpunkt" der "massebehafteten" Fläche (A = area) eines Objekts. Am
Beispiel des Pleuelauges umfaßt eine Positionsberechnung mit AGRAV folgende Schritte:

```
1 ROOT   (<HSC>, t=1)                    = <WURZELKN1>  [  ]

2 PART   (<WURZELKN1>, t=h, k=k₁)        = <WURZELKN2>  [  ]

3 AREA   (<WURZELKN2>, t=h, n=0)         = <FLAECHE3>   [  ]

4 AGRAV  (<FLAECHE3>)                     = <GRAV4>
```

Wie im ersten Beispiel wird auch hier auf eine erneute Erkennung des Objekts ver-
zichtet und so die Anzahl der Operationen drastisch verringert. Während im ersten
Beispiel 3 SEQU die Blattknoten der Kantensequenz aufsuchte, bestimmt 3 AREA nun die
Blattknoten der die Fläche beschreibenden Formelementgruppe. Die für eine Flächenbe-
schreibung verwendeten Formelemente $A<t;m;\varphi|k;n>$ werden durch alle möglichen Kombi-
nationen von sieben "Punktmarken" dargestellt (vgl. /2/) und überlappen gegenseitig.
Um Doppelzählungen von "massebehafteten" Punktmarken zu vermeiden, werden von AGRAV
die Punktmarken aller Formelemente in ein gemeinsames Feld übertragen, wobei orts-
gleiche Punktmarken benachbarter Formelemente nur einmal gezählt werden. Die
Schwerpunktberechnung selbst erfolgt nach bekannten Formeln /4/.

Auf der Basis des HSC und der dafür entwickelten Operationen sind selbstverständlich
auch weitere Strategien für eine schnelle Positionsbestimmung möglich. So läßt sich
eine Ecke sehr schnell aus der Formelementsequenz des Kantenverlaufs bestimmen, weil
jedem Formelement eine Orientierung fest zugeordnet ist. Eine entsprechende Operation liest die Sequenz, stellt fest, bei welchem Formelement die Orientierungsände-
rung maximal ist und gibt die Koordinaten dieses Formelementes aus. Die relativ
geringe Genauigkeit dieser Operation kann verbessert werden, wenn für zwei gerade
Kantenstücke die Geradengleichungen und deren Schnittpunkt ermittelt werden.

Neben der bisher besprochenen Positionserfassung läßt sich auch Information über
Orientierung von Objekten aus dem HSC ableiten. Im einfachsten Fall kann die Orientierung eines repräsentativen Geradenstücks nach den bereits o. g. Methoden ermittelt werden. Eine weitere Möglichkeit bietet die Orientierung der Verbindungslinie
der Schwerpunkte zweier markanter Teilstrukturen des Objekts. Schließlich kann bei
Objekten mit "Nasen" oder "Einkerbungen" der offene Fleckencode zur Orientierungsbestimmung herangezogen werden, der diese Teilstrukturen beschreibt.

Die Genauigkeit der Positions- und Orientierungsmessungen hängt von der Bildqualität, der Zahl und der relativen Größe $2^{k+n}$ der verwendeten Formelemente ab. Bei den

mittelwertbildenden Operationen AGRAV, EGRAV, SHAPE usw. nimmt die Genauigkeit mit
der Zahl der zur Mittelwertbildung benutzten Formelemente zu. Die Genauigkeit entspricht der bei klassischen Methoden erreichbaren Genauigkeit. Der Vorteil des HSC
bei der Positionsbestimmung liegt vielmehr bei der hierarchischen Datenstruktur, die
einen schnellen und einfachen Zugang zu den positionsbestimmenden Teilobjekten
bietet. Ein weiterer Vorteil liegt darin, daß die unterschiedlichsten Verfahren mit
wenigen allgemeingültigen Operationen, gleichsam mit "Befehlen" einer "Hochsprache",
formuliert werden können.

## Verfolgung schnell bewegter Objekte

Im Prinzip sind die bereits besprochenen Strategien zur schnellen Positions- und
Orientierungserfassung auch für eine Verfolgung schnell bewegter Objekte verwendbar.
Während aber bei einem Positionierungsvorgang die Berechnung eines neuen Ergebnisses
pro Fernsehbild zwar wünschenswert, aber nicht erforderlich ist, wird die Echtzeitverarbeitung beim Verfolgen schnell bewegter Objekte vorausgesetzt. Eine weitere
Schwierigkeit ergibt sich aus der Bewegungsunschärfe. Beide Schwierigkeiten lassen
sich jedoch unter Verzicht auf höchste Genauigkeit überwinden.

Die für die Positionierung erwünschte Genauigkeit erforderte es, Formelementsequen-
zen bzw. Formelementgruppen mit möglichst vielen kleinen Formelementen als <OPERAND>
bereitzustellen. Gerade die hochauflösenden Teilbäume B(t;k) mit kleinem k erfordern
aber höhere Rechenzeiten für die Operationen SEQU bzw. AREA, da diese Bäume hoch
verknüpft sind und da sich mit jeder zusätzlichen Verknüpfungsebene n die Zahl ihrer
Blätter im Schnitt vervierfacht. Die Grundüberlegung für die schnelle Verfolgung von
Objekten beruht deshalb darauf, nur Sequenzen bzw. Gruppen von Formelementen als
<OPERAND> zu verwenden, die von wurzelnahen Knoten repräsentiert werden. Da die
relative Formelementgröße eines Knoten $2^{k+n}$ beträgt, ist aus Rechenzeitgründen jede
Kombination mit konstantem (k+n) gleichwertig. Die Bewegungsunschärfe wirkt sich jedoch besonders stark auf Teilbäume B(t;k) hoher Auflösung, also mit kleinem k aus,
so daß für eine sichere Verfolgung Kombinationen (k+n) mit größerem k verwendet
werden müssen. Die dabei erreichbare Genauigkeit liegt bei etwa 10 % der kleinsten
Objektausdehnung.

Anhand dieser Vorüberlegungen soll am Beispiel eines schnell bewegten Lineals
(Fig. 2) gezeigt werden, wie die hierfür geeigneten Operationen modifiziert werden:

```
1 ROOT   (<HSC>, t=l, k )            =  <WURZELKN1>  [  ]
                     1
2 AREA   (<WURZELKN1>, t=l, n )       =  <FLAECHE2>   [  ]
                           2
3 AGRAV (<FLAECHE2>)                 =  <GRAV3>

4 PART   (<WURZELKN1>, t=h, k )       =  <WURZELKN4>  [  ]
                           4
5 AREA   (<WURZELKN4>, t=h, n )       =  <FLAECHE5>   [  ]
                           5
6 AGRAV (<FLAECHE5>)                 =  <GRAV6>

7 PORI   (<GRAV3>, <GRAV6>)          =  <ORIENTIERUNG>
```

Die Operationen 1 bis 6 bestimmen den Schwerpunkt <GRAV3> der Gesamtfläche des
Lineals und den Schwerpunkt <GRAV6> des Loches. Die Operation PORI (= Punkt-Orien-
tierung) bestimmt die Orientierung der Verbindungsgeraden zwischen den Punkten
<GRAV3> und <GRAV6>. Der Unterschied zu den vorher gezeigten Operationen für die
Positionserfassung besteht darin, daß in 1 ROOT und 4 PART Auflösungsebenen $k_1$, $k_4$

und in 2 AREA bzw. 5 AREA Verknüpfungsebenen $n_2$, $n_5$ spezifiziert werden. Dadurch wird die relative Formelementgröße $2^f$ bei <FLAECHE2> mit $f=(k_1+n_2)$ und bei <FLAECHE5> mit $f=(k_4+n_5)$ fest vorgegeben. Die geeignete Wahl von k garantiert Unempfindlickkeit gegen Bewegungsunschärfe, die Wahl von (k+n) eine kurze Rechenzeit bei den Operationen AREA.

Da schnell bewegte Objekte nicht bei jedem Fernsehbild neu erkannt werden, die Position sich ab er von Bild zu Bild erheblich verändern kann, muß sichergestellt werden, daß bei der Positionserfassung auch mit Sicherheit das richtige Objekt untersucht wird. Dies wird damit erreicht, daß bei 1 ROOT der Wurzelknoten nicht im gesamten <HSC>, sondern nur in einem engen örtlichen Fenster $F_i$ gesucht wird, in dem bei dem i-ten Bild das Objekt erwartet wird. Damit wird das OPERATIONSGEBIET von ROOT wie bisher durch das "Typenfenster" $t=1$, das "Hierarchiefenster" $k=k_1$ und nun zusätzlich durch das "Ortsfenster" $F=F_i$ eingeschränkt. Dabei wird der Suchraum für ROOT weiter eingeschränkt, das Auffinden des richtigen Objekts sichergestellt und nebenbei die Rechenzeit von ROOT verkürzt. Das Fenster $F_i$ selbst wird durch eine zusätzliche Operation

$$\text{WIND}(\text{<GRAV3>}_{i-2},\ \text{<GRAV6>}_{i-2},\ \text{<GRAV3>}_{i-1},\ \text{<GRAV6>}_{i-1}) = \text{<F>}_i$$

berechnet. Dabei wird aus der Position zur Zeit (i-1) und der Geschwindigkeit im Zeitintervall von (i-2) nach (i-1) die Position zur Zeit (i) geschätzt.

<u>Ergebnis</u>

Die bisherigen Untersuchungen zeigen, daß auf der Grundlage des HSC nicht nur eine einfache wissensbasierte Erkennung, sondern auch eine genaue Positions- und Orientierungserfassung sowie die Verfolgung schnell bewegter Objekte möglich ist. Die hierachische Datenstruktur des HSC und die Abbildung der Objekte auf Codebäume stellt einen raschen Zugriff auf die zu untersuchenden Strukturen sicher. Ein einheitlich aufgebauter Satz von Operationen ermöglicht eine einfache "hochsprachliche" Formulierung sowohl für positions- und lageinvariante Erkennung als auch für Vermessungsstrategien. Die derzeitige Implementierung des Systems in einem Multi-User-Betriebssystem und in PASCAL ermöglicht keine exakte Laufzeitbestimmung der Operationen. Erste Messungen zeigen aber bereits jetzt, daß eine echtzeitfähige Implementierung der Positionserfassung und Verfolgung mit optimierten Operationen möglich sein wird.

Wir danken dem Minister für Wissenschaft und Forschung des Landes Nordrhein-Westfalen für die Unterstützung des Projekts.

<u>Literatur</u>

/1/ G. Hartmann, Erzeugung und Verarbeitung hierarchisch codierter Konturinformation VDE-Fachberichte <u>35</u>, VDE-Verlag (1983), 378-383

/2/ S. Drüe, G. Hartmann, A. Westfechtel, Beschreibung und Erkennung flächiger und linienhafter Objekte im Hierarchischen Strukturcode, Informatik-Fachberichte <u>107</u>, Springer-Verlag (1985), 123-127

/3/ G. Hartmann, A. Westfechtel, Signalprozessor zur schnellen Extraktion und Hierarchischen Codierung von Konturen, Arbeitsbericht Ha 1314/1-3 (1986) für das DFG-SPP Digitale Signalverarbeitung

/4/ I. N. Bronstein, K. A. Semendjajew, Taschenbuch der Mathematik, Verlag Harri Deutsch Zürich, Frankfurt/M., Thun (1977), 169-174

/5/ S. Drüe, G. Hartmann, Modellgestützte Erkennung hierarchisch codierter Objekte, Informatik-Fachberichte <u>125</u>, Springer-Verlag (1986), 245-249

/6/ S. Drüe, G. Hartmann, B. Mertsching, Wissensbasierte Erkennung von komplexen Objekten mit linien- und flächenhaften Komponenten im Hierarchischen Strukturcode (HSC), Informatik-Fachberichte <u>149</u>, Springer-Verlag (1987), 133-137

(a)

(b)

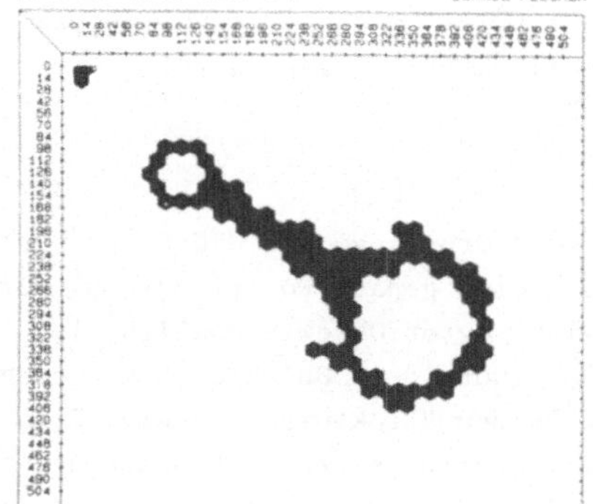
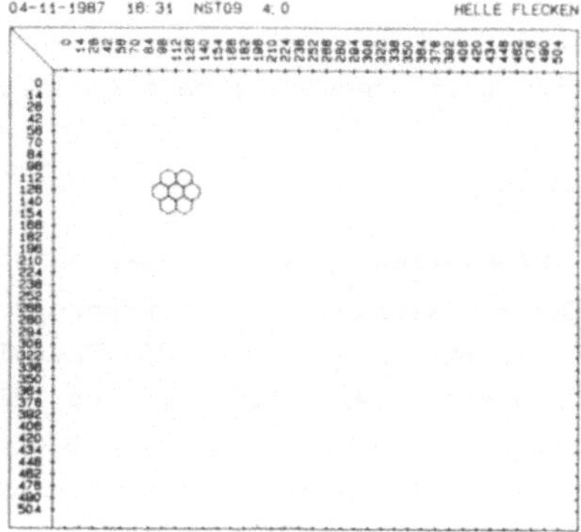

(c)

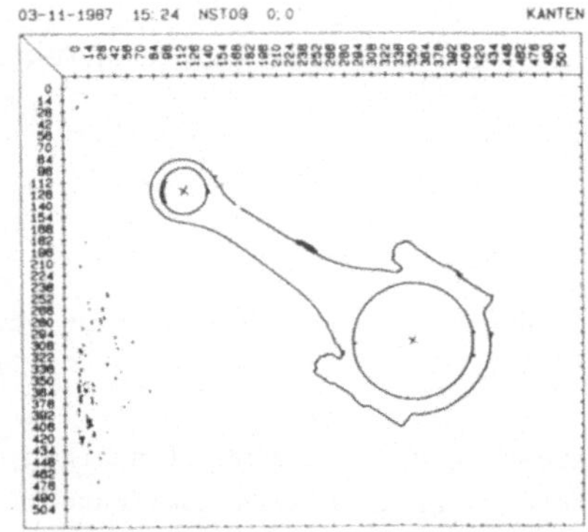

Fig. 1: Formelemente, die die Positionierung des Pleuels veranschaulichen;
(a) Detektorebene |4;0> des Teilbaumes B(1;4) mit Wurzelknoten <WURZELKN1>;
(b) Blätter des Teilbaums B(h;4) mit <WURZELKN2>;
(c) Formelementsequenzen der Pleuelaugen in Detektorebene |0;0>.

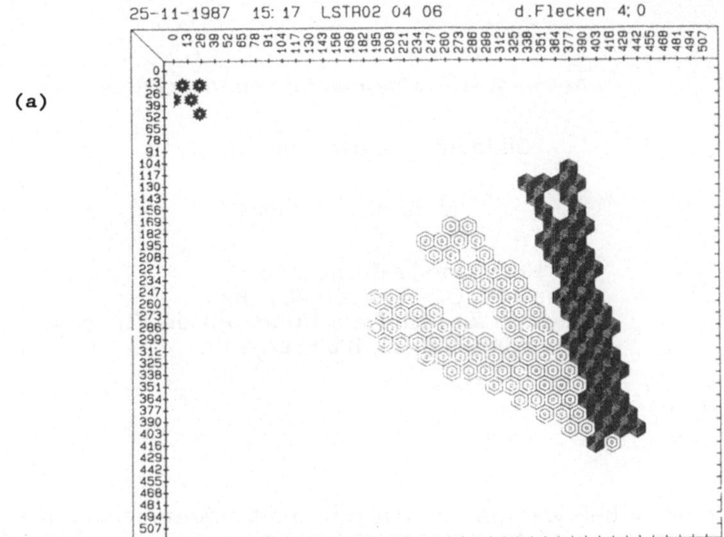

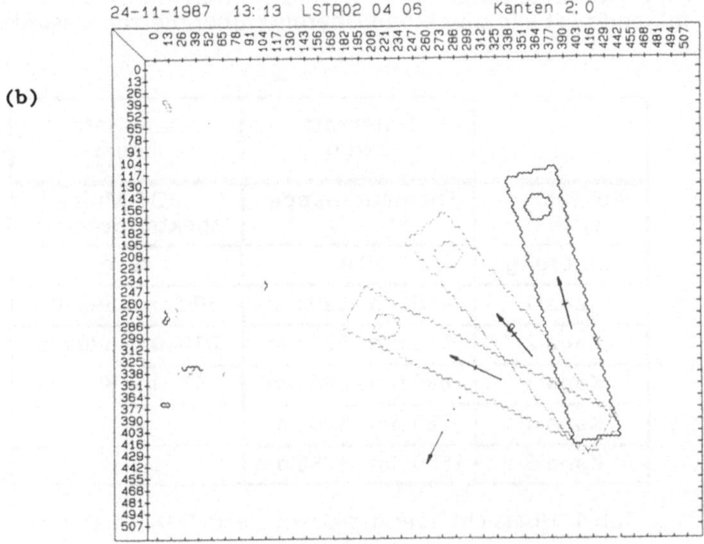

Fig. 2: Teil der Bildsequenz eines schnell bewegten Lineals;
    (a)   Detektorebene |4;0> des dunklen Fleckencodes
    (b)   Detektorebene |2;0> des Kantencodes

**Automatische Klassifikation multispektraler**

**Bilddaten aus der Fernerkundung**

M. Köhler[1], S. Kinzel[2]


1: F. Hoffmann-La Roche & Co,
  Bau 74/3. OG-West, CH-4002 Basel,
2: Institut für Technische Informatik der TU Berlin,
  Franklinstr. 28/29, 1000 Berlin 10.


## Einführung

Fragestellung der Arbeit war, ob und mit welchen Verfahren eine automatische Klassifikation multispektraler Bilddaten möglich ist. Die Arbeit wurde am Institut für Quantitative Methoden des Fachbereiches Informatik der TU Berlin und in Zusammenarbeit mit dem Institut für Photogrammetrie und Geodäsie des Fachbereiches 7 der TU Berlin erstellt. Die Klassifikationen wurden mit Routinen von SAS (Statistics Analyse System) durchgeführt. Das in der Arbeit verwendete Datenmaterial wurde mittels multispektralem Scanner aufgezeichnet. Die folgende Tabelle gibt einen Überblick über die zur Klassifikation verwendeten Datensätze.

|  | Datensatz Berlin | Datensatz China |
|---|---|---|
| Aufnahme-system | Thematic Mapper | SPOT-Multi-spektral Scanner |
| Auflösung | 30 m | 20 m |
| Kanal1 | 450 nm - 520 nm | 500 nm - 590 nm |
| Kanal2 | 520 nm - 600 nm | 610 nm - 680 nm |
| Kanal3 | 630 nm - 690 nm | 790 nm - 890 nm |
| Kanal4 | 760 nm - 900 nm | ---- |
| Kanal5 | 1550 nm - 1750 nm | ---- |

Tab.1: Übersicht über das klassifizierte Datenmaterial

## Die überwachte und die automatische Klassifikation

Die überwachte Klassifikation ist dadurch gekennzeichnet, daß die Nutzung bestimmter Gebiete genau bekannt ist. Die spektralen Werte dieser Gebiete werden als Stichproben für die jeweils zu untersuchenden Klassen benutzt. Vom Anwender, der entsprechende Kenntnisse über das Untersuchungsgebiet besitzen muß, wird über Art und Anzahl der Cluster (Klassen) entschieden. Im ersten Schritt wird in einem interaktiven Eingriff die Anzahl der Objektklassen bestimmt. Im zweiten Schritt wählt der Anwender Szenenausschnitte als sogenannte Trainingsgebiete aus, bei denen davon ausgegangen wird, daß sie Abbildungen für die Objektklassen sind. Die Klassifizierung erfolgt nun derart, daß sämtliche Bildpunkte der Szene nach vorgegebenen Kriterien einer der Musterklassen zugeordnet werden.

Bei der automatischen Klassifikation werden ähnliche Objekte zu sogenannten Klassen zusammengefaßt, wobei diese intern möglichst homogen und extern möglichst separiert sein sollen. Die Ähnlichkeit zwischen Objekten wird durch ein numerisches Maß bestimmt, die Ähnlichkeits- bzw. Distanzfunktion. Für die Durchführung einer Clusteranalyse wird entweder eine Ähnlichkeits- oder eine Distanzmatrix erstellt. Bei großen Objektmengen ist außerdem eine Präclusterung vor dem normalen Clusterverfahren erforderlich, da weder die gesamte Datenmatrix noch die Ähnlichkeits- bzw. Distanzmatrix vollständig im Arbeitsspeicher gehalten werden können. Die Ergebnisse der Präclusterung bilden die Eingangsdaten für das eigentliche Clusterverfahren. Im Rahmen dieser Arbeit wurde für diesen Vorgang ein Algorithmus verwendet, der sich 'nearest centroid sorting' nennt und dessen Funktionsweise in den entsprechenden SAS Manuals nachgelesen werden kann.

In dieser Arbeit werden ausschließlich hierarchisch agglomerative Clusterverfahren unter Verwendung von Distanzfunktionen betrachtet. Bei hierarchischen Verfahren wird grob zwischen divisiven und agglomerativen Verfahren unterschieden. Bei agglomerativen Verfahren entstehen die Cluster einer bestimmten Stufe der Hierarchie durch Vereinigung von Clustern aus früheren Stufen der Hierarchie, während bei divisiven Verfahren neue Cluster durch das Aufteilen von Clustern aus früheren Stufen entstehen. Ausgangspunkt eines jeden der hier aufgeführten Verfahren ist eine bereits erstellte Distanzmatrix für die Gesamtheit der zu verarbeitenden Objektmenge. Hat wegen der Größe des Datensatzes eine Präclusterung stattgefunden, so gehen die gewichteten Repräsentanten der Präcluster als Objekte in die Clusteranalyse ein, ohne weitere Berücksichtigung der ursprünglichen Objekte aus dem Rohdatensatz. Auf einer Stufe der Hierarchie findet immer die Verschmelzung der beiden Cluster statt, die geringste Interclusterdistanz zueinander haben. Die verschiedenen Verfahren der hierarchischen Clusteranalyse unterscheiden sich in der Berechnung der Interclusterdistanzen von neu verschmolzenen Clustern zu den übrigen Matrixelementen. Die in der Arbeit verwendeten Verfahren sind Average-Linkage, Centroid-Method und Ward's-Minimum-Variance-Method. Die Berechnung der Interclusterdistanzen dieser Verfahren ist ausführlich bei Bock und Deimer erläutert.


## Darstellung der Klassifikationsergebnisse anhand von drei ausgewählten Beispielen


Ziel der Arbeit war, die Clusterverfahren Average-Linkage, Centroid-Method und Ward's-Minimum-Variance-Method zu vergleichen und zu ermitteln, welches der Verfahren für das vorliegende Datenmaterial am besten geeignet ist. Hierzu wurde jeder Datensatz mit allen drei Verfahren und geeigneten Klassenanzahlen klassifiziert. Für diesen Vortrag wurden drei Klassifikationsergebnisse ausgewählt, welche die speziefischen Eigenschaften der Clusterverfahren gut erkennen lassen. Da Average-Linkage und Centroid-Method ähnliche Klassifikationsergebnisse lieferten, wurde kein Beispiel für die Klassifikation mittels Centroid-Method ausgewählt.

Bild A5: An der Farbbelegung ist zu erkennen, daß von den 40 durch Average-Linkage gebildeten Klassen nur ca. 20 ausreichende Häufigkeiten besitzen, um im Bild sichtbar zu sein. Die Nutzungsart der ca. 20 Klassen mit extrem geringer Häufigkeit kann nicht ermittelt werden. Durch die sehr hohe Anzahl an Klassen werden genügend Klassen mit hohen Häufigkeiten gebildet, so daß das Bild entsprechend differenziert ist und eine Zuordnung der Nutzungsarten zu den Klassen bei ausreichender Kenntnis des klassifizierten Gebietes vorgenommen werden könnte. Wegen der ungenügenden Informationen über das Untersuchungsgebiet können nur die in Tab.2 bezeichneten Klassen identifiziert werden. Ein weiterer Nachteil dieses Klassifikationsergebnisses besteht darin, daß die Feldstruktur im linken unteren Bildviertel nur andeutungsweise erkannt wird. Anhand des Bildes A5 kann davon ausgegangen werden, daß eine Klassenanzahl von ca. 20 ähnlich großen Klassen ein günstiges Klassifikationsergebnis liefern würde, um sowohl die Landnutzung als auch Feinheiten der Landnutzung zu erkennen. Bild A5 zeigt, daß dieses erwünschte Klassifikationsergebnis für diesen Datensatz nicht von Average-Linkage wegen der oben aufgeführten Mängel geliefert werden kann.

<u>Bild A6</u>: Hier handelt es sich um ein sehr differenziertes Klassifizierungsergebnis, bei dem alle 30 gebildeten Klassen anhand der Farbbelegung im Bild erkennbar sind. Dadurch bestätigen sich die Eigenschaften von Ward's-Minimum-Variance-Method, in etwa ähnlich große Klassen zu bilden. Die Klassenanzahl von 30 erweist sich jedoch als zu hoch; das Bild wird zu differenziert, so daß die Identifikation der Landnutzung verloren zu gehen droht und nur sehr signifikante Klassen erhalten und erkennbar bleiben. Durch diesen Effekt können ebenfalls keine Nutzungsarten für einen Großteil der Klassen angegeben werden, da bei diesem Klassifizierungsergebnis eine Nutzungsart in mehrere Einzelklassen aufgeteilt wird. Wegen der starken Differenziertheit des Bildes A6 ist es wahrscheinlich, daß beim Versuch der Zuordnung nicht alle Klassen für eine bekannte Nutzungsart erfaßt wurden.

<u>Bild A15</u>: Da das Verfahren von Ward bei sämtlichen Datensätzen die besten Klassifikationsergebnisse lieferte, wurde der Datensatz 'China' mit relativ hoher Klassenanzahl klassifiziert, wobei man anhand der bisherigen Kenntnisse über das Untersuchungsgebiet davon ausgehen kann, daß die gewählte Klassenanzahl von 20 der 'natürlichen' Klassenanzahl des Untersuchungsgebietes ziemlich nahe kommt. Dieses Klassifikationsergebnis wurde mit dem Ergebnis aus der überwachten Klassifikation verglichen. Die Identifikation der Nutzungsarten der Felder erfolgte anhand der Ergebnisse aus der überwachten Klassifikation und hauptsächlich anhand der Kenntnisse, die durch die Bodenbegehung gewonnen wurden. Da die Bodenbegehung nur in kleinen ausgewählten Teilgebieten stattfand, konnte keine vollständige Zuordnung der gebildeten Klassen zu den Nutzungsarten vorgenommen werden. Zu den bekannten Nutzungsarten bleibt zu bemerken, daß sie in den meisten Fällen aus mehreren Klassen zusammengesetzt sind, was wiederum durch die Differenziertheit in den Nutzungsarten erklärt werden kann. Sehr deutlich ausgeprägte Klassen wie z.B. Wasser oder Brachland sind dabei weniger stark unterteilt.


## Zusammenfassung


Von den drei verwendeten Clusterverfahren lieferte Ward's- Minimum-Variance-Method die besten Klassifikationsergebnisse, da es zur Bildung ähnlich großer Klassen neigt und keine Klassen mit extrem geringen Häufigkeiten bildet, die nicht im Bild lokalisiert werden können. Aus diesem Grunde ist die geeignete Klassenanzahl für den Anwender leicht abzuschätzen, da sie in etwa der 'natürlichen' Klassenanzahl entspricht. Centroid-Method und Average-Linkage lieferten ähnliche Klassifikationsergebnisse, die alle den Nachteil der Bildung von Klassen mit extrem geringen Häufigkeitswerten aufwiesen, was zu weniger differenzierten und schwer interpretierbaren Klassifikationsergebnissen führte. Beiden Verfahren gemein ist, daß Klassen mit geringen Häufigkeits- und signifikanten Merkmalswerten bereits bei sehr niedrigen Klassenanzahlen gebildet werden.

Der wesentliche Vorteil aller automatischen Klassifikationsverfahren ist, daß der Anwender im Extremfall keinerlei Vorkenntnisse über das Untersuchungsgebiet besitzen muß und der interaktive Aufwand minimal ist. Dem stehen jedoch als Nachteile ein erheblicher Aufwand an Speicherplatz und Rechenzeit gegenüber.Diese Nachteile sind bei der überwachten Klassifikation nicht gegeben, jedoch ist hier das Klassifikationsergebnis von der Güte der Trainingsgebiete abhängig. Die Auswahl der Trainingsgebiete bedeuten einen großen interaktiven Aufwand, da der Anwender exakte Vorkenntnisse über das Untersuchungsgebiet besitzen und bereits erstelltes Kartenmaterial, Luftbilder und Bodenbegehungen als Hilfsmittel heranziehen muß. Das mit der überwachten Klassifikation erstellte Bild wird immer subjektiv vom Anwender geprägt sein. Bei einem Vergleich der Bilder zwischen überwachter und automatischer Klassifikation kamen wir zu dem Ergebnis, daß die mit Ward's-Minimum-Variance-Method erstellten Klassifikationsergebnisse in etwa denen der überwachten Klassifikation entsprechen.

|  | Bild A5<br>( Berlin ) | Bild A6<br>( Berlin ) | Bild A15<br>( China ) |
|---|---|---|---|
| Kanäle | 1 bis 5 | 1 bis 5 | 1 bis 3 |
| Aufnahmesystem | TM | TM | SPOT |
| Objektanzahl | 150000 | 150000 | 153600 |
| Präclusteranzahl | 999 | 999 | 999 |
| Verfahren | Average-Linkage | Ward | Ward |
| Klassenanzahl | 40 | 30 | 20 |
| Nutzungsarten<br>(Farbkennnum-<br>mern) | -Wasser (1)<br>-Wiese(2)<br>-Nadel-,<br>   Laubwald (3)<br>-Laubwald,<br>   Wiese (4) | -Wasser (1)<br>-Wiese(2, 3, 4, 5)<br>-Laubwald,<br>   Wiese (6,7)<br>-Nadel-,<br>   Laubwald (8, 9) | -Lehm, Sand,<br>   Winterweizen<br>   (1, 2, 3)<br>-Brachland,<br>   Straßen (4)<br>-schlechte Baum-<br>   wolle (7, 8, 9)<br>-Baumwolle<br>   (5, 6, 21)<br>-Winterweizen<br>   (10, 7, 15, 16)<br>-Mais<br>   (16, 18, 19, 20)<br>-schlechter Mais<br>   (11)<br>-Wasser (14, 10)<br>-nasser Sand<br>   (12, 13, 17)<br>-Sommerweizen<br>   (10, 7)<br>-Zuckerrübe<br>   (6, 12, 20, 25) |

Tab.2: Parameter der ausgewählten klassifizierten Datensätze

## Literaturverzeichnis

Haberäcker, P.: Untersuchung zur Klassifizierung multispektraler Bilddaten aus der Fernerkundung. DLR Forschungsbericht, 1977.
Stahl, H.: Clusteranalyse großer Objektmengen mit problemorientierten Distanzmaßen. Verlag Harri Deutsch, Frankfurt, 1985.
Küffner, H.: Datenanalysesysteme für statistische Auswertungen. Gustav Fischer Verlag, Stuttgart, 1985.
Bock, H. H.: Automatische Klassifikation. Vandenhoeck & Ruprecht, Göttingen, 1974.
Deimer, R.: Unscharfe Clusteranalysemethoden. Schulz-Kirchner Verlag, Idstein, 1986.
Pavlidis, T.: Structural Pattern Recognition. Springer-Verlag, Berlin, 1977.
Fu, K. S.: Digital Pattern Recognition. Springer-Verlag, 1976.
Zupan, J.: Clustering of large Datasets. Research Studies Press, Chichester, 1982.
Niemann, H.: Klassifikation von Mustern. Springer-Verlag, Berlin, 1983.
The Computer Journal. A Publication of the British Computer Society. Vol 20, 1977.
COMPSTAT LECTURES I Lectures in computational statistics. Physica-Verlag, Würzburg-Wien, 1978.

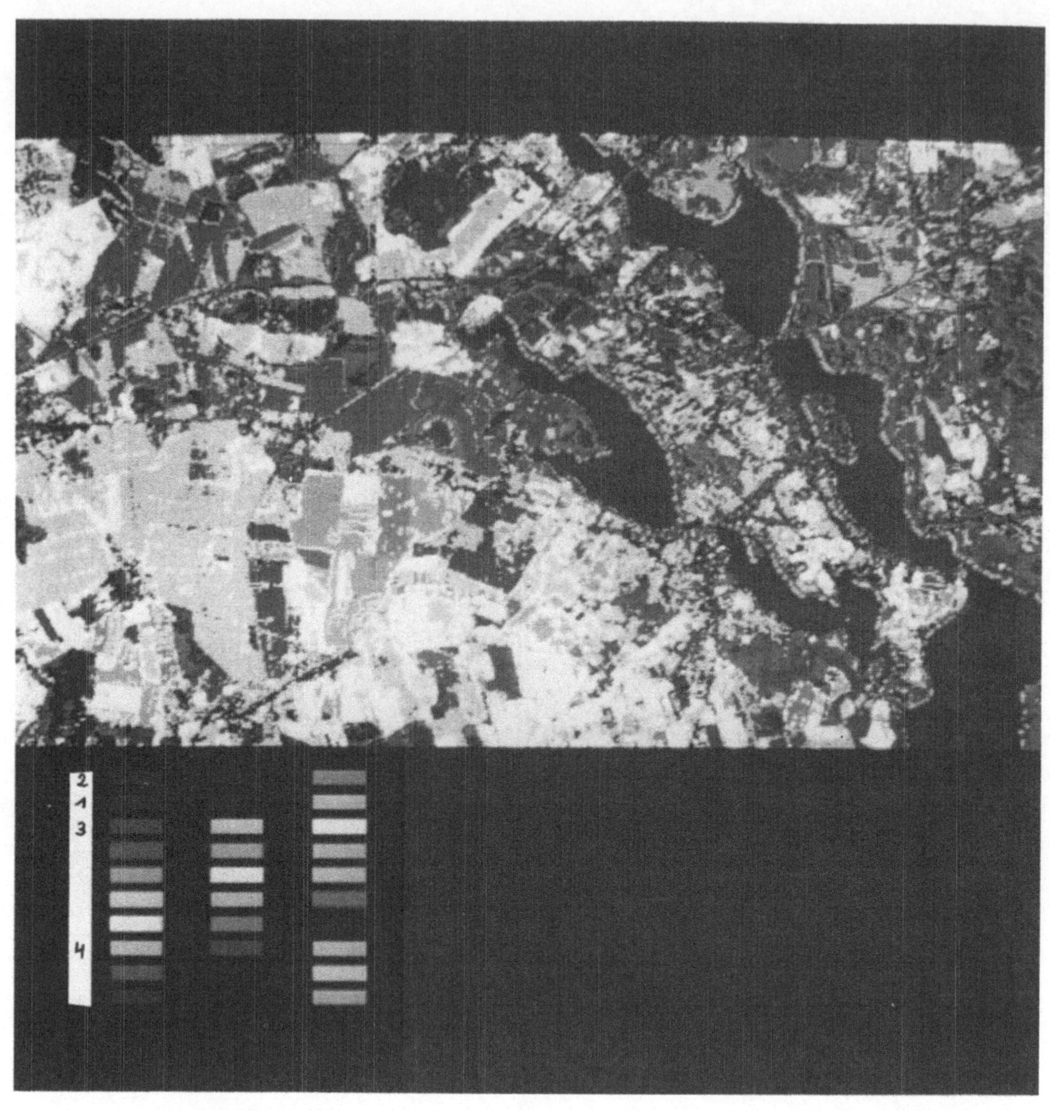

**Bild A5**

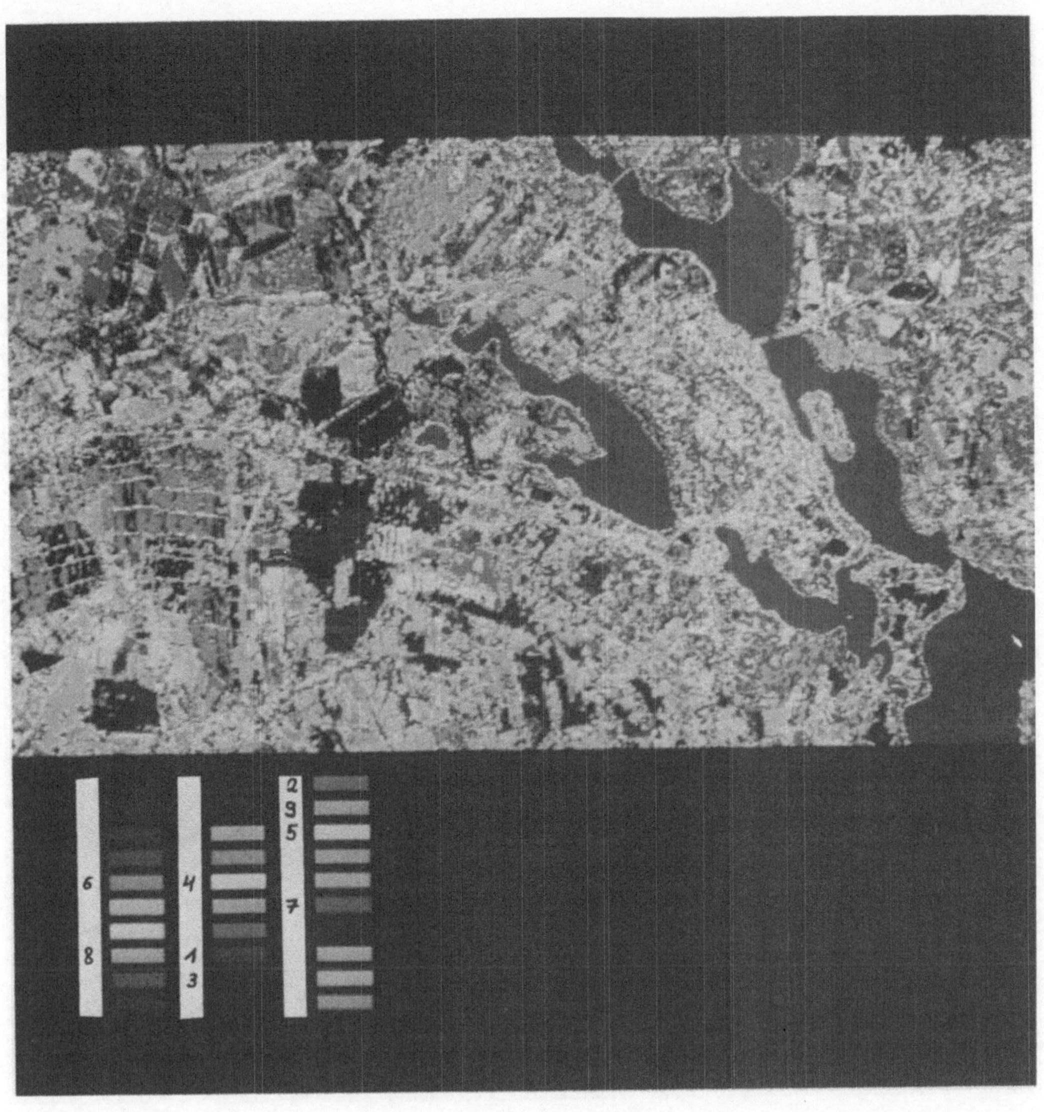

**Bild A6**

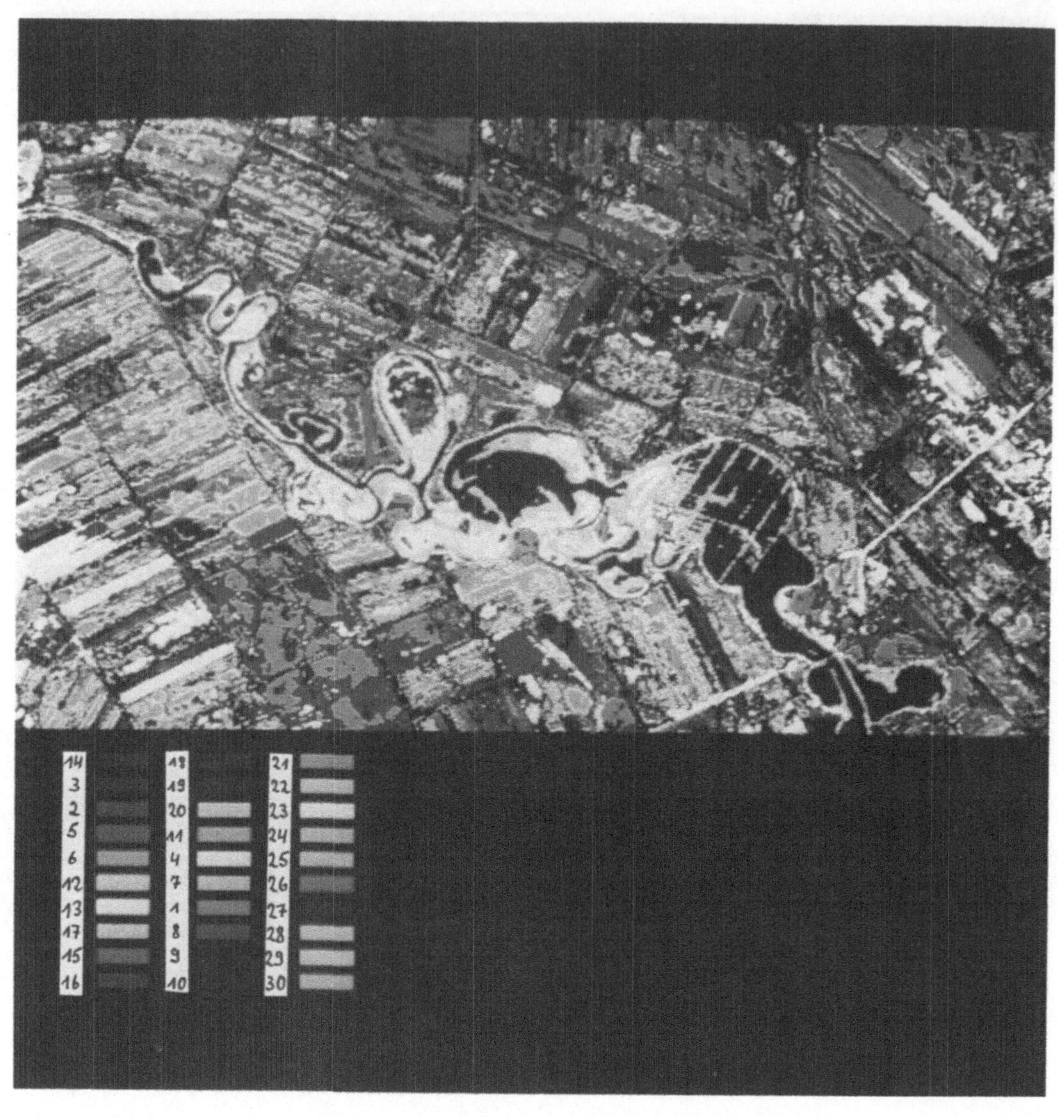

**Bild A15**

# Zur Genauigkeit der Videometrie mit CCD-Sensoren


Reimar Lenz
Lehrstuhl für Nachrichtentechnik *
Technische Universität München, Arcisstraße 21, 8000 München 2


## Zusammenfassung


Für geometrisch quantitative Messungen mit Fernsehkameras und nachfolgender digitaler Bildverarbeitung wird in Anlehnung an die Photogrammetrie der Begriff **Videometrie** eingeführt [PLATZER 87]. Einige geometrische und photometrische Eigenschaften des Meßsystems, beruhend auf optischer Abbildung, opto-elektronischer Wandlung durch einen CCD-Sensor und elektronischer Signalaufbereitung einschließlich Analog/Digital-Wandlung werden theoretisch und experimentell untersucht: Bandbegrenzung durch Beugung, Defokussierung, Linsenfehler und örtliche Integration auf dem Sensor, anisotrope Modulations-Übertragungs-Funktion durch unterschiedliche Abtastraster in x- und y-Richtung und nur horizontal wirkender elektrischer Filterung, periodisch ortsabhängige und in x-Richtung auch asymmetrische Impulsantworten, interferometrisch ermittelte Geometriefehler des Sensors, photometrische Linearität, Verstärker-, Quantisierungs- und intensitätsabhängiges Sensorrauschen durch die Poisson-Statistik der einfallenden Photonen etc. Daraus ergeben sich Abschätzungen über den Meßfehler bei der Bestimmung der Bildkoordinaten eines Merkmales in Binär- und Grauwertbildern, die zeigen, daß bei geeigneten Merkmalen und optischer Bandbegrenzung eine *Genauigkeit* erzielt werden kann, die um Größenordnungen besser ist als die durch den Abstand der Sensorelemente gegebene *Auflösung*.
Systematische Fehler bei der Eichung des von LENZ 87b vorgestellten geometrischen Kameramodells, das radiale Linsenverzeichnung, Zeilenversätze (Jitter) und unterschiedliche Sensor- und Bildspeicher-Taktfrequenzen bereits berücksichtigt, resultieren aus dem durch perspektivische Abbildung und Linsenverzeichnung hervorgerufenen Unterschied zwischen Schwerpunkt des Bildes und Bild des Schwerpunktes flächenhaft ausgedehnter Merkmale, können jedoch bei einfachen Eichobjekten und Kenntnis der Modellparameter analytisch berechnet und damit kompensiert werden. Weiterhin wird gezeigt, daß Ladungstransferverluste nicht nur photometrisch von Bedeutung sind, sondern zusätzlich das Bild in x- und y-Richtung unterschiedlich skalieren können. Vor- und Nachteile des Einsatzes von Frame Transfer und Interline Transfer CCD-Sensoren werden erörtert, wobei Grundkenntnisse ihrer Funktionsprinzipien und der linearen Systemtheorie vorausgesetzt werden.
Großes Gewicht wird auf Zahlenbeispiele mit realistischen Daten und Erfahrungswerten gelegt, um dem Leser einen Überblick über die Größenordnung einzelner Effekte zu verschaffen.


## Einleitung

Diese Arbeit befaßt sich mit der Genauigkeit der Bildgewinnung mit Halbleiter-Flächensensoren (hier pauschal CCD-Sensoren genannt) und der Auswertung der orts-, zeit- und wertediskreten Bildrepräsentation im Rechner. Als Schnittstelle zwischen Kamera und A/D-Wandler in Abb.4 wird das Videosignal (BAS) nach RS170 oder CCIR-Norm angenommen. Theoretische Vorraussagen werden verglichen mit Experimenten an verschiedenen Halbleiterkameras: Javelin JE2063C (MOS), Fairchild CCD3000, General Electric TN2506 (CID), Aqua-TV SM-72K (Frame Transfer (**FrT**) Sensor TH7861 von Thomson), aber hauptsächlich an der Panasonic WV-CD50 mit dem 2/3" Interline Transfer (**IIT**) CCD-Sensor von Sony (500 Sensor Elemente (**Sels**), Abstand 17μm in x-, und 582Sels mit 11μm Abstand in y-Richtung). Die Digitalisierung erfolgte mit den Bildspeichern Imaging Technologies AP512, Kontron IBAS II und Matrox PIP-1024A mit jeweils 512x512 Bildpunkten (**Pels**). Im einzelnen wird behandelt:

### Zum geometrischen Kameramodell

Parameter der äußeren Orientierung: Rotation, Translation;
Param. der inneren Orientierung: Bildweite, radiale Linsenverzeichnung, Hauptpunkt, Skalierung;
Modellfehler:
Zeilenjitter, Verzeichnung und thermische Expansion des Sensors, periodisch ortsabhängige und unsymmetrische Impulsantwort, Mittelpunktsabweichung flächenhafter Merkmale, Transferverluste;
vernachlässigte Modellfehler:
Tangential- und Radialverzeichnung fünfter und höherer Ordnung, Koma, mechanische Instabilität.


* Diese Arbeit wird von der Kontron Bildanalyse GmbH in Eching bei München gefördert. Erste Ergebnisse wurden während eines Forschungsaufenthalts 1986/87 bei den IBM Research Labs in Yorktown Heights erzielt.

**Zum optisch-photometrischen Kameramodell**

Optische Übertragungsfunktion: Beugung, Defokussierung, Linsenfehler;
Übertragungsfunktion des Sensors: Lokale Integration, Abtastung, Linearität, Transferverluste;
Elektrische Übertragungfunktion (nur x-Richtung): Abtast-Halte-Glied, Filterung, Abtastung;
Statistisches Rauschen: Photonenrauschen, thermisches Verstärker- und Dunkelrauschen;
Quasistatistisches Rauschen: Quantisierungsrauschen und Rechnertakteinstreuung;
Korreliertes Rauschen: Einstreuung des A/D-Wandler (**ADW**)- und Sensor-Taktes;
vernachlässigte Modellfehler:
Vignettierung, ortsabhängige Sensorempfindlichkeit und Beleuchtung.


## Das geometrische Kameramodell

Ein Punkt $x_w$ im Weltkoordinatensystem (**KS**) wird durch die Parameter der äußeren Orientierung $R_{c \Leftarrow w}$ und $t_{c \Leftarrow w}$ in den Punkt $x_c \in R^3$ des Kamera-KS transformiert (1), zentralperspektivisch mit der Bildweite b unter Berücksichtigung der Linsenverzeichnung ($k_3$) mit (2) implizit auf $x_s \in R^2$ im hauptpunkt-zentrierten Sensor-KS abgebildet und schließlich mit den Skalierungsfaktoren $p_x, p_y$ und dem Kamerahauptpunkt $c$ in den Punkt $x_r$ im Bildspeicher- oder Rechner-KS linear überführt (3):

$$x_c = R_{c \Leftarrow w} \cdot x_w + t_{c \Leftarrow w} \tag{1}$$

$$x_s / (1 + k_3 |x_s|^2) = b/z_c \cdot (x_c, y_c)^T \qquad \text{mit } R_{c \Leftarrow w} = \begin{pmatrix} r_{yx} & r_{yy} & r_{yz} \\ r_{yx} & r_{yy} & r_{yz} \\ r_{yx} & r_{yy} & r_{yz} \end{pmatrix} \tag{2}$$

$$x_r = (x_s / p_x , \, y_s / p_y)^T + c \tag{3}$$

Die Formulierung (1 bis 3) und die Bestimmung ihrer Parameter folgt dem von LENZ 87b modifizierten Vorschlag von TSAI 85 und wird hier nicht näher erläutert. Lediglich zu den Skalierungsfaktoren $p_x, p_y$ ergeben sich Ergänzungen: Aufgrund zeilensynchroner AD-Wandlung und Abspeicherung ist der Abstand $p_y$ zweier vertikal benachbarter Pels gleich dem vom Hersteller angegebenen Abstand $s_y$ zweier Sels ($s_y / 2$ bei FrT-Sensoren), wenn zunächst von den gegen Ende des Aufsatzes besprochenen Ladungstransfer-Verlusten in CCD-Eimerketten abgesehen wird. FAIRCHILD 84 spezifiziert ±5ppm Maßstabsfehler für die vom Elektronenstrahl geschriebene Maske, ±0.016µm Versatz des einzelnen Sels und -0.23% bis -0.46% *isotropes* Schrumpfen des Chips aufgrund nachfolgender Hochtemperatur-Prozesse. Das relevante Verhältnis $s_x / s_y$ ist daher auf ±10ppm bekannt, isotropes Schrumpfen wird durch b in (2) aufgefangen. Für den Sensor in der WV-CD50 wurde mit der Anordnung in Abb.6 eine Schrumpfung von nur -0.03%±0.04% für $s_x$ ermittelt. Dazu wurde die Kamera auf einen Mikromanipulator mit ±3µm Genauigkeit montiert und dabei 6798µm zwischen 400Sels mit $s_x$=17µm (nominell) gemessen. Der Versuch im Abstand 499Sels zu messen scheiterte, da von den 500 angegebenen Sels nur 484 oder 485 am Videosignal beteiligt sind. Damit verringert sich die aktive Bildbreite von 500Sels•17µm/Sel = 8.5mm auf ≈8.25mm (8.8mm stehen im Datenblatt von Panasonic). Falsche oder fehlende Angaben über wichtige Eigenschaften (Sel-Zahl/Zeile und Bildfläche werden oft "überschätzt", der lichtempfindliche Flächenanteil einer Sensorzelle ist fast nie angegeben) scheinen symptomatisch für Hersteller von CCD-Kameras zu sein - Fairchild und Thomson wurden als wohltuende Ausnahmen empfunden.


Bei Systemen ohne Pel-Synchronisation, die nur auf dem *Zeilen*synchronimpuls des Fernsehsignals basieren, werden die Ladungen der Sels mit der Kamera-Taktfrequenz $f_s$ abgetastet, gehalten und elektrisch gefiltert, das entstehende Videosignal mit Zeilen und Bildsynchronisation versehen und erneut mit meist unterschiedlicher ADW-Taktfrequenz $f_p$ abgetastet, gewandelt und als Pels im Bildspeicher abgelegt. Dies führt zu dem horizontalen Skalierungsfaktor

$$p_x = s_x \cdot f_s / f_p \approx s_x \cdot (\text{Zahl der Sels pro Zeile} / \text{Zahl der Pels pro Zeile}) \tag{4}$$

Bildspeicher mit Phase Locked Loop (PLL) Zeilen-Synchronisation des heruntergeteilten Pel-Taktes $f_p$ erzwingen eine feste Anzahl von Taktzyklen pro Zeile (ITI-AP512: 640, davon 512Pels für das Bild und 128 für die horizontale Austastlücke; Matrox PIP-1024A: 664(152)). Da der Zeilensynchronimpuls der Kamera normalerweise von dem gleichen Mutteroszillator abgeleitet wird wie der Sel-Takt $f_s$ (Fairchild CCD3000: 455Zyklen/Zeile mit 380Sels/Zeile; WV-CD50: (1816/3)Zyklen, 500Sels/Zeile; SM-72K: 472 Zyklen, 384Sels/Zeile) ist das Verhältnis $f_s / f_p$ und damit im Mittel $p_x$ konstant und keiner Drift ausgesetzt, entspricht allerdings nur grob dem Verhältnis aus Sel-Zahl/Pel-Zahl in (4), da sich kaum ein Hersteller an die *aktive* Zeilenlänge von 52µsec (CCIR-Norm) zu halten scheint. Aufgrund der auch von LUHMANN 87 festgestellten PLL-Regelschwingungen ergeben sich jedoch zum einen Phasenversätze $\Delta\varphi(y_r)$ des Abtasttaktes $f_p$ am Zeilenanfang (1/4 Pel Zeilenjitter wird von Matrox angegeben), zum anderen wird $f_p$ wegen $\partial\varphi / \partial y_r \neq 0$ frequenzmoduliert (siehe dazu LENZ 88). Dieser Effekt macht sich am stärksten im oberen Teil des

Bildes bemerkbar, da die Zeilensynchronisation zumeist unter fehlenden oder falsch interpretierten Trabanten während des Bild-Synchronimpulses leidet und weniger unter dem Videosignal überlagertem Rauschen und Brummspannungen.

Systeme, bei denen die Zeilenfrequenz, nicht aber der Pel-Takt PLL-synchronisiert ist, haben entweder einen anhaltbaren Oszillator mit einem ganzzahligen Vielfachen von $f_p$, der am Anfang jeder Zeile neu gestartet wird, oder - wie das im Detail von BEYER 87 untersuchte System - einen durchgängig freilaufenden Quarzoszillator mit $4f_p$ (oder mehr) und einem Frequenzteiler, der am Zeilenanfang zurückgesetzt wird. Dies führt zu einem Takt-Quantisierungs-Fehler, der als sägezahnförmiger Zeilenjitter mit der Amplitude $\pm 1/8$ Pel (oder weniger) in Erscheinung tritt. Diese Systeme leiden zwar nicht unter Frequenzmodulation und somit von Zeile zu Zeile variierendem $p_x$, dafür aber unter Drift des Verhältnisses von $f_s$ zu $f_p$. In einer eingehenden Untersuchung konnte DÄHLER 87 während der ersten 5 Minuten nach dem Einschalten eine Kamera-Drift $\Delta f_s/f_s \approx 2\%$ beobachten (Aqua-TV HR600), die sich voll auf $p_x$ auswirkt. In diesen Fällen oder bei rasch gemultiplexten Kameras empfiehlt sich die Synchronisation der Kamera(s) durch den Bildspeicher.

Mit aufgrund dieser Schwierigkeiten wird von GRÜN 87 und anderen Autoren der Übergang zu bildpunktsynchronisierten Systemen gefordert, bei denen zum A/D-Wandeln und Abspeichern der gleiche Takt wie zum Auslesen des Sensors verwendet wird. Mit $p_x$=$s_x$ ohne Drift und Jitter würde die Differenzierung zwischen Sel und Pel hinfällig. Die Skalierungsfaktoren wären nur noch dem recht kleinen linearen thermischen Temperaturkoeffizienten 2ppm/°K von Silizium ausgesetzt. Bei einer Genauigkeit der interferometrischen Meßanordnung in Abb.1 von besser als 30ppm konnte zwischen warmer ($\approx$30°C) und kalter ($\approx$20°C) WV-CD50 noch keine Veränderung festgestellt werden.

Da heutzutage noch überwiegend auf der analogen Fernsehnorm beruhende System in Gebrauch sind, wurde von LENZ u. TSAI 86 eine Methode ersonnen, wie mit einer Fourieranalyse des dem Videosignal durch Einstreuung überlagerten Kamerataktes Zeilenjitter und $p_x$ gemessen werden können. Üblicherweise ist der Kameratakt recht gut zu detektieren (z.Bsp. bei Fairchild CCD3000, Javelin JE2063C (MOS), General Electric TN2506 (CID), Aqua-TV SM-72K (FrT)). Ist er jedoch durch elektrische Tiefpaßfilterung und bauliche Maßnahmen sehr gut unterdrückt (bei der WV-CD50 ist der Sel-Takt nur im Kamerakopf präsent und der flankensteile elektrische Tiefpaß hoher Ordnung ist im Netzteilgehäuse) kann man entweder über eine große Anzahl von Bildern für einen ausreichenden Störabstand zum Rauschen mitteln oder aber den Kameratakt als Referenzsignal über einen schmalbandigen elektrischen Bandpaß mit der Mittenfrequenz $f_s$ dem Videosignal gezielt überlagern. Dies empfiehlt sich insbesondere dann, wenn man nicht nur einen Anhaltspunkt für die Größe des von Bild zu Bild ja leicht unterschiedlichen Zeilenjitters bekommen will, sondern in einem für Meßzwecke vorgesehenen Bild einer Szene den aktuellen Zeilenversatz bestimmen und damit diese Aufnahme geometrisch korrigieren will. Vor der Auswertung des Szeneninhalts kann das additiv überlagerte Referenzsignal rechnerisch wieder abgezogen werden. Um den an genauen videometrischen Messungen interessierten Benutzern das Herausführen des Kamerataktes und den Bau eines Bandpasses zu ersparen, erfolgt an dieser Stelle an die Hersteller von CCD-Kameras der Appell, zur Sel-synchronen Abtastung den Kameratakt herauszuführen und seine Grundwelle mit kleiner Amplitude ($\approx$50mV$_{SS}$) dem Videosignal zuschaltbar zu machen.

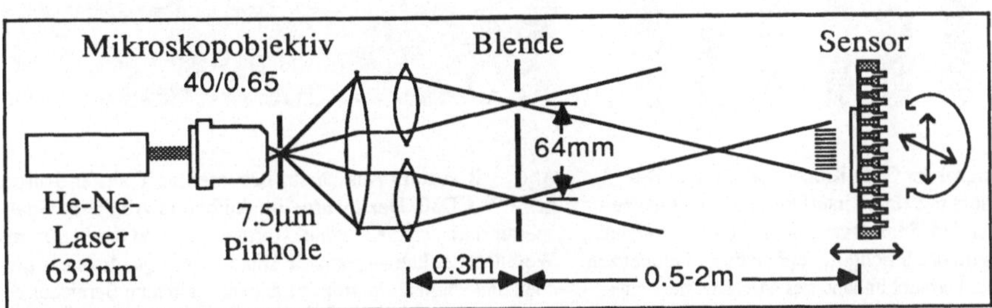



Abb. 1: Interferometrischer Meßplatz nach PLATZER 88 zur Untersuchung von Geometriefehlern und thermischer Expansion eines CCD-Sensors durch Moiréauswertung. Die Wellenlänge des He-Ne-Lasers und der Abstand der Punktquellen untereinander ergeben ein Sinusgitter mit $\approx$10µm Periodenlänge je Meter Abstand vom Sensor. Durch Interferenz der Kugelwellen zweier nicht im Unendlichen gelegenen Punktquellen ergeben sich zwar hyperbolische Linien, deren Abweichung gegenüber Geraden (hier max. 20nm im Bildfeld des Sensors) bei den gewählten Abmessungen jedoch vernachlässigbar ist.

Fehler in der Sensorgeometrie: Aus Mißtrauen gegenüber Herstellerangaben (Wortlaut Sony: Sensor distortion - none) wurde mit dem Aufbau in Abb.1 durch Interferenz zweier kohärenter Punktquellen auf dem

WV-CD50 Sensor ein Liniengitter mit Sinusprofil und der Ortsfrequenz $\approx 1/s_x$ (bzw. $\approx 1/s_y$ bei um 90° gedrehter Kamera) erzeugt. Dazu wurden Objektiv und IR-Filter entfernt. Schon auf dem ersten Blick erkennt man in Abb.2, dem durch Abtastung hervorgerufenen niederfrequenten Moirémuster am Kameraausgang, daß die systematischen Sensorverzeichnungen in der Tat außerordentlich gering sein müssen. Unter der, durch seitliche Verschiebung der Kamera an verschiedene Orte im Wellenfeld verifizierten Annahme, daß sich Fehler des Sensors und des Liniengitters nicht zufälligerweise aufheben, ergibt sich durch Messung von Ortsfrequenz und Phase im Moiré ein Geometriefehler des Sensors von höchstens 1/100 Sel$\approx$0.1µm in beiden Achsrichtungen im gesamten Bildfeld. Dabei ist dieser gemessene Fehler vermutlich nicht einmal vorwiegend auf den Sensor selbst, sondern eher auf die durch das Deckglas hervorgerufenen, kohärent überlagerten Interferenzringe zurückzuführen (in Abb.2 schwach erkennbar). Dies verursacht im normalen Kamerabetrieb bei inkohärenter Beleuchtung keine nennenswerten Störungen. Im Vergleich zur radialen Linsenverzeichnung (Fujinon 25mm-TV Objektiv: $k_3\approx$-0.4·10$^{-3}$mm$^{-2}$, entsprechend 50µm in den Bildecken mit $|x_s|$=5mm) sind somit die Geometriefehler des Sensors vernachlässigbar. Ähnlich gute Ergebnisse erbrachte die Untersuchung des FrT-Sensors TH7861 von Thomson.

Läßt man in Abb.1 die kleinen Linsen weg und verschiebt die große Linse zur Erzeugung eines knapp bildfeldfüllenden, leicht konvergenten Laserstrahls, kann auf der dem Sensor zugewandten Seite einer Lochblende dessen Beugungsspektrum beobachtet werden. Es eignet sich gut zur überschlägigen Kontrolle der Herstellerangaben von $s_x$ und $s_y$ (Meßgenauigkeit $\approx$0.2%), zur Überprüfung der Parallelität von Sensoroberfläche und Deckglas durch Messung des Winkels zwischen nullter Beugungsordnung und direkter Reflexion an den Glasoberflächen ($\approx$0.29° bei unserer WV-CD50), zur Messung des Reflexionfaktors des Deckglases durch Amplitudenvergleich («1%) und zur Bestimmung des Winkels zwischen Sensorzeilen und -spalten. Bei unserem Exemplar des Sensors konnte auch hier selbst bei größter Anstrengung keine signifikante Abweichung von 90° festgestellt werden.
Die stark unsymmetrische Amplitudenverteilung des auf kleine Punkte im rechteckigen Raster gebündelten Spektrums mit kaum signifikant hervortretendem Gleichanteil läßt darauf schließen, daß es sich bei dem reflektierenden Anteil der Sensoroberfläche in Abb.3 optisch gesehen um ein streng periodisches, fast reines Phasenobjekt ohne besondere Symmetrieeigenschaften handelt.

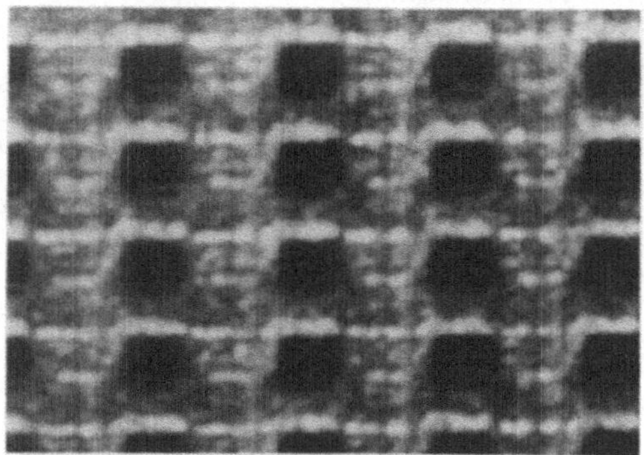

Abb. 2: Ausgangssignal der CCD-Kamera bei direkter Beleuchtung des Sensors mit einem interferometrisch erzeugten Sinusgitter mit einer dem Sensorraster ähnlichen Ortsfrequenz. Durch Abtastung wird das Strichgitter auf niedrige Frequenzen heruntergemischt und erlaubt anhand des Moirémusters eine sehr genaue Beurteilung systematischer Sensorverzeichung.

Abb. 3: Bild eines Ausschnitts des Interline Transfer Sensors der WV-CD50. Dazu wurde im Aufbau in Abb.6 die Spaltapertur durch eine Kleinbildkamera ersetzt und der Sensor mit Weißlicht seitlich angestrahlt. Die dunklen Quadrate entsprechen den $\approx$6µmx6µm großen lichtempfindlichen Bereichen der Sensorzellen mit den Abmessungen 17µmx11µm.

Weitere Fehler: Einige Abweichungen vom idealen geometrischen Modell (1-3) wurden behandelt und Methoden zur Korrektur erläutert. Die Bestimmung des Kamera-Hauptpunkts, tangentialer und radialer Linsenverzeichnung höherer Ordnung und des Abbildungs-Koma sind nicht Bestandteil dieser Arbeit.

Systematische Fehler bei der Bestimmung des Mittelpunktes eines flächenhaften Merkmals (beispielsweise einer Eichmarke in Form eines kleinen Kreisscheibchens), die die Parameter des Kameramodells bei der Eichung verfälschen, werden im folgenden behandelt: Um mit unkorrelierter Fehlermittelung den Einfluß örtlicher Quantisierung durch den Sensor gering zu halten, ist man geneigt, möglichst große Eichmarken zu verwenden. Dies hat jedoch die Zunahme systematischer Meßfehler zur Folge, da aufgrund zentralperspektivischer Abbildung und auch Linsenverzeichnung das Zentrum des Bildes der Eichmarke nicht mit dem Bild seines Zentrums zusammenfällt. Die Gleichungen (1-3) gelten nur für ideale Punkte, führen aber den Flächenschwerpunkt eines ebenen Objekts nicht in den seines Bildes über. Diese Abweichung macht sich insbesondere bei Nahbereichs-Videometrie und großen Eichmarken bemerkbar. Beispielsweise wird ein in der $x_w$-$y_w$-Ebene des Welt-KS liegendes Kreisscheibchen mit Radius R abhängig von seinen Kamerakoordinaten $x_c$ und den Modellparametern aus (1-3) aufgrund von Zentralperspektive mit dem Fehlervektor $f_{Zp}$ in (5) beobachtet:

$$f_{Zp} = \frac{b\,R^2}{z_c^2 - R^2(1-r_{zz}^2)} \left[\, r_{zz}\begin{pmatrix}r_{xz}\\r_{yz}\end{pmatrix} - \frac{(1-r_{zz}^2)}{z_c}\begin{pmatrix}x_c\\y_c\end{pmatrix} \,\right] \tag{5}$$

Dieser Fehler verschwindet ebenso wie der Beobachtungsfehler aufgrund radialer Verzeichnung quadratisch für kleines R und beträgt üblicherweise nicht mehr als 3μm. Unberücksichtigt verfälscht er jedoch bei der Eichung in systematischer Weise die Modellparameter - tückischerweise ohne dabei den mittleren quadratischen Beobachtungs-Restfehler nennenswert zu erhöhen.

<u>Nicht-systematische Meßfehler:</u> Im folgenden wird der Einfluß der örtlichen Quantisierung des Sensors auf den mittleren (quadratischen) Fehler $\sigma_c$ bei der Bestimmung des Flächenschwerpunktes eines Merkmals hergeleitet, wieder am Beispiel des Bildes eines Kreisscheibchens. Er ist abhängig von dem mittleren Fehler $\sigma_b$, der an den Kantenübergängen entsteht. Wird ein rauschfreies Bild beispielsweise wie in Abb.10 optimal binarisiert, so ergibt sich ein im Intervall $\pm 0.5 s_x$ gleichverteilter Quantisierungfehler, aus dem $\sigma_b \approx 0.29 s_x$ folgt:

$$\sigma_b^2 = \int_{x=-s_x/2}^{s_x/2} x^2\,dx \; / \; \int_{x=-s_x/2}^{s_x/2} dx = s_x^2/12 \tag{6}$$

Zur Vereinfachung werden hier nur Fehler in x betrachtet und der Unterschied zwischen Pels und Sels vernachlässigt. In Grauwertbildern hängt $\sigma_b$ ab von optischer Bandbegrenzung, dem Sensor-Empfindlichkeitsprofil, von Interpolationsvorschriften, Rauschen usw., deren Einflüsse bei der Behandlung des photometrischen Modell erörtert werden.
Bei gegebenem $\sigma_b$ wird nun zunächst der Beitrag $\sigma_c(x)$ *eines* Kantenelements zum Gesamtfehler $\sigma_c$ gewonnen. Dies geschieht mittels Division der vom Ort x abhängigen Streuung des ersten Moments $x\sigma_b s_y$ durch die Gesamtfläche $\pi r_x r_y$ des Eichmarkenbildes (7). Das Ellipsenzentrum weise die Koordinaten (0,0) auf.

$$\sigma_c(x) = (x\,\sigma_b\,s_y) / (\pi\,r_x\,r_y) \approx x\,\sigma_b / (\pi\,r_x\,n_y) \tag{7}$$

In der ortsdiskreten Näherung ist $n_y = r_y/s_y$ die Anzahl der Sels vom Zentrum zum Rand in y-Richtung, s. Abb.10. Insgesamt $4 \cdot n_y$ Kantenelemente mit der Koordinate x im quadratischen Mittel (8) tragen zu $\sigma_c$ bei.

$$\overline{x^2} = \int_{y=0}^{r_y} (r_x^2 - y^2(r_x/r_y)^2)\,dy \; / \; \int_{y=0}^{r_y} dy = \frac{2}{3}\,r_x^2 \tag{8}$$

Bei kreisförmigen Objekten, deren Randlinie nach HILL 80 effektiv mit dem Sel Raster *nicht korreliert* ist, werden die *Varianzen* $\sigma_c^2(x)$ zur Berechnung des Gesamtfehlers $\sigma_c^2$ addiert:

$$\sigma_c^2 = 4n_y\,\sigma_c^2(\overline{x}) = 4n_y\frac{2}{3}\,r_x^2\,(\frac{\sigma_b}{\pi\,r_x\,n_y})^2 = \frac{8}{3n_y}(\frac{\sigma_b}{\pi})^2 \qquad \text{d.h.} \quad \sigma_c \approx \frac{0.15 s_x}{\sqrt{n_y}} \text{ bei Binärbildern} \tag{9}$$

Damit ist der mittlere Fehler $\sigma_c$ in x-Richtung umgekehrt proportional zur Wurzel der Ausdehnung des Eichmarkenbildes in y-Richtung (und entsprechend mit vertauschten Achsen). Beispielsw. führt $n_y = 12$ in Abb.10 zu $\sigma_c \approx 0.04 s_x$. Sind die Randlinien des Eichobjekts wie bei Reseau-Gittern, "plumb-line calibration" oder rechteckigen Eichmarken mit dem Sel-Raster stark korreliert, können sich unter ungünstigen Bedingungen die *Standardabweichungen* $\sigma_c(x)$ aufsummieren und eine zunehmende Größe des Eichobjekts geht nicht einher mit einem entsprechenden Zuwachs an Genauigkeit, der dann nur noch aus der Mittelung wahrhaft zufälliger Meßfehler resultiert. Eine Quelle zufälligen Meßfehlers ist Rauschen, daß sich insbesondere bei der Bestimmung der Kantenlage in Grauwertbildern bemerkbar macht. Um den dabei entstehenden Fehler $\sigma_b$ abzuschätzen, wurde eine Untersuchung der optischen und photometrischen Systemeigenschaften der Signalübertragung durchgeführt.

## Das optisch-photometrische Kameramodell

Abb.4 zeigt das photometrische Modell und einige Fehlerquellen. Durch Beugung, Defokussierung und Linsenfehler wird ein Punkt im Objektraum zu der flächenhaften Punktantwort des optischen Systems.

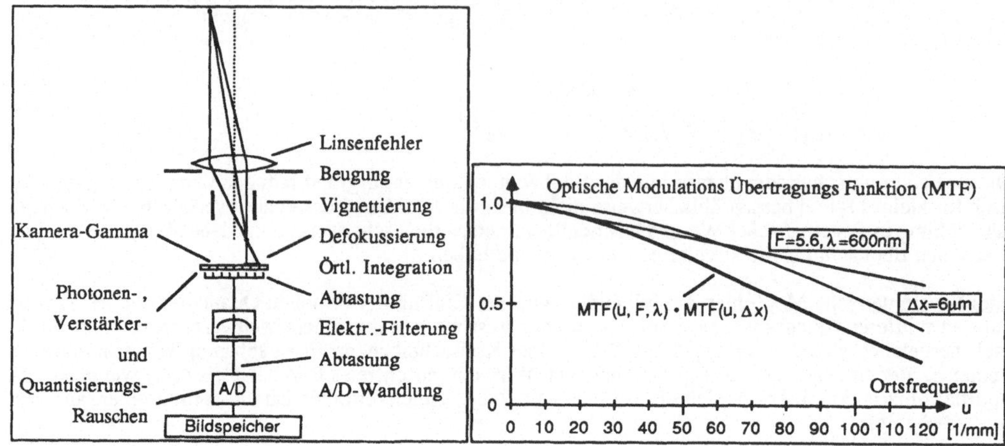


Abb. 4: Einige Faktoren, die das Signalübertragungs-
verhalten beeinflussen (siehe GRÜN 87 für weitere
Ursachen radiometrischer Degradation)

Abb. 5: Theoretische Modulations-Übertragungs-Funktionen durch
Beugung und Defokussierung. Der Einfluß von Linsenfehlern ist
ortsabhängig und kaum vorhersagbar und daher nicht aufgeführt.

Zur Vermeidung von Besselfunktionen und um die x- und y-Achse separierbar zu halten, wird vereinfa-chend eine an dem Sel-Raster ausgerichtete, quadratische Blendenöffnung angenommen. Damit ergibt sich durch Beugung eine von der Ortsfrequenz u auf dem Sensor, der Lichtwellenlänge λ und der Blendenzahl F abhängige Modulation-Übertragungs-Funktion MTF(u,λ,F) (skalierte Autokorrelierte der Blende):

$$\text{MTF}(u,\lambda,F) = 1 - |u| \cdot \lambda \cdot F \quad \text{für } |u| < 1/(\lambda F), \qquad \text{sonst MTF}(u,\lambda,F) = 0 \tag{10}$$

Defokussieren entspricht der *Faltung* des Bildes mit einer skalierten Version der Blende. Die Breite Δx des Faltungskerns ergibt sich nach Abb.4 geometrisch-optisch aus Brennweite, Gegenstandweite, Bildweite und Blendenzahl und führt zu folgender MTF(u,Δx):

$$\text{MTF}(u,\Delta x) = \int_{-\Delta x/2}^{\Delta x/2} e^{-j2\pi ux} dx \Big/ \int_{-\Delta x/2}^{\Delta x/2} dx = \frac{\sin(\pi \Delta x\, u)}{\pi \Delta x\, u} = \text{sinc}(\pi \cdot \Delta x \cdot u) \tag{11}$$

Die MTFen für λ=600nm, F=5.6 ($|u_{max}| \approx 300/mm$) und Δx =6µm und ihr Produkt zeigt Abb.5. Die Parameter wurden in Hinblick auf Sensoreigenschaften und später beschriebene Experimente gewählt.
Als nächstes werden die Photonen, die den lichtempfindlichen Bereich einer Sensorzelle treffen, mit ≈50% Quantenwirkungsgrad [FAIRCHILD 84] in Photoelektronen umgewandelt und sowohl flächig als auch zeit-lich integriert. Die zeitliche Integrationsperiode entspricht bei IIT-Sensoren der TV-Vollbildfrequenz und ist für alle Punkte eines Halbbildes identisch, d.h. aufeinander folgende Halbbilder überlappen einander zu 50%. Somit werden auch kurze Ereignisse (z.B. asynchrones Stroboskop) stets in den beiden darauffol-genden Halbbildern erfaßt. Die Integrationsfläche der WV-CD50 ($l_x \times l_y \approx 6$µm×6µm) wurde durch Ausmes-sen des Lichtempfindlichkeits-Profils (Abb.7) einer Sensorzelle mit dem Aufbau in Abb.6 ermittelt.
Bei FrT-Sensoren sind bauartbedingt nicht die Integrations*zeiten*, sondern die *-flächen* aufeinanderfolgen-der Halbbilder in y-Richtung überlappend. Die erste Nullstelle der MTF des TH7861 (gemessen mit dem Aufbau in Abb.1) liegt in x-Richtung praktisch bei der horizontalen Abtastrate, in y sogar bei der halben vertikalen Abtastrate (Nyquist-Ortsfrequenz). Damit ist bereits *ein* Halbbild dieses Sensors zu 100% flä-chendeckend. Dies führt neben dem - insbesondere in y-Richtung - besser unterdrückten Moiré trotz der halben Integrationszeit von nur 20ms wegen des im Vergleich zur WV-CD50 fünfmal so hohen Flächen-deckungsfaktors zu erheblich größerer Lichtempfindlichkeit bei gleichem Rauschabstand. An der platz-sparenden Tatsache, daß zum Ladungstransport dieselben Raumladungszonen wie zur -akkumulation ver-wendet werden, ist dagegen nachteilig, daß während des ca. 1ms dauernden vertikalen Frame-Transfers

die Lichtintegration fortgesetzt und damit jedem Sensorelement ca. 1ms/(20-1)ms≈5.5% des Mittelwerts seiner Spalte zugeschlagen wird. Da diese vertikale Verwischung für den unterhalb des entsprechenden Sels liegenden Bildbereich *vor* der eigentlichen Bildintegration und für den oberhalb *danach* stattfindet, ist eine genaue Bildrekonstruktion nur für statische Szenen möglich und ohnehin nur dann, wenn alle (576) Sensorzeilen digitalisiert werden. Ein FrT-Sensor ist für "asynchrone Blitzerei" ungeeignet, ebenso wie herkömmliche Bildaufnahmeröhren, die ja für jeden Bildpunkt unterschiedliche, mit dem abtastenden Elektronenstrahl zeitlich mitlaufende Integrationsgrenzen aufweisen.

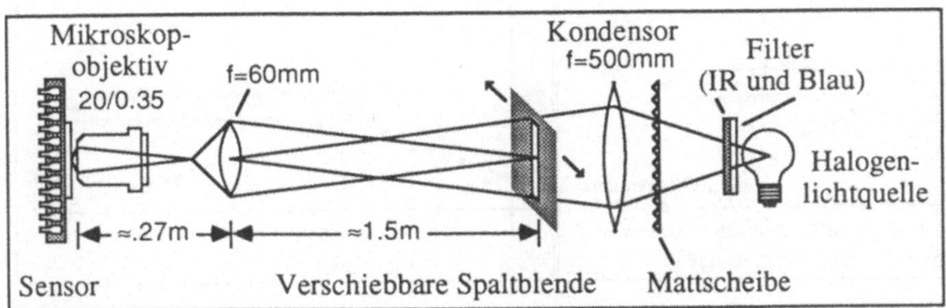


<u>Abb. 6:</u> Experimenteller Aufbau nach PLATZER 88 zur Bestimmung des Empfindlichkeits-Profils, Sel-Abstands und der Impulsantwort einer CCD-Kamera. Die aus zwei Rasierklingen bestehende Spaltapertur (25mm × 0.25mm) wird auf 40µm × ≈2µm (beugungsbegrenzt) verkleinert und ausgerichtet an der x- bzw. y-Sensorachse in Inkrementen von 0.5mm (0.81µm auf dem Sensor) verschoben. Für die Messung des Abstandes mehrerer hundert Sels wird auch die Kamera auf eine Verschiebung montiert, die Spaltblende dient dann nur zur Feineinstellung.

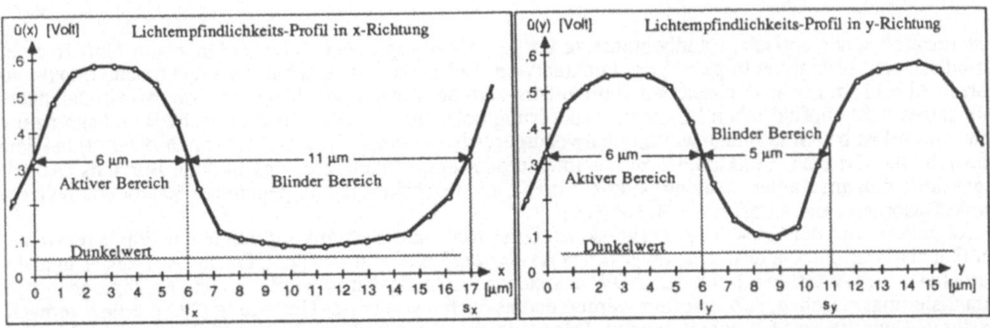


<u>Abb. 7:</u> Gemessenes Sensor-Empfindlichkeits-Profil in x- und y-Richtung. Nur $l_x$≈6µm aus $s_x$=17µm und $l_y$≈6µ aus $s_y$=11µm des IIT-Sensors der WV-CD50 sind lichtempfindlich, also weniger als 20% Flächenanteil. FrT Sensoren erreichen fast 100%. Der graduelle Übergang zum blinden Bereich beruht vermutlich zumeist auf der beugungsbegrenzten Bandbreite (≈500/mm) der beleuchtenden Linie in Abb.6, da die Kamerahersteller größte Anstrengungen unternehmen, um bandbegrenzendes, elektro-optisches Übersprechen zwischen benachbarten Sels zu vermeiden (FAIRCHILD 84 spezifiert für die CCD3000 stolz eine MTF, die an der Nyquistgrenze noch um weniger als 25% abgefallen ist). Aus der Sicht der Videometrie ist dies bedauerlich, da das dadurch hervorgerufene Aliasing (Moiré) effektiv die mit CCD-Sensoren erzielbare Meßgenauigkeit verringert.

Die zeitlich und örtlich integrierten Ladungspakete werden mit vielen (500) vertikalen und einem horizontal verlaufenden CCD-Schieberegister zeilenweise ausgelesen und in ein kontinuierliches elektrisches Signal gewandelt. Örtliche Integration mit $l_x$=$l_y$=6µm und Abtastung mit $s_x$, $s_y$ im Sel-Raster wirkt wie die in (11) angegebene Defokussierung mit nachfolgender periodischer Wiederholung der MTF(u,v) mit den Ortsfrequenz-Raten u=1/$s_x$ und v=1/$s_y$ (Abb.8).
Mit dem Aufbau in Abb.6 wurde mit senkrechtem Spalt durch Beleuchtung eines Sel je Zeile die nur für die x-Richtung wirksame elektrische Impulsantwort gemessen (Abb.11). Sie wird gebildet von der Abtast-Halte-Schaltung am Ausgang des horizontalen Schieberegisters und einem Tiefpaß hoher Ordnung mit der u=1/(2$s_x$) entsprechenden Grenzfrequenz von ≈4.7MHz. Aufgrund der Position des Tiefpasses im Übertragungssystem (Abb.4) kann er "Aliasing" (Moiré) durch Abtastung eines ungenügend bandbegrenzten optischen Signals mit dem Sensor nicht mehr vermeiden - es ist schon zu spät. Dennoch erfüllt er zwei

wichtige Aufgaben: 1.) Da alle Frequenzen oberhalb dem Äquivalent von $u=1/(2s_x)$ keine weitere Bildinformation mehr tragen wird das Rauschen in diesem Frequenzband unterdrückt. 2.) Aufgrund der Bandbegrenzung auf $u<1/(2p_x)$ bzw. 5.0MHz tritt durch die nachfolgende Abtastung mit dem A/D-Wandler kein
weiteres Aliasing mehr auf, d.h. das analoge Kamerasignal könnte rechnerisch rekonstruiert werden.

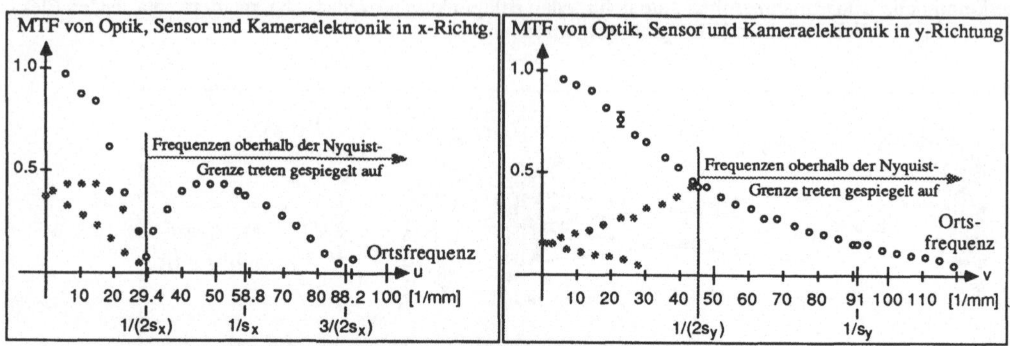


Abb. 8: Modulations-Übertragungs-Funktionen in x,u und y,v für ein Liniengitter ($\approx$2/mm) mit 50%-Rechteckprofil, das mit
einem 50mm-Repro-Objektiv bei F=5.6 im Abstand 20cm bis 3m in Inkrementen von $\approx$10cm abgebildet wurde. Als Lichtquelle diente ein Halogenscheinwerfer aus der Studiotechnik. Die Wiederholung des Spektrums mit den Raten $1/s_x$, $1/s_y$ führt zur
Spiegelung von Frequenzen oberhalb $u=1/(2s_x)$ und $v=1/(2s_y)$, die als $u'=1/s_x - u$ und $v'=1/s_y - v$ beobachtet werden. Die Auswirkung des elektrischen Tiefpasses zeigt sich am stärksten bei ungeraden Vielfachen von $u=1/(2s_x)$, wohingegen die MTF(v),
die wegen $l_y=l_x$ ungefähr die Einhüllende der MTF(u) bildet, unbeeinflußt bleibt. Ohne Linsenfehler und bei Verwendung von
Licht der Wellenlänge $\lambda$=600nm sollte sie mit der MTF($u,\lambda$=600nm,F=5.6,$\Delta$x=6µm) aus Abb.5 übereinstimmen.


Eine unzureichende optische Bandbegrenzung vor der Abtastung in einem festen Ortsraster führt zu einer
periodisch ortsabhängigen Impuls- bzw. Punktantwort. Beispielsweise erscheint die elektrische Impulsantwort in Abb.11 immer an der gleichen Stelle relativ zum Sel-Raster, unabhängig davon, wo ein Sel innerhalb seines lichtempfindlichen Bereichs punktförmig beleuchtet wurde. Ohne optische Bandbegrenzung
führt dies selbst bei Graubildauswertung notwendigerweise zu einer Unsicherheit von $\pm l_x/2$ ($\pm l_y/2$) bei dem
Versuch, den Ort einer Punktquelle zu bestimmen oder beim Beleuchten des blinden Bereichs (Abb.3)
sogar dazu, daß am Kameraausgang praktisch kein Signal erscheint (20mV gegenüber 500mV oberhalb der
Dunkelspannung, aus Abb.7 bei z.B. x=10µm).
Im folgenden wird der Einfluß der periodischen Ortsvarianz des Systems auf den in der Praxis relevante-
ren Fall der Bestimmung des Ortes einer Eingangs-*Sprung*funktion untersucht. Da das Ausgangssignal der
Kamera vor der Abtastung durch den ADW ausreichend tiefpaßgefiltert wurde, könnte es, abgesehen vom
Quantisierungsrauschen, rekonstruiert werden und es dürfen wie in der Herleitung (7ff.) die Pels vernachlässigt und nur die Sels betrachtet werden. Des weiteren sei die bildverschiebende Wirkung der Laufzeit
des Tiefpasses durch die Hauptpunktskoordinate $c_x$ (3) kompensiert und durch weitere, Zeilenjitter und
Skalierungsfaktoren berücksichtigende, geometrische Transformationen und Inversfilterung schließlich die
im Kondensator eines jeden Sels angesammelte Ladung in einem zweidimensionalen Feld ideal rekonstruiert. Die folgende Herleitung ist wieder nur für die x-Koordinate ausgeführt, gilt aber für die y-Achse entsprechend.
Wie aus Abb.9 deutlich wird, transformiert sich die *Verschiebung* d einer Eingangs-Sprungfunktion relativ zum Zentrum des lichtempfindlichen Bereichs in die Ausgangs*amplitude* A(d) des entsprechenden Sels.
Ohne optische Bandbegrenzung und einem idealisierten rechteckförmigen Empfindlichkeitsprofil gilt

$$A(d) = -2d/l_x \text{ für } |d| \leq l_x/2, \qquad A(d) =1 \text{ für } d < -l_x/2 \qquad \text{und} \qquad A(d) = -1 \text{ für } d > l_x/2 \qquad (12)$$

bei einer auf A=-1 bis A=+1 normierten Stufe. Der Fehler f(d)=e-d zwischen der tatsächlichen Verschiebung
d und dem durch lineare Interpolation gewonnenen Ort e des Schnittpunktes mit einer gedachten Schwelle
A=0 ist eine Funktion von d und weist Extrema von mindestens $\pm(s_x - l_x)/2$ bei $|d|=l_x/2$ auf.

Aufgrund des nahezu dreieckförmigen Verlaufs von f(d) ergibt sich analog zu (6):

$$\sigma_{bx} = (s_x - l_x)/\sqrt{12} \quad (\approx 3.2µm) \text{ für } x, \qquad \sigma_{by} = (s_y - l_y)/\sqrt{12} \quad (\approx 1.4µm) \text{ für } y \quad (\text{WV-CD50}) \qquad (13)$$

Die Standardabweichung $\sigma_b$ des Kantenfehlers ist dabei weitgehend unabhängig von der Interpolationsvorschrift. Die Verwendung eines Cubic-Splines mit vier benachbarten Sel-Stützwerten kommt der durch (13) gegebenen Grenze etwas näher, ist aber anfälliger gegenüber Rauschen. Das liegt daran, daß Interpolationspolynome höheren Grades im allgemeinen negative Koeffizienten aufweisen und daher die für die Überlagerung unkorrelierten Rauschens relevante Summe ihrer Quadrate größer ist als bei einem linearen Faltungskern.

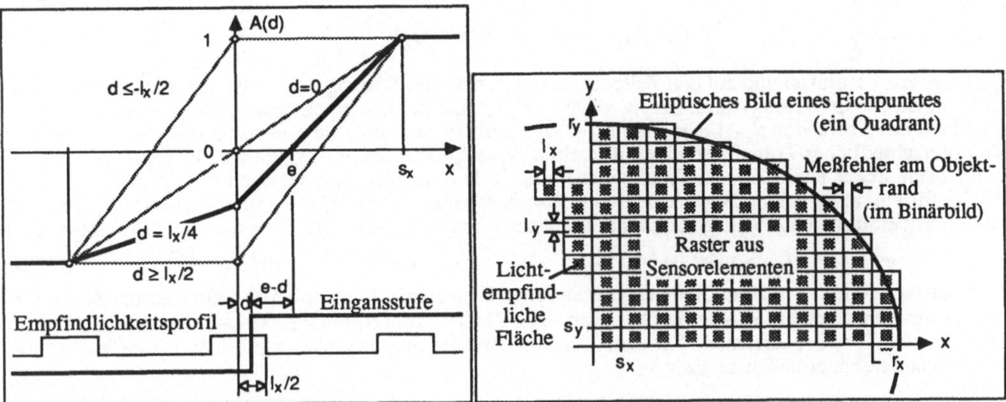


Abb. 9: Der Meßfehler f(d)=e-d in x-Richtung bei der Bestimmung der Lage eines Eingangssprungs hängt ab vom effektiven Empfindlichkeitsprofil, das sich durch Faltung der optischen Impulsantwort mit dem Sensorprofil ergibt. Der oben dargestellte, ungünstigste Fall, "perfekte" Optik und "ideales" Sensorprofil führt unabhängig vom Interpolationsalgorithmus zu einem maximalen Fehler von bestenfalls $(s_x - l_x)/2$. Mit geeigneter Bandbegrenzung durch die Optik oder durch photo-elektronische Diffusionsprozesse auf dem Sensor ließe sich ein *ortsinvariantes* System mit einer Meßgenauigkeit erzielen, die nur durch das Signal zu Rausch-Verhältnis limitiert wäre.

Abb.10: Örtlich quantisiertes Bild einer Eichmarke zur Herleitung des Zusammenhangs zwischen mittlerem Randlinienfehler $\sigma_b$ und Mittelpunktsfehler $\sigma_c$ als Funktion der Eichmarkengröße. Für optimal binarisierte Bilder ergibt sich ein gleichverteilter Randlinienfehler im Intervall $\pm 0.5 s_x$ $(s_y)$.

Im Grenzfall Dirac-förmiger Abtastung $(l_x/s_x, l_y/s_y \ll 1)$ ohne vorausgehende optische Bandbegrenzung ergibt sich durch Grauwertanalyse kein Genauigkeitsgewinn gegenüber optimal binarisierten Bildern. Werden andererseits Ortsfrequenzen oberhalb $u=1/(2s_x)$, $v=1/(2s_y)$ unterdrückt, ergibt sich ein *ortsunabhängiges* Übertragungsverhalten und der Fehler e-d kann im Prinzip bis auf die theoretische, durch den Rauschabstand vorgegebene Schranke reduziert werden. Bedauerlicherweise erfordert eine geeignete optische Bandbegrenzung eine sehr kleine Blende (F=57 @ λ=600nm für $s_x$=17µm), die einen untragbar hohen Intensitätsverlust mit sich bringen würde. Nicht-redundante Arrays mit rechteckigen Blendenelementen könnten zwar bei Einbringung in die Blendenebene eines f/1.4-Objektivs die erforderliche Öffnungen F=57 in x und F=37 in y bei der einem f/8-Objektiv entsprechenden Lichtstärke erzielen [GLÜNDER 88], sind jedoch in der Praxis wegen des dazu notwendigen Eingriffs in die Optik schwer zu handhaben. Die Verwendung eines sehr billigen Objektivs mit "eingebauter" Bandbegrenzung ist möglicherweise die bessere Lösung. Wohldefiniertes Defokussieren kann ebenfalls die Meßgenauigkeit steigern.
Interessanterweise ist nach (13) das Genauigkeitsverhältnis der Achsenrichtungen nicht durch das Verhältnis $s_y/s_x \approx 1.5$ der Sel-Abstände gegeben, sondern durch $(s_x - l_x)/(s_y - l_y) \approx 2.2$ der blinden Bereiche. Zusammen mit Zeilenjitter und elektrischer Filterung ergibt sich für die x-Achse ein ungefähr dreimal so großer Fehler wie für die y-Achse, daher sollte für 3d-Messungen die Stereobasis entgegen der Intuition nach Möglichkeit in Spaltenrichtung gewählt werden. Nach den Erfahrungen des Autors wird in y-Richtung die durch (9) gegebene theoretische Grenze bei sorgfältig binarisierten Bildern mit gutem Kontrast nahezu erreicht, bei kleiner Blendenöffnung (F>11) ist durch Grauwertanalyse in beiden Achsenrichtungen noch eine Verbesserung von einem Faktor zwei bis drei zu erwarten [LENZ 87a].
Eine Quelle systematischen Fehlers stellt eine unsymmetrische elektrische Impulsantwort dar, da sich bei variierender Entscheidungsschwelle oder Beleuchtung die rechte und linke Begrenzung eines Merkmals nicht symmetrisch zueinander verschieben und sich somit ein Versatz der Merkmalsmittelpunkts ergibt. Ungleichmäßige Beleuchtung und Vignettierung bei weit geöffneter Blende haben ähnliche Auswirkungen. Die Tiefpaß der WV-CD50 ist vergleichsweise gut phasenkompensiert, erkennbar an seiner recht symmetrischen Impulsantwort in Abb.11. Eine untersuchte Kamera, die Javelin JE2063C, schaltet bei schwacher Beleuchtung automatisch auf ein anderes *Filter* um (nicht nur AGC, Automatische Verstärkungsregelung), mit dem Effekt, daß das dadurch rauschärmere Bild "automatisch" um etwa einen Bildpunkt nach rechts verschoben erscheint.

Ladungs-Transfer-Verluste entstehen dadurch, daß bei CCDs nicht alle freien Elektronen von Zelle zu Zelle weitergeschoben werden, sondern jeweils ein gewisser Anteil $\alpha$ zurückbleibt, der sich aus der sogen. Charge Transfer Efficiency $\beta=1-\alpha$ ergibt. Dies führt zu einer von der Anzahl durchlaufener Zellen und damit ortsabhängigen Verschleppung und Verschleifung des Signals, die sich aus der diskreten, in $\xi$ und $\eta$ separierbaren Impulsantwort (14) herleiten läßt. Das zur linken, oberen Bildecke gehörende, an die Auslesezelle (x=y=0) diagonal angrenzende Sensorelement habe die kleinsten auftretenden Koordinaten x=y=1.

$$s(\xi,\eta,x,y) = \binom{\xi+x-1}{\xi}\beta_x{}^x\alpha_x{}^\xi \binom{\eta+y-1}{\eta}\beta_y{}^y\alpha_y{}^\eta \approx (1-\lambda_x)\lambda_x{}^\xi (1-\lambda_y)\lambda_y{}^\eta \quad \text{für } \xi,\eta = 0,1,2\ldots;\ \text{sonst } s(\ldots)=0 \qquad \beta=1-\alpha;\ \lambda_x = x\alpha_x;\ \lambda_y = y\alpha_y;\ x,y\in N \tag{14}$$

$\alpha_y$ ist hier zur Vereinfachung auf den Zeilenabstand $s_y$ im Vollbild bezogen. Die asymmetrische Impulsantwort (14) hat die Erwartungswerte $(x\alpha_x/\beta_x, y\alpha_y/\beta_y)\approx(\lambda_x,\lambda_y)$, die bei Sel-synchroner ADW-Abtastung zu den effektiven Pel-Abständen $p_x=(1-\alpha_x)s_x$ und $p_y=(1-\alpha_y)s_y$ führen und das Bild *gedehnt* erscheinen lassen. Wegen unterschiedlicher Transfergeschwindigkeiten $(v_x=s_x f_s\approx579\text{km/h},\ v_y=2s_y(25\text{Hz}\cdot625)\approx0.34\text{m/s})$ ist meist $\alpha_x>\alpha_y$, beide liegen abhängig von Taktfrequenz und Technologie irgendwo zwischen $10^{-4}$ und $10^{-6}$.
Mit der für kleine $\lambda$ gültigen Approximation in (14) durch nur *ein* rekursives 2d-Laufzeitfilter 1. Ordnung mit den Rückführungen $\lambda_x,\lambda_y$ ergibt sich mit Hilfe der z-Transformation die ortsabhängige Systemfunktion

$$S(u,v,x,y) = (1-\lambda_x)/(1-z_u{}^{-1}\lambda_x)\cdot(1-\lambda_y)/(1-z_v{}^{-1}\lambda_y) \qquad \text{mit } z_u=e^{-j2\pi u/s_x} \quad \text{und } z_v= e^{-j2\pi v/s_y} \tag{15}$$

Wird beispielsweise am unteren Rand eines zentrierten Sensorausschnitts mit 512 digitalisierten Zeilen für die Nyquist-Ortsfrequenz $z_v=-1$ eine Dämpfung von $\leq$3dB gefordert, muß $\alpha_y\leq\lambda_y/y=(3-\sqrt8)/544\approx3\cdot10^{-4}$ sein. (Bei "langsam" im Ort variierenden Parametern ist die Behandlung ortsabhängiger Phänomene mit linearer Systemtheorie einigermaßen zulässig.)


Linearität: Begündet durch das opto-elektronische Wandlungsprinzip sind CCD-Kameras ausgesprochen linear, vorausgesetzt, daß die Gamma-Korrektur abgeschaltet werden kann, die ihr systemimmanentes $\gamma=1$ elektrisch auf $\gamma\approx0.65$ "korrigiert", dem Inversen des logarithmischen Zusammenhangs zwischen Wehneltzylinder-Spannung und Strahlstrom von Braun'schen Röhren in Fernsehmonitoren. Die über eine Dynamik von 32:1 noch verbleibenden Abweichungen vom Ideal in Abb.12 sind vermutlich hauptsächlich auf unsere gealterte Kodak-Grautreppe No.Q-14 zurückzuführen. Ähnlich gute Ergebnisse werden von CURRY 86 für die CID-Kamera TN2200 von General Electric berichtet.


Rauschen: Die letzte in diesem Aufsatz behandelte Fehlerquelle ist das Rauschen. Für die WV-CD50 wurde es gemessen durch digitale Subtraktion stark defokussierter, unter weitgehend identischen Bedingungen aufgenommener Bilder jeweils nur einer Stufe der möglichst gleichförmig beleuchteten Grautreppe.
Im Gegensatz zu Vidikonkameras, bei denen der Signal-Rauschabstand hauptsächlich durch thermisches Rauschen im Eingangswiderstand der ersten breitbandigen Verstärkerstufe begrenzt wird, scheinen CCD-Sensoren an die durch Photonenstatistik gegebene theoretische Grenze heranzureichen. Dies zeigt sich an dem großen Anteil intensitätsproportionaler Rauschleistung in Abb.12 und verwundert auch nicht weiter, da die Ladungspakete bei IIT-Sensoren zunächst parallel mit geringer Bandbreite (Bildzeilenfrequenz) vertikal verschoben und zwischengepuffert werden können, bevor sie mit hoher Bandbreite (Sel-Takt) aus dem horizontalen Schieberegister niederohmig ausgelesen werden. Dies macht sie für zukünftige High-Definition-TV-Anwendungen sehr interessant.
Der Verdacht, daß das Rauschen durch Poisson-Statistik dominiert wird, wird erhärtet durch die Abschätzung der Zahl $N_{e^-}$ der von einem Sel eingesammelten Photoelektronen, deren Grundlage die für Vollaussteuerung ohne AGC empfohlene Beleuchtungsstärke 300lux bei Blende F=1.4 ist. Für die hellsten Gegenstände der Szene wird in (16) ein Reflexionsfaktor von 0.5 angenommen.

$$N_{e^-} \approx \frac{\text{Beleuchtungsstärke} \cdot \text{Reflexionsfaktor} \cdot \text{Aktive Sel Fläche} \cdot \text{Wellenlänge} \cdot \text{Integrationszeit} \cdot \text{Quantenwirkungsgrad}}{\text{Photometr. Strahlungsäquivalent(@555nm)} \cdot (2\cdot\text{Blende})^2 \cdot \text{Planck'sches Wirkungsquantum} \cdot \text{Lichtgeschwindigkeit}}$$

$$N_{e^-} \approx \frac{300\text{lumen/m}^2 \cdot 0.5 \cdot (6\mu\text{m}\cdot6\mu\text{m}) \cdot 555\text{nm} \cdot 40\text{msec} \cdot 0.5e^-/\text{Photon}}{680\text{lumen/W} \cdot 4 \cdot 1.4^2 \cdot 6.6\cdot10^{-34}\text{Wsec}^2/\text{Photon} \cdot 3\cdot10^8\text{m/sec}} \approx 57\,000\ e^- \tag{16}$$

Zur Herleitung wird VIETH 74 empfohlen. Im Experiment wurde zur Vermeidung starker Vignettierung nicht Blende 1.4 gewählt, sondern bei F=8 die Beleuchtung so angepaßt, daß sich für die Stufe 0 der Grautreppe (-0dB relativer Reflexionsfaktor) ein digitalisierter Wert von 230Q ergab. Die Rauschleistung des Poissonprozesses, angegeben in Quantisierungsstufen Q des 8bit-ADW, wäre damit $\approx(230Q)^2/57000 \approx0.93Q^2$. Die Quantisierungs-Rauschleistung $(Q^2/12\approx0.08Q^2$, analog zu (6)) ist in sehr guter Näherung additiv zur Leistung eines gaußverteilten Rauschprozesses, wenn letztere $0.1Q^2$ übersteigt. Man kann in Abb.12 zur Bestimmung des Kamerarauschens allein also das Quantisierungsrauschen vom gemessenen Rauschen einfach abziehen. (Dies ist nicht offensichtlich, da mangels Verfügbarkeit des idealen Signals die Differenz zweier *quantisierter* Bilder zur Messung des Rauschens herangezogen wurde.)

Eine Gesamtrauschleistung von $\approx 1Q^2$ (@115Q mit rel. Beleuchtung -3dB=0.5 aus Abb.12) führt unter Verwendung linearer Grauwertinterpolation bei einem angenommenen Grauwertgradienten von 50Q/Sel zu einem Kantenbestimmungsfehler $\sigma_b \approx 1Q/(50Q/Sel)=0.02Sel \approx (0.3\mu m$ in x). Dieser Fehler ist zwar klein im Vergleich zu den durch ungleichförmige Beleuchtung, unsymmetrische Impulsantwort, ungünstig gewählte Schwellen, periodische Ortsvarianz, Zeilenjitter etc. hervorgerufenen Fehlern und kann durch Fehlermittelung bei großen Eichmarken um etwa eine weitere Größenordnung reduziert werden, stellt jedoch aufgrund seines durch die Poisson-Statistik hervorgerufenen wahrhaft zufälligen Charakters eine fundamentale Schranke für die Genauigkeit der Videometrie dar.

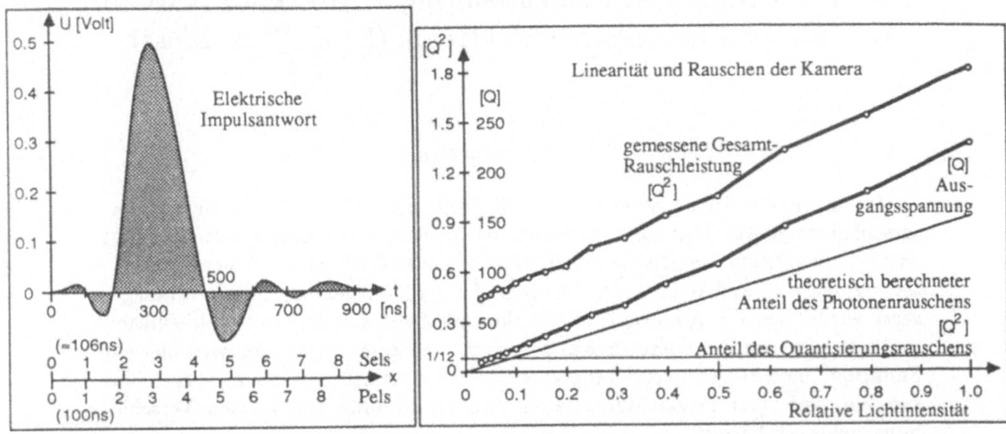


Abb.11: Elektrische Anwort auf einen optischen Impuls in x- oder Zeit-Richtung. Der Dunkelpegel aus Abb.7 wurde abgezogen. Interpretationsabhängig ergibt sich für die y-Richtung eine Dirac- oder rechteckförmige Impulsanwort. Beide sind *periodisch ortsabhängig*, siehe Text.

Abb.12: Linearität und Rauschen der WV-CD50, gemessen mit dem Kodak-Graukeil Q14 für optische Dichten zwischen 0 und 1.5 in Stufen von -1dB. Der lineare Zusammenhang zwischen Lichtintensität und Rauschleistung läßt vermuten, daß der größte Teil des Rauschens auf der Poisson-Statistik der eingesammelten Photo-Elektronen basiert und nur etwa $(0.4-1/12) \approx 0.3Q^2$ intensitätsunabhängiges thermisches Rauschen ist.


## Literaturhinweise und Referenzen:

BEYER, H.A., 1987: Some Aspects of the Geometric Calibration of CCD-Cameras, *Proceedings of the ISPRS Intercommission Conference on "Fast Processing of Photogrammetric Data"*, Interlaken, June 2-4, pp. 68-81

CURRY, S. et al., 1986: Calibration of an Array Camera, *Photogrammic Engineering and Remote Sensing*, Vol. 52, May 1986, pp. 627-636

DÄHLER, J., 1987: Problems in Digital Image Acquisition with CCD-Cameras, *Proceedings of the ISPRS Intercommission Conference on "Fast Processing of Photogrammetric Data"*, Interlaken, June 2-4, pp. 48-59

FAIRCHILD, 1984: Fairchild Charge Coupled Device (CCD) Catalog - 1984

GRÜN, A., 1987: Towards Real-Time Photogrammetry, *Invited Paper to the 41. Photogrammetric Week* Stuttgart, September 14-19

HILL, J. et al., 1980: Machine Intelligence Research applied to Industrial Automation, *Tenth Report to the National Science Foundation*, SRI Project 8487, pp. 75-105, Nov.

LENZ, R.K. und TSAI, R.Y., 1986: Techniques for Calibration of the Scale Factor and Image Center for High Accuracy 3D Machine Vision Metrology, *IBM Research Report RC 54867*, Oct. 8

LENZ, R.K., 1987a: High Accuracy Feature Extraction using Chain-Code in Greyvalue Images, *IBM Research Report RC 56811*, Mar. 27

LENZ, R.K., 1987b: Linsenfehlerkorrigierte Eichung von Halbleiterkameras mit Standardobjektiven für hochgenaue 3D-Messungen in Echtzeit, *Informatik-Fachberichte 149, Proc.9.DAGM-Symposium 1987*, Braunschweig, Sep.29 - Oct.1, Springer Berlin ISBN 3-540-18375-2, pp. 212-216

LENZ, R.K. und FRITSCH, D., 1988: On the Accuracy of Videometry, *Proceedings of the 16th Intern. Congress of the Society of Photogrammetry and Remote Sensing*, Kyoto, July 2-10

LUHMANN, T., 1987: On Geometric Calibration of Digitized Video Images of CCD Arrays, *Proceedings of the ISPRS Intercommission Conference on "Fast Processing of Photogrammetric Data"*, Interlaken, June 2-4, pp. 35-47

PLATZER, H. und GLÜNDER, H., 1987 & 1988: Persönliche Mitteilungen am Lehrstuhl für Nachrichtentechnik der TUM

TSAI, R.Y., 1985: A Versatile Camera Calibration Technique for High Accuracy 3D Machine Vision Metrology using Off-the-Shelf TV Cameras and Lenses, *IBM Research Report RC 51342*, May 8

VIETH, G., 1974: Meßverfahren der Photographie, *Focal Press*, London, ISBN 3-486-39611-0, p. 9

# Ein Verfahren zur Kompensation systematischer Bilddeformation von multisensoriellen Systemen


Bernd Straub *
Universität Stuttgart, Pfaffenwaldring 47, 7000 Stuttgart 80
Institut für Physikalische Elektronik (Prof. W.H. Bloss)



**Zusammenfassung**

Die Kompensation systematischer Bilddeformation von Sensoren mit unterschiedlichen Abbildungseigenschaften ist insbesondere dann von Bedeutung, wenn die verfügbare multisensorielle Information auf ikonischer Ebene verarbeitet werden soll und dadurch Koinzidenz der entsprechenden Bilder vorausgesetzt wird. Um die Adaption an verschiedene Sensoren mit unterschiedlichen geometrischen und radiometrischen Eigenschaften zu ermöglichen, wird hier ein Funktionalmodell zur Berechnung globaler Deformationsparameter vorgeschlagen, das auf einer merkmalgestützten Punktzuordnung von lokalen Verschiebungsvektoren basiert.


## 1    Einleitung

In vielen Applikationen im Bereich der automatischen Qualitätskontrolle oder zur Beschreibung von physikalischen Eigenschaften industrieller Objekte bietet die Verarbeitung multisensorieller Information Vorteile gegenüber der Information eines Sensors. Multisensorielle Information kann z.B. aus TV-Bildern verschiedener Sektralbereiche und Bildern einer Infrarot-Kamera bestehen. Die Verarbeitung von Bildern unterschiedlicher Sensoren ist jedoch dadurch eingeschränkt, daß die entsprechenden Sensoren nicht nur unterschiedliche radiometrische Eigenschaften besitzen, sondern auch gegenseitig verzerrt erscheinen können. Um die unterschiedliche physikalische Information auf ikonischer Ebene verarbeiten zu können, ist in einer Vorverarbeitung die Kompensation der gegenseitigen Verzerrung erforderlich.

Die Kompensation systematischer Bilddeformation kann dadurch erfolgen, daß ein mathematisches Modell direkt aus den Abbildungseigenschaften eines Sensors abgeleitet wird. Diese Vorgehensweise erfordert jedoch nicht nur genaue Kenntnis der sensorspezifischen Abbildungseigenschaften, sondern es muß auch für jeden Sensor ein mathematisches Modell neu definiert werden. Allgemeiner ist die Bestimmung von Verschiebungsvektoren wie es in der Bildfolgenanalyse oder Stereobildauswertung bereits häufig Anwendung findet. Durch die Bestimmung von Verschiebungsvektoren für jeden Bildpunkt kann zwar die Entzerrung direkt erfolgen, jedoch ist einerseits

---


*Mit Unterstützung des Bundesminister für Forschung und Technologie (BMfT) und AEG

die Bestimmung eines derartigen Verschiebungsvektorfeldes sehr aufwendig, andererseits sind komplexe Algorithmen für die Interpolation von Verschiebungsvektoren in Gebieten ohne ausreichende Textur notwendig. Hier bietet sich die Bestimmung globaler Deformationsparameter an, die bereits auf wenigen lokalen Verschiebungsvektoren erfolgen kann. Dabei können die Verschiebungsvektoren in einem Gitter angeordnet sein, oder aber nur in den Bildbereichen bestimmt werden, die aufgrund ihrer Textur sichere und genaue Verschiebungsvektoren erwarten lassen. Dadurch kann nicht nur der Aufwand zur Bestimmung der Verschiebungsvektoren erheblich reduziert werden, sondern die Parameter des mathematischen Modells und damit verbunden auch die Interpolation von Verschiebungsvektoren sind automatisch problemorientiert.

Im folgenden wird ein Verfahren zur Bestimmung globaler Deformationsparameter zur Kompensation systematischer Bilddeformation vorgeschlagen, das in der Photogrammetrie für die Kompensation systematischer Bildfehler angewandt wird.

## 2 Kompensation systematischer Bildfehler

Die Grundidee besteht darin, ein mathematisches Modell zu definieren, das hinreichend allgemein ist und die notwendige Flexibilität besitzt, um an verschiedene Deformationsprobleme adaptiert werden zu können. Das Gesamtverfahren gliedert sich in eine Adaptionsphase und den eigentlichen Entzerrungsprozeß. Die Adaptionsphase enthält die Bestimmung des Verschiebungsvektorfeldes und darauf aufbauend die Berechnung der Deformationsparameter. In der Adaptionsphase muß dabei lediglich ein System (z.B. das Abbildungssystem der Fernsehkamera) als Referenzsystem definiert werden. Die Entzerrung selbst ist eine einfache geometrische Transformation, die durch eine entsprechende Hardwarearchitektur einfach realisiert werden kann.

### 2.1 Bestimmung der Verschiebungsvektoren

Für die Bestimmung lokaler Verschiebungen bzw. die Zuordnung korrespondierender Punkte werden in der Literatur zur Bildfolgenanalyse [DRE 81] [HUA 83] [KOR 85] [NAG 86] und zur Stereobildauswertung [CLA 85] [FÖR 85] bereits zahlreiche Strategien beschrieben. Entscheidend für die Leistungsfähigkeit der einzelnen Algorithmen sind dabei die zugrundegelegten mathematischen und physikalischen Modelle, die latent mehr oder weniger a priori Information enthalten und dadurch die Zahl der Freiheitsgrade und der möglichen Fehlerquellen reduzieren.

Während sowohl in der Stereobildauswertung als auch in der Bildfolgenanalyse im allgemeinen ähnliche Bilder vorliegen, können Bilder unterschiedlicher Sensoren auch unterschiedliche Erscheinungsformen (Grauwertverteilung) besitzen. Deshalb wird hier eine merkmalsgestützte Zuordnung von Punkten vorgeschlagen in der ein Bildpunkt nicht nur durch die Grauwertverteilung in seiner lokalen Umgebung beschrieben wird, sondern auch durch strukturbeschreibende Merkmale (z.B. Gradient, Varianz) [STR 85] . Dabei werden diejenigen Punkte einander zugeordnet, deren Merkmalsvektoren $\vec{v}$ innerhalb eines vorgebbaren Suchbereichs (FOV) die größte Ähnlichkeit besitzen, die über Kreuzkorrelation oder Abstandsmessung (z.B. Euklid, Maha-

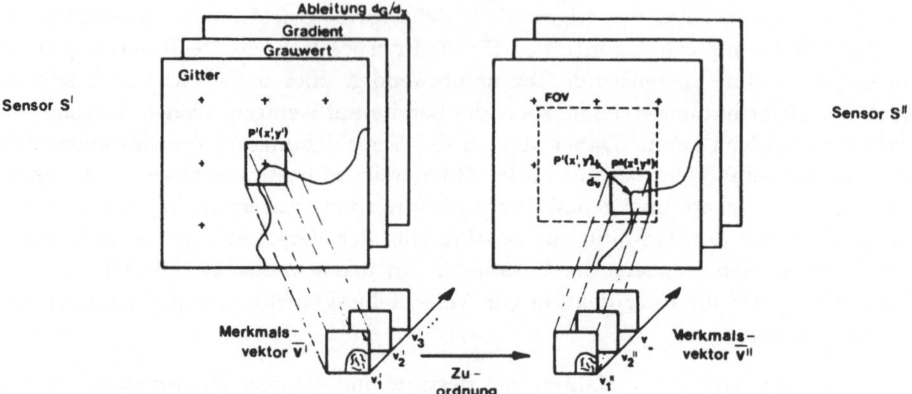


Abbildung 1: Prinzip der merkmalsgestützten Punktzuordnung

lanobis) ermittelt wird. In Abb. 1 ist das Prinzip der Punktzuordnung schematisch dargestellt. Die Punkte können dabei in einem regelmäßigen Gitter angeordnet sein, oder ausschließlich in texturreichen Gebieten liegen, die mit einem Interest-Operator ermittelt werden. Dadurch wird nicht nur die Effizienz der Punktzuordnung verbessert, sondern auch deren Zuverlässigkeit und Genauigkeit erhöht.

Trotz der relativ geringen Anzahl zuzuordnender Punkte, die für die Adaption der Deformationsparameter notwendig sind, benötigt die Korrespondenzanalyse entsprechend der Größe des Suchbereichs (FOV) den größten zeitlichen Aufwand. Um diesen Aufwand zu reduzieren, kann die Abtastung des Suchbereichs im Bild des Sensors $S''$ als *Schachbrettabtastung* erfolgen, in der zunächst nur die Merkmalsvektoren jedes zweiten Bildpunktes im Suchbereich (entsprechend den schwarzen Feldern eines Schachbrettes) zur Ähnlichkeitsmessung herangezogen werden, um die relativ beste Zuordnung $P_{rel}$ zu finden. Die endgültige Zuordnung $P_e$ erfolgt dann durch einen Vergleich mit den noch nicht abgetasteten vier Nachbarn der Zuordnung $P_{rel}$ (weiße Schachbrettfelder).

Erfolgt die Punktzuordnung in einem Gitter, können ausgehend von einem groben Gitter (3x3 Punkte) Näherungswerte für die Verschiebungsvektoren eines feineren Gitters bestimmt werden, wodurch der Suchbereich verkleinert und damit der zeitliche Aufwand zusätzlich reduziert werden kann.

## 2.2  Adaption der Deformationsparameter

Ausgangspunkt für die Berechnung der globalen Deformationsparameter sind die x- und y-Komponenten der lokalen Verschiebungsvektoren. Diese Komponenten werden als Korrekturen $dx$ und $dy$ von sogenannten Paßpunkten $P(x,y)$ aufgefasst, für die im allgemeinen Korrekturpolynome 2. und 3. Grades entwickelt werden. Dieser Ansatz kann für ein Polynom 2. Grades formuliert werden durch:

$$dx = \sum_{i=1}^{n} a_i f_i(b, x, y, ..., x^2, y^2)$$

$$dy = \sum_{j=1}^{n} a_j f_j(b, x, y, ..., x^2, y^2) \tag{1}$$

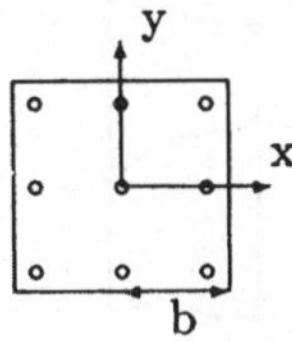

Abbildung 2: Anordnung der charakteristischen Punkte

Dabei sind $x$ und $y$ die Bildkoordinaten der Paßpunkte, $b$ ist ein auf die Bildgröße bezogener Normierungskoeffizient und $n$ entspricht der Anzahl der Funktionalparameter $a_i$. Diese im allgemeinen Fall voneinander abhängigen Polynome werden mit dem *Schmidtschen Orthonormierungsverfahren* orthogonalisiert, wodurch nicht nur deren explizite Berechnung erheblich vereinfacht wird, sondern auch die Wirkung der einzelnen Parameter geometrisch veranschaulicht werden können.

Die Methode, relative Bilddeformationen mit Korrekturpolynomen zu kompensieren, geht hier auf die Photogrammetrie zurück, in der verschiedene derartige Ansätze zur Kompensation systematischer Bildfehler entwicklet wurden. Das hier gewählte Funktionalmodell wurde von Ebner [EBN 76] definiert, mit dem Ziel, systematische Deformationseffekte in den 9 charakteristischen Punkten vollständig zu kompensieren (Abb. 2). Insgesamt besteht das von Ebner definierte Modell aus 18 funktional unabhängigen (gegenseitig orthogonalen) Parametern, die neben den 6 üblichen Freiheitsgraden (2 Verschiebungen, Maßstab, 3 Rotationen) 12 affine Deformationsparameter enthalten. Gleichung (2) enthält die mathematische Beschreibung der x- und y-Komponenten der Verschiebungsvektoren und die entsprechenden geometrischen Auswirkungen der Parameter 7-18.

$$dx = a_1 + a_3 x - a_4 y + a_5 xy - a_6 \sqrt{\frac{10}{7}} (x^2 - \frac{b^2}{2})$$

$$dy = a_2 + a_3 y - a_4 x + a_5 \sqrt{\frac{10}{7}} (y^2 - \frac{b^2}{2}) - a_6 xy \tag{2}$$

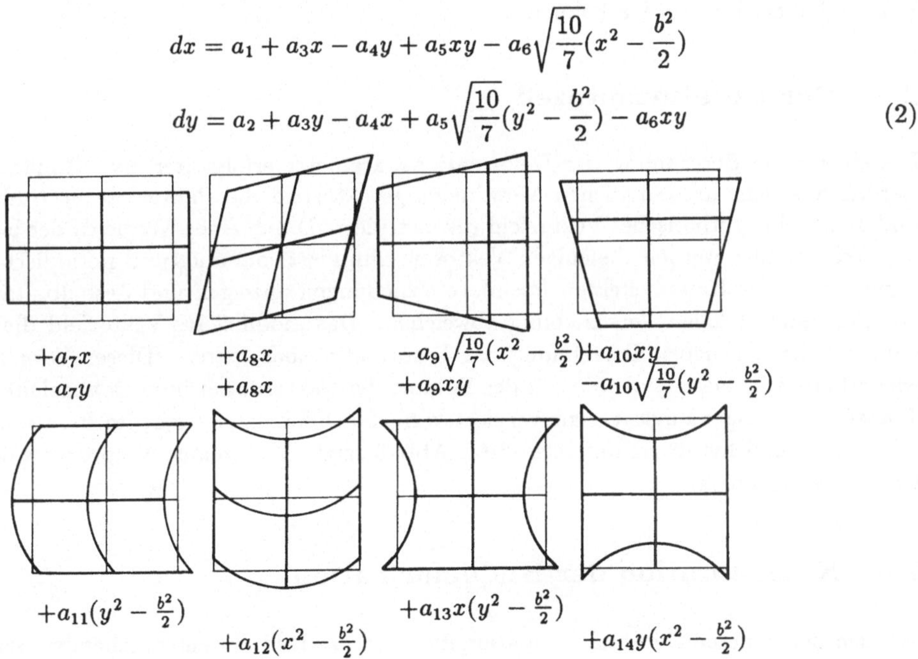

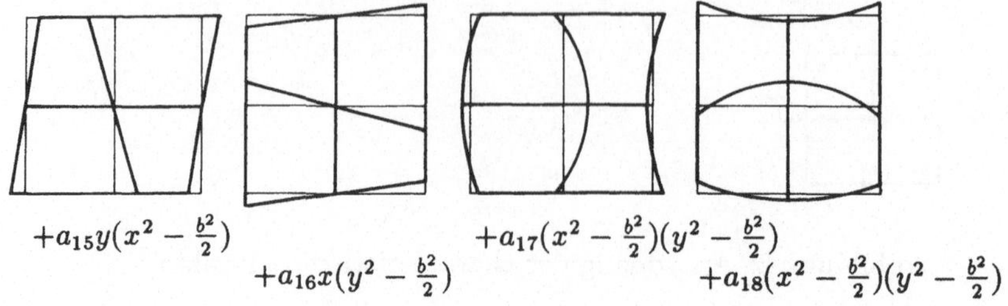

$$+a_{15}y\left(x^2 - \tfrac{b^2}{2}\right)$$
$$+a_{16}x\left(y^2 - \tfrac{b^2}{2}\right)$$
$$+a_{17}\left(x^2 - \tfrac{b^2}{2}\right)\left(y^2 - \tfrac{b^2}{2}\right)$$
$$+a_{18}\left(x^2 - \tfrac{b^2}{2}\right)\left(y^2 - \tfrac{b^2}{2}\right)$$

Die Parameter $a_i$ der einzelnen Polynomterme werden mit Hilfe der zugeordneten Paßpunkte durch Ausgleichung bestimmt. Zunächst wird dieser Ansatz in Matrizen zusammengefaßt zu:

$$\vec{d} = F\vec{a} \tag{3}$$

wobei :   $\vec{d}$ :  *Koordinatendifferenzen der zugeordneten Punkte*
  $F$ :  *Matrix mit den Polynomtermen*
  $\vec{a}$ :  *unbekannte Transformationsparameter*

Die Einführung von Verbesserungen $\vec{v}$, die die Differenzen zwischen den gemessenen und rekonstruierten Verschiebungsvektoren enthält, führt auf

$$\vec{v} = F\vec{a} - \vec{d} \tag{4}$$

Die unbekannten Transformationsparameter $a_i$ ergeben sich dann nach der *Methode der kleinsten Quadrate* $\vec{v}^T\vec{v} = min$ zu

$$\vec{a} = (F^T G F)^{-1} F^T G \vec{d} \tag{5}$$

wobei $G$ die Gewichte der einzelnen Zuordnungen enthält, die aus dem Ähnlichkeitsmaß abgeleitet werden können.

## 2.3   Der Iterationsprozeß

Die eigentliche Berechnung der Deformationsparameter erfolgt iterativ. Zunächst werden aus dem ursprünglichen Verschiebungsvektorfeld die Parameter bestimmt und damit ein synthetisches Vektorfeld rekonstruiert. Durch einen Vergleich der beiden Vektorfelder werden diejenigen Vektoren eliminiert, die aufgrund periodischer Strukturen oder Rauscheffekten Pseudoverschiebungen anzeigen und deshalb stark von der realen lokalen Verschiebung abweichen. Das modifizierte Vektorfeld dient dann wieder zur neuen Berechnung der Deformationsparameter. Dieser Vorgang wiederholt sich solange, bis die aus der Summe der Vektorabweichungen abgeleitete Transformationsgenauigkeit $\sigma$ konvergiert, d.h. die Differenz $\sigma_i - \sigma_{i-1}$ im Iterationsschritt $i$ einen Schwellwert unterschreitet. Abb. 3 zeigt die einzelnen Teilprozesse des Iterationsverfahrens.

## 2.4   Kompensation der Bilddeformation

Mit den berechneten Deformationsparameter wird das Bild des entsprechenden Sensors nach Gleichung (2) in das Referenzsystem transformiert wobei für die Paßpunkt-

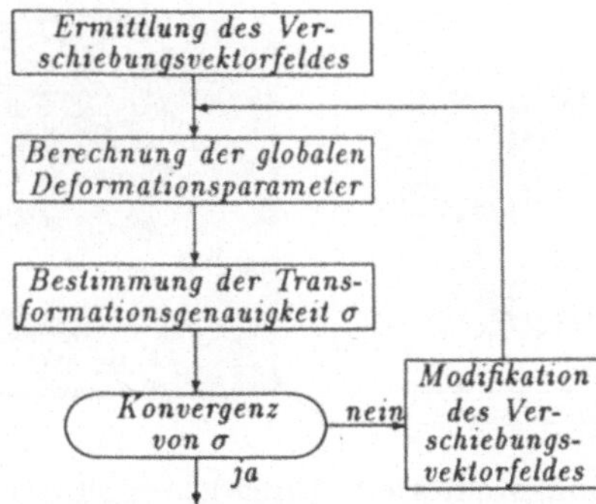


Abbildung 3: Iterationsprozess zur Bestimmung der Deformationsparameter

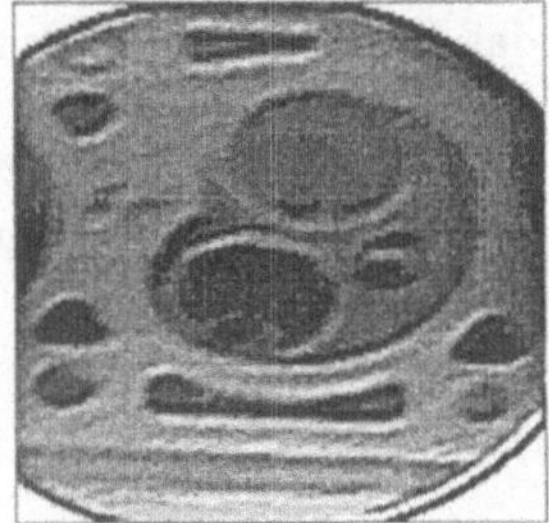

Abbildung 4: Original TV-Bild (linke Seite) und Infrarot-Bild (rechte Seite)

koordinaten nun explizit die Bildpunktkoordinaten eingesetzt werden. Notwendige Interpolationen erfolgen dabei bilinear. Im Gegensatz zur relativ aufwendigen Bestimmung der Verschiebungsvektoren und der Adaption der Deformationsparameter ist der eigentliche Kompensationsprozeß sehr effizient, jedoch müssen die in der Adaption enthaltenen Schritte für jeden zusätzlichen Sensor nur einmal ausgeführt werden.

# 3 Ergebnisse

Am Beispiel einer Zylinderkopfaufnahme mit einer TV-Kamera und einer Infrarot-Kamera soll die Entzerrung der systematischen Deformation des Infrarot-Sensors exemplarisch gezeigt werden, wobei das TV-Bild als Referenzsystem diente. Abb. 4 zeigt das TV-Bild und das vorverarbeitete (Grauwertskalierung, Kantenanhebung) Infrarot-Bild.

Abb. 5 zeigt links die Verschiebungsvektoren, die durch Kreuzkorrelationsmessung bestimmt wurden und in der Mitte das modifizierte Verschiebungsvektorfeld, das die relative Verzerrung des Infrarot-Bildes repräsentiert. Auf der Basis dieses Vektorfeldes bzw. der entsprechenden Koordinatenpaare als Paßpunkte erfolgte die Adaption der Deformationsparameter, mit denen das Infrarot-Bild geometrisch in das TV-Referenzsystem transformiert wurde. Durch einen Vergleich des transformierten Infrarot-Bildes mit dem Referenzbild (TV-Bild) kann die Kompensation beurteilt

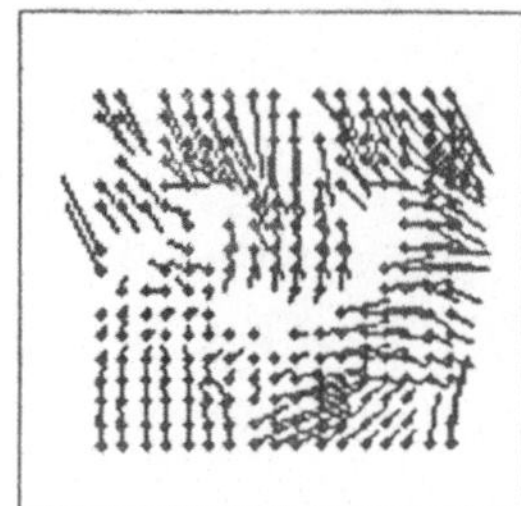 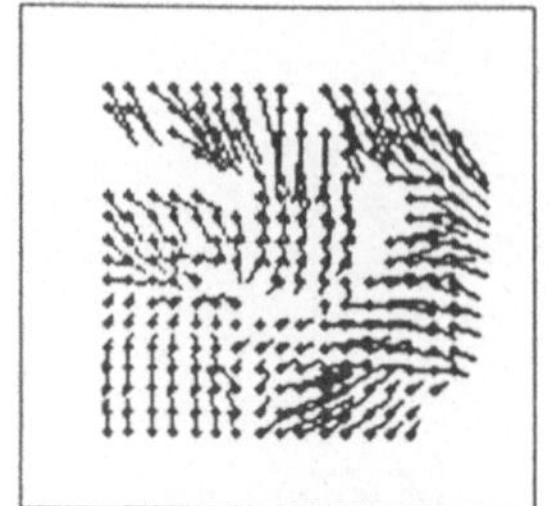 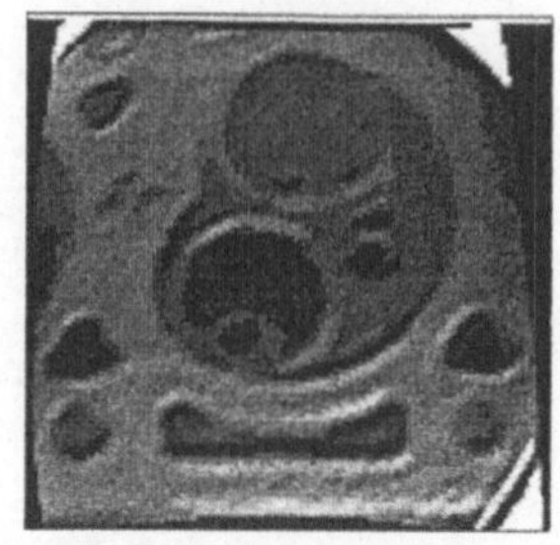

Abbildung 5: Original Verschiebungsvektorfeld (links), modifiziertes Vektorfeld (mitte) und entzerrtes Infrarot-Bild (rechts)

werden und bei unzureichender Koinzidenz wiederholt werden. Im rechten Bild in Abb. 5 ist das Ergebnis der Entzerrung des Infrarot-Bildes nach 2 Kompensationsschritten dargestellt. Eine Verbesserung dieses Ergebnisses könnte durch weiteres iterieren erfolgen. Überlegungen zielen jedoch darauf hin, das mathematische Modell zu erweitern, um mehr Freiheitsgrade der Deformation zu erfassen.

# Literatur


[DRE 81]  L. Dreschler, *Ermittlung markanter Punkte auf den Bildern bewegter Objekte und Berechnung einer 3D- Beschreibung auf dieser Grundlage*, Dissertation Fachbereich Informatik, Universität Hamburg, 1981.

[HUA 83]  T. S. Huang, *Image Sequence Processing and Dynamic Scene Analysis*, Springer Verlag Berlin, NATO ASI Series F, Vol.2, 1983.

[KOR 85]  R. R. Kories, *Bildzuordnungsverfahren für die digitale Auswertung von Bildfolgen*, Photogrammetrische Woche, Stuttgart 1985.

[NAG 86]  H. H. Nagel, *An Investigation of Smoothness Constraints for the Estimation of Displacement Vector Fields from Image Sequences*, IEEE Transactions on Pattern Analysis and Machine Intelligence, Vol.PAMI-8, No.5, September 1986.

[CLA 85]  M. Claus, *3-D Ermittlung aus Rasterbildern durch Stereokorrelationsrechnung*, Photogrammetrische Woche, Stuttgart 1985.

[FÖR 85]  W. Förstner, *Prinzip und Leistungsfähigkeit der Korrelation und Zuordnung von Bildern*, Photogrammetrische Woche 1985.

[STR 85]  G. Strässle, B. Straub, *Determination of Motion Vectors applied to Cell Image Sequences*, Proc. Vol. 593, Medical Image Processing, SPIE Cannes, 1985.

[EBN 76]  G. Ebner *Self Calibrating Block Adjustment*, Invited Paper of Comission III, ISP Congress Helsinki 1976.

# 3D-Vermessung mit mehreren geeichten Kameras


Johannes Steurer, Reimar Lenz, Sebastian Orecher

Lehrstuhl für Nachrichtentechnik, Technische Universität München *

Arcisstr. 21, D-8000 München 2


## Einleitung

Die Vermessung räumlicher Objekte stellt eine häufige Aufgabe in der industriellen Bildverarbeitung dar. Zur Qualitätskontrolle oder bei der Führung eines Roboters zu den Greifpunkten eines 3D-Objekts ist die Kenntnis der räumlichen Struktur der betrachteten Objekte von Bedeutung. Optische Methoden sind für diese Aufgabe gut geeignet, da sie berührungslos arbeiten. Ein Verfahren mit flächenhaften Bildsensoren bietet zudem den Vorteil, daß eine strukturierte Beleuchtung der Szene, wie z.B. bei Lasermeßverfahren, zwar hilfreich, aber nicht notwendig ist.

Das hier vorgestellte Verfahren zur 3D-Vermessung soll folgende Prinzipien vereinigen:

- Es soll ein stereoskopischer Meßansatz zur Anwendung kommen, wobei die Verwendung von mehreren Kameras (> 2) günstig erscheint [GERHARD 86]. Die Basislänge(n) zwischen den einzelnen Kameras bilden ein bzw. mehrere Längennormale, so daß quantitative Messungen möglich werden. Bildstrukturen aller Richtungen tragen zur Messung bei (Problem bei nur zwei Kameras: Tiefe unbestimmt an Kanten parallel zur Basis). Verdeckungsprobleme können einfach erkannt werden. Fehlkorrespondenzen können aufgrund redundanter Meßdaten reduziert werden.

- Die Kameras sollen universell angeordnet werden können, d.h. nicht an fest vorgegebenen Raumpositionen. Aus diesem Grund und für quantitativ genaue Meßergebnisse ist eine Eichung der verwendeten Kameras unumgänglich. Andernfalls kann keine zuverlässige Aussage über dreidimensionale Raumkoordinaten getroffen werden.

- Zur Erzielung hoher Meßgenauigkeit sollen CCD-Kameras eingesetzt werden, die eine hohe geometrische Präzision aufweisen.

- Das 3D-Meßergebnis soll innerhalb eines vorgegebenen Volumens in einem frei definierten, kameraunabhängigen Koordinatensystem errechnet werden. Dadurch ist diese Information für anschließende Auswerteverfahren (z.B. Vergleich mit CAD-Modell) direkt verfügbar.

## 1. Geometrische Beziehungen zwischen der 3D-Welt und den Bildebenen der Kameras

Als Information für eine 3D-Vermessung stehen die perspektivischen Abbildungen von n Kameras zur Verfügung, welche als digitalisierte Bilder abgespeichert wurden.

Daraus ergeben sich die folgenden relevanten Koordinatensysteme (KS), die in Abb. 1 eingezeichnet sind und deren Zusammenhang die geometrisch-optischen Beziehungen zwischen der 3D-Welt und den Bildspeicheradressen beschreibt (vgl. hierzu auch [LENZ 87]):


* Diese Arbeit wird gefördert von Signum Computer für Signalverarbeitung und Mustererkennung GmbH in München und von Kontron Bildanalyse GmbH in Eching.

- 3D-Welt-Koordinatensystem $\underline{x} = (x, y, z)^T$, welches das Arbeitsvolumen aufspannt;
- 3D-Kamera-Koordinatensystem $\underline{x}_{ci} = (x_{ci}, y_{ci}, z_{ci})^T$ im Abbildungszentrum jeder Kamera i, ausgerichtet am Sensor;
- Sensorkoordinatensystem in der Bildebene $\underline{X}_{si} = (X_{si}, Y_{si})^T$ für jede Kamera i;
- Bildspeicherkoordinatensystem $\underline{X}_{bi} = (X_{bi}, Y_{bi})^T$ für jede Kamera i (nicht dargestellt in Abb. 1).

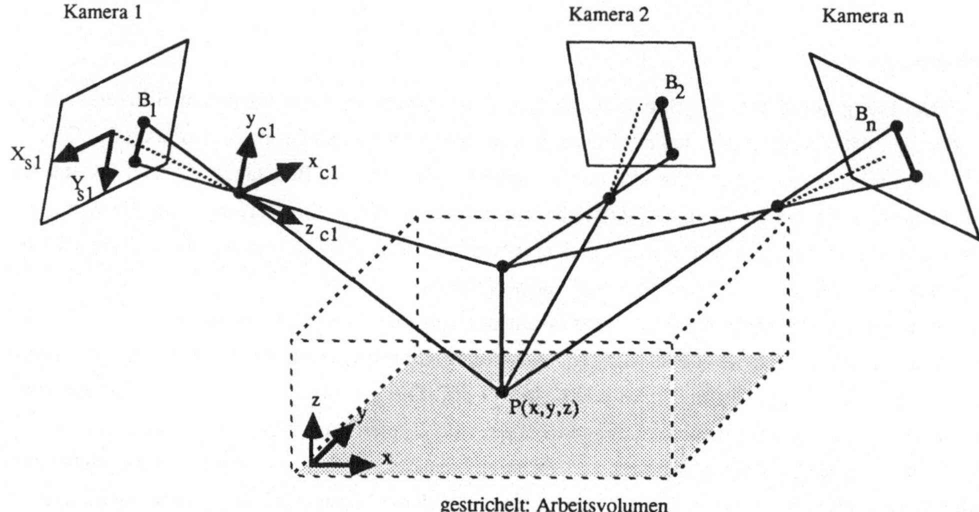


Abb. 1: Prinzipielle Anordnung der Kameras bezüglich der betrachteten 3D-Szene und die zugeordneten Koordinatensysteme

Ein Objektpunkt P(x, y, z) wird durch die geometrischen Abbildungseigenschaften der Kameras in n Bilder $B_i$ $(X_{bi}, Y_{bi})$ in den jeweiligen Bildspeicher-KSen abgebildet. Der Objektpunkt P ist der Ursprung der Verbindungsstrahlen mit den Bildpunkten $\underline{X}_{bi}$ und ist daher aus der Lage dieser Bildpunkte eindeutig bestimmbar, falls die Abbildungseigenschaften bekannt sind. Diese werden für jede Kamera durch ein Modell mit 12 Parametern beschrieben.

Zur Ermittlung der räumlichen Information mit Hilfe mehrerer Bildsensoren werden gewöhnlich die Stereobildpaare (oder Stereo-n-Tupel) innerhalb eines flächenhaften Suchraums nach Korrespondenzen abgesucht. Durch Triangulation wird anschließend die Tiefe ermittelt.

In dieser Arbeit wird nun ein umgekehrtes Vorgehen angewendet: Ausgehend von einem frei definierten Raumpunkt mit bekannten Weltkoordinaten $\underline{x}$ wird geprüft, welches Übereinstimmungsmaß die Bildinhalte $B_i$ an den modellgemäß errechneten Bildpunkten $\underline{X}_{bi}$ aufweisen. Eine hohe Übereinstimmung ergibt sich, wenn der vorgegebene Raumpunkt auf der Oberfläche des betrachteten Objekts liegt. Dadurch wird der Suchraum möglicher Bildkorrespondenzen eingeschränkt. Für dieses Vorgehen ist jedoch eine exakte Eichung der Kameras erforderlich.

## 2. Kameraeichung

Zur Eichung der Kameras wird ein Verfahren von Lenz und Tsai angewandt [LENZ 87], [LENZ & TSAI 86], [TSAI 85]. Es geht von einem Kameramodell mit sechs äußeren und sechs inneren Freiheitsgraden (FGen) aus. Äußere FGe: 3 translatorische und 3 rotatorische FGe; innere FGe: Bildweite b, Kamerahauptpunkt $C_x$, $C_y$, Skalierungsfaktoren $S_x$, $S_y$, radiale Linsenverzeichnung $\kappa$. Weitere Modell-annahmen: dünne Linsen, keine Beugungseffekte, keine anderen Linsenfehler.

Die Eichung erfolgt vor der 3D-Vermessung und unabhängig für jede Kamera. Alle Kameras betrachten hierbei einen planaren Eichkörper mit 36 kreisförmigen Eichmarken, der sich im Innern des späteren Arbeitsvolumens befindet. Am Eichkörper ist das Welt-KS ausgerichtet, das für alle Kameras als Bezugssystem dient. Keine Kamera darf senkrecht auf den Eichkörper schauen, da sonst die äußeren Kameraparameter nicht mehr eindeutig bestimmt werden können. Ein Teil der inneren Parameter wird auf anderen Wegen bestimmt. Hierzu sei auf die Arbeit [LENZ 87] verwiesen. Nach Durchführung der Eichung sind die Kameraparameter und damit der geometrische Zusammenhang zwischen dem Welt-KS (x, y, z) und den Bildspeicher-KSen ($X_{bi}$, $Y_{bi}$) bekannt.

## 3. Bestimmung eines Objektpunktes P($\underline{x}$) aus den Kamerabildern $B_i$

Zur Vermessung von 3D-Objekten ist eine Beschränkung auf ein quaderförmiges Arbeitsvolumen angebracht. Anstatt eine der Kameras zur Referenzkamera zu erklären, wird eine virtuelle Referenzkamera eingeführt, die die Szene in orthographischer Projektion von oben (x=0, y=0, z→∞) betrachtet. Damit fällt keiner realen Kamera eine über- oder untergeordnete Rolle zu. Die Oberflächenpunkte werden unabhängig vom genauen Standpunkt der Kameras berechnet und in Weltkoordinaten (x, y, z) angegeben. Insbesondere müssen sich die Kameras nicht in einer vorgegebenen Lage zueinander befinden, wie dies häufig anzutreffen ist, z.B. Kamera-Basis genau in x- oder y-Richtung.

**Schritte des Meßverfahrens**

1. Ausgehend von den Koordinaten eines Raumpunktes $\underline{x}$ werden gemäß dem Abbildungsmodell schrittweise die Bildkoordinaten $\underline{X}_{bi}$ berechnet :

Welt-KS → Kamera-KS:

$$\underline{x}_{ci} = \mathbf{R}_i \cdot \underline{x} + \underline{t}_i \qquad \text{mit: } \mathbf{R}_i: \text{ Rotationsmatrix} \qquad (1)$$
$$\underline{t}_i: \text{ Translationsvektor}$$

→ unverzerrtes Sensor-KS:

$$\underline{X}_{ui} = b_i \cdot \underline{x}'_{ci} / z_{ci} \qquad \text{mit: } \underline{x}'_{ci} = (x_{ci}, y_{ci})^T \qquad (2)$$
$$\underline{X}_{ui} = (X_{ui}, Y_{ui})^T$$
$$b_i: \text{ Bildweite}$$

→ radialverzeichnetes Sensor-KS:

$$\underline{X}_{si} = 2\,\underline{X}_{ui} / (1 + [1 - 4\kappa_i R_{ui}^2]^{1/2}) \quad \text{mit: } R_{ui}^2 = |\underline{X}_{ui}|^2 \qquad (3)$$
$$\kappa: \text{ Radialverzeichnungskoeffizient}$$

→ Bildspeicher-KS:

$$\underline{X}_{bi} = A_i \cdot \underline{X}_{si} + \underline{C}_i \qquad \text{mit: } \underline{C}_i = [C_{xi}, C_{yi}]^T \text{ Hauptpunkt} \qquad (4)$$

$$A_i = \begin{pmatrix} 1/S_{xi} & 0 \\ 0 & 1/S_{yi} \end{pmatrix} \quad S_{xi}, S_{yi}: \text{ Skalierungsfaktoren}$$

2. Die Bildinhalte $B_i$ an den errechneten Koordinaten $\underline{X}_{bi}$ werden miteinander verglichen und ein Ähnlichkeitsmaß $K(\underline{x})$ errechnet. (Zunächst sei offen, was unter Bildinhalt zu verstehen ist. Es kann sich dabei um die Intensität, das Ergebnis von Bildvorverarbeitung wie Filterung, Kantenextraktion und Kontextinformation oder ein anderes Bildmerkmal handeln.) Die verwendeten Ähnlichkeitsmaße werden im nächsten Kapitel diskutiert.

3. Nun wird z variiert und die Koordinatenberechnung sowie der Bildvergleich für einen neuen Raumpunkt $(x, y, z+\Delta z)$ durchgeführt. Somit erhält man für die Raumpunkte entlang der z-Achse $(x, y, z+k\Delta z)$ den Korrespondenzverlauf $K(x, y, z+k\Delta z)$.

4. Der Raumpunkt $\underline{x}$ stellt den Schnittpunkt der Sehstrahlen aller Kameras dar. Befindet sich der Raumpunkt an der Oberfläche des betrachteten Objekts, so sehen alle Kameras an den Stellen $\underline{X}_{bi}$ dieselben Bildinhalte $B_i$. Dabei ergibt sich ein hohes Korrespondenzmaß. An allen anderen Raumpunkten, d.h. bei anderen Tiefenwerten z wird (je nach Beleuchtung, Reflexivität und Kontext) ein schwächeres Ähnlichkeitsmaß erwartet. Durch eine Optimumsuche über z bei festem x und y im Korrespondenzverlauf $K(x, y, z)$ wird die Tiefe der Objektoberfläche und damit der Objektpunkt $P(\underline{x})$ ermittelt. In Zweifelsfällen wird für z der höchste Wert eingesetzt, also der Punkt mit kürzestem Abstand zur Referenzkamera.

5. Die Bestimmung der Objektpunkte P wird in einem festen Raster für x und y durchgeführt, um das Arbeitsvolumen vollständig abzutasten.

## 4. Korrespondenzmaße und Oberflächenelemente

Gebräuchliche Korrespondenzmaße für den Bildvergleich sind die normierte Kreuz-Korrelations-Funktion (NKKF) und die Kreuz-Differenz-Quadrat-Funktion (KQF), besser bekannt als Methode der kleinsten Fehlerquadrate. Beide Korrespondenzmaße werden zur Vereinfachung zunächst für den Vergleich innerhalb zweier Bilder betrachtet.

$$NKKF_2(z) = \frac{B_1 \otimes B_2}{(B_1 \otimes B_1)^{1/2} \cdot (B_2 \otimes B_2)^{1/2}} \qquad (5)$$

mit: $\qquad B_i \otimes B_j \quad = \sum_W B_i\,(\underline{X}_{bi}\,(x_0, y_0, z)) \cdot B_j\,(\underline{X}_{bj}\,(x_0, y_0, z)) \qquad$ W : Fenster

$$KQF_2(z) \quad = \sum_W (\,B_1\,(\underline{X}_{b1}\,(x_0, y_0, z)) - B_2\,(\underline{X}_{b2}\,(x_0, y_0, z))\,)^2 \qquad (6)$$

### Korrespondenzberechnung in Raumflächenelementen

Die Auswertung des Fensters W darf nicht direkt in Bildspeicherkoordinaten geschehen, da aufgrund der perspektivischen Abbildung systematische Verzerrungen zwischen den Bildern $B_i$ entstehen (vgl. Abb. 2). Ein quadratisches Flächenelement im Raum wird in allgemeine Vierecke abgebildet. Für kleine Raumwinkel läßt sich die perspektivische Abbildung durch eine Parallelprojektion approximieren, das Viereck wird dabei durch ein Parallelogramm angenähert. Gruen und Baltsavias beschreiben die Verzerrung der Bildspeicherkoordinaten durch eine affine Transformation mit 6 Parametern [GRUEN & BALTSAVIAS 87]. Diese Verzerrung kann jedoch auch einfacher modelliert werden. Zur Beschreibung eines ebenen Flächenelements definierter Größe im Raum genügen zwei Eulersche Winkel, nämlich Nutation $\vartheta$ und Präzession $\psi$ bezüglich der z-Achse, die Drehung $\varphi$ ist in diesem Fall ohne Bedeutung.

Als Raumflächenelement $\underline{dx}$ soll zunächst ein waagrechtes Flächenstück dienen, das durch

$$dz = \text{const}; \quad dx, dy \in W$$

beschrieben werde. Nutation und Präzession ergeben die Rotationsmatrix:

$$\mathbf{R}_e = \begin{pmatrix} \cos\psi & \sin\psi & 0 \\ -\cos\vartheta\,\sin\psi & \cos\vartheta\,\cos\psi & \sin\vartheta \\ \sin\vartheta\,\sin\psi & -\sin\vartheta\,\cos\psi & \cos\vartheta \end{pmatrix}$$

Das geneigte Flächenstück $\underline{dx}'$ ergibt sich damit zu:

$$\underline{dx}' = \mathbf{R}_e \cdot \underline{dx} \tag{7}$$

Mit Kenntnis der Eichparameter wird die Projektion eines Raumflächenelements in die Bildspeicherkoordinaten berechnet. Die Korrespondenzauswertung erfolgt innerhalb dieser verzerrten Fenster (vgl. Abb. 2). Die Neigung der Flächenelemente ist erforderlich, um den exakten Bildvergleich für geneigte Objektoberflächen durchführen zu können.

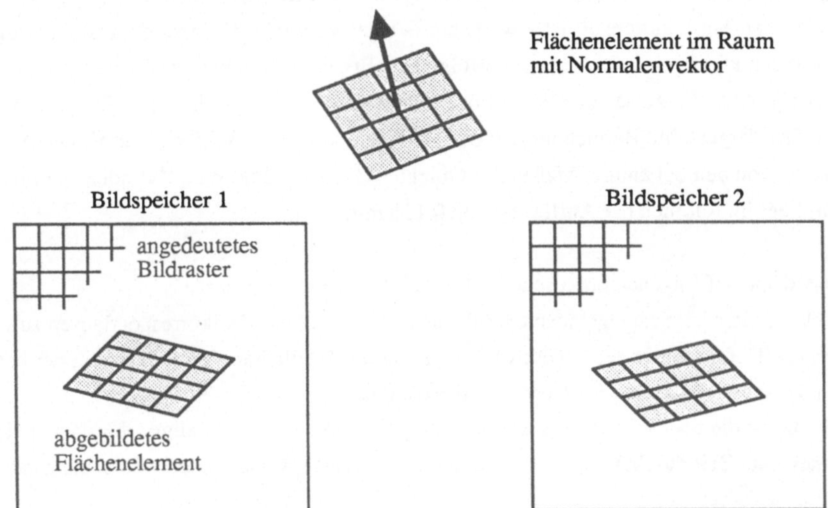


Abb. 2: Projektion eines Flächenelements im Raum in die Bildspeicherkoordinaten der Kameras 1 und 2

## Erweiterung der Korrespondenzfunktionen auf n Kameras

Zur Erweiterung der Korrespondenzfunktionen auf n Kameras werden folgende Gleichungen eingeführt:

$$\text{NKKF}_n(z) = \prod_{i,j} \frac{B_i \otimes B_j}{(B_i \otimes B_i)^{1/2} \cdot (B_j \otimes B_j)^{1/2}} \qquad \begin{array}{l} i = 1 .. (n-1) \\ j = (i+1) .. n \end{array} \tag{8}$$

$$\text{KQF}_n(z) = n \cdot \sum_W \sum_i (B_i - \bar{B})^2 \tag{9}$$

$$\text{mit:} \quad \bar{B} = \frac{1}{n} \cdot \sum_i B_i \quad \text{(Mittelwert)}$$

## 5.  Ergebnisse

Bei den hier aufgeführten Messungen werden n=3 Kameras eingesetzt. Als Korrespondenzmaß dient die $NKKF_3$. Die Fenstergröße W beträgt 9 x 9 Pixel. Eine Variation der Neigungswinkel $\vartheta$ und $\psi$ für das Raumflächenelement wird nicht vorgenommen.

Zur Abschätzung der Genauigkeit des vorgestellten Verfahrens wird zunächst der Eichkörper vermessen, der eine Fläche von 30 x 30 $mm^2$ besitzt. Die Tiefenkarte wird mit einer Auflösung von 0.3 mm in x- und y-Richtung und 1.0 µm in z-Richtung errechnet. Es ergibt sich eine mittlere Abweichung der gemessenen Tiefe z von der Solltiefe von -2.0 µm und eine Standardabweichung von 7.0 µm.

Für weitere Tiefenmessungen wird eine Szene verwendet, die aus drei Objekten (Quader, Zylinder, Kugel) auf einer ebenen Unterlage besteht. Die Maße der Objekte sind auf ± 0.005 mm genau bekannt. Die Frage nach der günstigsten Beleuchtung und der Bildvorverarbeitung werden hierbei zunächst zurückgestellt. Durch Bemalung der Szene werden genügend Strukturen erzeugt, um die Korrespondenzauswertung mit den Rohbilddaten durchführen zu können. In Abb. 3 sind die Ergebnisse dieser Messung dargestellt. Abb. 3 d - f zeigen exemplarisch die aus den Kamerabildern rückprojizierten Fenster. Aus Gründen der Anschaulichkeit ist jeweils ein Fenster von 35 x 35 Pixel dargestellt, wogegen die Messung mit den kleineren 9 x 9-Fenstern erfolgt. Das Ergebnis, nämlich die Tiefenkarte in Weltkoordinaten $\underline{x}$, ist in Abb. 3 g zu sehen. Die Auflösung beträgt in x- und y-Richung 1.0 mm, in z-Richtung 0.125 mm. Der dargestellte Bereich umfaßt ein Volumen von ca. 90 x 75 x 30 $mm^3$. Die Abweichung der Meßwerte von den bekannten Maßen der Objekte (Quader: 12.00 mm, Zylinder: 9.50 mm, Kugel: 25.00 mm) liegt im Rahmen der Auflösung von 0.125 mm.


Abschließend soll auf folgende praktische Probleme hingewiesen werden:

- Die Objekte sollten keine spiegelnden Oberflächen aufweisen, um Fehlkorrespondenzen zu vermeiden.
- Eine geringe Tiefenschärfe der Objektive führt zu unterschiedlicher Verunschärfung der betrachteten Szene und erschwert dadurch die Korrespondenzfindung.
- Nicht zuletzt ist die benötigte Rechenzeit noch zu groß, um eine vollständige Oberflächenvermessung in angemessener Zeit durchzuführen. Allerdings ist dies Gegenstand weiterer Forschungstätigkeit.

## Literatur


[GERHARD 86]
        Gerhard, Alexander and H. Platzer, J. Steurer, R. Lenz: "Depth Extraction by Stereo Triples and a Fast Correspondence Estimation Algorithm." In: Proceedings of the 8th ICPR, Paris, France, 1986, pp. 512-515.

[GRUEN & BALTSAVIAS 87]
        Gruen, Armin W. and Emmanuel P. Baltsavias: "Geometrically Constrained Multiphoto Matching." Paper presented at: Intercommission Conference on Fast Processing of Photogrammetric Data. Interlaken, Switzerland, June 2 - 4, 1987.

[LENZ 87] Lenz, Reimar: "Linsenfehlerkorrigierte Eichung von Halbleiterkameras mit Standardobjektiven für hochgenaue 3D-Messungen in Echtzeit." In: Mustererkennung 1987, 9. DAGM-Symposium Braunschweig, Proceedings, 1987. S. 212-216.

[LENZ & TSAI 86]
        Lenz, Reimar K. and Roger.Y.Tsai: "Techniques for Calibration of the Scale Factor and Image Center for High Accuracy 3D Machine Vision Metrology." IBM Research Report RC 54867, Oct. 8 1986.

[TSAI 85] Tsai, Roger Y.: "A Verstile Camera Calibration Technique for High Accuracy 3D Machine Vision Metrology using Off-the-Shelf TV Cameras and Lenses." IBM Research Report RC 51342, May 8 1985.

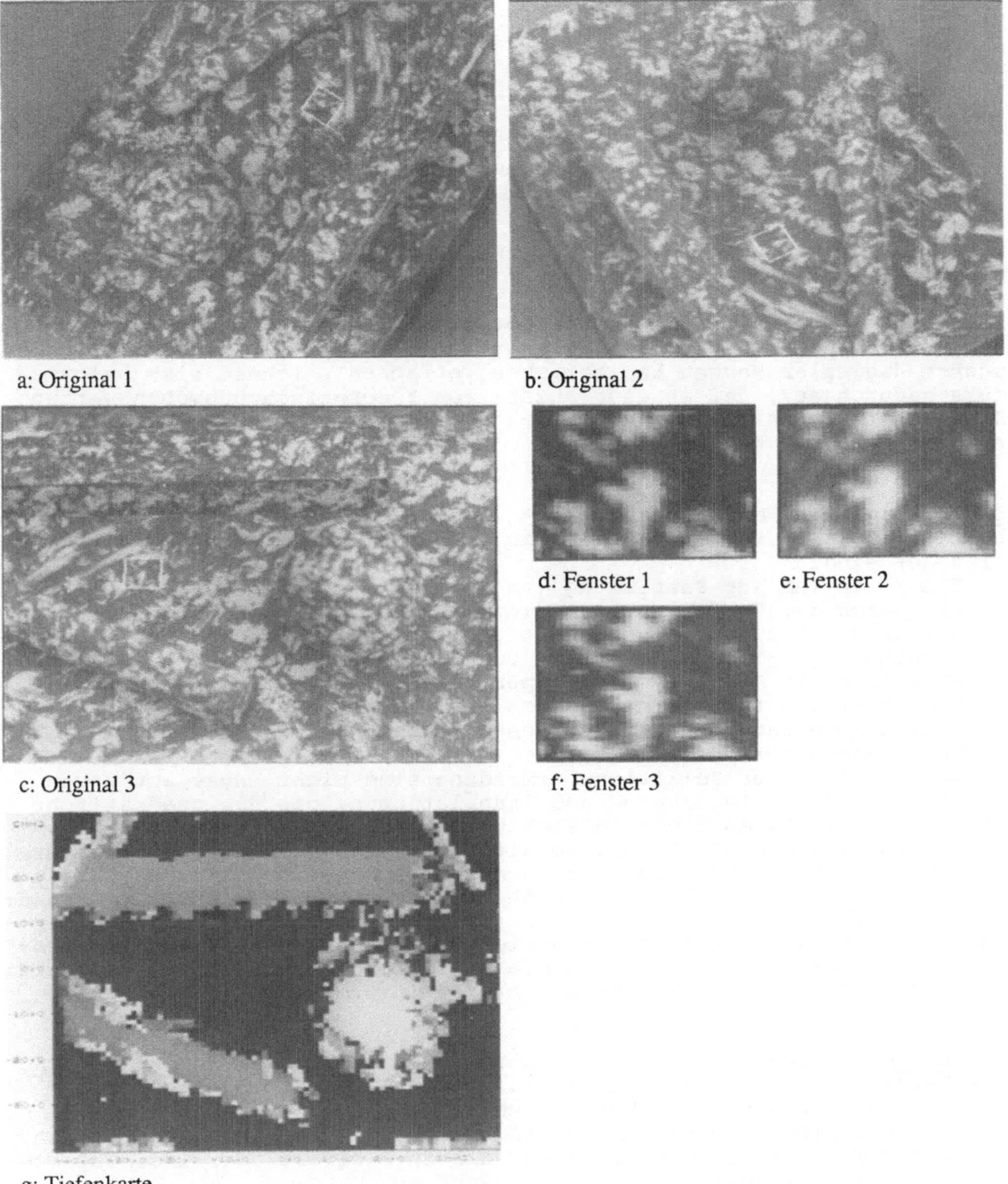

a: Original 1

b: Original 2

c: Original 3

d: Fenster 1

e: Fenster 2

f: Fenster 3

g: Tiefenkarte

Abb. 3: a, b, c: Originalbilder, wie sie von den Kameras 1, 2, 3 gesehen werden. Die Szene ist bemalt und diffus beleuchtet. Weiß umrandet ist jeweils die Abbildung eines Oberflächenelements.

d, e, f: rückprojizierte Bildfenster (aus den Originalbildern 1, 2, 3) entsprechend der berechneten Projektion.

g: Tiefenkarte in Weltkoordinaten (x, y, z). Die Tiefe z ist als Grauwert kodiert. Die Ansicht entspricht ungefähr der Ansicht von Kamera 3

# VERDÜNNUNG MIT PERFEKTEN PUNKTEN

Ulrich Eckhardt
Institut für Angewandte Mathematik
der Universität Hamburg
Bundesstraße 55

D-2000 Hamburg 13

**Zusammenfassung.** Es wird ein Verfahren zur (parallelen) Verdünnung von Binärbildern vorgestellt, das auf dem Konzept der perfekten Randpunkte digitaler Mengen basiert. Das Verfahren zeichnet sich besonders dadurch aus, daß es eine Anzahl von theoretisch wünschenswerten Eigenschaften besitzt, die es erlauben, Aussagen über das Resultat seiner Anwendung herzuleiten.

**Einleitung.** Ein Verfahren zur parallelen Verdünnung von Binärbildern besteht aus zwei Bestandteilen, die im wesentlichen unabhängig voneinander sind:
  - Ein Kriterium zur Bestimmung von topologisch irrelevanten Punkten, die durch das Verfahren eliminiert werden. In der Literatur werden durchweg - bis auf unbedeutende und theoretisch nicht begründete Ausnahmen - 8- oder 4-einfache Punkte im Sinne von Rosenfeld (1979) verwendet mit Ausnahme der Endpunkte (Definitionen siehe unten).
  - Ein Kriterium zur Vermeidung von Kollisionen bei paralleler Elimination. Man unterscheidet zwischen lokalen und globalen Zwei- bzw. Vier-Phasen-Methoden.

Diese Kriterien zur Kollisionsvermeidung sind nicht invariant gegen 90°-Rotationen, Spiegelungen und Translationen, die das quadratische Gitter der digitalen Ebene in sich überführen. Zudem sind sie nicht wohldefiniert, das heißt, das Resultat ihrer Anwendung hängt von der Reihenfolge ab, in der die einzelnen Phasen ausgeführt werden. Damit ist es nicht möglich, brauchbare theoretische Aussagen über die Eigenschaften dieser Verfahren zu finden. Weiterhin sind die üblichen Verfahren zur Verdünnung nicht invertierbar, das heißt, die Ausgangsmenge ist aus dem Skelett im allgemeinen nicht rekonstruierbar. Das heißt aber, daß durch den Skelettierungsprozeß Information verloren geht.

**Definitionen.** Gegeben sei eine endliche Menge S von Gitterpunkten, das heißt von Punkten der Ebene mit ganzzahligen Koordinaten. Die Punkte aus S nennen wir schwarze Punkte, die des Komplements weiße Punkte. Für einen Gitterpunkt P definieren wir die Umgebung N(P) von P als die Menge aller Gitterpunkte, die zu P direkt oder indirekt benachbart sind. P soll nicht zu N(P) gehören.

Wir setzen voraus, daß die Punkte von S mit der 8-Zusammenhangs-Topologie versehen seien, das heißt, je zwei schwarze Punkte sollen miteinander zusammenhängen, wenn es eine Folge von Punkten aus S gibt, so daß je zwei aufeinanderfolgende Punkte dieser Folge zueinander direkt oder diagonal benachbart sind und die beiden fraglichen Punkte zu der Folge gehören. Die Teilmengen miteinander zusammenhängender Punkte aus S nennt man die Zusammenhangskomponenten von S. In analoger Weise definiert man, daß je zwei Punkte des Komplements miteinander zusammenhängen, wenn es eine Folge von Punkten des Komplements gibt, so daß je zwei aufeinanderfolgende Punkte dieser Folge zueinander direkt benachbart sind und die beiden fraglichen Punkte zu der Folge gehören. Auf gleiche Weise wie oben erhält man so Zusammenhangskomponenten des Komplements von S, womit dieses mit der 4-Zusammenhangs-Topologie versehen ist.

Für einen Punkt P aus S definiert man die (8-) Zusammenhangszahl C(P) als die Anzahl der in N(P) vorhandenen schwarzen Zusammenhangskomponenten. Ein Punkt aus S heißt Randpunkt von S, wenn er mindestens einen weißen direkten Nachbarn hat, andernfalls heißt er Innenpunkt von S. Ein Randpunkt von S, dessen Zusammenhangszahl 1 ist, heißt ein einfacher Punkt. Rosenfeld (1979) zeigte, daß ein Punkt genau dann einfach ist, wenn seine Farbe keinen Einfluß auf die Anzahl der Zusammenhangskomponenten von S oder des Komplements von S hat. Ein Endpunkt ist ein Punkt der Menge, der in ihr nur einen Nachbarn hat. Offenbar ist jeder Endpunkt einfach.

Ein Verfahren zur Verdünnung einer digitalen Menge besteht darin, iterativ sequentiell oder parallel einfache Punkte von der Menge zu entfernen. Üblicherweise werden dabei Endpunkte nicht mit entfernt. Diejenige Menge, die man erhält, wenn sich keine weiteren Punkte mehr entfernen lassen, nennt man das Skelett der Ausgangsmenge.


Perfekte Punkte. Fordert man, daß ein Verfahren zur parallelen Verdünnung die genannten Invarianzeigenschaften hat, dann gelangt man zwangsläufig zu dem Begriff der perfekten Randpunkte (Eckhardt 1987). Ein Punkt einer digitalen Menge heißt perfekt, wenn seine Umgebung eine der folgenden Konfigurationen aufweist (bis auf Rotationen um Vielfache von 90° und Spiegelungen; hierbei soll P der fragliche Punkt sein, "x" bezeichne einen schwarzen Punkt, "o" einen weißen Punkt, "#" einen Innenpunkt und "·" einen Punkt, dessen Zugehörigkeit zu S oder zum Komplement von S ohne Belang ist):

```
    ·  o  ·                       ·  o  o
    ·  P  ·                       x  P  o
    x  #  x                       x  #  x  ·
    x                             x
```

Es wird hier vorgeschlagen, bei der Verdünnung nur Punkte zuzulassen, die sowohl einfach als auch perfekt sind. Ähnliche Vorschläge sind in der Literatur wiederholt gemacht worden (siehe etwa Pavlidis 1982, Ogawa, Taniguchi 1982 und insbesondere Xia 1986). Um zu prüfen, ob ein Nachbar von P Innenpunkt ist, muß man allerdings die 3 × 3-Umgebung von P verlassen. Durch eine naheliegende Markierungstechnik läßt sich allerdings der Mehraufwand in Grenzen halten (vgl. etwa Xia 1986).

Man kann für die Verdünnung durch Elimination einfacher perfekter Punkte eine Anzahl von Eigenschaften beweisen, die diese Vorgehensweise besonders attraktiv erscheinen lassen. Diese Eigenschaften sind in verschiedenen Veröffentlichungen bewiesen und ausführlich kommentiert worden (Eckhardt 1987 und 1988, Eckhardt, Maderlechner 1988 a und 1988 b). Sie sollen hier nur aufgelistet werden:
- Die Vorschrift, einfache und perfekte Punkte zu eliminieren, kann bei paralleler Implementierung nicht zu Kollisionen führen. Ein Zusatzkriterium ist also entbehrlich (Eckhardt 1987).
- Das Resultat paralleler Elimination einfacher und perfekter Punkte ist invariant gegenüber allen Rotationen, Spiegelungen und Translationen, die die digitale Ebene in sich überführen.
- Parallele Elimination aller einfachen und perfekten Punkte einer digitalen Menge führt auf ein wohldefiniertes Resultat, das insbesondere unabhängig ist von der speziellen Implementierung.
- Endpunkte und aus der Literatur bekannte "kritische" Konfigurationen bleiben erhalten (vgl. etwa Tamura 1978).

- Die Summe der 8-Zusammenhangszahlen aller schwarzen Punkte, die sogenannte Gesamtzusammenhangszahl, fällt bei der vorgeschlagenen Methode streng monoton. Dividiert man die Gesamtzusammenhangszahl
  durch die Anzahl der schwarzen Punkte, dann erhält man die mittlere
  Zusammenhangszahl, die bei jedem Schritt monoton wächst. Für andere
  Verdünnungsvorschriften sind diese Aussagen nicht notwendigerweise
  richtig (Eckhardt 1988).

Ohne Beweis sei noch der folgende Satz zitiert (Eckhardt 1988)

<u>Satz</u>: P sei ein einfacher, jedoch nicht perfekter Punkt einer digita-
  len Menge. Bei weiterer Elimination einfacher perfekter Punkte
  bleibt P entweder stets einfach oder aber es gibt einen einfachen
  Nachbarn Q von P, derart daß nach Elimination eines der beiden Punkte P oder Q jeweils der andere nicht mehr einfach ist.

Wenn man also aus einer Bildvorlage die einfachen perfekten Punkte -
parallel oder sequentiell - eliminiert, dann werden diejenigen Punkte,
die gegebenenfalls durch ein anderes Verfahren eliminiert worden wären, bis zum Schluß noch als einfache Punkte zur Verfügung stehen, es
sei denn, man hätte sich im Falle einer Kollision zweier einfacher
Punkte (wie im Satz beschrieben) willkürlich für die Elimination des
einen zuungunsten des anderen entschieden. Verwendet man also eines
der bekannten Verfahren zur Nachverdünnung, dann ist durch die vorher-
gehende Elimination mit dem hier beschriebenen Verfahren nichts ver-
dorben.


<u>Der innere Rand</u>. Der Kern einer digitalen Menge ist die Menge aller
ihrer Innenpunkte. Der innere Rand ist die Menge aller Randpunkte, die
dem Kern (8-) benachbart sind. Analog zu dem Randverfolgungsalgorithmus (Pavlidis 1982) kann man ein Verfahren zur Verfolgung des inneren
Randes herleiten (Eckhardt 1987). Dieses Verfahren liefert für jeden
Punkt des inneren Randes eindeutig einen Vorgänger und einen Nachfolger auf dem inneren Rande.

Es besteht ein bemerkenswerter Zusammenhang zwischen Punkten des inneren Randes und einfachen perfekten Punkten, der ähnlich ist zu der
Beziehung zwischen einfachen Punkten und Selbstüberschneidungen bzw.
Selbstberührungen des Randes einer digitalen Menge (Pavlidis 1982).
Wenn die beiden Vorgänger eines Punktes auf dem Rande und auf dem inneren Rande übereinstimmen, und wenn das gleiche auch für die Nachfolger gilt, dann ist dieser Punkt einfach und perfekt (Eckhardt 1987,
1988). Das Verfahren zur Verdünnung mit einfachen und perfekten Punkten läßt sich somit als Randverfolgungsalgorithmus organisieren (vgl.
Eichhorn 1987), was insbesondere den Speicheraufwand reduziert.

Arcelli (1981) gab ein Beispiel für eine Menge an, die keine einfachen
Punkte enthält, deren Kern jedoch nichtleer ist. Es konnte gezeigt
werden, daß für Mengen, die keine Punkte enthalten, die einfach und
zugleich perfekt sind, die Komponenten des Kerns einfach zusammenhän-
gend sind (d.h. sie enthalten keine Löcher). Zudem haben die Zusammenhangskomponenten des Kerns solcher Mengen eine bemerkenswert einfache
Struktur (Eckhardt, Maderlechner 1988 a): Ihre Ränder bestehen aus
diagonalen Geradenstücken, die entweder direkt zusammentreffen oder
aber durch horizontale bzw. vertikale Geradenstücke der Länge 2 miteinander verbunden sind. Die gleiche Aussage gilt auch, wenn man nur
fordert, daß die Menge keine einfachen Punkte enthält (Eckhardt, Maderlechner 1988 b).


<u>1-Löcher</u>. Ein 1-Loch ist ein weißer Punkt, der vier schwarze direkte
Nachbarn hat, also ein weißer Punkt mit der Umgebungskonfiguration eines Innenpunktes. Aus dem "Abtasttheorem" von Pavlidis (1982) ergibt
sich, daß eine Diskretisierung nicht kompatibel ist mit der Bildvor-

206

lage, wenn im digitalisierten Bild 1-Löcher auftreten. Aus diesem
Grunde sorgt man bei der praktischen Durchführung der Verdünnung in
der Regel durch Anwendung eines geeigneten Filters dafür, daß sämtliche 1-Löcher durch Schwarzfärbung in Innenpunkte verwandelt werden.

Es ist eine bemerkenswerte Tatsache, daß die Entfernung der 1-Löcher
einen positiven Effekt auf das Resultat der Verdünnung hat. Es gilt
nämlich der folgende Satz (Eckhardt, Maderlechner 1988 a).

<u>Satz</u>: Die digitale Menge S habe keine einfachen und perfekten Punkte
und keine 1-Löcher. Dann enthalten die (8-) Zusammenhangskomponenten
des Kerns von S höchstens je 12 Punkte. Es gibt (bis auf Symmetrie)
nur 11 Typen von Komponenten des Kerns, nämlich die Konfigurationen

```
                                                        x
1.        x          2.     x  x        3.
                                                     x


         x                  x  x
4.                   5.                  6.              x
      x  x                  x  x
                                                     x  x

                                                        x


7.        x          8.     x            9.    x  x
      x  x  x             x  x  x              x  x  x
         x                  x  x                  x  x


10.       x          11.    x  x
      x  x  x             x  x  x  x
      x  x  x             x  x  x  x
         x                  x  x
```

Da bei Elimination einfacher perfekter Punkte 1-Löcher nicht entstehen können, besagt der Satz, daß für eine Menge, die keine 1-Löcher
enthält, die mit dem vorgeschlagenen Verfahren verdünnte Menge keine
Zusammenhangskomponente des Kerns enthalten kann, die mehr als 12
Punkte enthält.

Eine ähnliche Aussage läßt sich für die Verdünnung mit einfachen Punkten herleiten (Eckhardt, Maderlechner 1988 b).

<u>Satz</u>: Die digitale Menge S habe keine einfachen Punkte und keine 1-
Löcher. Dann enthalten die (8-) Zusammenhangskomponenten des Kerns
von S höchstens je 5 Punkte. Es gibt (bis auf Symmetrie) nur 4 Typen
von Komponenten des Kerns, nämlich die obigen Konfigurationen 1, 2,
3 und 7.


<u>Implementierung, Beispiele</u>. Das Verfahren läßt sich auf sehr einfache
Weise implementieren. Man markiert am Anfang die Innenpunkte (und beseitigt dabei zweckmäßigerweise auch gleich die 1-Löcher) und sorgt
bei jedem Verdünnungsdurchlauf dafür, daß bei Elimination eines Punktes die Marken der Nachbarn geeignet modifiziert werden (vgl. etwa
Xia 1986).

Das Verfahren wurde auf dem Rechner VAX 7800 des Siemens-Forschungs-
labors für Bildverarbeitung in München-Perlach programmiert und an
zahlreichen Binärbildvorlagen getestet. Es wurden umfangreiche Statis-
tiken erstellt, in denen insbesondere die Änderung der Gesamtzusammenhangszahl und der mittleren Zusammenhangszahl, aber auch die Änderung
verschiedener Formfaktoren im Verlaufe der Verdünnung festgehalten

207

wurden.

Die beiden Abbildungen zeigen eine Binärbildvorlage und ihr Skelett,
das durch Verdünnung mit einfachen und perfekten Punkten erhalten wurde. Das Ausgangsbild hat 512 × 512 Bildpunkte, von denen 62 157 schwarz
sind. Die Gesamtzusammenhangszahl ist gleich der Anzahl der schwarzen
Punkte, also ist die mittlere Zusammenhangszahl 1. Dies folgt daraus,
daß im Bild nur einfache Punkte und Innenpunkte vorhanden sind und daß
weder 1-Löcher noch isolierte schwarze Punkte (d.h. schwarze Punkte
ohne schwarze Nachbarn) existieren. Aus dem zitierten "Abtasttheorem"
von Pavlidis (1982) folgt, daß ein kompatibel zur Vorlage digitali-
siertes Binärbild diese Eigenschaften haben sollte. Gibt es keine isolierten schwarzen Punkte, dann ist die mittlere Zusammenhangszahl
stets ≧ 1. Es empfiehlt sich, die isolierten Punkte bei der Vorverarbeitung zu löschen.

Nach 29 Reduktionszyklen, in denen jeweils alle einfachen und perfekten Punkte markiert und dann gelöscht wurden, wurden keine einfachen
und perfekten Punkte mehr gefunden. In der reduzierten Menge hat man
noch 2 874 schwarze Punkte. Die Gesamtzusammenhangszahl des reduzierten Bildes ist 5 492, was zu einer mittleren Zusammenhangszahl von
1.91 pro Schwarzpunkt führt. Das reduzierte Bild enthält keine Innenpunkte und noch 600 einfache Punkte, die natürlich nicht alle gleichzeitig gelöscht werden dürfen. Man kann die reduzierte Menge mit einem
der üblichen Verdünnungsverfahren nachverdünnen. Dabei verliert man
allerdings die Invarianzeigenschaften des vorgeschlagenen Verfahrens.
Da in der Regel nur noch sehr wenige Nachverdünnungsschritte erforderlich sind, kann man auch relativ aufwendige Verfahren einsetzen.


<u>Schlußbetrachtungen</u>. Das hier vorgeschlagene Verfahren hat gegenüber
anderen Verfahren den Vorzug, daß es eine Anzahl von mathematisch interessanten und theoretisch beweisbaren Eigenschaften hat. Auf der Basis dieses theoretischen Hintergrundes wird es möglich, Eigenschaften
von Verdünnungsverfahren mathematisch zu untersuchen und solche Verfahren theoretisch miteinander zu vergleichen.

Es bleiben noch zahlreiche Fragen offen, etwa
 - Formulierung des Verfahrens als dickenunabhängige Zwei-Paß-Vari-
   ante,
 - Entwicklung eines invertierbaren Markierungsalgorithmus,
 - Formulierung in der 4-Topologie des Vordergrundes etwa zur Bestim-
   mung von Exoskeletten,
 - Verallgemeinerung auf Grauwertbilder,
 - Anknüpfend an die bewiesenen Sätze über die Struktur der Kernkompo-
   nenten irreduzibler Mengen ist zu untersuchen, in welchem Umfang
   eine Reduktion auf "graphenähnliche" Skelette möglich ist,
 - Unabhängig davon sind praktikable Verfahren zur Nachverdünnung zu
   entwickeln.

Die Skelettierung eines Binärbildes ist bekanntlich ein inkorrekt ge-
stelltes Problem, das heißt, kleine Störungen im Originalbild rufen
große Störungen im Skelett hervor. Auch bei der hier vorgeschlagenen
Methode ist daher zu fragen, auf welche Weise man die Skelettierung
regularisieren kann, das heißt, wie man im Skelett "relevante" Zweige
von "irrelevanten" unterscheidet.

Der Verfasser verbrachte Anfang 1988 einen zweimonatigen Forschungs-
aufenthalt als Gast der Siemens AG in München-Perlach. Die vorliegende
Arbeit verdankt ihr Entstehen den zahlreichen Anregungen aus der Arbeitsgruppe "Bildverarbeitung" und den Diskussionen mit den Mitarbeitern der Arbeitsgruppe. Insbesondere sei an dieser Stelle Herrn Dr.
E. Hundt und Herrn G. Maderlechner für nützliche und interessante
Hinweise gedankt.

EAG
B4D

EAG
B4D

## Literatur

Arcelli, C. (1981) Pattern thinning by contour tracing. Computer Graphics and Image Processing 17:130-144

Eckhardt, U. (1987) Digital topology II. Perfect points on the inner boundary. Hamburger Beiträge zur Angewandten Mathematik, Reihe A, Preprint 11, November 1987

Eckhardt, U. (1988) Anwendung der digitalen Topologie in der Binärbildverarbeitung. Mitteilungen der Mathematischen Gesellschaft in Hamburg, erscheint 1988

Eckhardt, U. and Maderlechner, G. (1988 a) Parallel reduction of digital sets. Siemens Forschungs- und Entwicklungsberichte 17:184-189

Eckhardt, U. and Maderlechner, G. (1988 b) The structure of irreducible sets obtained by thinning algorithms. Proc. of the 9th Int. Conf. on Pattern Recognition, Rome, Italy, 1988

Eichhorn, B. (1987) Skelettierung mit Randinformation. Diplomarbeit am Institut für Informatik der Technischen Universität München

Ogawa, H. and Taniguchi, K. (1982) Thinning and stroke segmentation for handwritten Chinese character recognition. Pattern Recognition 15:299-308

Rosenfeld, A. (1979) Digital topology. American Mathematical Monthly 86:621-630

Tamura, H. (1978) A comparison of line thinning algorithms from digital geometry viewpoint. Proc. of the 4th Int. Conf. on Pattern Recognition, Kyoto, Japan, Nov. 7-10,1978, p. 715-719

Xia, Y. (1986) A new thinning algorithm for binary images. Proc. of the 8th Int. Conf. on Pattern Recognition, Paris, Fance, Oct. 27-32, 1986, p. 995-997

# Regularisierung der Mittelachsentransformation

*Zhangzheng Yu*
*Institut für Angewandte Mathematik*
*Universität Hamburg*
*Bundesstraße 55*
*2000 Hamburg 13*

## 1. Einleitung

Die Mittelachsentransformation ordnet gewissen Mengen in der Ebene verzweigte Kurven ( sogenannte Mittelachsenskelette ) zu, die die Zusammenhangseingenschaften der Ausgangsmenge in Form von Graphen repräsentieren. Versieht man die Punkte der Mittelachse mit Distanzwerten, dann kann man die Ausgangsmengen wieder rekonstruieren. Vermittels der Mittelachsentransformation kann man den Datenumfang eines Binärbildes erheblich reduzieren. Häufig wird durch die Transformation sogar die *Form* von Objekten im Bild auf das Wesentliche reduziert, so daß die Bildinterpretation vereinfacht wird.

Der Prozeß der Konstruktion der Mittelachse einer Menge ist, wie man aus der Literatur weiß, inkorrekt gestellt, das heißt, *kleine* Störungen der Ausgangsmengen rufen *große* Änderungen der Mittelachsenskelette hervor. Es entsteht daher die Notwendigkeit der Regularisierung, so daß die regularisierte Mittelachse stetig von der Ausgangsmenge abhängt. Einen interessanten Vorschlag zur Regularisierung findet man bei Klein.

In der vorliegenden Arbeit soll eine formale Regularisierungstheorie vorgestellt werden sowie eine konkrete Realisierung auf einer Rechenanlage.

## 2. Die Mittelachsentransformation

Es sei $G$ eine kompakte Menge in der Ebene. Die Ebene sei mit der euklidischen Metrik versehen. Mit $K(x, r)$ bezeichnen wir eine Kreisscheibe von Radius $r$ mit dem Mittelpunkt $x$. Ein Punkt $x$ gehört zur Mittelachse von $G$, wenn es ein $r$ gibt, so daß $K(x, r)$ ganz in $G$ liegt und mit dem Rand von $G$ mindestens zwei Punkte gemeinsam hat. Die Menge aller Punkte der Mittelachse von $G$ bezeichnet man mit $M(G)$.

Es ist bekannt ( vgl. z.B. Serra ), daß die Mittelachse einer Menge unter geeigneten Voraussetzungen die gleichen Zusammenhangseigenschaften hat wie die Ausgangsmenge. Das heißt, sie hat die gleiche Anzahl von Zusammenhangskomponenten wie die Menge und ihr Komplement hat die gleiche Zahl von Komponenten wie das Komplement der Menge.

Um Stetigkeitsaussagen machen zu können, führen wir auf den kompakten Teilmengen der Ebene eine Metrik ein, die als Hausdorff-Metrik bekannt ist. Für eine kompakte Menge $G$ definieren wir für positives $t$ die $t$-Parallelmenge $G(t)$ als die Menge aller Punkte $x$ der Ebene, für die es ein $y$ in $G$ gibt, das von $x$ höchstens um $t$

im Sinne der Euklidischen Metrik entfernt ist. Der Hausdorff-Abstand zweier Mengen $G_1$ und $G_2$ ist dann definiert als

$$d_H(G_1, G_2) = inf\{t: \quad G_1 \subset G_2(t) \quad und \quad G_2 \subset G_1(t)\}.$$

## 3. Regularisierung

Wie durch zahlreiche Beispiele in der Literatur gezeigt wurde, hängt die Mittelachse sicher nicht stetig von der zugehörigen Menge ab. Um zu brauchbaren Stetigkeitsaussagen zu kommen, muß man daher regularisieren. Es seien $p$ und $q$ zwei nicht negative Zahlen. Ein $x$ gehört zur regularisierten Mittelachse, wenn es ein $r \geq p$ gibt, so daß $K(x, r)$ ganz in $G$ liegt und mit dem Rand von $G$ mindestens zwei Punkte gemeinsam hat, deren euklidischer Abstand nicht kleiner als $2r \cdot sin\frac{q}{2}$ ist, das heißt, daß der von beiden Punkten vom Mittelpunkt des Kreises aus aufgespannte Winkel durch eine feste Zahl $q$ von unten beschränkt ist. Die Menge aller Punkte der regularisierten Mittelachse von $G$ bezeichnet man mit $M_{p,q}(G)$.

Die regularisierte Mittelachse hat eine Anzahl von nützlichen Eigenschaften, die hier ohne Beweis angeführt seien.

*Monotonie*: sind $p_1 \leq p_2$ und $q_1 \leq q_2$, dann liegt $M_{p_2,q_2}(G)$ in $M_{p_1,q_1}(G)$.

*Approximation*: Es ist $M_{0,0}(G) = M(G)$ und für jedes $x$ aus $M(G)$ gibt es nicht negative $p$ und $q$, so daß $x$ in $M_{p,q}(G)$ liegt.

Besonders wichtig ist die *Stabilität* der regularisierten Mittelachsentransformation.

**Satz:** Gegeben seien zwei kompakte Mengen $G_1$ und $G_2$ in der Ebene, deren Hausdorff-Abstand kleiner sei als eine Zahl $\delta$. Wir setzen zunächst noch voraus, daß der Hausdorff-Abstand der Ränder beider Mengen auch kleiner als $\delta$ sei. Zu vorgegebenen Regularisierungsparametern $p$ und $q$ liegt die regularisierte Mittelachse $M_{p,q}(G_1)$ in der $\frac{1+e(\frac{\delta}{p})}{2sin^2\frac{q}{4}}\delta$-Parallelmenge $M(G_2)(\frac{1+e(\frac{\delta}{p})}{2sin^2\frac{q}{4}}\delta)$ mit $|e(\epsilon)| \leq \epsilon + o(\epsilon)$. Ferner gibt es Zahlen $a$, $b$ und $c$, so daß die regularisierte Mittelachse $M_{p,q}(G_1)$ in der $c\delta$-Parallelmenge $M_{ap,bq}(G_2)(c\delta)$ der mit $ap$ und $bq$ regularisierten Mittelachse von $G_2$ liegt.

**Beweis:** Es genügt, zu zeigen, daß die regularisierte Mittelachse $M_{p,q}(G_1)$ in der $\frac{1+e(\frac{\delta}{p})}{2sin^2\frac{q}{4}}\delta$-Parallelmenge $M(G_2)(\frac{1+e(\frac{\delta}{p})}{2sin^2\frac{q}{4}}\delta)$ liegt.

Für einen Punkt $x_0$ aus $M_{p,q}(G_1)$ gibt es eine Kreisscheibe $K(x_0, r)$, die ganz in $G_1$ liegt und mit dem Rand von $G_1$ zwei Punkte $P$ und $Q$ gemeinsam hat, wobei $r \geq p$ gilt und der von $P$ und $Q$ von $x_0$ aus aufgespannte Winkel nicht keiner als $q$ ist. Wegen der Voraussetzung liegt $K(x_0, r - \delta)$ ganz in $G_2$. Mit $l$ bezeichnen wir die Gerade, die den Punkt $x_0$ enthält und den Winkel $\angle Px_0Q$ halbiert. In dem Koordinatensystem, das in der Abbildung 1 eingezeichnet ist, hat $x_0$ die Koordinaten $(0, r - \delta)$.

Wir lassen die Kreisscheibe um den Punkt $O$ innerhalb der Menge $G_2$ variieren, bis sie sich nicht mehr vergrößern läßt. Die so entstandene Kreisscheibe bezeichnen wir mit $K(x, R)$, wobei $R$ nicht kleiner als $r - \delta$ ist. $x$ gehört zum Abschluß von $M(G_2)$. Ferner liegen $K(P, \delta)$ und $K(Q, \delta)$ nicht vollständig im Inneren von $K(x, R)$, das heißt, es gibt je einen Peripheriepunkt von $K(P, \delta)$ und $K(Q, \delta)$, die nicht im Inneren der Kreisscheibe $K(x, R)$ enthalten sind. Analytisch ausgedrückt, erfüllt $x(a, b)$ und $R$ die folgenden vier Ungleichungen:

$$(a - (-r sin\theta + \delta cos\alpha))^2 + (b - (r(1 - cos\theta) - \delta(1 - sin\alpha)))^2 \geq R^2$$

$$(a - (r sin\theta + \delta cos\beta))^2 + (b - (r(1 - cos\theta) - \delta(1 - sin\beta)))^2 \geq R^2$$

$$a^2 + b^2 = R^2$$

$$R \geq r - \delta$$

Von diesen Ungleichungen ausgehend, können wir, wollen wir jetzt auch den Abstand zwischen $x$ und $x_0$ abschätzen.

Aus den Ungleichungen folgt

$$2(-r sin\theta + \delta cos\alpha)a + 2(r(1 - cos\theta) - \delta(1 - sin\alpha))b$$
$$\leq (-r sin\theta + \delta cos\alpha)^2 + (r(1 - cos\theta) - \delta(1 - sin\alpha))^2$$
$$2(r sin\theta + \delta cos\beta)a + 2(r(1 - cos\theta) - \delta(1 - sin\beta))b$$
$$\leq (r sin\theta + \delta cos\beta)^2 + (r(1 - cos\theta) - \delta(1 - sin\beta))^2$$
$$a^2 + b^2 \geq (r - \delta)^2$$

Durch Ersetzung $a = \epsilon_a$ und $b = (r - \delta) + \epsilon_b$ erhalten wir

$$(-sin\theta + \frac{\delta}{r} cos\alpha)\epsilon_a + ((1 - cos\theta) - \frac{\delta}{r}(1 - sin\alpha))\epsilon_b \leq \delta$$

$$(sin\theta + \frac{\delta}{r} cos\beta)\epsilon_a + ((1 - cos\theta) - \frac{\delta}{r}(1 - sin\beta))\epsilon_b \leq \delta$$

$$\epsilon_a^2 + (\epsilon_b + (r - \delta))^2 \geq (r - \delta)^2$$

Die durch die obigen drei Ungleichungen beschriebene ebene Menge ist in der Abbildung 2 eingezeichnet. Nach einigen Schritten erhalten wir zum Schluß eine Abschätzung

$$\sqrt{\epsilon_a^2 + \epsilon_b^2} \leq (1 + e(\frac{\delta}{r}))\delta max(\frac{1}{sin\theta}, \frac{1}{1 - cos\theta})$$

mit $lim_{\epsilon \to 0} \frac{e(\epsilon)}{\epsilon} = 1$, das heißt

$$\| x - x_0 \| \leq \frac{1 + e(\frac{\delta}{p})}{2 sin^2 \frac{q}{4}} \delta.$$

Wir können also für einen beliebigen Punkt $x_0$ aus $M_{p,q}(G_1)$ einen Punkt $x$ aus den Abschluß von $M(G_2)$ finden, so daß der Abstand zwischen $x$ und $x_0$ nicht größer als $\frac{1+e(\frac{\delta}{p})}{2\sin^2\frac{\varphi}{4}}\delta$ ist.

## 4. Implementierung

Die regularisierte Mittelachsentransformation läßt sich sehr einfach und vergleichsweise effizient implementieren. Dazu werden die euklidischen Abstände der Bildpunkte, die auf Rändern von digitalen Kreisen zunehmenden Durchmessers liegen, in einer Look-Up-Tabelle gespeichert. Hat man die euklidische Distanz eines Punktes zum Komplement der zu transformierenden Menge errechnet, dann kann man sehr leicht Schranken für die Distanzen benachbarter Punkte angeben und braucht somit nur relativ wenige Kreisradien auszuprobieren. Es sei angemerkt, daß sich die regularisierte Mittelachsentransformation auf naheliegender Weise parallel implementieren läßt. Die Transformation wurde auf der *VAX 7800* des Siemens-Forschungslaboratoriums in München-Perlach programmiert.

In den Abbildungen 3, 4 und 5 sind einige der Resultate dargestellt. In Abbildung 3 ist die regularisierte Mittelachsentransformierte des Hintergrundes ( das sogenannte Exoskelett ) eingezeichnet. In Abbildung 5 ist das regularisierte Skelett der Textvorlage aus Abbildung 4 gegeben. Man beobachtet, daß die regularisierten Mittelachsen sich recht gut zur Segmentierung von Objekten eignen. Bemerkenswert ist ferner, daß die regularisierten Mittelachsen zerfallen. Evers hat diesen Defekt bei seiner Version der Mittelachsentransformation durch eine *Nachverarbeitung* behoben.

### Danksagung

Mein herzlicher Dank gebührt Herrn Prof. Dr. U. Eckhardt, der mich ständig und großzügig auf verschiedene Weisen unterstützt hat. Herrn Dr. E. Hundt, der mir einen für diese Arbeit sehr hilfreichen Aufenthalt in dem Bildverarbeitungslaboratorium der Firma Siemens ermöglicht hat, bin ich zu Dank verpflichtet.

### Literaturangabe

*C. Evers*: Skelettierung Chain-Codierter Binärbilder. Diplomarbeit am Institut für Angewandte Mathematik der Universität Hamburg. 1986

*F. Klein*: Vollständige Mittelachsenbeschreibung binärer Bildstrukturen mit Euklidischer Metrik und korrekter Topologie. Zürich: Diss. ETH 1987

*J. Serra*: Image Analysis and Mathematical Morphology. Academic Press. 1982

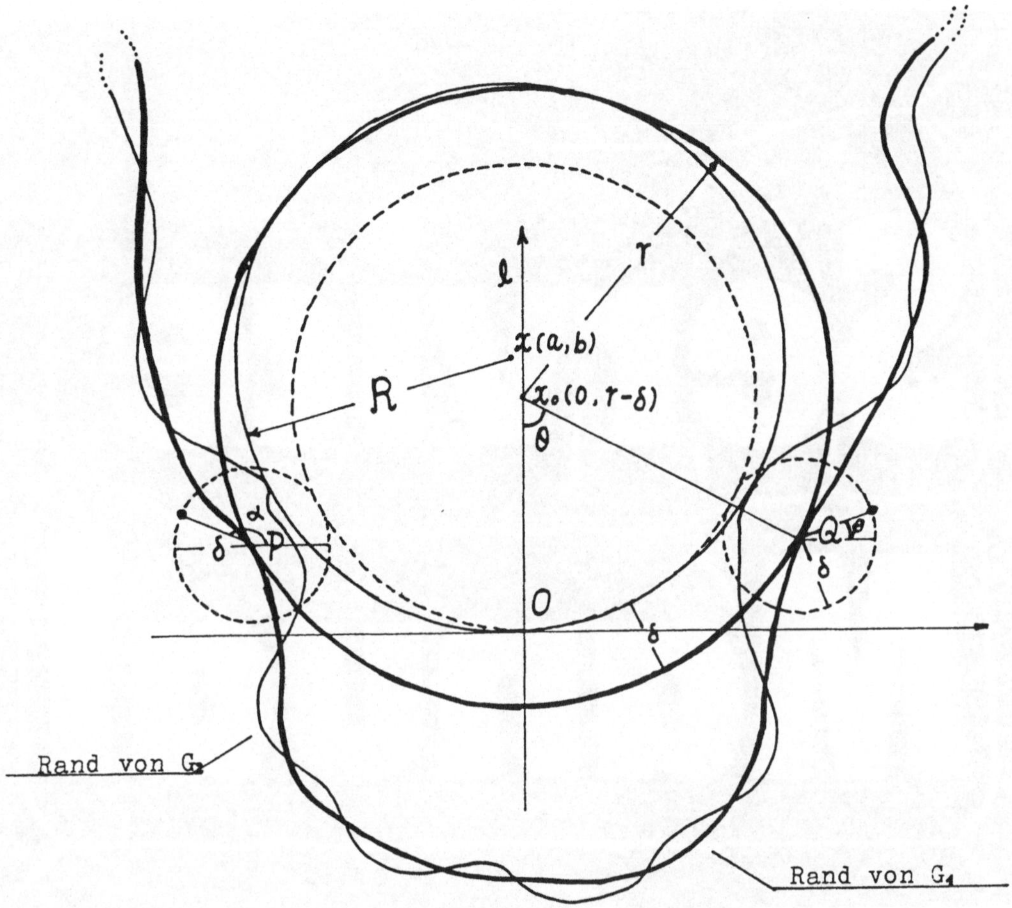

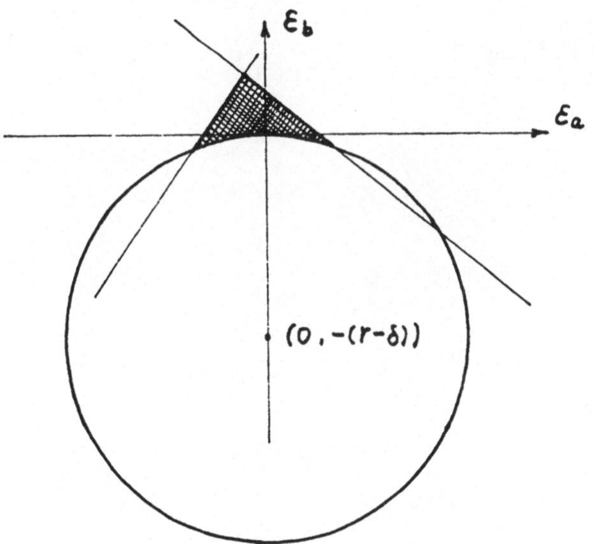


Abbildung 1



Abbildung 2

215

Abbildung 3  $\qquad$  $p = 10, \quad 2\sin\frac{q}{2} = 1.6$

ter of the field of view.

dure above, the interactive mode is selected
re switched on.   Depending on the value of
on procedure is as follows:   In the case of
iply determine one point in the field of view
:entered circular frame, including this point,
ENTER is switched off, the circular frame is
ng the center point and another one on the
red circle.   In both cases, the position and
:ular frame can be changed in an analogous
red above.

switched on and NEW switched off is the same
ind circular frame:   It allows the reposition-
has already been defined, but not the modi-
ape - this is only possible when NEW is on.


NEW


ingular or circular measuring frame determines
rence area (parameter REFARE).   Field specific
may are colored to this value.   In certain


Abbildung 4

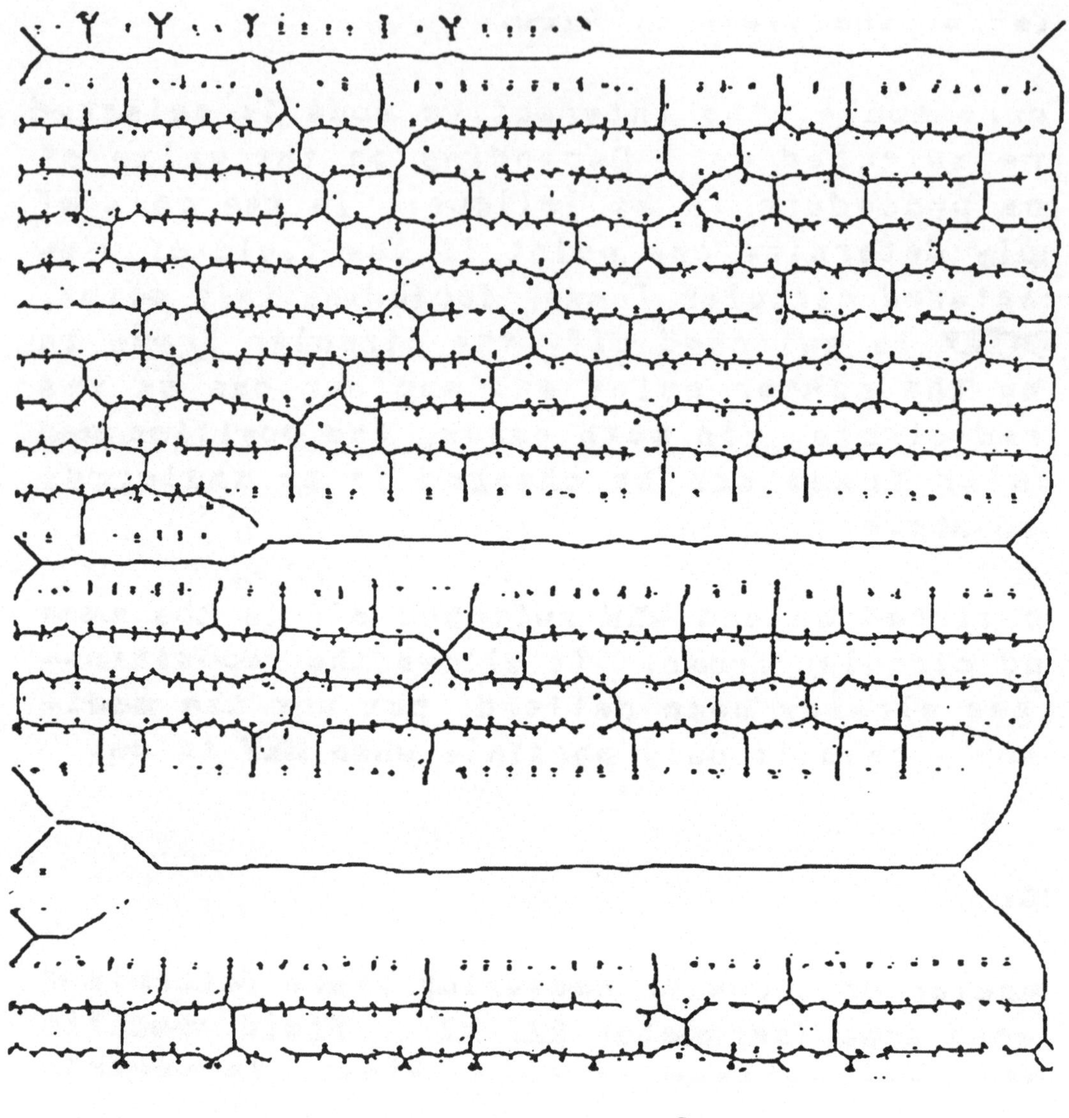

Abbildung 5  $p = 3, \quad 2\sin\frac{q}{2} = 1.7$

# Analyse von Exoskeletten


Christian Evers, Siemens AG,
Zentrale Aufgaben Informationstechnik
Otto-Hahn-Ring 6, D - 8000 München 83



**Zusammenfassung:**

Das euklidische Exoskelett (Skelett des Bildhintergrundes) wird als Werkzeug zur Analyse von Binärbildern vorgestellt. Es ermöglicht auf einfache Weise, Operationen auf nicht-zusammenhängenden Bildelementen durchzuführen – insbesondere, Abstände und Einflußbereiche zu berechnen und relative Lage zu bestimmen. Als Beispiele der Anwendung werden in Briefen Textblöcke segmentiert und in Aufnahmen von Werkstücken Relationen zwischen diesen aufgebaut, wobei den im Bild benachbarten Werkstücken deren minimaler Abstand zugewiesen wird.


**Einleitung:**

Als Skelettierung eines Binärbildes bezeichnet man die Verdünnung der Elemente des Bildvordergrundes auf eine Mittelachse minimaler Breite. Eine wichtige Eigenschaft der Skelettpunkte nach dem in /1/ vorgestellten Verfahren ist die Möglichkeit, von jedem Punkt der Mittelachse einer Figur auf die zugehörigen Randpunkte der Figur zugreifen zu können.

Es liegt daher nahe, die euklidische Skelettierung des Bildhintergrundes als Werkzeug zur Analyse von Binärbildern mit nicht-zusammenhängenden Elementen zu verwenden. Wie das Exoskelett dabei eingesetzt werden kann, wird hier an zwei Aufgaben aus der Mustererkennung dargestellt :

1.) Textblocksegmentierung:
Gegeben sei ein Textdokument. Unbekannt seien die Drehlage, das Layout, die Buchstabengröße sowie der Buchstabenabstand ( Bild 1 ). Gesucht ist eine Segmentierung des Dokumentes in Textblöcke.

2.) Nachbarschafts-Relationen zwischen Werkstücken:
Gegeben sei ein Binärbild von einer Menge von Werkstücken mit beliebiger Form und in beliebiger Lage ( Bild 2 ). Gesucht sind Nachbarschafts-Relationen zwischen den Werkstücken derart, daß den im Bild benachbarten Elementen ihr kürzester Abstand zugeordnet wird, während zwischen nicht benachbarten keine Relation aufgebaut werden soll.

**Bild 1 :**
Textdokument als Vorlage für Aufgabe 1

M. Kowalski

Köln, 2.7.88

Sehr geehrter Herr Freitag,

Folgende Personen werden an unserem Gespräch teilnehmen:

Hr. Steger
Fr. Müller
Hr. Uhde
Hr. Brandner
Fr. Seibold

Ort:
München

Datum:
22.11.88

Mit freundlichen Grüßen

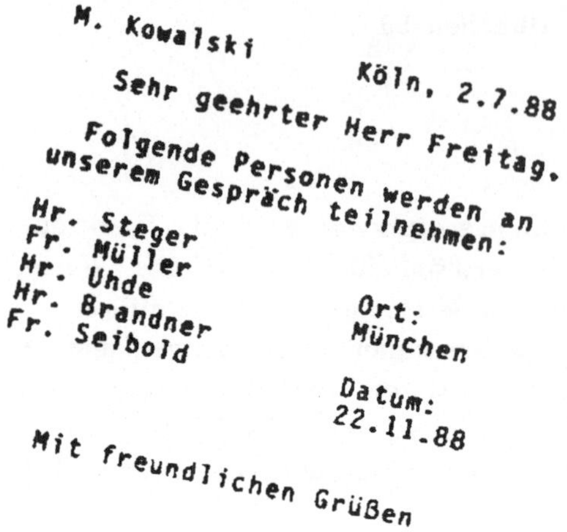

**Bild 2 :**
Binärbild von Werkstücken als Vorlage für Aufgabe 2

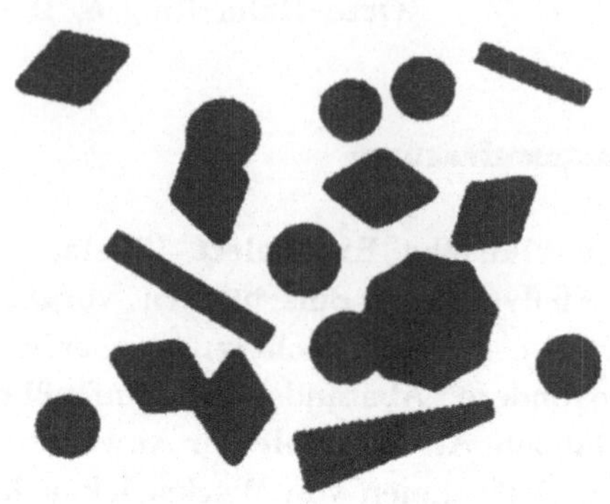

## Euklidische Skelettierung

In /1/ wird ein Verfahren vorgestellt, um in Binärbildern eine euklidische Skelettierung effizient durchzuführen. Dabei werden analog zur Definition der Mittelachse einer Figur in $\mathbb{R}^2$ die Skelettpunkte als Mittelpunkte maximaler diskreter Kreisscheiben in der Figur berechnet.
Jedem Punkt P der Figur wird der Radius der größten vollständig in der Figur liegenden Kreisscheibe mit Mittelpunkt P zugeordnet. Der zugehörige Kreis heißt der "Inkreis von P". Er berührt an mindestens einem Punkt den Rand der Figur (Bild 3).
Die Skelettpunkte sind dann definiert als die Punkte, deren Inkreis von keinem anderen Inkreis vollständig überdeckt wird. Um ein zusammenhängendes und dünnes Skelett zu erhalten, werden diese Skelettpunkte dann noch verbunden und nachverdünnt (Bild 4).
Alternative Vorgehensweisen zur euklidischen Skelettierung sind in /2/ beschrieben.

**Bild 3 :**
Zwei Punkte und ihr zugehöriger Inkreis

**Bild 4 :**
Das euklidische Skelett der grau eingezeichneten Figur

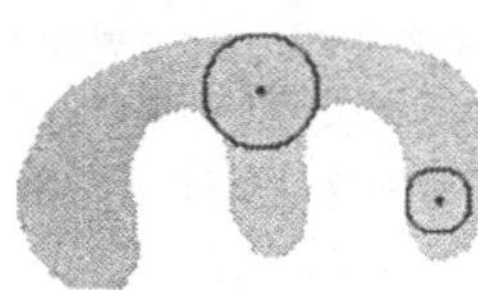

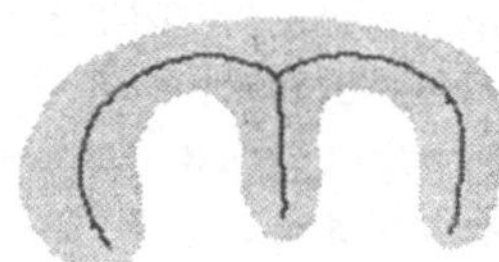

**Analyse von Exoskeletten am Beispiel von Aufgabe 1 :**
**Textblocksegmentierung**

Zunächst wird das Original skelettiert. Im verdünnten Bild wird der 4-er
Zusammenhang zwischen den Skelettpunkten hergestellt. Anschließend wird der
Bildhintergrund skelettiert ( Bild 5 ).

Das Exoskelett wird nun in eine Graphstruktur übersetzt, wobei die Verzweigungen des Skelettes die Knoten des Graphen bilden. Iterativ werden Linien
mit mindestens einem offenen Ende gelöscht, bis keine solche Linien mehr im
Bild existieren. Hierzu wurde das Programm von O. Jeppsson /3/ benutzt.
Das entstandene Netz ( Bild 6 ) zerlegt das Originalbild in Bereiche mit genau
einem Bildelement ( i. A. einem Buchstaben ).

Jeder Punkt dieses Netzes hat als Exoskelettpunkt einen zugehörigen Kreisradius.
Jede Netzlinie, die zwei Buchstaben voneinander trennt, wird genau zwischen
diesen Buchstaben ihren Punkt mit kleinstem zugehörigem Radius haben. Zur
Bestimmung des durchschnittlichen Buchstabenabstandes kann man deshalb wie
folgt vorgehen: Bestimme zu jeder Linie des Bildes den Radius des Punktes mit
kleinstem zugehörigen Radius. Bilde zu diesen Radien das Histogramm ( Bild 7 ).
Bestimme darin von kleinen Radien ausgehend das erste deutliche Maximum.
Der Radius an dieser Stelle gibt den halben durchschnittlichen Buchstabenabstand.

**Bild 5 :**                                          **Bild 6:**
Originalbild mit Exoskelett                           Exoskelett ohne Zweige,
                                                      die offene Enden haben

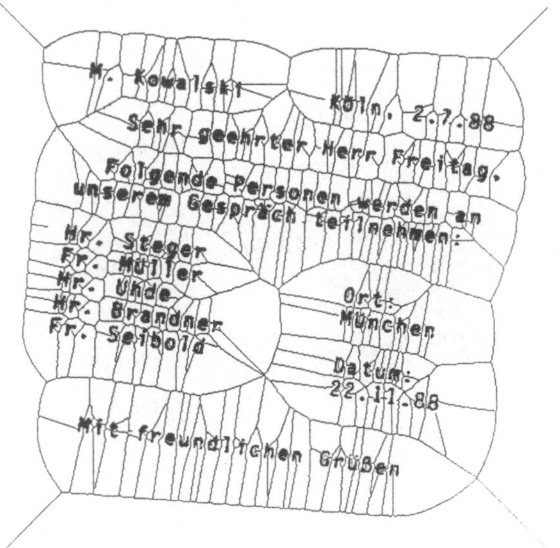


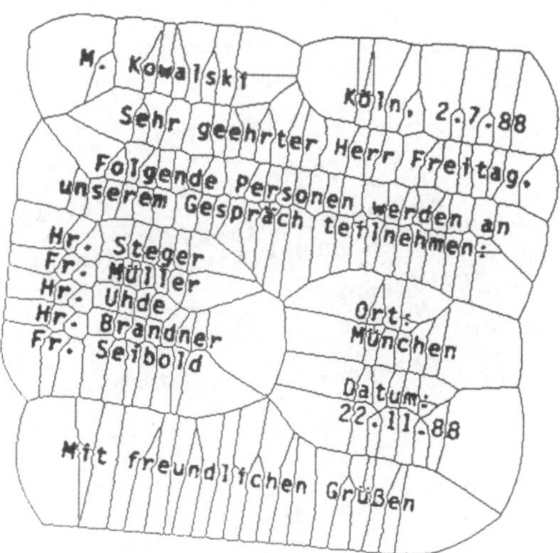

**Bild 7 :**
Häufigkeit des Vorkommens der
Radien als kleinste Radien der Linien
von Bild 6. Die Radien wurden zum
nächsten ganzzahligen Wert gerundet.
Die Skala der Radien reicht von 1 bis 60.
Die eingezeichneten Markierungen
in Tälern bezeichnen die gewählten
Schwellen für die Segmentierungen
der Bilder 8 und 9.

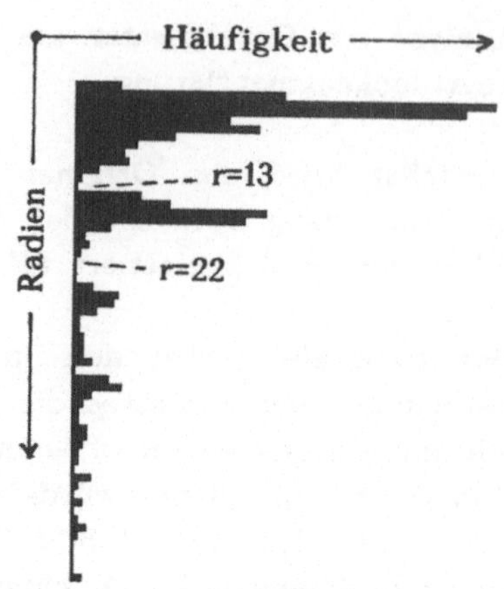


Das erste nachfolgende Tal im Histogramm gibt eine geeignete Schwelle zur Textblocksegmentierung. Löscht man alle Punkte des Netzes, deren Radius diese
Schwelle nicht erreicht, und löscht dann wieder iterativ alle Linien mit mindestens
einem offenen Ende, so erhält man das in Bild 8 gezeigte Ergebnis. Da der Zeilenabstand im vorliegenden Bild nicht deutlich größer als der Buchstabenabstand
war, bilden beim segmentierten Bild mehrere Zeilen jeweils einen Textblock.
Das Ergebnis bei der Segmentierung mit einer Schwelle entsprechend dem zweiten
Tal im Histogramm zeigt Bild 9.

**Bild 8 :**
Segmentierung von Bild 1
mit Schwelle r=13.

**Bild 9 :**
Segmentierung von Bild 1
mit Schwelle r=22.

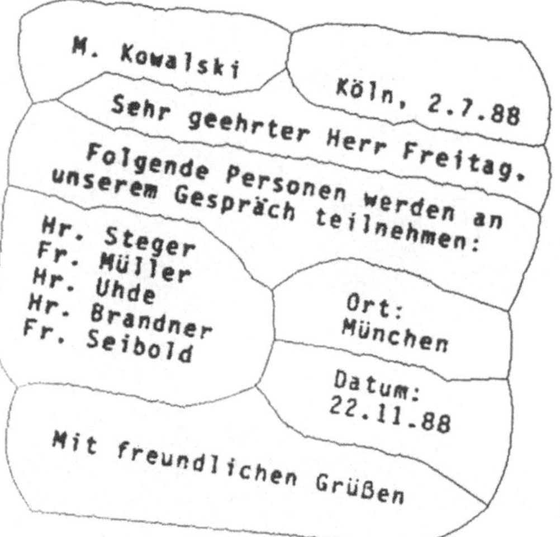


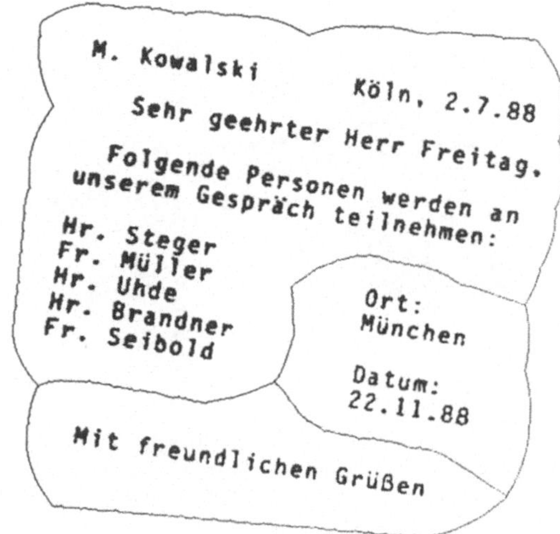

**Analyse von Exoskeletten am Beispiel von Aufgabe 2 :**
**Nachbarschafts-Relationen zwischen Werkstücken**

Die Ränder der Werkstücke seien als 4-zusammenhängender Pixelweg gegeben.
Zunächst wird der Hintergrund des Bildes skelettiert ( Bild 10 ). Das Exoskelett
zeigt die für Skelette üblichen "Haare", d.h. Skelettzweige, die von relativ geringen
Störungen im Randverlauf der Bildfiguren erzeugt wurden.

Jedem Rand eines Werkstückes (jedem Pixel seiner Kontur) wird eine Marke
zugeordnet. Der Rand des gesamten Bildes erhält eine Sondermarke.
Zu jedem Hintergrundpunkt P des Bildes ist sein Inkreis bekannt und damit auch
diejenigen Punkte von den Rändern der Werkstücke, zu denen P minimalen
Abstand besitzt. Die Marken dieser Randpunkte können in einer Liste für P
gesammelt werden ( Bild 11 ). Auch bei Exoskelettpunkten erhält man nicht
immer mindestens zwei Marken. ( Anders als in $\mathbb{R}^2$, wo der Inkreis jedes Skelett-
punktes in mindestens zwei Punkten den Rand der Figur trifft. )

Zu jedem Exoskelettpunkt wird nun eine solche Liste der Marken bzw. der Werkstücke erstellt, welche entweder von seinem Inkreis berührt werden oder vom
Inkreis eines seiner acht Nachbarpunkte. Diejenigen Skelettpunkte, deren Liste
mindestens zwei Marken - außer der Sondermarke des Bildrandes - enthält,
heißen "Einflußbereichspunkte" ( Bild 12 ).
Das Netz dieser Punkte zerlegt das Bild in Flächen, in denen jeder Punkt zu
demselben Werkstück minimalen euklidischen Abstand hat. Dieses Einflußbereichs-
netz wird z. B. in /4/ verwendet, um strukturierte Linien in Graphiken zu
klassifizieren.

**Bild 10:**
Die Ränder der Werkstücke
und das Exoskelett

**Bild 11:**
Ein Exoskelettpunkt P mit zwei
Marken, dargestellt durch die
Verbindungen von P zu den
Werkstücken

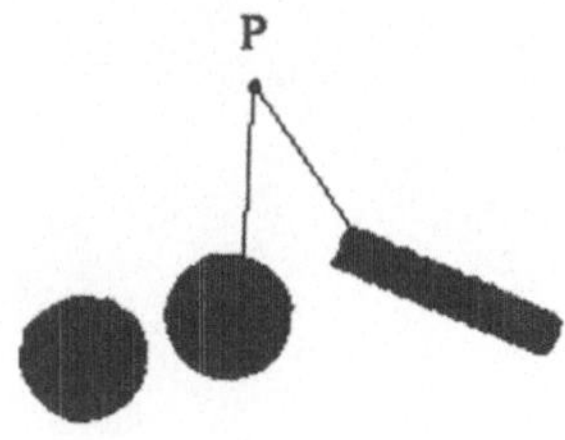

Die Nachbarschaft zwischen zwei Werkstücken A und B im Bild erkennt man an einer gemeinsamen Einflußbereichsgrenze. Dort existieren Punkte, die die Marken A und B erworben haben. Sucht man aus diesen den (bzw. einen) Punkt mit minimalem Radius des Inkreises und verbindet zwei Punkte, an denen der Inkreis die Werkstücke berührt, mit dem Mittelpunkt des Inkreises, so erhält man die Nachbarschafts-Relationen als Polygonzug im Bild ( Bild 14 ).

Bestimmt man von den Berührungspunkten des Inkreises mit den Werkstücken diejenigen, die kürzesten Abstand voneinander haben, so erhält man ein Abstandsmaß, das den im Bild direkt gegenüberliegenden Werkstücken ihre kürzeste Distanz zuordnet ( Bild 13 ).

Bei Werkstücken mit Löchern werden auch Relationen zwischen den verschiedenen Rändern eines Werkstückes aufgebaut. Die zugehörigen Einflußbereichsgrenzen verlaufen im Vordergrund des Originalbildes.

**Bild 12 :**
Die Einflußbereichsgrenzen

**Bild 13 :**
Der Inkreis zum Punkt P berührt die Werkstücke A und B und erzeugt damit eine Relation zwischen diesen. Die Länge L der Relation ist hier größer als der minimale Abstand von A und B, da C zwischen A und B liegt.

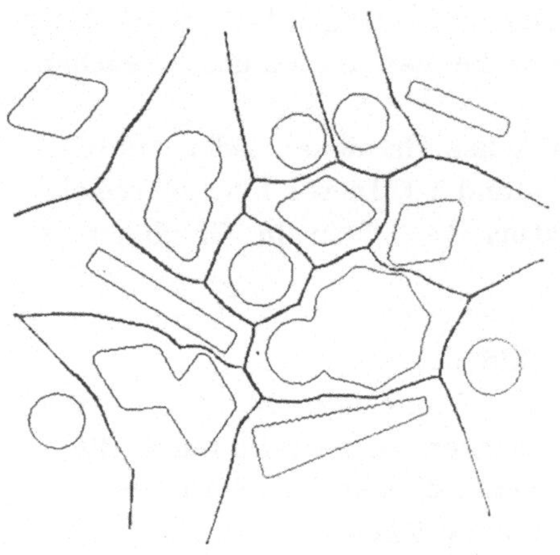

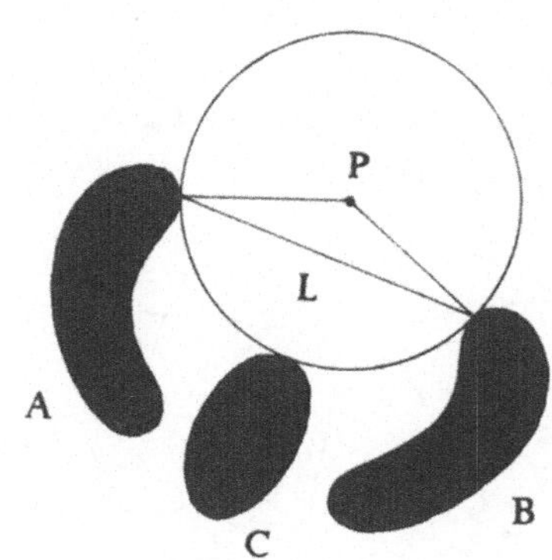

Die mit der vorgestellten Methode aufgebauten Relationen sind unabhängig von
der Entfernung der Werkstücke voneinander und hängen nur von ihrer relativen
Lage zueinander unter Berücksichtigung der anderen Werkstücke ab.
Auch zwischen Mengen von Bildelementen wie etwa den Textblöcken von Bild 8
können Nachbarschaftsbeziehungen bestimmt werden.


**Bild 14 :**
Die Relationen,
dargestellt als Polygonzug

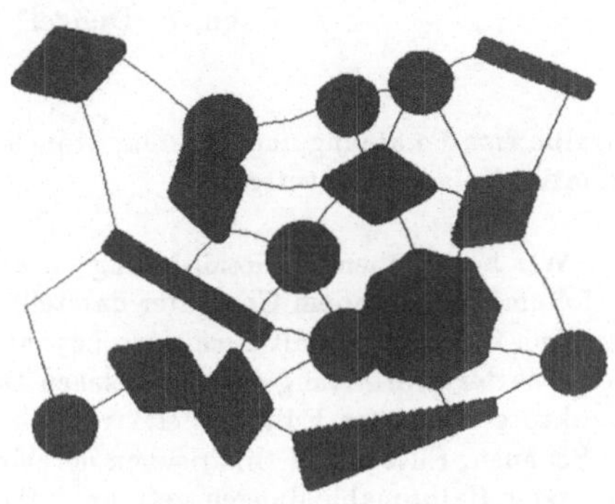


**Literatur :**

/1/   Evers, Andersen, Maderlechner:  Ein neues Verfahren zur euklidischen
      Skelettierung von Binärbildern.
      Proc. 9. DAGM, Braunschweig 1987, p. 171 .
/2/   Klein: Euclidian Skeletons.
      Proc. 5th Scandinavian Conf. on Image Analysis, Stockholm 1987,
      Vol. 2, p. 443-450 .
/3/   Jeppsson: Modelling and Data Structures, Graph Representation and
      Manipulation for Efficient Pattern Recognition in Line Images.
      Thesis at School of Electrical Engeneering, Royal Institute of
      Technology, Stockholm 1987 .
/4/   Egeli, Klein, Maderlechner: Modellgestützte Symbolinstanziierung aus
      relational verknüpften Bildprimitiven.
      Proc. 7. DAGM, Erlangen 1985, p. 267-271 .

# Modellgestützte Segmentierung und Hypothesengenerierung für die Analyse von Papierdokumenten

A. Luhn, A. Dengel*

Siemens AG, Zentralbereich Forschung und Technik, München
*Institut für Informatik, Universität Stuttgart

**Zusammenfassung:** Wir beschreiben die Realisierung eines Systems, das eine intelligente Schnittstelle zwischen Papierdokumenten und dem Computer darstellt. Die Repräsentierung der Papiervorlage im Rechner muß neben dem textuellen Inhalt auch seine Layout- und Logikstruktur enthalten. Dies erst ermöglicht eine sinnvolle Weiterverarbeitung der eingelesenen Dokumente im Rahmen der Büroautomatisierung mit z. B. strukturgersteuerten Editoren, elektronischen Ablagesystemen, etc. Die erste Stufe in der Analyse ist das Scannen, Filtern und Binärisieren der Vorlage. Danach werden Textbereiche von Bereichen mit Graphik oder Halbtonabbildungen getrennt. Das für die weitergehende wissensbasierte Analyse erforderliche Modell enthält eine hierarchische Beschreibung des Layouts der zu analysierenden Dokumentklassen, sowie Hypothesen über die Bedeutung der einzelnen Textbereiche in Abhängigkeit von deren Lage auf der Dokumentseite. Die Analyse erfolgt durch eine bewertungsmaßgesteuerte Suche im Modellbaum. Die generierten Hypothesen werden durch eine einfache Regelbasis erhärtet oder verworfen, wodurch unter Umständen ein Backtracking im Modellbaum erzwungen wird. Das System wurde auf einer Lispmaschine implementiert und erweist sich als relativ unempfindlich gegenüber Variationen und Störungen im Layout.

**Einleitung:** Trotz des vielbeschworenen papierlosen Büros bleibt Papier für den Menschen ein wichtiger Informationsträger. Auch PC's und Laserdrucker tragen dazu bei, daß der Papierverbrauch ständig steigt. Die Umsetzung von Papiervorlagen in eine Form, die die ursprünglich enthaltene Information elektronisch bearbeitbar macht, wird deswegen immer wichtiger. Die maschineninterne Repräsentation muß dabei nicht nur den Text, sondern auch die Logik- und Layoutstruktur des Dokumentes enthalten. Außerdem müssen Vorlagen verarbeitbar sein, deren Layout nicht von vornherein festliegt (wie bei den schon existierenden Formularlesern), und die sowohl Text, als auch Graphik und Halbtonbilder enthalten können.

Nachdem ein Dokument mit einem Scanner oder einer Kamera abgetastet und in ein Binärraster umgewandelt wurde, werden in den ersten Verarbeitungsstufen zunächst die Zusammenhangskomponenten gefunden und nach Text, Graphik oder Halbtonbildzugehörigkeit klassifiziert (Scherl 1985, 1986). Die Textkomponenten werden zu Wörtern, Zeilen und Textblöcken zusammengefaßt und bilden so die Grundstruktur des Dokumentenlayouts. In diesen Bereichen werden die Schriftzeichen mittels OCR (optical character recognition) Techniken erkannt (siehe z. B. Bernhardt 1984) und als ASCII Zeichen abgespeichert. In einer späteren Ausbaustufe des Systems sollen neben der Texterkennung auch die in Graphikbereichen vorhandenen graphischen Primitive wie Linien, Kreisbögen, Polygone, etc. analysiert werden. Für die dabei angewandten Verfahren siehe Kuner und Ueberreiter (1986), Kuner (1987) und Egeli et al. (1985). Aufsetzend auf diesen Ergebnissen versucht die eigentliche wissensbasierte Analyse neben dem durch OCR gelieferten reinen Textinhalt auch die Layout- und Logikstruktur des Dokumentes zu erfassen.

In Abbildung 1 zeigen wir die wichtigsten Module unseres Systemkonzepts. Die horizontale Verbindung einzelner Blöcke untereinander soll andeuten, daß Ergebnisse des einen Blocks für die Verfahren des anderen benutzt werden können oder müssen. Das Modul, daß Textblöcke durch einen consistent labelling Algorithmus markiert und deren Struktur mittels eines ATN Parsers überprüft, ist in Bergengruen (1987) dargestellt. An dieser Stelle beschreiben wir den Block der modellgesteuerte Segmentierung

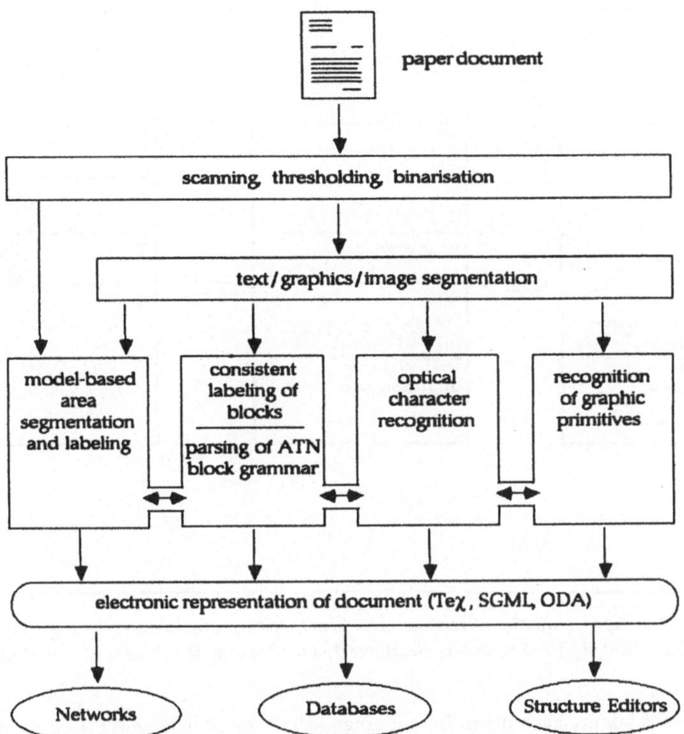



*Abb. 1:* Schemabild der Systemarchitektur.

und Bereichsmarkierung. Dieses Verfahren hat den Vorteil, auch ohne eine Text/Graphik Segmentierung in der Vorverarbeitung und ohne die Ergebnisse der Schriftzeichenerkennung auskommen zu können, dabei aber trotzdem Hypothesen über die Bedeutung einzelner Dokumentbereiche zu generieren. Das Modul wurde für Dokumente der Klasse "Geschäftsbrief" auf einer Symbolics 3640 Lisp Maschine implementiert. Die Vorverarbeitungsschritte laufen auf einer VAX und werden mittels File Transfers oder direkter Prozeßkommunikation transferiert. Die Kopplung der Vorverarbeitungsschritte auf der VAX mit der High-Level Analyse durch eine direkte Prozeßkommunikation erlaubt es im Prinzip, einzelne Vorverarbeitungsschritte gezielt nach den Erfordernissen der wissensbasierten Analyse ablaufen zu lassen. Dies ist zur Zeit jedoch nur ansatzweise implementiert, wird aber in Zukunft einen Schwerpunkt unserer Aktivitäten bilden. Im folgenden beschreiben wir das Modell, das der modellgesteuerten Segementierung zugrundeliegt, und das Verfahren der Abbildung eines zu analysierenden Briefes auf das Modell von Geschäftsbriefen.

**Modell:** Das Wissen, das für die Analyse von Papierdokumenten erforderlich ist, ist in einem Dokumentarchitekturmodell abgelegt. Ein Dokument ist charakterisiert durch seinen Inhalt (den eigentlichen Text), seine logische Struktur (z. B. bei Briefen das Vorhandensein von Absender, Datum, Betreff, etc.) und durch sein äußeres Erscheinungsbild, sein Layout. Letzteres ist im allgemeinen für unterschiedliche Dokumentklassen sehr charakteristisch und wird daher in unserem Ansatz als Ausgangspunkt der Analyse benutzt. Zumindest im Fall von Briefen ist durch das Layout auch gleichzeitig die logische Struktur festgelegt. Z. B. sind Absender und Adressat bei einer bestimmten Klasse von Briefen immer an derselben Stelle angeordnet. In unserem Modell des Layouts wird deswegen gleichzeitig mit der Beschreibung der geometrischen Anordnung einzelner Briefteile deren logischen Bedeutung vermerkt.

Ein zweiter Teil des Modells beschreibt bestimmte charakteristische Eigenschaften des Inhalts einzelner Briefobjekte wie z. B. die Tatsache, daß ein Datum aus Ziffern und/oder einem Monatsnamen besteht, sowie nur eine Zeile umfaßt. In unserem Fall ist dieser Modellteil sehr einfach gehalten. Er dient zur Überprüfung der logischen Bedeutung der Briefteile, die über das Layout erschlossen wurde. An Stelle

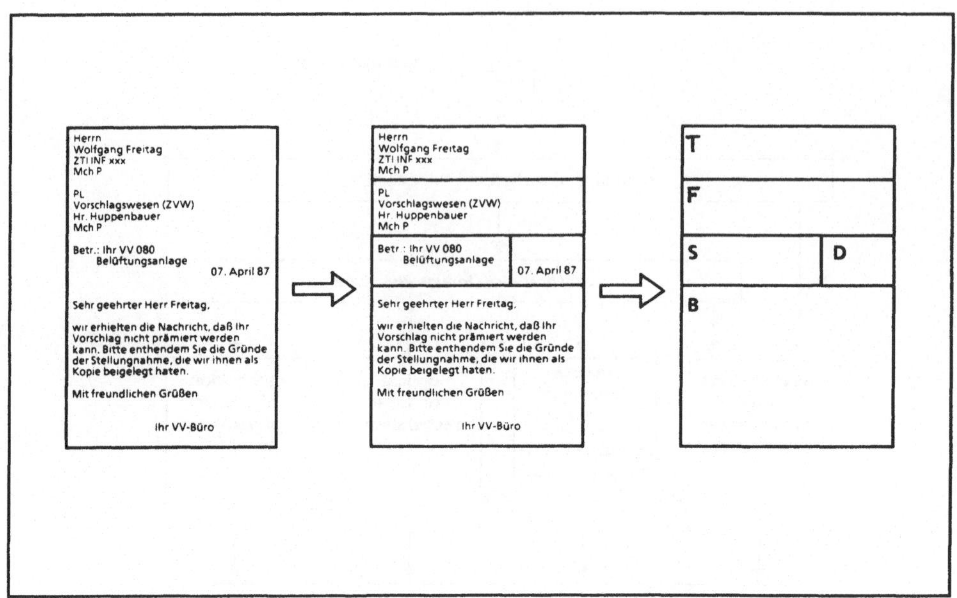



*Abb. 2:* Layoustruktur eines einfachen Briefes. Die Buchstaben markieren die logische Bedeutung der Briefbereiche (T=Empfänger, F=Absender, S=Betreff, D=Datum, B=Brieftext mit Anrede und Unterschrift)

dieses Teils des Modells könnte auch die in Bergengruen (1987) beschriebene ATN Grammatik verwendet werden, die in einfacher Weise auch komplexe Strukturen zu beschreiben gestattet. Wir beschränken uns jedoch auf eine Darstellung unseres Layoutmodells.

Die Beschreibung des Layouts besteht in einer Unterteilung der Dokumentseite in kleinere Bereiche durch vertikale und horizontale Trennlinien. Diese Schnitte werden in Positionen plaziert, in denen sie keinen der Text oder Graphikblöcke zerschneiden. Die resultierenden Rechtecke werden mit Marken versehen, die deren logischer Bedeutung angeben (siehe Abbildung 2).

Um nicht nur ein einziges Dokument, sondern eine ganze Klassenhierarchie von Dokumentenlayouts zu beschreiben, verwenden wir einen Binärbaum, in dessen Knoten schrittweise detailliertere Layouts beschrieben sind. In der Wurzel des Baumes ist das Layout völlig unspezifiziert, entspricht also jeder beliebigen Art von Dokument. In der nächsten Stufe erzeugen wir zwei neue Klassen von Layouts, die sich durch die Position und Orientierung der Schnitte unterscheiden. Dabei werden nur so viele Schnitte gesetzt, wie zur Unterscheidung der beiden Klassen notwendig ist. Die Text oder Graphikblöcke der zu modellierenden Dokumente liegen dabei innerhalb der durch die Schnitte abgegrenzten Bereiche. In den folgenden Stufen werden die so entstandenen Bereiche in gleicher Weise in jeweils zwei Unterklassen weiter unterteilt. Ensteht auf diese Weise ein Bereich, dem eine eindeutige logische Bedeutung wie z. B. die einer Adresse zuzuordnen ist, erhält dieser Bereich die entsprechende Marke. Die Aufteilung der Seite geschieht solang, bis jedem der entstandenen Bereiche eine logische Marke zugeordnet wurde. Abbildung 3 zeigt den Modellbaum für unser Beispiel von einfachen Geschäftsbriefen. Implementiert ist das Modell als rekursiv geschachtelte Liste von Knotenbeschreibungen. Jede Knotenbeschreibung ist eine Liste, die entweder die logische Marke des Knotens enthält, oder die zwei Sätze von Schnitten, die den dem Knoten entsprechenden Bereich weiter aufteilen. In letzterem Fall sind außerdem die Knotenbeschreibungen der Bereiche vermerkt, die durch die zusätzlichen Schnitte entstehen. Die Eigenschaften dieses Modellierungsprinzips sind die folgenden:

- Subsummierung von Dokumenten ähnlicher Erscheingsweise in einer Layoutklasse (Vermeidung von Redundanz).

- Steuerung der Analyse vom Allgemeinen zum Spezifischen.

- Vereinfachung großer Modelle durch eine relativ einfache Struktur.

- die Möglichkeit, neue Layoutklassen automatisch in den Modellbaum zu integrieren.

Wir bemerken noch, daß das Modell gewisse Parallelen zu der Methode von Nagy und Seth (1984) und Nagy, Seth und Stoddard (1986) aufweist. Diese Autoren benutzen ebenfalls Schnitte, um das Binärbild eines abgetasteten Dokumentes in Wörter, Zeilen, Blöcke und Spalten zu zerlegen. Während sie jedoch die Schnitte in Positionen plazieren, die durch vertikale und horizontale Projektionen des Binärbildes bestimmt wurden, also datengetriebenen und "bottom-up", benutzen wir einen modellbasierten Ansatz. Unsere Art, die Schnitte zu plazieren weist auch Änlichkeiten mit Verfahren auf, die im VLSI Design Verwendung finden (Breuer 1977).

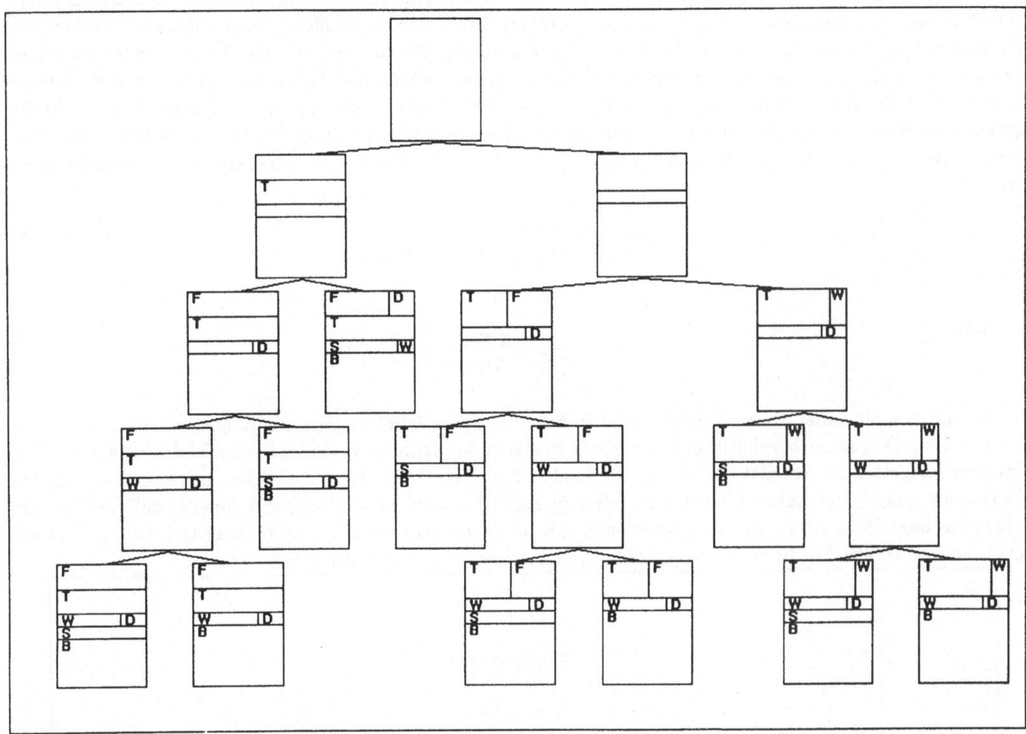

*Abb. 3: Baumstruktur des Layoutmodells (Bedeutung der Markierungen wie in Abb. 2, mit W=leerer Bereich).*

**Analyse:** Im Rahmen dieser Arbeit verstehen wir unter der Analyse eines Dokumentes seine Klassifizierung nach einer der im Modell vorhandenen Layoutklassen und die damit verbundene Aussage über die logische Bedeutung der einzelnen Dokumentteile. Dazu suchen wir im Modellbaum einen Pfad von der Wurzel bis hin zu einem der Blätter, der kompatibel zu dem Layout des gegebenen Dokumentes ist. Damit sind auch automatisch Hypothesen über die logische Bedeutung einzelner Dokumentteile gegeben, da im Modell die entsprechenden Bereiche mit einer logischen Marke versehen waren. Das Maß der Übereinstimmung des Modellayouts mit dem der zu analysierenden Vorlage wird durch die Anwendung einer Bewertungsfunktion ermittelt. Zusätzlich zu dieser rein geometrischen Übereinstimmung prüft der Analyseprozeß auch die Korrespondenz zwischen dem Modell des Inhalts eines logischen Dokumentteiles (also z. B. eines Datums) und dem in dem entsprechenden Bereich des zu analysierenden Dokumentes vorhandenen Inhalt mit Hilfe des zweiten Teils des Modells. Die Suche im Modellbaum wird an dem Knoten fortgesetzt, der das höchste kombinierte Bewertungsmaß besitzt (best first search). Jeder Schritt der Suche ist demnach mit vier Aufgaben verbunden:

1. Auswahl des Knotens mit dem höchsten Bewertungmaß,

2. Abbildung des Dokumentenlayouts auf die beiden in den Kindern dieses Knotens spezifizierten Layoutklassen,

3. In Bereichen, die mit logischen Markierungen versehen sind, Überprüfung mit dem zweiten Teil des Modells,

4. Berechnung des (evtl. kombinierten) Bewertungsmaßes für die beiden Nachfolgeknoten.

Schritt 2 soll hier genauer beschrieben werden. Die in den Modellknoten spezifizierten Schnitte werden dazu in das zu analysierende Dokument gelegt. Geht ein Schnitt dabei durch einen Text oder Graphikblock hindurch, wird er solange senkrecht zur Schnittrichtung verschoben, bis er keinen Block mehr zerschneidet. Die Entscheidung, ob ein Block durchschnitten wird oder nicht, kann auf zwei verschiedene Arten erfolgen. Zum einen kann direkt im Rasterbild geprüft werden, ob die Dichte schwarzer Pixel entlang und innerhalb einer Umgebung des Schnittes einen bestimmten Grenzwert überschreitet. Liegen zum anderen die Ergebnisse der Wort, Zeilen und Textblockfindung der Vorverarbeitung vor, kann direkt getestet werden, ob der Schnitt durch das umschreibende Rechteck einer Textkomponente geht. Die Bewertung $v$ für die Passung eines Schnitts ergibt sich aus der Größe $x$ der erforderlichen Verschiebung wie folgt:

$$v(x) = \begin{cases} v_1(x), & \text{if } l_1 \le x < c \\ v_2(x), & \text{if } c \le x \le l_2 \end{cases} \tag{1}$$

mit

$$v_i(x) = 1 - \left(\frac{x - c}{l_i - c}\right)^2 \tag{2}$$

$l_1$ und $l_2$ sind dabei die nach rechts und links maximal möglichen Verschiebungsdistanzen, d. h. der Abstand der Dokumentbereichsgrenzen von der Position des Schnitts im Modell, $c$. Abbildung 4 zeigt (1a) für den Fall, daß der Schnitt, so wie er im Modell spezifiziert wurde, durch einen schwarz dargestellen Textblock geht. Der Schnitt wird an diejenige freie Position verschoben, die der Modellposition am nächsten liegt ($b$ in Abb. 4). Im allgemeinen gibt es mehr als eine alternative Schnittposition. Für ein eventuell erforderliches Backtracking werden auch die schlechteren Positionen benutzt.

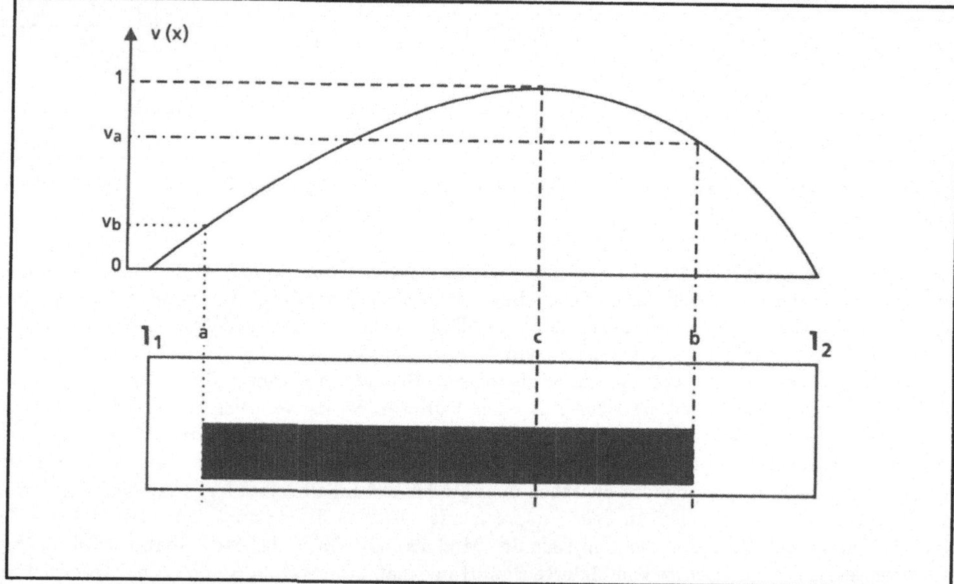


*Abb. 4: Beispiel für die Bewertung eines Schnittes (siehe Text).*

Da im allgemeinen in einem Modellknoten die Zahl $k$ der zu plazierenden Schnitte größer als 1 ist, müssen die Bewertungen für die einzelnen Schnitte zu einer Gesamtbewertung für den Knoten zusammengfaßt werden. Die Einzelbewertungen für jeden Schnitt werden dazu gewichtet, addiert und auf 1 normiert. Der Wichtungsfaktor ist proportional zur geometrischen Länge des Schnitts. Dies wird durch die Tatsache nahegelegt, daß lange Schnitte (z.B. über die ganze Seite) wichtigere Features im Layout beschreiben als kurze. Es ergibt sich damit der folgendender Ausdruck für die Bewertung $V_i$ der Passung des Layouts in einem Modellknoten:

$$V_i = \frac{1}{C_i}\left(V_{i-1}C_{i-1} + \sum_{j=1}^{k_i} v_{ij}c_{ij}\right) \tag{3}$$

Hierbei bezeichnet der Index $i$ die Tiefe des Knotens im Modellbaum ($i = 0$ entspricht der Wurzel, $i-1$ dem Vater des Knotens), $k_i$ die Zahl der einzelnen Schnitte im Knoten, $v_{ij}$ die Einzelbewertung eines der $k$ Schnitte gemäß (1),$1 \leq j \leq k$, und $c_{ij}$ die geometrischen Länge des Schnittes. Der Normalisierungsfaktor $C_i$ ist die Länge aller Schnitte von der Wurzel des Modellbaums bis zu dem in Frage stehenden Knoten:

$$C_i = C_{i-1} + \sum_{j=1}^{k_i} c_{ij} \tag{4}$$

$$C_0 = 0 \tag{5}$$

Wenn im Laufe der Analyse ein Bereich generiert wird, der im Modell mit einer logischen Markierung versehen ist, so kann die damit implizierte Hypothese über die logische Bedeutung dieses Briefteiles mit einem Modell über die Struktur des entsprechenden Briefteiles verifiziert werden. Das daraus resultierende Bewertungsmaß wird mit demjenigen für das Layout kombiniert (z. Z. mit einer Gewichtung von jeweils 50% ) und ergibt dann das Gesamtbewertungsmaß für einen Modellknoten. Damit ist ein Schritt im Analysezyklus beendet. Der nächste Schritt setzt an dem Knoten auf, der bis dahin das höchste Bewertungsmaß hat. Damit ist der Suchalgorithmus eine Form der "uniform-cost" Suche (siehe z. B. Barr und Feigenbaum 1981), bei der das Bewertungsmaß allerdings nach Gleichung (3) in komplexerer Form als beim Standardalgorithmus von dem Pfad im Baum abhängt. Außerdem entsprechen jedem Knoten des Modellbaums im allgemeinen mehrere Knoten im Suchraum, da unter Umständen mehrere Einpassungen der Schnitte in einem Modellknoten möglich sind.

**Ergebnisse und Diskussion:**  Wir haben unser System für die Analyse von vereinfachten Geschäftsbriefen implementiert. Die Briefe liegen bei Beginn der Analyse als ASCII Datei vor, die z. B. von bereits kommerziell erhältlichen OCR Programmen generiert werden kann, oder (insbesondere zu Testzwecken) mit einem Texteditor erstellt werden kann. Die Blockstruktur des Layouts ist hierbei durch die Steuerzeichen space, CR/LF und Leerzeilen zwischen Absätzen gegeben. Als Ergebnis der Analyse wird eine ASCII Datei erzeugt, in der die einzelnen Textblöcke des Briefes mit den Markierungen einer standardisierten Markup Language wie SGML oder TEXversehen sind.

Wie weiter oben erwähnt, geschieht die Verifikation der vom Layoutmodell generierten Hypothesen über die Bedeutung der Briefteile zur Zeit noch mit einem sehr einfach gehaltenen Modell, daß wie das Modell des Layouts noch ohne Ergebnisse einer Schriftzeichenerkennung auskommt. Eine weitere Implementierungsstufe wäre die Integration der als ATN Grammatik formulierten Modelle von Bergengruen et al. (1987), die zusätzlich als Nebeneffekt des Parsing der Grammatik die Unterstruktur der Dokumentteile instanziiert (also z.B. den Nachnamen innerhalb einer Adresse).

Das Konzept des Layoutmodells gestattet es, nur solche Dokumente zu repräsentieren, deren Layout aus mehr oder weniger achsenparallelen Strukturen besteht. Dies ist unserer Meinung nach keine große Einschränkung der modellierbaren Dokumente, da die uns interessierenden (Briefe, wissenschaftliche Veröffentlichungen, Berichte, Zeitschriftenartikel, etc.) dieser Anforderung genügen. Innerhalb dieser Einschränkung erweist sich unser Verfahren als sehr geeignet, auch relativ große Variationen des Layouts innerhalb einer Dokumentklasse zu tolerieren und erfolgreich zu analysieren.

**Danksagungen:**  Diese Arbeit wurde zum Teil mit Mitteln des Bundesministeriums für Forschung und Technologie unter der Nr. 413-5839-ITM 8501 B/7 gefördert. J. Kreich, G. Maderlechner und B. Ueberreiter danken wir für hilfreiche Diskussionen.

**Literatur:**

Barr, A, und Feigenbaum, E. A. (eds.) (1981): The Handbook of Artificial Intelligence, Vol. 1, William Kaufmann Inc., Los Angeles 1981.

Bergengruen, O., Luhn, A., Maderlechner, G. und Ueberreiter, B. (1987): Informatik Fachberichte 149 (Springer Verlag), S. 78-81

Bernhardt, L. (1984): Siemens Research and Development Reports 13, S. 114-117

Breuer, M. A. (1977): Proc. 14th Design Automation Conference, S. 284-290

Egeli, E., Klein, F., und Maderlechner, G. (1985): SPIE Proc. vol. 596, Architectures and Algorithms for Digital Image Processing (Cannes), S. 184-189

Kuner, P. und Ueberreiter, B. (1986): Proc. 8th Int. Conf. on Pattern Recognition (Paris), S. 240-243

Kuner, P. (1987): Proc. 5th Scandinavian Conf. on Image Analysis (Stockholm), S. 127-134

Nagy, G. und Seth, S. (1984): Proc. 7th Int. Conf. on Pattern Recognition (Montreal), S. 347-349

Nagy, G., Seth, S. und Stoddard, S. (1986): Pattern Recognition in Practice II, S. 149-159

Scherl, W. (1985): Proc. 4th Scandinavian Conf. on Image Analysis (Trondheim)

Scherl, W. (1986): Dissertation, Universität Erlangen

# OBJEKTORIENTIERTE DOKUMENTSEGMENTIERUNG

*N. Ebi*

*Institut für Theoretische Elektrotechnik und Digitale Systeme, Prof. Dr. Ph. Besslich*

*Universität Bremen, Fachbereich 1, Kufsteiner Straße, D-2800 Bremen 33*


## 0. Einleitung

Ziel der Dokumentanalyse ist es, eine möglichst vielseitige Verarbeitung von Dokumenten zu gewährleisten. Neben der reinen Konvertierung der optischen Information einer Papiervorlage in eine symbolische Form wird ein Erkennen und eine Interpretation der Layout-Struktur und der logischen Struktur angestrebt. Bevor jedoch eine vollständige Analyse der komplexen Dokumentstruktur erfolgt, kann es zweckmäßig sein, das Dokument zunächst in Bestandteile zu unterteilen, die einheitlichen Musterklassen (z.B. "Text", "Graphik" und "Bild") angehören.

Vor diesem Hintergrund wird ein objektorientiertes Bottom-Up-Verfahren zur Segmentierung von in binärer Form vorliegenden Dokumenten vorgestellt, wobei die Musterklassen auf "Text" und "Graphik" beschränkt sind. Für spezielle Anwendungen läßt sich das Verfahren geeignet modifizieren.

Im Gegensatz zu bereichsorientierten Verfahren [1], [2] wird das Dokument nicht in Blöcke unterteilt, sondern die einzelnen Dokumentobjekte werden den Klassen "Text" und "Graphik" zugeordnet. Als Dokumentobjekt wird in diesem Zusammenhang eine Dokumentregion definiert, die aus 8-zusammenhängenden gesetzten Bildpunkten besteht. Diese Vorgehensweise ermöglicht einerseits auch dann das Erkennen von Text, wenn er teilweise oder vollständig von Graphik umgeben ist, und besitzt andererseits den Vorteil einer erheblich höheren Flexibilität gegenüber verschiedenen Layout-Strukturen.

## 1. Verfahrensprinzip

Der Segmentierungsalgorithmus, dessen prinzipieller Ablauf in Bild 1 dargestellt ist, gliedert sich in zwei Abschnitte, die Vermessung der Objekte in der Originalbinärbildmatrix und die aus mehreren Teilschritten bestehende Objektklassifikation.

Die Objektklassifikation stützt sich auf zwei Annahmen, die i.a. bei realen Dokumenten erfüllt sind:

1) Ein Graphikobjekt besitzt zumeist eine größere Ausdehnung als ein Textobjekt.

2) Bei einer Graphik, die aus mehreren kleinen Graphikobjekten besteht, weisen diese eine linienförmige Struktur auf.

Aufgrund dieser zweiten Annahme können Graphiken, die aus Textzeichen oder textzeichenähnlichen Objekten gebildet werden, nicht eindeutig segmentiert werden. Derartige Graphiken treten aber selten auf und lassen sich auf ASCII-Ebene nach einer Textzeichenklassifikation mit Hilfe einfacher Semantikregeln relativ leicht detektieren.

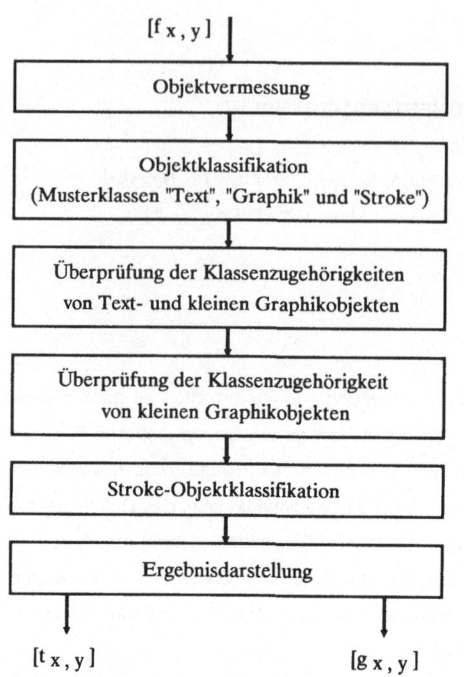


*Bild 1: Schematisierter Ablauf der objektorientierten Dokumentsegmentierung*

Basierend auf diesen Annahmen werden bei einer ersten Klassifikation die Objekte den Klassen "Text", "Graphik" und "Stroke" zugeordnet. Als Stroke-Objekt wird ein linienförmiges Objekt, wie z.B. ein "/" bezeichnet, wobei quadratische, kreisförmige oder punktförmige Objekte ohne eingeschlossene weiße Flächen als Sonderfälle einer Linie angesehen werden. An diese erste Klassifikation schließen sich zwei Überprüfungen der Klassenzuordnungen an. Die nachfolgende zweite Klassifikation analysiert mittels eines attributierten gerichteten Nachbarschaftsgraphen die Beziehungen zwischen den Stroke-, den Text- und den Graphikobjekten und ordnet die Stroke-Objekte anhand ihrer Relationen zu benachbarten Objekten den Klassen "Text" und "Graphik" zu. Am Ende des Segmentierungsalgorithmus' steht die Generierung zweier Binärbildmatrizen aus der Originalbildmatrix, von denen eine nur Text- und die andere nur Graphikobjekte enthält.

## 2. Dokumentvermessung

Bei der Objektvermessung werden mit Hilfe eines Konturverfolgungsalgorithmus' für jedes Objekt die Konturlänge sowie die Höhe und die Breite eines umschriebenen Rechtecks ermittelt. Im Rahmen des Konturverfolgungsalgorithmus', der an ein Verfahren aus [3] angelehnt ist, erfolgt die Objektdetektion, die eigentliche Konturverfolgung und das Löschen des Objekts, um die Detektion des nächsten Objekts zu ermöglichen. Aus Gründen von Speicherplatz- und Rechenzeitrestriktionen erfolgt das Löschen in Abhängigkeit von der Objektgröße durch zwei verschiedene Algorithmen. Der Algorithmus für größere Objekte beruht auf iterativer Anwendung von Konturverfolgungsalgorithmen, der andere auf einem Etikettierungsvorgang.

## 3. Klassifikation der Dokumentobjekte

Die mehrstufige Objektklassifikation mit den Musterklassen "Text", "Graphik" und "Stroke" wird mit einem Entscheidungsbaum durchgeführt. Die Klassencharakteristika sind fest vorgegeben oder werden aus der Menge aller Muster abgeleitet. Sie gehen in Form von Entscheidungsgrenzen in die Klassenzuordnung ein.

Als Merkmale für die Entscheidungen in den Knoten dienen

- die Höhe sowie

- die Breite des umschriebenen Rechtecks,

- die Objektkonturlänge,

- das Vorhandensein von Einkerbungen und/oder eingeschlossenen weißen Flächen,

- die Anzahl der eingeschlossenen weißen Flächen und

- das Vorhandensein unterschiedlicher schwarzer Lauflängen im Objekt.

## 4. Überprüfung der Klassenzugehörigkeiten von Text- und kleinen Graphikobjekten

An die Klassifikation mit den Musterklassen "Text", "Graphik" und "Stroke" schließen sich zwei Überprüfungen der Klassenzuordnungen an, die die Topologie der Objekte berücksichtigen. Eine Überprüfung der Klassenzugehörigkeit von größeren Graphikobjekten unterbleibt, da deren Klassenzuordnung korrekt ermittelt wird, wie eine Vielzahl von Versuchen zeigte. Mit der ersten Überprüfung werden Textobjekte und kleinere Graphikobjekte daraufhin untersucht, ob sie andere Objekte vollständig oder teilweise einschließen. Bei einem Objekt, das ein anderes einschließt, handelt es sich mit Sicherheit um ein Graphikobjekt, da kein lateinisches Textzeichen existiert, das ein anderes beinhaltet. Die Analyse kleinerer Graphikobjekte hat zum Ziel, eindeutige Graphikobjekte zu detektieren und zu markieren, um eine etwaige Änderung ihrer Klasse bei der zweiten Überprüfung der Klassenzuordnung auszuschließen. Bei der eigentlichen Analyse wird für jedes zu untersuchende Objekt überprüft, ob sich der Schwerpunkt eines der restlichen Objektrechtecke innerhalb eines Suchbereichs seines umschriebenen Rechtecks befindet. Außerdem muß das Rechteck eines Vergleichsobjekts ganz oder teilweise innerhalb des umschriebenen Rechtecks des untersuchten Objekts liegen. Wenn beide Bedingungen erfüllt sind, handelt es sich beim untersuchten Objekt eindeutig um Graphik.

## 5. Weitere Überprüfung der Klassenzugehörigkeit von kleinen Graphikobjekten

Mit der sich anschließenden zweiten Überprüfung wird die Klassenzugehörigkeit von kleinen Graphikobjekten untersucht, um fehlklassifizierte Textobjekte zu erkennen. Eine Fehlklassifikation kann durch zu niedrige Entscheidungsgrenzen verursacht sein, die z.B. bei Dokumenten mit einer großen Anzahl von Textzeichen einheitlicher Schriftgröße und wenigen anderen größeren Objekten ermittelt würden.

Bei den falsch klassifizierten Objekten handelt es sich i.a. um Großbuchstaben oder um miteinander verschmolzene Textzeichen, die eine oder mehrere Entscheidungsgrenzen überschreiten. Durch die Anhebung der Entscheidungsgrenzen könnte dieser Effekt zwar vermieden werden, allerdings würden dann auch vermehrt kleine Graphikobjekte der Klasse "Text" zugeordnet werden. Um trotzdem korrekt zu segmentieren, wird die Nachbarschaft kleiner Graphikobjekte mit Hilfe eines gerichteten attributierten Nachbarschaftsgraphen analysiert. Mit dem Ergebnis dieser Untersuchung wird die Klassenzugehörigkeit entweder bestätigt oder revidiert.

Die Nachbarschaftsanalyse selbst ist in mehrere Schritte unterteilt, nämlich die Suche nach Graphik- und Textnachbarn sowie die Generierung und Auswertung eines Nachbarschaftsgraphen. Für die Suche nach Nachbarn wird die Umgebung eines Objekts ausgehend vom Schwerpunkt des umschriebenen Rechtecks in vier Kreissektoren (oben, unten, links, rechts) unterteilt. Der Auffindung von *kleinen* Graphik- und Textnachbarn liegt die ersatzweise Beschreibung durch ihre umschriebenen Rechtecke zugrunde. Für jeden Sektor wird dasjenige Objekt als Nachbar in einer Liste vermerkt, dessen Schwerpunkt dem Schwerpunkt des untersuchten kleinen Graphikobjekts am nächsten liegt. Für eine Akzeptanz als Nachbar müssen bestimmte Konventionen bezüglich der Objektgrössenverhältnisse und der Abstände erfüllt sein. Bei dieser Abstandsermittlung erfolgt eine Verringerung der Distanz zwischen den Objektrechteckschwerpunkten, die auf einer näherungsweisen Beschreibung des Nachbarobjektrechtecks durch einen flächengleichen Kreis basiert. Diese Korrektur ist wegen der Art der Distanzermittlung zwischen einem kleinen Graphikobjekt und einem großen Graphikobjekt erforderlich, da hierbei der Abstand zwischen dem Rechteckschwerpunkt eines kleinen Graphikobjekts und einem Graphikkonturbildpunkt ermittelt wird. Eine ersatzweise Darstellung eines großen Objekts durch ein umschriebenes Rechteck ist wegen ihrer Vieldeutigkeit unzulässig. Ohne diese Korrektur würde bei optisch gleichem Abstand die Distanz zwischen einem kleinen Graphikobjekt und einem Text- oder kleinen Graphikobjekt im Vergleich zur Distanz zwischen einem kleinen Graphikobjekt und einer großen Graphik immer einen zu hohen Wert aufweisen.

Am Ende der Nachbarschaftssuche liegt eine Nachbarschaftsliste vor. Anhand dieser Liste erfolgt der Aufbau eines attributierten gerichteten Nachbarschaftsgraphen, für den ein noch nicht als "Text" oder "Graphik" klassifiziertes kleines Graphikobjekt als Ausgangspunkt dient.

Ausgehend von diesem ersten Knoten werden die Nachbarn des kleinen Graphikobjekts über Kanten verbunden als weitere Knoten hinzugefügt. Die gerichteten Kanten, die den jeweiligen Nachbarschaftsbeziehungen entsprechen, werden mit der Distanz zwischen den Knoten und der Richtung der Relation attributiert. Dieser Vorgang wird iterativ für alle benachbarten Knoten fortgesetzt, die kleine Graphikobjekte repräsentieren. Nach Abschluß der Grapheninitialisierung erfolgt die Zuordnung der Knoten kleiner Graphikobjekte zu den Klassen "Text" und "Graphik" mittels einer Graphenanalyse. Eine Zuordnung zur Klasse "Graphik" stellt dabei eine Bestätigung der bisherigen Klassifikation dar. Der gesamte Ablauf wiederholt sich bis alle kleinen Graphikobjekte reklassifiziert sind.


6. Klassifikation der Stroke-Objekte


Die Klassifikation der Stroke-Objekte erfolgt analog zur zweiten Klassenüberprüfung mit einer Nachbarschaftsanalyse. Entscheidendes Klassifikationskriterium ist die kleinste Distanz zu benachbarten Objekten. Zum Beispiel gehört ein Stroke-Objekt, das sich nur wenig über einem Textobjekt befindet und sonst keine Nachbarn besitzt, mit an Sicherheit grenzender Wahrscheinlichkeit der Klasse "Text" an.


7. Praktisches Segmentierungsbeispiel


Als Ausgangspunkt für die Segmentierung dient die Binärbildmatrix in Bild 2, die durch Abtasten der um ca. 3° rotierten DIN-A4-Vorlage mit einer Auflösung von 200 dots/inch generiert wurde. Die Bilder 4 und 5 zeigen die Segmentierungsergebnisse. Bild 4 gibt die Text- und Bild 5 die Graphikobjekte wieder. Stroke-Objekte, die erst im letzten Segmentierungsschritt klassifiziert werden, sind in Bild 3 gesondert dargestellt.

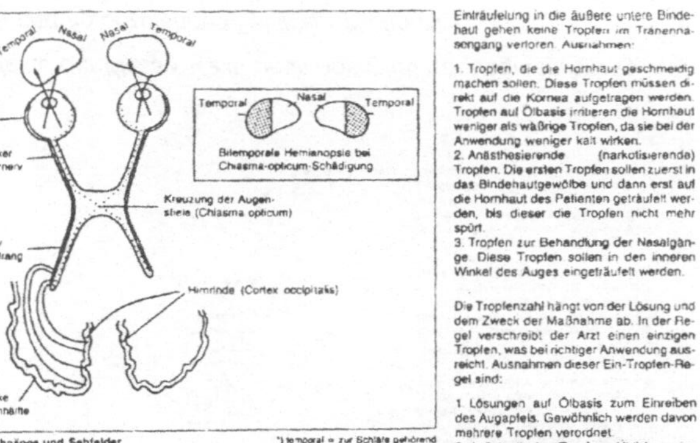

Abb. 11  Sehgänge und Sehfelder



### Lage des Patienten

Wenn möglich, soll sich der Patient mit nach hinten abgesenktem Kopf hinlegen, so daß die Kinnspitze nach oben zeigt. In dieser Lage sind die Augen am besten zugänglich, und für den Patienten ist es leichter, den Kopf ruhigzuhalten.

### Stellung der Schwester

Wenn möglich, sollte die Schwester hinter dem Kopf des Patienten arbeiten. Dadurch sind beide Augen leicht zugänglich, und die Instrumente können außer Sichtweite des Patienten gehalten werden. In dieser Stellung wird der Patient auch leichter kooperieren und nicht in Versuchung kommen, mit seinen Augen den Bewegungen der Schwester zu folgen.

### Lichtquelle

Wesentlich ist, daß vor Beginn der Maßnahmen eine gute Lichtquelle richtig plaziert wird. Nur damit kann man sich ein sicheres Bild vom Zustand der Augen machen und verhindern, daß das empfindliche Auge verletzt wird. Die Lichtquelle sollte über, hinter oder seitlich der Schwester plaziert sein, aber nie direkt in die Augen des Patienten leuchten, was ihm Schmerzen bereiten und nachteilige Auswirkungen haben könnte.

### Installation (Einträufelung) von Tropfen

Die meisten Tropfen werden in den äußeren Rand des unteren Bindehautgewölbes eingeträufelt, da die Bindehaut weniger empfindlich ist als die Hornhaut. Durch die Einträufelung in die äußere untere Bindehaut gehen keine Tropfen im Tränennasengang verloren. Ausnahmen:

1. Tropfen, die die Hornhaut geschmeidig machen sollen. Diese Tropfen müssen direkt auf die Kornea aufgetragen werden. Tropfen auf Ölbasis irritieren die Hornhaut weniger als wäßrige Tropfen, da sie bei der Anwendung weniger kalt wirken.
2. Anästhesierende (narkotisierende) Tropfen. Die ersten Tropfen sollen zuerst in das Bindehautgewölbe und dann erst auf die Hornhaut des Patienten geträufelt werden, bis dieser die Tropfen nicht mehr spürt.
3. Tropfen zur Behandlung der Nasalgänge. Diese Tropfen sollen in den inneren Winkel des Auges eingeträufelt werden.

Die Tropfenzahl hängt von der Lösung und dem Zweck der Maßnahme ab. In der Regel verschreibt der Arzt einen einzigen Tropfen, was bei richtiger Anwendung ausreicht. Ausnahmen dieser Ein-Tropfen-Regel sind:

1. Lösungen auf Ölbasis zum Einreiben des Augapfels. Gewöhnlich werden davon mehrere Tropfen verordnet.
2. Anästhetische Tropfen. Üblicherweise werden in gewissen Abständen jeweils zwei bis drei Tropfen eingeträufelt, bis sie nicht mehr auf dem Auge gespürt werden. Die Pipette (Tropfenzähler) muß so nahe wie möglich, etwa zweieinhalb Zentimeter, an das Auge herangeführt werden, ohne dabei das Augenlid oder die Kornea zu berühren. Dadurch werden eine Verletzung der Kornea und eine Infektionsübertragung verhindert. Tropfen, die aus zu großer Entfernung herunterfallen, sind schlecht zu kontrollieren und bereiten dem Patienten Unbehagen.
Es gibt verschiedene Arten von Tropfen und Pipetten, es gibt Pipetten, die in Augentropfenflaschen integriert sind, Plastiktropfflaschen und Einzeldosis-Packungen. Pipetten sind einfach im Gebrauch, müssen aber zwischen den einzelnen Anwendungen getrocknet und sterilisiert werden. Flaschen mit eingebauter Pipette haben den Vorteil der leichten Kontrollierbarkeit der Tropfgeschwindigkeit. Plastikflaschen können zusammengedrückt werden, wodurch sich der Gebrauch einer Pipette erübrigt. Ideal ist die Verwendung von Einmalpackungen, sofern sie sich für den täglichen Gebrauch nicht als zu teuer erweisen.

### Augenspülung

Eine Augenspülung wird meist dann vorgenommen, wenn es gilt, brennende und ätzende Substanzen aus dem Auge zu entfernen. Um das Auge vor Schaden zu bewahren, sollte dies so schnell wie möglich geschehen. Diese Maßnahme wird auch als Vorbereitung bei operativen Eingriffen und zur Entfernung infizierten Materials ergriffen. Meist wird dafür physiologische Kochsalzlösung verwendet. In dringenden Fällen kann auf gewöhnliches Leitungswasser zurückgegriffen werden.

Abb. 12  Der Tränenapparat



Die Schwester/Der Pfleger 26. Jahrg. 8/87

749

*Bild 2: Binärbildmatrix der Originalvorlage (nicht maßstabsgetreu, Original besitzt DIN-A4-Format)*

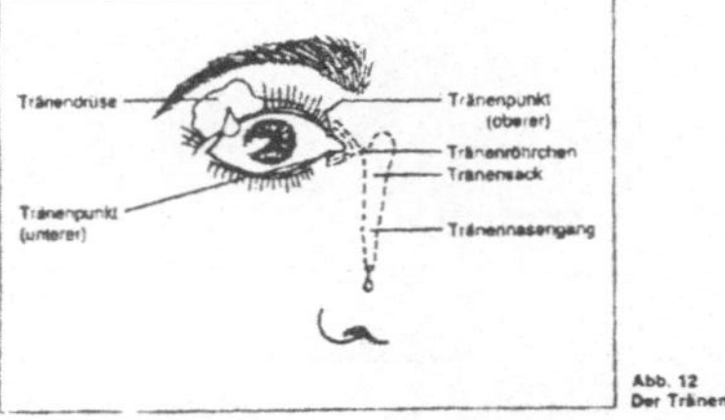

*Bild 3: Objekte der Klasse "Stroke"*

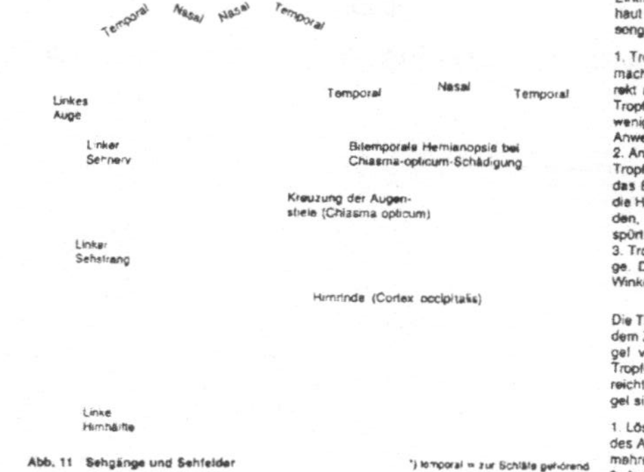


Abb. 11 Sehgänge und Sehfelder

*Lage des Patienten*

Wenn möglich, soll sich der Patient mit nach hinten abgesenktem Kopf hinlegen, so daß die Kinnspitze nach oben zeigt. In dieser Lage sind die Augen am besten zugänglich, und für den Patienten ist es leichter, den Kopf ruhigzuhalten.

*Stellung der Schwester*

Wenn möglich, sollte die Schwester hinter dem Kopf des Patienten arbeiten. Dadurch sind beide Augen leicht zugänglich, und die Instrumente können außer Sichtweite des Patienten gehalten werden. In dieser Stellung wird der Patient auch leichter kooperieren und nicht in Versuchung kommen, mit seinen Augen den Bewegungen der Schwester zu folgen.

*Lichtquelle*

Wesentlich ist, daß vor Beginn der Maßnahmen eine gute Lichtquelle richtig plaziert wird. Nur damit kann man sich ein sicheres Bild vom Zustand der Augen machen und verhindern, daß das empfindliche Auge verletzt wird. Die Lichtquelle sollte über, hinter oder seitlich der Schwester plaziert sein, aber nie direkt in die Augen des Patienten leuchten, was ihm Schmerzen bereiten und nachteilige Auswirkungen haben könnte.

**Instillation (Einträuflung) von Tropfen**

Die meisten Tropfen werden in den äußeren Rand des unteren Bindehautgewölbes eingeträufelt, da die Bindehaut weniger empfindlich ist als die Hornhaut. Durch die Einträufelung in die äußere untere Bindehaut gehen keine Tropfen im Tränennasengang verloren. Ausnahmen:

1. Tropfen, die die Hornhaut geschmeidig machen sollen. Diese Tropfen müssen direkt auf die Kornea aufgetragen werden. Tropfen auf Ölbasis irritieren die Hornhaut weniger als wäßrige Tropfen, da sie bei der Anwendung weniger kalt wirken.
2. Anästhesierende (narkotisierende) Tropfen. Die ersten Tropfen sollen zuerst in das Bindehautgewölbe und dann erst auf die Hornhaut des Patienten geträufelt werden, bis dieser die Tropfen nicht mehr spürt.
3. Tropfen zur Behandlung der Nasalgänge. Diese Tropfen sollen in den inneren Winkel des Auges eingeträufelt werden.

Die Tropfenzahl hängt von der Lösung und dem Zweck der Maßnahme ab. In der Regel verschreibt der Arzt einen einzigen Tropfen, was bei richtiger Anwendung ausreicht. Ausnahmen dieser Ein-Tropfen-Regel sind:

1. Lösungen auf Ölbasis zum Einreiben des Augapfels. Gewöhnlich werden davon mehrere Tropfen verordnet.
2. Anästhetische Tropfen. Üblicherweise werden in gewissen Abständen jeweils zwei bis drei Tropfen eingeträufelt, bis sie nicht mehr auf dem Auge gespürt werden. Die Pipette (Tropfenzähler) muß so nahe wie möglich, etwa zweieinhalb Zentimeter, an das Auge herangeführt werden, ohne dabei das Augenlid oder die Kornea zu berühren. Dadurch werden eine Verletzung der Kornea und eine Infektionsübertragung verhindert. Tropfen, die aus zu großer Entfernung herunterfallen, sind schlecht zu kontrollieren und bereiten dem Patienten Unbehagen.
Es gibt verschiedene Arten von Tropfen und Pipetten, es gibt Pipetten, die in Augentropfenflaschen integriert sind, Plastiktropfflaschen und Einzeldosis-Packungen. Pipetten sind einfach im Gebrauch, müssen aber zwischen den einzelnen Anwendungen getrocknet und sterilisiert werden. Flaschen mit eingebauter Pipette haben den Vorteil der leichten Kontrollierbarkeit der Tropfgeschwindigkeit. Plastikflaschen können zusammengedrückt werden, wodurch sich der Gebrauch einer Pipette erübrigt. Ideal ist die Verwendung von Einmalpackungen, sofern sie sich für den täglichen Gebrauch nicht als zu teuer erweisen.

**Augenspülung**

Eine Augenspülung wird meist dann vorgenommen, wenn es gilt, brennende und ätzende Substanzen aus dem Auge zu entfernen. Um das Auge vor Schaden zu bewahren, sollte dies so schnell wie möglich geschehen. Diese Maßnahme wird auch als Vorbereitung bei operativen Eingriffen und zur Entfernung infizierten Materials ergriffen. Meist wird dafür physiologische Kochsalzlösung verwendet. In dringenden Fällen kann auf gewöhnliches Leitungswasser zurückgegriffen werden.

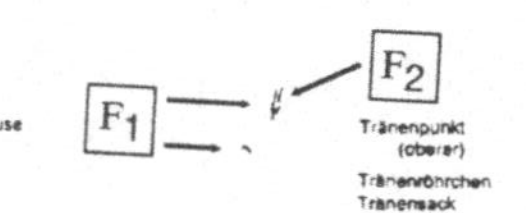


Abb. 12 Der Tränenapparat

Aus Krankenschw. Dr. Pfleger 26. Jahrg. 8/87          749

*Bild 4: Objekte der Klasse "Text" nach Abschluß der Segmentierung*

*($F_1$ und $F_2$ bezeichnen Fehlklassifikationen)*

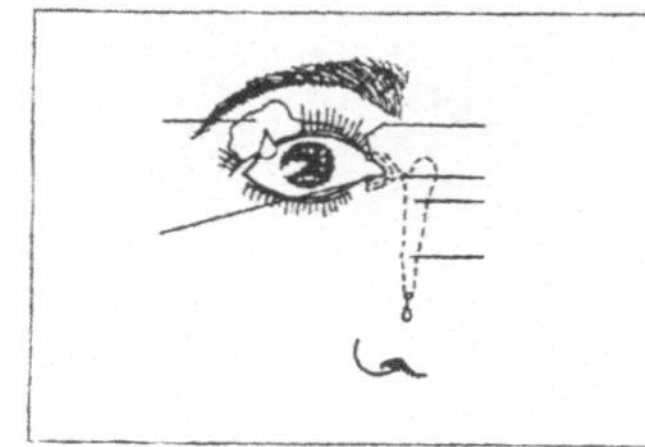

*Bild 5: Objekte der Klasse "Graphik" nach Abschluß der Segmentierung*

Fehlklassifikationen (im Vergleich zum menschlichen Segmentierungsvermögen) können auf drei Ursachen zurückgeführt werden:

1. Für die Klassifikation eines Objekts ist Semantik- und/oder Syntax-Wissen erforderlich, das der Klassifikationsal-
   gorithmus nicht besitzt.

2. Eine oder mehrere Segmentierungsannahmen sind nicht erfüllt.

3. Die verwendeten Merkmale und die zugrundegelegte Verfahrenstechnik sind für eine korrekte Klassifikation
   nicht ausreichend.

Im vorliegenden Beispiel war die Segmentierungsannahme, daß Graphikobjekte eine Stroke-Struktur aufweisen,
falls sie keine große Ausdehnung besitzen, bei den in Bild 4 mit "$F_1$" markierten Objekten nicht erfüllt. Durch die
damit verbundene inkorrekte Zuordnung der Objekte zur Klasse "Text" wurde mit der nachfolgenden Stroke-Klassifikation auch das mit "$F_2$" gekennzeichnete Stroke-Objekt falsch klassifiziert.


## 8. Zusammenfassung und Ausblick


Das hier vorgestellte Segmentierungsverfahren wurde auf einem IBM-AT-kompatiblen PC in Pascal implementiert.
Seine Flexibilität und Zuverlässigkeit wurde an einer Vielzahl von Dokumenten erprobt. Dabei zeigte sich, daß die
überwiegende Mehrzahl der Dokumente die dem Verfahren zugrundeliegenden Annahmen erfüllen.
Die Methoden zur Objektvermessung, der Objektklassifikation mit den Klassen "Text", "Graphik" und "Stroke" sowie die erste Überprüfung der Klassenzuordnung sind rotationsinvariant. Die mit dem Nachbarschaftsgraphen vor-
genommene zweite Überprüfung der Klassenzuordnungen und die Stroke-Klassifikation hat sich bis zu Rotations-
winkeln von ca. 30° als stabil erwiesen. Das Bottom-Up-Segmentierungssystem besitzt einen modularen Aufbau
und läßt sich flexibel an unterschiedliche Anwendungen anpassen. Für einen praktischen Einsatz auf Personal
Computern ist das derzeitige System aus Rechenzeitgründen und wegen der Beschränkung bei der Anzahl der
analysierbaren Objekte aufgrund der zu geringen PC-Speicherkapazität nur bedingt geeignet.


Für zukünftige Aktivitäten ist es zweckmäßig, die Dokumentsegmentierung nicht als isoliertes Feld der Dokumentanalyse zu betrachten, sondern in Verbindung mit anderen Verfahrensschritten weiter zu entwickeln, wie z.B. der
Textzeichenklassifikation oder der Interpretation von Linienzeichnungen. Dazu gehört u.a. die Entwicklung einer
symbolischen Beschreibungsform, mit welcher die Relationen zwischen den einzelnen Objekten in den beiden Er-
gebnisdateien der Segmentierung dargestellt werden kann. Für die Detektion von Textzeilen kann ausgehend von
dem beschriebenen Nachbarschaftsgraphen beispielsweise ein Minimal-Distance-Clustering-Algorithmus konzipiert werden, der ausschließlich dicht benachbarte Objekte zu einer übergeordneten Struktur, z.B. Wort oder Text-
zeile zusammenfaßt.


## 9. Literatur



[1]   Wahl F.M., Wong K.Y., Casey R.G.: Block Segmentation and Text Extraction in Mixed Text/Image Documents,
      Computer Graphics and Image Processing 20, pp. 375-390, 1982

[2]   Besslich Ph., Dahlke M., Ebi N.: Dokumenten-Segmentierung durch Unterabtastung, "Mustererkennung 1987",
      Proc. 9. DAGM-Symposium Braunschweig, Sept./Okt. 1987, Herausgeber E.Paulus, Informatik-Fachberichte
      149, Springer-Verlag Berlin, Heidelberg, New York, London, Paris, Tokyo, S. 87, 1987

[3]   Johnsen O., Segen J., Cash G.L.: Coding of Two-Level Pictures by Pattern Matching and Substitution, The
      Bell System Technical  Journal, Vol. 62, No. 8, pp. 2513-2545, October 1983

# PHI-1: Ein CAD-basiertes Roboter Sichtsystem


E. Gmür, H. Bunke
Institut für Informatik und angewandte Mathematik,
Universität Bern,
Länggassstr. 51, CH-3012 Bern


## 1 Einleitung

Eine wichtige Aufgabe der Bildanalyse ist die Erkennung von Werkstücken in einem Roboter Sichtsystem. In industriellen Anwendungen ist die Integration von CAD-Modellen wirtschaftlich interessant, da eine zusätzliche Erfassung der Geometrie entfällt. Die Verwendung von 3D Volumenmodellen bringt etliche Vorteile, da eine vom Beobachtungsstandpunkt unabhängige und eindeutige Beschreibung des Werkstücks zur Verfügung steht. Jedoch sind geometrische Repräsentationen, wie sie in CAD-Systemen üblich sind, nicht geeignet für die Objekterkennung. Deshalb müssen die geometrischen Modelle in Darstellungen transformiert werden, deren Hauptgewicht auf der Merkmalsmodellierung liegt.

Es soll hier das Roboter Sichtsystem PHI-1 vorgestellt werden, welches 3D Objekte in einem Grauwertbild identifiziert und lokalisiert. Der zentrale Repräsentationsformalismus in PHI-1 beruht auf attributierten Graphen für Modell- und Bildstrukturen. Diese Darstellung wurde von [Wong-85] eingeführt. Die Modellgraphen werden aus dem CAD-Modell generiert. Durch Kantendetektion mit einer folgenden Kantensegmentierung werden die Merkmale im Grauwertbild extrahiert. Die Objekterkennung wird in zwei Schritten ausgeführt. Der erste umfasst eine Suche nach Teilgraphisomorphien von Bild- zu Modellgraph. In der zweiten Phase werden die im ersten Schritt gewonnenen Hypothesen durch Projektion des 3D Modells verifiziert.

## 2 Systemübersicht

Die Grundarchitektur des Roboter Sichtsystems PHI-1 ist in Abbildung 1 gezeichnet. Im System steht das CAD-Modell und das Grauwertbild an den entgegengesetzten Enden. Für den Erkennungsprozess wird jedoch eine einheitliche symbolische Repräsentationsform für Bild- und Modellstrukturen gefordert [Besl-85]. Deshalb werden beide Darstellungen in eine attributierte Graphenstruktur umgewandelt.

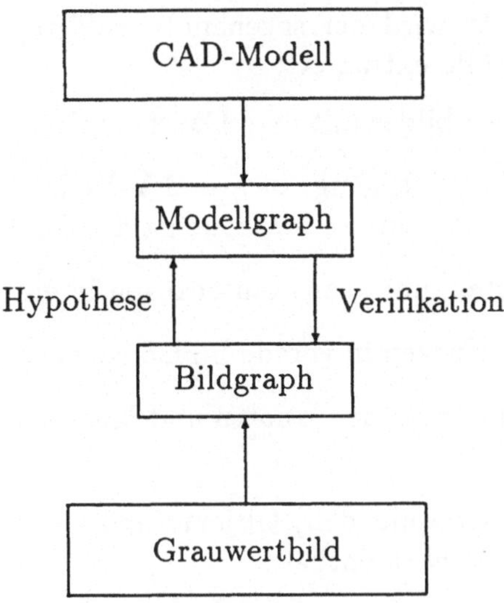


Abbildung 1: System Architektur des Systems PHI-1

Die Modelle werden mit dem CAD-System PRIME-MEDUSA erstellt. Es handelt sich um 3D Volumenmodelle von massiven Körpern in Oberflächendarstellung, siehe Abbildung 2. Gekrümmte Flächen werden durch ebene Facetten approximiert. Die Attribute der gekrümmten Kanten bleiben jedoch erhalten. Die 3D Volumenmodelle werden in einer Offline-Phase in den sogenannten *Modellgraphen* umgewandelt. Dazu wird als erstes die interne Datenstruktur von MEDUSA in eine ASCII-Datei geschrieben. Dieser File bildet die Eingabe für unser Modellanalyse-Modul, welches die Merkmale extrahiert:

1. Bestimmung der Oberflächennormalen zur Unterstützung der folgenden Klassifizierungsschritte.

2. Klassifizierung und Markierung der Kanten in konvexe und konkave Kanten.

3. Klassifizierung und Markierung der Ecken mit Hilfe der Kantenmarkierungen.

4. Extraktion der gekrümmten Kanten als Polygonzüge. (Im jetzigen System sind nur zylindrische Flächen erlaubt.)

In Abbildung 3 ist das CAD-Modell und das Kantenmodell mit den Oberflächennormalen und Kantenmarkierungen nach der Modellanalyse gezeichnet. Die kombinierte geometrische und merkmalsorientierte Beschreibung des Modells enthält zwei duale Graphen: den Kanten-Ecken und den Kanten-Flächen Graph. Der letztere wird nicht in der Hypothesenphase eingesetzt, jedoch unterstützt er den Hidden-Line Algorithmus in der Verifikationsphase, vgl. Kap. 3.

Aus dem Grauwertbild wird der sogenannte *Bildgraph* in sechs Schritten aus einem einzigen Grauwertbild extrahiert:

1. Faltung des Grauwertbildes mit dem Gauss-Laplace Operator [Marr-80].

2. Bestimmung der Nulldurchgänge in X-und Y-Richtung mit Subpixel-Genauigkeit im gefalteten Bild. Unsere Methode ist ähnlich der von [Huer-86].

3. Verbinden der Kantenpunkte zu Kantenzügen in einer Listenstruktur.

4. Segmentierung der Kurven in gerade Linien, Bogenstücke und Ellipsen.

5. Verbindung der Kanten an den Knoten und Markierung der Knoten nach dem Schema von [Chak-79].

6. Separierung der (überlappenden) Objekte und Generierung des Bildgraphen, der mehrere *Objektgraphen* enthält.

# 3 Objekterkennung

Der Kern unseres Systems ist ein zweistufiger Erkennungsprozess, der aus einer Hypothesenbildung durch Teilgraphisomorphie und einer Verifikation durch geometrische Projektion besteht. Die Aufgabe dieses Prozesses ist die Suche nach der besten Korrespondenz zwischen einem Objektgraph und mehreren Modellgraphen unter verschiedenen Projektionen.

Eine notwendige aber nicht hinreichende Bedingung für eine Objektidentifikation ist die Existenz einer Teilgraphisomorphie des Objektgraphen $G$ zum Modellgraphen $M$. Der erste Schritt besteht also in der Suche nach Teilgraphisomorphien, die dann als Hypothesen Verwendung finden.

Ein Standardalgorithmus für die Teilgraphisomorphie wurde von [Ullm-76] vorgeschlagen. Es ist bekannt, dass das Problem NP-vollständig ist. Es lohnt sich deshalb, Heuristiken zur Beschleunigung des Algorithmus genauer zu untersuchen. Zunächst wurden drei grundlegende Strategien zur Graphtraversierung implementiert und miteinander verglichen: sequentiell, "in die Tiefe zuerst" und "in die Breite zuerst". Weiter wurden mehrere Heuristiken zur Auswahl des Startknotens ausprobiert. Das beste Resultat wurde mit einem "in die Breite zuerst" Algorithmus erreicht. Die Startknoten mit einer hohen Zahl von Knoten in ihrer Nachbarschaft sind vorzuziehen. [Wong-85] zeigte, dass die Komplexität dieses Algorithmus für reguläre Graphen vom Grade 3 $O(n(\sqrt{2})^k)$ beträgt. Hierbei ist $n$ die Anzahl der Knoten im Modellgraphen $M$ und $k$ die Anzahl der Knoten im Objektgraphen $G$. Das asymptotische Verhalten unserer Algorithmen variierte in Abhängigkeit von der Auswahl des Startknotens von $O(1.26^k)$ bis $O(1.40^k)$.

Die exponentielle Komplexität der Suche ergibt eine starke Motivation für weitere Verbesserungen des Algorithmus durch topologische und geometrische Einschränkungen, welche den Suchbaum stark beschneiden. Wir haben den Algorithmus um folgende Kriterien erweitert:

(1) Nachbarschaftseinschränkung des Startknotens: Wie bereits erwähnt, sollen Startknoten mit vielen Nachbarn ausgewählt werden. Ausserdem sind Knoten vorzuziehen, deren Distanz zu den Nachbarn hoch ist. Solche Knoten sind vertrauensvoller und die Projektionsgleichungen können genauer bestimmt werden.

(2) Topologische Einschränkungen: Die Markierungen des Objektknotens und des korrespondierenden Modellknotens müssen bestimmten Projektionsregeln folgen. Zum Beispiel kann ein Modellknoten, bei dem drei konvexe Kanten einmünden, nicht auf einen konkaven Bildknoten abgebildet werden.

(3) Geometrische Einschränkungen: Mit der Annahme einer Parallelprojektion können wir die Projektionsmatrix berechnen, sobald im Minimum vier Knotenzuordnungen bekannt sind.

$$\vec{v_p} = \mathbf{P}\vec{v_m} = \mathbf{TRS}\vec{v_m} \tag{1}$$

wobei $\vec{v_p}$ und $\vec{v_m}$ die Koordinaten des Bild- und Modellknotens, und $\mathbf{P}$ die Projektionsmatrix sind. $\mathbf{P}$ entsteht aus der Multiplikation einer Translationsmatrix $\mathbf{T}$, einer Rotationsmatrix $\mathbf{R}$ und einer Skalierungsmatrix $\mathbf{S}$. Bei mehr als vier Knotenzuordnungen wird das Gleichungssystem mit der Methode der kleinsten Quadrate ausgeglichen. Bei den ersten drei Knoten werden die Distanzen im Bild und Modell geprüft, da der Skalierungsfaktor der Kamera bekannt ist. Knotenzuordnungen, deren Distanzen im Bild zu gross sind, werden zurückgewiesen.

Die Zeitkomplexität wird durch eine Beschränkung der Suchtiefe auf $O(n)$ weiter reduziert. Bei dieser Beschränkung verringert sich die Wahrscheinlichkeit, auf einen durch Schatten oder Segmentierungsfehler entstandenen falschen Bildknoten zu stossen. Bei einer geringeren Suchtiefe nimmt die Anzahl der nicht korrekten Hypothesen zu, da die erwähnten Einschränkungskriterien immer weniger Wirkung haben. Eine Suchtiefe von etwa 5 bis 7 wurde anhand experimenteller Untersuchungen als optimal erkannt.

Die Generierung einer Hypothese ist ein Bottom-Up Prozess. Die Verifikation wird nun in einem Top-Down Verfahren ausgeführt. Mit der berechneten Projektionsmatrix $\mathbf{P}$ wird der Modellgraph projiziert. Dabei wird der sogenannte *Projektionsgraph* gebildet. Bei der Projektion wird die Richtung der Flächennormalen überprüft. Ist der Winkel zur Beobachtungsrichtung grösser als 90 Grad, so ist die Fläche vom Beobachter aus nicht sichtbar. Mit diesem einfachen Flächentest können die unsichtbaren Ecken und Kanten im Projektionsgraphen entfernt werden.

Der Projektionsgraph wird nun in einer "in die Breite zuerst" Technik traversiert. Die in der Hypothesenphase bereits zugeordneten Knoten bilden hierbei die Ausgangsknoten. Zu jeder projizierten Ecke wird im Bild ein passender Knoten gesucht. Wird einer gefunden, so wird der entsprechende Knoten im Projektionsgraph weiter expandiert.

Zur Bestimmung der Ähnlichkeit der beiden Graphen wird ein Graphdistanzmass definiert [Bunk-83], [Sanf-83]. Es werden drei gewichtete Terme berechnet: die geometrischen Distanzen von Bild- und Projektionsknoten, die Anzahl der eingefügten und die Anzahl der gelöschten Knoten im Projektionsgraph.

$$D_g = \sum_{Vj_{mat}} w_j d_j + \sum_{Vk_{ins}} w_k c_{ins} + \sum_{Vl_{del}} w_l c_{del} \tag{2}$$

wobei $w_i$ die Knotengewichte, $d_j$ die geometrische Distanz von Bild- und Projektionsgraph und $c_{ins}$ and $c_{del}$ die Kosten für Einfügen und Löschen eines Knotens darstellen. Die Wahl der Gewichte ist nicht kritisch, nur sollten die Kosten für eingefügte und gelöschte Knoten grösser sein als die geometrischen Fehler, die ein Mass für die Abweichung von der berechneten Projektion bilden.

Ein Objekt im Bild wird in der Regel mit verschiedenen Modellen unter mehreren Projektionen verglichen. Die Zuordnung mit der kleinsten Graphdistanz nach der Gleichung 2 wird als die beste Übereinstimmung gewählt. Die Verifizierung kann mit linearem Zeitaufwand $O(n)$ ausgeführt werden, wobei $n$ die Zahl der Knoten im Projektionsgraphen ist.

Der zweistufige Erkennungsprozess ist sehr robust. Fehlende oder eingefügte Knoten im Bildgraphen verhindern nur in Extremfällen eine korrekte Durchführung der Verifikation. Nichtlineare Effekte bei der realen Kameratransformation werden ohne Probleme ausgeglichen.

# 4 Experimentelle Resultate

Das System PHI-1 wurde auf einem Minirechner PRIME-750 in Pascal implementiert. Die jetzige Version umfasst etwa 8000 Zeilen Quellencode. Es wurden Experimente mit verschiedenen einfacheren und mittelkomplexen Werkstücken ausgeführt. Ein Beispiel ist in Abbildung 4–5 dargestellt: das Grauwertbild mit einer Auflösung von 256×170 Pixeln, die Nulldurchgänge, der Bildgraph und die überlagerten Modelle. Im Bildgraph wird eine Ecke mit mindestens zwei anliegenden Kanten als Quadrat, eine Ecke mit einer anliegenden Kante als Dreieck dargestellt. Die Kanten der überlagerten Modelle sind mit gestrichelten Linien gezeichnet. Die Rechenzeit für eine Zuordnung von drei Objekten mit drei Modellen beträgt etwa 100 CPU Sekunden.

# 5 Zusammenfassung

Es wurde das Roboter Sichtsystem PHI-1 vorgestellt. Dieses System verwendet CAD-Modelle, die mit einem kommerziellen geometrischen Modellierer erzeugt wurden. Die Repräsentationsform der Ausgangsmodelle ist eine oberflächenbegrenzte Volumendarstellung. Gekrümmte Flächen werden durch ebene Facetten approximiert. Die zentrale Datenstruktur im Erkennungsprozess sind attributierte Graphen.

Bei einer beschränkten Suchtiefe geschieht die Hypothesengenerierung durch Teilgraphisomorphie mit linearem Zeitaufwand $O(n)$. Dasselbe gilt für die Verifikation durch Projektion und die Bestimmung der Graphdistanz durch Traversierung des Projektionsgraphen. Der Aufwand des ganzen Algorithmus beträgt also $O(n^2)$. Der Erkennungsprozess ist fehlertolerant bezüglich eingefügter und fehlender Knoten im Bildgraph, sowie Verzerrungen bei der Projektion.

# Literaturverzeichnis


[Bhan-87]  B. Bhanu, C. C. Chen,   CAD-based 3D Object Representation for Robot Vision,   IEEE Computer, Vol. 20, No. 8, August 1987, pp. 19–35

[Besl-85]  P. J. Besl, R. C. Jain,   Three-Dimensional Object Recognition, ACM Computing Surveys, Vol. 17, No. 1, March 1985, pp. 75–145

[Bunk-83]  H. Bunke, G. Allermann,   Inexact Graph Matching for Structural Pattern Recognition,   Pattern Recognition Letters 1, (1983), pp. 245–253

[Chak-79]  I. Chakravarty,   A Generalized Line and Junction Labeling Scheme with Application to Scene Analysis,   IEEE Transactions on Pattern Analysis and Machine Intelligence, PAMI-1, April 1979

[Huer-86]  A. Huertas, G. Medioni,   Detection of Intensity Changes with Subpixel Accuracy Using Laplacian Gaussian Masks,   IEEE Transactions on Pattern Analysis and Machine Intelligence, PAMI-8, No. 5, September 1986, pp. 651–664

[Marr-80]  D. Marr, E. Hildreth,   Theory of Edge Detection,   Proc. R. Soc. London, B 207, (1980), pp. 187–217

[Sanf-83]  A. Sanfeliu, K. S. Fu,   A Distance Measure Between Attributed Relational Graphs for Pattern Recognition,   IEEE Trans. on Systems, Man, and Cybernetics, Vol. SMC-13, No. 3, May/June 1983, pp. 353–362

[Ullm-76]  J. R. Ullmann,   An Algorithm for Subgraph Isomorphism,   JACM, Vol. 23, No. 1, January 1976, pp. 31–42

[Wong-85]  E. K. Wong, K. S. Fu,   A Graph-Theoretic Approach to 3-D Object Recognition and Estimation of Position and Orientation,   In J. T. Tou (Ed.) Computer Based Automation, Plenum Press, New York and London, (1985), pp. 305–343

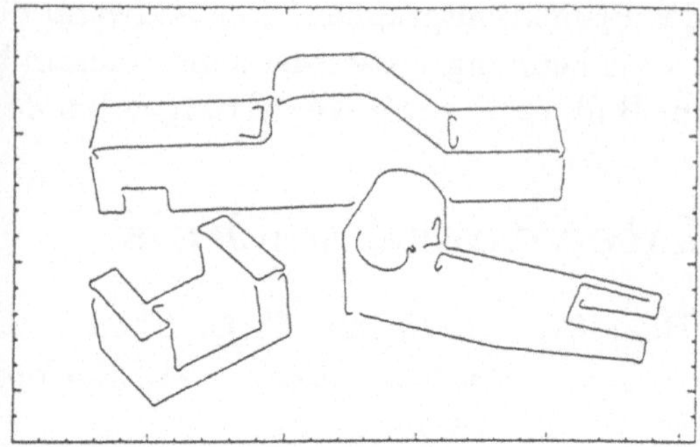

Abbildung 4: Beispiel mit überlappenden Werkstücken: Grauwertbild und Null-durchgänge.

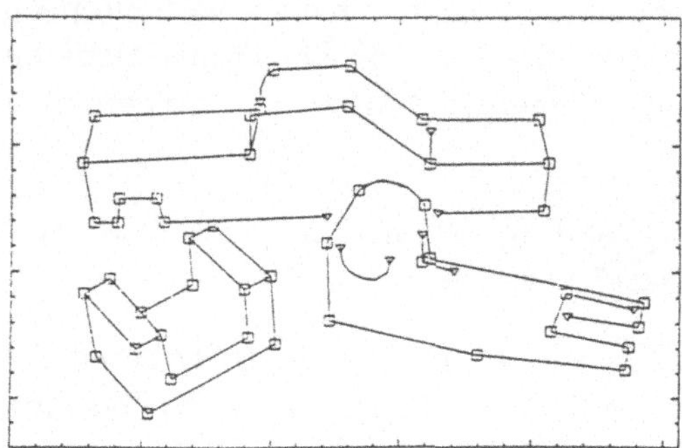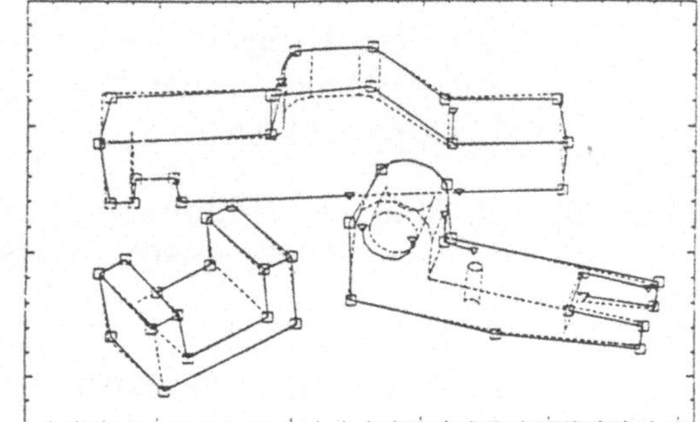

Abbildung 5: Beispiel mit überlappenden Werkstücken: Bildgraph und überlagerte Modelle, gestrichelt gezeichnet.

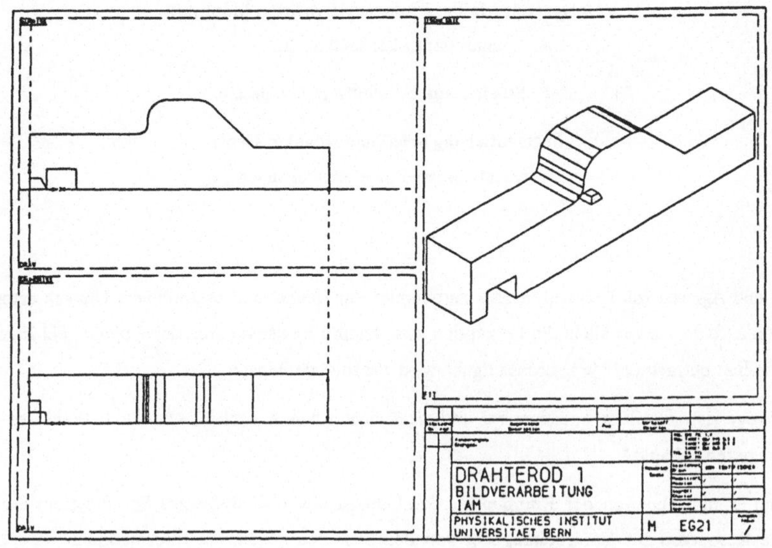

Abbildung 2: CAD-Modell eines Werkstücks in PRIME-MEDUSA.

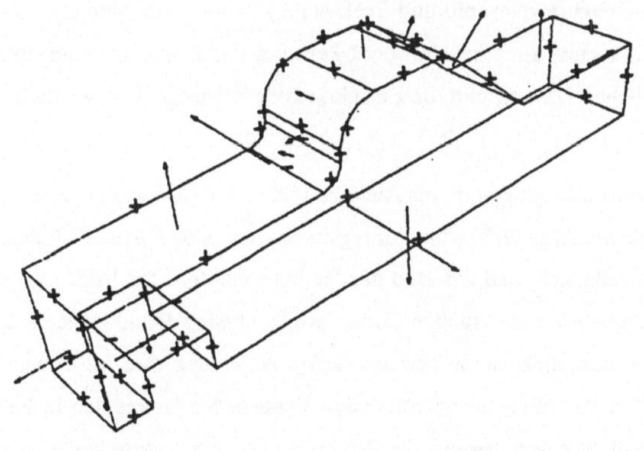

Abbildung 3: Nach der Modell-Analyse: Geometrie mit Oberflächennormalen und Kantenmarkierungen, "+" für konvexe und "-" für konkave Kanten.

Universität Mainz, Zoologie III, Sektion Biophysik

Saarstraße 21, 6500 Mainz

K. Storjohann, E. Schulze, W. v. Seelen

Segmentierung dreidimensionaler Szenen
mittels perspektiver Kartierungen

## 1 Einleitung

Das Navigieren und Agieren von Lebewesen oder autonomen Maschinen in ihrer jeweiligen Umwelt erfordert neben der Koordination von Effektoren, vor allem die Perzeption von Ort und Bewegung fremder Objekte, bei Eigenbewegung des Beobachters. Die hier betrachtete Navigationsaufgabe wird wie folgt definiert :

"Ein System bewege sich autonom, kollisionsfrei und zielgerichtet von A nach B, wobei die Wahl des Weges von den lokalen Gegebenheiten abhängt."

Zu ihrer Lösung ist abhängig von der Komplexität der Umwelt ein leistungsfähiges Sensorsystem und entsprechende computatorische Resourcen zur Verarbeitung der von den Sensoren gelieferten Informationen notwendig. Unter der Vielzahl der Verfahren eignet sich für die allgemeine Navigationsaufgabe eines bewegten Beobachters in natürlicher Umgebung ein visuelles besonders, da es sowohl im Fern- als auch im Nahfeld passiv und berührungslos operieren kann und Szenenfolgen zu interpretieren vermag. Bei der Informationsverarbeitung durch ein visuelles System steht das Datenmengenproblem an erster Stelle, da zum einen eine immense Datenrate bearbeitet werden muß, die quadratisch über der Auflösung zunimmt, zum anderen lassen sich Informationen nur durch flächenhafte Operationen innerhalb eines zweidimensionalen Abbildes der Umwelt gewinnen. Bei dieser Aufgabenstruktur ist die Segmentierung des Abbildes einer dreidimensionalen Szene in relevante und irrelevante Regionen bezogen auf die jeweils gestellte Aufgabe - insbesondere für sequentielle Maschinen - eine Notwendigkeit, um das Datenmengenproblem zu lösen. Die inhärente Signalredundanz in einer natürlichen Umwelt und die Einschränkung des möglichen Verhaltens machen dieses Vorgehen sinnvoll.

Nun gibt die Natur eine Vielzahl von Lösungen dieser Aufgabe vor, in der Lebewesen visuell in einer komplexen Umwelt navigieren; eine Betrachtung elementarer Operationsstrategien des visuellen Systems biologischer System ist daher von Nutzen. Für höhere Säugetiere zeigt sich, daß das Bild der Retina retinotop, das heißt lokale Bildnachbarschaften bleiben erhalten, als Erregungsverteilung in den visuellen Cortex projiziert wird. Diese Projektion ist einer Kartierung unterworfen, wobei unter Kartierung eine injektive, stückweise stetige Abbildung vom R2 in den R2 verstanden wird. Diese Kartierungen sind für eine Reihe von Säugetieren vermessen worden. Sie lassen sich in hinreichender Genauigkeit in analytischer Form ausdrücken; so ist beispielsweise die Projektion von der Retina in das Hirnareal 17 der Katze durch einen komplexen Logarithmus beschreibbar /1/,/2/. Eine funktionelle Interpretation derartiger Kartierungen ist möglich. Ein Vorteil wird deutlich, wenn z.B. die Katze sich längs ihrer optischen Achsen bewegt. In diesem Falle wird das radialsymmetrische retinale Flußfeld durch die Kartierung parallelisiert. Neben verschiedenen anderen Leistungen zu denen vor allem das Erzeugen von Invarianzen gehört, vereinfacht sich die Berechnung des optischen Flusses, da die Richtung des v-Feldes nach der Transformation konstant ist und nur noch der Betrag bestimmt werden muss /3/. Weiterhin zeigt Epstein, daß die A17 Kartierung des unteren Gesichtsfeldes der Katze unter der Annahme, sie fixiere einen Ort auf dem Boden in einem Meter Entfernung, einer perspektiven Rücktransformation entspricht, die eine Skalierungsinvarianz des

Untergrundes zur Folge hat /4/. Die Beispiele zeigen, daß die Kartierungen eine Klasse leistungsfähiger Operationen bildet, die aufgabenspezifisch eingesetzt werden können. Es wird deswegen der Versuch unternommen, die gestellte Aufgabe, "Segmentierung einer 3D-Szene", mittels perspektiver Kartierungen zu lösen, wobei unter perspektiver Kartierung eine Kartierung unter Verwendung der Abbildungsgleichung für die Zentralprojektion verstanden werden soll. Die Segmentierung soll Objekte vom Hintergrund abtrennen, wobei in den beiden folgenden Verfahren unter Hintergrund die Bewegungsebene des Beobachters zu verstehen ist.

## 2 Bildsegmentierung bei binokularem Beobachter

Im folgenden wird angenommen, daß sich ein binokularer Beobachter auf einer Ebene bewege (Abb. 1).

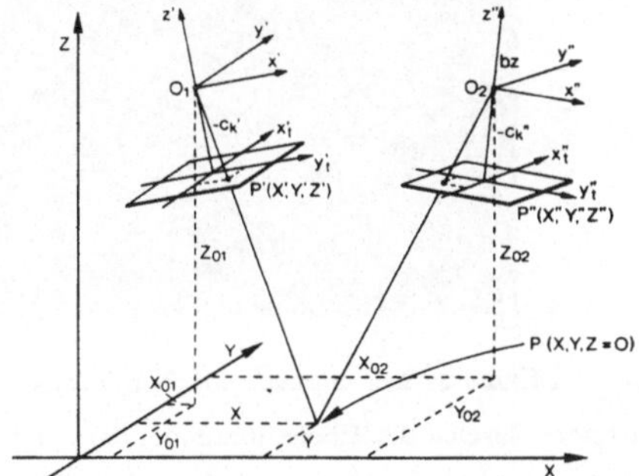


Abb. 1

Die äußere und innere Orientierung seines visuellen Systems, es seien Kameras, sei bekannt. Unter der Annahme, die Ebene sei objektfrei ( das heißt es möge zwar zweidimensionale Strukturen geben, aber keinerlei aufrechte Komponenten ), sind die Abbildungen der Ebene auf die Kameratargets **eineindeutig**. Unter dieser Randbedingung ( $Z = 0$ ) gilt für die Projektion eines Bildpunktes $P'(x',y',-c_{k1})$ von Kamera 1 auf einen Punkt $P_e(X_e,Y_e,0)$ in der Ebene :

$$\begin{vmatrix} X \\ Y \\ Z \end{vmatrix} = A_1 \begin{vmatrix} x' \\ y' \\ -c_{k1} \end{vmatrix} + \begin{vmatrix} X_{01} \\ Y_{01} \\ Z_{01} \end{vmatrix} \qquad (Gl.\ 1)$$

$$\begin{vmatrix} X_e \\ Y_e \end{vmatrix} = \begin{vmatrix} X_{01} + Z_{01}((X_{01} - X)/(Z_{01} - Z)) \\ Y_{01} + Z_{01}((Y_{01} - Y)/(Z_{01} - Z)) \end{vmatrix} \qquad (Gl.\ 2)$$

Für die Projektion des Punktes $P_e$ auf den korrespondierenden Bildpunkt $P''(x'',y'',-c_{k2}) = (x_t'',y_t'')$ des Targets der Kamera 2 gilt :

$$\begin{vmatrix} x'' \\ y'' \\ z'' \end{vmatrix} = A_2^{-1} \begin{vmatrix} X_e \\ Y_e \\ 0 \end{vmatrix} - \begin{vmatrix} X_{02} \\ Y_{02} \\ Z_{02} \end{vmatrix} \qquad (Gl.\ 3)$$

$$\begin{vmatrix} x_t'' \\ y_t'' \end{vmatrix} = \begin{vmatrix} -ck2 \cdot x''/z'' \\ -ck2 \cdot y''/z'' \end{vmatrix} \qquad (Gl.\ 4)$$

Die Rotationsmatrix A ist eine Funktion der Eulerschen Winkel, die die Rotation der Kamerakoordinaten gegenüber den Weltkoordinaten beschreibt.

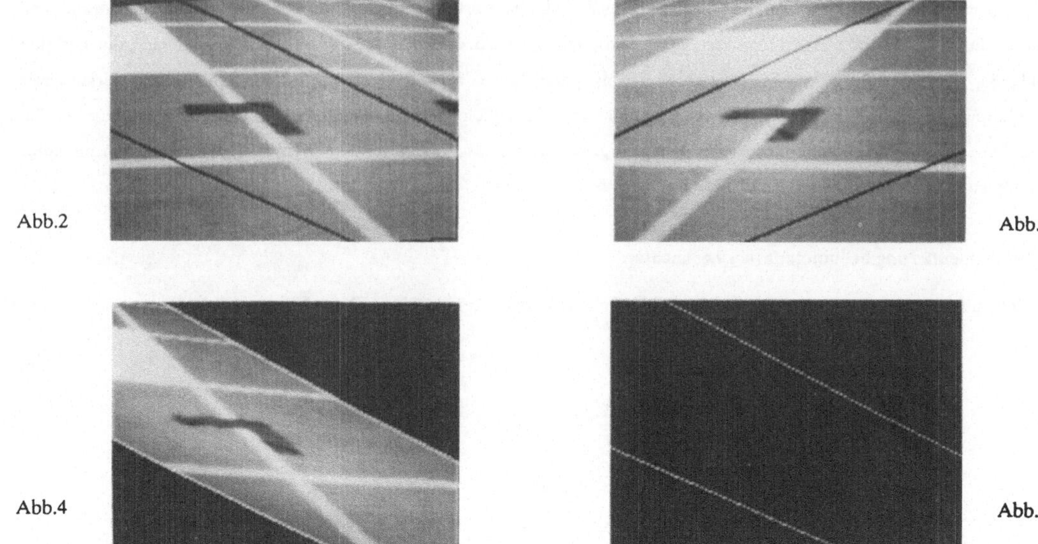



Die Bilder 2 und 3 zeigen eine reale ebene Szene, die von zwei Kameras aus unterschiedlichen Perspektiven aufgenommen worden ist. In den Abbildungen 2 bis 9 ist der binokulare Bereich der Ebene umrandet dargestellt. Mit Hilfe der Gleichungen 1 bis 4 können bezüglich der Ebene die Koordinaten korrespondierender Pixelpaare berechnet werden. Das Bild der einen Kamera kann auf diese Weise auf die Perspektive der zweiten Kamera kartiert werden (Abb.4). Das kartierte Bild und das der zweiten Kamera sind somit identisch, wie sich durch subtraktion von dem perspektiv kartierten Bild der ersten und dem unkartierten Bild der zweiten Kamera in Form eines Differenzbildes zeigen läßt (Abb.5).

Befindet findet sich auf der Ebene ein Objekt (Abb.6,7), so unterscheidet sich das kartierte Bild der einen Kamera (Abb.8) vom unkartierten der zweiten (Abb.7). Die im Differenzbild entstandene Störung (Abb. 8) repräsentiert zum einen Disparitäten an der Vorderseite des Objektes ( die Nulldisparitätsebene fällt mit der Ebene zusammen ), zum anderen Verdeckungen des Untergrundes. Position und Ausdehnung dieser Störung kann z.B. mittels eines Schwellwertoperators markiert werden. Hierdurch wird eine Region festgelegt, die das Abbild des Objekts in den Originalbildern vollständig bedeckt. Die Ausdehnung dieser Region im Differenzbild ist operationsbedingt größer als das Abbild des Objekts. Für die genauere Eingrenzung ergeben sich unter anderem folgende Möglichkeiten:

-       Bei einem bewegten Beobachter kann Mithilfe einer "Tomografic Backprojection" aus einer Folge von Differenzbildern der Grundriß des Objektes  bestimmt werden.

-       Es wird das Differenzbild eines gedachten Zylinders in Abhängigkeit von Ort, Radius und Höhe derart bestimmt, daß  das gestörte Differenzbild der Szene eben gerade überdeckt  wird. Der so bestimmte Zylinder ist dann in der Welt der  kleinste das Objekt umschreibende.

Die perspektive Kartierung, die Subtraktion zweier Bilder und das Erzeugen eines Binärbildes sind Operationen, die parallelisierbar sind. Die erhaltene Segmentierung ermöglicht es, die computatorischen Recourcen für komplexere und rechenintensivere Operatoren effizienter nutzen zu können. Neben der beschrieben Vorgehensweise ergibt sich eine Vielzahl von Möglichkeiten, wenn vor der Differenzbildung in beiden Bildern Merkmale extrahiert werden. Im Differenzbild werden alle Merkmale unterdrückt, die in der Bewegungsebene liegen. Dies ist beispielsweise für die stereoskopische Weiterverarbeitung von Vorteil, da für die hierzu notwendige Berechnung von Korrespondenzen die in der Ebene liegenden Merkmale nicht berücksichtigt werden müssen.

### 3 Bildsegmentierung bei sich bewegendem monokularem Beobachter

Ein monokularer Beobachter bewege sich translatorisch auf einer Ebene (Abb.10), die im folgenden zunächst als objektfrei angesehen werde.

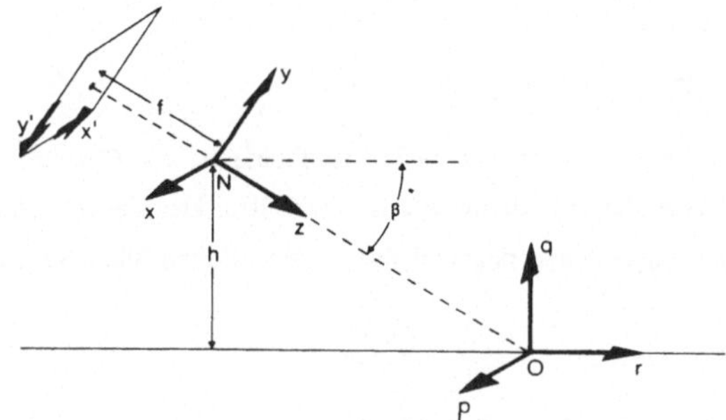

Abb. 10

Die innere und äußere Orientierung der Kamera sei bekannt. Unter der Annahme, die Ebene sei objektfrei, kann mittels der Gleichungen 1 bis 4 das Bild der Kamera auf die Perspektive einer senkrecht auf die Ebene blickenden virtuellen Kamera  transformiert werden. Das kartierte Bild entspricht der Aufsicht auf die Ebene. Das aus der Bewegung der Kamera 1 resultiernde v-Feld, des auf die Aufsicht kartierten Bildes, ist in Betrag und Richtung konstant. Die Konstanz der Richtung gilt auch für den Fall, daß sich ein Objekt in der Ebene befindet, denn ein Punkt $P(X,Y,Z)$ der Welt liegt auf einer durch den Targetpunkt P'(X',Y',f) und das Projektionszentrum N verlaufenden Geraden. Bewegt sich die Kamera, so beschreibt der Punkt P' auf deren Target eine Bahnkurve, die bei rein translatorischer Bewegung des Projektionszentrums N eine Gerade bildet. Der Abstand des Punktes P vom Projektionszentrum geht in die Geschwindigkeit ein mit der die Gerade durchlaufen wird, **nicht** in ihre Richtung. Um durch die Transformation ein richtungskonstantes v-Feld zu erzeugen, muß daher nicht die Perspektive bezüglich der Ebene, sondern lediglich die Perspektive bezüglich der Bewegungsrichtung bekannt sein. Hieraus folgt, daß die Richtungskonstanz des v-Feldes des kartierten Bildes unabhängig von Annahmen bezüglich der Form der Welt ist. Dies läßt sich durch folgende Berechnungen zeigen /5/:

Aus der Gleichung für die Zentralprojektion folgt :

$$P: R^3 \; \to \; R^2, \quad (x,y,z) \; \to \; (x,y) \; := \; f/z \; (x,y) \qquad (Gl. \; 5)$$

Für eine lineare translatorische Eigenbewegung des Beobachters m muß $x = (x,y,z)$ durch $x = x_0 - mt$ ersetzt werden. Für die Projektion eines Punktes in der Welt berechnet sich die Verschiebung im Bild zu :

$$m_I \quad := \; -J_P(x) \qquad\qquad\qquad\qquad (Gl.6a)$$

$$= \; -f/z \; (m_1 - m_3/z \; , \; m_2 - ym_3/z) \qquad\qquad (Gl.6b)$$

$m_1$, $m_2$ und $m_3$ sind die Bewegungskomponenten der Eigenbewegung m, und $J_P$ die Jacobimatrix von P. Für die Projektion eines Bildpunktes auf die Bewegungsebene wird ein Weltkoordinatensystem definiert, dessen Ursprung im Durchstoßpunkt der optischen Achse durch die Bewegungsebene liegt.

$$
\begin{aligned}
0 &:= (0, \quad 0 \; , \; h/\sin \ss) \\
p &:= (1, \quad 0 \; , \quad 0 \quad ) \\
q &:= (0, \; \cos \ss, \quad \sin \ss \; ) \\
r &:= (0, \; \sin \ss, \quad \cos \ss \; )
\end{aligned}
\qquad (Gl. \; 7)
$$

Für einen in der Bewegungsebene liegenden Punkt $x_h$ gilt :

$$x_h(p,r) \; := \; 0 + pp + rr \qquad\qquad\qquad (Gl. \; 8)$$

Mithilfe der Gleichungen 5 bis 8 berechnet sich die Projektion eines Targetpunktes auf die Bewegungsebene zu :

$$IP: R^2 \; \to \; R^2$$

$$(x',y') \; \to \; (p,r) \quad := \; h/(f \sin \ss - y' \cos \ss) \; (x',y'/\sin \ss) \qquad (Gl. \; 9)$$

und das Flußfeld der ungestörten Bewegungsebene zu:

$$m_I(x',y') \; = \; -J_p(x_h(IP(x',y'))) \; m \qquad\qquad (Gl.10)$$

Die perspektive Kartierung IP parallelisiert die Richtung und normiert den Betrag der Flußfelder von Oberflächen, die parallel zur Bewegungsebene liegen. Die Geschwindigkeit der Eigenbewegung ist gleich dem kleinsten Geschwindigkeitsvektor im kartierten Bild. Die Position für einen beliebigen Punkt (p,q,r) im perspektiv kartierten Bild berechnet sich zu :

$$IP \circ P: R^3 \; \to \; R^2$$

$$(p,q,r) \; \to \; (p',r') \; = \; h/(h - q) \; (p \; , \; r + q \cot \ss) \qquad (Gl.11)$$

und seine Verschiebung aufgrund der Beobachterbewegung zu

$$m_I \; = \; J_{IP \circ p}(p,q,r) \; (m_p, \; 0, m_r)^T$$

$$= \; h/(h - q) \; (m_p, \; m_r) \cdot \qquad\qquad\qquad (Gl.14)$$

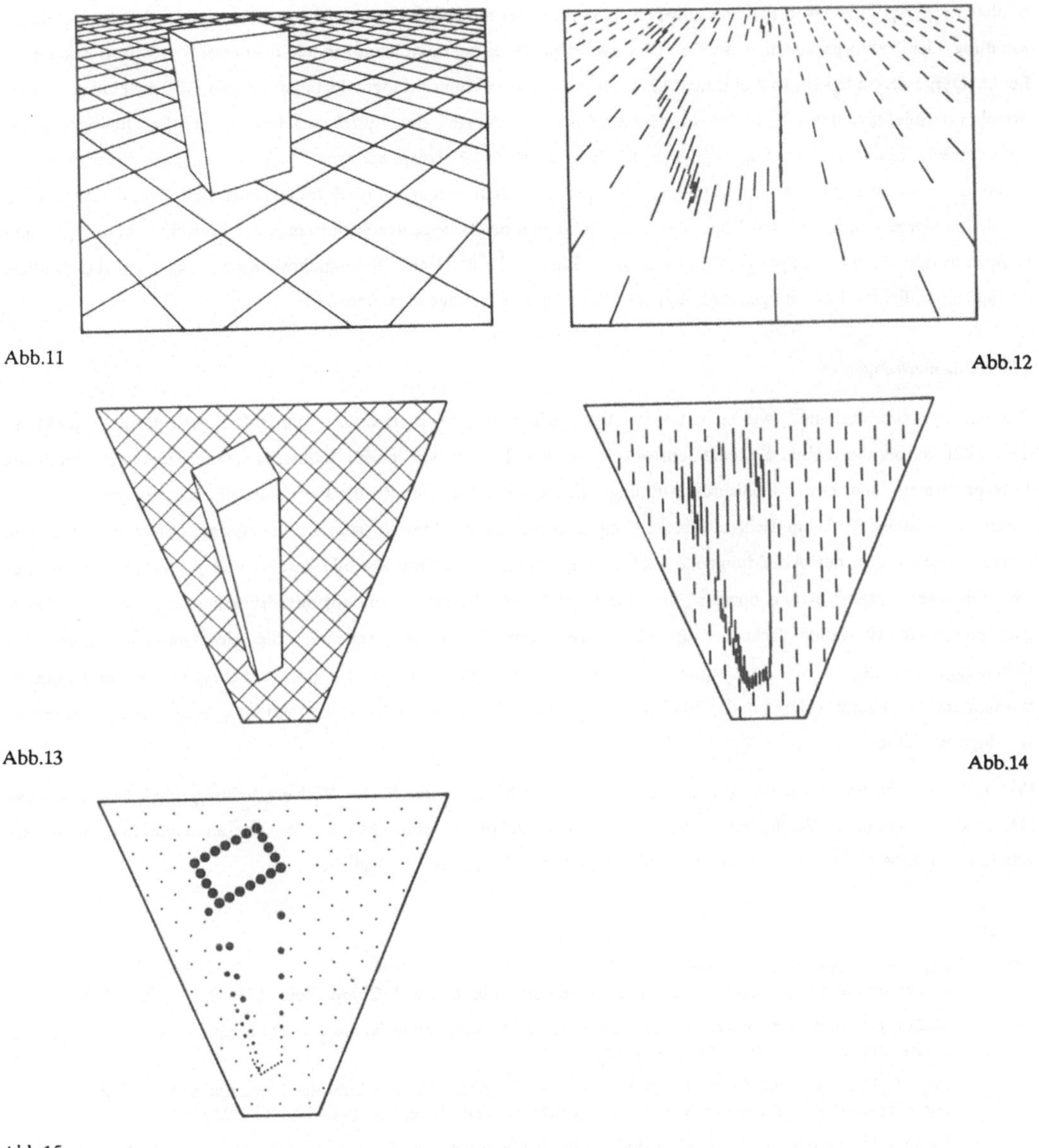

Abb.11

Abb.12

Abb.13

Abb.14

Abb.15

Die Abbildungen 11 bis 15 veranschaulichen das beschriebene Verfahren anhand einer Simulation. Die Ausgangsszene besteht aus einem Quader, der auf einer mit einem Linienraster überzogenen Ebene steht. Abbildung 11 gibt die Szene aus Sicht des Beobachters wieder, wobei dieser sich auf den Quader zubewege; in Abbildung 13 ist die Szene auf die Aufsicht kartiert. Berechnet man den aus der Beobachterbewegung resultierenden optischen Fluß, zum einen für die

Beobachterperspektive (Abb.12) zum anderen umkartiert auf die Aufsicht (Abb.14), so sieht man, daß in letzterem die Richtung aller Vektoren konstant ist. Der Geschwindigkeitsbeitrag des Untergrundes ist konstant und proportional der Beobachtergeschwindigkeit. In Abbildung 15 ist diese konstante Untergrundgeschwindigkeit vom Gesamtfeld subtrahiert, womit ausschließlich das Objekt hervorgehoben wird. Der Vorteil des Verfahrens liegt in der Parallelisierung des optischen Flußfeldes. Hieraus folgt, daß sich die Berechnung von Korrespondenzen für die vollständige Bestimmung des Flußfeldes um eine Dimension reduziert und das Aperturproblem umgangen wird. Im Gegensatz zur Parallelisierung des Flußfeldes durch den komplexen Logarithmus /3/, muß sich der Beobachter weder längs der optischen Achse bewegen, noch muß der "Focus of Expansion" bekannt sein. Zusätzlich ist durch die perspektive Kartierung noch das Flußfeld bezüglich parallel zur Bewegungsebene liegender Flächen dem Betrage nach normiert.

## 4 Schlußbemerkungen

Das stereoptische Verfahren, wie es in Kapitel 2 beschrieben wurde, ist in einem vom BMFT geförderten Projekt mit dem Titel "autonome mobile Systeme" entwickelt worden. Für ein von einem Industriepartner gebauten führerlosen Transportsystem dient es der Kollisionsverhütung und soll zukünftig auch für die Fernfeldnavigation genutzt werden. In dieser Anwendung wird, um Echtzeitfähigkeit auf dem im Fahrzeug installierten Rechnersystem (Motorola 68020) zu erzielen, nicht wie in den Abbildungen 2 bis 9 gezeigt, das gesamte Grauwertbild kartiert und subtrahiert, sondern es wird mit einer Unterabtastung operiert, die eine lokale Tiefpaßfilterung zur Störunterdrückung beinhaltet. In diesem Zusammenhang ist unter Echtzeit eine Zykluszeit von 250ms zu verstehen, die sich aus der maximalen Fahrzeuggeschwindigkeit von 2m/s ergibt. In dieser Zeit wird eine Objekt-Hintergrundtrennung und Objektpositionsbestimmung durchgeführt. Die für das Verfahren notwendige Kenntnis der Kameraorientierung wird vom System selbstständig ermittelt /6/.

Wie in den Ausführungsbeispielen gezeigt wurde, stellen die Kartierungen für die Bildverarbeitung eine Klasse leistungsfähiger Operationen zur Verfügung. Daher ist ein Hardwarekonzept entwickelt worden, das ausschließlich unter Verwendung verfügbarer Komponenten eine Bildkartierung in Videoechtzeit ermöglicht.

## 5 Literatur


/1/    Tusa, R.J., Palmer, L.A.,Rosenquist, A.C. :
       The retinotopic Organization of area 17 (strite cortex) in the cat. J. Comp. Neur. 177, 213-236 (1978)

/2/    Mallot, H. :An overall description of retinotopic mapping in the cat's visual cortex areas 17, 18 and
       19. Biological Cybernetics 52,45 - 51 (1985)

/3/    Jain, R., Bartlett, S., O' Brien, N. : Motion Stereo Using Ego-Motion Complex Logarithmic Mapping
       IEEE Transaction on Pattern Analysis and Machine intelligence, Vol. PAMI9, NO. 3.May (1987)

/4/    Epstein, I. : An Attempt to Explain the Differences between the Upper and Lower Halves of the Striate
       Cortical Map of the Cat's Field of View.
       Biological Cybernetics 49,175-177 (1984)

/5/    H.P. Mallot, W.v.Seelen : Why Cortics?
       Neural Networks for Visual Information Processing
       In: J.P.Ewert, M.Arbib (eds.): Visomotor Coordination, Comparison, Models and Robots
       Plenum Press, New York 1988

/6/    R.Lenz : Linsenfehlerkorrigierte Eichung von Halbleiterkameras mit Standardobjektiven für hochgenaue 3D-
       Messungen in Echtzeit, 9. DAGM Symposium Sept./Okt. 1987

# Segmentierung von Nadeldiagrammen von Objekten mit gekrümmten Oberflächen


X. Y. Jiang , H. Bunke
Institut für Informatik und angewandte Mathematik, Universität Bern
Länggassstrasse 51, 3012 Bern, Schweiz



**Zusammenfassung**

Eine Sammlung von lokalen Oberflächennormalenvektoren wird als Nadeldiagramm(engl. needle map) bezeichnet. Es gibt viele Ansätze zur Gewinnung eines Nadeldiagramms, während das Problem der Segmentierung von Nadeldiagrammen bisher wenig untersucht wurde. Dieser Beitrag präsentiert einen Algorithmus, der die Segmentierung direkt im Nadeldiagramm durchführt. Dank ihrer 3-D Natur sind sowohl das Nadeldiagramm als auch seine segmentierte Version nützlich für verschiedene Aufgaben der Bildanalyse. Resultate werden gezeigt für Bilder von 3-D Objekten mit planaren und gekrümmten Oberflächen.


## 1  Einführung

Eine der wichtigsten und zugleich schwierigsten Aufgaben in der Bildanalyse ist diejenige der Segmentierung. Für Grauwertbilder wurden inzwischen viele regionenorientierte Segmentierungsmethoden untersucht [1,2,3,4,5].

Bildanalysesysteme liefern in der ikonischen Ebene häufig eine Sammlung von lokalen Normalenvektoren, die als Nadeldiagramm bezeichnet wird[6]. "Shape from shading"[7], "shape from texture"[8], "optical flow"[9] und das photometrische Stereosehen[10] sind einige Ansätze zur Gewinnung eines Nadeldiagramms. Das Nadeldiagramm wurde auch bei der Objekterkennug eingesetzt[11].

In [12] wurde ein Segmentierungsansatz anhand der lokalen Normalenvektoren und Rauminformation vorgestellt. Die Normalenvektoren werden in einem Gaußschen Bild(GB) organisiert. Die Segmentierung wird häuptsächlich im GB durchgeführt. Die Rauminformation dient nur in einer zweiten Phase zur Unterscheidung derjenigen Flächen, die getrennte Regionen im Bild darstellen, obwohl sich ihre Normalenvektoren im GB überlappen. Die Resultate waren gut für Polyeder aber weniger beeindruckend für Objekte mit gekrümmten Oberflächen. Es ist sehr schwierig, komplizierte Szenen ausschließlich anhand des GBes zu segmentieren, insbesondere in dem Fall, wo kein *a priori* Wissen über die Flächentypen vorhanden ist.

Im Zusammenhang mit der Verarbeitung von Daten, welche abstandsmessende Sensoren liefern, wurden auch einige Segmentierungsalgorithmen für das Nadeldiagramm untersucht. Die Idee in [13] ist im wesentlichen dieselbe wie in [12]. Ein "divide-and-conquer" Ansatz wurde in [14] vorgestellt. Eine Mischung aus Histogramm, Projektion und Parameter-Anpassung wurde in [15] gezeigt. Aber in all diesen Arbeiten wurden nur Experimente mit synthetisierten Bildern durchgeführt.

In diesem Beitrag wird ein Segmentierungsalgorithmus präsentiert, der – ähnlich wie bei Methoden des iterativen Spaltens und Verschmelzens von Regionen auf der Basis der Grauwerte – die Richtung der Oberflächennormalenvektoren als Homogenitätskriterium für Flächen verwendet. Unsere Experimente haben gezeigt, daß dieser Algorithmus kompliziertere reale Szenen mit Objekten mit planaren und gekrümmten Flächen behandeln kann.

# 2   Algorithmus

Das Nadeldiagramm wird generiert mithilfe des photometrischen Stereosehens[10]. Als Vorverarbeitung wird eine Glättungsoperation durchgeführt. Der Glättungsoperator ist ähnlich wie der Median-Filter für Grauwertbilder[16], wobei die Normalenvektorenschwankungen im Bereich einer planaren Fläche egalisiert und die Kanten beibehalten werden.

Der Segmentierungsalgorithmus beruht auf der Annahme, daß die Objekte in der Szene nur planare und/oder schwach gekrümmte Flächen beinhalten. Somit treten starke Änderungen von Normalenvektoren zwischen benachbarten Bildelementen nur an der Grenze zwischen zwei Objekten oder an der Granze zwischen zwei verschiedenen Flächen eines Objektes auf. Zwei Regionen mit einer gemeinsamen Grenze, an der sich die Normalenvektoren wenig ändern, können daher verschmolzen werden. Das ist die *Smoothness-Heuristik*.

Wir klassifizieren die Regionen in zwei Kategorien, nämlich planare und global gekrümmte Regionen, die jeweils Teilen einer sinnvollen Zerlegung eines Objektes entsprechen. Ein Zylinder hat z.B. eine planare obere Fläche, eine planare untere Fläche und eine gekrümmte Seitenfläche. Im allgemeinen sind eine der beiden planaren Flächen sowie ein Teil der Seitenfläche sichtbar. Im Idealfall erwarten wir, das Nadeldiagramm eines solchen Zyliders in eine planare Region und eine global gekrümmte Region zu segmentieren. Im Fall einer Kugel erwartet man z.B. nur eine global gekrümmte Region.

Der Algorithmus besteht aus drei Phasen.

1. Das gesamte Nadeldiagramm wird in kleine Flächenelemente eingeteilt. Einige zu Grenzlinien gehörende Elemente werden dann im Laufe der weiteren Verarbeitung ignoriert.

2. Ein einfacher Verschmelzungsalgorithmus faßt die Flächenelemente in große planare Regionen zusammen.

3. Die Smoothness-Heuristik wird verwendet, um global gekrümmte Regionen zu erzeugen.

Wir werden nun die drei Phasen detailiert behandeln.

## 2.1   Phase 1

Das Nadeldiagramm wird zuerst in kleine Flächenelemente der Größe $K \times K$ eingeteilt. Die Größe der Flächenelemente hängt von der Auflösung des Nadeldiagramms ab. In unseren Experimenten wurde $4 \times 4$ gewählt. Für jedes Flächenelement wird die mittlere Richtung und die Standardabweichung des Normalenvektors berechnet. Diejenigen Flächenelemente mit großer Abweichung werden im Laufe der weiteren Verarbeitung ignoriert. Solche Flächenelemente treten meistens an der Grenzlinie zwischen zwei Objekten oder zwischen einem Objekt und dem Hintergrund auf, wo die Normalenvektoren sich stark ändern oder aufgrund der oft vorhandenen ungenauen Grauwertinformation nicht präzis bestimmt werden können. Der Schwellwert für eine Ablehnung muß selbstverständlich groß genug sein, um eine fehlerhafte Ablehnung der am stärksten gekrümmten Fläche der zu erkennenden Objekte zu vermeiden. Für diejenigen Flächenelemente, welche nicht zurückgewiesen wurden, dient die mittlere Richtung in den folgenden Schritten als Repräsentant für den Oberflächennormalenvektor.

## 2.2   Phase 2

Die Flächenelemente werden zu planaren Regionen verschmolzen. Dieses Verfahren gliedert sich wiederum in zwei Teilphasen. Zunächst wird ein Anfangselement ausgewählt und eine planare Region um das Anfangselement herum gefunden. Die Kandidaten für das Anfangselement sind diejenigen Elemente, die nicht zu den bereits gefundenen Regionen gehören. Der beste Kandidat ist derjenige mit den meisten Kandidaten in seiner 8-Nachbarschaft. Er wird als das Anfangselement $E_b$ gewählt. Im Fall, wo der beste Kandidat nicht eindeutig bestimmt werden kann, wird einer der Kandidaten willkürlich selektioniert.

Ein einfacher Verschmelzungsalgorithmus expandiert in der zweiten Teilphase eine planare Region um $E_b$, indem $E_b$ mit seinen Nachbarelementen zusammengefaßt wird. Sei $\mathbf{n}_b$ der Einheitsvektor von $E_b$. Ein Kandidatenelement $E_c$, das mit der Region benachbart sein muß, wird mit $E_b$ verschmolzen, wenn

$$Winkel(\mathbf{n}_b, \mathbf{n}_c) < \tau_1$$

wobei $\mathbf{n}_c$ der Einheitsvektor von $E_c$, $Winkel$ eine Funktion, die den Winkel zwischen $\mathbf{n}_b$, $\mathbf{n}_c$ liefert und $\tau_1$ ein Schwellwert ist. Der Verschmelzungsalgorithmus wiederholt dieses Verfahren bis keine Verschmelzung mehr möglich ist.

Die zwei oben beschriebenen Teilphasen werden iterativ durchgeführt.

## 2.3 Phase 3

Nach den ersten zwei Phasen haben wir eine Menge von planaren Regionen. Wir versuchen nun in der 3. Phase, diejenigen Flächenelemente, die nicht in Phase 2 verschmolzen wurden, unter Berücksichtigung der Smoothness-Heuristik zu gekrümmten Regionen zusammenzufaßen.

Die verwendete Methode kann als ein "local clustering" Algorithmus(LCA)[17] aufgefaßt werden. In einem LCA wird ein Bild anfangs als ein Graph dargestellt. Ein markierter Graph $G$ ist ein 4-Tupel $G = (V, E, L, \alpha)$. Hierbei ist $V$ eine Menge von Knoten, $E \subseteq V \times V$ eine Menge von Kanten, $L$ eine Menge von Markierungen und $\alpha : V \cup E \rightarrow L$ eine Markierungsfunktion. Die Knoten stellen die Regionen und die Kanten die Nachbarschaft der Regionen dar. Zwei Regionen $R_1$ und $R_2$ sind benachbart, wenn es ein Flächenelement in $R_1$ gibt, dessen 4-Nachbarschaft sich mit $R_2$ überlappt. Für zwei benachbarte Regionen im Bild(in unserem Fall im Nadeldiagramm) gibt es eine Kante zwischen den jeweiligen Knoten im Graphen. Die Knotenmarkierung stellt regionale Eigenschaften und die Kantenmakierung biregionale Eigenschaften dar.

Ein Verschmelzungsoperator $M(i, j, G)$konstruiert einen neuen Graphen $G'$ aus $G$, indem zwei Knoten $i$ und $j$ zu einem Knoten verschmolzen werden. $M(i, j, G)$wird wie folgt formal definiert

$$V_{G'} := V_G + \{i \cup j\} - \{i, j\}$$
$$\alpha_{i \cup j} := f_V(\alpha_i, \alpha_j, \alpha_{ij})$$
$$E_{G'} := E_G - \{(i, j)\}$$
$$for\ all\ k \in V_{G'},$$
$$\quad if\ ((i, k) \in E_{G'}\ or\ (j, k) \in E_{G'})\ then\ do$$
$$\quad\quad begin$$
$$\quad\quad\quad E_{G'} := E_{G'} + \{(i \cup j, k)\} - \{(i, k), (j, k)\}$$
$$\quad\quad\quad \alpha_{i \cup j, k} := f_E(\alpha_i, \alpha_j, \alpha_k, \alpha_{ij}, \alpha_{ik}, \alpha_{jk})$$
$$\quad\quad end$$

In diesem Algorithmus ist $f_V$ eine Funktion, welche die regionalen Eigenschaften des neuen Knotens $i \cup j$ in $G'$ aus den alten Knoten $i$ und $j$ in $G$ berechnet Die Funktion $f_E$ ist ähnlich für die Kanten definiert.

Das "growth controlling"Prädikat(GCP) $P(i, j, G) : V \times V \rightarrow \{TRUE, FALSE\}$ bestimmt, ob zwei Knoten $i, j$ zu einem neuen Knoten $i \cup j$ verschmolzen werden können.

In dieser Formulierung wird ein LCA folgendermaßen definiert

$$for\ all\ (i, j) \in E_G\ do$$
$$\quad if\ P(i, j, G)\ then\ do$$
$$\quad\quad begin$$
$$\quad\quad\quad G' := M(i, j, G)$$
$$\quad\quad\quad G := G'$$
$$\quad\quad end$$

Der Anfangsgraph wird konstruiert aus den Segmentierungsresultaten der Phase 2. Jedes $\alpha_i$ beinhaltet die Fläche $A_i$ und das Flächenzentrum $AC_i$ der entsprechenden Region. Seien $AC_{ix}$ und $AC_{iy}$ die X- und Y-Koordinaten von $AC_i$. Für jede Kante sei $\alpha_{ij} = (CB_{ij}, SB_{ij})$, wobei $CB_{ij}$ die Länge der gemeinsamen Grenze und $SB_{ij}$ die Länge des richtungsähnlichen Teils der Grenze zwischen $R_i$ und $R_j$ ist. Abb. 1 zeigt ein einfaches Beispiel. Zwei Normalenvektoren(jeweils für $R_i$ und $R_j$) bilden ein

Paar an der Grenze. Nehmen wir an, daß die Normalenvektoren entlang der Grenze als $n_{i1}, \ldots, n_{im}$ und $n_{j1}, \ldots, n_{jm}$ numeriert sind. Ein Paar $(n_{ik}, n_{jk})$ wird als richtungsähnlich bezeichnet, wenn

$$Winkel(n_{ik}, n_{jk}) < \tau_2$$

wobei $\tau_2$ ein Schwellwert ist. Wir definieren $CB_{ij} = m$, $SB_{ij} = \sum_{k=1}^{m} W_k$, wobei $W_k$ gleich 1 ist wenn das Paar $(n_{ik}, n_{jk})$ richtungsähnlich ist und 0 sonst. In Abb. 1 wird ein Paar mit einer die zwei Normalenvektoren verbindenden Linie dargestellt. Richtungsähnliche Paare werden durch durchgezogene Linien gekennzeichnet während gestrichelte Linien den nichtrichtungsähnlichen Paaren entsprechen. Somit gilt für Abb. 1 $CB_{ij} = 12$, $SB_{ij} = 10$.

Gegeben seien $\alpha_i = (A_i, (AC_{ix}, AC_{iy}))$ und $\alpha_j = (A_j, (AC_{jx}, AC_{jy}))$. Der Verschmelzungsoperator ist wie folgt definiert

$$\alpha_{i\cup j} = (A_{i\cup j}, AC_{i\cup j})$$
$$A_{i\cup j} = A_i + A_j$$
$$AC_{i\cup j,x} = (AC_{ix}A_i + AC_{jx}A_j)/A_{i\cup j}$$
$$AC_{i\cup j,y} = (AC_{iy}A_i + AC_{jy}A_j)/A_{i\cup j}$$
$$\alpha_{i\cup j,k} = (CB_{ik} + CB_{jk}, SB_{ik} + SB_{jk})$$

Das heißt, daß die Fläche, Länge der gemeinsamen Grenze und die Länge der richtungsähnlichen Grenze sich aus einer einfachen Addition ergeben, während das Flächenzentrum durch eine gewichtete Summierung gewonnen wird.

Das GCP ist definiert als $P(i, j, G) = TRUE$ g.d.w.

$$SB_{ij}/CB_{ij} > \tau_3$$

wobei $\tau_3$ ein Schwellwert ist.


# 3 Resultate

Abb. 2 zeigt eines der Bilder in unseren Experimenten. Die Auflösung beträgt 180×150 Bildpunkte. Abb. 3 ist ein Bild derselben Szene aus einem anderen Betrachtungswinkel. Es wurde aufgenommen, um ein besseres Verständnis der Objekte in der Szene zu ermöglichen. Das Nadeldiagramm(Abb.4) wird generiert mithilfe der Methode des photometrischen Stereosehens[10]. Das Endresultat präsentiert sich in Abb.6. Das Zwischenresultat nach der Phase 2 ist in Abb.5 gezeigt.

Da die Idee in unserem Algorithmus der in [2] ähnelt, haben wir für den Zweck eines Vergleichs die Implementierung des Brice-Fennema-Algorithmus im Bildverarbeitungspaket SPIDER[18] modifiziert, damit das Programm anhand des gleichen Kriteriums für die Richtungsähnlichkeit auf einem Nadeldiagramm läuft. Das Resultat ist in Abb.7 zu sehen. Aufgrund der starken Normalenvektorenänderungen wurden viele kleine Regionen extrahiert. Dieses Problem kommt in unserem Algorithmus nicht vor, weil die Flächenelemente mit großer Abweichung bereits in Phase 1 ignoriert werden.

Wir haben auch einen Zeitvergleich gemacht. Beide Algorithmen wurden auf einem Rechner des Typs PRIME–750(ca. 1 MIPS) implementiert. Für den modifizierten Brice-Fennema-Algorithmus beträgt die reine Segmentierungszeit ca. 3878 Sekunden. Für unseren Algorithmus ist die Verarbeitungszeit ca. 11 Sekunden einschließlich der grafischen Ausgabe für eine Verifikation. Dieser Zeitunterschied läßt sich leicht erklären. Unser Algorithmus wurde mit einem Regionen-Nachbarschaftsgraphen(RNG) implementiert. Im Brice-Fennema-Algorithmus ist diese Datenstruktur aufgrund der großen Anzahl von Anfangsregionen praktisch unmöglich. Der RNG beinhaltet regionale und biregionale Eigenschaften, die vom GCP $P(i, j, G)$ direkt benützt werden. Im Gegensatz zu unserem Algorithmus wird in [18] ein "region label"-Array verwendet. Somit müssen die regionalen und biregionalen Eigenschaften in jedem Verschmelzungsschritt erneut extrahiert werden. Das ist natürlich sehr zeitaufwendig.

Gibt es Schatten im Grauwertbild, werden sie das photometrische Stereosehen stark beeinflußen. Es ist naheliegend, daß eine Übersegmentierung unvermeidbar ist, wenn Fehler bei der Bestimmung der Normalenvektoren vorkommen. Abb.6 zeigt dieses Phänomen. Die Übersegmentierung könnte aber in der folgenden Erkennungsphase kompensiert werden, wenn Verschmelzungsoperationen in die

Objekterkennungsprozeduren eingebaut werden, die auf die Nadeldiagrammsegmentierung folgen.

## 4   Schlußbemerkungen

Wir haben einen Segmentierungsalgorithmus für Nadeldiagramme vorgestellt. Wie gezeigt läuft dieser Algorithmus gut für Objekte mit planaren und/oder gekrümmten Flächen. Ein Vergleich mit dem bekannten Brice-Fennema-Algorithmus hat gezeigt, daß unsere Methode auch relativ schnell ist. Außerdem können mehr regionale und biregionale Eigenschaften in $\alpha_i$, $\alpha_{ij}$ kombiniert und somit zuverlässige geometrische und topologische Information als Nebenprodukt des Segmentierungsverfahrens gewonnen werden.

Die hier beschriebene Arbeit ist Teil eines modellbasierten 3-D Objekterkennungssystems. Die meisten Objekterkennungssysteme, denen das Nadeldiagramm als Grundlage dient, versuchen nur das oberste Objekt in einer Anhäufung von Objekten zu erkennen[19,20]. Unsere Zielsetzung ist, eine Szene mit mehreren unterschiedlichen Objekten, die sich wiederum überlappen dürfen, zu analysieren. Der aus dem Segmentierungsalgorithmus gewonnene RNG bildet die Eingabe für ein symbolisches Objekterkennungsprogramm. Ein Teil der Szenenbeschreibung wird mit Modellen aus einer Modelldatenbank verglichen. Hierbei wird eine flexible Kontrollstrategie eingesetzt, um eine effiziente Erkennung zu erzielen. Die Details der Objekterkennung sind momentan Gegenstand unserer Forschungsarbeiten.

# Literaturverzeichnis


[1] J. L. Muerle, D. C. Allen, Experimental evaluation of techniques for automatic segmentation of objects in a complex scene. In *Pictorial Pattern Recognition* (G. C. Cheng *et al.*, Eds.), pp.3–13, Thompson, Washington, 1968.

[2] C. Brice, C. Fennema, Scene analysis using regions, *Artificial Intelligence*, Vol.1, pp.205–226, 1970.

[3] S. L. Horowitz, T. Pavlidis, Picture segmentation by a directed split-merge procedure, *IJCPR-74*, pp.424–433, 1974.

[4] T. Asano, N. Yokoya, Image segmentation schema for low-level computer vision, *Pattern Recognition*, Vol.14, pp.267–273, 1981.

[5] T. C. Pong, *et al.*, Experiments in segmentation using a facet model region grower, *CGIP-25*, pp.1–23, 1984.

[6] K. Ikeuchi, Determining attitude of object from needle map using Extended Gaussian Image, AI Memo No.714, Cambridge, MIT, AI Lab, 1983.

[7] K. Ikeuchi, B. K. P. Horn, Numerical shape from shading and occluding boundaries, *Artificial Intelligence*, Vol.17, pp.141–184, 1981.

[8] A. P. Witkin, Recovering surface shape and orientation from texture, *Artificial Intelligence*, Vol.17, pp.17–45, 1981.

[9] W. F. Clocksin, Determining the orientation of surfaces from optical flow, *Proc. AISB/GI*, Hamburg, 1978, pp.93–102.

[10] R. J. Woodham, Photometric method for determining surface orientation from multiple images, *Optical Engineering*, February, 1980, pp.139–144.

[11] K. Ikeuchi, Recognition of 3-D objects using the Extended Gaussian Image, *Proc. IJCAI-81*, pp.595–600, 1981.

[12] C. Dane, R. Bajcsy, Three-dimensional segmentation using the Gaussian image and spatial information, *Proc. PRIP-81*, pp.54–56, 1981.

[13] D. Laurendeau, D. Poussart, Model building of three-dimensional polyhedral objects using 3D edge information and hemispheric histogram, *IEEE Journal of Robotics and Automation*, Vol.3, No.5, pp.459–470, 1987.

[14] B. Parvin, G. Medioni, Segmentation of range images into planar surfaces by split-and-merge, *CVPR-86*, pp.415–417, 1986.

[15] J. Han, *et al.*, Range image segmentation and surface parameter extraction for 3-D object recognition of industrial parts, *1987 IEEE Proc. International Conf. Robotics and Automation*, pp.380–386, 1987.

[16] J. W. Tukey, Exploratory data analysis, Addison–Wesley, Reading, Mass., 1977.

[17] G.Coray, *et al.*, Order independence in local clustering algorithms, *CGIP*, Vol.4, pp.120–132, 1975.

[18] H. Tamura, *et al.*, Design and implementation of SPIDER — a transportable image processing software package, *CGIP*, Vol.23, pp.273–294, 1983.

[19] B. K. P. Horn, K. Ikeuchi, Picking parts out of a bin, AI Memo No.746, Cambridge, MIT, AI Lab, 1983.

[20] L. Caponetti, *et al.*, A three-dimensional vision system for bin-picking, *Proc. CVPR-86*, pp.407–411, 1986.

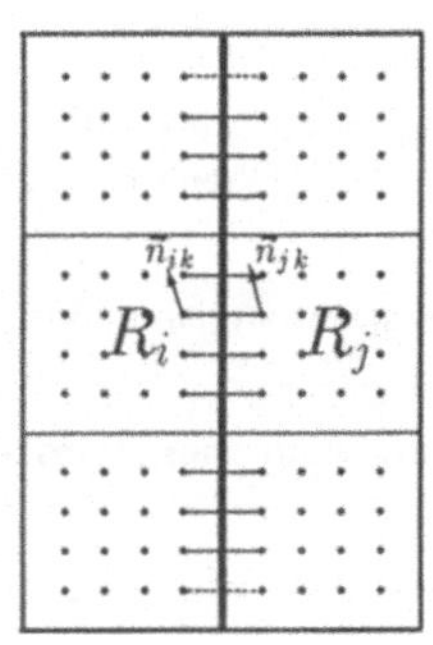

Abb. 1 Die Smoothness-Heuristik

Abb. 2 Eine Beispielszene

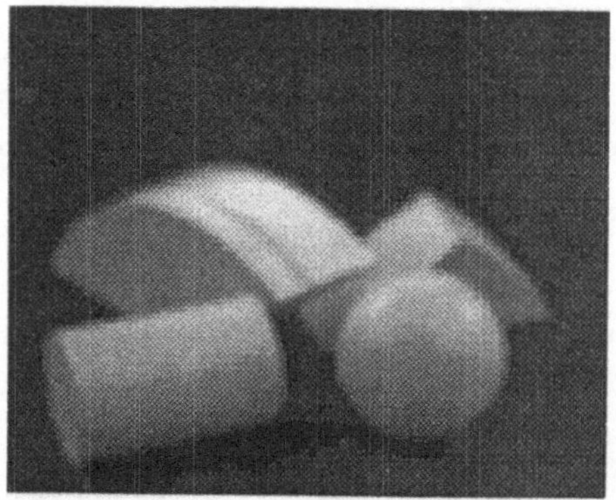

Abb. 3 Die Beispielszene aus anderer Perspektive

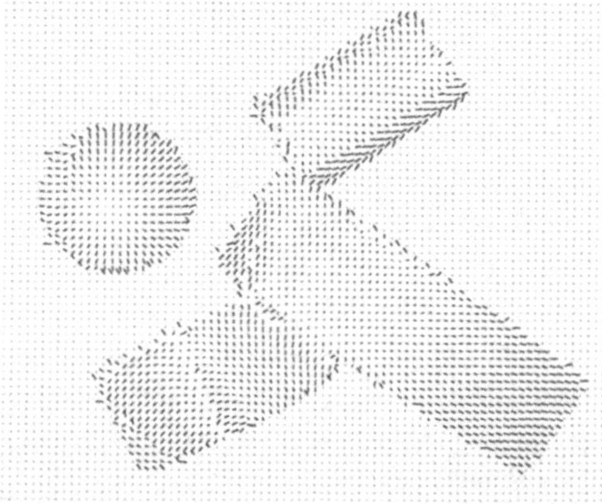

Abb. 4 Das Nadeldiagramm der Beispielszene

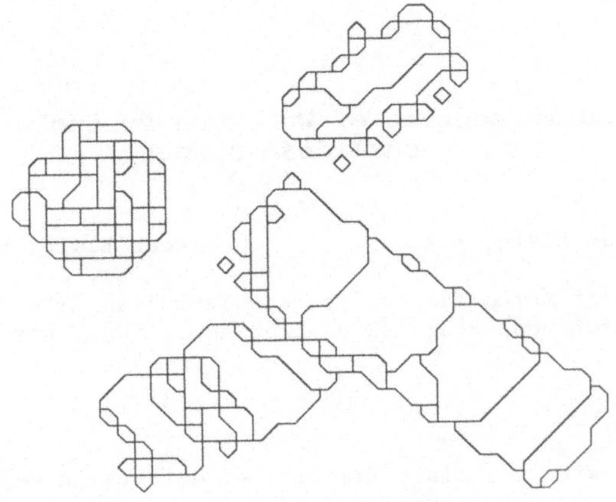

Abb. 5  Das Zwischenresultat nach Phase 2

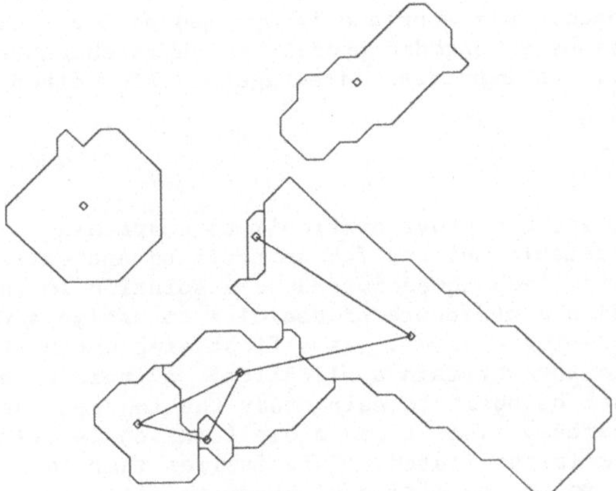

Abb. 6  Das Segmentierungsresultat

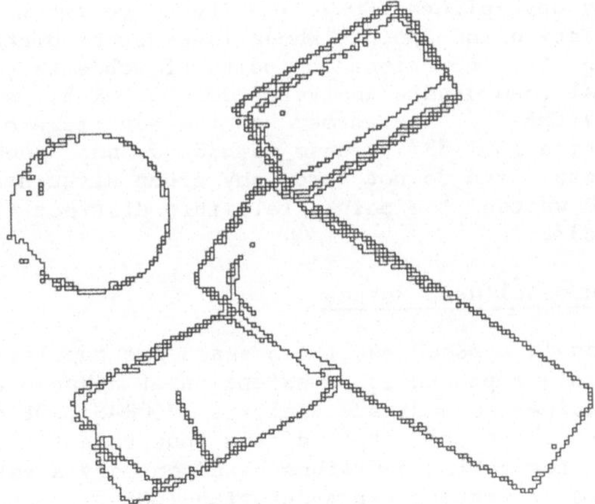

Abb. 7  Das Segmentierungsresultat mit dem
Brice-Fennema-Algorithmus

# Automated Inspection of Web Type Products in Pseudo-euclidean Spaces


Alam Eldin, A.T.                    Nour Eldin, H.A.

Group of Automatic Control and Technical Cybernetics,
University of Wuppertal, TX 8592262 ghw, 5600 Wuppertal-1, FRG.



## Abstract:

This paper deals with the classification of defects in web type products. Detection of outliers in the training set and objective determination of the defect classes represent an important step towards standardization of the defect classes. An approach that is based on the Generalized Principal Co-ordinate Analysis (GPCA) is described for objective selection of a training set and adaptive class cleaning in a low dimensionality space. This approach is applied on features extracted by modelling the production process by an ergodic process which is characterized by its Autocorrelation Function (ACF). An important advantage of this method is its suitability for large pattern vectors.


## Introduction:

A large feature set can prove difficult to comprehend, and it is necessary in this case to have suitable methods for summarizing and extracting relevant information. Classification techniques introduce a solution to this problem. Classification is referred to as a procedure of deciding to assign a new object to one of a known number of existing classes. As a first step one must firstly discover the classes taking place in a certain application. A training set including all the expected classes must be built to help study the inherent data structure with the classification approaches. The aimed classification is related to the features in which the investigator is interested. This implies that the investigator should give very careful thought to the selection of characteristic features of each sample.

Geometrical methods represent the data in a low dimensional space and have been widely used in many desciplines /GOR-83/. There are two methods of obtaining a geometrical configuration of points whose interpoint distances approximate the dissimilarity between the corresponding pairs of objects /GOR-83,TOR-66,JOL-86/. These are the principal co-ordinate analysis /JOL-86,GOR-83/ and the multidimensional scaling /TOR-66,KRU-64,CHA-80/. The former has the advantage of less heavy demands on the computing resources /GOR-83/. These methods do not depend upon any a priori labelling of the objects, and do not force any group structure on the data, allowing the analyst to assess whether the points fall into distinct clusters in a low dimensionality space /GOR-83/.

## Classification in Pseudoeuclidean Spaces:

The classification in a pseudoeuclidean space was popularized by Goldfarb /GOL-84,GOL-85,GOL-86/. This approach is an extension of a known approach in data analysis, namely the principal co-ordinate analysis /GOR-83,JOL-86,TOR-66,GOW-52/. The advantage of this approach is that it is domain independent, i.e., it helps develop an analytical basis for making decisions based on only a set of pattern vectors independent of the form of pattern representation /GOL-85/. Another advantage is that the class of pseudoeuclidean spaces is sufficient to accommodate data of any generality /GOL-85/ in contrary to the class of euclidean spaces.

## Vector Representation in a Finite Pseudoeuclidean Space:

Pseudoeuclidean spaces are non euclidean spaces, i.e. the distance defined in the vector space is not necessarily measured by the Pythagorean formula, as in the case of euclidean spaces /GOL-85/. Since the quadratic form is the most convenient concept for introducing the notion of generalized distance in a vector space, the reader may refer to /GOL-85/ for detailed analysis.

Goldfarb /GOL-86/ developed the so called embedding algorithm to construct a domain-independent vector representation in pseudoeuclidean space. The only difference between this algorithm and the principal co-ordinate analysis method is that the positive eigenvalues are arranged in decreasing amplitude, followed by both the negative eigenvalues in decreasing amplitude and the zero eigenvalues /GOL-86/. This renders the resulting vector representation a distance preserving mapping. The co-ordinates of the required vector representation in the constructed representation space are the first m elements of the i-th row of the representation matrix.

## Selection of a Training Set:

Prior identification of the training set is a time consuming step which helps reducing the cost of classification. There must be at least representatives in the training set for all classes of interest. Selection of heterogeneous samples as members in the training set simplifies the separability of patterns lying on the class boundaries. The selection of class representatives by the analyst is biased by subjective measures specially if the classes are difficult to separate. A good classification approach is capable of identifying weakness in the selection of the training set and gives the analyst insight to discover more structural details in data. Therefore, an adaptive classification procedure is proposed here to refine the training set, detect outliers, and classify defects in Unformly Textured Flat Surface Products (UTFSP's).

## Outlier Detection in the Training Set:

A perfect prespecification of the number of classes in problems of automated visual inspection in which the defects taking place are mostly of random nature, can only be made through objective measures. The classification approach used here makes it possible to detect outliers at the same time. This is advantageous to detect outliers in a low dimensional space. Adaptive outlier detection can in this case be realized according to the following steps:
1. Apply the principal co-ordinate analysis of the next section on the dissimilarity matrix to construct a configuration of the initial pattern space,
2. Select the most significant co-ordinate representation for each element of the training set to form a low dimensional space,
3. Compute the variance of the selected coordinates of the same class. If the variance exceeds a certain threshold value, rearrange the class elements, and repeat the procedure until the variance remains within acceptable limits.

## Generalized Principal Coordinate Analysis in Pseudoeuclidean Spaces:

This approach is summarized in the following steps, which are generalized to be applied to all possible pattern representations. Figure 1 shows a schematic diagram of this classification procedure.
(a) a training set of images or another corresponding representation is chosen by a human inspector and suitable features are then extracted from all members of the training set. The resulting feature vectors are known as the pattern space representation of the training set and are written in matrix form $F = (f_{ij})$; $i=1,2,\ldots,NP$, $j=1,2.,\ldots,NF$, where NP is the number of images used for training the classifier and NF is the number of features extracted from each image. Each row of the matrix F is a pattern vector corresponding to one sample of the training set. The samples of the same class follow each other.

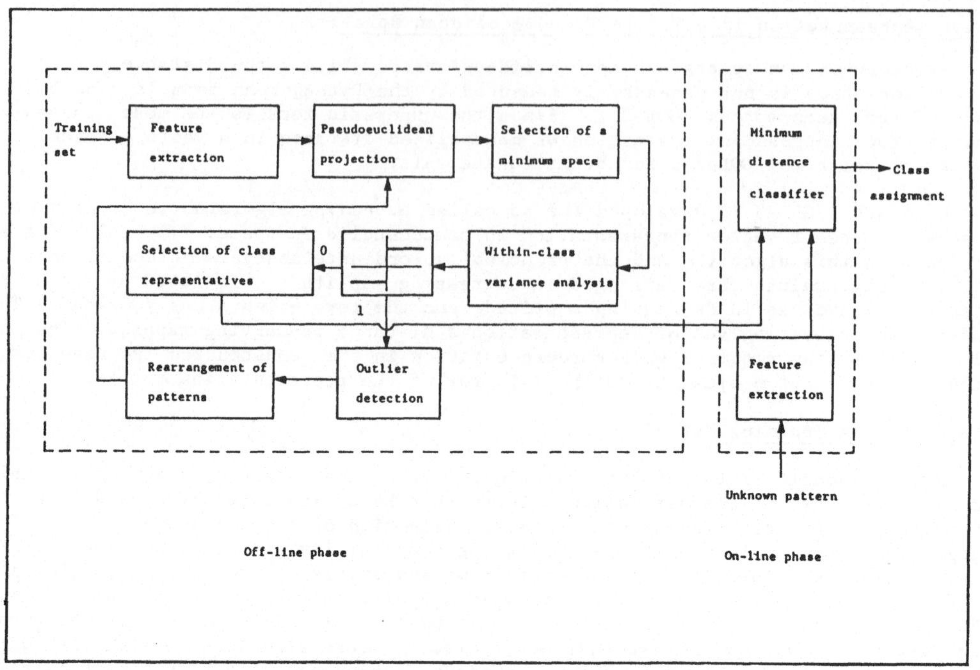


Figure 1   Schematic diagram of the classification procedure

This procedure can be better illustrated by a concrete practical problem with 15 textile training samples, from which six samples are of the class horizontal defects (filling thread defects), five samples of the class vertical defects (warp thread defects) and four samples of the class area defects (holes, stains and flecks). These samples are used for feature extraction using the autocorrelation model of the production process as discussed in /ALA-87/. Area Represented Subframes (ARS) are used as a first step towards data reduction. Figure 2 shows the area represntation of the training set. Typical defects are also shown for each class. A pattern space representation based on both the first five horizontal- and vertical autocorrelation coefficients is as follows:

<u>Pattern vectors for the horizontal ACF</u>

$$
F^h_{ij} = \begin{bmatrix}
1.00 & 6.68\text{E-}001 & 2.08\text{E-}001 & 1.61\text{E-}002 & 0.0000000 \\
1.00 & 7.20\text{E-}001 & 3.50\text{E-}001 & 1.10\text{E-}001 & 3.03\text{E-}002 \\
1.00 & 6.65\text{E-}001 & 2.77\text{E-}001 & 4.56\text{E-}002 & 1.80\text{E-}003 \\
1.00 & 5.89\text{E-}001 & 3.25\text{E-}001 & 8.46\text{E-}002 & 1.82\text{E-}002 \\
1.00 & 2.35\text{E-}001 & 8.57\text{E-}002 & 5.79\text{E-}002 & 3.60\text{E-}003 \\
1.00 & -7.13\text{E-}001 & 3.11\text{E-}001 & 7.62\text{E-}002 & 1.14\text{E-}002 \\
\hline
1.00 & -6.56\text{E-}002 & -4.15\text{E-}002 & -1.67\text{E-}002 & -6.34\text{E-}003 \\
1.00 & 8.62\text{E-}002 & -6.10\text{E-}002 & 2.01\text{E-}002 & 1.39\text{E-}002 \\
1.00 & -7.99\text{E-}002 & -7.80\text{E-}002 & -2.24\text{E-}002 & -8.33\text{E-}003 \\
1.00 & 2.39\text{E-}001 & -1.64\text{E-}001 & -5.72\text{E-}002 & -1.82\text{E-}002 \\
1.00 & -7.60\text{E-}002 & -6.32\text{E-}002 & -2.55\text{E-}002 & -6.89\text{E-}003 \\
\hline
1.00 & 3.74\text{E-}001 & -5.62\text{E-}003 & -9.23\text{E-}003 & -3.49\text{E-}003 \\
1.00 & 3.89\text{E-}001 & -3.65\text{E-}002 & -1.47\text{E-}002 & -5.57\text{E-}003 \\
1.00 & 3.85\text{E-}001 & -3.63\text{E-}002 & -1.46\text{E-}002 & -5.54\text{E-}003 \\
1.00 & 5.48\text{E-}001 & 1.42\text{E-}001 & 3.42\text{E-}003 & -1.27\text{E-}002
\end{bmatrix}
$$

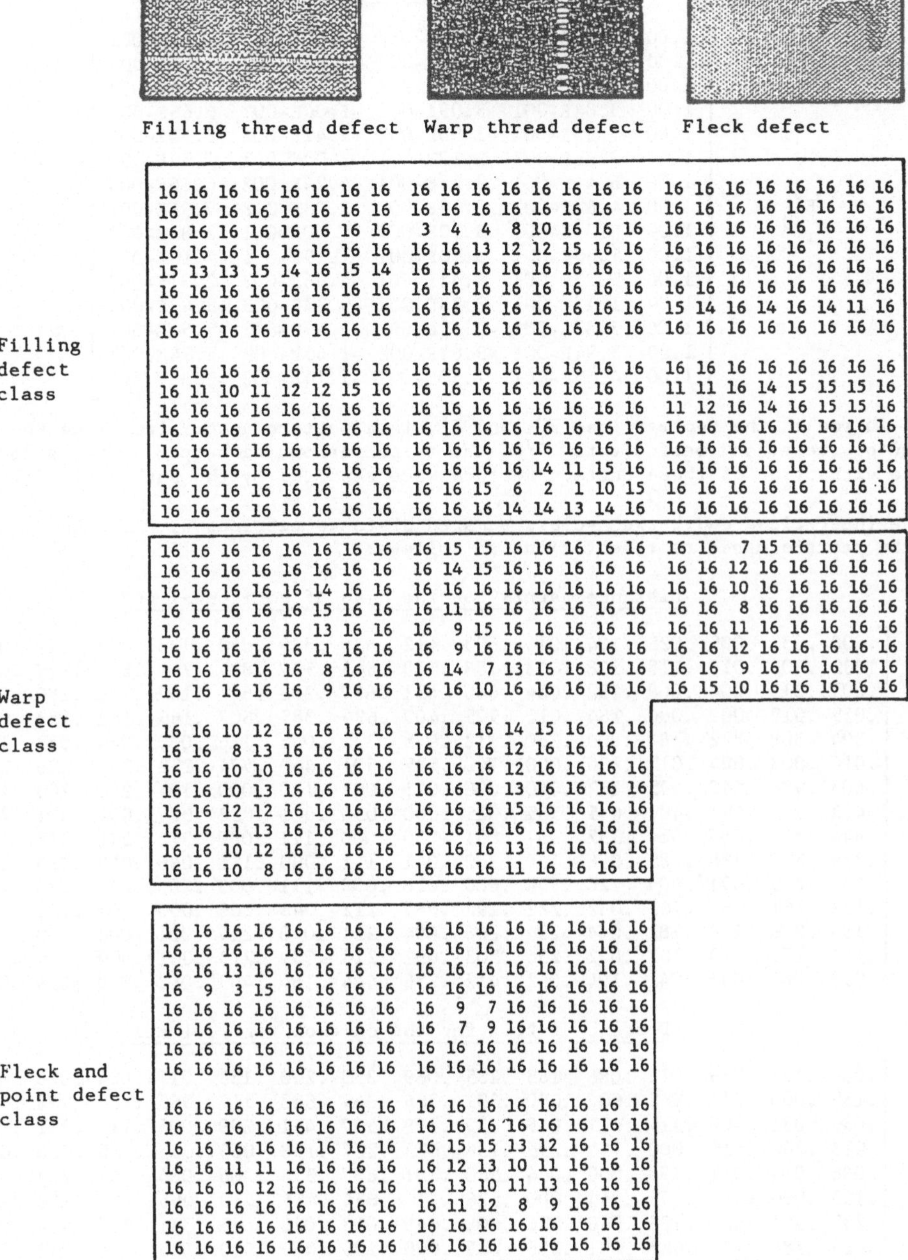


Figure 2   Subframe-area represented training set of 15 textile samples

Pattern vectors for the vertical ACF

$$
F^v_{ij} =
\begin{bmatrix}
1.00 & 2.36\text{E-}001 & -3.37\text{E-}002 & 3.10\text{E-}003 & 2.52\text{E-}002 \\
1.00 & -1.25\text{E-}001 & -7.95\text{E-}002 & -3.21\text{E-}002 & 1.03\text{E-}003 \\
1.00 & 4.67\text{E-}002 & -5.14\text{E-}002 & -2.08\text{E-}002 & 2.06\text{E-}002 \\
1.00 & 3.84\text{E-}001 & -3.09\text{E-}002 & -1.04\text{E-}002 & -6.66\text{E-}003 \\
1.00 & -5.53\text{E-}002 & -3.50\text{E-}002 & -1.41\text{E-}002 & -8.74\text{E-}004 \\
1.00 & -7.85\text{E-}002 & 2.17\text{E-}001 & -2.00\text{E-}002 & -7.59\text{E-}003 \\
1.00 & 6.44\text{E-}001 & 2.25\text{E-}001 & 4.24\text{E-}002 & 6.66\text{E-}003 \\
1.00 & 4.68\text{E-}001 & 9.12\text{E-}002 & 2.08\text{E-}002 & 7.61\text{E-}003 \\
1.00 & 6.95\text{E-}001 & 3.10\text{E-}001 & 1.00\text{E-}001 & 2.83\text{E-}002 \\
1.00 & 5.66\text{E-}001 & 3.50\text{E-}001 & 1.19\text{E-}001 & 4.10\text{E-}002 \\
1.00 & 5.53\text{E-}001 & 1.43\text{E-}001 & 4.76\text{E-}002 & 2.31\text{E-}002 \\
1.00 & 1.17\text{E-}001 & -2.28\text{E-}002 & -9.23\text{E-}003 & -3.49\text{E-}003 \\
1.00 & 3.89\text{E-}001 & -3.65\text{E-}002 & -1.47\text{E-}002 & -5.57\text{E-}003 \\
1.00 & 3.94\text{E-}001 & -3.63\text{E-}002 & -1.46\text{E-}002 & -5.54\text{E-}003 \\
1.00 & 4.63\text{E-}001 & 1.50\text{E-}001 & -1.14\text{E-}002 & -1.86\text{E-}002
\end{bmatrix}
$$

Each i-th row in the two matrices $F^h_{ij}$ and $F^v_{ij}$ is a pattern vector including the first five autocorrelation coefficients of the corresponding sample. Details concerning the extraction of these pattern vectors were reported by the authors in /ALA-86/.

(b) the inter-class and between-class squared distance matrices $D_{ij}$ are then computed from the pattern space representations as follows:

Distance matrix for the case of horizontal ACF

$$
D^h_{ij} =
\begin{bmatrix}
.000 & .032 & .005 & .025 & .204 & .016 & .603 & .412 & .644 & .329 & .630 & .133 & .139 & .141 & .019 \\
.032 & .000 & .013 & .018 & .308 & .003 & .788 & .579 & .843 & .527 & .825 & .261 & .276 & .278 & .085 \\
.005 & .013 & .000 & .009 & .222 & .004 & .640 & .451 & .687 & .388 & .671 & .167 & .178 & .180 & .033 \\
.025 & .018 & .009 & .000 & .184 & .015 & .575 & .407 & .624 & .385 & .607 & .165 & .182 & .183 & .042 \\
.204 & .308 & .222 & .184 & .000 & .280 & .112 & .045 & .132 & .076 & .126 & .032 & .044 & .042 & .104 \\
.016 & .003 & .004 & .015 & .280 & .000 & .740 & .535 & .791 & .469 & .774 & .222 & .234 & .236 & .061 \\
.603 & .788 & .640 & .575 & .112 & .740 & .000 & .025 & .001 & .110 & .000 & .195 & .206 & .203 & .412 \\
.412 & .579 & .451 & .407 & .045 & .535 & .025 & .000 & .030 & .041 & .028 & .087 & .094 & .091 & .256 \\
.644 & .843 & .687 & .624 & .132 & .791 & .001 & .030 & .000 & .111 & .000 & .212 & .221 & .218 & .444 \\
.329 & .527 & .388 & .385 & .076 & .469 & .110 & .041 & .111 & .000 & .111 & .046 & .040 & .039 & .194 \\
.630 & .825 & .671 & .607 & .126 & .774 & .000 & .028 & .000 & .111 & .000 & .206 & .217 & .213 & .433 \\
.133 & .261 & .167 & .165 & .032 & .222 & .195 & .087 & .212 & .046 & .206 & .000 & .001 & .001 & .052 \\
.139 & .276 & .178 & .182 & .044 & .234 & .206 & .094 & .221 & .040 & .217 & .001 & .000 & .000 & .058 \\
.141 & .278 & .180 & .183 & .042 & .236 & .203 & .091 & .218 & .039 & .213 & .001 & .000 & .000 & .059 \\
.019 & .085 & .033 & .042 & .104 & .061 & .412 & .256 & .444 & .194 & .433 & .052 & .058 & .059 & .000
\end{bmatrix}
$$

Distance matrix for the case of vertical ACF

$$
D^v_{ij} =
\begin{bmatrix}
.000 & .135 & .036 & .023 & .086 & .163 & .235 & .069 & .339 & .270 & .133 & .015 & .024 & .026 & .087 \\
.135 & .000 & .031 & .262 & .007 & .090 & .691 & .384 & .845 & .688 & .517 & .063 & .267 & .272 & .400 \\
.036 & .031 & .000 & .115 & .011 & .088 & .437 & .199 & .567 & .451 & .299 & .006 & .118 & .121 & .216 \\
.023 & .262 & .115 & .000 & .193 & .275 & .136 & .023 & .227 & .198 & .063 & .071 & .000 & .000 & .039 \\
.086 & .007 & .011 & .193 & .000 & .064 & .560 & .291 & .697 & .554 & .406 & .030 & .197 & .202 & .304 \\
.163 & .090 & .088 & .275 & .064 & .000 & .526 & .316 & .624 & .455 & .410 & .096 & .283 & .288 & .298 \\
.235 & .691 & .437 & .136 & .560 & .526 & .000 & .049 & .013 & .028 & .015 & .341 & .137 & .134 & .041 \\
.069 & .384 & .199 & .023 & .291 & .316 & .049 & .000 & .106 & .087 & .010 & .136 & .024 & .023 & .005 \\
.339 & .845 & .567 & .227 & .697 & .624 & .013 & .106 & .000 & .018 & .051 & .458 & .228 & .225 & .094 \\
.270 & .688 & .451 & .198 & .554 & .455 & .028 & .087 & .018 & .000 & .048 & .359 & .201 & .199 & .071 \\
.133 & .517 & .299 & .063 & .406 & .410 & .015 & .010 & .051 & .048 & .000 & .221 & .063 & .062 & .013 \\
.015 & .063 & .006 & .071 & .030 & .096 & .341 & .136 & .458 & .359 & .221 & .000 & .073 & .076 & .149 \\
.024 & .267 & .118 & .000 & .197 & .283 & .137 & .024 & .228 & .201 & .063 & .073 & .000 & .000 & .040 \\
.026 & .272 & .121 & .000 & .202 & .288 & .134 & .023 & .225 & .199 & .062 & .076 & .000 & .000 & .040 \\
.087 & .400 & .216 & .039 & .304 & .298 & .041 & .005 & .094 & .071 & .013 & .149 & .040 & .040 & .000
\end{bmatrix}
$$

Investigation  of the distance matrices indicates that the inter-class distances  are
very small in comparison with the between-class distances .

(c) the Gramsche-Matrix is computed from the distance matrix /GOL-84/ as follows:

$$B_{ij} = (1/2) \sum_{i,j=1}^{k} (d_{0i}^2 + d_{0j}^2 - d_{ij}^2) \; x^i \; x^j \; , \quad X = (x_1,\ldots\ldots,x_k) \tag{1}$$

(d)  compute  the  proper values $\alpha_i$ and the corresponding proper vectors $v_i$ from  the
quadratic form.  Since the quadratic  form is a semidefinite matrix, it has positive
and negative proper values: $\alpha_1,\alpha_2,\ldots,\alpha_p,\alpha_{p+1}\ldots\ldots\alpha_{p+q},0,0,\ldots,0$.

<u>Eigenvalues of the quadratic form in the case of horizontal ACF</u>

1.05  2.15E-002  3.20E-004  2.35E-004 9.745E-006 -1.17E-008 -6.29E-006  -1.85E-005
-1.31E-004 -5.59E-004 -2.95E-003 -9.21E-003 -2.77E-002 -1.01E-004 -1.66.

<u>Eigenvalues of the quadratic form in the case of vertical ACF</u>

7.28E-001 5.19E-002 1.16E-003 4.33E-004 4.14E-006 -5.66E-007 -6.24E-006 -2.33E-005
-1.54E-004 -2.23E-004 -3.79E-003 -1.68E-002 -3.03E-002 -8.37E-002 -1.13

(e)  every eigenvector is then weighed by the square root of its corresponding eigen-
value to give the corresponding representation (co-ordinates) in the new  space.  The
representation in a rotated space for the case of horizontal and  vertical  ACF 's  is  as
follows:

$$X_{ij}^{h} = \begin{bmatrix}
-.23 & .06 & -.001 & .005 & .0 \\
-.42 & -.03 & -.005 & .001 & .0 \\
-.27 & .01 & .006 & -.005 & .0 \\
-.22 & -.06 & .002 & .004 & .0 \\
.04 & -.05 & -.001 & -.004 & .0 \\
-.37 & .01 & .000 & -.004 & .0 \\
.36 & -.02 & .009 & .002 & .0 \\
.19 & -.00 & -.000 & .008 & .0 \\
.42 & .00 & -.010 & -.004 & .0 \\
.14 & .08 & .002 & -.001 & .0 \\
.40 & -.00 & .001 & -.000 & .0 \\
.01 & -.00 & .002 & -.002 & .0 \\
.01 & .01 & -.002 & .000 & .0 \\
.01 & .01 & -.001 & .000 & .0 \\
-.10 & .01 & -.002 & .000 & .0
\end{bmatrix}
\qquad
X_{ij}^{v} = \begin{bmatrix}
-.05 & -.01 & -.01 & .01 & .0 \\
-.43 & -.03 & -.01 & .00 & .0 \\
-.18 & -.02 & .01 & -.00 & .0 \\
.01 & -.05 & -.00 & -.00 & .0 \\
-.28 & -.01 & .01 & .00 & .0 \\
-.23 & .15 & -.00 & -.00 & .0 \\
.27 & -.04 & .00 & -.01 & .0 \\
.07 & -.01 & -.00 & .00 & .0 \\
.42 & .00 & -.01 & .00 & .0 \\
.26 & .10 & .00 & -.00 & .0 \\
.14 & -.03 & .01 & .01 & .0 \\
-.11 & -.01 & .00 & -.01 & .0 \\
.01 & -.05 & -.00 & -.00 & .0 \\
.01 & -.05 & -.00 & -.00 & .0 \\
.07 & .01 & -.01 & -.01 & .0
\end{bmatrix}$$

(f)  select the most significant first m coordinates according to a suitable adequacy
measure,  from  each  row  to represent the co-ordinates of the i-th  vector  in  the
reduced dimensionality space.  An Adequacy Measure  (AM) is computed to determine the
sufficiency of a certain number of representation co-ordinates in the new  space/GOR-
83/,

$$AM = \sum_{i=1}^{m} \alpha_i \; / \sum_{j=1}^{n} \alpha_j \tag{2}$$

where  m < n  .  The procedure described above allows one to  obtain  a  geometrical
configuration of  points whose distances apart correspond exactly to a given set  of
interpoint distances but with a  lower  dimensionality. For the given example the value
of AM for the first co-ordinate (m=1) is equal to 0.97765 in the case of the horizontal ACF and is equal to 0.93158 in the case of the vertical ACF.  These values  indicate  the  sufficiency of one dimensional representation for  separating  the  three
classes of interest in the new space.  This means that the first co-ordinate of  the
ith row in the co-ordinate matrix $X_{ij}$ is selected to represent the ith element of the
training  set  as  given in table 1.  Then the mean or center of each  class  is  determined.  The  nearest class element to the computed class-centroid is selected as a

representative for that class.  In table 1, $P_i(j)$ is the co-ordinate representing the
ith image of the jth class. $D_i(j)$ is the distance between the co-ordinates of the ith
image of the jth class and the representative of that class.

(g) detection of outliers is then achieved by applying both the minimum variance
criterion to the new interclass distances and the index location. After removing a
detected outlier from the incorrect class it must be examined again to assert the
existence of other outliers and the procedure is repeated until very clean classes
are obtained. Only after that is representative selection possible.

(h) determine the class representatives by locating the index of the nearest pattern
vector to the class mean . Table 2 shows the class representatives in both horizonal
and vertical strategies of the ACF method /ALA-87/.

Table 1  First  co-ordinates of the patterns and distances to class means  in  both
cases of horizontal and  vertical ACF 's respectively:

| $P_1(1)$ | $D_1(1)$ | $P_2(2)$ | $D_2(2)$ | $P_3(3)$ | $D_3(3)$ |
|---|---|---|---|---|---|
| -.239 | .009 | .368 | .062 | .015 | .029 |
| -.427 | .178 | .191 | .113 | .016 | .029 |
| -.275 | .026 | .421 | .115 | .018 | .031 |
| -.225 | .023 | .146 | .160 | -.104 | .090 |
| .047 | .296 | .403 | .097 | | |
| -.372 | .124 | | | | |

| $P_1(1)$ | $D_1(1)$ | $P_2(2)$ | $D_2(2)$ | $P_3(3)$ | $D_3(3)$ |
|---|---|---|---|---|---|
| -.053 | .142 | .275 | .039 | -.115 | .113 |
| -.430 | .234 | .072 | .164 | .011 | .014 |
| -.184 | .012 | .421 | .185 | .014 | .017 |
| .010 | .206 | .264 | .028 | .078 | .081 |
| -.287 | .091 | .147 | .089 | | |
| -.230 | .034 | | | | |

Table 2  Class representatives in both the horizontal and vertical directions

| Class | Representative sample (HD) | Representative sample (VD) |
|---|---|---|
| 1 | 1 | 3 |
| 2 | 1 | 4 |
| 3 | 1 | 2 |

HD : Horizontal direction          VD : Vertical direction

(i) to assign a new pattern vector to one of the prespecified classes,  projection on
the  new  representation space is not required.  Now a new pattern can be  classified
according to the following steps:
1-retrieve the features of class representatives
2-compute  the euclidean distances between the  new  pattern vector  and  the  class
representatives.
3-assign  the new pattern to the class to which it has a minimum distance.  The location of the minimum is memorized by the index of that class.
It  is  important to note that the most extensive computational part of the  approach
encountered in representative selection is performed off-line. This introduces a very
high reduction of the computation time required to perform classification of defects.
Application of  the nearest neighbour classifier to the original training set  is  a
very time consuming process in comparison to only three representatives.

The **confusion matrix** $C_{ij}$ summarizing the classification-results of  fifteen  real
textile samples is

$$
C_{ij} = \begin{array}{c} \\ H \\ V \\ A \end{array}
\begin{array}{ccc} H & V & A \\ \left[\begin{array}{ccc} 5 & 0 & 1 \\ 0 & 4 & 1 \\ 1 & 0 & 3 \end{array}\right] \end{array}
$$

This matrix shows that a horizontal defect is classified as an area defect. This sample contains a very small defect with horizontal directionality and consists of two defect parts separated by a sound part. The left part of this defect (see Fig 2., sample No.4) is clear than the right part. As a result of the filtering effect of the autocorrelation function both the middle and right parts are filtered out , and the defect is recognized as an area defect. The same situation occurs in the case of sample number 2 of class 2 (see Fig. 2, sample No.2). It is possible to use this filtering effect to form five defect classes: (1) horizontal defects, (2) vertical defects, (3) horizontal-area defects, (4) vertical-area defects, and (5) area defects.


## Summary:

We have discussed a classification approach that is based on mapping the pattern vectors in a low dimensionality pseudoeuclidean space. This approach conserves distances in the new space and avoids most of the problems encountered in using a clustering technique. Since most of the defects taking place in industrial products are of random nature, it is possible with this approach to detect outliers in the preliminary stage during selection of the training set. An interesting application of the proposed approach, is the possiblity of standardizing the defect classes in web type products. Results of applying this approach to pattern vectors extracted from the autocorrelation coefficients are encouraging. This approach is expected to be much better than heuristic approaches in cases with a large number of features and/or a training set consisting of many members. Most of the computational time encompassed in this approach is performed off-line to select class representatives.



## References:

/ALA-87/ Alam Eldin, A.T. and Nour Eldin, H.A., "Automated visual inspection of uniformly textured flat surfaces using correlation analysis" Proceedings of the IASTED International Symposium:Applied Control, Filtering, and Signal Processing". June 15-17,1987, Geneva, Switzerland.

/CHA-80/ Chatfield, C. and Collins, A.,"Introduction to Multivariate Analysis", Chapman and Hall 1980.

/GOL-84/ Goldfarb, L., "A Unified Approach to Pattern Recognition", Pattern Recognition, Vol. 17, No. 5,pp.575-582,1984.

/GOL-85/ Goldfarb, L., "A New Approach to Pattern Recognition", in Progress in Pattern Recognition, vol.2.ed. L.Kanal and A.Rosenfeld, Elsevier Science Publishers B.V. 1985.

/GOL-86/ Goldfarb, L., "Metric Data Models And Associative Memories", invited paper presented at the 8th IASTED International Symposium on Robotics and Artificial intelligenece, June 18-20, 1986, Toulouse (France).

/GOO-82/ Goodfrey, K.R., "Correlation Methods", Automatica,Vol 16.,pp 527-534.

/GOR-83/ A. D. Gordon,"Classification- Methods for the Exploratory Analysis of Multivariate Data", Chapman and Hall, 1981.

/GOW-53/ Gower, J.C., "Some distance properties of latent root and vector methods used in multivariate analysis". Biometrika,53,pp.325-338.

/JOL-86/ Jolliffe, I.T.,"Principal Component Analysis", Springer Verlag, 1986

/KRU-64/ Kruskal, J.B., "Nonmetric Multidimensional Scaling: A numerical method" Psychometrika-Vol.29,No. 2, June 1964.

/TOR-66/ Torgerson, W.S.,"Multidimensional scaling: I. Theory and method".Psychometrika,17, pp.401-419,1966.

/YAG-87/ Yaglom, A.M., "Correlation theory of stationary and related random functions I : basic results", Springer-Verlag . 1987.

Der Einsatz schneller Beleuchtungsoperationen
für die robuste Merkmalsextraktion und Segmentierung
in der industriellen Objekterkennung und Qualitätsprüfung

R. Malz

Institut für Technische Optik, Prof. Dr. H. J. Tiziani
Universität Stuttgart, Pfaffenwaldring 9, 7000 Stuttgart 80

## Kurzfassung

Dynamische und differentielle Beleuchtungsverfahren liefern Merkmale für die Objekterkennung, die in Einzelbildern prinzipiell nicht enthalten sein können. Eines der hier vorgestellten Echtzeit—Beleuchtungssysteme erzeugt während der Bildaufnahme positionierbare und veränderbare Punkt-, Cluster-, Linien- und Flächenquellen mit Hilfe abgelenkter und modulierter Halbleiterlaser. Einige Beispiele der Bildsegmentierung, Form- und Oberflächenprüfung werden gezeigt. Das Prinzip einer beleuchtungsaktiven Kamera für den Einsatz in wissensbasierten Erkennungs- und Prüfsystemen wird vorgestellt. Die vieldeutigen elementaren Bildmerkmale, die heute mit geeigneter Hardware in Echtzeit berechnet werden können, lassen sich durch eine (numerische oder wissensbasierte) Kopplung mit den Beleuchtungsparametern in Objektsymbole mit hohem Aussagewert differenzieren, was die weitere Symbolverarbeitung wesentlich vereinfacht.

## 1. Einleitung

Dreidimensionale Formen und mikroskopische Oberflächeneigenschaften – die wesentlichen Merkmale für die optische Identifikation und Qualitätsbeurteilung industrieller Objekte – können mit einer Kamera nur indirekt bestimmt werden. Durch die optische Abbildung werden unterschiedliche Objektmerkmale auf wenige Intensitätsmerkmale im Bild reduziert. Dabei ist es nicht nur die fehlende dritte Dimension, die eine Interpretation schwierig macht, sondern auch die Unentscheidbarkeit, ob es sich um transparente, reflektierende, streuende oder selbstleuchtende Oberflächenpunkte handelt.

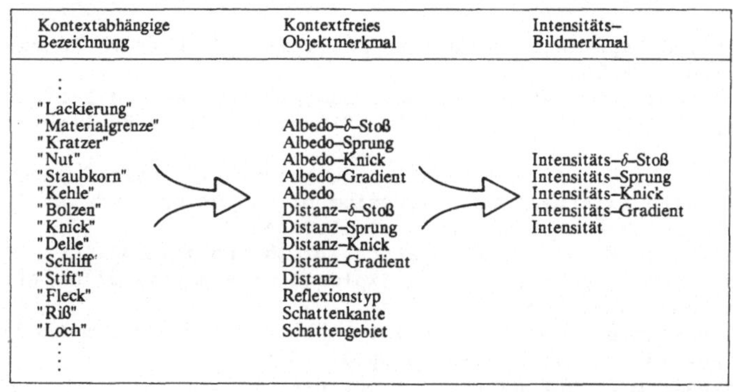


Um Intensitätsmerkmale wieder in ursächliche Objektmerkmale differenzieren zu können, wird zusätzliche Information benötigt. Eine Möglichkeit ist der Vergleich mit Objekt- und Beleuchtungshypothesen, die aus programmierten, gelernten oder CAD – adaptierten Objektmodellen und zusätzlichen Beleuchtungsmodellen generiert werden. Die kombinatorische Vielfalt ist dabei außerordentlich hoch.

Abb. 1: Der Informationsverlust bei der Abbildung von Objektmerkmalen auf Bildmerkmale.

Die Rekonstruktion von Objektmerkmalen aus Bildmerkmalen kann erheblich abgekürzt werden, wenn zusätzlich empirische Daten über das aktuelle Objekt herangezogen werden. Beleuchtungsabhängigkeiten können in unterschiedlicher Weise genutzt werden.

## Photometrische 3–D–Verfahren

Das Wissen über den Zustand der vorgegebenen Beleuchtung wurde schon früh ausgenutzt, um dreidimensionale Profile zu berechnen /1/. Die photometrische Bestimmung der Normalenvektoren der Objektoberfläche über Reflektanzkarten ("reflectance maps") wurde in /2/ vorgeschlagen und weiterentwickelt /3,4/. Da zur Berechnung die winkelabhängige Streufunktion invertiert werden muß, setzen diese Verfahren allerdings matte Oberflächen mit konstanter Albedo voraus.

## Optische 3–D–Meßtechnik

Meßsysteme sind in der Regel auf ein Objektmerkmal spezialisiert. Daher können Beleuchtungsanordnungen verwendet werden, die dieses Merkmal optimal in Intensitätssignale umsetzen. Die meisten 3–D–Meßverfahren beruhen auf einer strukturierten Objektbeleuchtung. Die lateralen Verschiebungen der punkt–, linien–, streifen– oder gitterförmigen Muster sind dann ein Maß für Distanzänderungen und werden über geometrische Beziehungen ausgewertet. Andere Objektmerkmale wie material– und oberflächenbedingte Intensitätsänderungen werden dabei nicht als Objektinformation verwertet, sondern nach Möglichkeit kompensiert. In /5/ findet man eine Übersicht über verschiedene dieser leistungsfähigen und zum Teil außerordentlich präzisen Meßtechniken.

## Dynamische Objektbeleuchtung aus verschiedenen Raumwinkelbereichen

Bearbeitete oder zusammengesetzte Objekte im Produktionsbereich weisen häufig unstetige Profile und heterogene Oberflächen mit anisotroper Streu– und Reflexionscharakteristik auf. Erkennung und "Qualitätsmessung" an solchen Objekten ist auf die Bestimmung verschiedener Objektmerkmale angewiesen, die z.T. gegensätzliche Anforderungen an eine optimale Beleuchtung stellen. Statische Beleuchtungen sind in diesen Fällen suboptimale Kompromisse.

In dieser Arbeit werden dynamische Beleuchtungsverfahren vorgestellt, die während der Bildaufnahme die Entstehung von Bildmerkmalen beeinflussen und dadurch den bei der Abbildung auftretenden Informationsverlust teilweise kompensieren. Zusammen mit den in jüngster Zeit verfügbar gewordenen Echtzeitprozessoren für die Extraktion ikonischer Merkmale können diese Beleuchtungsoperatoren leistungsfähige Symbole auf der ikonischen Ebene generieren.


## 2. Objekt– und Bildmerkmale

Die allgemeine Zuordnung von Objektmerkmalen und Bildmerkmalen ist vereinfacht in Abb. 2 dargestellt. Die Mehrdeutigkeiten lassen sich durch bedingte Wahrscheinlichkeiten $\psi_{ij}$ beschreiben, die von den gewählten Merkmalsklassen und wesentlich von der Beleuchtungssituation abhängen.

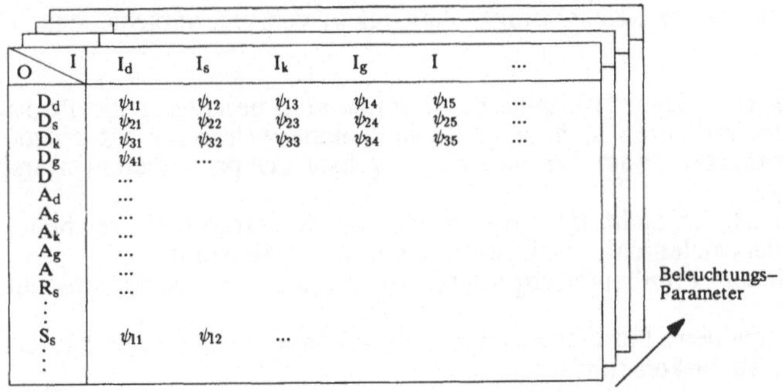

| O \ I | $I_d$ | $I_s$ | $I_k$ | $I_g$ | $I$ | ... |
|---|---|---|---|---|---|---|
| $D_d$ | $\psi_{11}$ | $\psi_{12}$ | $\psi_{13}$ | $\psi_{14}$ | $\psi_{15}$ | ... |
| $D_s$ | $\psi_{21}$ | $\psi_{22}$ | $\psi_{23}$ | $\psi_{24}$ | $\psi_{25}$ | ... |
| $D_k$ | $\psi_{31}$ | $\psi_{32}$ | $\psi_{33}$ | $\psi_{34}$ | $\psi_{35}$ | ... |
| $D_g$ | $\psi_{41}$ | ... | | | | |
| $D$ | ... | | | | | |
| $A_d$ | ... | | | | | |
| $A_s$ | ... | | | | | |
| $A_k$ | ... | | | | | |
| $A_g$ | ... | | | | | |
| $A$ | ... | | | | | |
| $R_s$ | ... | | | | | |
| ⋮ | | | | | | |
| $S_s$ | $\psi_{11}$ | $\psi_{12}$ | ... | | | |
| ⋮ | | | | | | |



Abb. 2 : Die Zuordnungen von Objektmerkmalen und Intensitätsmerkmalen eines einzigen Bildes sind mehrdeutig. Bei Änderungen von Beleuchtungsrichtung und Beleuchtungstyp zeigen sich jedoch Gesetzmäßigkeiten, die eine inverse Zuordnung ermöglichen.

## 3. Zweidimensionale Beleuchtungsfunktion

Für eine einfache Beschreibung der Beleuchtungsverfahren wird zunächst eine allgemeine Beleuchtungsfunktion definiert. Vom Objekt O aus betrachtet befinde sich die Kamera K stationär in Raumrichtung $\varphi=0$ (Abb. 3). Die bewegte Punktlichtquelle mit normierter Intensität sei beschrieben durch $P(\xi(t),\varphi(t))$ und auf der gesamten Kugelfläche definiert. Für ein gegebenes Objekt hängt der zeitliche Intensitätsverlauf des Bildes von der Bahnkurve der Punktquelle ab und läßt sich anschreiben als:

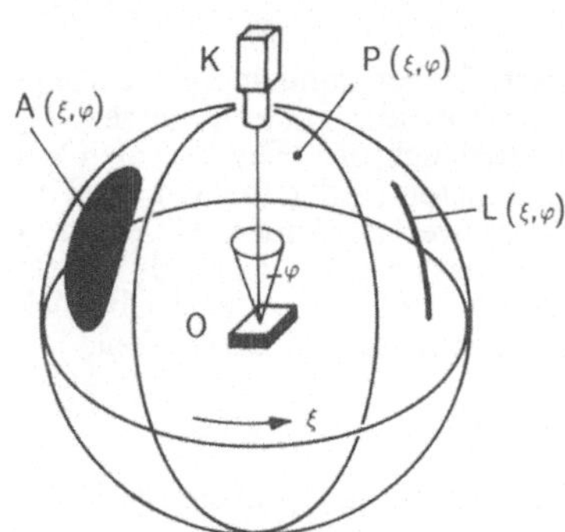


bzw.

$$I ( x, y, P(\xi(t),\varphi(t)) )$$

$$I (x,y,\xi,\varphi),$$

wenn der Zeitparameter eliminiert wird.

Dieser vierdimensionale Bildquader, den man sich im diskreten Fall als zweidimensionales Array von Bildern mit den Parametern $\xi$ und $\varphi$ vorstellen kann, enthält nun die gesamte Information, die über die von der Beleuchtungsrichtung abhängige Zuordnung von Bildmerkmalen und Objektmerkmalen am Objekt verfügbar ist.

Abb. 3: Positionierbare Punkt–, Linien– und Flächenquellen

### Differentielle Analyse

Ein wesentlicher Aspekt der dynamischen Beleuchtung ist die Robustheit gegenüber Albedoschwankungen oder Fremdlichteinfall. Die wichtige Information steckt in den Intensitätsrelationen: Beleuchtungsänderungen wirken sich als Änderungen von Intensitätsmerkmalen oder als Positionsänderung von Intensitätsmerkmalen aus.

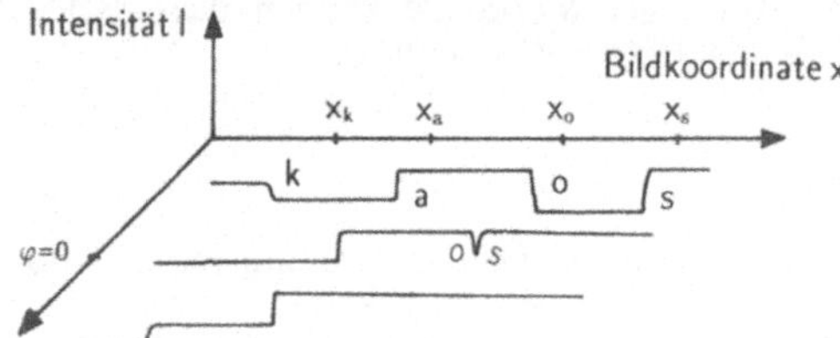


Das Beispiel soll veranschaulichen, wie systematische Zusammenhänge im Bildquader I $(x,y,\xi,\varphi)$ genutzt werden können, um mehrdeutige Bildmerkmale bereits auf der ikonischen Ebene verschiedenen Objektmerkmalen zuzuordnen. Damit eine zweidimensionale Darstellung möglich ist, wird ein Schnitt mit y=const. und $\xi$=const. gewählt.

Abb. 4 : Beispiel für die unterschiedliche Beleuchtungsabhängigkeit von vier verschiedenen Objektmerkmalen.

Der Funktionsverlauf I (x) entspricht einer Bildzeile, der Parameter $\varphi$ beschreibt die Position der Punktlichtquelle. Die Intensitätsgradienten k, a, o und s sind ohne weiteres nicht einzuordnen. Betrachtet man jedoch ihre Abhängigkeit vom Parameter $\varphi$, so zeigen sich prinzipielle Unterschiede:

1. Die Position der Kante k ändert sich nicht, der Intensitätssprung ändert sein Vorzeichen.
2. Die Position der Kante a ändert sich nicht, der Intensitätssprung ist konstant.
3. Die Kante o taucht erst nach dem Pupillendurchgang ($\varphi=0$) auf, ihre Position ist konstant, ihr Gradient bleibt konstant.
4. Die Kante s taucht erst nach dem Pupillendurchgang ($\varphi=0$) auf, ihre Position ändert sich monoton mit $\varphi$, ihr Gradient bleibt konstant.

Mit hoher Wahrscheinlichkeit kann hier folgende Zuordnung getroffen werden:

$$k \Rightarrow \text{Knick im Höhenprofil}$$
$$a \Rightarrow \text{Albedo–Sprung}$$
$$o \Rightarrow \text{Objektkante (Stufe im Höhenprofil)}$$
$$s \Rightarrow \text{Schattenrand}$$

## 4. Software–Strategien

### Beleuchtungsbibliothek

Für die Verfahrensentwicklung wurde eine Bibliothek in C und Assembler erstellt, mit der sich bewegte Punktquellen, Cluster, Linien– und diffuse Flächenquellen erzeugen lassen. Dabei werden elementare Beleuchtungstypen verwendet, die durch Parameter dimensioniert, positioniert und kombiniert werden können. Die aktuellen Funktionstabellen werden während der Bildaustastlücke generiert und dann synchron mit der Bildaufnahme ausgegeben. Damit ist eine lückenlose Bildfolge möglich.

Diese Bibliothek kann über ein graphisches Benutzer–Interface angesprochen werden; die Funktionen sind so ausgelegt, daß sie auch von einer höheren Sprachebene aus (z.B. als PROLOG–Prädikate) ansprechbar sind.

### Bildsequenzanalyse

In der Arbeitsphase eines Verfahren wird man in der Regel nicht die gesamte Funktion $I\,(x,y,\xi,\varphi)$ auswerten, sondern sich aus rechenökonomischen Gründen auf einen sorgfältig ausgewählten Satz von n Einzelbildern beschränken. Einzelbilder $I(x,y)$ sind Schnitte durch den Bildquader an einer bestimmten Stelle $\xi_1$, $\varphi_1$ oder auch gewichtete Linien– und Flächen–Integrale über $\xi$ und $\varphi$, je nach dem, ob das Objekt mit einer Punktquelle aus der Richtung $\xi_1$, $\varphi_1$ oder mit einer diffusen Linien– oder Flächenquelle $A\,(\xi,\varphi)$ statisch beleuchtet wurde.

Das Lern– und Optimierungsproblem für ein bestimmtes Anwendungsproblem wird also u.a. darin bestehen, Beleuchtungsfunktionen $F_n(\xi,\varphi)$ zu finden, mit denen Bilder mit möglichst geringer Redundanz und maximalem Aussagewert bezüglich der zu untersuchenden Objekteigenschaften generiert werden können. Dabei kann es erforderlich sein, in der Lernphase einen größeren Teil der Funktion $I\,(x,y,\xi,\varphi)$ auszuwerten.

Das folgende Beispiel soll zeigen, daß eine Zuordnung von Objektmerkmalen und Bildmerkmalen, die in einem Einzelbild ohne zusätzliche Information nicht möglich wäre, durch eine Beleuchtungssequenz mit zwei Bildern realisiert werden kann. Faltet man die in Abb. 4 gezeigte Funktion $I\,(x,\varphi)$ mit einem eindimensionalen Rechteckfenster der Länge $\Delta\varphi$ in $\varphi$–Richtung, so reduziert sich der Gradient der Schattenkante s mit $1/\Delta\varphi$, während der Gradient der Objektkante im wesentlichen konstant bleibt. Der Vergleich der tiefpaßgefilterten Funktion $I_{1P}\,(x,\varphi_1)$ mit der ursprünglichen Funktion liefert eine robuste Klassifikation von Schattenkanten. Praktisch entspricht dies einem Vergleich zwischen Beleuchtung mit punktförmiger und ausgedehnter Lichtquelle.

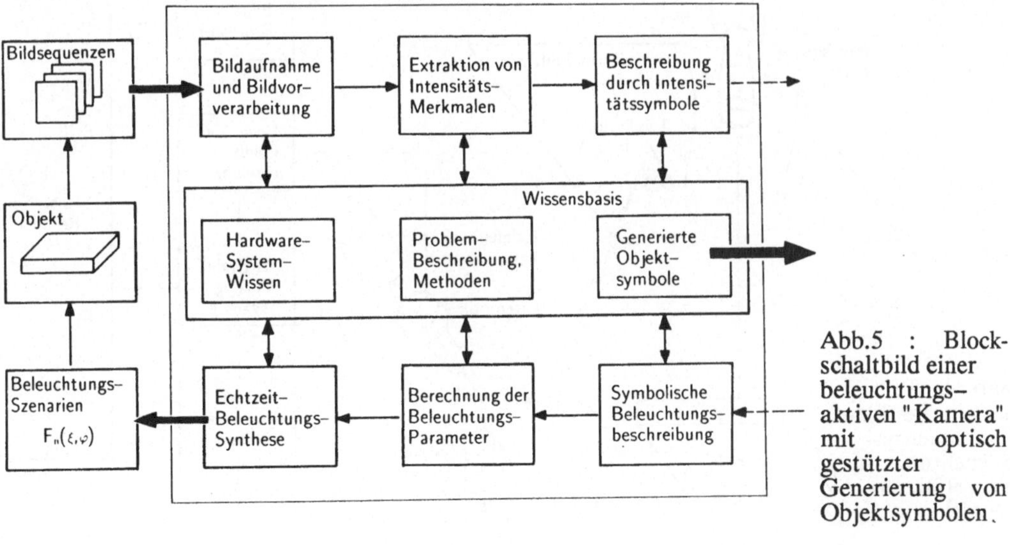


Abb.5 : Blockschaltbild einer beleuchtungsaktiven "Kamera" mit optisch gestützter Generierung von Objektsymbolen.

## Wissensbasierte Beleuchtungs–Bild–Kopplung

Die Leistungsfähigkeit eines flexiblen Beleuchtungssystems wird erst in vollem Umfang nutzbar, wenn die Regelmäßigkeiten der Zuordnungen von Objektmerkmalen und Bildmerkmalen in Abhängigkeit der Beleuchtungsfunktionen in einer Wissensbasis abgelegt sind und objektspezifisch gelernt und modifiziert werden können /6,7,8/. Abb. 5 zeigt das prinzipielle Zusammenwirken von Beleuchtung und Bildverarbeitung. Die Kopplung ist zum gegenwärtigen Zeitpunkt auf der Ebene der Berechnung der Beleuchtungsparameter und Merkmalsextraktion realisiert und wird für Klassifikationsverfahren in Verbindung mit Beleuchtungsalgorithmen eingesetzt. An der Kopplung von symbolischer Beleuchtungsbeschreibung mit ikonischen Symbolen wird gearbeitet.

## 5. Technische Realisierung

Temperaturstrahler sind für sequentielle Beleuchtungsverfahren wegen ihrer thermischen Trägheit ungeeignet (typ. 1s). Ihr intensitätsabhängiges Spektrum und die thermische Belastung des Objektes können ebenfalls von Nachteil sein. Für rechnergesteuerte Beleuchtungsverfahren mit Leuchtstoff– und Entladungslampen wurde ein mehrkanaliges optisch geregeltes Hochfrequenz–Steuergerät entwickelt. Damit läßt sich der Lichtstrom in jedem der 6 Kanäle mit einer Anstiegszeit < 1 ms kontinuierlich einstellen.

Halbleiter–Laser erzielen bei weitem den höchsten Wirkungsgrad gerichteter Lichtquellen. Das Problem der aperiodischen Modulation der überlastungsempfindlichen Laser konnte mit einer Abtastregelung gelöst werden. Die realisierten Anstiegszeiten mit den verwendeten 3...30 mW – Lasern lag weit unter dem erforderlichen Wert von 10 $\mu s$. Ein erheblicher Vorteil der Laserbeleuchtung ist, daß sich der Einfluß des (breitbandigen) Umgebungslichtes praktisch ausschalten läßt. Dazu wird die Kamera mit einem Interferenzfilter ausgestattet, das auf die Spektrallinie des Lasers abgestimmt ist.

Das Prinzip der zur Verfahrensentwicklung verwendeten flexiblen Punktquellenbeleuchtung ist in Abb. 6 dargestellt. Der frei positionierbare und (de–) fokussierbare Halbleiter–Laserstrahl wird auf einen modifizierten Retroreflektor gerichtet, der eine hohe Lichtausbeute und eine gleichmäßige Objektausleuchtung garantiert. Ein Nachteil dieser einfachen Anordnung ist, daß eine Beleuchtung aus der exakten Pupillenrichtung nicht möglich ist. Zum anderen ist die Anordnung des Lasers in Objektnähe störend. Um diese Nachteile zu vermeiden, wird derzeit eine modifizierte optische Anordnung realisiert, die eine Integration von Kamera und Beleuchtung ermöglicht.

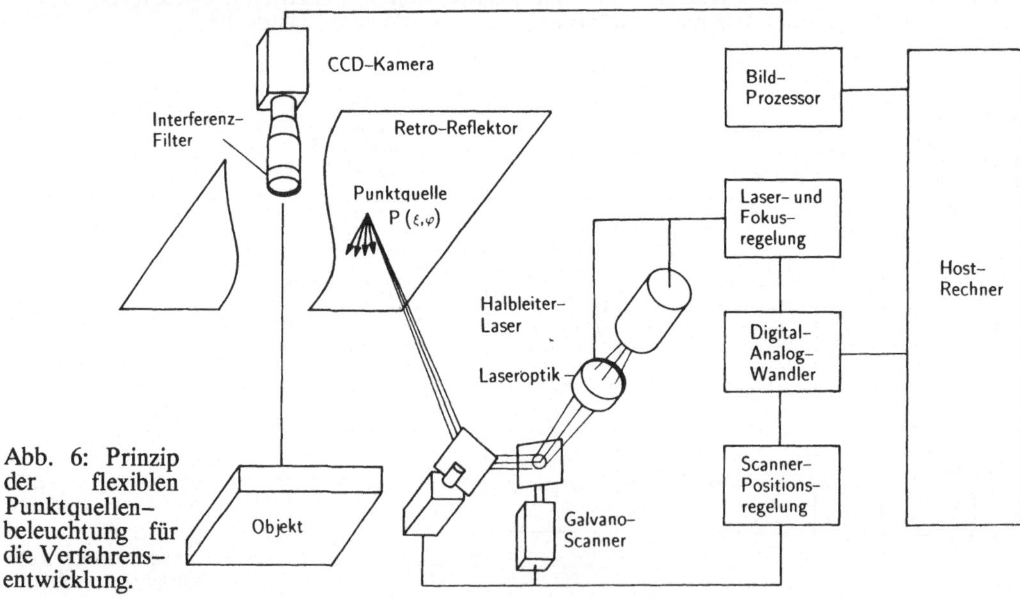


Abb. 6: Prinzip der flexiblen Punktquellenbeleuchtung für die Verfahrensentwicklung.

Der mit dem Prozessor 80286 realisierte Spiegel–, Laser– und Fokustreiber erlaubt die Darstellung komplexer Beleuchtungsfunktionen $P(\xi,\varphi,nT)$ mit jeweils 1400 Stützstellen in einem 4096 x 4096 –Raster während der Aufnahme jedes Halbbildes. Durch Defokussierung kann der Laserspot aufgeweitet werden, so daß nicht nur Punkt– und Linienquellen, sondern auch variable Flächenquellen programmierbar sind. Der allgemeinen Bewegung ist eine mikroskopische Positions– und Fokussierungsmodulation des Lasers überlagert. Die statistische Mittelung (Integrationswirkung des Kameratargets) bewirkt einerseits eine homogene Abstrahlcharakteristik der Punktquelle, zum anderen werden die bei kohärenten Lichtquellen durch konstruktive und destruktive Interferenzen auftretenden Speckle–Effekte wirkungsvoll unterdrückt.

Abb. 7 zeigt eine spezielle Beleuchtungsanordnung. Die Intensitäten der drei ortsfesten Beleuchtungsmodule für schattenfreies Auflicht aus der Kamerapupille, diffuse Beleuchtung und Durchlicht sind rechnergesteuert und stufenlos einstellbar bzw. schaltbar. Das zusätzliche Reflexionslicht – Modul dient der Beleuchtung flacher reflektierender Objekte. Das rechnergesteuerte Beleuchtungsarray wird über die als Spiegel angenommene Objektoberfläche in die Pupillenebene der Kamera abgebildet. Dadurch können Oberflächenneigungen unabhängig von den Bildkoordinaten in Intensitätänderungen transformiert werden.

Abb.7 : Beleuchtungsanordnung mit verflochtenem Strahlengang für reflektierende Objekte. Das Array dient der Klassifizierung von Neigungen, Welligkeiten und Knicken.

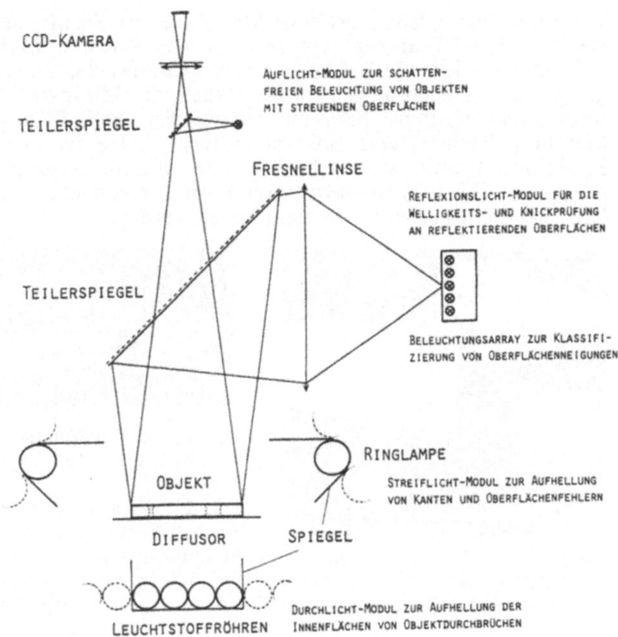


## 6. Anwendungsbeispiele

Mit der Anordnung nach Abb.7 wurden metallische Objekte mit veredelten Oberflächen untersucht. Knicke, Farbflecken, matte Stellen, Welligkeiten, Knicke und andere Defekte konnten segmentiert und klassifiziert werden, ohne die strukturreichen Objekte einer rechenintensiven morphologischen Analyse unterziehen zu müssen. Die widersprüchlichen Beleuchtungsanforderungen verschiedener Fehler waren nur durch sequentielle Beleuchtung zu erfüllen (Abb. 8).

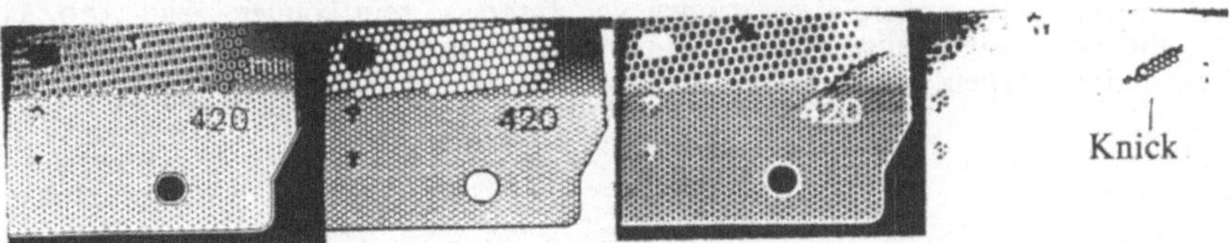


Abb. 8: Streiflicht, Durchlicht, Auflicht und Klassifikationsergebnis an reflektierenden Objekten.

Bei der Defektanalyse nichtmetallischer Kunststoff–Formteile ist in der Regel eine schattenfreie Ausleuchtung gefordert, andererseits eine Segmentierung der verschiedenen Objektbereiche notwendig. Eine dementsprechende Beleuchtung aus der Richtung der Kamerapupille ($\varphi=0$) hat aber zur Folge, daß die Detektierung von Kanten, Knicken und anderen Profileigenheiten sehr problematisch wird. Durch definierte Auslenkungen der Lichtquelle aus der Pupille in vier Richtungen treten Profilstufen deutlich als Schattenkanten hervor. Die logische Verknüpfung dieser Schattenzonen vereinfachte die Segmentierung erheblich. (Abb. 9).

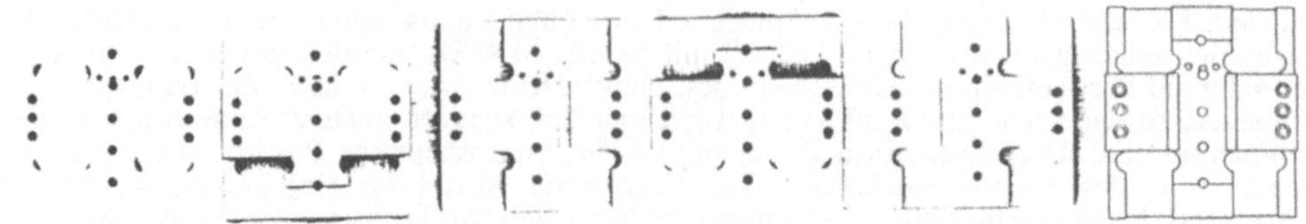

Abb. 9: Robuste Segmentation an einem Kunststoff–Formteil (schattenfreie Ausleuchtung mit $\varphi=0$, Offset mit $\varphi=\pi/8$ und $\xi=-\pi/2$, $\xi=0$, $\xi=\pi/2$, $\xi=\pi$ und Segmentierungslinien ).

Texturen liefern leistungsfähige Merkmale zur Segmentierung von Bildern. Die unterschiedlichen Bearbeitungs–"Texturen" von Metall– oder Kunststoffoberflächen können jedoch meist nicht mehr aufgelöst werden. Sie liefern homogene Grauwerte, die allerdings stark winkelabhängig sind. Mit geeigneten Beleuchtungsoperatoren kann die Mikrostruktur durch Ausprägung und Orientierung ihres Streuverhaltens charakterisiert werden. Abb. 10 zeigt verschiedene Streucharakteristiken von Metalloberflächen (eine Spiegeloberfläche hätte in dieser Darstellung eine sehr schlanke, hohe Funktion). Damit ist gleichzeitig eine Orientierungsbestimmung des Objektes realisierbar. Mit geeigneten Beleuchtungssequenzen kann auf einfache Weise eine Klassifizierung von Oberflächen bzw. Bearbeitungsfehlern vorgenommen werden.

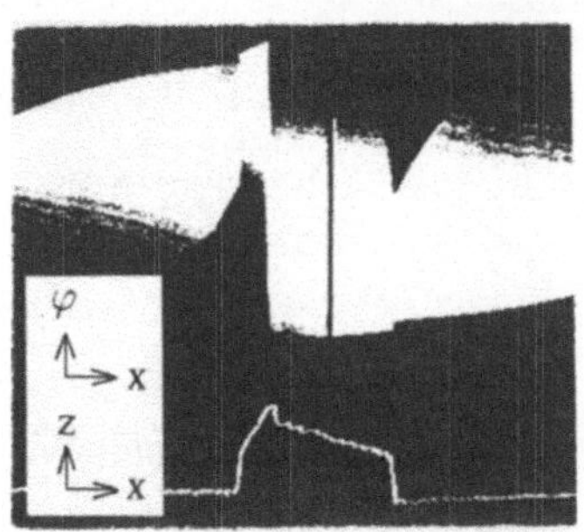


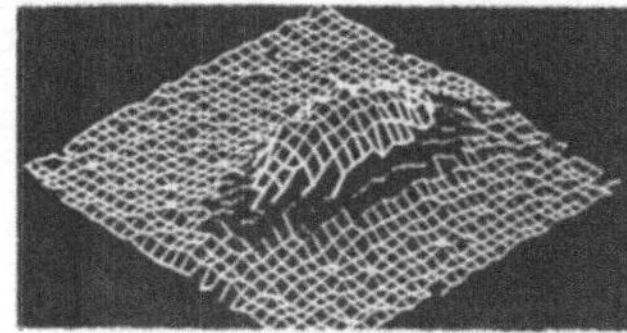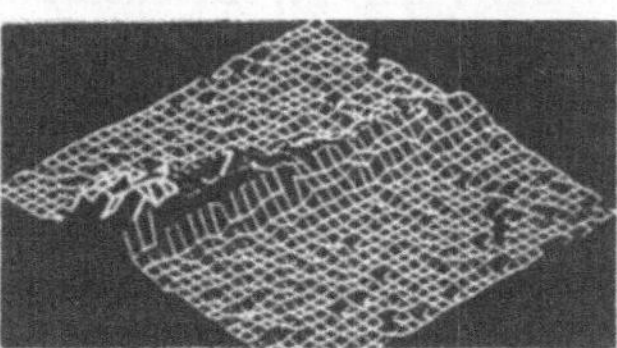

Abb. 10: Streucharakteristiken verschieden bearbeiteter Oberflächen können als Klassifikationsmerkmal dienen.

Abb. 11: Profilanalyse mit eindimensional bewegter Lichtquelle. Durch sukzessive Verfolgung des Schattenwurfes bei einer Bewegung der Lichtquelle von Horizont zu Horizont ist eine Profilprüfung möglich. Dabei kann gleichzeitig die Oberflächenqualität überprüft werden. Dargestellt ist die eindimensionale Intensitätsverteilung I $(\varphi,x)$ und das daraus berechnete Profil des Objektes.

## 7. Diskussion

Es wurde gezeigt, daß raumzeitliche Beleuchtungsveränderungen gezielt als Instrument der Merkmalsextraktion und Segmentierung einsetzbar sind. Da Beleuchtungsrichtung und –verteilung in Echtzeit kontinuierlich gesteuert werden können, wird eine automatische wissensbasierte Problemanalyse angestrebt. Für wiederholte gleichartige Problemstellungen können damit in einer Lernphase optimale Beleuchtungssequenzen $F_n(\xi,\varphi)$ gefunden werden, die sich aus Abtastwerten, Linien– oder Flächenintegralen von I $(x,y,\xi,\varphi)$ zusammensetzen. Daß dabei nicht nur "normale" Bilder I $(x,y)$ sondern auch andere Projektionen von Interesse sein können, zeigt Abb. 11. In der Arbeitsphase, die eine vollständige Aufzeichnung und Verarbeitung nicht zuläßt, können diese Sequenzen verarbeitet werden.

## 8. Literatur


1. Rindfleisch, T.: Photometric Method for lunar topography. Photogrammetric Eng. 32 (1966).
2. Horn, B. K. P.: Understanding Image Intensities. Artificial Intelligence 8 (1977).
3. Woodham, R. J. : Photometric Stereo: A reflectance map technique for determining surface orientation from image intensity. SPIE 155 (1978).
4. Ikeuchi, K.: Determining a Depth Map Using a Dual Photometric Stereo. The International Journal of Robotics Research 6 (1987).
5. Tiziani, H. J.: Rechnerunterstützte Laser–Meßtechnik. Technisches Messen tm 54 (1987).
6. Winston, P. H.: The Psychology of Computer Vision. McGraw–Hill 1975.
7. Bunke, H.: Modellgesteuerte Bildanalyse. Teubner 1985.
8. Niemann, H.; Bunke, H.: Künstliche Intelligenz in Bild und Sprachanalyse. Teubner 1987.

# Die Ermittlung von Rasterkoordinaten und deren Genauigkeit


K. Andresen und B. Morche, Mechanik – Zentrum
Technische Universität, D3300 Braunschweig


## 1  Einleitung

Zur Messung der Verformungen bzw. der Kontur von technischen Bauteilen setzt man zunehmend optische Ganzfeldverfahren ein, da diese eine flächenhafte Information berührungsfrei in einem größeren Bereich der betrachteten Oberfläche liefern. Für sehr kleine Verformungen verwendet man holografische oder interferometrische Verfahren, während man größere Verformungen und Konturen bevorzugt mit Rastermethoden bestimmt. Hierzu bringt man auf die Oberfläche des Objekts einen festen oder projizierten Raster auf, nimmt den Raster in verschiedenen Verformungsstufen oder aus verschiedenen Richtungen auf und ermittelt anschließend die Rasterkoordinaten im Negativ. Mit nachverarbeitenden Programmen lassen sich daraus die gesuchten physikalischen Größen berechnen.

Die Aufgabe der Bildverarbeitung liegt darin, die Rasterkoordinaten mit hoher Genauigkeit zu ermitteln. Da das Digitalisieren der Bilder grundsätzlich mit einer Tiefpaßfilterung verbunden ist, sind scharfe Ränder oder sehr feine Linien, mit denen man im Mikroskop die Rasterkoordinaten bestimmt, in der Intensitätsfunktion des Bildes nicht mehr vorhanden. Man legt die Rasterlinienkoordinaten deshalb z.B. durch Flankenschnittpunkte, Maxima, Nulldurchgänge, etc. [1], [2] mit geeigneten numerischen Algorithmen fest. In der Photogrammetrie [3] erreicht man durch statistische Auswertungen unterschiedlicher Bilder desselben Objekts hohe Genauigkeiten. Bislang fehlen jedoch zuverlässige Angaben, welche Koordinatengenauigkeit man aus *einem* Bild nach Kompensation aller stationären Fehlerquellen und unter Nutzung der redundanten flächenhaften Information mit der Bildverarbeitung erzielen kann.

In dieser Arbeit werden die Koordinatenfehler anhand von hochgenau vermessenen Linien- und Kreuzrastern untersucht. Ferner werden allgemeine Verfahren zur Korrektur der systematischen und stationären Abtastfehler vorgestellt und es werden Schranken für die maximal erreichbare Koordinatengenauigkeit für ein spezielles Abtastsystem angegeben.

## 2  Linienrasterkoordinaten

Ändert sich eine gesuchte physikalische Größe im wesentlichen nur in einer Richtung auf der Oberfläche, dann kann man Linienraster senkrecht zu dieser Richtung verwenden. Wählt man zudem die Aufnahmerichtung so, daß die digitalisierten Bildzeilen senkrecht zu den Rasterlinien verlaufen, dann erhält man die im Bild 1a dargestellte 2–dimensionale Intensitätsfunktion, bzw. in Bild 1b einen Schnitt senkrecht zu den Rasterlinien, der in einer Bildzeile abgespeichert ist.

Als robust und genau hat sich das Schwerpunktverfahren zur Bestimmung der Linienkoordinaten erwiesen. Es ermittelt die in Bild 1b dargestellten Schwerpunkte der Flächenabschnitte oberhalb eines geeignet gewählten Schwellwertes durch Polygonintegration und definiert diese als Linienkoordinaten. Die größten Abweichungen zwischen dem Schwerpunkt und dem Maximum einer idealen sinusförmigen Intensitätsverteilung mit beliebigem Phasenwinkel sind in Bild 2 abhängig von der Anzahl der Stützstellen (Pixel) pro Linie angegeben. Dieser Fehler fällt bis etwa 5 Pixel pro Linie oder 10 Pixel pro Periode auf ca.$10^{-3}$ Pixel steil ab. Ein ganz ähnliches Verhalten beobachtet man auch für reale Bilddaten [1], wenngleich die Genauigkeit dort um eine Zehnerpotenz schlechter ist.

Dementsprechend kann man sich 5 Pixel als einen sinnvollen Anhaltswert für die Darstellung einer Rasterlinie merken.

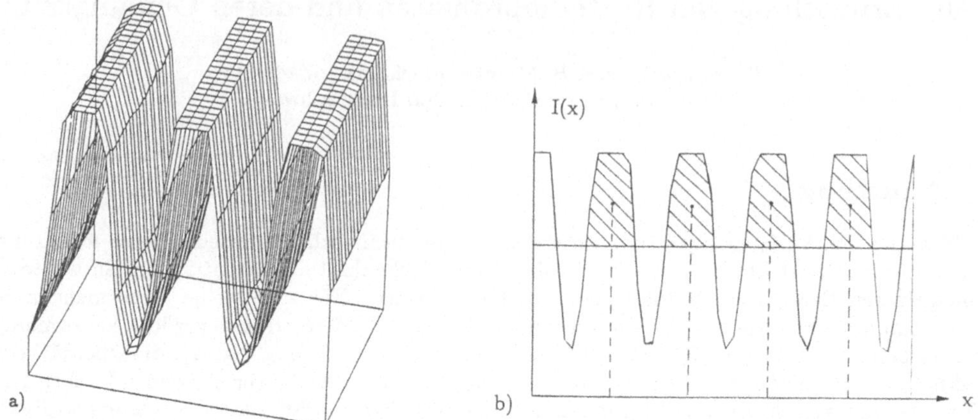


Bild 1  Intensitätsfunktion eines Linienrasters
a) perspektivischer Ausschnitt
b) Schnitt senkrecht zu den Rasterlinien in einer Bildzeile

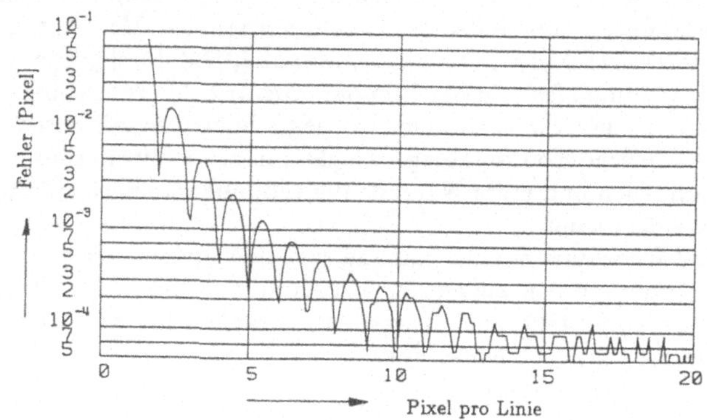


Bild 2  Abweichungen zwischen Schwerpunkt und Funktionsmaximum

Beispielhaft wurde mit diesem Verfahren nun die Genauigkeit eines Rollei–Reseau–Scanners (RS1) mit einem Valvo–CCD–Chip und einem Digitalisierer FG 100 von Imaging Technology untersucht [4]. Hierzu wurden ein Referenzraster der Fa. Heidenhain mit 10 Rasterlinien/mm senkrecht und parallel zu den Bildzeilen des Chips aufgenommen und dessen Rasterkoordinaten in jeder Bildzeile bestimmt. Durch alle Punkte einer Rasterlinie wurde eine Ausgleichsgerade berechnet. Bild 3a zeigt die Differenzen zwischen den Schwerpunktkoordinaten und der Ausgleichsgeraden quasiperspektivisch für die ersten 15 von 50 Rasterlinien. Um die vorderste Fehlerkurve ist ein Rahmen mit der Höhe von 0.4 Pixel als Maßstab eingezeichnet. Die Fehler variieren offensichtlich zwischen etwa ±0.2 Pixel, gleichzeitig ist eine schwache Krümmung der Fehlerwerte erkennbar, die von der Linsenverzeichnung herrührt und korrigiert werden kann.

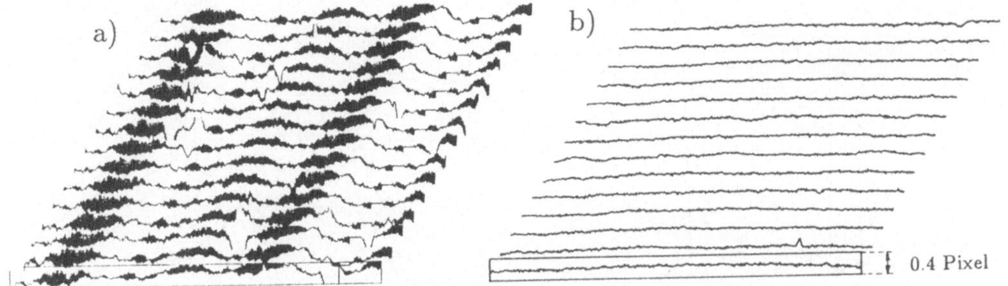

Bild 3     Abweichung der Schwerpunktkoordinaten von der
Ausgleichsgeraden. Rasterlinien senkrecht zu den Bildzeilen.
a) Video–Synchronisation b) externe CCD–Synchronisation

Außerdem beobachtet man das Durchlaufen einer instationären Fehlercharakteristik von der ersten
bis in die letzte Zeile. Dieser Fehler von etwa ±0.2 Pixel ist auf einen Jitter der nicht synchronen
Triggerung von CCD–Austastung und Digitalisierung zurückzuführen. Betrachtet man die geraden
und die ungeraden Bildzeilen, d.h. die beiden Video-Halbbilder, getrennt oder mittelt man die
Intensität über mehrere benachbarte Bildzeilen, dann werden die Fehlerkurven stetiger, die Fehler
selbst jedoch nicht wesentlich kleiner.

Triggert man die Kamera statt mit dem SYNC–Signal im BAS mit einem getrennten, vom Digitalisierer gesteuerten Impuls, dann vermindert sich dieser instationäre Abtastfehler um fast eine
Zehnerpotenz auf die Größenordnung des allgemeinen Rauschsignals, Bild 3b. Sorgfältiges Reini-
gen der Linsen und des CCD-Chips haben auch die lokalen Störungen erheblich verringert. Der
einzelne Schwerpunkt ergibt sich aus nur wenig mehr als 5 Pixel und reagiert demgemäß sehr
empfindlich auf kleinste Störungen im Abtastsystem.

Die Fehlerkurven für parallel zu den Chip–Zeilen aufgenommene Rasterbilder ähneln denen von
Bild 3b mit mäßig höherer Streuung. Sie werden durch die Verbesserung der Synchronisation
kaum beeinflußt, da hier in jeder Bildzeile ohnehin fast konstante Intensitätswerte vorliegen, deren
Verschiebung keine Koordinatenfehler liefert.

## 3    Kreuzrasterkoordinaten

Zweidimensionale, ebene Verformungen oder 3–dimensionale Punktkoordinaten lassen sich mit
Hilfe von Punkt- oder Kreuzrastern auf der betrachteten Oberfläche ermitteln. Deren Koordinaten kann man mit Korrelationsfiltern bestimmen, die an den auszuwertenden Raster angepaßt
werden. Bild 4 zeigt ein solches Filter, das im wesentlichen die Intensitätsfunktion eines Kreuzrasters nachbildet und eine gewichtete Mittelung über 10*10 bis zu 30*30 Pixel durchführt. Zu
den Rändern hin ist es mit einer Fensterfunktion auf den Wert Null transformiert und es enthält
vier wannenähnliche, negative Filterbereiche, die zur Kompensation eines beliebigen Gleichanteils
in der zu filternden Funktion dienen.

Sind $g_{ij}$ die digitalisierten Intensitätswerte, $f_{ij}$ die Filterkonstanten, dann ergeben sich die gefilterten Werte $h_{kl}$ als Faltungssumme.

$$h_{kl} = \sum_{i=-m}^{m} \sum_{j=-n}^{n} f_{ij} g_{k-i,l-j}$$

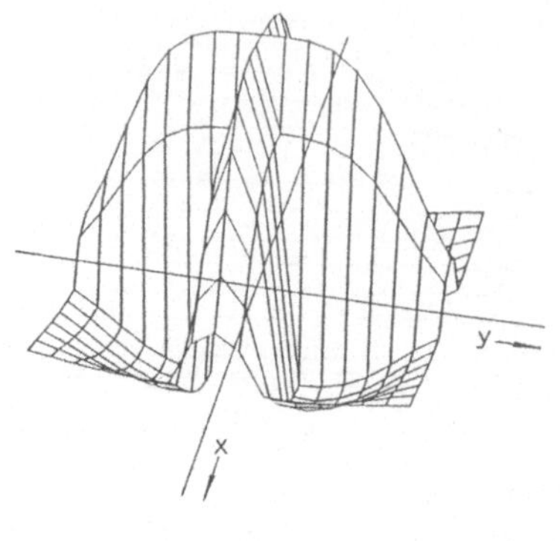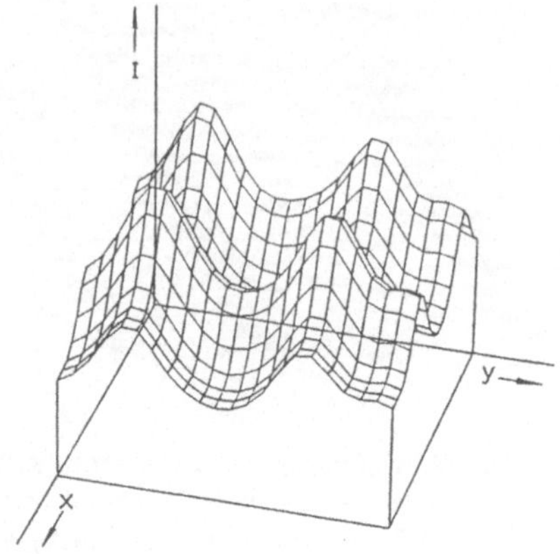

Bild 4   Digitales Korrelationsfilter   Bild 5   Gefiltertes Intensitätsprofil eines Kreuzrasters

Diese verstärkt insbesondere die Intensitäten der Rasterkreuzungspunkte, Bild 5.  Dort ergibt sich durch Interpolation mit einem Polynom eine glatte konvexe Funktion, deren Maximum die Kreuzrasterkoordinaten liefert.

Betrachtet man nun einen Kreuzraster, der in beiden Richtungen dieselbe Rasterkonstante, also quadratische Rasterelemente, besitzt, dann erhält man infolge des nichtquadratischen Videoformates ein annähernd rechteckiges Netz von Rasterpunkten in Pixelkoordinaten ( $x_{ij}, y_{ij}$ ), das etwa im Verhältnis 2:3 entzerrt werden muß. Die dann übrigbleibenden Fehler sind bedingt durch :


- die überwiegend radialsymetrische Linsenverzeichnung

- die nicht parallelen Ebenen des CCD–Arrays und des Negativs

- Synchronisationsfehler zwischen den unterschiedlichen Geräteteilen

- lokale Störungen im CCD–Array, im Raster, Staub


Systematische und stationäre Anteile dieser Fehler kann man mit einer globalen Korrekturfunktion weitgehend eliminieren.  Da eine direkte Zuordnung des einzelnen Pixels zu einem Bildelement nicht bekannt ist, bestimmt man sich die Pixelkoordinaten eines vermessenen Referenzrasters und berechnet aus dieser Abbildung die gesuchte Korrekturfunktion.

Das genannte Referenz-Kreuzraster mit quadratischen Maschen liegt im allgemeinen gedreht und mit verschobenem Nullpunkt unter einer CCD-Kamera, die in beiden Hauptrichtungen unterschiedliche Abbildungsmaßstäbe besitzt.  Der digitalisierte Raster läßt sich demnach durch zwei orthogonale Linienscharen approximieren, die beliebig um den Winkel $\phi$ gedreht sein können und unterschiedliche Rasterkonstanten $p_x, p_y$ besitzen.

$$\overset{i}{y} = +a\,\overset{i}{x} + \overset{i}{b} \qquad i = 1, ..., m$$

$$\overset{j}{x} = -a\,\overset{j}{y} + \overset{j}{c} \qquad j = 1, ..., n$$

mit

$$a = \tan \phi$$

$$\overset{i}{b} = b_0 + i\delta_y; \qquad \delta_y = p_y / \cos \phi$$

$$\overset{j}{c} = c_0 + j\delta_x; \qquad \delta_x = p_x / \cos \phi$$

In diesem Modell bestimmt man die 5 unbekannten Parameter $a, b_0, c_0, \delta_y, \delta_x$ so, daß das resultierende Netz im Gaußschen Sinne optimal durch die ermittelten Rasterkreuzungspunkte $(x_{ij}, y_{ij})$ verläuft. Aus der Minimalforderung :

$$\sum_{i=1}^{m} \sum_{j=1}^{n} (\overset{i}{y}_{ij} - y_{ij})^2 + (\overset{j}{x}_{ij} - x_{ij})^2 = Min.$$

mit

$$\overset{i}{y}_{ij} = ax_{ij} + \overset{i}{b}; \qquad \overset{j}{x}_{ij} = -ay_{ij} + \overset{j}{c}$$

ergibt sich ein lineares Gleichungssystem für die oben genannten Parameter. Für jeden Rasterindex kann man nun einen Differenz- oder Fehlervektor mit den Komponenten $(u_{ij}, v_{ij})$ zwischen dem optimalen und dem realen Netz bilden.

$$u_{ij} = \overset{j}{x}_{ij} - x_{ij}; \qquad v_{ij} = \overset{i}{y}_{ij} - y_{ij}$$

Histogramme dieser Fehlerwerte zeigen eine annähernd normale Verteilungsdichte, sodaß die oben gewählte Minimalforderung gerechtfertigt ist. Bild 6 zeigt den bereits zu quadratischen Elementen entzerrten Bezugsraster und 50-fach überhöht die Differenzen $(u_{ij}, v_{ij})$ zwischen beiden Rastern. Dasselbe Ergebnis ist in Bild 7 perspektivisch für den Vektorbetrag dargestellt.

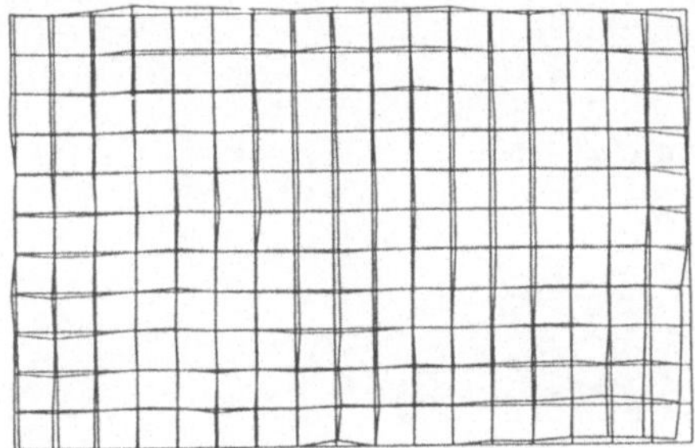

Bild 6    Bezugsraster mit quadratischen Elementen,
Netz der Abbildungsfehler 50-fach überhöht

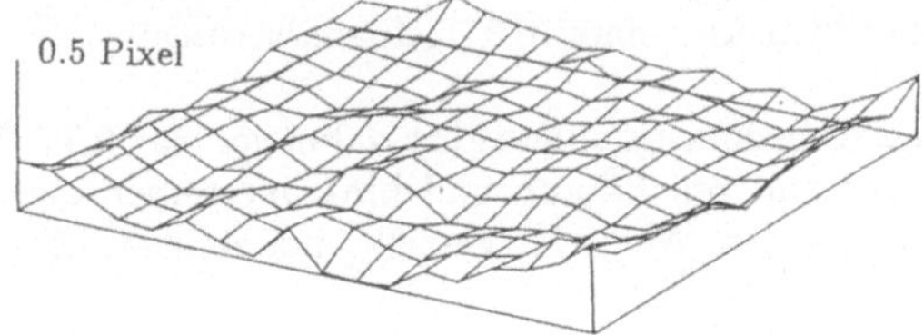


Bild 7    Betrag des Fehlervektors über dem Bezugsraster aufgetragen

Neben einem allgemeinen Rauschpegel ist deutlich eine systematische Verzeichnung zum Rande hin zu erkennen. Zur Korrektur wird nun ein Polynomansatz gewählt, der möglichst wenige freie Parameter enthält. Als völlig ausreichend zur Korrektur niederfrequenter Störungen haben sich die folgenden Funktionen erwiesen:

$$u(x,y) = a_1 x^3 + a_2 x^2 + a_3 x + a_4 xy + a_5 xy^2 + a_6 y^2 + a_7 y + a_8$$

$$v(x,y) = b_1 y^3 + b_2 y^2 + b_3 y + b_4 yx + b_5 yx^2 + b_6 x^2 + b_7 x + b_8$$

Wiederum werden die 16 freien Parameter $(a_i, b_i)$ aus der Gaußschen Minimalforderung :

$$\sum_i \sum_j (u(x_{ij}, y_{ij}) - u_{ij})^2 + (v(x_{ij}, y_{ij}) - v_{ij})^2 = Min.$$

ermittelt. Numerisch stabile Ergebnisse erzielt man, wenn man das Netz zuvor normiert, d.h. die rechteckigen Maschen im Verhältnis $\delta_y/\delta_x$ in quadratische umrechnet und den Pixelbereich (1...512) auf den Wertebereich (-1...+1) transformiert. Außerdem führt man den Ausgleich über 3 bis 5 Bilder mit leicht veränderter Lage des Negativs unter der Kamera durch, um Rauschen und lokale Fehler zu eleminieren. Der Betrag $\sqrt{u^2 + v^2}$ einer so berechneten Korrekturfunktion ist in Bild 8 dargestellt und Bild 9 zeigt den Restfehler, der nach der Korrektur und einer 3*3 Tiefpaßfilterung von Bild 7 übrig bleibt.

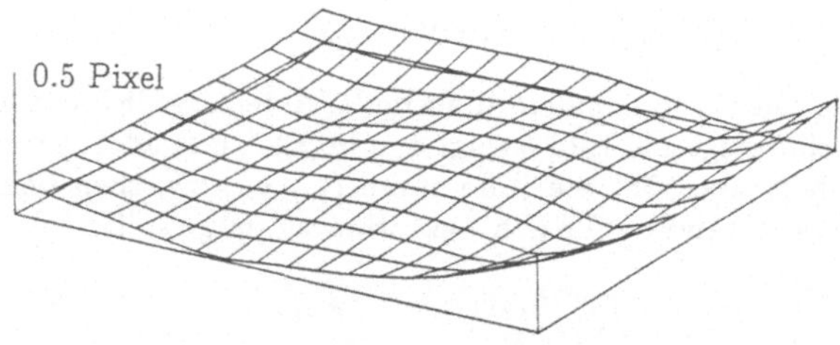


Bild 8    Betrag der Korrekturfunktion $\sqrt{u^2 + v^2}$

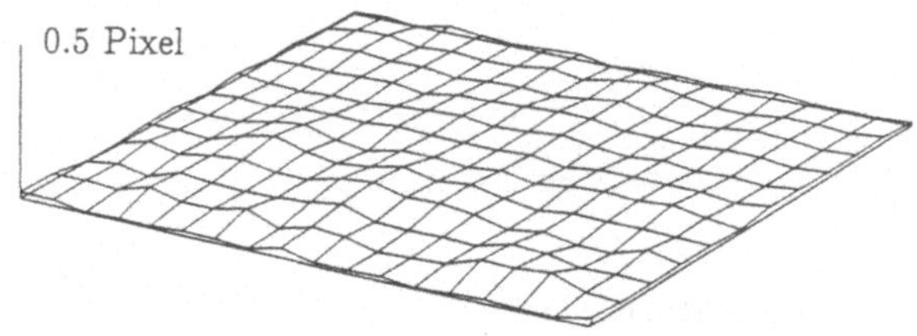


Bild 9    Restfehler nach der Korrektur und einer 3*3 Tiefpaßfilterung

Die Standardabweichung des absoluten Koordinatenfehlers geht dabei von ca. 0.11 Pixel auf 0.025 Pixel herunter. Generell wurde auch bei anderen Bildern und Linsensystemen eine Verringerung des Fehlers auf 1/3 bis 1/4 der unkorrigierten Werte festgestellt, bei sehr stark verzeichnenden Linsen auf noch kleinere Werte.

# 4 Zusammenfassung und Ausblick

Die vorgestellten Ergebnisse haben gezeigt, daß man die instationären Bildverzeichnungen des Abtastsystems durch direkte Triggerung der Kamera vom Digitizer um eine Zehnerpotenz verringern kann. Bestimmt man zusätzlich mit einem Referenz-Kreuzraster eine globale Korrekturfunktion, dann lassen sich die Rasterkoordinaten mit einer absoluten Genauigkeit von $\pm0.025$ Pixel bestimmen. Eine weitere Verbesserung kann gegebenenfalls mit einer pixelsynchronen Austastung und Digitalisierung der CCD-Ladungselemente erreicht werden. Wünschenswert wären für Meßaufgaben quadratische Pixel, damit in Zeilen- und Spaltenrichtung dieselbe Auflösung vorhanden ist. Hierzu sollen weitere Untersuchungen durchgeführt werden, sobald entsprechende Produkte von der Industrie lieferbar sind.

## Literatur


[1] Andresen,K.: Der Einfluß der digitalen Bildverarbeitung auf die Genauigkeit der Dehnungsmessung mit Raster- und Moire-Verfahren. VDI-Berichte 552 (1985), 13-26.

[2] Luhmann,Th.und W. Wester-Ebbinghaus: On Geometric Calibration of Digitized Video Images of CCD Arrays. ISPRS Conf. Interlaken,(1987) 35-47.

[3] Förstner,W.: Reliability Analysis of Parameter Estimation in Linear Models with Application to Mensuration Problems in Computer Vision. Comp.Vision,Graphics, and Im. Processing 40 (1987), 273-310.

[4] Luhmann,Th. und W. Wester-Ebbinghaus: Photogrammetric Data Aquisition Using the Digital Reseau-Scanning System Rolleimetric RS1. Proc. ISPRS, Stuttgart (1986).

# Dokumentinterpretation und Analysestrategie in einem Frame-System

Thomas Bayer

Dipl. Inform.

AEG Forschungsinstitut, Ulm

## Kurzfassung

Der vorliegende Beitrag beschreibt ein hybrides Dokumentanalysesystem, das in vier Module aufgeteilt ist: eine Modellbeschreibung von Dokumentklassen, eine Spezifikation von Algorithmen und deren Realisierung, eine Datenbasis, die die berechneten Ergebnisse enthält, und ein Produktionsregelsystem, das den Analyseablauf steuert. Alle vier Module residieren in einem Frame-System und sind erweiterbar. Das System konzentriert sich auf zwei wesentliche Aufgaben: zum einen wird eine Interpretation des zu untersuchenden Dokuments bestimmt, wie z.B. die Klassifikation des Gesamtdokuments zur Dokumentklasse "Brief". Der zweite Aspekt ist eine möglichst automatische Analyse des Dokuments: das System soll selbständig die Reihenfolge der Analyseschritte konfigurieren, wobei konkurrierende Dokumenthypothesen verfolgt werden müssen.

## 1 Einleitung

Die Analyse von komplexen Dokumenten ist eine schwierige Aufgabe, da eine Menge von bildhafter und textueller Information verarbeitet und interpretiert werden muß. Man denke an die Möglichkeiten des Desktop-Publishings, die es erlauben, Dokumente in beliebiger Anordnung und Mischung aus den drei Objektklassen Text, Liniengrafik und Fotos aufzubauen. Die Aufgabe der Dokumentanalyse besteht darin, ein in Pixelformat vorliegendes Dokument in eine Datenstruktur zu überführen, die eine Interpretation zuläßt. Danach stehen alle Möglichkeiten zur Manipulation dieser Datenstruktur zur Verfügung.

Die Methoden, die die einzelnen Analyseschritte ausführen, sind weit entwickelt: es existieren Segmentierverfahren, die Zeichenklassifikatoren können eine Reihe von gebräuchlichen Fonts in unterschiedlichen Größen lesen und die Kontextverarbeitung verringert die Wahrscheinlichkeit von Fehlinterpretationen. In der Organisation des gesamten Ablaufs des Analyseprozesses dominiert heute die sequentielle Verarbeitung. Bei guter Bildqualität kommt man damit sicher zum Ziel. Bei schlechter Bildqualität und komplexem strukturellen Aufbau ergeben sich dagegen Schwierigkeiten, da die sequentielle Verarbeitung zu unflexibel ist, um einmal getroffene Entscheidungen rückgängig zu machen. Mit genau diesen Problemen setzt sich das im folgenden vorgestellte Dokumentanalysesystem auseinander.

Ein Dokument und seine Bestandteile werden einer möglichst speziellen Dokumentklasse bzw. Dokumentobjektklasse zugeordnet. Eine Anfrage an das System liefert dann etwa, daß es sich bei dem untersuchten Dokument um einen Brief mit dem Absender 'x' und dem Betreff 'y' handelt. Die Analysestrategie orientiert sich an einem generischen Dokumentmodell und erzeugt zu dieser intensionalen Beschreibung Extensionen, die die Analyseergebnisse repräsentieren und die in konkurrierende Hypothesen aufgeteilt sind. Fehler, die in einer Hypothese auftreten, sollen erkannt und behoben werden, um zu einer erfolgreichen Interpretation zu gelangen. Kann ein Fehler nicht behoben werden, wird zu einer anderen konkurrierenden Hypothese gesprungen oder der Benutzer um Hilfe gefragt.

Dieses Konzept ist eine Fortführung der Arbeit in [3]. Ähnliche Ansätze zu einer flexiblen Analysestrategie sind für die Adressblocksuche (das man als Spezialkapitel der Dokumentanalyse auffassen kann) bei [18] und [2] zu finden. Auf dem Gebiet der Dokumentanalyse sind eine Reihe von Ansätzen zur wissensbasierten Dokumentanalyse erschienen [4, 9, 6, 11, 12, 14]. Einen guten Überblick über das gesamte Gebiet der Dokumentanalyse findet man bei [10].

## 2 Ein Frame-Modell des Dokumentanalysesystems

Das gesamte System residiert in einer Frame-Umgebung. Jedes Objekt, das Objekt "Zeile" genauso wie die Methode "Zusammenhangsanalyse" oder eine Produktionsregel mit dem Namen "Select-Action", werden mit "frames" modelliert. Zunächst folgt eine allgemeine Einführung in die Welt der Frames. Die folgenden Abschnitte zeigen dann die Verwendung dieses Frame-Modells.

## 2.1 Allgemeines zu Frames

Frames als Repräsentationsmechanismus für Wissen sind Mitte der siebziger Jahre von Minsky vorgeschlagen worden (s. [13]). Sie bilden Stereotypen für ein Objekt, ein Ereignis oder eine Situation. Da der Begriff "frame" nicht besonders aussagekräftig ist, wird im weiteren von "units" gesprochen, da dies mehr das Verständnis einer Objektentität trifft.

Ein Frame-System FS besteht aus einer Menge von units, $FS = \{U_i | i \in N\}$, die den Diskursbereich, das Modell, repräsentieren. Die innere Struktur einer unit ist in Abb. 1 abgebildet. Die units bilden in der Regel ein Netzwerk, i.e. es gibt eine Menge von Relationen $R \subseteq (FS \times FS)$. Die spezielle Relation *is-a*, die Klassenzugehörigkeiten definiert, ist immer in R enthalten. Gilt $(U_j, U_i) \in R_{is-a}$, so gehört $U_j$ zur Klasse $U_i$. Entlang dieser Kante ist ein Vererbungsmechanismus wirksam, der die Struktur und Werte der slots an die speziellere unit vererbt. $U_j$ erbt somit alle slots und Werte der Klasse $U_i$. Ein weiteres übliches Merkmal für Frame-Systeme ist das *procedural attachment*: greift man auf die *value facette* eines slots zu, wird zunächst eine vorher an diesen slot geheftete (attached) Prozedur ausgeführt. Mit diesem Hilfsmittel werden slot-Werte erst dann berechnet, wenn auf diese das erstemal zugriffen wird.

Die Entscheidung zugunsten des Repräsentationsformalismus "frames" ( ein spezieller Formalismus neben semantischen Netzen, die den frames ähnlich sind, Klauseln (speziell Prolog), Prädikatenlogik etc.), fiel einmal wegen der Möglichkeit einer klaren Definition eines Objektbegriffs und seiner damit verbundenen Klassendefinition, ausgedrückt durch die *is-a* Kante. Zum zweiten lassen sich sehr leicht Algorithmen innerhalb dieses deklarativen Schemas verwenden. Einen Überblick über Repräsentationsformalismen gibt z.B. [1, 16, 19].

## 2.2 Dokumentrepräsentation

Mit den Mitteln eines Frame-Systems wird der Diskursbereich beschrieben (vgl. [5, 17]), also die Dokumentobjekte, deren Beziehungen untereinander und deren Eigenschaften. In den Rahmen in Abb. 2 ist die Menge der Basisobjekte eines Dokuments zu sehen, die im folgenden mit B bezeichnet wird. Jedes Objekt ist repräsentiert durch eine unit, wie das allgemeinste Objekt "Dokument" oder das Objekt "Line". Allgemeine Dokumentobjekte sind "Grafik", "Bild" und "Text". Grafik- und Bildobjekte sind noch nicht weiter definiert, während Text aufgeteilt wird in geometrische Bestandteile (*layout*) und Inhalt (*logic*). Mit dieser Darstellung orientiert wir uns an Normvorschlägen zur Dokumentarchitektur, Office Document Architecture (ODA, s. [8]).

### 2.2.1 Relationen zwischen Dokumentobjekten

Zwischen einzelnen Objekten $U_i, U_j \in B$ sind zwei Relationen definiert: *is-a, has-part* $\subseteq (B \times B)$, die eine Klassendefinition und die Teilebeziehung ausdrücken.

Die Relation *is-a* ermöglicht es, Objekte unter gemeinsame Oberbegriffe zu sammeln und so eine begriffliche Ordnung zu schaffen. In diesem Diskursbereich gilt (Brief, Dokument) $\in R_{is-a}$ : ein Brief ist ein spezielles Objekt zur Klasse Dokument. Wie schon oben erwähnt, ist eine wichtige Eigenschaft von *is-a* die Vererbung von slots und deren Werten. Die Eigenschaften, die einer bestimmten Objektklasse inhärent sind, werden also nur einmal definiert und sind für alle spezielleren Objekte dieser Klasse gültig.

Ein Element $(U_i, U_j) \in R_{has-part}$ besagt, daß $U_j$ Teil von $U_i$ ist. Da *has-part* antisymmetrisch und transitiv ist, ist eine (bis auf Reflexivität) partielle Ordnung auf B definiert: ein Objekt $U_i$ ist abstrakter als ein Objekt $U_j$, wenn $(U_i, U_j) \in R^*_{has-part}$ (transitive Hülle). Diese Hierarchieeigenschaft erweist sich hilfreich in einer modellgesteuerten Analyse, da man sich von primitiven zu abstrakteren Objekten (oder umgekehrt) vorarbeiten kann. Im Gegensatz zur *is-a* Relation ist mit dieser Relation keine Vererbung verbunden.

In Abb. 2 ist nur die Relation *is-a* durch die Kanten dargestellt. In Abb. 3 ist ein Auszug aus der Teilebeziehung für das Dokumentobjekt "Brief" gegeben.

### 2.2.2 Struktur eines Dokumentobjekts

Ein Objekt $U_i \in B$ besitzt folgende wesentlichen Bestandteile, die als slots spezifiziert sind :

- eine Liste von Attributen A
- eine Liste von Teilen P
- eine Liste von Einschränkungen C an Teile und Attribute
- eine Liste von Konfliktgründen, die im generischen Modell leer ist und erst in der Extension gefüllt wird
- ein Gütemaß, das ebenfalls erst während der Analyse in der Extension gesetzt wird

Die Struktur eines Teils ist in Abb. 4 gezeigt.

Attribute beschreiben interne Eigenschaften von Modellobjekten. Ein Attribut wird durch seinen Namen angesprochen und besitzt einen Wertebereich, der in der facette *valueclass* angegeben wird. Der Wert selbst steht in der facette *value* und wird eingetragen, wenn die zugrundeliegende unit während der Analyse instantiiert wird. In den facetten *max/min.cardinality* wird angegeben, wie viele Werte das Attribut minimal und maximal besitzen darf. Die facette *relevance* besitzt den Wertebereich {*low medium high*} und spezifiziert, wie wichtig dieses Attribut für die zugrundeliegende unit ist. In der facette *test* ist eine LISP-Funktion oder Regel angegeben, die den Wert des Attributs auf seine Übereinstimmung bzgl. der Attributbeschreibung testet. Treten Differenzen zwischen der Attributbeschreibung der Modellunit und den berechneten Größen in der Extension auf, so wird versucht, nicht nur diese Fehlertatsache festzuhalten, sondern gleichzeitig auch den Grund dafür zu bestimmen und in die Liste von Konfliktgründen einzutragen.

Beispiele von Attributen sind Fonttyp und Größe für Layout units, Anzahl von Erkennungsalternativen für die logischen units *log-char* und *log-segment*.

Die Struktur eines Teils ist nahezu identisch mit der eines Attributes, nur daß eine facette *position* hinzugefügt ist, die die zu erwartende Position des Teils auf dem Dokument angibt. Die facette *relevance* ist für ein Teil sehr wichtig, da damit optionale Teile definiert werden können. Beispielsweise ist in der Klasse Brief eine Betreffzeile optional, während die Empfängeradresse immer angegeben sein muß.

Während in der facette *test* die Übereinstimmung eines Ergbnisses eines Teils oder Attributes lokal mit der Modellbeschreibung überprüft wird, spezifiert die Liste C Einschränkungen (*constraints*), die zwischen Attributen und Teilen einer unit gelten müssen. So steht in der *constraint*-Liste der unit "Brief", daß die *layout* Teile "Anschrift", "Betreffzeile", "Anrede" und "Brieftext" untereinander angeordnet sein müssen.

Da ein wesentliches Ziel des Analysesystems die Erkennung und Behebung von Interpretationsfehlern ist, sind in der Konfliktliste einer instantiierten unit mögliche Gründe genannt, die zu diesem Fehler geführt haben. Enthalten sind darin die verletzten *constraints*, die unter Teilen und Attributen gelten, und die nicht erfüllten lokalen Tests für Attribute und Teile, zusammen mit den Namen der units, Teile und Attribute. Zusammen mit der Spezialistenbeschreibung (slot *resolve-conflicts*) kann das System versuchen, Fehler selbständig zu beheben.

Die Übereinstimmung der Extension als Ganzes mit der Modellunit wird in einem numerischen Gütemaß zum Ausdruck gebracht. Die Berechnung erfolgt mit Fuzzy-Funktionen.

## 2.3 Spezifikation der Spezialisten

Um der Analysekontrolle eine automatische Auswahl geeigneter Methoden zu erlauben, sind die bestehenden Analysespezialisten innerhalb von units beschrieben. Abb. 5 listet die momentan verfügbaren Spezialisten auf, wobei die gestrichelten Kanten die Relation *member-of* widergeben (s. nächsten Abschnitt).

Die slots dieser konkreten Extensionen bilden eine (sehr einfache) Spezifikation, eine Art Handbuch, so daß während der Analyse eine der Situation angemessene Methode ausgewählt und angewendet werden kann. Die wesentlichen Elemente dieser Beschreibung sind *input-class, output-class, parameter-value-set* und *resolve-conflicts*.

*Input-class* definiert die Objektklassen ($\in B$), die für eine Anwendung dieser Funktion vorliegen müssen. *Output-class* spezifiziert die Objektklasse ($\in B$), die von einer Methode erzeugt oder verändert wird. Der slot *parameter-value-set* enthält den *default* Parametersatz, mit dem eine Funktion aufgerufen wird. In *resolve-conflicts* steht eine Menge von *constraints*-Namen, die mit dieser Methode aufgelöst werden konnen. Ein kleiner Satz von Regeln pro Spezialist gibt dann an, wie die Parameter für diesen Konfliktfall zu konfigurieren sind. Dieser slot bildet somit das Bindeglied zu den *conflict-reasons* in den Ergebnisobjekten: in Abhängigkeit der Konfliktgründe wird ein passender Spezialist ausgewählt, der den monierten Konflikt lösen kann.

Daneben sind noch Angaben enthalten, die für eine Auswahl unter möglichen Aktionen nützlich sind, wie etwa *cost*, das ein Maß für die Laufzeit liefert, oder *relevance*, das die Wichtigkeit einer Funktion beschreibt. Es ist offensichtlich, daß für komplexe Ablaufstrukturen eine aufwendigere Spezifikation nötig sein wird. Vor allem die Konfiguration der Parameter in Abhängigkeit bereits generierter Extensionen zu Modellunits (Konfliktstrategie) benötigt ein spezielles Regelwerk.

## 2.4 Verwaltung der Ergebnisdaten

Während des Analyselaufs werden zu den Modellunits der Basisobjekte eine Menge Extensionen erzeugt, im folgenden mit EB bezeichnet. Anhand der Beschreibung im Modell enstehen somit Objekte, die dieselbe Struktur wie die beschreibende unit besitzen. Die Beziehung zwischen Modellunit und Extension ist über die Relation $R_{member-of} \subseteq (EB \times B)$ gegeben. Die Extensionen werden mit berechneten Daten gefüllt und die Teilebeziehungen werden untereinander nach Modellvorlage eingetragen.

Da während der Analyse parallel konkurrierende Hypothesen erzeugt werden (s. nächsten Abschnitt), wird ein Situationskonzept verwendet (s. [7, 19], speziell in der Dokumentanalyse: [15]). Somit ensteht ein Suchraum S, der die unterschiedlichen, konkurrierenden Analyseergebnisse in einer Menge von Situationen $\{S_i | i \in N, S_i \subseteq EB\}$ enthält. Wesentlich ist, daß diese logischen Sichtweisen des Ergebnisraums inkrementell aufgebaut sind: eine Situation $S_j$, die Nachfolger von $S_i$ ist, erbt automatisch alle Ergebnisobjekte von $S_i$. Nur die Fakten, die sich geändert haben, werden explizit in $S_j$ eingetragen.

# 3 Analysestrategie

Die Analysestrategie hat die Aufgabe, durch die Anwendung geeigneter Algorithmen in richtiger Reihenfolge das als Pixelbild vorliegende Dokument zu interpretieren, indem es Extensionen zu Dokumentunits erzeugt. Diese Strategie orientiert sich am Dokumentwissen, an der Beschreibung der Spezialisten und an den bereits erzeugten Dokumentdaten. Die Hauptschritte der Analyse lassen sich in den folgenden Punkten zusammenfassen (s. Abb. 6) :

- Auswahl adäquater Spezialisten: jeder Analyseschritt versucht ein Dokumentobjekt $\in$ B zu berechnen, indem man einen Spezialisten auswählt, der diese Objektklasse erzeugen kann. Sind seine geforderten Eingabedaten bereits vorhanden (*input-class!*), kann man Extensionen zu dieser unit erzeugen und zu abstrakteren (*has-part* Hierarchie) Dokumentklassen wechseln. Liegen die Eingabedaten noch nicht vor, werden die nächst primitiveren Klassenebenen zu verifizieren versucht, was i.a. die direkten Teile dieser unit sind.
- Sind mehrere Spezialisten anwendbar, so entscheidet eine Konfliktstrategie, welche Aktion als nächste ausgeführt wird. Mögliche Auswahlkriterien sind minimale Kosten, maximale Relevanz, etc. Jede ausgeführte Aktion kreiert eine neue Situation.
- Automatisches Erkennen von Fehlinterpretationen in der aktuellen Situation und automatisches Beheben; damit verbunden ist das Erkennen von Interpretationssackgassen und Sprung zu einer besser bewerteten Situation.
- Bei zu großen Schwierigkeiten, i.e. bei zu schlechter Übereinstimmung der Ergebnisse mit dem Modell, soll schließlich der Benutzer die Entscheidung treffen, welcher Spezialist mit welchen Parametern ausgeführt wird.
- Eine *top-down* und eine *bottom-up* (bzgl. des Dokumentmodells) Strategie ist möglich. Bei erster Vorgehensweise gibt man eine Zielunit vor, die verifiziert oder falsifiziert werden soll. Beim bottom-up Verfahren sucht sich das System die am besten passendste Modellbeschreibung als Interpretation, indem von primitiven Dokumentklassen zu abstrakteren vorgegangen wird, bis schließlich eine unit der Klasse Dokument verifiziert wird.

Gegenwärtig ist ein einfacher automatischer Analyseablauf mit einem Produktionsregelsystem realisiert, das im *Forward Chaining* arbeitet und sich im wesentlichen an der Spezialistenbeschreibung orientiert. Zur aktuell gültigen Situation werden die Spezialisten als lauffähige Kandidaten ausgewählt, zu deren Eingabeobjektklassen bereits Extensionen erzeugt wurden und die nicht schon einmal aufgerufen wurden. Sind mehrere Aktionen in dieser Situation anwendbar, so wird die mit der höchsten Relevanz ausgewählt. Die neue aktuelle Situation ist die zuletzt bearbeitete. Abb.7 zeigt die einzelnen Schritte der Verarbeitung. Jede Situation ist mit dem Namen des darin ausgeführten Spezialisten benannt. Die Situationen in einer Ebene kennzeichnen die Konfliktmenge, aus der dann eine zur Weiterverarbeitung ausgewählt wurde.

Ein wichtiger Aspekt beim Arbeiten mit Situationskonzepten ist die Beschränkung des Suchraums. Um effizient arbeiten zu können, muß dieser relativ klein gehalten werden. In diesem Analysesystem werden neue Situationen nur dann erzeugt, wenn

- in einer Situation mehrere Spezialisten anwendbar sind
- ein Spezialist unterschiedliche Parameterkonfigurierungen erlaubt
- zu einem Ergebnisobjekt unterschiedliche Interpretationen möglich sind; z.B. kann, wenn die Zielunit "Brief" betrachtet wird, ein erzeugter Textblock die Anrede oder der Betreffblock sein.

Alle drei Möglichkeiten sind jedoch auf eine relativ kleine Anzahl beschränkbar, so daß sich die Situationenmenge S klein halten wird.

## 4 Stand der Arbeiten und Ausblick

Die vier Komponenten des Analysesystems, die Dokumentbasisklassen, die Spezialistenspezifikation, die Ergebnisdatenorganisation und die regelgesteuerte Kontrolle, sind soweit entwickelt, daß ein einfacher Analyseprozeß (s. Abb. 7) vollzogen werden kann. Die drei beschreibenden Module sind beliebig erweiterbar um spezielle Dokumentklassen, mächtigere Spezialisten oder geschicktere Kontrollstrategien, ohne daß diese Änderungen die anderen Komponenten beeinflussen. Wir haben uns bewußt nicht auf eine einzige Programmiertechnik beschränkt, wie rein logisches Programmieren, sondern deklarative, algorithmische und regelbasierte Komponenten miteinander verbunden, um die unterschiedlichen Problemstellungen adäquat zu lösen.

Das System residiert im wesentlichen in einer KEE-Softwareumgebung auf einer Symbolics LISP-Maschine. Zu einer VAX ist eine Prozeßkommunikation aufgebaut, so daß viele algorithmische Aufgaben extern laufen.

Die Definition der Dokumentklassen und die Spezifikation der Spezialisten ist soweit entwickelt, wie in Abb. 2 und Abb. 5 dargestellt. Als einfache Kontrollstrategie ist das oben geschilderte Vorgehen exemplarisch realisiert worden, um die prinzipielle Leistungsfähigkeit des Systems zu zeigen.

Die zukünftigen Arbeiten werden sich hauptsächlich der Konflikterkennung und -behebung widmen und im Zusammenhang damit der Parameterkonfigurierung, wenn diese von der voreingestellten Liste (*default*) abweichen soll. Das System der Dokumentklassen wird ausgebaut, um den Interpretationsrahmen zu erweitern.

## Literatur


1 Barr, Feigenbaum: The Handbook of AI, W. Kaufmann, 1982

2 Bartneck, N.: Advanced Address Block Location Using a Hybrid Knowledge Representation: Proc. of Advanced Technology Conference, USPS, 1988

3 Bayer, T., Bläsius, K.H.: Regelgesteuerte Zeichenerkennung und Dokumentklassifikation, in: Paulus (ed): Mustererkennung 1987, Springer V., 1987

4 Bergengrün, O., Luhn, A., Maderlechner, G., Überreiter, B.: Dokumentanalyse mit Hilfe von ATN's und unscharfen Relationen, in: Paulus (ed): Mustererkennung 1987, Springer V., 1987

5 Bunke, H., Niemann, H.: Künstliche Intelligenz in Bild- und Sprachanalyse, Springer Verlag, 1987

6 Dengel, A., Barth, G.: Document Description and Analysis by Cuts, erscheint im Konferenzband zu RIAO'88

7 Genesereth, M.R., Nilsson, N.J.: Logical Foundations of Artificial Intelligence, M. Kaufmann, 1987

8 ISO, "Information Processing - Text and Office System", Document Structures - Part 2: Office Document Architecture, Draft Proposal 1985

9 Higashino, J., Fujisawa, H., Nakano, Y., Eijri, M.: A Knowledge Based Segmentation Method for Document Unterstanding, Proc. 8th ICPR, Paris, 1986

10 Hundt, E.: Wege zur Dokumentinterpretation: Schriftzeichnerkennung, Grafikerkennung, wissensbasierte Analyse, in: Paulus (ed): Mustererkennung 1987, Springer V., 1987

11 Kreich, J., Überreiter, B.: Interpretation bildhafter Bürodokumente mittels objekt-orientierter Wissensdarstellung und hypothesengesteuerter Kontrollstrategie, in: Hartmann (ed): Mustererkennung 1986, Springer V., 1986

12 Dengel, A. Luhn, A., Überreiter, B.: Data and Model Representation and Hypothesis Generation in Document Recognition, Proc. 5th SCIA, Stockholm, 1987

13 Minsky, M.: A FrameWork for Representing Knowledge, in: Winston (ed.): Psychology of Computer-Vision, McGraw-Hill, New York, 1975

14 Nagy, G., Seth, C.S., Stoddard, S.D.: Document Analysis with an Expert System, in: Gelsema, Kanal (ed): Pattern Recognition in Practice II, North-Holland, 1986

15 Oberländer, M: Relationale Datenmodellierung in einem Dokumentanalysesystem, in: Paulus (ed): Mustererkennung 1987, Springer V., 1987

16 Rich, E.: Artificial Intelligence, McGraw-Hill, New York, 1983

17 Sagerer, G.: Darstellung und Nutzung von Expertenwissen für ein Bildverarbeitungssystem, Springer Verlag, 1985

18 Srihari, S.N., Hull, J.J., Palumbo, P.W., Wang, C.: Address Block Location: Specialized Tools and Problem Solving Architecture, Proc. of Advanced Technology Conference, USPS, 1986

19 Winston, P.H.: Artificial Intelligence, Addison Wesley, 1984

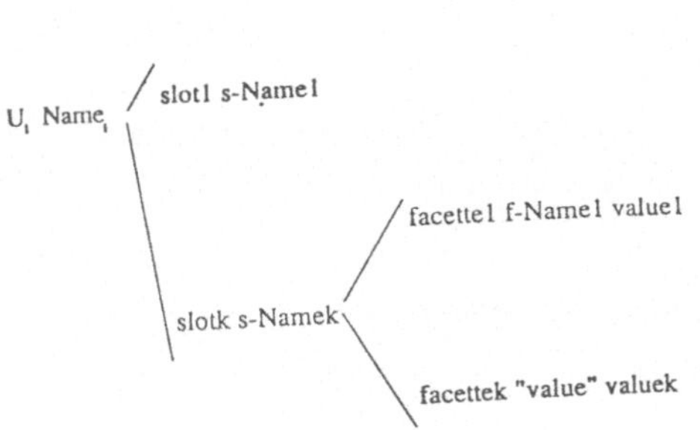

Abb. 1: Struktur einer unit

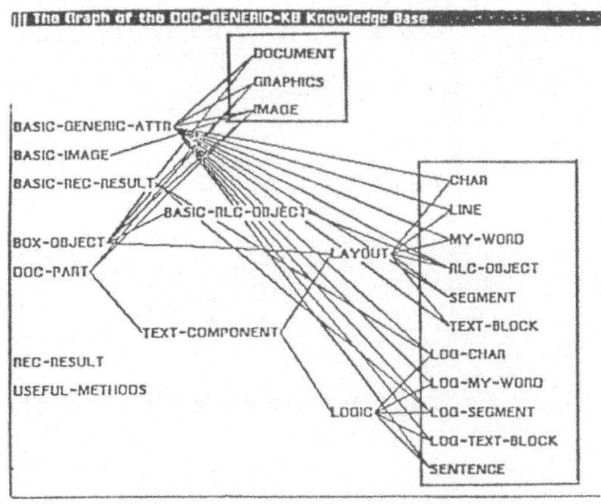



Abb. 2: Die grundlegenden Dokumentobjekte

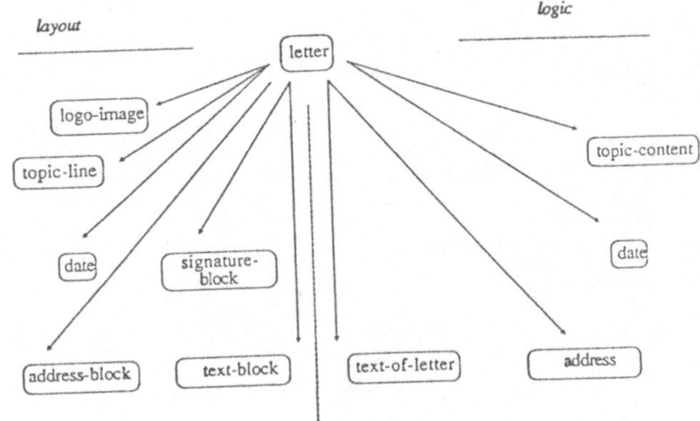



Abb. 3: Ein Auszug der Teilehierarchie für das Dokumentobjekt Brief

```
(Output) The CONTENT Slot of the PART-PROTOTYPE Unit
Member Slot: CONTENT from PART-PROTOTYPE
   Inheritance: OVERRIDE.VALUES
   ValueClass: NUMBER
   Cardinality.Max: 100
   Cardinality.Min: 0
   Comment: "contains the description for any part of any object in the generi
       c KB. The value of this slot denotes the instance number. The rele
       vance ranges from 0 to 1000."
   Obligate-Position: NIL
   Relevance: LOW
   Test: NIL
   Values: UNKNOWN
```

Abb. 4: Struktur eines Teils

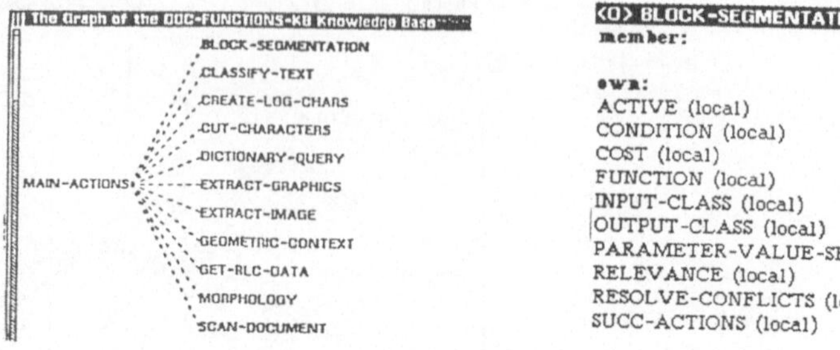


Abb. 5: Menge der Spezialisten und interne Struktur der Methode

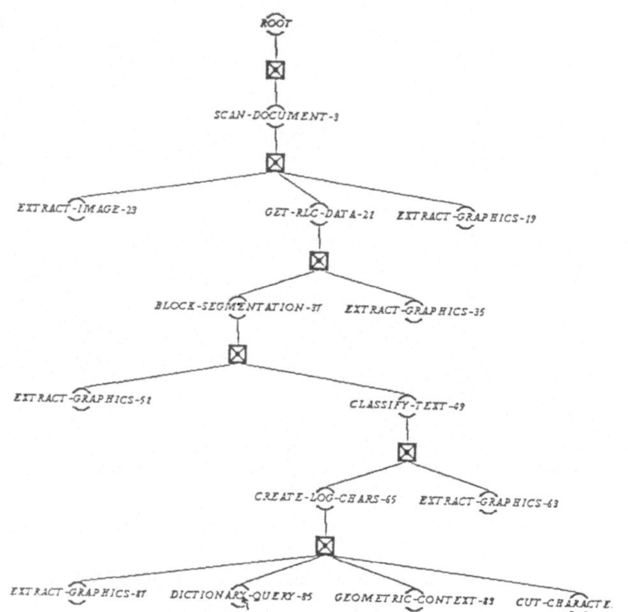


Abb. 7: Beispiel eines Analyselaufs

bis Interpretation erreicht
    wähle aktive Situation $S_{aktiv}$ aus
    bestimme Menge der anwendbaren Spezialisten
    wähle einen Spezialisten aus
    konfiguriere die Parameter
    führe diesen Spezialisten aus $\rightarrow S_{neu}$
    bewerte $S_{neu}$

Abb. 6: grundlegender Kontrollzyklus

# Zeichnungsumsetzung: Vorverarbeitung von Linienzeichnungen für die Rekonstruktion aus Projektionen


Olaf Bergengruen

Siemens AG, München
email:   olaf@ztivax.uucp


## Zusammenfassung


Die Zeichnungsumsetzung befaßt sich mit der automatischen Interpretation von technischen Zeichnungen. Das Ziel der Umsetzung ist, aus dem Papierdokument oder Rasterbild eine rechnerinterne Beschreibung des Dokumentes zu erzeugen. Zu dieser Aufgabe gehört unter anderem die Erzeugung von 3D-Modellen aus Linienzeichnungen.

Ziel dieser Arbeit ist die automatische Konstruktion von Volumenmodellen aus orthogonalen Ansichten. Die Eingangsdaten, fehlerhafte Rasterbilder aus Zeichnungen, stellen einfache Polyederszenen dar. Der Grundgedanke bei der 3D-Rekonstruktion ist der schrittweise Aufbau der Modelle anhand von Zwischenbeschreibungen, die aus dem Bild gewonnen werden.

In diesem Bericht wird die Vorverarbeitung beschrieben, die aus dem Rasterbild komplexere Beschreibungen erzeugt. Die Interpretation baut auf diese Beschreibungen auf.


## Einleitung

Bei der Herstellung technischer Produkte werden immer häufiger CAD-Systeme verwendet. Es besteht daher ein Bedarf an der automatischen Umsetzung von bereits manuell erstellten Zeichnungen in CAD-Modelle. Auch bei der Eingabe neuer Modelle wäre es wünschenswert, diese aus Skizzen der Ansichten automatisch erzeugen zu können. Die automatische Umsetzung technischer Zeichnungen umfaßt verschiedene Schwerpunkte der Bildverarbeitung und Bildinterpretation: Segmentierung, Zeichenerkennung, Objekterkennung, 3D-Rekonstruktion und die Steuerung der verschiedenen Schritte durch Regeln oder Heuristiken, die das Wissen über Geometrie und technische Normen modellieren.

In diesem Bericht wird die Vorverarbeitung von Linienzeichnungen und die Erzeugung von 3D-Volumenmodellen aus einfachen Polyederszenen beschrieben, die in einem prototypischen System implementiert wurden.

Das System erzeugt 3D-Volumenmodelle einer sehr speziellen Klasse von Zeichnungen, nämlich orthogonaler Prismen, deren Grundflächen parallel zu einer der Projektionsebenen sind.

Abb. 1a zeigt das Eingangsbild (ein Rasterbild) , das aus Seitenansicht und Draufsicht einer Polyederszene mit Störlinien und Unterbrechungen besteht. Das Pixelbild beinhaltet Störlinien und Unterbrechungen. Unter diesen speziellen Voraussetzungen sind zwei Ansichten für die 3D-Rekonstruktion ausreichend. Abb. 1b zeigt die Darstellung des vom System erzeugten 3D-Volumenmodells.

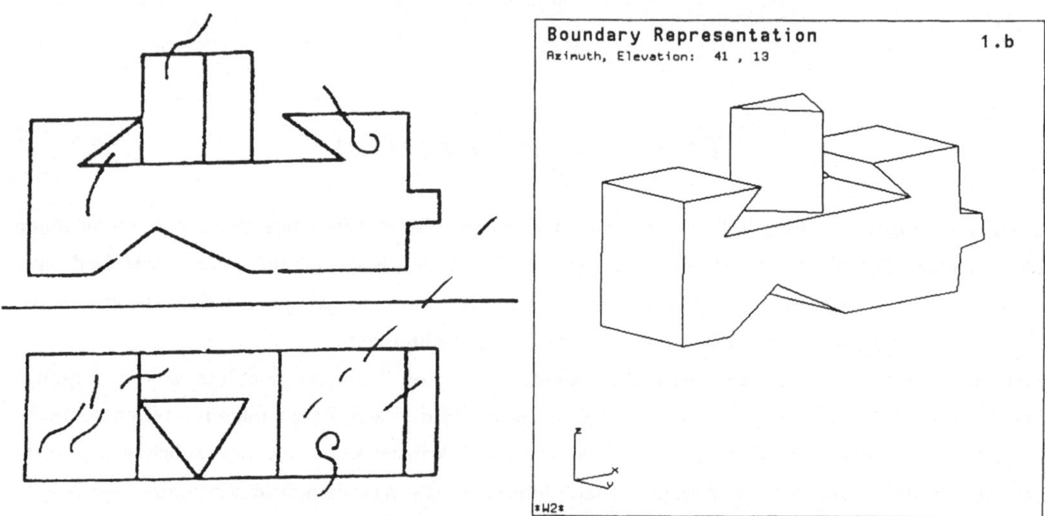


*Abb. 1. Eingang und Ausgang eines Zeichnungsumsetzungssystem:*
*1.a Rasterbild und 1.b Darstellung einer 3D-Interpretation .*

Aus der Literatur sind einige Ansätze bekannt, welche die Problematik der 3D-Rekonstruktion mit verschiedenen Schwerpunkten behandeln. Im folgenden werden vier Arbeiten kurz beschrieben.

[Sugihara 84] erzeugt aus einer einzigen Ansicht eines Polyeders ein 3D-Flächenmodell. Der Kern des Ansatzes ist die Berechnung der 3D-Koordinaten der Ecken, die mit den segmentierten 2D-Ecken im Bild korrespondieren.

[Wesley und Markowsky 81] stellen einen Algorithmus vor, der ein Volumenmodell aus zwei oder drei orthogonalen Ansichten eines Polyeders berechnet. Aus den Projektionen wird zunächst ein Pseudo-Drahtmodell erzeugt, d.h. es werden alle möglichen 3D-Punkte und 3D-Kanten bestimmt, deren Projektionen konsistent mit den gegebenen Ansichten sind. Das korrekte 3D-Drahtmodell (Kantendarstellung) ist eine Untermenge dieses Pseudo-Drahtmodells. Der Algorithmus sucht im wesentlichen nach konsistenten Gruppierungen von Kanten in Flächen und von Flächen in Volumina.

[Spur, Krause, Jansen u. Timmermann 87] stellen ein System vor, mit dem der Benutzer mittels eines graphischen Tabletts interaktiv drei Ansichten des betrachteten Körpers eingibt. Dabei werden die Koordinaten der sichtbaren 3D-Punkte automatisch berechnet. Bei der 3D-Rekonstruktion werden 3D-Punkte in 3D-Kanten, Kanten in Flächen und Flächen in Volumina zusammengefaßt.

[Aldefeld 83] versucht Strukturen aus den Ansichten zu finden, die zu primitiven Körpern korrespondieren. Primitive Körper sind Prismen, die folgende Eigenschaften haben: die Grundfläche wird als Zyklus (geschlossene Sequenz von Kanten) projiziert und die Projektionen der anderen Ansichten haben eine rechteckige Kontur.

Bei den obigen Ansätzen sind die Eingangsdaten fehlerfrei und bestehen im wesentlichen aus Strecken mit zugehörigen Attributen (z.B. "gestrichelte Gerade"). Ziel unserer Arbeit ist hingegen, die Rekonstruktion aus *fehlerhaften Rasterbildern* durchzuführen.

Die sich anschließenden Abschnitte des vorliegendes Berichtes gliedern sich wie folgt. Abschnitt 1 erläutert die Vorverarbeitung, welche aus dem Pixelbild eine relationale Beschreibung erzeugt; Abschnitt 2 beschreibt die 3D-Rekonstruktion von einfachen Polyederszenen; und Abschnitt 3 stellt einige Ideen für die schrittweise Konstruktion komplexerer 3D-Interpretationen vor, die aber noch nicht implementiert wurden.


# 1. Vorverarbeitung

Bei der Vorverarbeitung werden Repräsentationen in verschiedenen Beschreibungsebenen erzeugt: Rasterbild, Bildgraph, Zyklen und B-Zyklen. Diese werden im folgenden genauer beschrieben.

Das Schwarzweißbild wird nach der Abtastung verdünnt. Der nächste Schritt ist die Extraktion von Linien und Verzweigungspunkte (Punkte, bei denen mehr als zwei Linien zusammenkommen) im verdünnten Bild. Das Ergebnis ist eine Graphbeschreibung, wobei Linien und Verzweigungspunkte zu Kanten und Knoten des Graphen korrespondieren. Im folgenden wird diese Beschreibung als Bildgraph bezeichnet. Die Verdünnung bringt aber unerwünschte Effekte mit sich, wie z.B. die Erzeugung mehrerer Knoten nahe dem Schnittpunkt zweier Geraden oder das Auftreten von "Haaren", besonders wenn Linien im Rasterbild mehrere Pixels dick sind. Aus diesen Gründen wird der Bildgraph in einen neuen Graphen transformiert. Dabei werden Knoten, deren Entfernung kleiner als eine vorgegebene Schwelle ist (z.B. 5 Pixels) zusammengefaßt (clustering) und sehr kurze Linien aus dem Bildgraphen gelöscht. Weiterhin werden zwei Linien, deren Endpunkte nahe beieinander liegen durch eine neue ersetzt, die sich aus der Verkettung der ursprünglichen Linien ergibt. Abb. 2a zeigt den Bildgraphen, der als Ergebnis der oben genannten Schritte entsteht.

Die 3D-Rekonstruktion basiert auf der Suche nach Zyklen, die Projektionen von 3D-Flächen im Bildgraphen sind. Es wird angenommen, daß *die Projektion der sichtbaren Seitenfläche eines Polyeders einem minimalen Zyklus im Bildgraphen entspricht.* **[A 1]**

Diese Annahme gilt nur, wenn die Ränder einer Seitenfläche von anderen Flächen in Projektionsrichtung nicht überdeckt werden.

Die Suche nach minimalen Zyklen basiert auf folgender Überlegung: Der minimale Zyklus, der eine vorgegebene Kante $K_i$ (mit Knoten $V_{i1}$ und $V_{i2}$) im Bildgraph beinhaltet, besteht aus der Kante $K_i$ und dem minimalen Weg von $V_{i2}$ bis $V_{i1}$ , der $K_i$ nicht enthält. Die Suche nach minimalen Zyklen reduziert sich also auf die Bestimmung der minimalen Wege im Bildgraph. Dafür wurde eine Branch-and-Bound-Suche implementiert (z.B. [Winston 84]).

Im nächsten Schritt wird eine Polygonapproximation der minimalen Zyklen durchgeführt, um 2D-Ecken zu finden, die Projektionen der 3D-Ecken sind. Dabei wird der Ramer-Algorithmus verwendet, der auf der rekursiven Zerlegung der Eingangskurve (Sequenz von (x,y)-Koordinaten) in Teilkurven basiert. Die Rekursion hält, wenn die Teilkurven mit einer geraden Strecke genügend gut (Fehlerschranke z.B. 8 Pixels) approximiert werden können (siehe z.B. [Ballard & Brown 82]). Abb. 2b zeigt das Ergebnis der Eckensegmentierung.

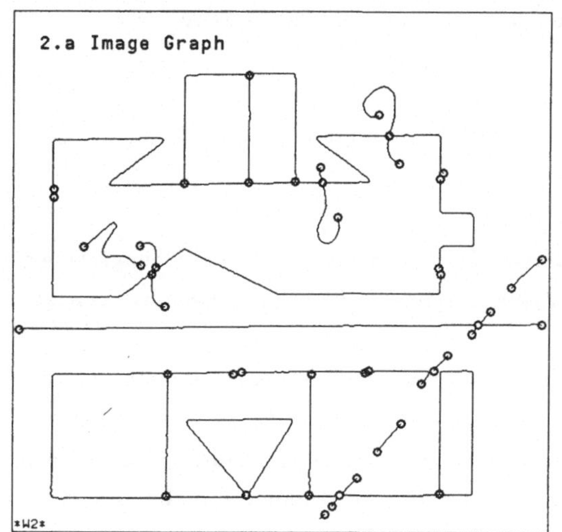

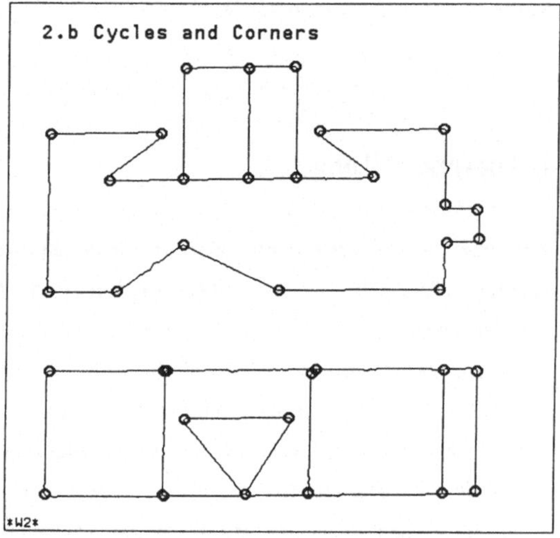


*Abb. 2. Teilergebnisse der Vorverarbeitung: 2.a Bildgraph , 2.b Eckensegmentierung*

Der letzte Schritt der Vorverarbeitung ist die Erzeugung einer relationalen Beschreibung, welche die Nachbarschaften zwischen Zyklen explizit darstellt. Zwei Zyklen sind benachbart, wenn sie eine gemeinsame Kante haben. Die Nachbarschaftsrelation induziert eine Partition in der Menge der Zyklen, und ihre Elemente werden als B-Zyklen (<u>b</u>enachbarte Zyklen) bezeichnet. Es wird angenommen, daß:

*benachbarte Zyklen zum gleichen Körper gehören.* **[A.2]**

Der nächste Abschnitt beschreibt die Erzeugung von 3D-Volumenmodellen ausgehend von den berechneten B-Zyklen.

# 2. 3D-Rekonstruktion

Der Grundgedanke bei der 3D-Rekonstruktion ist, Projektionen von Primitivkörpern im Bild zu suchen und diese dann durch Vereinigung, Differenz oder Durchschnitt zu kombinieren (Constructive Solid Geometry [Requicha 80]). Primitivkörper sind in unserem Fall Prismen, die durch eine Grundfläche und einen Verschiebungsvektor repräsentiert werden.

Der Ansatz für die Suche nach Primitivkörpern ist ähnlich zu dem in [Aldefeld 83]. Es wird angenommen, daß

> *die Polyederszene aus orthogonalen Prismen oder Kombinationen von Prismen besteht,*
> *deren Grundflächen parallel zu einer Projektionsebene sind.*          **[A 3]**

Es wird nach korrespondierenden Strukturen in beiden Ansichten gesucht. Eine davon, die Projektion einer Grundfläche, besteht aus einem Zyklus, der an keinen Nachbarzyklus angrenzt. Die zweite Struktur besteht aus benachbarten Zyklen, die zusammengenommen eine rechteckigen Kontur haben (Abb. 3a).

Nachdem korrespondierende Strukturen gefunden wurden, läßt sich das entsprechende Volumenmodell, das durch seine Grundfläche (3D-Polygon) und einen Verschiebungsvektor beschrieben wird, leicht berechnen. Abb. 3b zeigt eine Darstellung des Volumenmodells.

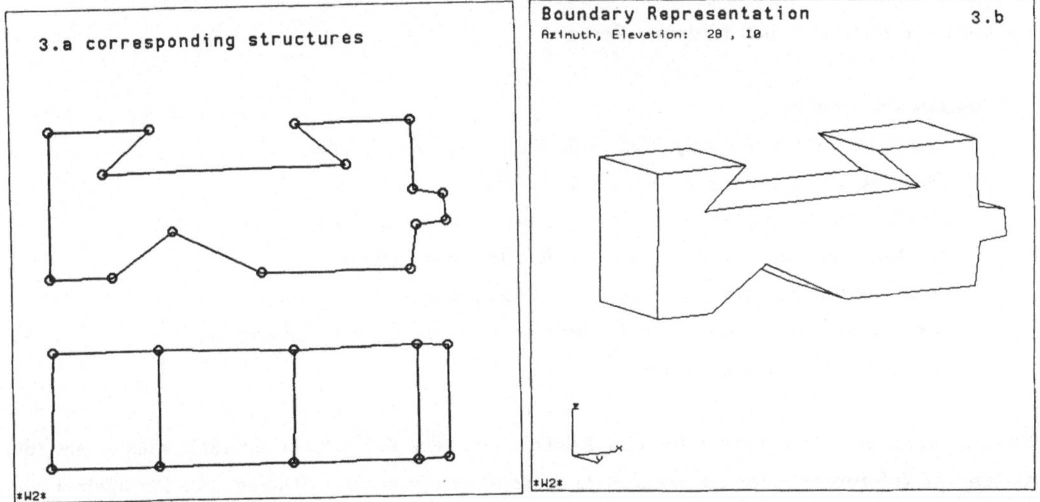


*Abb. 3.a korrespondierende Strukturen im Bild und 3.b Darstellung des Volumenmodells*

Die Rasterbilder (512*512 Pixels) werden auf einer VAX 8700 vorverarbeitet. Die 3D-Rekonstruktion von Primitivkörpern wurde auf einer Symbolics-Workstation implementiert. Kombinationen von Primitivkörpern sind zur Zeit noch nicht implementiert, weil ein geometrischer Modellierer noch nicht vorhanden ist. Der geometrische Modellierer soll u.a. aus dem Konstruktionsbaum (Volumenmodell) ein Flächenmodell des Gesamtkörpers berechnen. Dieser Vorgang ist in der Literatur als "boundary evaluation" bekannt.

# 3. Rekonstruktion komplexer Bilder

Wie schon in der Einleitung erwähnt, lassen die bekannten Algorithmen keine fehlerhaften oder inkonsistenten Eingangsdaten zu. In der Praxis werden Algorithmen , die keine "Vorstellung" über die gesuchten Modelle haben, nicht erfolgreich sein. Der Grund dafür ist nicht nur, daß im Rasterbild normalerweise Störungen auftreten, sondern auch, daß Zeichnungen häufig nicht konsistent erstellt werden. Beispielweise werden Linien weggelassen, falls sie für eine bestimmte Darstellung nicht relevant sind.

Gewünscht sind Ansätze, die "Wissen" über technische Zeichnungen repräsentieren und ausnutzen, um konsistente Interpretationen aus dem Bild zu extrahieren.

In folgendem Abschnitt werden erste Ideen für eine "intelligente" Rekonstruktion vorgestellt, die wir zur Zeit untersuchen.

Der Grundgedanke ist eine schrittweise Konstruktion von Modellen bzw. Modellklassen [Herman u. Kanade 86], die im folgenden als Interpretationen bezeichnet werden. Eine Interpretation kann als ein Netz von "aktiven Objekten" angesehen werden. Ein Objekt führt im Falle seiner Aktivierung mehrere Aufgaben durch. Unter anderem kann es neue Objekte erzeugen oder wiederum andere Objekte aktivieren.

Ein allgemeines Objekt hat folgende Gestalt:

**Objektbeschreibung:**

> **Name:** *der Name des Objektes (z.B. Kante, Zyklus, Körper, ...)*
>
> **Teil-von:** *ein Objekt (z.B. Fläche-21 )*
>
> **hat-Teile:** *eine Objektliste (z.B. ( Kante-23 Kante-17 Kante-121 ))*
>
> **Begründung:** *Kontext und Begründung für dieses Objekt*
>
> **Constraints:** *eine Liste von Constraint-Objekten*
>
> **Methoden:** *Algorithmen, Regel oder Heuristiken, die dem Objekt zur*
> *Verfügung stehen*

Der Eintrag *Begründung* beschreibt den Kontext, in dem das Objekt erzeugt wurde, und die Ketten von Inferenzen oder Aktivitäten (z.B. Segmentierungsalgorithmen und Parameter), die durchgeführt wurden, um das Objekt zu erzeugen. Durch Begründungsverwaltung (reason maintenance) soll folgendes erreicht werden: Im Falle von Inkonsistenzen, kann die Datenstruktur gezielt lokal modifiziert werden ohne sie wieder vollständig berechnen zu müssen. Änderungen pflanzen sich fort, vergleichbar zu Wellen in einem See. Ferner sollen Inkonsistenzen ausgenutzt werden, um Rückschlüsse über mögliche Fehlerquellen zu ziehen.

*Constraint-Objekte* werden während der Analyse erzeugt und legen Bedingungen fest, die bei der Manipulation von Objekten eingehalten werden müssen. Nehmen wir beispielsweise an, daß das System aufgrund von Teilergebnissen erkennt, daß Fläche-23 orthogonal zur Fläche-12 sein muß. Es wird also ein Constraint-Objekt erzeugt « Constraint-33 ≡ Fläche-23 ist orthogonal zu Fläche-12 », das die Aufgabe hat, diese Bedingung bei der weiterführenden Analyse einzuhalten. Eine Änderung der Eckenkoordinaten der Fläche-23 veranlaßt Constraint-33 Aktionen durchzuführen, um die Fläche-12 unter Einhaltung der Orthogonalitätsbedingung zu manipulieren.

Der Eintrag *Methoden* kann als eine kleine Wissensbasis angesehen werden, die dem Objekt zur Verfügung steht. Im allgemeinen sind diese Einträge Zeiger, welche auf Einträge in der Gesamtwissensbasis verweisen.

Die in Abschnitt 3 vorgestellten Ideen sind noch sehr vage, um implementiert zu werden. Ziel der weiterführenden Arbeit ist, diese Ideen im Bereich der Polyederszenen zu konkretisieren und einen Prototyp zu implementieren.

Ich danke Dr. B. Ueberreiter für ihre Hilfe bei der Erstellung dieses Berichtes.

# Literatur


**Aldefeld B.**, "Automatic 3D Reconstruction from 2D Geometric Part Description" , Proc. of the CVPR '83, pp.66-72, 1983.

**Ballard D.H. and D.H Brown**, "Computer Vision", Prentice-Hall, 1982.

**Herman M. and T. Kanade**, "Incremental Reconstruction of 3D Scenes from Multiple, Complex Images", Artificial Intelligence 30, pp.289-341, 1986.

**Requicha A.A.G.**, "Representations for Rigid Solids: Theory, Methods, and Systems", Computing Surveys Vol. 12, No. 4, pp.437-464, 1980.

**Spur G., F.-L. Krause, H. Jansen und M. Timmermann**, "Rekonstruktion von 3D-Modellen mit CASUS", Zeitschrift für wirtschaftliche Fertigung 82 (10), ff.569-574, 1987.

**Sugihara K.**, "An Algebraic Approach to Shape-fom-Image Problems", Artificial Intelligence Vol. 24, pp.59-95, 1984.

**Wesley M.A. and G. Markowsky**, "Fleshing Out Projections", IBM J. Research and Development 25 (6), pp.934-953, 1981.

**Winston P.H**, "Artificial Intelligence ", Addison-Wesley, second edition, 1984.

# Das selbstlernende System der topologischen Merkmalskarte
## zur Klassifikation und Bildsegmentierung


Bertsch H., Dengler J., Meinzer H.P.
Deutsches Krebsforschungszentrum, Heidelberg
Abteilung für medizinische und biologische Informatik
(Leiter: Prof. Dr. C.O. Köhler)
Im Neuenheimer Feld 280, 6900 Heidelberg


## Zusammenfassung


Der selbstlernende Prozess der topologischen Merkmalskarte [Kohonen 83] basiert auf den Theorien neuronaler Netzwerke und beschreibt topologische Beziehungen des hochdimensionalen Merkmalraums durch eine zweidimensionale Merkmalskarte.

Der Beitrag beschreibt dieses Verfahren und zeigt Möglichkeiten, den sequentiellen Lernprozess zu parallelisieren und eine geeignete Initialisierung der topologischen Karte vorzunehmen, so daß eine schnellere Konvergenz des Verfahrens erreicht wird. Beispiel für eine Anwendung bildet die Klassifizierung von Pneumoconiosen. Eingangsinformation in die topologische Merkmalskarte sind hierbei Merkmalsvektoren, die die Größenverteilung von Lungenflecken beschreiben. Diese Merkmale basieren auf der Theorie der mathematischen Morphologie.


## Einleitung

Betrachtet man die verschiedenen Gehirnregionen des Menschen, so ist ihre spezifische Rolle bestimmt durch eine interne Ordnung zwischen den Neuronen. Diese räumliche Ordnung scheint das Hauptmerkmal einer effektiven Repräsentation von Wissen bzw. Information zu sein. Sie ist eine komprimierte Darstellung der relevantesten Fakten und beinhaltet gleichzeitig die Zusammenhänge dieser Daten.

Die Anordnung der verarbeitenden Prozessoren bei biologisch kognitiven Prozessen entspricht jeweils in direkter Weise der Merkmalsverteilung einer Eingangsinformation. Hierbei ist die Verteilung der Merkmale im Gehirn meist zweidimensional repräsentiert.

Die selbstlernende Merkmalskarte basiert auf Entwicklungen auf dem Gebiet neuronaler Verarbeitung in parallel verteilten Systemen [Rummelhart 86].

## Die topologische Merkmalskarte von T. Kohonen

Das Klassifikationsverfahren der selbstlernenden topologischen Karte beschreibt topologische Beziehungen von Merkmalen und somit Übergänge zwischen einzelnen Merkmalsklassen. Traditionelle Diskriminanz- und Clusterverfahren tragen diesem Problem nicht Rechnung. Der hochdimensionale Merkmalsraum wird hierbei auf einem zweidimensionalen Array von repräsentativen Merkmalsvektoren projiziert. Die Abbildung ist keine orthogonale Projektion, sie formiert sich gemäß einer optimalen Orientierung im Merkmalsraum. Die topologischen Zusammenhänge lassen sich somit durch dieses Verfahren sehr anschaulich widerspiegeln, was z.B. bei Anwendung einer Diskriminanzanalyse nicht möglich ist. Diese Information ist aber sehr relevant bei Fragestellungen, bei denen zwischen den Klassen kontinuierliche Übergänge bestehen, wie es bei der Analyse medizinischer Bilder häufig vorkommt.

Die repräsentativen Merkmalsvektoren der Karte werden erlernt, indem die Eingabevektoren in beliebiger Reihenfolge auf die Karte geschickt werden. Es wird jeweils der ähnlichste Kartenvektor durch Ermittlung einer Distanz zwischen Eingabevektor und Kartenvektor bestimmt. Dann erfolgt ein Angleich des ausgewählten Kartenvektors und seiner Umgebung an den Eingabevektor. Somit repräsentiert jeder Punkt der Karte eine Diskriminanzfunktion, die aus einem nichtlinearen Prozess hervorgeht. Die Karte enthält nach dem Lernprozess eine komplette Repräsentation der Eingangssignale.

T. Kohonen hat das Prinzip dieses Prozesses an einer einfachen Version des Algorithmus demonstriert. Seine Anwendung des Algorithmus liegt auf dem Gebiet der Spracherkennung [Kohonen 84]. Der mathematische Beweis der Konvergenz des Verfahrens erfolgt nur im eindimensionalen Fall [Kohonen 82].

Im folgenden eine Darstellung des Algorithmus für den zweidimensionalen Fall:

Sei M eine 2–dimensionale Anordnung n–dimensionaler Vektoren, wobei n durch die Dimension der Eingabevektoren bestimmt wird. $d_t(i,j)$ ist ein Ähnlichkeitsmaß zwischen dem Eingabevektor x und dem aktuellen Zustand $z_t(i,j)$ der Karte an der Position i,j zum Zeitpunkt t.

$$d_t(i,j) = \sum_{k=1}^{n} \left( z_t(i,j,k) - x(k) \right)^2 \qquad (1)$$

mit x(k): k–te Komponente des Eingabevektors x.

Für jeden Eingabevektor x wird die Position $c_t$=(i,j) mit dem minimalen $d_t(i,j)$ ausgewählt.

Die 1–Umgebung von $c_t$=(i,j) sei definiert:

$$U_{c_t}(l) = \left\{ i',j' \mid l \geq |m = i' - i|, \; l \geq |n = j' - j| \right\} \qquad (2)$$

Hier wird der Zustand der Karte nach folgender Formel verändert:

$$z_{t+1}(i',j') = z_t(i',j') + \alpha_t \omega_t(m,n) \left( x - z_t(i',j') \right) \qquad (i',j') \epsilon U_{c_t}(l) \qquad (3)$$

$\{\alpha_t \mid t = 0,1,\ldots; \; 0 < \alpha_t < 1\}$ ist eine monoton fallende Sequenz. Für $\omega_t(m,n)$ wählen wir eine gaußgewichtete Funktion, so daß die näheren Punkte zu $c_t$(i,j) mehr beeinflußt werden.

Zu Beginn der Lernphase wird l groß gewählt. Nach mehreren Iterationsschritten wird l verkleinert. Es folgen weitere Iterationen bis l=1 erreicht ist. Dies beinhaltet die zwei Phasen des Lernprozesses, die initiale Bildung einer Ordnung und das asymptotische Konvergenzverhalten. Die Lernphase benötigt viele Iterationen, besonders für die asymptotische Konvergenz.

Die Realisierung dieser Phasen mittels großer Anfangslernumgebung und sukzessiver Verkleinerung der Lernumgebung kann ersetzt werden durch eine pyramidale Vergrößerung der Karte. Es wird mit einer kleinen Ausgangskarte begonnen und diese sukzessive vergrößert bei konstanter Lernumgebung. Indem mit einer kleinen Karte begonnen wird, kann auch relativ einfach eine geeignete Initialisierung der topologischen Karte vorgenommen werden.

*Häufigkeitsabhängiges Lernen im Verbund*

Wie erwähnt, werden die Eingabevektoren zufällig ausgewählt und mit jedem Kartenvektor verglichen. Nachdem der ähnlichste Kartenvektor festgestellt ist, wird dieser an den Eingabevektor angeglichen in Abhängigkeit von $\alpha_t$ bei gleichzeitiger Angleichung der Umgebung. Der Prozeß ist folglich sequentiell.

Eine deutliche Beschleunigung des implementierten Algorithmus wird erreicht durch Lernveränderung der Karte im Verbund. Es wird zu einem gegebenen Zeitpunkt t für jeden Eingabevektor der ähnlichste Kartenvektor bestimmt. Die Distanzbestimmung zwischen der Menge der Eingabevektoren und der Menge der Kartenvektoren erfolgt parallel. Die Zustandsänderung wird dann zusammen für alle Eingangsvektoren vorgenommen, die einer bestimmten Stelle der Karte am ähnlichsten sind.

Betrachtet man die Veränderung einer determinierten Kartenposition nach obiger Formel, so läßt sich der zeitliche Prozeß darstellen (ohne Angabe der Indizes und ohne Gaussgewichtung) durch:

$$z_{t+1} = z_t + \alpha_t (x_t - z_t) = (1 - \alpha_t) z_t + \alpha_t x_t \qquad (4)$$

$$z_{t+2} = (1 - \alpha_{t+1})(1 - \alpha_t) z_t + (1 - \alpha_{t+1}) \alpha_t x_t + \alpha_{t+1} x_{t+1} \qquad (5)$$

$$\ldots\ldots$$

Damit die Eingabevektoren gleichberechtigt in den Lernprozeß eingehen, müssen in Gleichung (5) die Eingabevektoren $x_{t+1}$ und $x_t$ gleich gewichtet werden. Dies gilt für:

$$\alpha_{t+1} = \frac{\alpha_t}{1 + \alpha_t} \qquad (6)$$

womit bewiesen ist, daß bei geforderter Gleichgewichtung der Ausgangsdaten $\{\alpha_t \mid t = 0, 1, \ldots; \ 0 < \alpha_t < 1\}$ eine monoton fallende Folge sein muß.

Sei k die Anzahl der Eingabevektoren, die der Lernphase bis zum Zeitpunkt t zugeführt wurden, so erfüllt z.B. die Folge:

$$\frac{1}{k+1}, \frac{1}{k+2}, \frac{1}{k+3}, \ldots \qquad (7)$$

diese Forderung.

Sie kann so interpretiert werden, daß

$$\alpha_t = \frac{Anzahl\ neuer\ Eingabevektoren}{Anzahl\ neuer\ Eingabevektoren\ +\ Anzahl\ schon\ verwendete\ Eingabevektoren}$$

ist, d.h. es wird kein willkürlicher Startwert für $\alpha_t$ vorgegeben und die Differenzangabe der fallenden Folge erfolgt nicht explizit, sondern $\alpha_t$ wird bestimmt durch die Anzahl der Eingabevektoren, die bis zum Zeitpunkt t der Lernphase der Karte zugeführt wurden.

Hieraus lassen sich weitere Folgerungen ziehen. Die Karte sei mit Zufallszahlen initialisiert. Es resultiert dann folgendes zeitliche Lernverhalten für eine Kartenposition, die den Eingabevektoren $x_i$ am ähnlichsten sind:

$$z_{0+n} = \frac{1}{n} \sum_{i=1}^{n} x_i \qquad (8)$$

Nach einer geraumen Lernzeit enthalten alle Kartenpositionen die Mittelwerte jener Eingabevektoren, die den Positionsvektoren am ähnlichsten sind.

Geht man von diesem erreichten Kartenzustand aus und führt den Lernprozeß fort, so ergibt sich für den Zeitpunkt t+n :

$$z_{t+n} = (1 - \frac{n}{n+k}) z_t + \frac{n}{n+k} \frac{1}{n} \sum_{i=1}^{n} x_i \qquad (9)$$

Dies heißt, daß der sequentielle Lernprozeß anhand jedes Eingabevektors ersetzt werden kann durch einen Lernprozeß, bei dem stattdessen die Mittelwerte der Eingabevektoren für die Kartenpositionen verwendet werden und ein Angleich der Kartenpositionen im Verbund möglich ist.

*Initialisierung der Karte und Lernphase*

Das beschriebene iterative Verfahren konvergiert zwar bei beliebiger Initialisierung, aber zur Erreichung einer guten Repräsentation des hochdimensionalen Merkmalsraumes sollte eine gezielte Initialisierung erfolgen. Die optimale lineare Reduktion des Merkmalsraums auf zwei Dimensionen ist die Hauptkomponententransformation mit den beiden Komponenten zu den größten Eigenwerten. Die Information dieser Projektion wird zur Initialisierung einer Karte der Größe 3x3 verwendet. Konkret wird der Zentralvektor der Karte auf den globalen Mittelwert $\bar{x}$ der Daten gesetzt. Auf die diagonalen Positionen kommen die Werte

$$d_i^{\pm} = \bar{x} \pm e_i \sqrt{EW_i} \quad (i = 1, 2) \qquad (10)$$

wobei $e_i$ die orthonormalen Hauptkomponenten der Kovarianzmatrix sind und $EW_i$ die zugehörigen Eigenwerte.

| $d_2^+$ | | $d_1^+$ |
|---|---|---|
| | $\bar{x}$ | |
| $d_1^-$ | | $d_2^-$ |

Die dazwischenliegenden Positionen werden interpoliert.

Anhand dieser kleinen Karte wird nun mit einigen Durchläufen die initiale Ordnung weiter verbessert. Danach wird die Größe der Karte sukzessive verdoppelt, wobei je Vergrößerungsstufe anhand der Ausgangsdaten mehrmals gelernt wird. Als Lernumgebung verwenden wir bei jeder Kartengröße eine 3x3 – Umgebung.

*Anwendung des Algorithmus*

Unter Verwendung des Verfahrens der selbstlernenden topologischen Karte wurde am Institut eine Klassifizierung von Pneumoconiosen durchgeführt. Verschiedene Stärkegrade von Pneumoconiosen zeigen sich durch unterschiedliche Fleckschatten in Röntgenbildern der Lunge (Abb. 1). Hauptmerkmale sind hierbei grauwertmorphologisch gewonnene Größenverteilungen, weil sie der intuitiven Wahrnehmung entsprechen und für die gegebene Fragestellung gut diskriminierend sind [Dengler 88].

Die morphologische Basisoperationen sind Erosion und Dilation, die im folgenden für den allgemeinen Fall der Grauwertmorphologie definiert werden [Sternberg 86]. Sei $X = g(x)$ das Grauwertbild mit Grauwerten $g(x)$ an der Position x.

$$ERO(U_r, X) := \left\{ \min_{u \in U_r} (g(x - u)) \right\} \qquad (11)$$

$$DILA(U_r, X) := \left\{ \max_{u \in U_r} (g(x + u)) \right\} \qquad (12)$$

Die morphologische Filteroperation Opening ist eine sukzessive Anwendung einer Erosion gefolgt von einer Dilation mit dem selben strukturierenden Element $U_r$. Die komplementäre Operation ist das Closing.

Diese Filteroperationen sind größenselektiv, d.h. ein Opening läßt weiße Flecken, die kleiner als das strukturierende Element $U_r$ sind, verschwinden. Somit ist das Residuum des Openings, d.h. die Differenz zwischen Originalbild und dem Bild nach dem Opening ein Maß für die Anzahl weißer Flecken mit Radius kleiner als r [Serra 86].

Die Größe der Umgebung, die in die Berechnung mit einbezogen werden soll, wird durch eine Glättungsmaske der Größe R realisiert. Die Mittelung des Residuum des Openings in dieser Umgebung, die größer als der größte zu erwartende Radius ist, kann als Maß der Wahrscheinlichkeit (kumulative Häufigkeiten) der Größe bis zum Radius r betrachtet werden.

$$F(U_r) = R\ SMOOTH\ (\ Bild - (U_r\ OPENING\ Bild\ )) \qquad (13)$$

Betrachtet man die Differenz von $r_i$ nach $r_{i+1}$, die mit der Anzahl der zusäztlichen Pixel zwischen $U_{r_i}$ und $U_{r_{i+1}}$ normalisiert wird, als Wahrscheinlichkeitsdichte für Objekte der Größe $r_i$, so ist hiermit eine Größenverteilung definiert.

$$p_{r_i} = \frac{R\ SMOOTH((U_{r_i}\ OPENING\ Bild) - (U_{r_{i+1}}\ OPENING\ Bild\ ))}{|U_{r_{i+1}}| - |U_{r_i}|} \qquad (14)$$

Hieraus gewonnene Merkmale sind der Erwartungswert $\bar{S}$ und die Standardabweichung $\hat{S}$ der Fleckengrößen:

$$\bar{S} = \frac{\sum_i p_{r_i} |U_{r_i}|}{\sum_i p_{r_i}} \qquad (15)$$

$$\hat{S} = \sqrt{\frac{\sum_i p_{r_i} (|U_{r_i}| - \bar{S})^2}{\sum_i p_{r_i}}} \qquad (16)$$

Weitere Merkmale bilden die lokale Exzentrizität des Bildes [Granlund 87] und Fourierkoeffizienten der lokalen Richtungsverteilungen aufgrund des quadrierten Gradientenvektorfeldes.

Nachdem die topologische Karte anhand dieser Merkmale gelernt hat, erfolgt die Wiederzuweisung der Bildmerkmalsvektoren auf die Karte (Abb. 2), womit anschaulich das Ergebnis der Klassifikation dargestellt wird.

*Ergebnisse und Diskussion*

Das beschriebene Klassifikationsverfahren differenziert sehr anschaulich die verschiedenen Pneumoconiosengrade, wobei es dem kontinuierlichen Charakter des Problems Rechnung trägt. Die verwendeten Merkmale sind sehr verwandt mit Terminologien aus dem Bereich der Medizin.

Der Lernprozess zeigt eine gute und schnelle Konvergenz. Durch Verwendung des häufigkeitsabhängigen Lernfaktors werden jene Eingabevektoren auf der Karte nicht überrepräsentiert, die sehr oft in der Eingabedatenmenge vorkommen. Eine deutliche Beschleunigung des Lernprozesses wird erreicht durch die pyramidale Repräsentation. Zur Zeit wird der Zeitpunkt des Übergangs von einer Kartengröße zur nächsten interaktiv bestimmt. Eine Automatisierung dieses Prozesses wird gerade untersucht.

*Literatur*


[Dengler 88]    Dengler J., Bertsch H., Desaga J.F., Schmidt M.
                New Trends of Image Analysis in the Medical Field
                Methods of Information in Medicine
                Schattauer Verlag, Stuttgart, New York, 27 , 1988, 53−57

[Granlund 87]   Granlund G.H., Bigün J.
                Optimal orientation detection of linear symmetry
                Proceeding of the 1st Int. Conf. on Cumputer Vision 87, 433−438

[Kohonen 82]    Kohonen T.
                Clustering, Taxonomy and topological maps of patterns
                Proceeding of the 6th Int. Conf. on Pattern Recognition 82, 114−128

[Kohonen 83]    Kohonen T.
                Self−Organisation and Associative Memory
                Springer Verlag Berlin, Heidelberg, N.Y., Tokio

[Kohonen 84]    Kohonen T., Mäkisara K., Saramäki T.
                Phonotopic maps − insightful representation of
                phonological features for speech recognition
                Proceeding of the 7th Int. Conf. on Pattern Recognition 84, 182−185

[**Rummelhart 86**] Rummelhart D.E., McClelland J.L. and The PDP Research Group
Parallel Distributed Processing
Explorations in the Microstructure of Cognition Vol1 + Vol2
MIT Press, Cambridge, MA

[**Serra 82**]   Serra J.
Image Analysis and Mathematical Morphology
Academic Press, New York / London 1982

[**Sternberg 86**]   Sternberg S.T.
Grayscale Morphology
Computer Vision, Graphics and Image Processing 35 (1986) 333 – 355

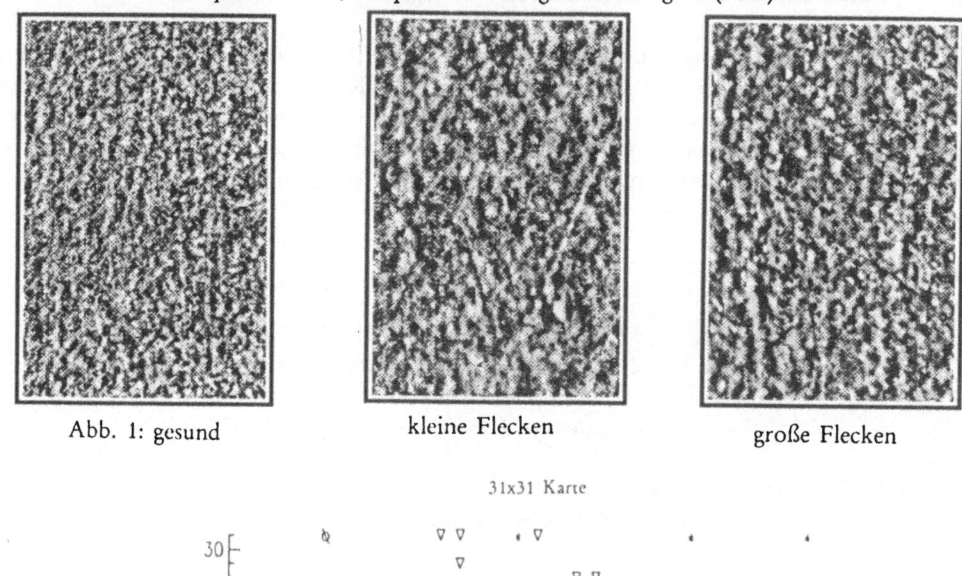

Abb. 1: gesund    kleine Flecken    große Flecken

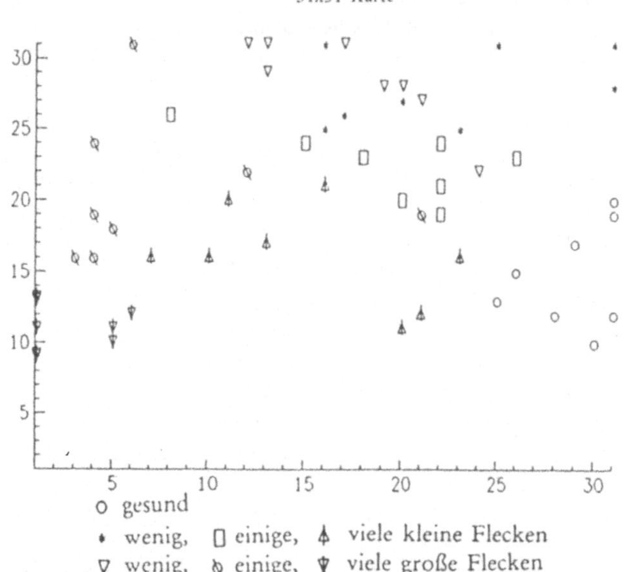


Abb. 2: Wiederzuweisung von Bildmerkmalsvektoren auf die gelernte Karte

# Dokumenten - Segmentierung mit Bildpyramiden


**H. Bieder und H.-G. Zimmer**

INSTITUT FÜR MIKROELEKTRONIK STUTTGART

Allmandring 30 a, 7000 Stuttgart 80


## Zusammmenfassung


Als Anwendung vektorieller Merkmale aus Bildpyramiden werden Text und Graphik in gedruckten Dokumenten segmentiert. Das Verfahren ist eine Alternative zu den auf skalaren Merkmalen unterschiedlicher Auflösungsstufen /1/ und /2/ oder regelbasierter Zeichenerkennung /3/ beruhenden Verfahren. Am Beispiel eines Flußdiagrammes wird gezeigt, daß sich die Unterschiede zwischen Text und Linien durch Merkmalsvektoren darstellen lassen, daß aber erst eine Interation des Verfahrens die Segmentierung mit Hilfe einer festen Schwelle ermöglicht.


## 1. Einleitung

Es soll gezeigt werden, daß die Segmentierung von Text und Graphik mit Hilfe von Bildpyramiden möglich ist. Als Beispiel dient das in Abbildung 1 gezeigte Flußdiagramm, dessen Linien die Graphikanteile darstellen. Linien und Text haben denselben Bereich der Grauwerte und auch gleiche Strichstärke, was die Segmentierung über Ortsfrequenzen erschwert. Dennoch kann einfach durch Vorgabe von Mustergebieten mit Text oder Linie eine Bewertung der Bildpunkte nach Ähnlichkeit zu Text bzw. Linie vorgenommen werden, die nach Wiederholung des Verfahrens, nämlich Bewertung der Bildpunkte im Ähnlichkeitsbild, die Segmentierung von Text und Linien durch einen Schwellwert erlaubt. Der Rechenaufwand dafür ist hoch, aber das Verfahren ist für Implementierung in Hardware geeignet.

Die Bildpyramide wird nach dem von Burt /4/ beschriebenen Verfahren gebildet. Aus einem Bild mit 512 Grauwerten, wird durch lokale Filterung eine Laplacepyramide mit $M = 10$ Ebenen aufgebaut. Die Ebenen gehören zu sich (näherungsweise) nicht überlappenden Spektralanteilen des Ausgangsbildes. Die höheren Ebenen (mit den niederfrequenten Anteilen) werden nicht wie üblich in der Auflösung reduziert. Dadurch werden Interpolationen von Zwischenwerten gespart. Die zu einem Bildpunkt $(x, y)$ gehörenden Komponenten der Bildpyramide werden zu einem Merkmalsvektor $\underline{MV}(x, y) = [LP_0(x, y), LP_1(x, y), ..., LP_{M-1}(x, y)]^T$ zusammengefaßt, vergl. Diagramm 1. Details sind in Zimmer /5/ und /6/ beschrieben.

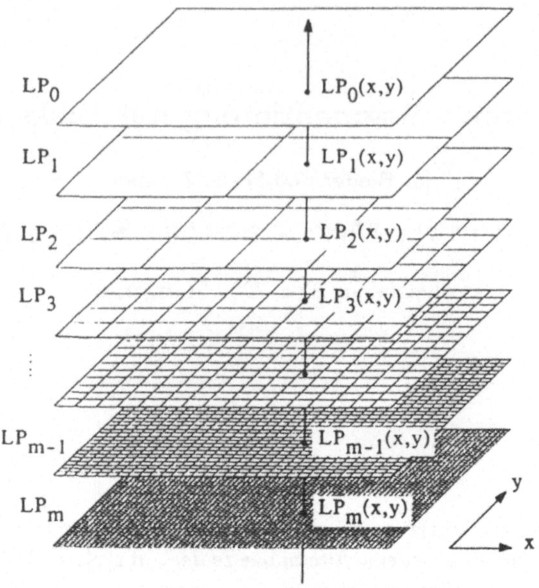


**Diagramm 1 :** Laplace - Schichten $LP_i$ liefern die Komponenten der vektoriellen Merkmale $\underline{MV}(x,y)$

Die Summe aller Komponenten eines Merkmalsvektors liefert den Grauwert des Bildpunktes. Deshalb sind Merkmalsvektoren eine redundante, aber vollständige Darstellung eines Bildes. Mit ihnen kann man Bildpunktklassifikationen wie in Multispektralbildern durchführen.

Die Ähnlichkeit $A(x,y)$ eines Bildes zu einem Suchvektor $\underline{SV}$ wird als gewichteter euklidischer Abstand berechnet. Durch einen Gewichtsvektor $\underline{g}$ können bestimmte Ebenen betont oder abgeschwächt werden.

$$A(x,y) = \sqrt{\sum_{M}^{i=0} g_i \cdot (MV_i(x,y) - SV_i(x,y))^2} \tag{1}$$

Die Ähnlichkeit von allen vektoriellen Merkmalen eines Bildes zu einem Suchvektor ist wieder ein Bild.

## 2. Gewinnung von Klassenmerkmalen aus der Bildpyramide

Das Ausgangsbild (Abb. 1) enthält drei verschiedene Objektklassen $j$ mit $j \in \{T, L, H\}$, nämlich Text, Linien und Hintergrund. Im Gegensatz zu Text und Linie könnte der Hintergrund durch eine Grauwertschwelle von den beiden anderen Klassen getrennt werden. Dabei werden allerdings auch Zwischenräume zwischen den Buchstaben erfaßt. Für jede Objektklasse werden Merkmale gesucht, die die Klasse möglichst vollständig und eindeutig beschreiben. Dazu wird in einem Strichprobengebiet, in dem sich nur diese Objektklasse befindet, der mittlere Merkmalsvektor $\underline{MK}_j$ und die Standardabweichung $\underline{SK}_j$ der Objektklasse aus der Bildpyramide bestimmt. Das ausgewählte Gebiet sollte sich im Zentrum des Bildes befinden, da dort die Datenerfassung praktisch invariant ist. In Text- oder Liniengebieten gibt es auch zum Hintergrund gehörenden Bildpunkte. Deshalb werden dort nur Merkmalsvektoren für Bildpunkte benutzt, deren Grauwerte kleiner als eine vorher festgelegte Schwelle sind. Die Wahl der Schwelle hat Einfluß auf das Ergebnis, ist aber nicht kritisch. Der mittlere Grauwert des Bildes ist eine brauchbare Schwelle.

Der Suchvektor $\underline{SV}_j$ einer Klasse $j$ wird aus dem mittleren Merkmalsvektor $\underline{MK}_j$ , der Standardabweichung $\underline{SK}_j$ und dem mittlere Merkmalsvektor $\underline{MK}_a$ der anderen Klasse berechnet. Die einzelnen Komponenten des Suchvektors werden so bestimmt, daß die Suchvektoren der beiden Klassen in jeder Ebene einen maximalen Abstand haben.

$$SV_{ji} = \begin{cases} MK_{ji} + SK_{ji} & \text{für } MK_{ai} < MK_{ji} \\ MK_{ji} - SK_{ji} & \text{für } MK_{ai} \geq MK_{ji} \end{cases} \qquad (2)$$

Der Gewichtsvektor zur Trennung der Klassen $j$ und $a$ wird wie bei Niemann /7/ folgendermaßen berechnet :

$$g_i = \frac{(MK_{1i} - MK_{2i})^2}{SK_{1i}^2 + SK_{2i}^2}. \qquad (3)$$

Einige Ebenen der Bildpyramide werden von der Ähnlichkeitsuntersuchung ausgenommen, weil ihre Beiträge für die zu segmentierenden Strukturen irrelevant sind. Das sind im Beispiel die 9. (höchstfrequente) Ebene mit starkem Rauschanteil und die Ebenen 0 bis 4, in denen Text- und Linienstrukturen nicht mehr dargestellt werden.


## 3. Segmentierung des Hintergrundes

Als einfachstes Beispiel wird hier die Segmentierung des Hintergrundes demonstriert. Dazu werden Hintergrund und Text/Linie gegeneinander klassifiziert. Zwei Stichprobengebiete liefern die Such- und Gewichtsvektoren gemäß den Formeln (2) und (3). Für das Hintergrundsgebiet wird zur Gewinnung der Merkmale keine Schwelle benötigt. Das Ähnlichkeitsbild ist in Abb. 2 dargestellt. Die Ähnlichkeit zum typischen Suchvektor des Hintergrundes ist um so größer, je dunkler der Grauwert in der Darstellung ist. Bei einer Segmentierung mit einer geeigneten Schwelle werden die hellen Bereiche zwischen den Buchstaben nicht als Hintergrund klassifiziert, sondern gehören zum Text/Linien-Bereich.


## 4. Segmentierung von Text und Graphik

Die Abb. 3 und 4 zeigen die nach dem oben beschriebenen Verfahren gewonnenen Ähnlichkeitsbilder zu typischen Suchvektoren für Text bzw. Linien. Ein Vergleich dieser Bilder untereinander und mit dem Ausgangsbild (Abb. 1) zeigt, daß die gesuchten Strukturen im Ähnlichkeitsbild betont (dunkler) werden, aber die komplementäre Struktur nicht so unterdrückt wird, daß eine Schwelle die Klassen vollständig trennt. Beim Ähnlichkeitsbild für Text bleiben von den Linien hochfrequente Doppellinien übrig. Diese speziellen Strukturen könnten im verwendeten Beispiel durch eine Medianfilterung nichtlinear beseitigt werden.

Ein neuer und durchaus zweckmäßiger Ansatz zur besseren Segmentierung ist die Bildung einer sekundären Bildpyramide. Dazu wird hier das Ähnlichkeitsbild zu Text (Abb. 3) als Ausgangsbild einer weiteren Bildpyramide genommen. Darin werden Such- und Gewichtsvektoren nach obigem Verfahren bestimmt. Im vorliegenden Beispiel wurden dieselben Stichprobengebiete wie bei der primären Pyramide verwendet, prinzipiell könnte man auch andere Stichprobengebiete für die im Ähnlichkeitsbild gesuchten bzw. störenden Strukturen wählen. Die damit gewonnen sekundären Ähnlichkeitsbilder zu Text bzw. Linien sind in Abb. 5 und 6 dargestellt. In dem Ähnlichkeitsbild für Text erkennt man auch die Unähnlichkeit zu Linien.

Das ganze Verfahren kann gegebenenfalls mit einer weiteren Pyramide wiederholt werden. Im vorliegenden Beispiel reicht aber die mittlere Helligkeit der sekundären Ähnlichkeitsbilder (Abb 5,6) als Schwelle für die Segmentierung von Text und Linie aus. Eine UND - Verknüpfung dieser Binärbilder mit dem Text und Linien enthaltenen Binärbild des Ausgangsbildes (Abb.1) liefert die Ergebnisbilder Abb. 7 und 8. In Abb. 7 sind nur am Bildrand Reste von Linien vorhanden. In Abb. 8 sind noch Textreste sichtbar; man muß hierbei aber berücksichtigen, daß das Ausgangsbild für die sekundäre Pyramide das Ähnlichkeitsbild für Text war.

## 5. Ergebnisse

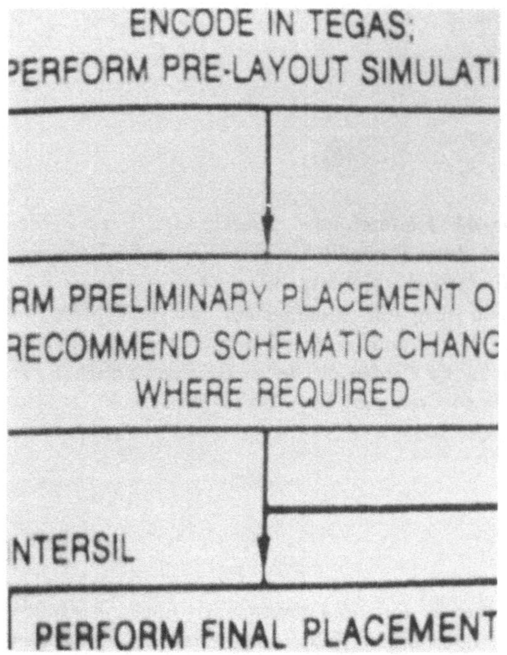


**Abb. 1 :** Ausgangsbild "Flußdiagramm" mit Text und Linie als Graphik

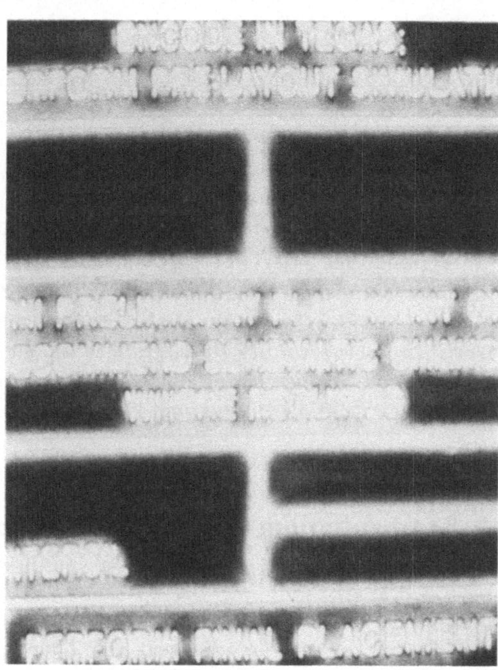

**Abb. 2 :** Ähnlichkeit zum typischen Suchvektor für Hintergrund

**Abb. 3 :** Primäres Ähnlichkeitsbild zu Text

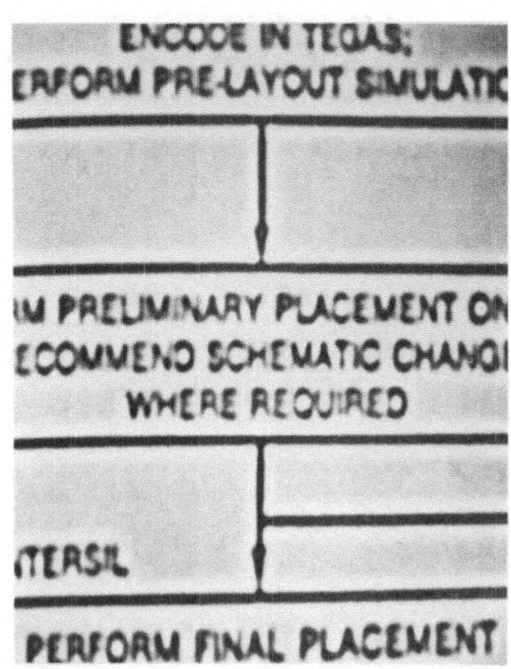

**Abb. 4 :** Primäres Ähnlichkeitsbild zu Linie

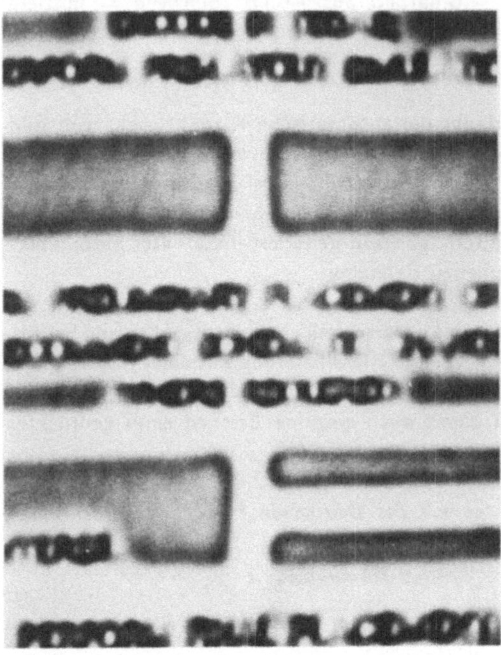

**Abb. 5 :** Sekundäres Ähnlichkeitsbild zu Text

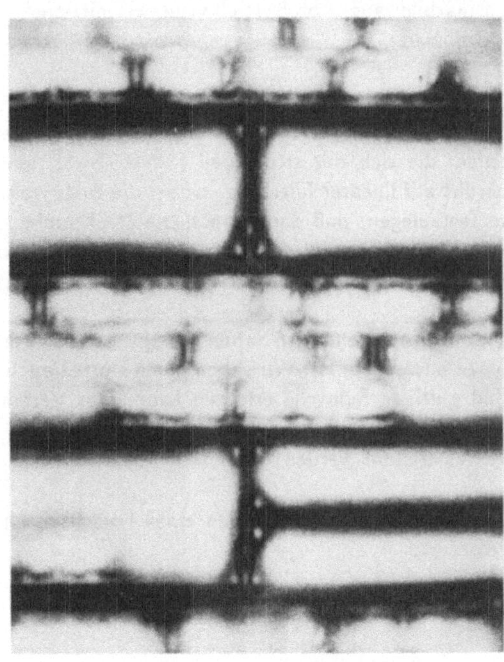

**Abb. 6 :** Sekundäres Ähnlichkeitsbild zu Linie

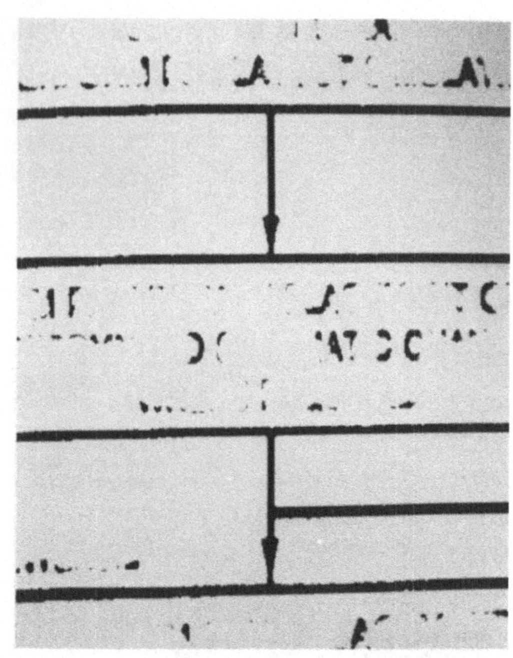

**Abb. 7 :** Binärbild "Text" als UND - Ver-
knüpfung des Binärbildes zu Abb.1 mit dem
Binärbild aus Abb.5 (Schwelle = mittlerer
Grauwert)

**Abb. 8 :** Binärbild "Linie" als UND - Ver-
küpfung des Binärbildes zu Abb.1 mit dem
Binärbild aus Abb.6 (Schwelle = mittlerer
Grauwert)

Das hier an dem einen Beispiel gezeigte Verfahren erlaubt die automatische Klassifizierung von Bild-
teilen, die sich nur strukturell (Linie, Text), aber nicht lokal oder in Grauwerten unterscheiden. Es
beruht auf linearer Filterung, wobei die Bildpyramide als effizientes Hilfsmittel benutzt wird, das Filter
so festzulegen, daß damit auch die strukturelle Unterschiede betont werden. Der Anwender braucht
keine Kenntnisse auf dem Gebiet des Entwurfes von Filtern, sondern generiert diese Filter automatisch
über die gesuchte Ähnlichkeit zu exemplarisch vorgegebenen Bereichen.

Unsere Untersuchungen haben gezeigt, daß das Verfahren auf unterschiedliche Schriftgrößen und Schrift-
typen anwendbar ist. Wir sehen einen Vorteil auch darin, daß die Klassifizierung mit einer für das ganze
Bild gültigen Schwelle erfolgen kann. Das Verfahren ist nicht nur auf das spezielle hier geschilderte
Problem anwendbar, neueste Ergebnisse zeigten, daß damit auch einzelne Zeichen eines gedruckten
Textes erkannt werden können.

Die Arbeit wurde im Rahmen eines Forschungsprojektes von der Deutschen Forschungsgemeinschaft
gefördert.

# 6. Literaturhinweise


/1/ Ph. Beßlich, M. Dahlke, N. Ebi: Dokumenten Segmentierung durch Unterabtastung; Informatik - Fachberichte 149; Springer 1987; Seite 87

/2/ E. Hundt: Wege zur Dokumenteninterpretation: Schriftzeichenerkennung, Graphikerkennung, wissensbasierende Analyse; Informatik - Fachberichte 149; Springer 1987; Seite 53 - 67

/3/ S. Holder, J. Dengler: Erkennung eines eingeschränkten Zeichensatzes mit größeren- und fontinvarianten Merkmalen; Informatik - Fachberichte 149; Springer 1987; Seite 89

/4/ Peter. J. Burt: Fast Filter Transforms for Image Processing; Computer Graphics and Image Processing 16 (1981); Seite 20 - 51

/5/ H.-G. Zimmer: Deklarative Merkmalsbeschreibung in Pyramidenstrukturen; Informatik Fachberichte 125; Seite 84 - 88; Springer 1986

/6/ H.-G. Zimmer: Vectorial Features in Pyramidal Image Processing; Catoni, S.Levialdi (Editors) : Pyramidal Systems for Image Processing and Computer Vision; 1986 NATO ASI Series ARW, Springer; Seite 299 - 311

/7/ H. Niemann: Klassifikation von Mustern; Springer-Verlag 1983

# Visuelle Entdeckung und Vermessung von Objekten in der Bahn eines autonom mobilen Systems[*]


Volker Graefe     Uwe Regensburger     Ulrich Solder

Institut für Meßtechnik, Universität der Bundeswehr München,  D 8014 Neubiberg


## Zusammenfassung


Es wird ein echtzeitfähiges Verfahren vorgestellt, das sich für die Entdeckung und Vermessung von Hindernissen bei mobilen Robotern und autonomen Straßenfahrzeugen eignet. Es besteht aus einer Entdeckungs- und einer separaten, eventuell mehrfach vorhandenen, Vermessungs- und Verfolgungskomponente. Die Struktur dieses Verfahrens eignet sich somit für den Einsatz auf Mehrprozessorsystemen und wurde auch auf einem solchen implementiert. Die Entdeckung erfolgt durch Kantensuche auf der zweiten Stufe einer Auflösungspyramide, die aus Effizienzgründen nur im relevanten Bildbereich berechnet wird. Zur Vermessung wird das Verfahren der gesteuerten Korrelation verwendet. Experimentelle Ergebnisse werden mitgeteilt.


## Problemstellung

In der Bahn eines mobilen Roboters oder eines autonomen Fahrzeugs können jederzeit unerwartet Objekte auftauchen, von denen zunächst nicht bekannt ist, ob es sich z.B. um Hindernisse, Partner, Andockpunkte, Hinweisschilder oder Navigationshilfen handelt. Bevor der Roboter eine angemessene Reaktion bezüglich eines Gegenstandes einleiten kann, müssen zwei Aufgaben gelöst werden: Zuerst muß die Fahrbahn vor dem Fahrzeug abgesucht und der Gegenstand entdeckt werden, sodann muß das Objekt verfolgt und vermessen werden, um auf der Grundlage der Meßdaten eine Klassifizierung vornehmen zu können.

Im Interesse der Sicherheit des autonomen Fahrzeugs und seiner Umgebung ist es unerläßlich, daß ausnahmslos alle tatsächlich vorhandenen Hindernisse entdeckt werden. Andererseits darf der Objektentdecker nicht zu viele Falschalarme auslösen, die z.B. durch Schatten oder unbedeutende Unregelmäßigkeiten, wie etwa Flecken auf der Fahrbahn, verursacht werden können. Es könnte sonst der Vermesser überlastet werden, was zu einer an sich unnötigen Reduzierung der Fahrgeschwindigkeit oder sogar zu einem Anhalten des Fahrzeugs führen würde.

Die unter Sicherheitsgesichtspunkten zulässige Höchstgeschwindigkeit des Fahrzeugs hängt unmittelbar von der Zeit ab, die für die Vermessung von Objekten benötigt wird. Je kürzer diese Zeit ist, desto mehr Zeit steht für ein eventuell erforderliches Manöver des Fahrzeugs zur

---


[*] Die Arbeiten, die diesem Beitrag zugrundeliegen, wurden zum Teil vom BMFT und von der Daimler-Benz AG im Rahmen des Verbundvorhabens "Autonom Mobile Systeme" gefördert.

Verfügung. Eine schnelle Klassifizierung des entdeckten Objektes sowie eine kurze Programmzykluszeit bei der Verfolgung sind deshalb von größter Wichtigkeit.

Zur anschließenden Objektklassifizierung leistet der Vermesser dadurch Beiträge, daß er Meßdaten über das Objekt bereitstellt; außerdem kann er in gewissen Fällen schon selbst abschließend entscheiden, daß ein Objekt, z.B. wegen seiner Größe, seines Ortes oder seiner Bewegung keine weitere Aufmerksamkeit erfordert oder daß ein Falschalarm des Entdeckers vorliegt.

Zur Objektentdeckung und -vermessung verwenden wir Gradientenverfahren, die auf Grauwertbildfolgen einer einzelnen Videokamera angewandt werden. Andere Ansätze zu Hindernisentdekkung verwenden Farbbilder (z.B. Turk, Marra 1986), Stereobildfolgen (z.B. Tsugawa et al. 1984), Verschiebungsvektorfelder (z.B. Zimmermann et al. 1986) oder wie im Falle von Laser-Entfernungsmessern (z.B. Dunlay, Morgenthaler 1986) einen anderen Sensor.


## Hindernisdetektion


Anfangs werden nur solche Umgebungen zugelassen, bei denen alle Gegenstände, die als Hindernisse in Betracht kommen, gut sichtbar und nicht zu klein sind. Aufgabe des Hindernisentdeckers ist es, Objekte, die mit hoher Wahrscheinlichkeit Hindernisse sind, zu entdecken und zusammen mit ihrem Ort im Bild an den Vermesser zu melden. Objekte sind nur dann Hinderniskandidaten, wenn sie sich in der Bahn des mobilen Roboters bzw., im Fall eines Straßenfahrzeugs, auf der Straße befinden. Deshalb muß als erstes die Fahrbahn im Bild lokalisiert werden, um diese dann nach Objekten abzusuchen. Bei der Hindernisdetektion kommt es also darauf an, gleichzeitig beide Fahrbahnränder in der Bildfolge zu verfolgen und gegebenenfalls Objekte zwischen den Fahrbahnrändern zu finden. Um die Suchbereiche bei der Merkmalsverfolgung möglichst gering halten zu können, hat bei der Entwicklung und Implementierung die Optimierung der Laufzeit eine entscheidende Rolle gespielt.

Die Vorausschauentfernung, bei der Hindernisse erkannt werden, und die Dauer des Auswerteprozesses limitieren ganz entscheidend die maximale Geschwindigkeit eines mobilen Systems. Deshalb ist man bestrebt, die Vorausschauentfernung möglichst groß zu wählen. Andererseits nimmt die Qualität des 2D-Abbildes der realen 3D-Welt durch die schlechtere Ortsauflösung mit zunehmender Entfernung drastisch ab. Um sowohl den Rechenaufwand als auch die Störempfindlichkeit zu reduzieren, werden in einem ausgewählten Bildgebiet (zur Zeit 180 * 16 Pixel), das die Fahrbahn in einer wählbaren Vorausschauentfernung überdeckt (Bild 1), die ersten zwei Ebenen einer Auflösungspyramide berechnet (Mittelwertbildung über 2*2-Umgebungen und Unterabtastung). In der zweiten Ebene werden zeilenweise die horizontalen Gradienten gebildet und nach lokalen Maxima abgesucht, die durch Fahrbahnränder und Hinderniskanten verursacht sein können. Der Vorteil der Pyramidentechnik ist, daß man den Suchaufwand stark reduzieren kann, bei gleichzeitiger Verbesserung des Signal-Rauschverhältnisses. Der Verlust an Lokalisierungsgenauigkeit (Ortsauflösung ± 2 Pixel) ist beim <u>Entdecker</u> unkritisch; der nachgeschaltete Objektvermesser arbeitet ohnehin mit höherer Genauigkeit.

Schwierigkeiten bereitet vor allem die Verfolgung der Fahrbahnränder in größerer Entfernung, da hier fast immer mehrfache Kanten vorhanden sind. Wird beispielsweise eine Kante außerhalb der

Fahrbahn als Straßenrand fehlinterpretiert, ist es kaum zu vermeiden, daß die tatsächliche Fahrbahnkante fälschlich als Hinderniskante erkannt wird. Ein weiteres Problem ist die Verdeckung der Fahrbahnränder durch Objekte auf der Fahrbahn. Vor allem größere Fahrzeuge verdecken im untersuchten Bereich zumindest teilweise die Fahrbahn (Bild 1). Um solche Fälle zu beherrschen, wird nicht nur der Ort, sondern auch die Steigung jedes Fahrbahnrandes ermittelt und mit den Ergebnissen der letzten Auswertung verglichen. Die aktuellen Ergebnisse werden nur akzeptiert, wenn die Änderung gering genug ist. Übliche Verfahren für die Steigungsermittlung wie z.B. die Berechnung einer Ausgleichsgeraden sind zu rechenaufwendig und zu empfindlich gegen falsche Meßwerte. Deshalb verwenden wir ein Verfahren, bei dem, für beide Fahrbahnränder getrennt, paarweise Differenzen aus den Horizontal-Komponenten

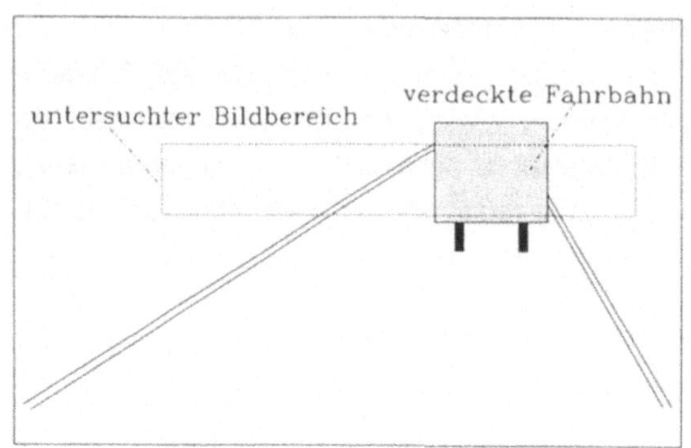


Bild 1:  Stilisierte Straßenszene mit Hindernis im untersuchten Bildbereich

ihrer Meßwerte gebildet und mit tabellarisierten Werten verglichen werden. Die Vergleichswerte stellen typische, in Bildern von realen Straßenszenen vorkommende Steigungen von Straßenrändern dar. Gegenwärtig wird eine Steigungsänderung von ca. 15° noch akzeptiert. Für den in Bild 1 angedeuteten Fall der Verdeckung heißt das, die Objektkante wird nicht als Straßenrand fehlinterpretiert, da sie im Gegensatz zu diesem nahezu senkrecht verläuft. Der Ort des verdeckten Fahrbahnrandes wird an der Stelle angenommen, die sich aus dem ermittelten gegenüberliegenden Straßenrand und der Straßenbreite ergibt. Die Steigung wird aus dem letzten ausgewerteten Bild übernommen.

Hinderniskandidaten, die an den Vermesser gemeldet werden, werden ermittelt durch zeilenweises Absuchen der horizontalen Gradienten der zweiten Pyramidenebene zwischen den Fahrbahnrändern nach lokalen Maxima; es werden also diejenigen Kanten im Bild gesucht, die dem linken und dem rechten Rand des Objekts entsprechen. Im Falle zweier lokaler Maxima oberhalb einer Schwelle werden die Koordinaten als Objektbegrenzungen weitergemeldet. Wird nur eine einzelne Kante gefunden, wird über Grauwertvergleich mit dem Fahrbahnbelag entschieden, ob das Objekt links oder rechts von der gefundenen Kante liegt; je nachdem, wie weit es in die Fahrbahn ragt, wird es als Hinderniskandidat akzeptiert oder verworfen.


## Hindernisvermessung

Bei der <u>Vermessung</u> von Objekten in realen Straßenszenen werden die Versuchsbedingungen, wie bereits erwähnt, zunächst noch so gewählt, daß alle vorhandenen Hindernisse groß (z.B. Fässer, Kisten oder Fahrzeuge) und gut sichtbar sind. Unter diesen günstigen Bedingungen kann ein sichtbares Objekt schon auf Grund seiner Größe als Hindernis klassifiziert werden. Seine bei der Vermessung ermittelten Koordinaten werden fortlaufend an die höhere Systemebene gemeldet, die für die Erkennung der Gesamtsituation und die Steuerung des Systemverhaltens zuständig ist und aus den Meßwerten auf die Art und das Verhalten des Hindernisses schließen kann. Steht fest, daß das Objekt keine Reaktion des Gesamtsystems auslösen wird, wird die Objektvermessung abgebrochen und der betreffende Prozessor steht zur Bearbeitung neuer Objekte zur Verfügung.

Angesichts der Tatsache, daß die verfügbare Rechenleistung in jedem System begrenzt ist, muß angestrebt werden, daß so wenig Aufwand wie möglich auf die Bearbeitung solcher Objekte verwendet wird, die sich letztlich als Falschalarme herausstellen, und daß für kein Objekt mehr Information erarbeitet wird, als für die Erfüllung der Aufgaben des Systems notwendig ist. Die verfügbare Rechenleistung muß deshalb auf die relevanten Teile der Szene (Hindernisse) und dort wieder auf deren charakteristische Merkmale konzentriert werden.

Bei den zur Zeit bearbeiteten Objekten läßt sich deren Kontur im Bild durch ein Rechteck annähern. Um aufeinanderfolgende Meßwerte in Beziehung setzen zu können, ist es günstig, objektfeste Punkte zu verfolgen. Denkbar wäre zum Beispiel eine Verfolgung der Ecken eines Objekts; dies führt jedoch zum einen auf das Problem der Definition einer Ecke und deren Ortsbestimmung in verrauschten Bildern und zum andern auf flächenhafte Suchgebiete. Der hier vorgestellte Vermesser verfolgt statt dessen vier Konturelemente (Kanten), die jeweils in der Mitte einer Rechteckseite liegen (Bild 2). Um sie im Bild zu finden und zu verfolgen, wird die Methode der gesteuerten Korrelation (Kuhnert 1986, 1988) eingesetzt. Gemäß dieser Methode wird die Korrelationsfunktion nur entlang ausgewählten eindimensionalen Suchpfaden in der Nähe der erwarteten Merkmalspositionen berechnet. Dies ermöglicht einen schnellen Auswertezyklus und damit eine gute Vorhersage des Merkmalsortes im jeweils nächsten Bild, so daß der Suchbereich klein sein kann. Derzeit ist ein 17 Pixel langer Suchpfad realisiert.

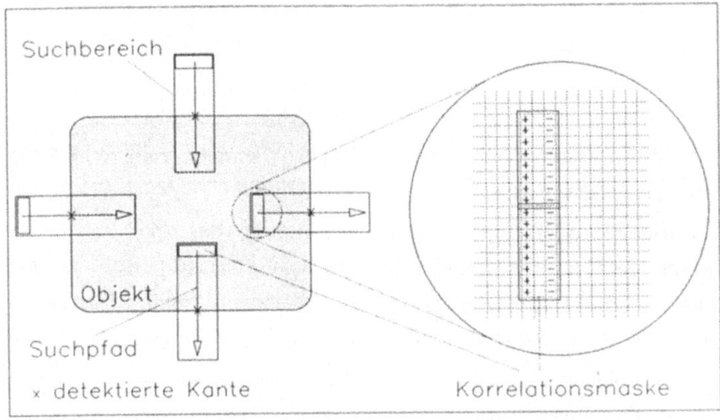


Bild 2:  Vermessung eines rechteckigen Objektbildes. Vier Kantenelemente werden mittels der gesteuerten Korrelation ermittelt; dabei werden Korrelationsmasken entlang den angedeuteten Suchpfaden verschoben.

Um aus den ungefähren Koordinaten zweier beliebiger Punkte auf der linken und rechten Objektkante, die der Hindernisentdecker meldet, die vier objektfesten Konturelemente in Echtzeit bestimmen zu können, sucht der Vermesser zuerst in der Umgebung der beiden ungefähren Koordinaten die linke und die rechte Kante und bestimmt ihre exakten Positionen im Bild. Im nächsten Schritt wird dann in der Mitte zwischen diesen beiden Kanten nach oben und unten der erste Grauwertsprung gesucht und als Ort für die Ober- bzw. Unterkante interpretiert. Dies ist zulässig, weil das Objekt zu diesem Zeitpunkt noch relativ weit entfernt ist und somit sein Grauwertprofil relativ homogen ist. Von jetzt an können auch die rechte und linke Kante genau in der Mitte zwischen der nun bekannten oberen und unteren gesucht werden. Damit handelt es sich bei den vier Konturelementen tatsächlich, wie oben gefordert, um objektfeste Punkte.

Sind die vier Kanten gefunden, läuft periodisch ein Vermessungsprozeß ab, mit dessen Ergebnissen die Suchbereiche für die Verfolgung der vier Merkmale und somit des Hindernisses bestimmt werden. Um robust gegen Störungen zu sein, werden die vier unabhängig verfolgten Konturelemente untereinander in Beziehung gesetzt. Ist zum Beispiel die Position eines der vier Kantenelemente fehlerhaft ermittelt worden, so kann diese u.U. mit Hilfe des größeninvarianten und damit entfernungsunabhängigen Quotienten aus Breite und Höhe des Rechtecks korrigiert werden. Auf diese Weise ist es auch möglich, beim Auftreten von mehreren Kanten in einem der vier Suchbereiche die richtige Kante zu bestimmen. Eine weitere Stützung des Vermessungsprozesses durch die höheren Systemebenen mit ihrem umfassenden Modellwissen ist vorgesehen, aber noch nicht implementiert.


**Experimenteller Ansatz**


Zur Erforschung und Entwicklung praktisch brauchbarer Verfahren beim Rechnersehen sind Echtzeitexperimente in realer Umgebung von größtem Nutzen (Graefe and Kuhnert 1987). Für die hier beschriebenen Arbeiten steht ein 5t Kastenwagen "VaMoRs" zur Verfügung, der vom Institut für Systemdynamik und Flugmechanik mit dem Echtzeit-Bildverarbeitungssystem BVV 2 (Bild 3) und mit Stellgliedern für autonomes Fahren ausgerüstet wurde (Dickmanns und Zapp 1988; Zapp 1988). Das BVV 2 (Graefe 1983, 1984; Kuhnert 1988) ist ein Multiprozessor-System mit bis zu 15 lose gekoppelten, frei programmierbaren Parallelprozessoren (PP). Jeder von ihnen enthält einen Einplatinenrechner (EPR) auf der Basis des Prozessors Intel 8086 und wahlweise eine Videobus-Anschaltung (VBA) für den jederzeitigen unabhängigen Zugriff auf die Bilddaten. Bis zu vier Bildfolgen können gleichzeitig auf dem Videobus-System übertragen werden, so daß den Parallelprozessoren wahlweise verschiedene Bilder, beispielsweise von verschiedenen Kameras, zur Verfügung stehen. Die interne und externe Kommunikation wird vom Systemprozessor (SP) ausgeführt.

Diese Rechnerstruktur ermöglicht es, die Objektentdeckung und -vermessung als unabhängige Prozesse auf zwei Parallelprozessoren zu realisieren. Dadurch ist gewährleistet, daß der Entdecker ständig die Fahrbahn nach Hindernissen absucht, selbst wenn schon ein Hinderniskandidat entdeckt wurde und bereits vom Vermesser bearbeitet wird. Müssen mehrere Objekte gleichzeitig vermessen werden, können mehrere Kopien des Vermessungsprozesses auf verschiedenen Parallelprozessoren ablaufen und unabhängig voneinander je ein Objekt verfolgen und vermessen.

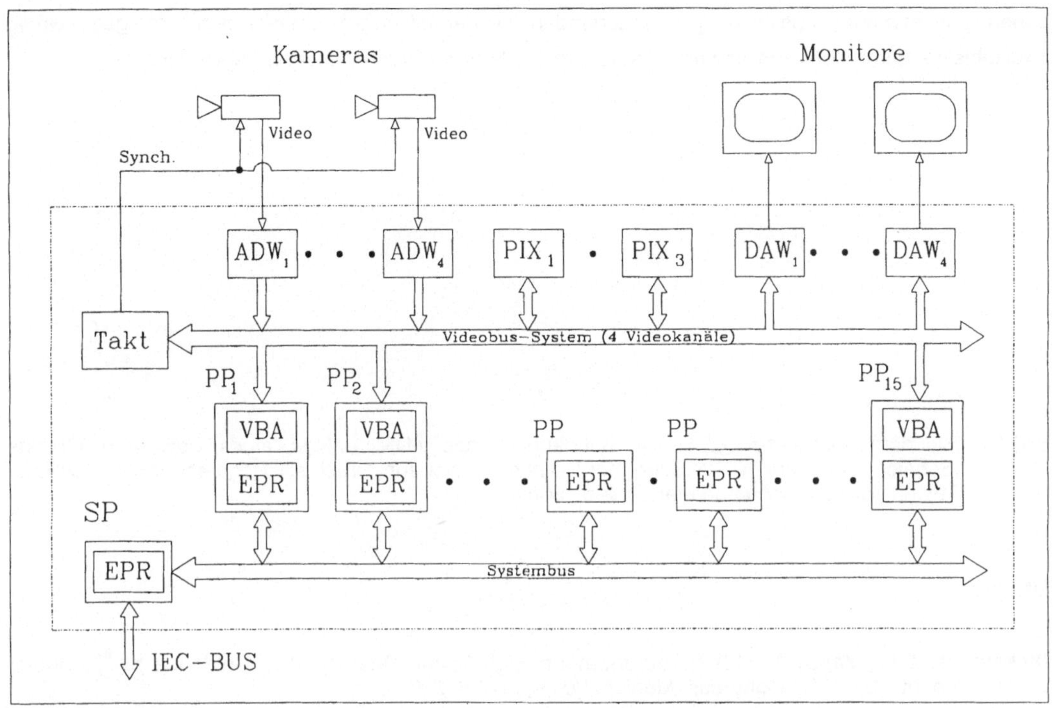


Bild 3: Das Echtzeit-Bildverarbeitungssystem BVV 2

## Stand der Arbeiten und Ausblick

Gegenwärtig werden nicht zu kleine, gut sichtbare Objekte zuverlässig in realen Szenen vom Fahrzeug aus entdeckt und verfolgt. Kleine Unregelmäßigkeiten auf der Fahrbahn, wie sie bei einem Teerbelag häufig auftreten, führen zu keinem Falschalarm. Zusätzlich wurde das korrekte Vermessen und Verfolgen im Laborversuch nachgewiesen. Dabei wurde eine rechteckige Papp-scheibe parallel zur Bildebene auf einer Kreis- bzw. Rechteckbahn bewegt und ihre vier Seiten wurden in Echtzeit verfolgt und vermessen. Bild 4 zeigt die gemessenen Koordinaten des Mittel-punktes des Rechtecks während der Verfolgung. Die mittlere Bahngeschwindigkeit lag im Falle der Kreisbahn bei 40 Pixel/s (mit erheblichen Schwankungen), im Falle der Rechteckbahn bei 130 Pixel/s. Die maximale Verfolgungsgeschwindigkeit des Vermessers beträgt 160 Pixel/s.

Die Zykluszeiten der Programme liegen mit 33 ms (2 Videozyklen) für den Entdeckungs- bzw. 50 ms (3 Videozyklen) für den Vermessungsalgorithmus in einer Größenordnung, die Echtzeitan-forderungen genügt.

Die künftige Weiterentwicklung der Verfahren hat zum Ziel, auch Objekte mit schwachem Kon-trast zum Hintergrund zu entdecken und Schwierigkeiten zu überwinden, die sich bei ungün-stigen Sicht- und Beleuchtungsbedingungen ergeben. Außerdem ist es erforderlich, auch Situationen mit mehreren gleichzeitig auftauchenden Hindernissen zu beherrschen, da gegenwärtig zwei Objekte, deren Konturen sich überdecken, nicht als zwei Hindernisse erkannt werden.

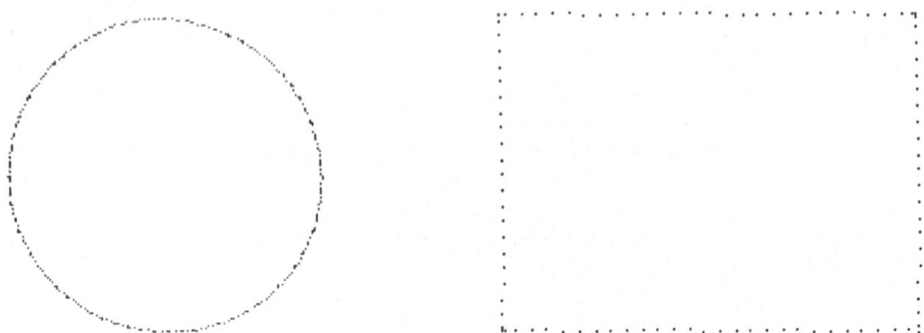

Bild 4:  Mit dem Vermesser ermittelte Bahnkurven des Mittelpunktes eines bewegten Objekts (Scheibe auf einem XY-Schreiber); links: Kreisbahn, rechts: Rechteckbahn; zeitlicher Abstand der gezeichneten Meßpunkte: 50ms

## Literatur

**Dickmanns, E.D.; Zapp, A. (1987):** Autonomous High Speed Road Vehicle Guidance by Computer Vision. Preprint, 10th IFAC-Congress, Munich, Vol. 4, pp 232-237.

**Dunlay, R. T.; Morgenthaler, D. G. (1986):** Obstacle Avoidance on Roadways using Range Data. Proceedings of SPIE, Vol. 727, Mobile Robots, Cambridge, MA, USA, pp 110-116.

**Graefe, V. (1983):** Ein Bildvorverarbeitungsrechner für die Bewegungssteuerung durch Rechnersehen. In H. Kazmierczak (Ed.): Mustererkennung 1983, NTG Fachberichte, VDE-Verlag, pp 203-208.

**Graefe, V. (1984):** Two Multi-Processor Systems for Low-Level Real-Time Vision. In J.M. Brady, L.A. Gerhardt and H.F. Davidson (Eds.): Robotics and Artificial Intelligence, Springer, pp 301-308.

**Graefe, V.; Kuhnert, K.-D. (1987):** Low-Level Vision for Advanced Mobile Robots. In T. Martin (Ed.): International Advanced Robotics Program - Proceedings of the First Workshop on Manipulators, Sensors and Steps Towards Mobility. Bericht Nr. KFK 4316, Kernforschungszentrum Karlsruhe, pp 239-246.

**Kuhnert, K.-D. (1986):** A Model Driven Image Analysis System for Vehicle Guidance in Real Time. In W.J. Wolfe (Ed.): Proceedings of the Second International Electronic Image Week, CESTA, Nice, pp 216-221.

**Kuhnert, K.-D. (1988):** Zur Echtzeit-Bildfolgenanalyse mit Vorwissen. Dissertation, Fakultät für Luft- und Raumfahrttechnik der Universität der Bundeswehr München.

**Tsugawa, S.; Hirose, T.; Yatabe, T. (1984):** An Intelligent Vehicle with Obstacle Detection and Navigation Functions. Proceedings of the IECON'84, Tokyo, Japan, pp. 303-308.

**Turk, M. A.; Marra, M. (1986):** Colour Road Segmentation and Video Obstacle Detection. Proceedings of the SPIE, Vol. 727, Mobile Robots, Cambridge, MA, USA, pp. 136-142.

**Zapp, A. (1988):** Automatische Straßenfahrzeugführung durch Rechnersehen. Dissertation, Fakultät für Luft- und Raumfahrttechnik der Universität der Bundeswehr München.

**Zimmermann, G.; Enkelmann, W.; Struck, G.; Niepold, R.; Kories, R. (1986):** Image Sequence Processing for the Derivation of Parameters for the Guidance of Mobile Robots. Preprints of the Conference on Intelligent Autonomous Systems, Amsterdam, pp. 654-658.

# Eine graphische Umgebung zur experimentellen Bildverarbeitung

**Volker Haarslev und Ralf Möller**

Universität Hamburg, Fachbereich Informatik, Bodenstedtstr. 16, D-2000 Hamburg 50

E-mail (EAN/DFN): haarslev@rz.informatik.uni-hamburg.dbp.de

Es wird ein neuer Ansatz zur Dialoggestaltung vorgestellt. Dieser Ansatz bietet eine Umgebung an, die die experimentelle Bildverarbeitung in zwei Punkten unterstützt. Der Benutzer erhält eine graphische Repräsentation seines Systems in Form eines Datenflußnetzes. Anhand dieses Netzes werden ihm die Struktur seines Systems, der Datenfluß sowie die auftretenden Daten graphisch dargestellt.

## 1  Einleitung

Dieser Beitrag beschreibt die graphische Programmierumgebung VIPEX (*Visual Programming of Experimental Systems*). VIPEX unterstützt den graphischen, interaktiven Entwurf von Bildverarbeitungssystemen und die graphische Darstellung von Daten, die während der Verarbeitung entstehen. Wir bezeichnen den Vorgang, dem Benutzer einen visuellen Eindruck von der Struktur seines Bildverarbeitungssystems, von dem Datenfluß im System sowie von den an der Verarbeitung beteiligten Daten zu vermitteln, in Anlehnung an *McCormick et al. 87* auch als Visualisierung.

Bei der experimentellen Bildverarbeitung lassen sich zwei wichtige Ziele nennen. Einmal möchte der Benutzer aufgrund der z.Z. noch teilweise langen Bearbeitungszeiten möglichst früh seine Zwischenergebnisse graphisch darstellen können. Diese Darstellungen gestatten ihm, das Verhalten seines Systems zu beobachten und den Ablauf bei einer fehlerhaften Verarbeitung zu unterbrechen.

Der zweite wichtige Punkt besteht in der graphischen Darstellung der Architektur seines Systems sowie in der interaktiven Steuerung (oder auch Parametrisierung) seines Verarbeitungsprozesses. Dieser Vorgang kann wesentlich erleichtert werden, wenn dem Benutzer die funktionale Zusammensetzung seines Verarbeitungssystems einschließlich der notwendigen Parameter dargestellt wird [*Haarslev 86*].

VIPEX stellt einen Ansatz dar, der versucht, diese beiden Ziele im Rahmen einer Programmierumgebung dem Benutzer anzubieten. VIPEX entstand aus der Erfahrung mit ODISA (*Object-oriented Dialog System for Image Sequence Analysis*) [*Haarslev 87a, Haarslev 87b*]. ODISA wurde für Bildfolgenauswertesysteme entwickelt, die mithilfe von GENESYS (*Generic Experimental Systems*) [*Faasch 87*] erzeugt werden.

VIPEX erweitert und verallgemeinert den bei ODISA zugrunde gelegten Ansatz in verschiedenen Bereichen. VI-PEX unterstützt die interaktive Bildverarbeitung dadurch, daß sowohl die benutzerdefinierten Algorithmen als auch die verwendeten Daten und der Datenfluß graphisch dargestellt werden. VIPEX arbeitet in einer Lisp-Umgebung (Symbolics) und bietet einen Rahmen zur Dialoggestaltung an, in den benutzerdefinierte Lispfunktionen (z.B. zur Bildverarbeitung) eingebunden werden können. VIPEX ist jedoch von der jeweiligen Anwendungsdomäne unabhängig. Wir beschreiben in diesem Beitrag eine Beispielanwendung mit dem auf der Lispmaschine verfügbaren Bildverarbeitungssystem ImageCalc[1] [*Quam 84*], welches Operationen zur Bildauswertung und graphischen Darstellung von Daten anbietet. VIPEX verwendet ein Farbrastergraphiksystem in Verbindung mit Maus und Tastatur als Ein- und Ausgabegeräte [*Möller 88*].

Weiterhin gestattet VIPEX dem Benutzer die dynamische Konfigurierung und Strukturierung seiner Algorithmen. Er kann die Algorithmen (als Lispfunktionen formuliert) hierarchisch strukturieren und zu virtuellen funktionalen Einheiten zusammenfassen. Der Benutzer erhält sein auf diese Weise konstruiertes Programm graphisch dargestellt. Dabei wird die Anwendung der benutzerdefinierten Lispfunktionen in Form eines Datenflußnetzes angezeigt.

## 2  Repräsentation funktionaler Einheiten

Das Verständnis des Verarbeitungsablaufs wird dem Benutzer wesentlich erleichtert, wenn er seine Verarbeitungsvorschrift graphisch repräsentiert erhält. Bei dieser Verarbeitungsvorschrift kann es sich beispielsweise um eine Kommandofolge in einer Bildverarbeitungssprache bzw. für ein Bildverarbeitungssystem (z.B. *Dengler & Meinzer*

---

[1] ImageCalc ist eine registrierte Handelsmarke von SRI International

*85*), um eine Prozedur aus einer Unterprogrammbibliothek (z.B. SPIDER [*Tamura et al. 83*]) oder um ein vom Benutzer selbst entwickeltes Programm oder Modul handeln.

Diese verschiedenen Verarbeitungsvorschriften lassen sich verallgemeinern und als eine *funktionale Einheit* auffassen. Eine funktionale Einheit (FE) kann als Abbildung beschrieben werden, die bestimmte Eingangsdaten ($E_1, \ldots, E_l$) unter Berücksichtigung der Parameter ($P_1, \ldots, P_n$) in die Ausgangsdaten ($A_1, \ldots, A_m$) abbildet (siehe *Faasch 87*): $FE_{P_1,\ldots,P_n} : (E_1, \ldots, E_l) \longmapsto (A_1, \ldots, A_m)$

Die grundlegende Idee des hier vorgestellten Ansatzes besteht nun darin, dem Benutzer eine Visualisierung der funktionalen Einheiten zu liefern. Dabei ist es unerheblich, in welcher Form (z.B. Kommandofolge, Modul) diese funktionalen Einheiten vom Benutzer definiert wurden.

Wir verwenden zur Modellierung der funktionalen Einheiten einen objektorientierten Ansatz, der eine einheitliche Sichtweise der funktionalen Einheiten gestattet.

## 3  Objektpiktogramme

Eine funktionale Einheit wird als *Verarbeitungsobjekt* modelliert und dem Benutzer in Form eines Piktogramms angezeigt. Ein derartiges Piktogramm besteht aus einer Kombination von Fenstern, (Unter-)Piktogrammen und Text. Verarbeitungsobjekte sind weitgehend unabhängig voneinander und arbeiten parallel zueinander. Sie stellen *Knoten eines Datenflußnetzes* dar, die durch *unidirektionale Leitungen* miteinander verbunden sind. Die Kommunikation der Objekte findet ausschließlich über Leitungen statt. Eine funktionale Einheit kann somit *Leitungseingänge* zum Empfang der Eingangsdaten ($E_1, \ldots, E_l$) und *Leitungsausgänge* zur Weitergabe der erzeugten Ausgangsdaten ($A_1, \ldots, A_m$) besitzen.

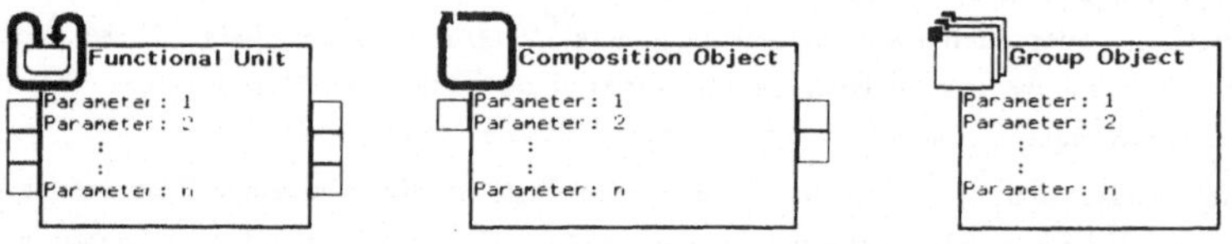


Abbildung 1: Piktogramme für Verarbeitungs-, Kompositions- und Gruppenobjekte

Ein Objektpiktogramm (siehe Abb. 1) wird nachfolgend auch als *Zustandsdarstellung* eines Objektes bezeichnet. Dieses Piktogramm besteht aus mehreren Teilen. Die Leitungsanschlüsse werden als kleine Fenster dargestellt. Die Eingangsanschlüsse bzw. Ausgangsanschlüsse befinden sich auf der linken bzw. rechten Seite des Piktogramms. Der mittlere Teil besteht aus einen kleinen Unterpiktogramm sowie dem Hauptfenster. Dieses Unterpiktogramm (auch als *Funktionssymbol* bezeichnet) charakterisiert das funktionale Verhalten des dargestellten Objektes.[2] Es ist in der oberen linken Ecke alloziert. Das Hauptfenster enthält den Objektnamen und ein Unterfenster, um die Parameter des Objektes darzustellen ($P_1, \ldots, P_n$).

Der Benutzer erhält weiterhin einen Eindruck von der Arbeitsweise seines Systems. Leitungen ändern ihre Farbe, wenn sie Daten übertragen. Empfängt bzw. versendet ein Verarbeitungsobjekt Daten, so werden diese ebenfalls durch kleine Piktogramme (Container) innerhalb der Leitungsanschlüsse angezeigt.

Der Benutzer verfügt über zwei einfache Mechanismen, um den Systemablauf zu kontrollieren. Er kann den Datenfluß zwischen Objekten steuern, indem er Leitungen hinzufügt oder entfernt. Weiterhin ist er in der Lage, den Verarbeitungszustand von Objekten (mithilfe von Maus und Menü) zu kontrollieren. Der Verarbeitungszustand kann den Wert STOP, STEP oder CYCLE haben, der durch die Farbe des Funktionssymbols (rot, gelb oder grün) angezeigt wird.

Der Wert STOP beschreibt einen blockierten Zustand, d.h. es werden keine Eingangsdaten verarbeitet und keine Ausgangsdaten erzeugt. Der konträre Zustand CYCLE gestattet den Objekten eine zyklische Verarbeitung von

---

[2] Das Funktionssymbol von *Functional Unit* soll den Verarbeitungszyklus eines Verarbeitungsobjektes symbolisieren

Daten. Der Zustand STEP dient dazu, genau einen Satz von Eingangsdaten zu verarbeiten bzw. von Ausgangsdaten zu erzeugen. Nach diesem Verarbeitungsschritt wechselt der Zustand nach STOP.

Für jede funktionale Einheit existiert weiterhin eine *Strukturdarstellung*, die sich der Benutzer neben der Zustandsdarstellung ebenfalls jederzeit darstellen lassen kann. Bei den Verarbeitungsobjekten enthält diese Strukturdarstellung ein Fenster des Lisp-Editors, in dem die vom Benutzer formulierte Lispfunktion angezeigt wird. Der Benutzer kann somit leicht die Verarbeitungsvorschrift eines Verarbeitungsobjektes inspizieren, ändern und erneut im laufenden Experiment erproben.

Der Benutzer hat die Möglichkeit, den Datenfluß im System zu inspizieren. Dafür muß er die Leitungsanschlüsse von Objektpiktogrammen "öffnen", um sich die Struktur der eingehenden oder ausgehenden Daten anzeigen zu lassen. Die Form dieser Strukturdarstellung ist jedoch in hohem Maße von dem Datentyp abhängig. Abschnitt 7 zeigt einige Beispiele.

## 4 Kompositionsobjekte

Die Erfahrung mit ODISA hat gezeigt, daß der Benutzer beim Entwurf modularer Systeme eine Unterstützung zur hierarchischen Strukturierung benötigt. Er möchte oft bestimmte funktional zusammenhängende Einheiten (d.h. ein Teilnetz) zusammenfassen und als eine neue virtuelle oder abstrakte funktionale Einheit (d.h. als übergeordneten Knoten) ansehen.

Aus dieser Erkenntnis heraus bietet VIPEX *Kompositionsobjekte* an, die in der Lage sind, ein funktionales Teilnetz zu repräsentieren. Der Benutzer kann ein Kompositionsobjekt interaktiv erzeugen, indem er das zu repräsentierende Teilnetz spezifiziert. In der graphischen Darstellung des Datenflußnetzes ersetzt das Piktogramm eines Kompositionsobjektes (d.h. dessen Zustandsdarstellung) das ihm hierarchisch untergeordnete Teilnetz.

Die Zustandsdarstellung eines Kompositionsobjektes ähnelt der eines Verarbeitungsobjektes. Die Anzahl der notwendigen Leitungseingänge und -ausgänge wird dynamisch aus dem Teilnetz abgeleitet. Sie ergibt sich aus den in das Teilnetz hinein- bzw. hinausführenden Leitungen (siehe Abb. 2). Abbildung 1 zeigt die Zustandsdarstellung[3] eines entsprechenden Kompositionsobjektes.

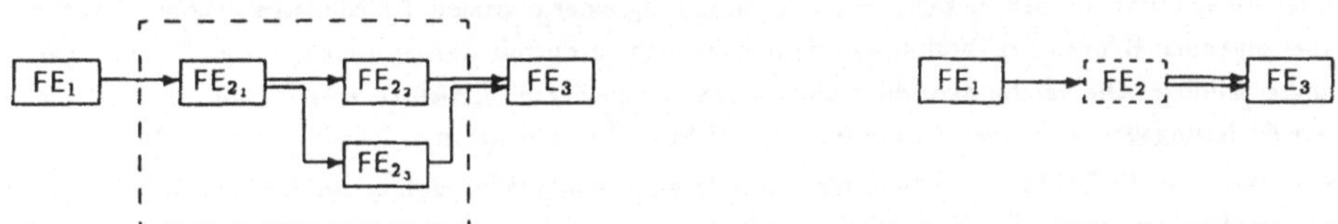


Abbildung 2: Vollständiges Netz mit Teilnetz und neues Netz mit Kompositionsobjekt FE₂

Die Strukturdarstellung eines Kompositionsobjektes besteht aus dem repräsentierten Teilnetz. Damit kann der Benutzer jederzeit auf eine detaillierte Darstellung eines Kompositionsobjektes zurückgreifen.

## 5 Objektparameter

Ein in der Bildverarbeitung und -auswertung allgemein angewendetes Prinzip besteht darin, die zu entwickelnden Algorithmen mit Parametern zu versehen, um interaktiv eine detaillierte Kontrolle auf die Wirkungsweise der Algorithmen ausüben zu können [*Haarslev 86*]. VIPEX bietet dem Benutzer deshalb die Möglichkeit, für seine funktionalen Objekte *Parameter* zu spezifizieren. Sie sind als Teilfenster ein Bestandteil der Zustandsdarstellung (siehe Abb. 1). Sie können eine Voreinstellung für ihre Werte besitzen, so daß der Benutzer ihre Werte nur nach Bedarf zu ändern braucht.

Bei den Verarbeitungsobjekten werden deren Parameter durch die Parameter der vom Benutzer formulierten Lispfunktion definiert. Die Parameter der Kompositionsobjekte werden von den hierarchisch untergeordneten funktiona-

---

[3] Das Funktionssymbol von *Composition Object* beschreibt das "Umfassen" eines Teilnetzes

len Einheiten des repräsentierten Teilnetzes bestimmt. Der Benutzer kann Parameter der untergeordneten Einheiten an ihr übergeordnetes Kompositionsobjekt binden. Dies bedeutet, daß diese Parameter in der Zustandsdarstellung des Kompositionsobjektes auftreten und auch nur dort inspiziert oder geändert werden können.

Durch diesen Mechanismus erhält der Benutzer die Möglichkeit, sich eine abstrakte Sicht eines Teilnetzes zu schaffen. Er kann das Kompositionsobjekt mit seinen Parametern als virtuelles Verarbeitungsobjekt ansehen, ohne sich um die Details des untergeordneten Teilnetzes kümmern zu müssen. Er kann auch Parameter von unterschiedlichen untergeordneten Einheiten an denselben Parameter ihres Kompositionsobjektes binden. Dadurch ist der Benutzer in der Lage, in einfacher Weise eine konsistente Änderung mehrer Parameter gleichzeitig durchzuführen.

## 6 Gruppenobjekte

Neben der funktionalen Komposition bietet VIPEX noch ein weiteres Hilfsmittel zum Systementwurf. Der Benutzer kann beliebige, nicht notwendigerweise hierarchisch geordnete Objekte mithilfe eines *Gruppenobjektes* zusammenfassen. Die Zustandsdarstellung[4] eines Gruppenobjektes enthält somit keine Leitungsanschlüsse, sondern nur Parameter (siehe Abb. 1). Diese Parameter ergeben sich analog zu den Kompositionsobjekten aus den Parametern der in der Gruppe enthaltenen Einheiten. Im Gegensatz zu den Kompositionsobjekten ist es bei den Gruppenobjekten möglich und sinnvoll, daß dieselbe funktionale Einheit in mehreren Gruppenobjekten Mitglied ist.

Die Mitglieder eines Gruppenobjektes ererben ihren Verarbeitungszustand immer von ihrem übergeordneten Objekt. Das Setzen des Verarbeitungszustandes eines Gruppenobjektes bewirkt somit auch, daß der Verarbeitungszustand aller Gruppenmitglieder ebenfalls auf diesen Wert gesetzt wird. Dadurch wird das gleichzeitige Verändern des Verarbeitungszustandes einer Menge von Objekten unterstützt (z.B. 'suspendiere alle Verarbeitungsobjekte').

Weiterhin gestatten Gruppenobjekte, zusätzliche Sichten von Objekten zu schaffen (z.B. mit einer Auswahl von Parametern) und benutzerspezifische Merkmale an Objekte zu binden (z.B. Voreinstellungen für Parameterwerte).

## 7 Beispielsitzung mit VIPEX

Der nachfolgende Abschnitt stellt anhand eines einfachen Beispiels die von VIPEX realisierte Benutzeroberfläche vor. Bei der Anwendung handelt es sich um die Verarbeitung einer digitalen TV-Bildfolge, wobei zwischen je zwei aufeinanderfolgenden Bildern der Bildfolge Änderungsbereiche ermittelt werden sollen. Unter Änderungsbereichen werden dabei Bildbereiche verstanden, die Abbildungen von bewegten Objekten einer Straßenverkehrsszene sind. Aus diesen Änderungsbereichen werden boole'sche Objektmasken zur weiteren Auswertung der Bildfolge erzeugt.

Nach dem Start von VIPEX kann der Benutzer mithilfe einer von VIPEX definierten Sprache sein Programm für das obige Problem erzeugen. Die Grundkonzepte dieser Sprache bestehen aus den oben eingeführten Begriffen wie Verarbeitungs-, Daten-, Kompositions- und Gruppenobjekten, Parametrisierung und Parameterbindung, sowie Operationen zur Erzeugung und Veränderung derartiger Objekte und ihrer Parameter [*Möller 88*]. Diesen interaktiven Konstruktionsvorgang setzen wir nachfolgend schon als beendet voraus und beschreiben das Ergebnis dieses Vorgangs sowie die Benutzung des entstandenen Programms.

Auf der obersten Ebene von VIPEX stellt sich das Programm durch die Strukturdarstellung des Kompositionsobjektes *Object Detection* dar (siehe Abb. 3). Das Funktionssymbol einer Strukturdarstellung unterscheidet sich von dem einer Zustandsdarstellung dadurch, daß es nicht vollständig ausgefüllt ist.[5] Hinter dem Objektnamen einer Strukturdarstellung steht immer in Klammern der Name des übergeordneten Objektes.

*Object Detection* besteht aus drei Kompositionsobjekten, die über Leitungen miteinander verbunden sind, und drei Gruppenobjekten. *Image Pair* stellt je zwei (bereits vorverarbeitete) Bilder der Bildfolge bereit. Es besitzt fünf Parameter, die den Zugriffspfad auf die Bildfolge (`Pathname, File Name, Extension, Number of Images`) und einen Faktor zur Vorverarbeitung der Bilder (`Enhance Factor`) beschreiben. *Difference* erstellt aus einem Bildpaar ein Differenzbild, das nach *Object Mask* weitergeleitet wird. *Object Mask* erstellt die Objektmaske unter Berücksichtigung des Parameters `Threshold`. *Median Diameter*, *Loader Group* und *Histogram Style* sind Gruppenobjekte für in der Hierarchie tiefer angeordnete Objekte (siehe unten).

---

[4]Das Funktionssymbol von *Group Object* stellt eine Menge sich überlappender Objektpiktogramme dar

[5]Es soll die Sichtbarkeit der Struktur andeuten

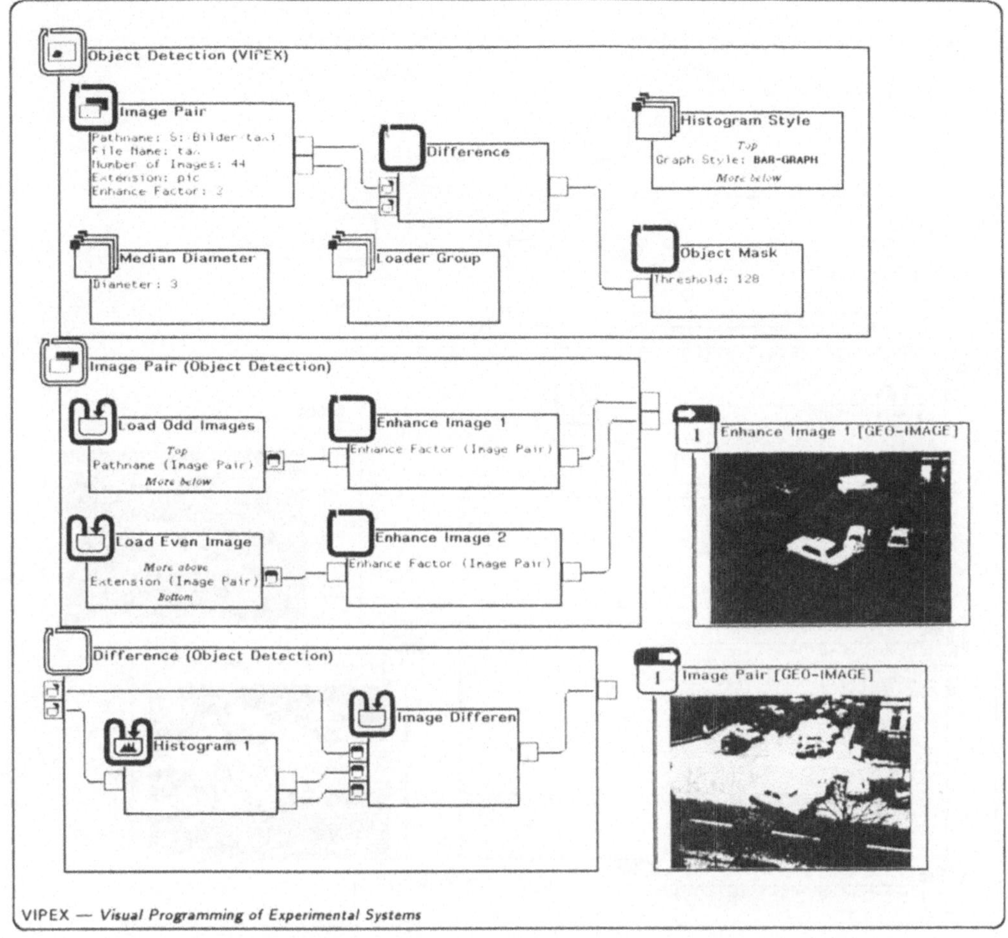



Abbildung 3: *Object Detection*, *Image Pair* und *Difference* nach dem Start

*Image Pair* besteht aus zwei Verarbeitungsobjekten und zwei Kompositionsobjekten. Die vier Parameter[6] von *Load Odd/Even Images* und der von *Enhance Image 1/2* sind an die Zustandsdarstellung von *Image Pair* gebunden sind.

Die Struktur von *Enhance Image 1/2* wird hier nicht dargestellt. Sie besteht aus den Verarbeitungsobjekten *Median 1/2*, dessen Parameter Diameter an das Gruppenobjekt *Median Diameter* in *Object Detection* gebunden ist, und *Contrast Enhancement 1/2*, dessen Parameter Enhance Factor über *Enhance Image 1/2* an *Image Pair* gebunden ist. Das Gruppenobjekt *Median Diameter* dient somit dazu, dem Benutzer global in *Object Detection* eine Parametrisierung der beiden Median-Filter zu erlauben. Das Gruppenobjekt *Loader Group* wurde eingeführt, um die beiden Verarbeitungsobjekte *Load Odd/Even Images* einfach (und gleichzeitig) von *Object Detection* aus starten zu können (siehe Abschnitt 6).

*Difference* besteht aus dem Verarbeitungsobjekt *Histogram 1*, das von einem Eingangsbild ein Histogramm erzeugt und sein Eingangsbild sowie dessen Histogramm an *Image Difference* weiterleitet. *Image Difference* bildet elementweise die betragsmäßige Differenz seiner beiden Eingangsbilder und leitet dieses Differenzbild weiter. Die Struktur von *Object Mask* zeigt Abbildung 4. In *Object Mask* gibt es ein Verarbeitungsobjekt *Histogram 2*, das

---

[6] Statt des Parameterwertes steht in Klammern der Name des übergeordneten Objektes

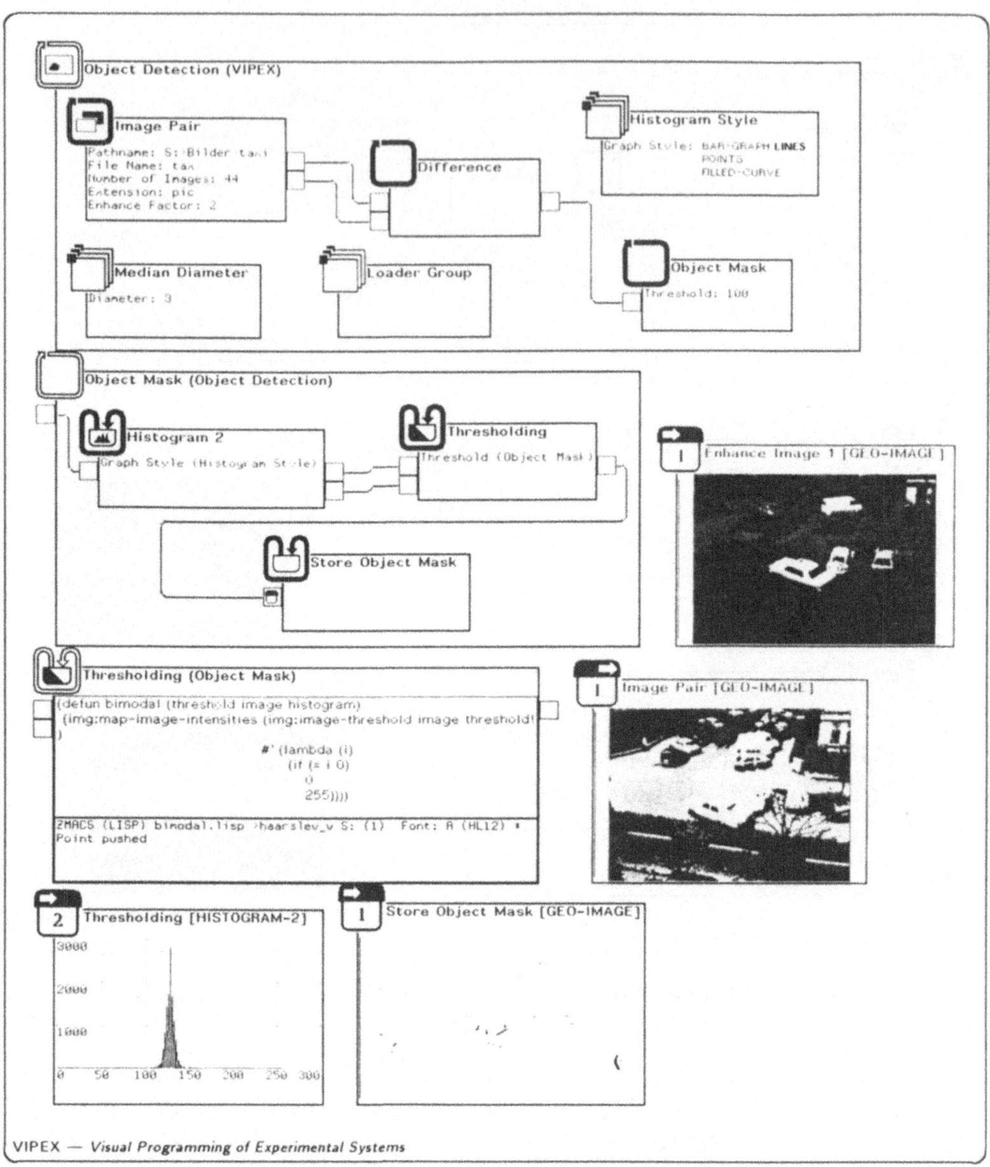



Abbildung 4: Konfiguration nach Bearbeitung eines Bildpaars

seine Ergebnisse an *Thresholding* weitergibt. Dort wird eine Binarisierung des Differenzbildes vorgenommen. *Store Object Mask* speichert die Objektmaske in einer Datenbasis.

Abbildung 3 zeigt die Objekte *Load Odd/Even Images* und *Image Difference* im blockierten Zustand (STOP). Die Daten, die sich in Bearbeitung befinden bzw. zur Verarbeitung anstehen, werden in den Leitungsanschlüssen als kleine geöffnete bzw. geschlossene Container angezeigt. Weiterhin wurden zwei Anschlußfenster erzeugt, die eine Darstellung der Daten enthalten. Die Anschlußfenster dokumentieren am oberen Rand den Namen ihres Objektes sowie in eckigen Klammern den Namen des Datentyps. Das Funktionssymbol beschreibt anhand des weißen Pfeils, ob das Fenster zu einem Leitungseingang (Pfeil links) oder -ausgang (Pfeil rechts) gehört. Die Zahl kennzeichnet den entsprechenden Ein- oder Ausgang. "Enhance Image 1" zeigt das Originalbild und "Image Pair" das vorverarbeitete Bild, bevor es an *Difference* weitergeleitet wird.

Abbildung 4 beschreibt den Zustand nach der Bearbeitung eines Bildpaars. Der Parameter Graph Style in *Histogram Style* wurde auf den Wert LINES gesetzt. Der Parameter Threshold von *Object Mask* zeigt einen besseren Schwellwert. Weiterhin wurden zusätzliche Anschlußfenster erzeugt. "Thresholding" zeigt ein Histogramm des Differenzbildes sowie "Store Object Mask" die zu speichernde Objektmaske. Von *Thresholding* wurde eine Strukturdarstellung erzeugt, die die zugehörige Lispfunktion enthält.

## 8  Ausblick

VIPEX eignet sich ebenfalls gut als eine mögliche Benutzerschnittstelle für das Ikonische Kernsystem. Die von *Dreschler-Fischer & Faasch 87* vorgeschlagene Spezifikation des Ikonischen Kernsystems sowie dessen erweiterte Fassung [*Dreschler-Fischer & Faasch 88*] lassen in natürlicher Weise eine mögliche Realisierung der ikonischen Bildverarbeitung im Rahmen von VIPEX erkennen.

Wir sind zur Zeit dabei, den funktionalen Umfang von VIPEX zu vervollständigen und zu erweitern. Dabei richtet sich unser Hauptaugenmerk darauf, eine allgemeinere Methodik zur Visualisierung von Programmsystemen und den verwendeten Daten (z.B. für den Anwendungsbereich der Bildverarbeitung) zu entwickeln und dem Benutzer im Rahmen von VIPEX anzubieten.

### Literatur


**Dengler & Meinzer 85:** PICAPL — Ein interaktives Bildanalysesystem, J. Dengler, H.P. Meinzer, *Technical Report* Nr. 2, Deutsches Krebsforschungszentrum, Abt. Medizinische und Biologische Informatik, Heidelberg, 1985.

**Dreschler-Fischer & Faasch 87:** Konzeption einer virtuellen Maschine als Standardschnittstelle für die Bildverarbeitung, L.S. Dreschler-Fischer, H. Faasch, In: GI – 17. Jahrestagung, München, Okt. 1987, Proceedings, M. Paul (Hrsg.), Informatik Fachberichte 156, Springer Verlag, Berlin, 1987, pp. 542–551.

**Dreschler-Fischer & Faasch 88:** A Kernel System for Iconic Image Processing, L.S. Dreschler-Fischer, H. Faasch, erscheint in: *Computing*, Supplementband "Methods of Pattern Recognition", R. Albrecht (Hrsg.), Springer Verlag, Berlin, 1988.

**Faasch 87:** Konzeption und Implementation einer objektorientierten Experimentierumgebung für die Bildfolgenauswertung in Ada, H. Faasch, *Dissertation*, Universität Hamburg, Fachbereich Informatik, Nov. 1987.

**Haarslev 86:** Interaktion in Systemen zur Bildfolgenauswertung basierend auf einem objektorientierten Ansatz, V. Haarslev, *Dissertation*, Universität Hamburg, Fachbereich Informatik, Juli 1986. Available as *Technical Report* FBI-HH-B-125/86.

**Haarslev 87a:** Eine ergonomische Benutzerschnittstelle für den Anwendungsbereich der Bildfolgenauswertung, V. Haarslev, Software-Ergonomie '87, Berlin, 27.-29. Apr. 1987, Berichte des German Chapter of the ACM, W. Schönpflug, M. Wittstock (Hrsg.), Teubner-Verlag, Stuttgart, 1987, pp. 176–186.

**Haarslev 87b:** Human Factors in Computer Vision Systems: Design of an Interactive User Interface, V. Haarslev, In: *Second IFIP Conference on Human-Computer Interaction* – INTERACT '87, Stuttgart, F.R. Germany, 1-4 September, 1987, Proceedings, H.-J. Bullinger, B. Shackel (eds.), North-Holland, Amsterdam, 1987, pp. 1021–1026.

**Möller 88:** Gestaltung und Implementierung einer graphischen Dialogschnittstelle auf einer Lisp-Maschine nach dem Vorbild eines datenfluß- und objektorientierten Bildfolgenanalysesystems, R. Möller, *Studienarbeit*, Universität Hamburg, Fachbereich Informatik, Apr. 1988.

**McCormick et al. 87:** Visualization in Scientific Computing, B.H. McCormick, T.A. DeFanti, M.D. Brown, *ACM Computer Graphics* 21, 6 (Nov. 1987).

**Quam 84:** The Image Calc Vision System, Part I – The User Interface, Part II – Programming Guide, L. Quam, Instruction Manual, SRI International, 1984.

**Tamura et al. 83:** Design and Implementation of SPIDER — A Transportable Image Processing Software Package, H. Tamura, S. Sakane, F. Tomita, N. Yokoya, M. Kaneko, K. Sakaue, *Computer Vision, Graphics, and Image Processing* 23 (1983), 273–294.

# Wissensbasierte Dokumentanalyse

J. Kreich

Siemens AG, Zentralbereich Forschung und Technik, München

## Zusammenfassung

Marktanalysen zeigen, daß das computergestützte Einlesen und Erkennen von Papierdokumenten im Büro der Zukunft wachsende Bedeutung erhalten wird. Zu diesem Zweck haben wir ein Analyseverfahren entwickelt, das Dokumente wie Briefe und Berichte vom Computer klassifizieren und in seine Teile strukturieren läßt, so daß sie von intelligenten Textverarbeitungs- und Übertragungssystemen weiterverarbeitet werden können. Diese Dokumentanalyse soll in der Lage sein, Kontexte und den stark vernetzten Charakter der Analysehypothesen zu berücksichtigen und zwar in möglichst autonomer Weise. Das heißt, wir betrachten es als zentrales Problem, einem Analysesystem ausreichend Kompetenz und Navigationsmöglichkeiten zu übertragen. Kompetenz haben wir der Dokumentanalyse verliehen, indem wir relevante Informationen über eine Auswahl von Dokumenten in *Klassenkonzepten* in der erforderlichen Modularität und Eindeutigkeit repräsentierten, so daß dieses Wissen in Form von Hypothesen mit den zu analysierenden Dokumenten in Beziehung gebracht werden kann. Situationsangepaßte Navigationsentscheidungen ermöglichen wir dadurch, daß die Analysestrategie u.a. die Reihenfolge der Konzepte, der zu untersuchenden Objekte und der Hypothesen wählen kann. So werden Strategien wie *best-first search* und *dependency-directed backtracking* benutzt, die aus Effizienzgründen notwendig werden. Wir meinen, daß diese Repräsentations- und Strategieprinzipien am Beispiel von künstlichen Bildern wie Dokumenten sehr gut entwickelt werden können, daß aber darüber hinaus diese Verfahren auch für die Bildanalyse im allgemeinen Bedeutung haben können.

## Überblick

Die von der Kamera eingelesenen Dokumente werden durch eine Vorverarbeitungroutine so weit erkannt, daß Layoutinformationen über alle Zeichen, Zeilen, Absätze und Seiten in Form von Position und umschreibenden Rechtecken zur Verfügung gestellt werden. Erkannt sind ebenfalls alle Zeichen als Textinformation.

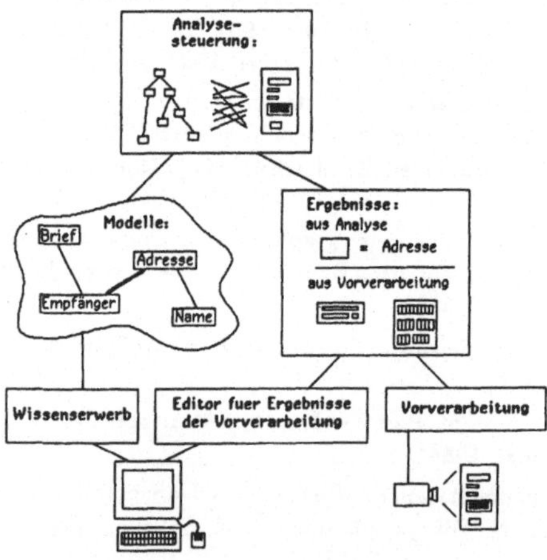


Bild 1: Dokumentanalyse

Mit Hilfe eines speziellen Editors können diese Ergebnisse korrigiert werden [Dengel, Luhn, Ueber-reiter 87]. Das Wissen über die Dokumente wird mittels einer Wissenserwerbkomponente modelliert. Die wissensbasierte Analyse hat die Aufgabe, aus den Layout- und Textinformationen auf Typen von Dokumenten und Dokumentteilen zu schließen und dementsprechende Dokumentstrukturen zu erkennen. Dies geschieht in einer Abbildung der Ergebnisse der Vorverarbeitung in Klassen von Dokumenten bzw. von Dokumentteilen unter Berücksichtigung vorgeschriebener Bedingungen bzw. Relationen. Wir wollen in diesem Bericht vor allem die Repräsentation von Wissen und die wissensbasierte Analysestrategie beschreiben.

## Wissensrepräsentation

Zu jedem relevanten Begriff über Dokumente und ihre Teile wird ein Konzept angelegt [Brachman, Schmolze 1985], in welchem Aussagen über diesen Begriff gesammelt werden. Aussagen werden in der bekannten relationalen, frameähnlichen Form deklariert. Zum Beispiel wird die Aussage: "Eine Adresse besteht aus den Teilen: Name, Straße und Wohnort" im Konzept einer Adresse repräsentiert:

**Adresse**
    *Teile:* Name, Strasse, Wohnort

In einem Konzept wird sowohl das deklarative als auch das prozedurale Wissen eines Begriffs gespeichert, bzw. sowohl das, was mit einem Begriff gemeint ist (Wissen), als auch wie diese Definition zu bearbeiten ist (Metawissen).

```
<konzept> ::=
      <konzept-name>
          { <relation> ...}
          { <generische funktion> ...}
<relation> ::=
      <relation-name>
          <wert-konzept>
          <default-wert>
```

Bild 2: Konzeptrepräsentation

Wir haben Konzepte in Abstraktionshierarchien angeordnet. Einmal um Informationen, die mehreren Konzepten gemeinsam sind, in einem Oberkonzept zu repräsentieren und somit Redundanzen zu vermeiden. Zum anderen um die Analyse bei der Akkumulation von Informationen über Analyseobjekte zu unterstützen und zu diesem Zweck die Konzepte vom Allgemeinen zum Speziellen zu organisieren.

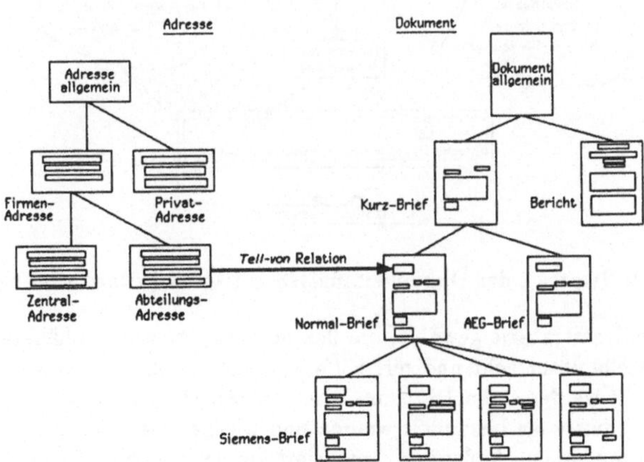


Bild 3: Klassenhierarchien

Jedes Konzept vererbt die bei ihm gesammelten Aussagen auf seine Unterkonzepte und Instanzen. Dabei existieren zwei Vererbungsarten:

- Defaultvererbung: Relationswerte (*default-wert*, Bild 2) werden solange auf Unterkonzepte und Instanzen vererbt, bis dort, auf einer konkreteren Ebene also, zur selben Relation ein anderer Wert angegeben ist. Dann wird dieser letzte Wert in die Instanz eingetragen.

- Kumulative, rollenmäßige Vererbung: Relationswerte (*wert-konzept*, Bild 2) von abstrakteren Konzepten gelten zusätzlich für ihre Unterkonzepte, auch wenn zur gleichen Relation im Unterkonzept ein Wert angegeben ist. Unterkonzepte summieren alle Werte bezüglich einer Relation entlang der Abstraktionshierarchie. Diese Vererbungsart wird benutzt, um Klassenangaben über die zugelassenen Werte zu definieren (Rollen).

Wir haben etwa 150 Konzepte vom DOKUMENT über die SIGNATUR bis zum CCITT-BRIEF--GESCHAEFTS-ABSENDER-RAHMEN definiert und damit vor allem einige Briefe modelliert. Fast alle Konzepte wurden mit Hilfe einer grafisch orientierten Wissenserwerbskomponente erzeugt. Außerdem wurden zu etlichen Relationen semantische Konzepte und zu Heuristiken eigene heuristische Konzepte mit Hinweisen für die Analysestrategie definiert.

## Analysestrategie im Überblick

Die Erkennung von Dokumenten und deren Teilen besteht in einer Abbildung der Vorverarbeitungsergebnisse in die modellhaften Konzepte [Clancey 85]. Die Vorverarbeitung liefert als Ergebnis vor allem Hierarchien von Layoutrahmen, also umschreibende Rechtecke von Zeichen, Wörtern, Zeilen, Absätzen, Seiten usw., aber auch die dazugehörigen Zeichenfolgen selbst. Die Dokumentanalyse beginnt mit einer Anfangshypothese z.B. mit der Annahme, daß es sich bei dem Dokument um einen Brief handelt oder daß im Dokument eine Struktur vom Typ "Adresse" enthalten ist. Hypothesen werden expandiert sowohl in notwendige Teilhypothesen als auch in mögliche globalere oder sonstige Hypothesen, immer entlang den Angaben in den Konzepten.

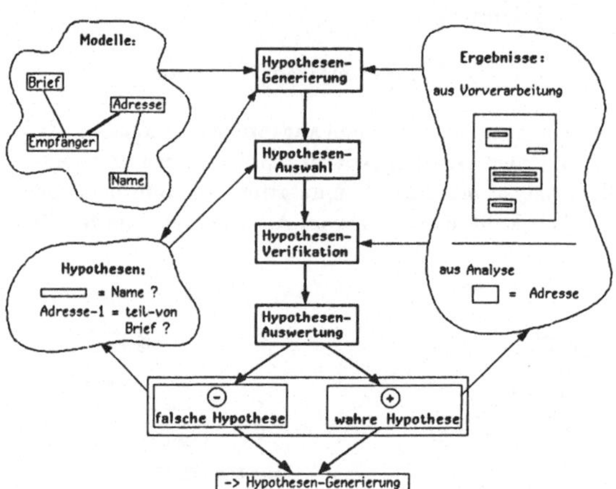


Bild 4: Strategie der Dokumentanalyse mittels Hypothesenverfolgung

Wir haben eine Analysestrategie gewählt, die flexibel und situationsabhängig bestimmt, in welcher Reihenfolge Dokumentteile untersucht und mit Hilfe welcher Modelldefinitionen Hypothesen über diese Dokumentteile aufgestellt werden sollen [Hanson, Riseman 78]. Die Analysestrategie bestimmt auch, wie bestätigte und falsche Hypothesen behandelt werden und welche Auswirkung diese auf andere Hypothesen und deren Bearbeitung haben. Außerdem organisiert die Analyse, wie Teilergebnisse aufbewahrt und so verwaltet werden, daß sie späteren Analyseschritten und Hypothesen zur Verfügung stehen. Die Dokumentanalyse durchläuft ständig einen Zyklus von vier Stufen, in dem Hypothesen generiert, ausgewählt, verifiziert und auswertet werden (Bild 4).

Ausgehend von einer Anfangshypothese, hergeleitet aus dem globalen Heuristikkonzept "dokumentanalyse", wird durch wiederholten Durchlauf dieses Bearbeitungszyklus ein immer größeres Hypothesennetz über dem Dokument aufgespannt. So werden im Verlauf der Verifikation immer weitere Bereiche des Dokumentes immer genauer analysiert, bis schließlich eine Gesamthypothese über das Dokument mit allen seinen Teilen bestätigt worden ist.

## Hypothesen

Hypothesen sind logische Aussagen, die wahr oder falsch sind . Relationale Hypothesen lassen sich als prädikatenlogische Aussagen in folgender Form darstellen:

$$\exists (x) \text{ Relation } (x, y)$$
$$\text{z.B. } \exists (x) \text{ teile (d1-seite, x), } x \in \{\text{d1-1-rahmen ...}\}$$

Hypothesen sind im System als Objekt repräsentiert. Hypothesen werden isomorph zu den Konzepten aufgestellt und folgen daher den Konzeptrelationen. Analog den Abhängigkeiten innerhalb der Konzepte entstehen solche Abhängigkeiten auch bei Hypothesen. D.h. die Bestätigung von Hypothesen ist von der Bestätigung von anderen Hypothesen abhängig. Auf diese Weise entstehen Abhängigkeitsnetze von Hypothesen, deren Verwaltung sehr aufwendig sein kann. In einem ersten Ansatz wird diese Verwaltung von einem selbst entwickelten Modul durchgeführt. Dies könnte aber auch von einem Truth Maintenance System [deKleer 86] übernommen werden.

## Hypothesen generieren

Die Generierung von Hypothesen kann an zwei Stellen der Dokumentanalyse durchgeführt werden. Einmal werden im Modul "Hypothesengenerierung" Anfangshypothesen und weiterführende Kontexthypothesen analog zu geeigneten Analyseobjekten, Konzepten und Relationen formiert. Dies bedeutet z.B., daß zu Beginn eine Hypothese bezüglich des gesamten Dokuments oder eines markanten Teiles aufgestellt wird. Dies kann während des weiteren Ablaufs aber auch heißen, daß von einer gefundenen Instanz z.B. einer Wohnortangabe entsprechend dem dazugehörigen Konzept eine Hypothese generiert wird, daß diese Instanz z.B. Teil einer Adresse ist. Dann würde im Kontext nach einer Adresse gesucht. Objekt- und Hypothesenfokus, Prioritätenliste der Relationen und heuristische Aussagen in den Konzepten bilden wichtige Hinweise bei der Hypothesengenerierung.

Der zweite Bereich, in dem Hypothesen generiert werden, ist die (->) "Hypothesenverifikation": Diese erzeugt Teilhypothesen, die entsprechend den Konzeptbeschreibungen notwendig erfüllt sein müssen, wenn Ausgangshypothesen wahr sein sollen. Dies entspricht dem backwardchaining in regelbasierter Programmierung.

## Hypothesen auswählen

Die Entscheidung über die nächste durchzuführende Aktion wird für die Dokumentanalyse vor allem durch die Auswahl von Hypothesen getroffen. Dabei gelten die Grundsätze der Hypothesengenerierung entsprechend; d.h. die Auswahl berücksichtigt Hypothesen- und Objektfokus usw. . Neben solchen Bedingungen müssen die Abhängigkeiten der Hypothesen untereinander berücksichtigt werden. So werden Hypothesen bevorzugt, deren Teilhypothesen erfolgreich verifiziert wurden oder die eventuell direkt und ohne Teilhypothesen verifiziert werden können.

Die Hypothesen-Auswahl stellt die Hauptfunktion zur Regelung des Verhaltens im Suchraum dar und beinhaltet Sucharten wie *best-first search* und *dependency-directet backtracking* [Winston 84], als Sonderfälle auch schematische Suche wie depth-first search oder syntaktische Verfahren wie ATNs. Durch diese Entscheidungsfreiheit wird blindes Backtracking oder eine zeitaufwendige, schematische Suche vermieden.

# Hypothesen verifizieren

Hypothesen werden relational und prozedural verifiziert. Relationale Verifikation bedeutet, daß alle Teilhypothesen einer Hypothese beruecksichtigt werden. Prozedurale Verifikation läßt eine Hypothese durch Prozeduren überprüfen. Prüfprozeduren sind als Methoden den Konzepten zugeordnet. Wahr ist eine Hypothese dann, wenn sowohl ihr prozeduraler als auch ihr relationaler Wahrheitswert wahr ist. Ausnahmen hiervon können von der Bewertungskomponente (s.u.) ermittelt werden.

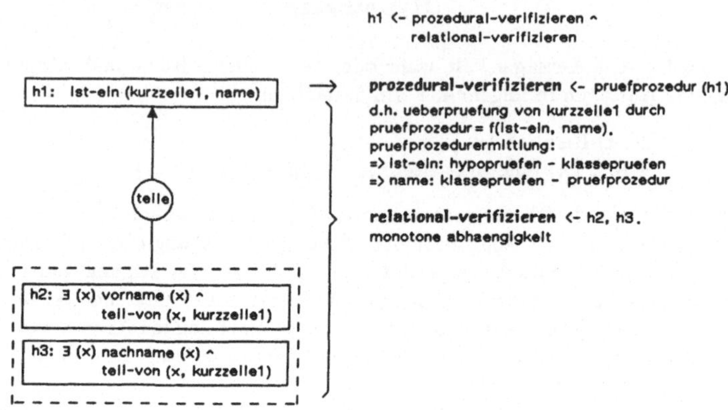


Bild 5: Hypothesen verifizieren

Bild 5 zeigt als Beispiel die Verifikation von Hypothese h1, die annimmt, daß eine schon ermittelte Kurzzeile der Klasse "name" zugeordnet werden kann. h1 wird wahr, wenn sie prozedural und relational wahr verifiziert wird. Die Ermittlung der zuständigen Pruefprozedur hängt sowohl von der beteiligte Relation "ist-ein" als auch von dem Konzept "name" ab: Bei Relationen ist unter der Variablen "hypopruefen" derjenige Variablenname vermerkt (hier "klassepruefen"), unter dem in beteiligten Konzepten die anzuwendende Prozedur (hier "pruefprozedur") zu finden ist. Diese Prozedur (bzw. Funktion, Methode) überprüft nun das Objekt in Abhängigkeit vom Konzept beispielsweise auf geometrische oder auch linguistische, inhaltliche Gegebenheiten und entscheidet dann logisch.

Die relationale Verifikation muß , falls notwendig und noch nicht geschehen, die Teilhypothesen h2 und h3 generieren, und dann in einem weiteren Hypothesenzyklus die Wahrheitswerte von h2 und h3 unter Berücksichtigung des Quantors von h1 pruefen.

Die Bewertungskomponente kann die Ergebnisse der Verifikation überarbeiten. So werden widersprüchliche Ergebnisse korrigiert und unvollständige Teilergebnisse für hinreichend erklärt. Die Bewertungskomponente soll weiterentwickelt werden, mit dem Ziel, die Analyse flexibler und fehlertoleranter zu machen.

# Hypothesen auswerten

Als Resultat einer wahren Hypothese wird vor allem die bestätigten Relation in die beteiligten Instanzen eingetragen. Darüber hinaus werden verifizierte Hypothesen bei denjenigen Hypothesen eingetragen, zu denen ein Abhängigkeitsverhältnis besteht. Diese Hypothesen werden in den Fokus übernommen. Objekte aus bestätigten Hypothesen werden in den Objektfokus übernommen.

Eine nicht bestätigte Hypothese wird analog bei den abhängigen Oberhypothesen vermerkt, so daß solche Oberhypothesen bei der nächsten Bearbeitung als abgeschwächt oder nicht bestätigt bewertet werden wird. Verifizierte Hypothesen bleiben mit all ihren Informationen erhalten und sind über die beteiligten Konzepte und Instanzen zugreifbar.

## Stand und Ausblick

Wir haben einige Briefkonzepte inklusive der dazugehörigen Dokumentteile in verschiedenen Abstraktionsstufen modelliert, so daß wir der Analyse insgesamt ca. 150 Konzepte zur Verfügung stellen. Alle beschriebenen Aspekte der Analyse sind implementiert und soweit getestet, daß wir einfache Briefe analysieren können. Die Analyse stützt sich bisher ausschließlich auf Layoutinformationen.

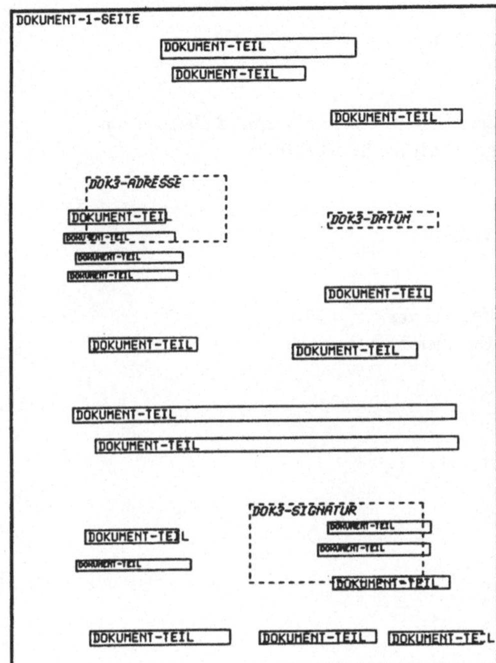
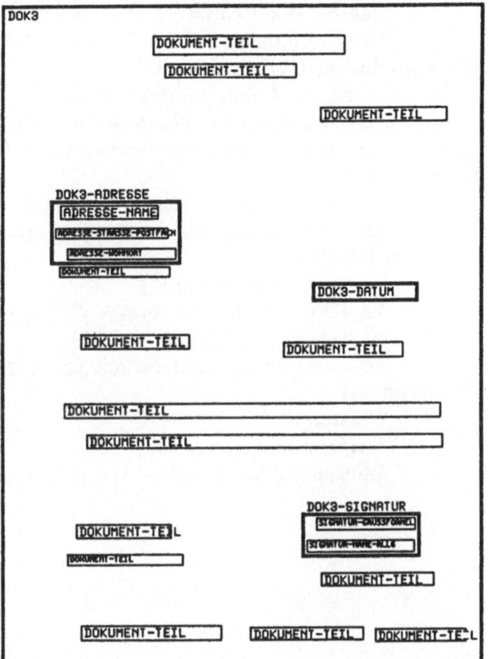


Bild 6: Analysierter Brief

Bild 6 veranschaulicht in vereinfachter Weise, wie ein aus mehreren Teilen bestehendes Dokument (linker Teil, durchgezogene Linien) mit den Hypothesen einer Modellstruktur versehen wird (gestrichelte Linien) und schließlich mit seinen Teilen klassifiziert und erkannt ist (rechter Teil).

In Zukunft sollen auch einfache syntaktische und inhaltliche Informationen aus dem Textbereich in die Analyse einbezogen werden. Die Kopplung mit den Vorverarbeitungsroutinen soll intensiviert werden, so daß Korrekturen der Vorverarbeitungsergebnisse bzw. Resegmentierungen durchgeführt werden können. Standardverfahren der Künstlichen Intelligenz wie KL-ONE ähnliche Repräsentationen, regelbasierte Inferenzverfahren und Truth Maintenance Systeme sollen stärker berücksichtigt werden.

## Danksagungen


Diese Arbeit wurde zum Teil mit Mitteln des Bundesministeriums für Forschung und Technologie unter der Nr. 413-5839-ITM 8501 B/7 gefördert. O.Bergengruen, A.Dengel, A.Luhn, G. Maderlechner und B. Uebereiter danke ich für hilfreiche Diskussionen.

# Literatur


**[Brachman, Schmolze 1985]**
Brachman, J.R.; Schmolze, J.G.::
*An Overview of the KL-ONE Knowledge Representation System*
Cognitive Science 9, 171-216 (1985)
**[Clancey 85]**
Clancey, W.: *Heuristic Classification*
Artificial Intelligence, vol. 27, pp. 289-350 (1985)
**[Dengel, Luhn, Ueberreiter 87]**
Dengel, A.; Luhn, A.; Ueberreiter, B.:
*Data and Model Representation and Hypothesis Generation in Document Recognition*
Proc. 6th Scandinavian Conference on Image Analysis, 57-64 (1987)
**[deKleer 86]**
deKleer, J.: *Assumption-Based TMS*
Artificial Intelligence, vol. 28, pp. 127-162 (1986)
**[Hanson, Riseman 78]**
Hanson, A.; Riseman, E.:
*VISION: A Computer System for Interpreting Scenes*
in: Hanson, A.; Riseman, E. (Ed.), Computer Vision Systems
Academic Press, Orlando, 303-333 (1978)
**[Winston 84]**
Winston, P.:
*Artificial Intelligence*
Addison-Wesley, Reading, MA (1984)

# Rezeptive Felder in Bildpyramiden

W. G. Kropatsch

Institut für Digitale Bildverarbeitung und Grafik

Wastiangasse 6, A-8010 GRAZ / Österreich

## 1 Einleitung

Digitale Bilder entstehen durch Abtasten der stetigen *Bildebene* an endlich vielen, diskreten Stellen (meist Quadratraster). Mathematisch wird der Entstehungsprozeß jedes Bildelementes ('Pixel') als Faltung der stetigen Bildfunktion mit der Abtastfunktion beschrieben. Dabei werden Reflexionswerte aus einer zusammenhängenden Umgebung der Meßstelle integriert. Die Abtastfunktion hat eine endliche Ausdehnung, außerhalb ist sie 0. Wir definieren *das rezeptive Feld* eines Pixels als jene Region der Bildebene, aus der Information im Pixel gespeichert sein kann. Diese Definition soll nicht nur für das abgetastete Bild, sondern auch für die weiterverarbeiteten Bilder gelten. Ist das rezeptive Feld eines Pixels kleiner als der Abstand zwischen zwei benachbarten Pixeln, so ist die Bildinformation nur unvollständig wiedergegeben. Überlappen einander die rezeptiven Felder von benachbarten Pixeln stark, so entsteht eine redundante Bilddarstellung.

Eine wesentliche Eigenschaft eines digitalen Bildes ist seine *Auflösung* . Sie kann durch die Größe der rezeptiven Felder beschrieben werden. Durch Übereinanderlegen von digitalen Bildern desselben Bildinhaltes aber unterschiedlicher Auflösung entsteht eine *Bildpyramide* . Beim Aufbau einer Bildpyramide wird von einem hochauflösenden digitalen Bild ausgegangen, das die Basis der Pyramide bildet. Schrittweise werden gröber auflösende Bilder so berechnet, daß kleine kompakte Pixelmengen (*Reduktionsfenster* ) mit einer *Reduktionsfunktion* zusammengefaßt werden und den Zellinhalt eines Pixels des gröber aufgelösten Bildes bilden. Die Größe der Zellen nimmt dabei zu, ihre Anzahl entsprechend ab. Normalerweise bleibt dieser (flächenbezogene) *Reduktionsfaktor* in einer Pyramide gleich. Variable Reduktionsfaktoren wurden von Peleg [14] untersucht. Wir wollen uns aber bei den weiteren Betrachtungen auf konstante Reduktionsfaktoren und gleich bleibende Reduktionsfenster beschränken. Wir bezeichnen den (geometrischen) Typ der Pyramide mit F / k, wobei F das Reduktionsfenster und k den Reduktionsfaktor darstellt. Bei quadratischen Zellen entstehen quadratische Fenster, die mit n × n beschrieben werden, in der Hexagonalpyramide stellt F die Anzahl der Zellen des Reduktionsfensters dar.

Ist $F < k$, so ist die flächenmäßige Reduktion größer als das Reduktionsfenster. Diesen Fall, bei dem während der Reduktion Information systematisch verloren geht, wollen wir für unsere Betrachtungen ausschließen. Bei $F = k$ entspricht die Fläche des Reduktionsfensters genau jener der reduzierten Zelle. Das rezeptive Feld der reduzierten Zelle ist daher genau die Vereinigung aller an der Reduktion beteiligten rezeptiven Felder. Ist $F > k$, so überlappen angrenzende Reduktionsfenster. *Überlappung* ist für manche Reduktionsoperationen eine notwendige Voraussetzung [10], sie bewirkt allerdings, daß das rezeptive Feld einer Zelle größer ist als die Zelle selbst. Um wieviel sich die Flächen im Grenzfall unterscheiden, soll anhand von 5 verschiedenen Pyramidentypen untersucht werden.

Besteht der Inhalt einer Zelle aus einem *Grauwert* , so erfüllt eine Mittelung den Zweck der Reduktionsfunktion. Beinhalten die Zellen aber *logische* und *symbolische Werte* , so kommen entsprechend logische und symbolische Reduktionsfunktionen zum Einsatz. Beispiele für logische Reduktionsfunktionen sind [2] und [8], symbolische Darstellungen werden in [5], [9] und [11] verwendet. Ziel jedes Pyramidenaufbaus ist die Ordnung der Bildmerkmale nach ihrer Bedeutung (Größe, Länge, Kontrast, ...), wobei der räumliche Bezug erhalten bleiben soll. Wichtige Merkmale sollen nach oben getragen werden, wo die Datenmenge klein ist und schnelle Entscheidungen gefällt werden können. Details bleiben in den unteren Ebenen und können bei Bedarf gezielt abgefragt werden. Dabei spielt folgende Frage nach dem Definitionsbereich eine wesentliche Rolle: *Aus welcher Region der Bildebene stammt die in der Zelle gespeicherte Information?*

Um diese Frage zu beantworten, betrachten wir die geometrischen Zusammenhänge beim rekursiven Aufbau der Pyramide. Durch Umkehr des Rekursionsschrittes können aus einer Zelle jene Zellen der nächstniedrigeren Pyramidenebene bestimmt werden, die ursprünglich die Zelle entstehen ließen. Schrittweise kann dieser Verfeinerungsprozeß für alle so entstandenen Zellen fortgesetzt werden. Als Grenzwert wird eine Region der Bildebene bestimmt, die das rezeptive Feld jener Zelle begrenzt, von der ausgegangen wurde.

## 2 In den konventionellen $n \times n/4$ Pyramiden

Die Form der Zellen ist quadratisch. Uns interessiert das rezeptive Feld einer Zelle $Z_0$ mit Seitenlänge $s_0$. Die Ebenen darunter seien mit 1, 2, ... n bezeichnet. Der Reduktionsfaktor von 4 bewirkt, daß die Seitenlänge $s_n$ einer Zelle n Ebenen unter $Z_0$ folgende Länge hat:

$$s_n = \frac{s_0}{2^n}.$$

(1)

Für die Bestimmung des rezeptiven Feldes müssen wir zwei Fälle unterscheiden: n *gerade* und n *ungerade*. Bei $n = 2$ ist die Fläche des Reduktionsfensters gleich jener der reduzierten Zelle, wodurch diese genau darüber zu liegen kommt. Diese Eigenschaft, daß die reduzierte Zelle genau über dem zentralen $2 \times 2$ (Teil-) Fenster liegt, besitzen alle $2m \times 2m/4$ Pyramiden. Bei ungeradem n hat das Reduktionsfenster eine Zelle im Zentrum, über der die reduzierte (4 mal größere) Zelle liegt.

### 2.1 Der gerade $2m \times 2m/4$ Typ

Diese Form der Pyramide hat sich aus der Quadtree-Struktur entwickelt. Tanimotos Architekturen sind auf diesem Typ aufgebaut [15]. A. Gross verwendet diesen Typ zum Verfolgen der Objektkonturen von oben nach unten [7]. Das rezeptive Feld begrenzt dabei den Suchbereich in der Bildebene.

Abb. 1 illustriert den Verfeinerungsvorgang in den Ebenen 0, 1 und 2. Quadrate werden durch gleichgerichtete Quadrate ersetzt, die Form des rezeptiven Feldes ist daher auch ein Quadrat. Wir wollen seine Größe bestimmen, indem wir den Abstand $h_n$ des Zentrums vom Rand des Quadrats in einer Ebene $n$ berechnen. Der Grenzwert $h_\infty$ für $n \to \infty$ definiert dann das rezeptive Feld.

Aus den Startwerten $h_0 = \frac{s_0}{2}, h_1 = m\frac{s_0}{2}$ und Abb. 1 c) läßt sich die Rekursionsformel $h_{n+1} = h_n + s_{n+1}(m - 1)$ ableiten, woraus

$$h_n = s_0 \left( m - \frac{1}{2} - \frac{m-1}{2^n} \right) \quad (2)$$

folgt, was mittels vollständiger Induktion gezeigt werden kann. Für $n \to \infty$ geht $h_n \to h_\infty = s_0 \left( m - \frac{1}{2} \right)$. Das rezeptive Feld ist damit ein Quadrat mit Seitenlänge $s_\infty = (2m-1)s_0$ (siehe Abb. 8 a für $m = 2$).

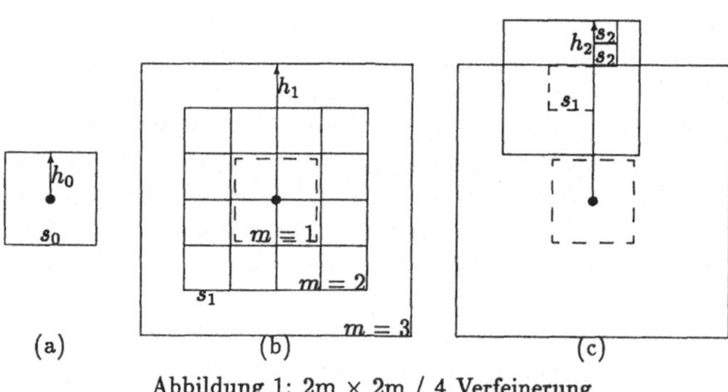

Abbildung 1: 2m × 2m / 4 Verfeinerung.

## 2.2 Der ungerade $(2m+1) \times (2m+1)/4$ Typ

Verschiedene Anwendungen einer 5 × 5/4 Pyramide finden sich in [1], [3] und [4].

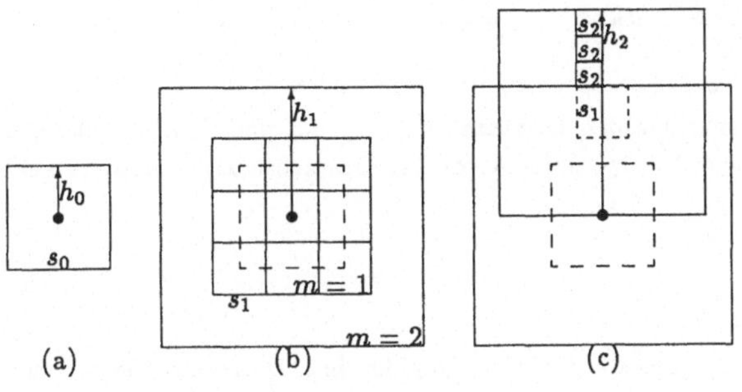

Abbildung 2: 2m+1 × 2m+1 / 4 Verfeinerung.

Das Zentrum einer reduzierten Zelle liegt bei diesem Pyramidentyp genau über dem Zentrum der mittleren Zelle des Reduktionsfensters (vgl. Abb. 2 b). Wieder werden bei der Verfeinerung Quadrate durch gleichgerichtete Quadrate ersetzt, die Form des rezeptiven Feldes ist daher wieder ein Quadrat. Wir gehen wie zuvor von den Startwerten $h_0 = \frac{s_0}{2}$ und $h_1 = s_1\left(m + \frac{1}{2}\right)$ aus und leiten über die Rekursionsformel $h_{n+1} = h_n + s_{n+1}\left(m - \frac{1}{2}\right)$ (vgl. Abb. 2c) den allgemeinen Term für

$$h_n = s_0 \left( m - \frac{2m-1}{2^{n+1}} \right) \tag{3}$$

her. Geht $n \to \infty$ , so folgt $h_n \to h_\infty = m s_0$ und die Seitenlänge $s_\infty = 2m s_0$ des quadratischen rezeptiven Feldes (Abb. 8 b für $m = 2$).

# 3  In der 2 × 2 / 2 Pyramide

Die 2 × 2 / 2 Pyramide wurde bisher von Crowley [6] zur Erkennung von Gipfel und Graten in Grauwertgebirgen [5] und von Kropatsch zur Darstellung von Kurven in verschiedenen Generalisierungsgraden [10] verwendet. Die geometrische Struktur dieser Pyramide wurde detailiert in [13] behandelt. Die Form der Zellen ist quadratisch.

Bei n × n / 2 Pyramiden hat eine Zelle n Ebenen unter einer Zelle $Z_0$ mit Seitenlänge $s_0$ folgende Länge:

$$s_n = \frac{s_0}{2^{n/2}} \tag{4}$$

Wie in [13] näher ausgeführt, tritt zwischen den Ebenen jeweils eine Rotation um $45^0$ auf. Die Form des rezeptiven Feldes ist daher kein Quadrat mehr, sondern ein Achteck. Bei der Verfeinerung wird jedes Quadrat durch seine vier Diagonalen ersetzt und die äußeren Quadrate ergänzt (Abb. 3). Wir messen in

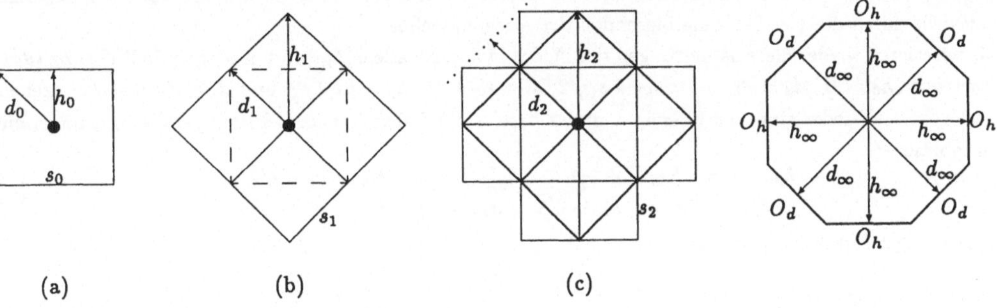

Abbildung 3: Ebenen 0 bis 2 der 2 × 2 / 2 Pyramide.      Abbildung 4: Achteck

diesem Fall nicht nur die Ausbreitung $h_n$ in achsparallele Richtung, sondern auch in Diagonalrichtung $d_n$. Die Startwerte $h_0 = \frac{s_0}{2}$ , $d_0 = \frac{s_0}{\sqrt{2}}$ , $h_1 = h_0 + s_1\sqrt{2}$ , $d_1 = d_0$ , $h_2 = h_1$ und $d_2 = d_1 + s_2\sqrt{2}$ lassen sich

Abb. 3 entnehmen. Die Rekursionsformeln unterscheiden sich in geraden und ungeraden Ebenen, sind aber in Ebenen 1 und 2 bereits vorgegeben:

$$\begin{aligned}
h_{2n} &= h_{2n-1} & d_{2n} &= d_{2n-1} + s_{2n}\sqrt{2} \\
h_{2n+1} &= h_{2n} + s_{2n+1}\sqrt{2} & d_{2n+1} &= d_{2n}
\end{aligned} \tag{5}$$

Daraus folgen $h_{2n+1} = s_0 \left(\frac{3}{2} - \frac{1}{2^{n+1}}\right)$ und $d_{2n} = s_0\sqrt{2}\left(1 - \frac{1}{2^n}\right)$ und im Grenzwert $n \to \infty$ : $h_\infty = \frac{3}{2}s_0$ und $d_\infty = s_0\sqrt{2}$. Abb. 4 zeigt den Zusammenhang zwischen den Distanzen $h_\infty$ und $d_\infty$ und den Seitenlängen $O_h = 2(d_\infty\sqrt{2} - h_\infty) = s_0$ und $O_d = 2(h_\infty\sqrt{2} - d_\infty) = s_0\sqrt{2}$ des Achtecks. Das achteckige rezeptive Feld der $2 \times 2/2$ Pyramide ist in Abb. 8c dargestellt.

## 4 In der $3 \times 3 \,/\, 2$ Pyramide

Erstmals verwendet wurde dieser Typ im Konzept der zwei dualen Pyramiden in [12]. Dieses theoretische Konzept ermöglicht die lokale Kooperation zwischen numerischen und symbolischen Darstellungen auf allen Hierarchieebenen.

Die Seitenlänge $s_n = \frac{s_0}{2^{n/2}}$ der quadratischen Zellen und die $45^0$ Rotation zwischen den Ebenen gleichen der $2 \times 2/2$ Pyramide. Auch die achteckige Form des rezeptiven Feldes läßt sich analog herleiten.

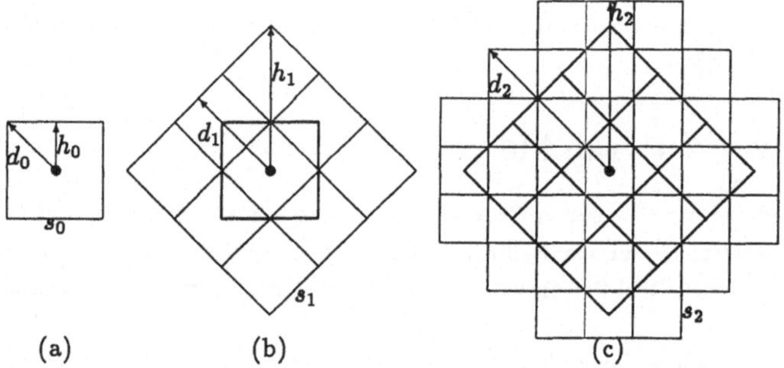

Abbildung 5: Ebenen 0 bis 2 der $3 \times 3 \,/\, 2$ Pyramide.

Der Verfeinerungsprozeß sieht allerdings anders aus. Wie beim ungeraden $(2m+1) \times (2m+1)/4$ Pyramidentyp liegen die Zellzentren der reduzierten Zelle und der mittleren Zelle des $3 \times 3$ Fensters übereinander. Gemeinsam mit der $45^0$ Rotation ergibt sich damit die in Abb. 5b) dargestellte Beziehung zwischen reduzierter ($Z_0$-) Zelle und dem $3 \times 3$ ($Z_1$-) Reduktionsfenster: Die inneren zwei Trennlinien des $3 \times 3$ Fensters laufen jeweils durch die vier Seitenhalbierenden der Ausgangszelle.

Wir berechnen wieder die Ausbreitungen des Feldes in achsparallele ($h_n$) und in diagonale Richtung ($d_n$). Die Startwerte $h_0 = \frac{s_0}{2}$, $d_0 = \frac{s_0}{\sqrt{2}}$, $h_1 = h_0 + s_1\sqrt{2}$, $d_1 = d_0 + \frac{s_1}{2}$, $h_2 = h_1 + \frac{s_2}{2}$ und $d_2 = d_1 + s_2\sqrt{2}$ ergeben sich aus Abb. 5. Wieder sind aus Ebenen 1 und 2 bereits die Rekursionsformeln für gerade und ungerade Ebenen ablesbar:

$$\begin{aligned}
h_{2n} &= h_{2n-1} + \frac{s_{2n}}{2} & d_{2n} &= d_{2n-1} + s_{2n}\sqrt{2} \\
h_{2n+1} &= h_{2n} + s_{2n+1}\sqrt{2} & d_{2n+1} &= d_{2n} + \frac{s_{2n+1}}{2}
\end{aligned} \tag{6}$$

Mit vollständiger Induktion lassen sich

$$\begin{aligned}
h_{2n} &= s_0\left(3 - \frac{5}{2^{n+1}}\right) & d_{2n} &= \frac{s_0}{\sqrt{2}}\left(4 - \frac{3}{2^n}\right) \\
h_{2n+1} &= s_0\left(3 - \frac{3}{2^{n+1}}\right) & d_{2n+1} &= \frac{s_0}{\sqrt{2}}\left(4 - \frac{5}{2^{n+1}}\right)
\end{aligned} \tag{7}$$

nachweisen. Für $n \to \infty$ ergeben sich sowohl für gerade als auch ungerade Ebenen dieselben Grenzwerte: $h_\infty = 3s_0$ und $d_\infty = 2\sqrt{2}s_0$. Mit Abb. 4 lassen sich daraus die Seitenlängen $O_h = 2s_0$ und $O_d = 2\sqrt{2}s_0$ ableiten, die die Größe des rezeptiven Feldes in Abb. 8d bestimmen.

# 5  In Hartmanns 7/4 Hexagonalpyramide

Für die Bestimmung der hierarchischen Strukturcodes verwendet Hartmann eine Hexagonalpyramide mit dem Reduktionsfaktor 4, bei der die Zellzentren übereinander liegen [9]. Die Seitenlängen $s_n$ eines regelmäßigen Sechsecks n Ebenen unter $Z_0$ genügen der Gleichung

$$s_n = \frac{s_0}{2^n} \tag{8}$$

Die 7 feineren Zellen $Z_{n+1}$ entstehen durch zwei Arten von Substitutionen aus dem reduzierten Sechseck $Z_n$:

- $Seite_n \rightarrow Z_{n+1}$ mit Diagonale $= Seite_n$ ($6\times$) und

- $Zentrum_n \rightarrow Z_{n+1}$ mit gleichem Zentrum ($1\times$).

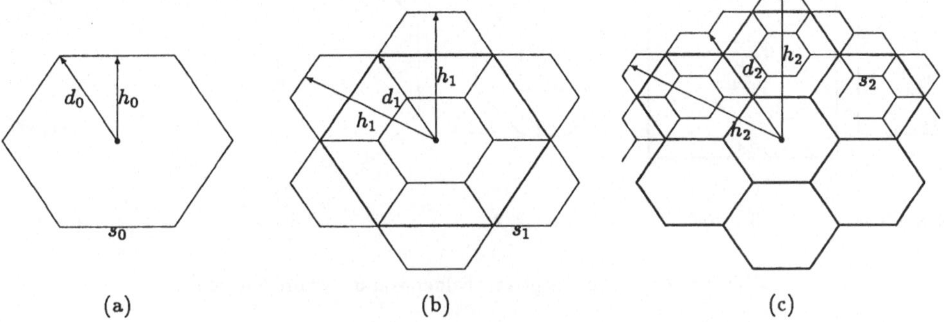

(a)        (b)        (c)

Abbildung 6: Ebenen 0 bis 2 der Hexagonalpyramide

Wir messen die Abstände $h_n$ des Zellrandes vom Zentrum normal auf die Sechseckseiten und die Abstände $d_n$ in Verlängerung der Verbindung der 6 Ecken mit dem Zentrum. Die Startwerte $h_0 = \frac{s_0\sqrt{3}}{2}$, $d_0 = s_0$, $h_1 = h_0 + \frac{s_1\sqrt{3}}{2}$, $d_1 = s_0$, $h_2 = h_1 + \frac{s_2\sqrt{3}}{2}$ und $d_2 = d_1 + s_2$ sind aus Abb. 6 ablesbar. Daraus folgen die Rekursionsformeln $h_{n+1} = h_n + \frac{s_{n+1}\sqrt{3}}{2}$ und $d_{n+1} = d_n + s_{n+1}$ für $n > 0$ und schließlich

$$h_n = s_0\sqrt{3}\left(1 - \tfrac{1}{2^{n+1}}\right) \qquad\qquad d_n = s_0\left(\tfrac{3}{2} - \tfrac{1}{2^n}\right) \text{ für } n > 0 \tag{9}$$

was wiederum mittels vollständiger Induktion nachweisbar ist. Für $n \rightarrow \infty$ erhalten wir $h_\infty = s_0\sqrt{3} = 2h_0$ und $d_n \rightarrow d_\infty = \frac{3s_0}{2}$.

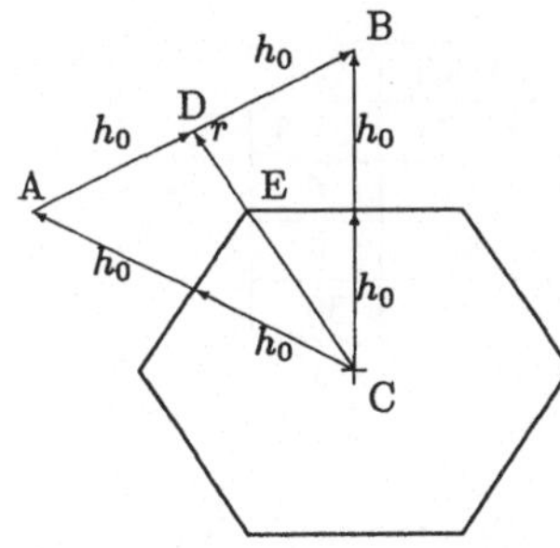

Abbildung 7: Motivation für Sechseck

Zur Festlegung der Form des rezeptiven Feldes wird die folgende Überlegung angestellt. Die Punkte A und B in Abb. 7 liegen aufgrund ihrer Konstruktion am Rand des rezeptiven Feldes. Der Winkel $\angle ACB$ beträgt $60^0$, da CA und CB jeweils normal auf die geschnittene Seite des regelmäßigen Sechsecks $Z_0$ stehen. $ABC$ ist daher ein gleichseitiges Dreieck und die Verbindung $AB$ hat die Länge $2h_0$. Die Höhe $r$ auf die Seite $AB$ geht durch den Eckpunkt E von $Z_0$ und hat die Länge $r = h_0\sqrt{3}$. Eingesetzt für $h_0$ ergibt das $r = \frac{3s_0}{2} = d_\infty$ ! Der von $d_\infty$ erreichte Punkt D am Rand des rezeptiven Feldes stellt also keine neue Ecke dar, da er auf der Verbindung der Ecken A und B liegt.

Damit ist das rezeptive Feld (Abb. 8e) der 7/4 Hexagonalpyramide ein bezüglich $Z_0$ um $30^0$ gedrehtes regelmäßiges Sechseck mit einer Seitenlänge $s_0\sqrt{3}$.

337

# 6 Schluß

Für die fünf Typen von Pyramiden: $2m \times 2m/4$, $(2m+1) \times (2m+1)/4$, $2 \times 2/2$, $3 \times 3/2$ und $7/4$ (Abb. 8) wurden die Form und die Größe des rezeptiven Feldes einer beliebigen Zelle $Z_0$ der Pyramide bestimmt. Das rezeptive Feld charakterisiert den Typ einer Pyramide. Es erlaubt für Merkmale auf höheren Ebenen Aussagen über ihre Positionierungsgenauigkeit und den möglichen Grad einer Überlappung mit Merkmalen aus Nachbarzellen. Suchprozeduren können Objekte von gegebener Größe gezielt auf entsprechenden Ebenen suchen. Auf zwei bisher nicht angesprochene Kritikpunkte an den Ergebnissen soll noch kurz eingegangen werden.

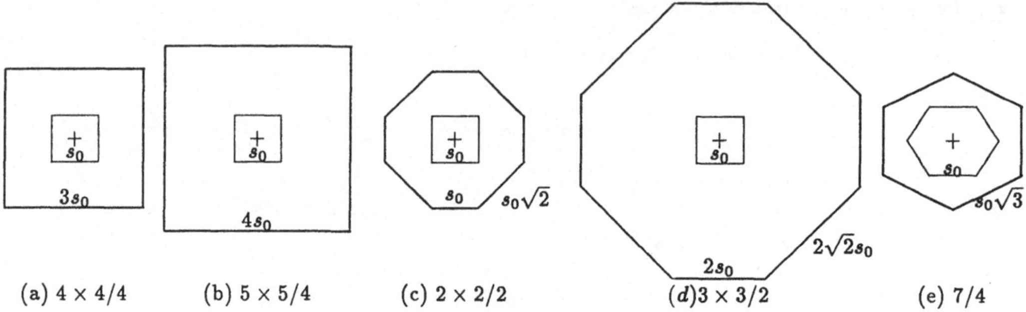



Abbildung 8:   Die rezeptiven Felder von 5 Pyramidentypen

Durch die Bildung des Grenzwertes wurden auch Auflösungen berücksichtigt, die feiner als die des Originalbildes sind. Das rezeptive Feld umschließt zwar *alle* Pixel des Originalbildes, von denen Information in Zelle $Z_0$ gelangen kann, es kann aber auch Pixel umfassen, die keinen Einfluß auf $Z_0$ haben. Der Unterschied ist aber für Zellen höherer Ebenen vernachlässigbar, nämlich dort, wo das rezeptive Feld Bedeutung für die Verknüpfung von Zellinhalten zu neuen (abstrakten) Begriffen erlangt.

Außerdem wurde ausschließlich die Übertragung innerhalb der Pyramidenstruktur berücksichtigt, nicht das rezeptive Feld der Pixel des Originalbildes. In den meisten Fällen wird das rezeptive Feld der Originalpixel im rezeptiven Feld der korrespondierenden Pyramidenzelle eingebettet sein, wodurch die Obermengeneigenschaft des rezeptiven Feldes wie zuvor gegeben ist. In den restlichen Fällen kann das rezeptive Feld um die Differenz vergrößert (morphologisch expandiert) werden.

Die folgende Tabelle stellt die Flächenverhältnisse, die Formen (die Anzahl der Ecken von Zelle und rezeptivem Feld (RF)) und die relative Verdrehung der rezeptiven Felder einander gegenüber:

| | $2m \times 2m/4$ | $4 \times 4/4$ | $(2m+1)^2/4$ | $5 \times 5/4$ | $2 \times 2/2$ | $3 \times 3/2$ | $7/4$ |
|---|---|---|---|---|---|---|---|
| Flächen | $1 : (2m-1)^2$ | $1 : 9$ | $1 : 4m^2$ | $1 : 16$ | $1 : 7$ | $1 : 28$ | $1 : 3$ |
| $Z_0$-Ecken | 4 | 4 | 4 | 4 | 4 | 4 | 6 |
| RF-Ecken | 4 | 4 | 4 | 4 | 8 | 8 | 6 |
| Verdrehung | $0^0$ | $0^0$ | $0^0$ | $0^0$ | $0^0$ | $0^0$ | $30^0$ |

# Literatur


[1] E. H. Adelson, C. H. Anderson, J. R. Bergen, P. J. Burt, and J. M. Ogden. Pyramid methods in image processing. *RCA Engineer*, Vol. 29-6, Nov./Dec. 1984.

[2] R. P. Blanford and S. L. Tanimoto. Bright-spot detection in pyramids. In *Proc. Eighth International Conference on Pattern Recognition*, pages 1280–1282, IEEE Comp.Soc., Paris, France, October 1986.

[3] P. J. Burt and E. H. Adelson. The Laplacian pyramid as a compact image code. *IEEE Transactions on Communications*, Vol. COM-31(No.4):pp.532–540, April 1983.

[4] P. J. Burt, C. H. Anderson, J. O. Sinniger, and G. van der Wal. A pipelined pyramid machine. In S. Levialdi and V. Cantoni, editors, *Pyramidal Systems for Image Processing and Computer Vision*, pages 133–152, Springer-Verlag Berlin, Heidelberg, 1986.

[5] J. L. Crowley and A. Parker. A representation of shape based on peaks and ridges in the difference of low–pass transform. *IEEE Trans. Pattern Analysis and Machine Intelligence*, PAMI–6:pp.156–170, 1984.

[6] J. L. Crowley and R. M. Stern. Fast computation of the difference of low–pass transform. *IEEE Transactions on Pattern Analysis and Machine Intelligence*, PAMI–6:pp.212–222, 1984.

[7] A. D. Gross. *Multiresolution Object Detection and Delineation*. PhD thesis, University of Maryland, Computer Science Center, January 1986.

[8] R. M. Haralick, C. Lin, J. S. J. Lee, and X. Zhuang. Multi-resolution morphology. In *Proceedings of the First International Conference on Computer Vision*, pages 516–520, London, England, June 1987.

[9] G. Hartmann. Recognition of hierarchically encoded images by technical and biological systems. *Biological Cybernetics*, Vol. 57:pp.73–84, 1987.

[10] W. G. Kropatsch. Curve representations in multiple resolutions. *Pattern Recognition Letters*, Vol. 6(No. 3):pp.179–184, August 1987.

[11] W. G. Kropatsch. Elimination von "kleinen" Kurvenstücken in der 2x2/2 Kurvenpyramide. In E. Paulus, editor, *Mustererkennung 1987*, pages 156–160, Springer Verlag, 1987.

[12] W. G. Kropatsch. Grauwert und Kurvenpyramide, das ideale Paar. In G. Hartmann, editor, *Mustererkennung 1986*, pages 79–83, Springer Verlag, 1986.

[13] W. G. Kropatsch. A pyramid that grows by powers of 2. *Pattern Recognition Letters*, Vol. 3:pp.315–322, 1985.

[14] S. Peleg and O. Federbush. Custom made pyramids. In S. Levialdi and V. Cantoni, editors, *Pyramidal Systems for Image Processing and Computer Vision*, pages 165–172, Springer-Verlag Berlin, Heidelberg, 1986.

[15] S. L. Tanimoto. Paradigms for pyramid machine algorithms. In S. Levialdi and V. Cantoni, editors, *Pyramidal Systems for Image Processing and Computer Vision*, pages 173–194, Springer-Verlag Berlin, Heidelberg, 1986.

<u>**ODIAN**: Ein System zur optischen Digitalisierung von</u>
<u>Analogschreiberkurven.</u>

Linder, G.; Schneider, K.; Föhr, R.; Ameling, W.
Rogowski-Institut der RWTH Aachen
Schinkelstr. 2, 5100 Aachen


<u>Zusammenfassung</u>


Vorgestellt wird ein System zur automatischen Digitalisierung graphisch gegebener Wasserstands- und Niederschlagskurven. Verwendung
finden dabei Methoden der Filterung und Bildaufbereitung, Bildentzer-
rung und wissensgesteuerten Interpretation, um aus dem schlechten
Bildmaterial die gesuchte Kurve zu extrahieren. Eine modifizierte Variante der Houghtransformation dient der Suche nach Koordinatenraste-
rungen, die Pegelkurvenerkennung stützt sich auf das Prinzip der dynamischen Optimierung, um aus einer heuristischen Bewertung einzelner
Bildobjekte die zusammengehörenden Kurventeile auszuwählen. Einzelne
Erkennungsfehler im Bereich stark gestörten Bildmaterials werden in
einem Kontrolldurchgang interaktiv korrigiert, wozu komfortable und
flexible Werkzeuge bereitstehen.



<u>Einführung</u>


Im Rahmen eines gemeinsamen Projekts mit dem statistischen Landesamt
in NRW werden zur Zeit Verfahren zur Aufbereitung alter Datenbestände
aus dem Bereich der Wasserwirtschaft erarbeitet. Dafür müssen die in
großen Mengen gelagerten analogen Meßschriebe in skalierte, digitale
Daten für eine rechnergestützte Auswertung überführt werden. Das bisherige Verfahren beruht auf einem Digitalisiertablett, auf dem der
Bediener die Kurve mit einer Fadenkreuzlupe nachfährt. Da dies sowohl
langsam, als auch ermüdend und damit fehlerträchtig ist, soll das hier
vorgestellte System den Meßschrieb ("Pegelbogen") auf der Basis eines
Kamerabildes auswerten.

Als Zielvorgaben des neuen Systems gelten:

- Eine duchschnittliche Digitalisierungszeit eines Bogens von etwa anderthalb Minuten.
- Eine Digitalisierungsgenauigkeit von ±0.5 Pegelzentimeter, entsprechend etwa 0,4% der Bogenhöhe.
- Weitestgehende Automatisierung des Ablaufs.

Dem System stellen sich dabei Probleme aus dem Bereich der

- Bildaufbereitung und Merkmalshervorhebung
- Skalierung eines verzerrten Bildobjekts
- Merkmalsgesteuerten Extraktion einer von der Form her nicht ge-
  nauer bekannten Linie, und
- optimalen Gestaltung interaktiver Kontrollmöglichkeiten des
  Menschen.


## Randbedingungen und Datenmaterial


Die im Archiv des statistischen Landesamtes gelagerten Bögen reichen
zurück bis in die zwanziger Jahre. Entsprechend schlecht ist die Qualität des Papiers, auf dem sich die Pegelkurven befinden. Die meist
mit einem Tintenschreiber gezogenen Linien werden gestört durch Was-
ser- oder Tintenflecken, in Knickfalten haben Stockflecken und Alte-
rungsprozesse dunkle Konturen hinterlassen. Es können sehr breite Linien entstehen, wenn das mitunter recht grobfaserige Papier die Tinte
streckenweise zu stark aufsaugt. Aber auch der umgekehrte Fall, ein
Eintrocknen des Stiftes und somit Aussetzen der Linie oder eine dünn
ausgezogene Kurve, sorgt für ein sehr uneinheitliches Erscheinungsbild
der zu findenden Kurve (Bild 1). Hinzu treten Schwierigkeiten mit in-
terferenzähnlichen Auslöschungseffekten, da sich die feinen Raste-
rungsbestandteile an der Auflösungsgrenze des verwendeten Kamera-
systems befinden.
Aufgrund der schlechten Bildqualität vollzieht sich die Kurvenerkennung in drei Abschnitten. Das Bild wird zunächst gefiltert, dann in
seinen Bestandteilen erfaßt und bewertet, und abschließend von einem
Suchalgorithmus die gemeinte Linie ermittelt.

Hauptziel der Filterung ist die Hervorhebung aller Teile des Bildes,
die nicht zur Rasterung gehören. Die dafür notwendige Unterscheidung
gründet sich einmal auf eine Untersuchung des Grauwertprofils, dann
aber auch auf eine gezielte Suche nach rastertypischen Eigenschaften
von Bildobjekten. Die Profilanalyse des Grauwertbildes stützt sich auf
ein nachrichtentechnisches Modell des Aufnahmesystems. Daraus resultiert für Linien ab einer bestimmten Breite, daß sie ihre Grauwertdifferenz Linienmitte/Linienumgebung nicht in einem einzigen Schritt,
sondern treppenförmig gestuft überwinden. Da dies für feinere Bestandteile der Rasterung nicht zutrifft, ist hierin ein erstes Unterschei-
dungsmerkmal gegeben. Weitere Merkmale finden sich in der relativen
Lage der Bildpunkte zueinander, die in einer Form von Labellingverfah-
ren umgesetzt werden. Alle Kriterien zusammen gehen in eine Gütezahl
für jeden Bildpunkt ein, die als Zwischenergebnis abgespeichert wird
(Bild 2). Entscheidend für die Verwendbarkeit des Algorithmus war dabei die Datenunabhängigkeit der Gütezahl, die über eine histogramm-
gesteuerte Parametrisierung erzielt wird.

Die im Filterbild abgelegte lexikalische Information wird in einem
zweiten Schritt in eine Datenstruktur überführt, die die Semantik des
Bildinhaltes festhält. Die Form dieser Datenstruktur orientiert sich
an den Erfordernissen des Suchers, aber auch an der besonderen spal-
tenweisen Ausrichtung des Problems. Letztere resultiert aus der Eigenschaft der Pegelkurve, zeitlich stets voranzuschreiten, ein Rücklaufen
der Kurve kann bei einigermaßen kantenparalleler Ausrichtung des Bogens im Kamerabild ausgeschlossen werden. Die Datenstruktur faßt deshalb Bildsegmente zusammen, in denen sich die Konstellation gefundener
Linien im Bild nicht ändert. Diese werden durch verkettete Deskrip-
toren näher beschrieben und bewertet.

Die Bewertung erfaßt alle heuristischen Aspekte des Problems. Sie geht
auf möglichst viele Charakteristika der Teile ein, die das gefilterte
Bild neben der gesuchten Pegelkurve noch aufweisen kann. Zu nennen
sind hier Stempel, Unterschriften, handschriftliche Bemerkungen,
Zahlenangaben, Hinweispfeile und Linienkorrekturen. Letztere stammen
aus einem Kontrollvorgang nach der Bogenabnahme, in der auch das
größte Hindernis einer automatischen Kurvenerkennung erst künstlich
hinzugefügt wurde, die Eintragung von Tagesmittellinien. Die Form al-

ler dieser Objekte, sowie die Information des Filterbildes über deren
relationalen Zusammenhang  wird betrachtet, und in eine Bewertung umgesetzt.


<u>Dynamische Programmierung</u>


Dem Suchalgorithmus fällt die Aufgabe zu, einen im Sinne der Ziel-
funktion optimalen Weg durch das Bild zu ermitteln. Wurde diese pas-
send gewählt, so resultiert daraus der Verlauf der Pegelkurve. Als
Suchprinzip wurde die dynamische Optimierung nach Bellmann /1/ ausgewählt, weil sich in ihr ein sequentielles Verfahren anbietet, das zu
jedem Zeitpunkt das Wissen um den gesamten Datenbestand einfließen
läßt. Ein solches ist erforderlich, da die Linie in einzelne unzu-
sammenhängende Teile zerfallen kann, deren Fortsetzung lokal nicht
entscheidbar ist.

Die dynamische Optimierung benötigt einen Ausgangs- und Endpunkt, für
die die Verbindung optimiert werden soll. Deshalb greift  die Routine
hier auf Informationen zurück, die sie aus der Digitalisierung vorangegangener Pegelbögen noch gespeichert hält. Da auf den Bögen der Pe-
gelverlauf einer Woche dargestellt ist, stets aber ganze Jahrgänge geschlossen digitalisiert werden, kann der Anfangspunkt der Kurve aus
dem gefundenen Endpunkt des Vorbogens entnommen werden. Der neue Endpunkt ergibt sich dann entweder als Ende der größten Zusammenhangskomponente des Bildes, oder er wird interaktiv angegeben und vom Rechner
plausibilisiert.

Zwischen Anfangs- und Endpunkt weist die dynamische Programmierung jedem Wegdeskriptor der Datenstruktur eine  Wertung zu, die sich aus der
optimalen Verbindung des Deskriptors mit einem seiner möglichen Vorgänger ergibt. Der Vorgänger der ersten untersuchten Stufe ist der
Endpunkt, womit sich im Anfangspunkt angekommen eine optimale Verbindung durch alle in Frage kommenden Teilwege zeigt. Entscheidend für
die Qualtität des Ergebnisses sowie die Einhaltung der vorgegebenen
Richtzeit ist in diesem Ablauf die richtige Auswahl zu betrachtender
Vorgängerzustände, und eine optimale Ermittlungsweise der Übergangsge-
winne.


343

## Skalierung der extrahierten Kurve

Die nunmehr in Bildkoordinaten vorliegende Kurve muß in Werte des auf
dem Bogen abgebildeten Koordinatensystems umgerechnet werden. Im Kamerabild entspricht die für die Digitalisierung der Pegelbögen geforderte Genauigkeit von ±0.5 Pegelzentimetern einer Distanz von ungefähr
einem Bildpunkt. Eine Vermessung kann aber nur dann in dieser Genauigkeit erfolgen, wenn das skalierende Bezugssystem mit einer ähnlichen
Genauigkeit bekannt ist. Zur Festlegung des dem Bogen unterlegten Koordinatensystems orientiert sich die Routine an der Lage vierer besonderer Geraden, die ein in den Koordinaten des Bogensystems bekanntes
Rechteck bilden. Die Lage der restlichen Geraden wird dann durch Rechnung erschlossen. Da sich der nicht ganz vertikale Blickwinkel der
Kamera, die Verzeichnung der Linse und die manuelle Auflage des Bogens
in einer Verzerrung und Verdrehung des oben genannten Rechtecks im
Kamerabild äußern, ist für die Umrechnung eine nichtlineare Transformationsformel erforderlich. Die Parameter der Transformationsformel
resultieren aus den in beiden Systemen bekannten Koordinaten der Eck-
punkte des Rechtecks.

Da die Verzerrungen hinreichend schwach sind, um eine Gerade noch in
guter Näherung als Gerade zu erhalten, setzt der Algorithmus zu ihrer
Lokalisierung im Bild eine modifizierte schnellere Variante der Hough-
transformation /3/ ein. Die Transformation wird mit den Parametern der
Achsenabschnittsform ausgeführt, und durch die Auswertung besonderer
Charakteristika der Rasterungsgeraden gesteuert. Durch Aufspreizung
des Houghraumes wird die Genauigkeit des Suchergebnisses bis in den
Sub-Bildpunktbereich verbessert.

Um nicht das gesamte Grauwertbild nach der Lage der genannten Recht-
eckbegrenzungen absuchen zu müssen, orientiert sich die Routine wieder
an den Daten des Vorbogens. Bei gleicher Papiersorte und ähnlicher
Bogenauflage ist aus der Position der Geraden im Vorbogen ein Suchbereich für die Geraden im aktuellen Bogen abzuleiten.

Implementierungsaspekte

Die Endkontrolle des Suchergebnisses muß immer noch durch den Menschen
erfolgen, da die Heuristik der Bewertungsroutine keine letzte Sicherheit zu bieten vermag. Dies erfordert eine interaktive Umgebung, die
ein ermüdungsfreies rasches Arbeiten ermöglicht. Kernstück der Umgebung ist ein hochauflösendes Graphiksystem, das in einer Lupenfunktion
einen Ausschnitt des aufgenommenen Grauwertbildes mit farbig einge-
blendeter Kurve darstellt (Bild 3). Mit Hilfe einer Maus können An-
fangs- und Endpunkt eines falschen Verlaufs gekennzeichnet werden.
Durch Auswählen eines Punktes auf dem richtigen Verlauf startet der
Bediener den Suchalgorithmus erneut, der daraufhin den beanstandeten
Kurvenzug korrigiert. Ergonomische Gesichtspunkte wie Flimmerfreiheit
des Bildes, kurze Verfahrbewegungen der Maus und kleine Reaktionszei-
ten des Systems waren hier von besonderem Interesse.

Implementiert wurde das System deshalb auf einem VME-Bus Rechner mit
einem Prozessor Motorola 68020. Das System ist mit 20 Mhz getaktet,
und greift auf eine zwei Megabyte Speicher umfassende Bildverarbei-
tungshardware zu, die das Kamerabild in einer Auflösung von 712*512*8
Bit enthält. Bei der Kamera handelt es sich um eine CCD-Matrixkamera
Philips LDH 600, die über die in dieser Preisklasse bislang beste Auflösung verfügt. Höher auflösende CCD-Zeilenkameras kamen entweder aus
Kostengründen oder aufgrund der langen Bildintegrationszeiten nicht in
Frage. Die Graphikaufbereitung wird unterstützt durch eine hochauflö-
sende Graphikkarte mit wahlfreiem direktem Speicherzugriff und einem
Coprozessor Hitachi 63848.

Referenzen

/1/    R. Bellmann and R. Kalaba
       Dynamic programming and modern control theory
       Academic Press Inc. 1965

/2/    K. Neumann
       Dynamische Optimierung
       Höchschulskripten, Bibliographisches Institut 1969

/3/    J. Illingworth and J. Kittler
       The adaptive Hough Transform
       IEEE Transactions on Pattern Analysis and Machine Intelli-
       gence, September 1987

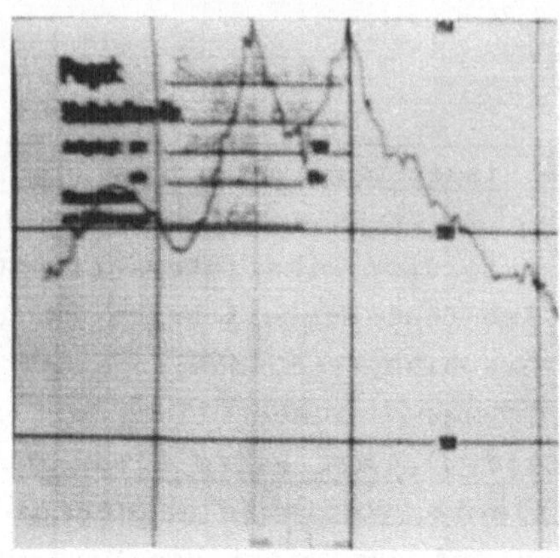

Bild 1:   Ausschnitt aus einer Pegelkurve

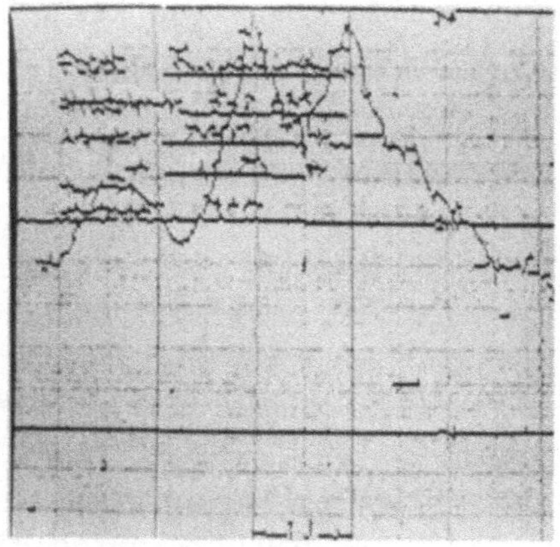

Bild 2:   Zwischenbild nach Merkmalshervorhebung

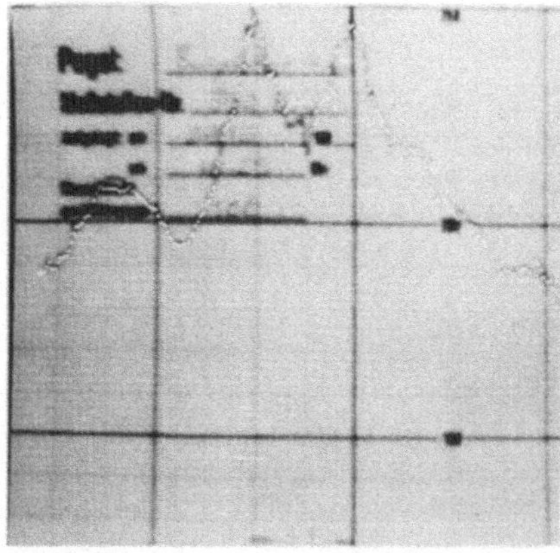

Bild 3:   Ausschnitt einer Pegelkurve mit eingeblendetem Er-
          gebnis der Suche.

# Wissensgesteuerter Strukturvergleich
# bei der Korrespondenzanalyse in Bildfolgen


Josef Pauli, Tilo Messer
Institut für Informatik
der Technischen Universität München
Postfach 20 24 20,  8000 München 2


## Zusammenfassung


Zur Interpretation von Bildfolgen müssen korrespondierende Bildobjekte identifiziert werden. Der Kern der Korrespondenzanalyse ist ein toleranter Strukturvergleich, der Zuordnungen zwischen ähnlichen, die Bildobjekte repräsentierenden Strukturen konstruiert. Die Steuerung des Strukturvergleichs erfolgt über Toleranz- und Gewichtsparameter mit dem Ziel, genügend gute Zuordnungen zu bekommen. Die Parameter bilden die Bausteine für die Definition von Ähnlichkeitsmaßen für Strukturen, welche geringfügige Abweichungen in Merkmalsausprägungen tolerieren und Strukturbestandteile gewichten. Die vorliegende Arbeit beschreibt ein implementiertes Experimentiersystem zur automatischen Korrespondenzanlyse in Bildfolgen. Die Steuerung des Strukturvergleichs ist als Suche im Zustandsraum realisiert. Der Ausgangszustand, aktueller Zustand kennzeichnet ein aktuelles Korrespondenzergebnis. Der Zielzustand beschreibt Korrespondenzergebnisse, die bestimmte Bedingungen erfüllen und somit akzeptiert werden. Regeln, die explizit den Informationsfluß bei der Analyse von Bildfolgen angeben, variieren die Parameterwerte für die Zustandsübergänge. Dabei werden Informationen über Objektkorrespondenzen entlang der Bildfolge, aus der Bildvorverarbeitung und Weiterverarbeitung der Bilder der Bildfolge, über Abhängigkeiten zwischen Merkmalen der Bildobjekte und über numerische und qualitative Ergebnisse der Korrespondenzanalyse verarbeitet.


## Automatische Berechnung von Korrespondenzen bei der Bildfolgenanalyse

Die Bildfolgenanalyse setzt sich zusammen aus der Analyse der Einzelbilder der Bildfolge und der Analyse der zwischen den Einzelbildern auftretenden Unterschiede und Gemeinsamkeiten. Um Bewegungsabläufe in Bildfolgen zu analysieren, identifiziert man die Objekte im Bild (wird hier nicht behandelt) und ermittelt Korrespondenzen zwischen Objekten aufeinanderfolgender Bilder [10,13]. Objekte sind mehr oder minder strukturierte Bildsymbole. Die Berechnung von Korrespondenzen beim Übergang von Bild n nach Bild n+1 erfolgt in zwei Schritten (Abb. 1):

1. Erzeugung von Hypothesenobjekten [15] aus den Informationen über korrespondierende Objekte bis zum Bild n;
2. Vergleich der Hypothesenobjekte mit den Bildobjekten im Bild n+1.

Zur symbolischen Beschreibung von Objekten und der Beziehungen im Bild eignen sich **Relationalstrukturen** [1, 7, 8]. Ein toleranter Vergleich von Relationalstrukturen liefert Korrespondenzen zwischen den Strukturen von Hypothesen- und Bildobjekten und bildet somit den Kern der Korrespondenzanalyse.

Die vorliegende Arbeit beschreibt ein in weiten Teilen implementiertes System, bei dem Steuerung des Vergleichsvorgangs automatisch erfolgt. Die Automatisierung wird ermöglicht durch explizite Repräsentation von a priori und a posteriori Wissen durch Regeln. A priori Wissen repräsentiert etwa die Auswirkungen von Informationen über die Bildaufnahmetechnik und die vorliegenden Lichtverhältnisse auf den Vergleichsvorgang. A posteriori Wissen repräsentiert Auswirkungen von dynamisch entstehenden Teilergebnissen der Einzelbildanalyse und der Korrespondenzanalyse auf den Vergleichsvorgang. In diesem Beitrag wird die Verarbeitung von a posteriori Wissen behandelt.

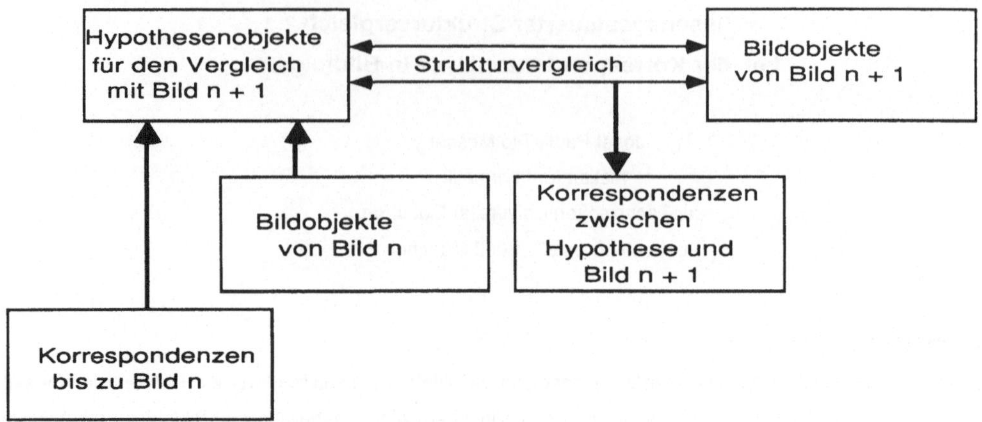


**Abbildung 1:** Berechnung von Korrespondenzen bei der Interpretation von Bildfolgen durch Erzeugung von Hypothesenobjekten und tolerantem Vergleich mit Bildobjekten

## Toleranter Strukturvergleich

Ein wesentlicher Aspekt bei der Durchführung des Vergleichs ist, daß ähnliche Strukturen einander zugeordnet werden sollen. Durch die Einführung von Ähnlichkeitsfunktionen [6, 12] ist es möglich, auf der einen Seite unsystematische Veränderungen der Merkmalsausprägungen (z. B. Rauschen) in den Griff zu bekommen, auf der anderen Seite aber auch systematische Veränderungen entlang der Bildfolge (z. B. Translation oder Verdeckung von Objekten).

Ähnlichkeitsfunktionen definieren die Ähnlichkeit von Merkmalen unter Einbeziehung vorgebbarer **Toleranzen**. Die Berechnung der Ähnlichkeit von Strukturen basiert auf den Ähnlichkeitsmaßen für Merkmale. Mit der **Gewichtung** von Merkmalen und Symbolen in Bildstrukturen wird es möglich, z. B. verrauschte oder verdeckte Bildbestandteile beim Strukturvergleich mehr oder minder zu berücksichtigen.

Es folgt nun ein Beispiel einer Ähnlichkeitsfunktion für symbolisch repräsentierte Kanten im Bild.

Zwei Kanten, **kante** und **kante'**, in aufeinanderfolgenden Bildern seien als Relationstupel der Relationalstruktur wie folgt repräsentiert;

**kante** := (s(kante, i), s(ort, j), s(ort, k), m(*länge*, [l])), **kante'** := (s(kante, i'), s(ort, j'), s(ort, k'), m(*länge*, [l'])).

Eine Kante besteht also aus dem Referenzsymbol für die Kante, den beiden Referenzsymbolen für die Endpunkte der Kante, sowie aus dem Merkmal *länge* der Kante.

Die Definition der **Ähnlichkeitsfunktion** $f_{[kante]}$ erfolgt in drei Schritten [6]:

1. Definiton der Ähnlichkeitsfunktion für das Merkmal *länge*, diese stützt sich auf eine **Differenzfunktion** und einem **Toleranzband T**.

**diff** (l, l') := diff(m( *länge*, [l]), m(*länge*, [l'])) := | l - l'| / (l + l' );   Toleranz T

$f_{[länge]}$ (l, l') := $f_{[länge]}$ ( m (*länge*, [l]), m(*länge*, [l'])) := 1 - (diff (l, l') / T) ; (T ≠ 0)

Die Merkmalsausprägungen l und l' liegen genügend beieinander, wenn $f_{[länge]}$ (l, l') ≥ 0 ist; wobei der Wert von $f_{[länge]}$ (l, l') ein Maß für für die Ähnlichkeit der Kantenlängen darstellt ( $f_{[länge]}$ (l, l') = 1 (!) : exakte Übereinstimmung der beiden Kantenlängen; $f_{[länge]}$ (l, l') = 0 (!) : Toleranzband T vollkommen ausgereizt).

2. Zugriff auf die Ähnlichkeitsfunktion $f_{[ort]}$ , diese ist ein Ähnlichkeitsmaß für die beiden Endpunkte (Merkmal *koord* für

Ortskoordinate) der Kanten.    $f_{[ort]}$ (j, j') := $f_{[ort]}$ (s(ort, j), s(ort, j' ));  $f_{[ort]}$ (k, k') := $f_{[ort]}$ (s(ort, k), s(ort, k' ));

3. Die Ähnlichkeitsfunktion $f_{[kante]}$ stützt sich auf die Ähnlichkeitsfunktionen der Endpunkte und der Kantenlänge, sowie auf Gewichte $G_j$, $G_k$, $G_l$ für Orte und Kantenlänge.

$f_{[kante]}$ (s(kante, i), s(kante, i')) := ( $G_j$ * $f_{[ort]}$ (j, j') + $G_k$ * $f_{[ort]}$ (k, k') + $G_l$ * $f_{[länge]}$ (l, l') )/ ($G_j$ + $G_k$ + $G_l$ )

Der Strukturvergleich wird unter Einbeziehung der Ähnlichkeitsfunktionen zurückgeführt auf die Berechnung von **R-Morphismen** zwischen Relationalstrukturen [7, 13]. Die Berechnung von **R-Morphismen** führt zu maximal merkmal- und strukturverträglichen Zuordnungen zwischen Hypothesen- und Bildobjekten und erfolgt auf den unterschiedlichen Ebenen einer **hierarchisch** organisierten Relationalstruktur [11, 14].

<u>Algorithmus des Strukturvergleichs:</u>

1. Erzeugen einer Zuordnungsmenge von Relationtupeln unter Verwendung von Ähnlichkeitsfunktionen für Strukturen (Merkmalsverträglichkeit).

2. Feststellen, welche Tupelzuordnungen zusammengefaßt werden können, so daß die Zuordnungen der Relationstupel eindeutig sind (Strukturverträglichkeit).

3. Ermitteln von maximal struktur- und merkmalsverträglichen Zuordnungsmengen (R-Morphismen).

## Steuerung des Strukturvergleichs als Suche im Zustandsraum

Die Steuerung des Strukturvergleichs erfolgt ausschließlich über Toleranz- und Gewichtsparameter mit dem Ziel, genügend gute Zuordnungen zu bekommen. Die Steuerung des Strukturvergleichs ist als Suche in einem Zustandsraum realisiert (Abb. 2). Der aktuelle Zustand, das **aktuelle Korrespondenzergebnis**, ist das Ergebnis des Strukturvergleichs. Es beschreibt den best bewerteten R- Morphismus mittels numerischen und qualitiativen **Bewertungsmaßen**. Den Zielzustand wird beschrieben durch Anforderungen, die an ein **akzeptables Korrespondenzergebnis** gestellt werden. Damit ist die Spezifikation eines R-Morphismus gegeben, dessen Bewertungsgrößen bestimmten Anforderungen genügen.

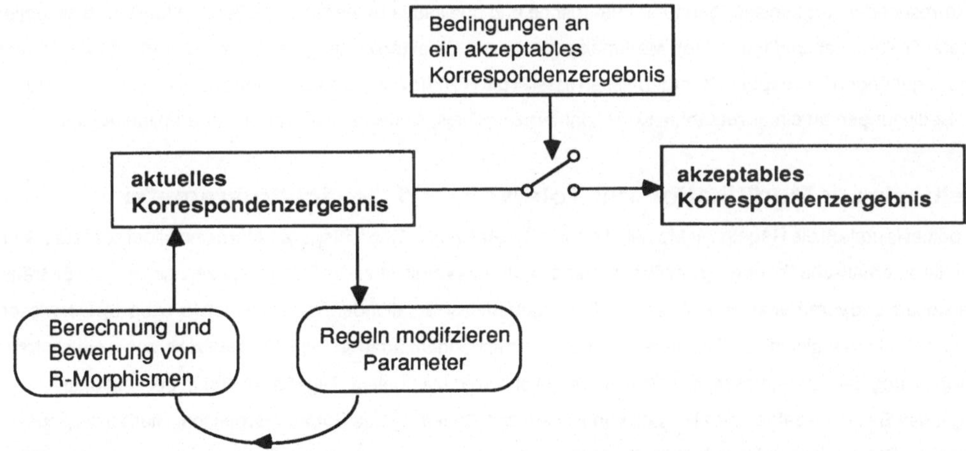


**Abbildung 2:** Die Wiederholung von Regelanwendungen zur Parametermodifikation und Berechnung und Bewertung von R- Morphismen führt zu einem akzeptablen Korrespondenzergebnis.

Den **Lösungsweg** im Zustandsraum erhält man durch Wiederholung von Regelanwendungen zur Parametermodifikation und Berechnung und Bewertung von R-Morphismen. Es werden soviele Schleifendurchgänge ausgeführt, bis das Korrespondenzergebnis akzeptabel ist. Die Parametervariation dient also dazu, bessere Korrespondenzen zwischen den symbolischen Strukturen von Hypothesen- und Bildobjekten zu bekommen.

<u>Beispiele für quantitative und qualitative Bewertungsgrößen</u>:

Anzahl der zugeordneten Tupel einer Relation für einen R-Morphismus (quantitativ); Quotient aus der Anzahl der Zuordnungen im R-Morphismus und der maximal erreichbaren Zuordnungsanzahl (quantitativ); Gibt es bei der Zuordnung von Polygonzugelementen Überkreuzungen im Zuordnungsgraphen? (qualitativ).

<u>Zwei Beispiele für Anforderung an ein akzeptablen Korrepondenzergebniss</u>:

Es sollen mehr als 85% aller möglichen Zuordnungen zustande gekommen sein; es sollen für alle diejenigen Symbole korrespondierende Symbole gefunden werden, die in ihrer Gewichtung einen Wert nicht weniger als 30% des Wertes der Maximalgewichtung verzeichnet haben.

## Organisation der Informationen und Regeln in einer Blackboard

Die Wissensverarbeitung erfolgt nach dem Blackboard Prinzip [3]. Ein Blackboard System besteht aus einer globalen **Datenbasis** (Einträge), einer **Regelbasis** (Wissensquellen) und **Regelauswahlstrategien**. Die Datenbasis umfaßt die während der Analyse einer Bildfolge vorhandenen und produzierten Informationen. Die Regeln der Regelbasis greifen auf die Einträge zu und produzieren neue Einträge in der Blackboard. Sie verändern, soweit nötig, die Werte der Parameter, die der Strukturvergleich verwendet. Regelauswahlstrategien lösen Konflikte in der Anwendungsreihenfolge mehrerer anwendbarer Regeln (wird hier nicht behandelt).

## Datenbasis von a priori vorhandenen und produzierten Informationen

Die Organisation der Informationen erfolgt nach zwei Kriterien: Jede Information

* bezieht sich stets auf eine **bestimmte Relation der Relationalstruktur** und
* ist von einem **bestimmten Typ** ;

Beispiele für Relationen: ORT, KANTE (s.o.); u.v.a .

Folgende wichtige Typen von Informationen sind zu unterscheiden: Hypothesen- und Bildobjekte, aktuelle und akzeptierte Korrespondenzergebnisse (genauer: numerische und qualitative Bewertungsgrößen), aktuelle und akzeptierte Parameter (Toleranzen und Gewichte), Merkmalsverläufe von Objekten entlang der Bildfolge, Verläufe von Parametern und zugehörigen Korrespondenzergebnissen (das ist die Historie der Parametrisierung und Korrespondenzergebnisse), Bedingungen an ein akzeptables Korrespondenzergebnis, Ähnlichkeits- und Bewertungsfunktionen.

## Regelbasis zur Modifikation der Toleranz- und Gewichtsparameter

Die Regelbasis umfaßt die Regeln zur Modifikation von Toleranz- und Gewichtsparametern und bildet somit die Grundlage für die automatische Steuerung der Parameter des Strukturvergleichs. Die Regeln stützen sich auf die Einträge in der Blackboard und verarbeiten die während der Bildfolgenanalyse anfallenden Informationen [5] (Abb. 3). Der wissensgesteuerte Strukturvergleich ( zu "Wissensgesteuerte Korrespondenzanalyse", vgl. [2]) impliziert somit eine automatische Anpassung der Parameter [4] des Strukturvergleichs an die aktuellen Gegebenheiten in der Bildfolge.

Die folgenden Beispiele zeigen den Einsatz von Regeln zur Steuerung des Strukturvergleichs. Hierbei sei angenommen, daß die Objekte in den Einzelbildern durch Regionen repräsentiert und deren Konturen durch Polygon approximiert sind. Ein Polygon ist repräsentiert durch Relationstupel der Relation KANTE mit dem Merkmal *koord* als Ortskoordinaten der Endpunkte und dem Merkmal *länge* (Kantenlänge).

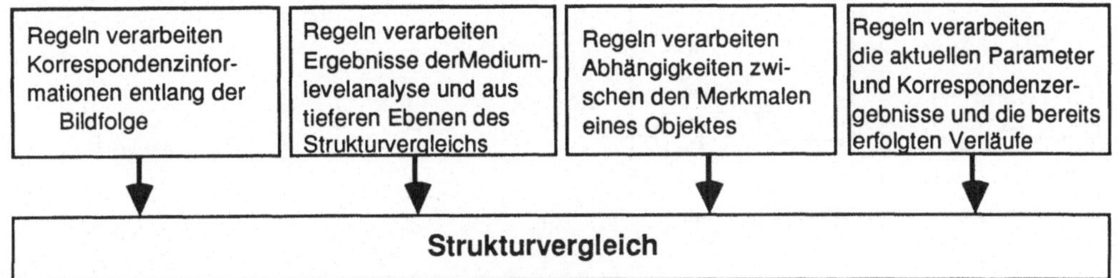


**Abbildung 3:** Regeln steuern die Parameter des Strukturvergleichs

**Beispiel 1:** Die folgende Regel verwendet Korrespondenzinformation entlang der Bildfolge.

*Regel1 :* Verschiebt sich ein Objekt quer zur optischen Achse, so wird das Gewicht für *länge* erhöht.

Begründung für die Aktion: Das Merkmal *länge* ist bezüglich der Translation invariant und spielt somit für die Korrespondenzermittlung eine wichtige Rolle.

**Beispiel 2:** Die folgende Regel verwendet Informationen über autretende Verdeckungsituationen.

**Annahme:** Aufgrund der Grobanalyse einer Bildfolge wurde ermittelt, daß sich ein rundes Objekt teilweise vor ein rechteckiges Objekt schiebt (Abb. 4 und Abb. 5), sodaß letzteres partiell verdeckt wird.

*Regel2 :* Falls eine Verdeckungssituation beginnt, so wird (lokal) die Toleranz für *koord* der Endpunkte von Kanten erhöht.

Begründung für die Aktion: Bei auftretenden Verdeckungen werden lokal die betroffenen Kanten unsichtbar bzw. abgeschnitten. Um zumindest für die verkürzten Kanten im nächsten Bild Korrespondenzen zu ermitteln ist ein breiteres Toleranzband für die Endpunktkoordinaten erforderlich. (Abb. 6 und Abb. 7).

**Beispiel 3:** Die folgende Regel verwendet Informationen über Abhängigkeiten zwischen Merkmalen eines Objektes. Semantische Abhängigkeiten zwischen Merkmalen übertragen sich auf die Toleranz- und Gewichtsparameter des Strukturvergleichs. Liegen Informationen über veränderte Toleranzen und/oder Gewichte vor, so können andere Parameter davon beeinflußt werden. A priori Regeln repräsentieren diese Parameterabhängigkeiten.

Abhängigkeiten können umso eher angegeben werden, je mehr Infomationen über die Handlung in der Bildfolge extrahiert werden kann. Im folgenden werden nun Abhängigkeiten zwischen den Merkmalen *koord* und *länge* formuliert. Es gilt die Annahme aus Beispiel 2.

*Regel3 :* Falls die Toleranz für das Merkmal *koord* der Endpunkte der Kanten erhöht wurde, dann ist ebenfalls die Toleranz für das Merkmal *länge* zu erhöhen (Abb. 8).

Begründung für die Aktion: Der Zuammenhang von *koord* und *länge* in einer Kante ist auf geometrische Restriktionen zurückzuführen [9] und überträgt sich auf die Toleranzen.

**Beispiel 4:** Die folgende Regel verwendet das aktuelle Korrespondenzergebnis.

Das aktuelle Korrespondenzergebnis ist natürlich die wichtigste Informationsquelle für die geeignete Parametrisierung des Strukturvergleichs. Genügt das aktuelle Korrespondenzergebnis nicht den Bedingungen, die an ein akzeptables Korrespondenzergebnis gestellt werden, so müssen die Parameter so abgeändert werden, daß das neu entstehende Ergebnis einem akzeptablen Ergebnis näher kommt.

Das Verhältnis V zwischen der Anzahl der tatsächlich zugeordneten Relationstupel und der Anzahl der Zuordnungen im optimalen Fall ist ein wichtiges Merkmal des Korrespondenzergebnisses.

*Regel4 :* Falls das Verhältnis V für die Relation ORT nach einem Strukturvergleich kleiner als 50% ist, so wird eine Erhöhung der Ortstoleranz durchgeführt.

Begründung für die Aktion: Ein breiteres Toleranzband führt zu mehr Zuordnungen.

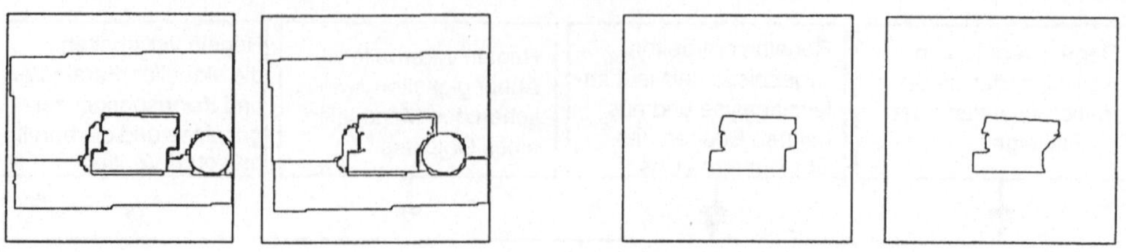

**Abb. 4:** Segmentationsergebnisse zweier Bilder der Bildfolge "Kugel rollt vor Bücherstapel"

**Abb. 5:** Fokussierte Segmente; die Konturen sind durch Polygone symbolisch repräsentiert

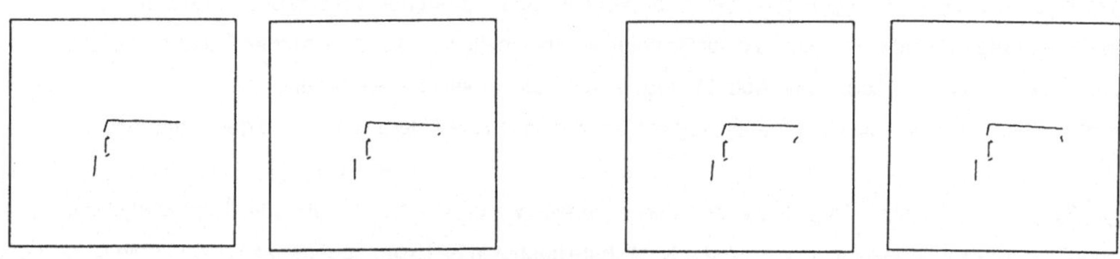

**Abb. 6:** Strukturvergleichsergebnis (Lücken durch Rauschen bzw. Verdeckung); vor Anw. der *Regel2*

**Abb. 7:** Kein wesentlich besseres Strukturvergleichsergebnis; nach Anw. der *Regel2*

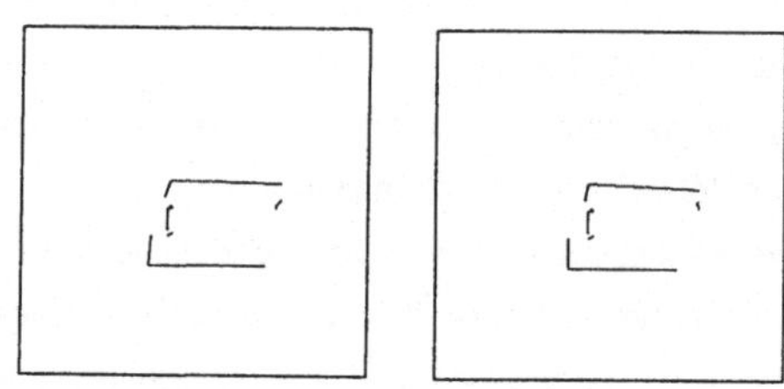

**Abb. 8:** Besseres Strukturvergleichsergebnis (zusätzliche, lange Kante zugeordnet); nach Anw. der *Regel3*

## Aktueller Stand der Implementierung

Das Experimentiersystem zur Analyse von Bildfolgen ist in C implentiert, die Datenbasis und die Regelbasis sind in PROLOG implementiert (auf einer MicroVAX unter ULTRIX). Bislang wurden experimentelle Analysen an mehreren Bildfolgen (z. B. Eine Kugel rollt vor einem Bücherstapel; Abb. 4, Abb. 5, Abb. 6, Abb. 7, Abb. 8) durchgeführt. Dabei wurden Regelbasen erstellt, die den Informationsfluß während der Analysen explizit beschreiben. Gegenwärtig wird an der Implementierung von Regelauswahlstrategien durch Metaregeln gearbeitet.

## Bezug zu aktuellen Forschungen auf dem Gebiet der Bildfolgenanalyse und Perspektive

Die Berechnung von Korrespondenzen entlang der Bildfolge kann durch Berechnung von R-Morphismen zwischen Hypothesen- und Bildobjekten erfolgen. Diese Berechnung ist unabhängig von der aktuell vorliegenden Bildfolge und insbesondere auch unabhängig von der gewählten Repräsentationsform für die Objekte. Es handelt sich also um ein allgemein einsetzbares Berechnungsschema für die Korrespondenzermittlung bei der Bildfolgeninterpretation.

Durch die explizite Beschreibung der Informationsflüsse bei der Bildfolgenanalyse durch Regeln und der Implementierung von Regelauswahlstrategien soll für die Steuerung der Korrespondenzanalyse bei der Bildfolgeninterpretation ebenfalls ein allgemein einsetzbarer Rahmen geschaffen werden.

## Literatur


[1] Barrow H.G., Popplestone R.J.: Relational Descriptions in Picture Processing, in: Machine Intelligence 6, 1971, pp.377-396.

[2] Dreschler-Fischer , L.: A Knowledge Based Approach to the Correspondence Problem in Sequences of Stereo Images, AIMSA - 86.

[3] Jones J., Millington N.: An Edinburg Prolog Blackboard Shell; in Blackboard Systems - Theory and Practice, Edison Wesley, 1986.

[4] Liedtke C.-E., Ender M.: A Knowledge Based Vision System for the Automated Adaptation to New Scene Contents - ICPR - 86, pp. 795 - 797.

[5] Neumann, B.: Knowledge Sources for Understanding and Describing Image Sequences, GWAI - 82, pp. 1 - 21.

[6] Pauli J., Messer T., Radig B.: Arbeitsbericht zum Projekt Ra 359/2-4 "Wissensgesteuerter Strukturvergleich", 1988, interner Bericht.

[7] Radig B.: Deutung von Bildfolgen anhand ihrer symbolischen Beschreibungen; ASST - 87, 102 - 115.

[8] Radig B.: Image Sequence Analysis Using Relational Structures; in Pattern Recognition, Vol. 17, No. 1, 1984, pp.161 - 167.

[9] Requicha A. A. G.: Toward a Theory of Geometric Tolerancing; in The International Journal of Robotics Research, Vol. 2, No. 4, 1983, pp. 45 - 60.

[10] Scott G.L.: Local and Global Interpretation of Moving Images; Pitman Publishing, London, 1988.

[11] Shapiro L. G. : Organization of Relational Models, IJCPR - 82, pp. 360-365.

[12] Shapiro L.G.: The Use of Numerical Relational Distance and Symbolic Differences for Organizing Models and for Matching; in: Techniques for 3-D Machine Perception, A. Rosenfeld (Hrsg.), North Holland, 1986, pp. 255 -270.

[13] Shapiro L.G., Moriarty J. D., Haralick R.M.: Matching Three-Dimensional Objects Using a Relational Paradigm; in Pattern Recognition, Vol. 17, No. 4, 1984, pp 385 - 405.

[14] Sielaff Ch.: Hierarchical Decomposition and Synthesis of Relational Descriptions - The Modelgraph, ICPR - 86, 1207 - 1209.

[15] Solecki D., Pauli J., Radig B.: Arbeitsbericht zum Projekt Ra 359/2-3 "Wissensgesteuerter Strukturvergleich", 1987, interner Bericht.


AIMSA - 86 :   2nd. International Conference on Artificial Intelligence, Methodology, Systems, Applications;  Varna, Bulgaria, 1986.

ASST - 87 :   6. Aachen Symposium für Signaltheorie;  Informatik Fachberichte 153, Aachen, 1987.

GWAI - 82 :   6th. German Workshop on Artificial Intelligence; Informatik Fachberichte, Berlin, 1982.

IJCPR - 82:   6th. International Joint Conference on Pattern Recognition, München, 1982.

ICPR - 86 :   8th. International Conference on Pattern Recognition, Paris,  France, 1986.

Automatische Segmentierung der Zunge in einer Ultraschallbildsequenz
und Pseudo-3D-Darstellung der Zungenbewegung


Thomas Tolxdorff[*], Georg Viehöver[*], Berthold Wein[+] und Heinz Handels[*]

[*]Institut für Medizinische Statistik und Dokumentation,
[+]Klinik für Radiologische Diagnostik,
Klinikum der Rheinisch-Westfälischen Technischen Hochschule (RWTH)
D-5100 Aachen

## Zungensonographie

Für Phoniater, Linguisten und Neurologen ist die Beobachtung der Zunge und ihrer Bewegungen eine der wichtigsten Untersuchungen. Bereits kleine Störungen in der Zungenmotorik, z.B. nach Schlaganfällen, Gehirnschäden oder Operationen im Mundbereich, können zu deutlichen Sprechstörungen oder Schluckbeschwerden führen. Für die Beobachtung der Zungenbeweglichkeit stehen die Inspektion, radiologische [1], sonographische [2-7] Untersuchungsverfahren und eine Mikrospulenmeßanordnung zur Verfügung. Nur die letzten drei Verfahren gewährleisten den indirekten Einblick auch in den geschlossenen Mund. Die Sonographie zeichnet sich vor allen Verfahren dadurch aus, daß sie für den Patienten das am wenigsten belastende und am wenigsten aufwendige Verfahren darstellt, und beliebig reproduzierbar ist. Für die physiologischen Abläufe des Sprechens wurde die Ultraschallmethode in der anglo-amerikanischen Literatur der letzten Jahre mehrfach dargestellt [3-5]. Weiterhin wurden Zungenbewegungen beim Schlucken gesunder Personen verschiedener Altersgruppen beschrieben [6,7]. Eine Pilotstudie [8] zeigte erstmalig die Möglichkeit der Analyse und Dokumentation von Zungenbewegungen beim Schlucken. Für die Zungensonographie wird der Schallkopf an den Mundboden nach cranial in sagittaler Richtung gehalten (Abb. 1). Der Einschallwinkel des mechanischen Sektorscanners beträgt 100 Grad. In der Ruheposition ist die Zungenoberfläche im sonographischen Bild besonders gut darstellbar (Abb. 2), denn an der Grenzfläche zwischen Zunge und Luft wird der Schall nahezu vollständig reflektiert. Die Zungenspitze wird nicht vollständig dargestellt, da ein luftgefüllter Hohlraum unterhalb der Zungenspitze eine direkte Beschallung meistens verhindert. Der Gaumen oberhalb der Zunge ist wegen der Luftbarriere über der Zunge nicht sichtbar. Innerhalb der Zunge kann man noch unterschiedliche Muskelschichten erkennen. Am hinteren Teil der Zunge erkennt man das Zungenbein, das ein helles Echo und weiter cranial einen Schallschatten verursacht.

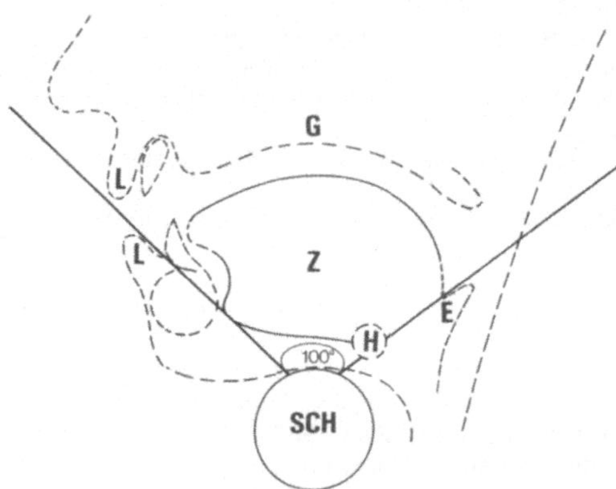


**Abb. 1.** Meßanordnung der Zungensonographie (SCH = Schallkopf, Z Zunge, G Gaumen, L Lippen, E Epiglottis, H Hyoid; gestrichelte Strukturen werden nicht erfaßt)

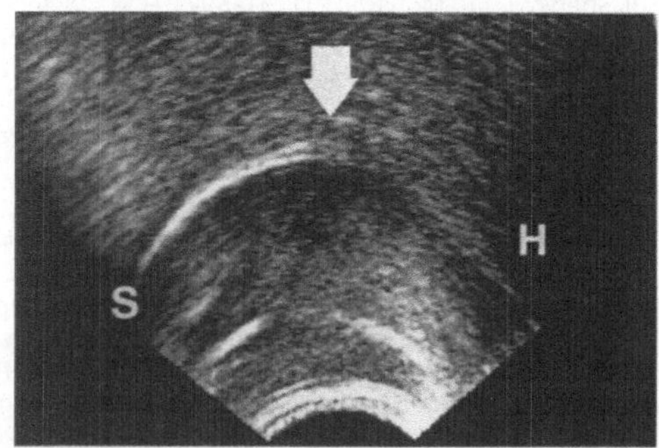


**Abb. 2.** Sonographisches Bild der Zunge in Ruhelage. Die Zungenoberfläche ist als weiße Kontur erkennbar (vgl. Pfeil, S Zungenspitze, H Hyoid)

An 24 anamnestisch gesunden, freiwilligen Probanden wurde eine Realtime-B-Mode-Sono-graphie im sagittalen Verlauf der Zunge von der medianen Mandibularlinie während des Schluckaktes von 10 ml Wasser durchgeführt. Die verwendeten Sonographiegeräte erzeugten 25 vollständige Schnittbilder pro Sekunde. Die Bildsequenzen wurden über Videokabel direkt in das zur Weiterverarbeitung verwendete Bildverarbeitungssystem (Kontron, Eching/München) überspielt. Dabei werden maximal 230 Einzelbilder (=4.5s) im 256x256 Pixel-Format mit 8-Bit Grauwerttiefe im Bildspeicher abgelegt. Ein auto-

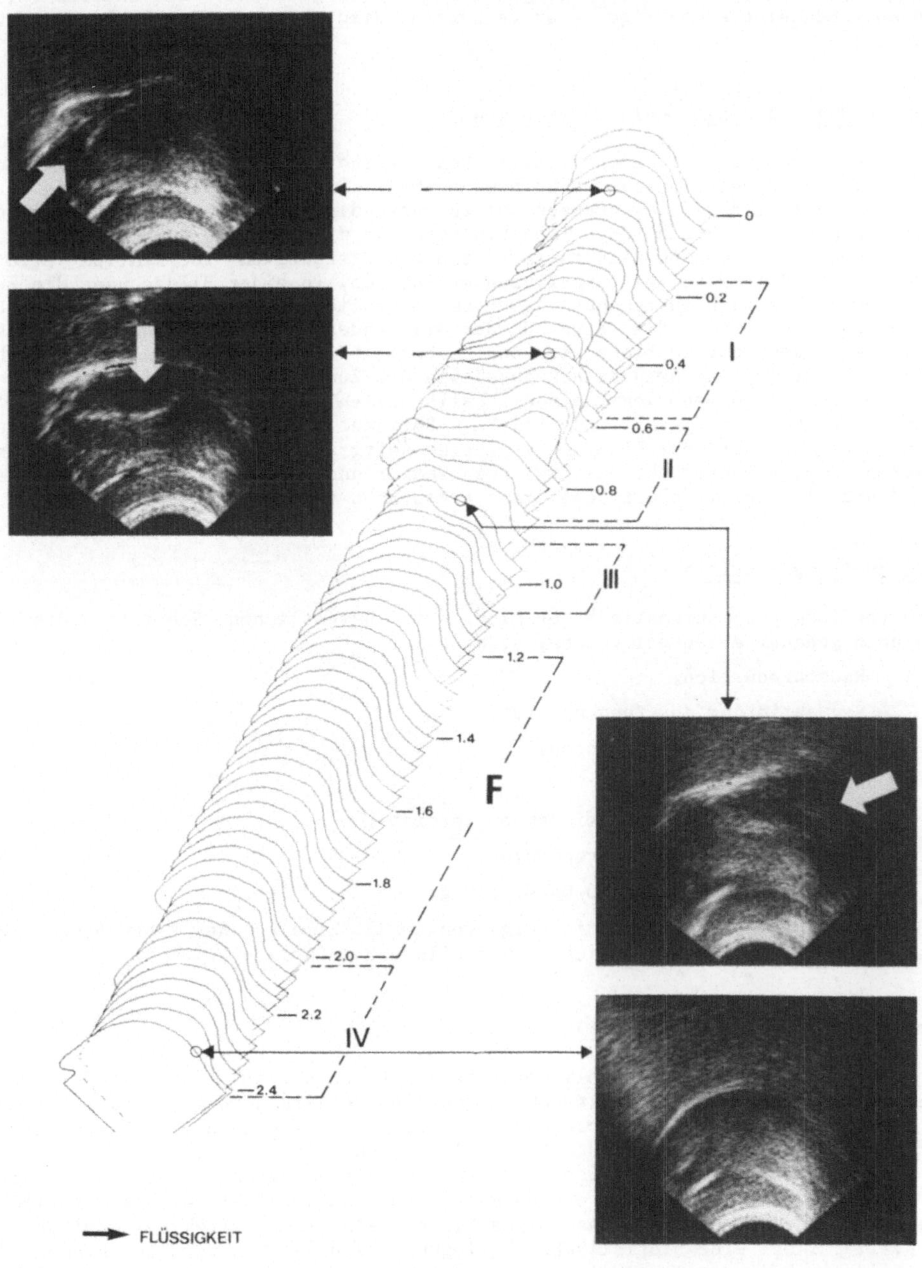



**Abb. 3.** Schluckvorgang bei der Kontrollperson

355

matisch ablaufender Segmentierungsalgorithmus berechnet in jedem Bild der Sequenz die Zungenkontur und verarbeitet diese zu einer pseudoräumlichen Darstellung. Diese erlaubt eine rasche Beurteilung der Zungenbewegung. Aus der Pilotuntersuchung [8] wurde Abb. 3 entnommen, in der sich grob vier Bewegungsphasen unterscheiden lassen: In Phase I wird die Zunge zurückgezogen und die Flüssigkeit im vorderen Mundraum gesammelt. In Phase II wird die Flüssigkeit vom vorderen Zungenbereich gewissermaßen aufgeschaufelt. In Phase III wird die Flüssigkeit nach hinten verdrängt. In Phase IV ist schließlich das Wasser aus dem Mundraum abgelaufen. Die Zunge begibt sich wieder in Ruhelage. Die mit F gekennzeichnete Phase läuft unterschiedlich ab. Im vorliegenden Fall wurde die Zunge gegen den Gaumen gedrückt. Bei anderen Versuchspersonen wurde eine echoartige, aber verkürzte Wiederholung der Schluckbeschwerden beobachtet.


## Segmentierung von Zungenschluckbewegungen

Ziel dieser Arbeit ist es, ein automatisches Verfahren zur Erkennung des Zungenrückens in Ultraschallaufnahmen zu beschreiben. Die bisher vom Radiologen durchgeführte Bearbeitung der Bildsequenzen ist zu aufwendig, um Untersuchungen an größeren Patientengruppen durchzuführen. Immerhin benötigt die manuelle Bearbeitung einer typischen Bildsequenz von 60 Bildern mit einer interaktiven Workstation etwa zwei Stunden Zeit. Das entwickelte Verfahren erlaubt es, in einer Bildsequenz die Zungenoberfläche automatisch zu erkennen. Gut zu segmentieren sind insbesondere die Bilder der Phasen F und IV, die etwa 50% der Bildsequenz ausmachen. Auf diesen ist nur relativ wenig Bewegung zu beobachten und es befindet sich keine Flüssigkeit mehr im Mundraum. Deutlich ist auch zu erkennen, wie das Zungenbein, das sich in Phase 2 von hinten in das Bild hinenbewegt, einen Schallschatten wirft. In dieser Phase ist die Zungenkontur meistens sehr undeutlich. Befindet sich Flüssigkeit im Mundraum, so verschwindet das deutliche Echo an der Zungen-Luftgrenze. Die Zunge ist wegen des kleineren Impedanzunterschiedes zwischen Wasser und Gewebe nur schwach zu erkennen, während die Flüssigkeitsoberfläche ein starkes Echo verursacht.


## Die Bearbeitungsschritte

Die Bearbeitung geht automatisch vor sich. Die wesentlichen Schritte, die weiter unten noch genauer erläutert werden, sind:

1. Rauschreduktion,

2. Segmentierung der Zungenkontur,

3. Eliminierung von Störungen,

4. Reduktion auf Linien,

5. Begrenzung des interessierenden Bereichs,

6. Überbrücken von Unterbrechungen,

7. Erzeugung der Pseudo-3D-Darstellung.

Die Bearbeitungsschritte werden im Folgenden am 37. Bild aus der Probesequenz demonstriert (Abb. 4). Es handelt sich um ein Bild vom Anfang der F-Phase.


## 1. Rauschreduktion (Sigma-Filter)

Ultraschallbildsequenzen sind üblicherweise stark verrauscht. Insbesondere im oberen Bereich, wo Absorption und Streuung durch größere Verstärkung ausgeglichen werden, sind zahlreiche Störungen zu erkennen. Viele der gebräuchlichen Verfahren zur Reduktion des Rauschens haben den Nachteil, daß auch interessierende Strukturen weicher und unschärfer werden. Beispielsweise läßt die Anwendung eines Mittelwertfilters den Zungenrücken stark verschwimmen. Zur Rauschreduktion in den vorliegenden Ultraschallsequenzen hat sich das Sigma-Filter als sehr effektiv erwiesen. Dem Sigma-Filter liegt eine statistische Überlegung zugrunde: Es wird angenommen, daß in einem Bildverarbeitungssystem die verschiedenen Komponenten dem eigentlichen Bild-

punkt einen zufälligen Wert (Rauschanteil) überlagern. Der Wert s des Bildpunktes
(x,y) ergibt sich also aus $s(x,y) = s_o(x,y)+r_1(x,y)+...+r_n(x,y)$, wobei $s_o$ der wahre
Wert und $r_1...r_n$ die verschiedenen Rauschanteile sind. Die Rauschanteile können
durch Zufallsvariablen R mit dem Erwartungswert $s_o$ beschrieben werden. Nach dem
zentralen Grenzwertsatz nähert sich $R = R_1+...+R_n$ der Normalverteilung an. Ist Sigma
die Standardabweichung von R, so liegt s in 95% aller Fälle im Intervall
$[s_o-2*Sigma, s_o+2*Sigma]$. Das bedeutet also, daß Pixel die um mehr als 2*Sigma vom
Grauwert ihrer Nachbarn entfernt sind, mit großer Wahrscheinlichkeit nicht durch
Rauschen von ihren Nachbarn verschieden sind, sondern zu einer echten Struktur im
Bild gehören. Diese sollten also nicht zur Berechnung eines Mittelwertes benutzt
werden. Das Sigma-Filter ersetzt einen Bildpunkt durch den Mittelwert der Nachbar-
pixel, die um weniger als 2*Sigma vom Mittelpunkt abweichen. Um eine kontinuierliche
Fortsetzung von Operationen am Bildrand zu ermöglichen, wird das Bild bei dieser und
den meisten anderen Operationen intern an den Rändern gespiegelt. Das Filter erhält
feine Strukturen, läßt Kanten nicht zerfließen und ist recht schnell. Es hat sich
als günstig erwiesen, das Filter zweimal hintereinander anzuwenden. Man erhält die
Abbildungen 5 und 6.

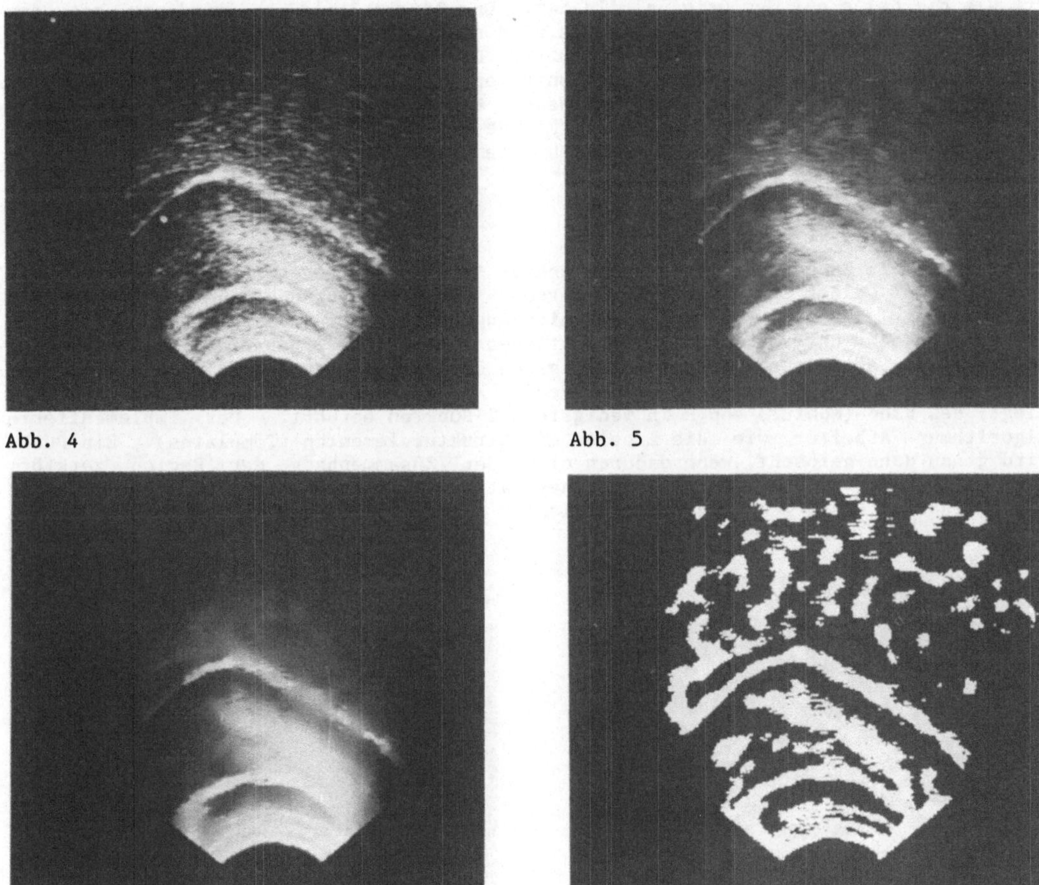

Abb. 4

Abb. 5

Abb. 6

Abb. 7

## 2. Segmentierung der Zungenkontur (Adaptiver Schwellwert)

Die Zungenoberfläche kann einfach dadurch erkannt werden, daß sie gegenüber ihrer
Umgebung hell erscheint. Ein Punkt wird dann der Zungenkontur zugeordnet, wenn er

deutlich (d.h. um einen Schwellwert) heller als der Mittelwert seiner Nachbarschaft
ist. Dies entspricht einer Binärbilderzeugung mit lokalem adaptivem Schwellwert.
Wichtig ist dabei, daß die Nachbarschaft, über die der Mittelwert gebildet wird,
deutlich größer als die zu erkennenden Objekte ist. Bei einem festen Schwellwert
würden auch allgemein helle Bereiche, wie sie beispielsweise hinter einem echofreien
Raum entstehen, zur Zungenkontur gezählt. Der initiale Schwellwert ist relativ unkritisch und kann in weiten Grenzen vom Idealwert abweichen. Die folgenden Schritte
beseitigen viele der dabei entstehenden Störungen. Das Ergebnis zeigt Abbildung 7.


## 3. Eliminierung von Störungen (Maskieren, Öffnen)

Das entstandene Binärbild zeigt zwar schon deutlich die gewünschte Zungenkontur.
Aber es sind noch viele Störungen vorhanden. Um diese zu vermindern, werden die
Methoden "Maskieren" und "Öffnen" eingesetzt. Auf den Ultraschallbildern fällt auf,
daß unterhalb der Zungenoberfläche eine echoarme (dunkle) Zone zu erkennen ist, die
von oberflächennahen Mundschichten herrührt. Bei der Maskierung wird das Binärbild
kopiert und um zehn Pixel nach oben verschoben, so daß die dunkle Zone den gleichen
Ort wie die helle auf dem Originalbild hat. Das Originalbild $s_1$ wird nun mit dem
verschobenen Bild $s_2$ maskiert, d.h. es wird nun die Verknüpfung IF $(s_2(x,y)=0)$ THEN
$s_3(x,y):=s_1(x,y)$ ELSE $s_3(x,y):=0$ ausgeführt. Die Wirkung: Störungen werden vermindert, insbesondere oberhalb der Zugenkontur entsteht ein störungsfreier Raum. Dies
ist später bei der Verbindung unterbrochener Linien wichtig. Ziel der Operation
"Öffnen" ist es, isolierte Punkte sowie kleine zusammenhängende Regionen zu eliminieren. Das Ergebnis dieses Bearbeitungsschrittes zeigt Abbildung 8.


## 4. Reduktion auf Linien (Skelettierung)

Nachdem nun die Zungenoberfläche als flächige Struktur herausgearbeitet wurde, soll
sie nun auf eine Linie reduziert werden. Die dazu gebräuchliche Methode ist die
Skelettierung, die eine Art von Strichzeichnung einer Struktur erzeugt. Es gibt
zahlreiche sehr unterschiedliche Definitionen vom Skelett einer Fläche. In dem hier
vorgestellten Algorithmus findet die folgende Definition Anwendung: Ein Punkt x gehört genau dann zum Skelett einer Region R, wenn ein Kreis um x, der ganz in R
liegt, den Rand (Kontur) von R in wenigstens 2 Punkten berührt. Der implementierte
Algorithmus arbeitet wie die Erosion mit Strukturelementen (Templates). Ein Punkt
wird genau dann gelöscht, wenn dadurch nicht der Zusammenhang der Region zerstört
wird. Dies wird unter Verwendung eines Satzes von Strukturelementen der Größe 3*3
durchgeführt. Das Ergebnis der Skelettierung zeigt Abbildung 9.

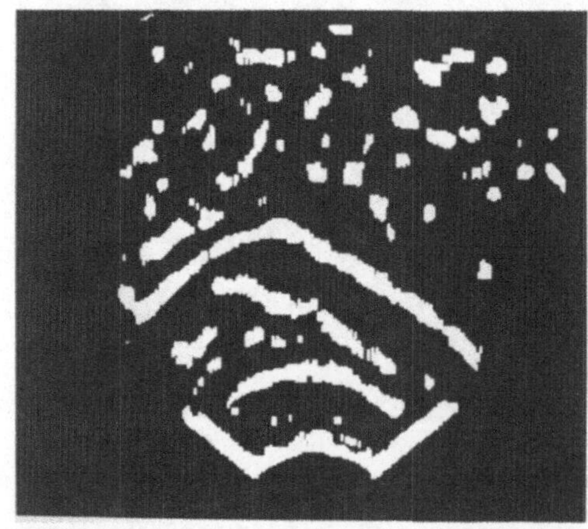

Abb. 8

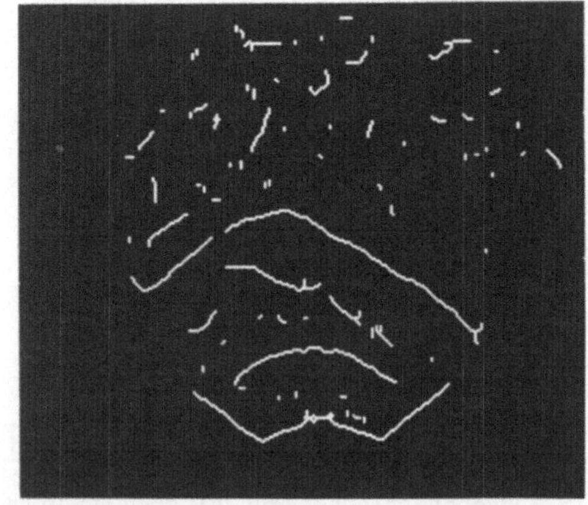

Abb. 9

## 5. Begrenzung des interessierenden Bereichs (Maskierung)

Vor Beginn der Auswertung wurde vom Radiologen ein für die Analyse interessierender Bereich modellhaft vorgegeben (Abb. 10). Dieser ist nach oben durch den Gaumen und nach unten durch die Ruhelage der Zunge begrenzt. Dieser Bereich wird als Maske für alle auszuwertenden Bildsequenzen angenommen. Auf diese Weise werden Störungen oberhalb der Zunge (Rauschen) und die unterhalb der Zunge detektierten Muskelschichten aus dem Bild eliminiert (Abb. 11).

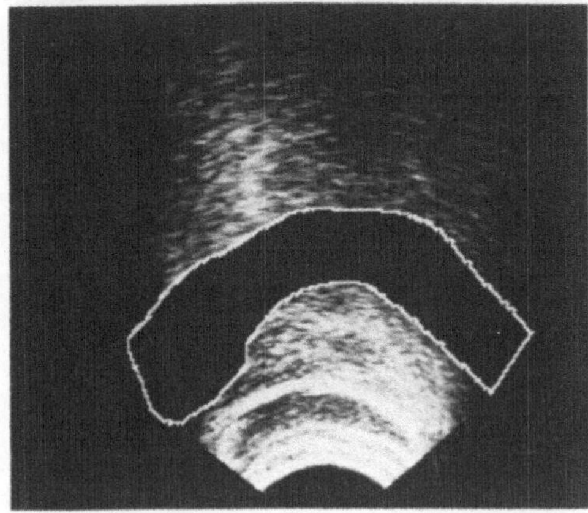

Abb. 10

Abb. 11

## 6. Überbrücken von Unterbrechungen

Schließlich wird versucht, Unterbrechungen in den Konturlinien zu überbrücken. Dazu werden mit Hilfe von Strukturelementen Punkte an Linienenden bestimmt. Diese Punkte werden mittels Dilatation vergrößert und die ursprünglichen Linien hinzukopiert. Man erhält Abbildung 12. Eine anschließende Skelettierung reduziert die Kreise auf gerade Verbindungen zwischen den Linienstücken (Abb. 13), die ursprünglichen Linien bleiben unverändert.

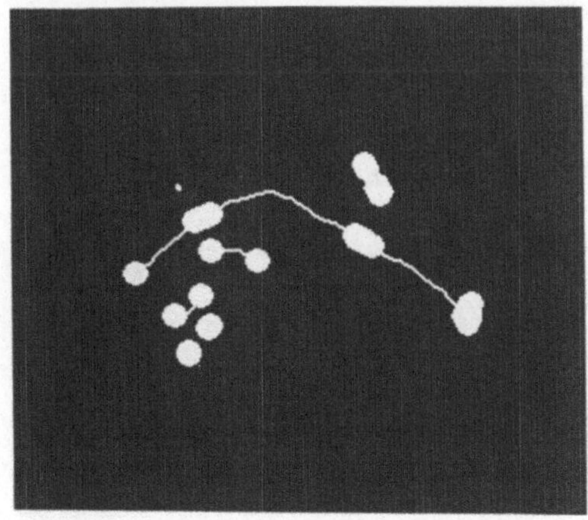

Abb. 12

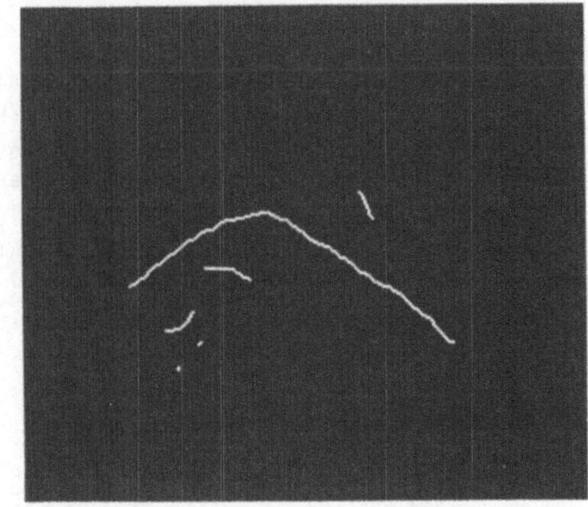

Abb. 13

## 7. Erzeugung der Pseudo-3D-Darstellung (Overlay, Zoomen)

Die folgenden Schritte dienen der Verbesserung der Darstellung der Zungenmotilität. Die berechnete Zungenkontur wird in den Overlayspeicher kopiert (Abb. 14), um eine Darstellung, wie sie in Abbildung 3 gezeigt ist, zu erhalten und damit eine rasche

Beurteilung des Ergebnisses zu ermöglichen.  Außerdem wird die Kontur auf ein Viertel
der ursprünglichen Größe verkleinert und an die passende Stelle ins  Profil  kopiert
(Abb. 15).   Die  Reduktion  auf ein Viertel  wird  erreicht,  indem je vier Pixel (2*2-
Quadrat) durch ihren Mittelwert zusammengefaßt werden.  Das  verkleinerte  Bild  wird
durch Addition ins Profil kopiert, um die Konturen transparent erscheinen zu lassen.

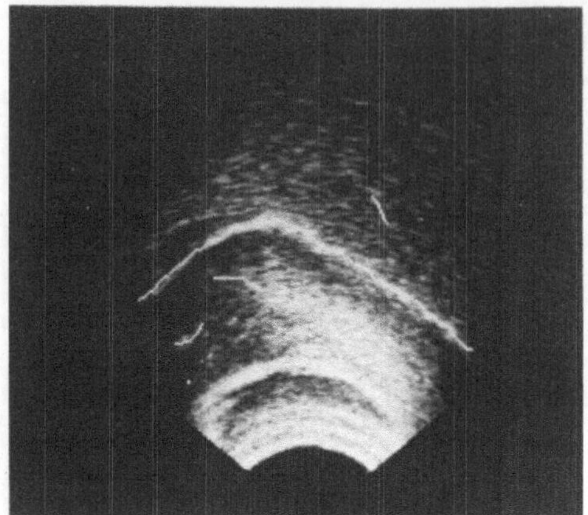

Abb. 14

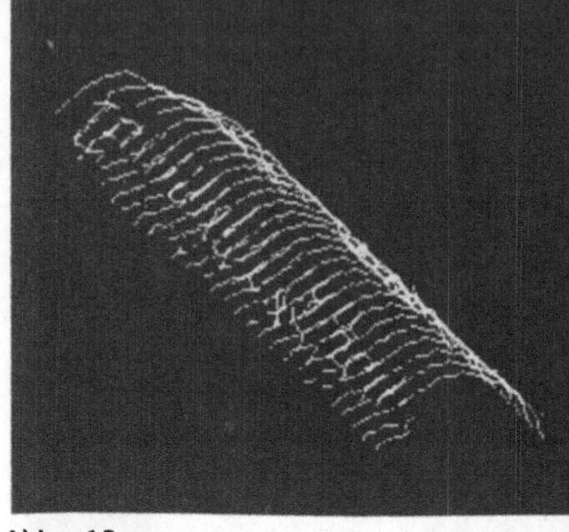

Abb. 15

## Zusammenfassung

An 24 gesunden Probanden wurde  eine  neue  Methode  der  Zungenbewegungsanalyse  und
-dokumentation  praktiziert.   Sie  ermöglicht eine direkte Digitalisierung der Bildinformation aus sonographischen B-Mode Bildsequenzen.  Neben weiterführenden, digitalen Auswertungen bietet sie auch die Möglichkeit der hier vorgestellten automatischen
Segmentierung mit Pseudo-3D-Darstellung der Schluckbewegung der Zunge.  Diese Unter-
suchungsmethode  ist insbesondere für die Anwendung bei Therapiekontrollen neurologi-
scher und phoniatrischer Patienten geeignet.

## Literatur


1.  Ekberg, O.,  Hillarp, B.:  Radiologic  evaluation  of  the  oral  stage  of
    swallowing.  Acta. Radiol. Diagn. 27, 533-537, 1986.

2.  Keller, E.:  Mesures ultrasoniques des movements du  dos  de  la  langue  en
    production  de  la  parole:  aspects cliniques.  Folia Phoniatr. 39, 51-60,
    1987.

3.  Keller, E., Ostry, D.J.:  Computerized measurement of tongue dorsum movement
    with pulsed-echo ultrasound.  J. Acoust. Soc. Am. 73, 1309-1315, 1983.

4.  Ostry, D.J.,  Munhall, K.G.:  Control of  rate  and  duration  of  speech
    movements.  J. Acoust. Soc. Am. 77, 640-648, 1985.

5.  Shawker, T.H., Sonies, B.C.:  Tongue movement during  speech:  A  real-time
    ultrasound evaluation.  J. Clin. Ultrasound 12, 125-133, 1984.

6.  Shawker, T.H., Sonies, B.C., Hall, T.E., Baum, B.F.:  Ultrasound analysis of
    tongue,  hyoid  and  larynx activity during swallowing.  Invest. Radiol. 19,
    82-86, 1984.

7.  Sonies, B.C.,  Baum, B.J.,  Shawker, T.H.:  Tongue  motion  in  elderly
    adults: initial in situ observations.  J. Gerontol. 39, 279-283, 1984.

8.  Wein, B., Klajman, S., Huber, W., Döring, W.H.:  Ultraschalluntersuchung von
    Koordinationsstörungen  der  Zungenbewegung  beim Schlucken.  Nervenarzt 59,
    154-158, 1988.

# AUTORENVERZEICHNIS

Band 139: M. Marhöfer, Fehlerdiagnose für Schaltnetze aus Modulen mit partiell injektiven Pfadfunktionen. XIII, 172 Seiten. 1987.

Band 140: H.-J. Wunderlich, Probabilistische Verfahren für den Test hochintegrierter Schaltungen. XII, 133 Seiten. 1987.

Band 141: E. G. Schukat-Talamazzini, Generierung von Worthypothesen in kontinuierlicher Sprache. XI, 142 Seiten. 1987.

Band 142: H.-J. Novak, Textgenerierung aus visuellen Daten: Beschreibungen von Straßenszenen. XII, 143 Seiten. 1987.

Band 143: R. R. Wagner, R. Traunmüller, H. C. Mayr (Hrsg.), Informationsbedarfsermittlung und -analyse für den Entwurf von Informationssystemen. Fachtagung EMISA, Linz, Juli 1987. VIII, 257 Seiten. 1987.

Band 144: H. Oberquelle, Sprachkonzepte für benutzergerechte Systeme. XI, 315 Seiten. 1987.

Band 145: K. Rothermel, Kommunikationskonzepte für verteilte transaktionsorientierte Systeme. XI, 224 Seiten. 1987.

Band 146: W. Damm, Entwurf und Verifikation mikroprogrammierter Rechnerarchitekturen. VIII, 327 Seiten. 1987.

Band 147: F. Belli, W. Görke (Hrsg.), Fehlertolerierende Rechensysteme / Fault-Tolerant Computing Systems. 3. Internationale GI/ITG/GMA-Fachtagung, Bremerhaven, September 1987. Proceedings. XI, 389 Seiten. 1987.

Band 148: F. Puppe, Diagnostisches Problemlösen mit Expertensystemen. IX, 257 Seiten. 1987.

Band 149: E. Paulus (Hrsg.), Mustererkennung 1987. 9. DAGM-Symposium, Braunschweig, Sept./Okt. 1987. Proceedings. XVII, 324 Seiten. 1987.

Band 150: J. Halin (Hrsg.), Simulationstechnik. 4. Symposium, Zürich, September 1987. Proceedings. XIV, 690 Seiten. 1987.

Band 151: E. Buchberger, J. Retti (Hrsg.), 3. Österreichische Artificial-Intelligence-Tagung. Wien, September 1987. Proceedings. VIII, 181 Seiten. 1987.

Band 152: K. Morik (Ed.), GWAI-87. 11th German Workshop on Artificial Intelligence. Geseke, Sept./Okt. 1987. Proceedings. XI, 405 Seiten. 1987.

Band 153: D. Meyer-Ebrecht (Hrsg.), ASST'87. 6. Aachener Symposium für Signaltheorie. Aachen, September 1987. Proceedings. XII, 390 Seiten. 1987.

Band 154: U. Herzog, M. Paterok (Hrsg.), Messung, Modellierung und Bewertung von Rechensystemen. 4. GI/ITG-Fachtagung, Erlangen, Sept./Okt. 1987. Proceedings. XI, 388 Seiten. 1987.

Band 155: W. Brauer, W. Wahlster (Hrsg.), Wissensbasierte Systeme. 2. Internationaler GI-Kongreß, München, Oktober 1987. XIV, 432 Seiten. 1987.

Band 156: M. Paul (Hrsg.), GI – 17. Jahrestagung. Computerintegrierter Arbeitsplatz im Büro. München, Oktober 1987. Proceedings. XIII, 934 Seiten. 1987.

Band 157: U. Mahn, Attributierte Grammatiken und Attributierungsalgorithmen. IX, 272 Seiten. 1988.

Band 158: G. Cyranek, A. Kachru, H. Kaiser (Hrsg.), Informatik und „Dritte Welt". X, 302 Seiten. 1988.

Band 159: Th. Christaller, H.-W. Hein, M. M. Richter (Hrsg.), Künstliche Intelligenz. Frühjahrsschulen, Dassel, 1985 und 1986. VII, 342 Seiten. 1988.

Band 160: H. Mäncher, Fehlertolerante dezentrale Prozeßautomatisierung. XVI, 243 Seiten. 1987.

Band 161: P. Peinl, Synchronisation in zentralisierten Datenbanksystemen. XII, 227 Seiten. 1987.

Band 162: H. Stoyan (Hrsg.), Begründungsverwaltung. Proceedings, 1986. VII, 153 Seiten. 1988.

Band 163: H. Müller, Realistische Computergraphik. VII, 146 Seiten. 1988.

Band 164: M. Eulenstein, Generierung portabler Compiler. X, 235 Seiten. 1988.

Band 165: H.-U. Heiß, Überlast in Rechensystemen. IX, 176 Seiten. 1988.

Band 166: K. Hörmann, Kollisionsfreie Bahnen für Industrieroboter. XII, 157 Seiten. 1988.

Band 167: R. Lauber (Hrsg.), Prozeßrechensysteme '88. Stuttgart, März 1988. Proceedings. XIV, 799 Seiten. 1988.

Band 168: U. Kastens, F. J. Rammig (Hrsg.), Architektur und Betrieb von Rechensystemen. 10. GI/ITG-Fachtagung, Paderborn, März 1988. Proceedings. IX, 405 Seiten. 1988.

Band 169: G. Heyer, J. Krems, G. Görz (Hrsg.), Wissensarten und ihre Darstellung. VIII, 292 Seiten. 1988.

Band 170: A. Jaeschke, B. Page (Hrsg.), Informatikanwendungen im Umweltbereich. 2. Symposium, Karlsruhe, 1987. Proceedings. X, 201 Seiten. 1988.

Band 171: H. Lutterbach (Hrsg.), Non-Standard Datenbanken für Anwendungen der Graphischen Datenverarbeitung. GI-Fachgespräch, Dortmund, März 1988, Proceedings. VII, 183 Seiten. 1988.

Band 172: G. Rahmstorf (Hrsg.), Wissensrepräsentation in Expertensystemen. Workshop, Herrenberg, März 1987. Proceedings. VII, 189 Seiten. 1988.

Band 173: M. H. Schulz, Testmustergenerierung und Fehlersimulation in digitalen Schaltungen mit hoher Komplexität. IX, 165 Seiten. 1988.

Band 174: A. Endrös, Rechtsprechung und Computer in den neunziger Jahren. XIX, 129 Seiten. 1988.

Band 175: J. Hülsemann, Funktioneller Test der Auflösung von Zugriffskonflikten in Mehrrechnersystemen. X, 179 Seiten. 1988.

Band 176: H. Trost (Hrsg.), 4. Österreichische Artificial-Intelligence-Tagung. Wien, August 1988. Proceedings. VIII, 207 Seiten. 1988.

Band 177: J. Pliquett, L. Voelkel, Signaturanalyse. 224 Seiten. 1988.

Band 178: H. Göttler, Graphgrammatiken in der Softwaretechnik. VIII, 244 Seiten. 1988.

Band 179: W. Ameling (Hrsg.), Simulationstechnik. 5. Symposium. Aachen, September 1988. Proceedings. XIV, 538 Seiten. 1988.

Band 180: H. Bunke, O. Kübler, P. Stucki (Hrsg.), Mustererkennung 1988. 10. DAGM-Symposium, Zürich, September 1988. Proceedings. XV, 361 Seiten. 1988.

Band 181: W. Hoeppner (Hrsg.), Künstliche Intelligenz. GWAI-88, 12. Jahrestagung. Eringerfeld, September 1988. Proceedings. XII, 333 Seiten. 1988.

Band 182: W. Barth (Hrsg.), Visualisierungstechniken und Algorithmen. Fachgespräch, Wien, September 1988. Proceedings. VIII, 247 Seiten. 1988.

Band 183: A. Clauer, W. Purgathofer (Hrsg.), AUSTROGRAPHICS '88. Fachtagung, Wien, September 1988. Proceedings. VIII, 267 Seiten. 1988.